PAULO FREIRE
Uma história de vida

Copyright © Villa das Letras, 2017
Copyright © Ana Maria Araújo Freire, 2005

Capa: Lula Ricardi
Projeto gráfico: Adaptado a partir do projeto de Lula Ricardi
Foto de capa: Tom Zimberoff
Diagramação: Abreu's System
Imagens: Arquivos de Ana Maria Araújo Freire

Direitos de edição da obra em língua portuguesa no Brasil adquiridos pela EDITORA PAZ E TERRA. Todos os direitos reservados. Nenhuma parte desta obra pode ser apropriada e estocada em sistema de bancos de dados ou processo similar, em qualquer forma ou meio, seja eletrônico, de fotocópia, gravação etc., sem a permissão do detentor do copyright.

Todos os esforços foram feitos para localizar os fotógrafos das imagens reproduzidas neste livro. A editora compromete-se a dar os devidos créditos numa próxima edição, caso os autores as reconheçam e possam provar sua autoria. Nossa intenção é divulgar o material iconográfico de maneira a ilustrar as ideias aqui publicadas, sem qualquer intuito de violar direitos de terceiros.

1ª edição: Villa das Letras, 2006
2ª edição: Paz e Terra, 2017

CIP-BRASIL. CATALOGAÇÃO NA PUBLICAÇÃO
SINDICATO NACIONAL DOS EDITORES DE LIVROS, RJ

F933p
3. ed.

Freire, Ana Maria Araújo
    Paulo Freire : uma história de vida / Ana Maria Araújo Freire. – 3. ed., rev. e ampl. – Rio de Janeiro : Paz e Terra, 2024.

ISBN 978-65-5548-130-3

1. Freire, Paulo, 1921-1997. 2. Educadores – Brasil – Biografia. I. Título.

24-92529
CDD: 923.7
CDU: 929:37(81)

Gabriela Faray Ferreira Lopes – Bibliotecária – CRB-7/6643

EDITORA PAZ & TERRA
Rua Argentina, 171, São Cristóvão
Rio de Janeiro, RJ – 20921-380
Tel.: (21) 2585-2000.

Seja um leitor preferencial Record.
Cadastre-se no site www.record.com.br
e receba informações sobre
nossos lançamentos e nossas promoções.

Atendimento e venda direta ao leitor:
sac@record.com.br

Texto revisado segundo o Acordo Ortográfico da Língua Portuguesa de 1990.

Impresso no Brasil
2024

Paulo Freire

Patrono da
Educação Brasileira

Uma História de Vida

3ª edição
Revista e ampliada

Ana Maria Araújo Freire

Prêmio Jabuti 2007
Categoria Biografia – 2º Lugar

Paz & Terra

Rio de Janeiro
2024

Aos pais de Paulo,
Joaquim Themístocles e Tudinha;
e aos meus pais, Aluízio e Genove,
educadores que ensinaram a Paulo
as coisas fundamentais da vida,
possibilitando-lhe que se fizesse
o homem que foi.

A Paulo, com carinho e amor,
a minha eterna paixão.

Nita
Ana Maria Araújo Freire

O meu muito obrigada a Alípio Casali, Claudius Ceccon, Licínio C. Lima, Lula Ricardi, Ricardo Araújo Hasche, Tom Zimberoff e Vera Barreto, *in memoriam*, e de uma maneira especial a Jacques de Oliveira Pena, que de formas diferentes se empenharam, com carinho e cuidado, para que este livro se tornasse realidade.

Nita
Ana Maria Araújo Freire

Sumário

Nota da editora à 3ª edição 15

Apresentação
Paulo Freire de forma particular e especial 17
por Jacques Pena

Prefácio à 1ª edição
Entre o íntimo e o histórico 21
por Alípio Casali e Vera Barreto

Prefácio à 2ª edição
Uma biografia incontornável: Freire em seus textos e contextos 25
por Licínio C. Lima

Introdução
Um testemunho de amor e de verdade: a vida de Paulo Freire 31
por Ana Maria Araújo Freire
"Como guardar a memória de alguém sem trair sua vida?" 32

Parte I – O SEU MAIS AUTÊNTICO CONTEXTO DE ORIGEM

1. **Infância e adolescência** 41
   Sua primeira família 41
   Sua *leitura da palavra* 50
   Jaboatão: "Era como se estivesse morrendo um pouco. Hoje sei" 52
   Sua escolarização secundária: a importância do Colégio Oswaldo Cruz, do Recife, na sua formação humanística 56
   Sua formação em nível superior: a Faculdade de Direito do Recife 63

2. **As primeiras experiências profissionais e seu gosto em ser professor** 67
   O professor de língua portuguesa, no Recife 67
   Sua práxis no SESI-PE 70
   Análise de Paulo sobre seu próprio trabalho no SESI-PE 75
   Algumas outras atividades pedagógicas importantes de Paulo Freire, no Recife 76
   O professor universitário, na Universidade do Recife 87
   O técnico do Serviço de Extensão Cultural (SEC), da Universidade do Recife 99

3. **O educador revolucionário: II Congresso Nacional de Educação de Adultos** 111
   Os relatórios pernambucanos 112
   O relatório preliminar do Tema III, de Pernambuco 114
   O relatório final do Tema III, de Pernambuco 116
   Análise crítica 121

4. **O educador político dos movimentos socioeducacionais no Brasil** 125
   O Movimento de Cultura Popular (MCP) 126
   A experiência de Angicos 136
   O Programa Nacional de Alfabetização (PNA) 143

5. **O conflito ideológico brasileiro dos anos 1960** 153

6. **Prisão e inquéritos** 165
   O inquérito da Universidade do Recife 170
   O inquérito policial militar no Quartel da 2ª Companhia de Guardas do Recife 185
   O chamamento para um inquérito policial militar no Rio de Janeiro 208

Parte II – O SEU CONTEXTO DE EMPRÉSTIMO

7. **Exílio** 213
   Bolívia **217**
   Chile **218**
   Estados Unidos **223**
   Suíça **226**
   África **232**

8. **O sonho da volta para o seu contexto de origem** 247
   O pedido de *habeas corpus* **248**
   Entrevistas concedidas na Suíça antes da vinda ao Brasil **256**
   A carta de Henfil ao general Geisel **266**
   A luta pela "Anistia ampla, geral e irrestrita" **267**

Parte III – O RETORNO AO SEU CONTEXTO DE ORIGEM

9. **A volta para o Brasil** 273
   Visitando São Paulo **274**
   Visitando o Rio de Janeiro **277**
   Visitando o Recife **278**
   O retorno definitivo ao seu "contexto de origem" **279**

10. **O educador político: novamente na academia** 281
    Na Pontifícia Universidade Católica de São Paulo (PUC-SP) **281**
    Na Universidade Estadual de Campinas (Unicamp) **286**
    O Parecer de Rubem Alves **287**
    Outras atividades acadêmicas **291**
    A necessidade de desincompatibilização **293**

11. **O político educador** 295
    Na Secretaria Municipal de Educação da Cidade de
       São Paulo (SME-SP) **295**
    No Partido dos Trabalhadores (PT) **317**
    Vice-presidente, ministro da Educação, senador **319**
    No Instituto Cajamar (Inca) **323**
    Na Unesco **326**

Parte IV – O SEU FAZER TEÓRICO

12. **O "Método Paulo Freire" de alfabetização da palavra e do mundo dentro da sua compreensão de educação** 331
    Como se constituiu o Método **336**
    A proposta ético-crítico-político-epistemológica de Paulo Freire **341**
    Seus passos cognitivos **344**

13. As influências sobre sua vida e sua obra **349**

14. A sua compreensão do ato de ler/escrever
    e o modo como escrevia **365**

15. Sua obra teórica **375**
    Algumas palavras sobre seus livros individuais **380**
    Os livros falados: diálogos com outros autores **394**
    Uma breve análise sobre sua literatura **395**

16. Prefácios e outros papéis diversos **399**

17. Correspondências importantes **419**
    Cartas recebidas **419**
    Cartas enviadas **432**

18. Influência, repercussão e atualidade de sua obra
    e da sua práxis pelo mundo **457**
    2016: pesquisas internacionais consagram o pensamento
       de Paulo Freire **481**

Parte V – O RECONHECIMENTO PÚBLICO NO BRASIL E NO MUNDO

19. Reconhecimentos públicos de governos e de diversas
    instituições do Brasil e do mundo a Paulo Freire **487**
    Patrono da Educação Brasileira **487**
    Patrono da Educação do Distrito Federal **492**
    Patrono da Educação de Sergipe **492**
    Patrono da Educação de Pernambuco **492**
    A anistia política concedida a Paulo Freire *post mortem*, em 2009 **493**
    Plataforma Freire **493**
    Homenagens ao homem e ao educador Paulo Freire **495**
       Títulos de Doutor Honoris Causa **495**
       Outros títulos acadêmicos honoríficos conferidos a Paulo Freire **502**
       Títulos de Doutor Honoris Causa *não recebidos por Paulo Freire,
          por doença ou por causa de sua morte* **503**
    Títulos de Cidadão/Reconhecimento Fraterno **504**
    Prêmios **506**
    Homenagens diversas **509**
    Tendas Paulo Freire **518**
    Estabelecimentos de ensino por unidade federativa
       com o nome de Paulo Freire **519**

Estabelecimentos de ensino com o nome de Paulo Freire no exterior **521**
Diretórios e Centros Acadêmicos com o nome de Paulo Freire **521**
Teatros, Anfiteatros, Auditórios e Salas com o nome de Paulo Freire **522**
Emissora de televisão **523**
Revistas com o nome de Paulo Freire **524**
Praças, avenidas, ruas, bosques e conjuntos habitacionais
    com o nome de Paulo Freire **524**
Estação de metrô com nome de Paulo Freire **525**
Associações Comunitárias com nome de Paulo Freire **526**
Banco Comunitário Paulo Freire **526**
Bibliotecas com o nome de Paulo Freire **527**
Cátedras com o nome de Paulo Freire **528**
Centros de pesquisas, documentação, informação,
    divulgação e estudos com o nome de Paulo Freire **528**
Bolsas de pesquisa de pós-graduação com o nome de Paulo Freire **530**
Monumentos, estátuas e pinturas **530**
Presidente honorário de instituições pelo mundo **535**
Letra de música popular brasileira **536**
Enredo de Escola de Samba Leandro de Itaquera e
    da Escola de Samba Águia de Ouro **536**
Medalhas, condecorações e prêmios com o nome de Paulo Freire **539**

20. O educador para a paz **541**
Indicação para o Prêmio Príncipe de Astúrias **541**
Indicação para o Prêmio Nobel da Paz **544**

21. Convites para lecionar em universidades pelo mundo **547**
Universidade de Cornell: Cátedra Andrew D. White **547**
Universidade de Loyola, em Nova Orleans **548**
Universidade de Delaware, Newark **549**
Seminário da União Teológica: Professor visitante,
    Cátedra Henry W. Luce **550**
Universidade da Califórnia, Los Angeles **551**
Universidade de Girona: Cátedra Ferrater Mora de
    Pensamento Contemporâneo **553**
Universidade de Harvard: Professor visitante,
    Cátedra Robert F. Kennedy **554**
Universidade de Hamburgo: Cátedra Ernst Cassirer **557**
Universidade de Stanford: Cátedra Joaquim Nabuco **560**
Universidade de British Columbia **562**

Parte VI – A *GENTIDADE* DE PAULO

22. **O mais autêntico deste homem nordestino** 565
   Sua vida com Elza **565**
   Sua vida com Nita **571**
   Sua recifencidade **581**
   Suas virtudes, seus traços de *gente*, sua personalidade **585**
   Sua fé religiosa e a Teologia da Libertação **613**
   Sua saúde e seus limites físicos **617**
   Seus últimos dias e sua morte **624**

Parte VII – BIBLIOGRAFIA

23.
   Bibliografia de Paulo Freire **647**
   Livros em parceria ou coautoria **653**
   Bibliografia citada **655**

Apêndice I **657**
Apêndice II **663**
Apêndice III **693**
Apêndice IV **697**
Índice onomástico **711**

Nota da editora à 3ª edição

A primeira edição de *Paulo Freire: uma história de vida* publicada pela Paz & Terra, em 2013, foi baseada na edição da Editora Villa das Letras, de 2006, finalista do Prêmio Jabuti em 2007 na categoria Biografia, e fez parte de um ciclo de homenagens ao Patrono da Educação Brasileira, no ano de 2017. À época, ocasião em que se completaram duas décadas de sua morte, o livro foi revisto e atualizado pela autora, Ana Maria Araújo Freire.

Como o educador afirmou: "Não há vida sem correção, sem retificação." Portanto, ao texto original revisto e atualizado pela autora, acrescentou-se um encarte que reúne manuscritos de poemas de Paulo Freire, além de ilustrações relacionadas ao seu trabalho.

Em 2024, passadas as comemorações do centenário de nascimento do grande educador, celebrado em 2021, Ana Maria Araújo Freire voltou-se mais uma vez para esta obra, a fim de aprofundar o material acerca da vida e da luta de Paulo Freire. Nesta nova edição, foram incluídos textos dos inquéritos policiais que demonstram a perseguição política sofrida, além de depoimentos apaixonados de amigos e da própria viúva, Ana Maria Araújo Freire, carinhosamente chamada de d. Nita Freire. Uma justa e honrada homenagem a um dos maiores e mais importantes intelectuais brasileiros.

Apresentação

Jacques Pena

Paulo Freire de forma particular e especial

A vida e a obra de Paulo Freire estão retratadas em dezenas de livros nas mais variadas línguas em todos os continentes, como demonstração do profundo reconhecimento internacional de sua importância para a educação e para o pensamento contemporâneo. Mas este é um livro particular sobre a sua obra e especial sobre sua vida. Ainda que seja difícil e arriscado, talvez impossível, pretender falar de sua vida e de sua obra como coisas distintas, visto que sua obra foi, sobretudo, o resultado de seu compromisso de vida como educador.

Particular como publicação, considerando que passados quase dez anos de sua morte, foi escrito por Ana Maria Araújo Freire, que com ele viveu nos últimos dez anos de vida, como companheira de vida e obra. Composto como um mosaico, pela sua amplitude, de observações e análises que amadureceram nesses anos, período em que também amadureceu e ampliou-se o reconhecimento à contribuição intelectual de Paulo Freire.

Conhecedora profunda de sua obra, pois com ele partilhou como educadora em inúmeras oportunidades mundo afora dos debates e desafios sobre a educação, tendo trabalhado na publicação *post-mortem* de alguns de seus últimos escritos, a autora, além de trazer novas visões e contribuições ao debate e à compreensão da obra freireana, acrescenta um componente especial.

Especial é o que teremos nestas páginas de contribuição de Ana Maria Araújo Freire para conhecermos um pouco mais da vida de Paulo Freire.

Além de compartilhar os sonhos de construir um mundo mais justo e humano, de buscar realizá-los juntos no compromisso de vida comum com a educação, a autora teve o privilégio de compartilhar o cotidiano de vida de Freire. Eles que tiveram vários encontros e reencontros pela vida. A educação, de variadas formas, os aproximou na vida desde Recife. É a paixão comum pela educação que inúmeras vezes os faz reencontrar os caminhos e constrói o caminho de uma paixão que para Paulo será a última. É essa condição de convivência cotidiana e paixão comum pela educação, vivendo um amor de maturidade, que, nas palavras da autora, "ao carinho, à amizade e a um mútuo fascínio de longa data sentido somavam-se agora a paixão e o amor", que permite a Nita Freire uma condição singular de apresentar-nos a vida de Paulo Freire de forma muito especial.

Assim como Ana Maria Freire e Paulo Freire tiveram seus caminhos cruzados pela vida e pelas paixões da vida, creio que nos últimos trinta anos a vida levou-me e trouxe-me a Paulo Freire. Recordo-me que, na década de 1970, minha geração, ainda na universidade, nas lutas por liberdades democráticas, inspirava-se nos textos de Paulo Freire e descobria valores e adotava ideias já sistematizadas em *Educação como prática da liberdade* e *Pedagogia do oprimido*.

A atmosfera política produzida pelas mobilizações operárias e estudantis dos anos de 1976 e 1977, rompendo os limites da ditadura militar, criava um estado de espírito em todo o país, em particular na juventude, de que era possível e necessário sonhar e lutar pelos sonhos. Então, ler os livros de Paulo Freire e suas entrevistas naquela época, como a do *Pasquim*, aumentava a identificação com o pensamento dos nossos intelectuais exilados e causava um orgulho do que produziam e de ser brasileiro junto com aqueles brasileiros. Seus escritos revigoravam nossas forças para lutar pela transformação do Brasil e por uma Anistia Ampla, Geral e Irrestrita.

No momento em que participamos da decisão de homenagear o Professor Paulo Freire na edição do Programa Memória, como presidente da Fundação Banco do Brasil, mais uma vez tive o privilégio e a oportunidade de conviver de forma particular com a história, a vida e a obra deste que nos orgulha de ser brasileiro. Nessas circunstâncias, desenvolvemos contatos com diversos familiares e em particular com sua viúva, Ana Maria Araújo Freire, surgindo assim a oportunidade de apresentarmos para os milhares de admiradores de Paulo Freire mais esta publicação, para refletir sobre um dos maiores brasileiros do século XX, a partir de uma contribuição particular e especial de quem com ele viveu momentos de paixão e amor pela vida e pela educação.

Apresentar uma publicação que valoriza e mantém vivos os valores da vida e da obra de Paulo Freire deve causar profunda satisfação e prazer para qualquer brasileiro que viveu a segunda metade do século XX e conhece a importância desse personagem. Para mim, que compartilho de suas ideias e propostas, na educação e na política, inclusive fazendo delas projeto de vida, é ainda maior essa satisfação.

Tenho a certeza de que este livro contribuirá para reafirmar Paulo Freire como um dos maiores educadores do Brasil e do mundo, homem comprometido com causas e com a luta do povo, humanista e homem de esquerda que assume e empunha suas bandeiras.

Boa leitura!

Prefácio à 1ª edição

Alípio Casali[1] e Vera Barreto[2]

Entre o íntimo e o histórico

As biografias de grandes figuras dificilmente escapam de deslizes num certo estilo épico, destinado a consagrar o caráter heroico do sujeito. Isso é inteiramente previsível, até porque, em geral, não se relata a vida de pessoas comuns. Poderíamos esperar esse momento roteiro desta biografia de Paulo Freire, que foi indiscutivelmente um dos grandes nomes da educação brasileira e mundial. Mas não é bem isso o que acontece.

A revelação da identidade da autora, Nita Freire, esposa de Paulo Freire, de partida opera como uma promessa especial ao leitor: a de ser arrebatado a uma descrição de acontecimentos exclusivos, incapazes de serem descritos por qualquer outro biógrafo. O leitor sabe que adentrará com certeza numa história envolvente, levado pelas mãos de quem percorreu muitos dos labirintos da vida profissional e pessoal de Freire. Precisamente os dos últimos dez anos de sua vida.

---

1 Professor Titular do Programa de Pós-Graduação em Educação/Currículo, da Pontifícia Universidade Católica de São Paulo, no qual trabalhou com Paulo Freire ao longo de seus últimos sete anos de vida.

2 Vera foi coordenadora do Programa de Formação de Educadores do Vereda – Centro de Estudos em Educação, fundado por Paulo Freire em 1983. Participou da primeira experiência de alfabetização com a metodologia de Paulo Freire fora do Nordeste brasileiro em 1963. Com sua morte, em 9/9/2013, o Vereda foi extinto.

A modéstia da autora, porém, não revelou ao leitor que sua condição de biógrafa é autorizada não apenas por ter sido esposa do biografado, mas também por ser ela própria uma intelectual profissional madura, uma acadêmica, doutora em educação, pesquisadora, autora de vários livros.

O texto apresenta-se como uma narrativa intensa, desde o seu início. A amplitude desta narrativa é notável e arriscada. Abre-se um arco entre dois extremos: de um lado, testemunhos de máxima intimidade (as rotinas do dia a dia, os caprichos, até os momentos finais da vida de Freire, na UTI do hospital); de outro, a pesada fonte histórica: o manejo de uma vasta coleção de documentos, a maior parte deles inéditos, de valor histórico extraordinário. Um dos mais marcantes é a reprodução do inquérito policial militar do Quartel da 2ª Companhia de Guardas do Recife, realizado pelo tenente-coronel Ibiapina, quando Freire esteve preso em 1964. A truculência dos argumentos do inquisidor revela cruamente o obscurantismo da força militar. A serenidade das respostas de Freire revela a maturidade exemplar do educador. A narrativa biográfica se equilibra muito bem entre esses dois recursos extremos, a intimidade e a historicidade, permitindo revelar-se o amplo leque de experiência de vida de Freire, que só corrobora a justificativa desta extraordinária biografia.

Outro tipo de documentação, utilizada com discreto equilíbrio, é a coleção de fotos que ilustra o texto. A autora tem guardadas fotos em abundância. No livro, elas aparecem na medida certa, para ilustrar apropriadamente os acontecimentos e corroborar seus testemunhos. A inserção discreta de poemas escritos por Freire, ademais, permite ao leitor uma experiência preciosa: entrar no campo da sensibilidade poética desse educador, já tão frequentemente prenunciada em sua oralidade e escrita, ao mesmo tempo sofisticadas e simples.

Quanto à linguagem, Nita Freire passa sobre o fio da navalha entre a fidelidade às marcas fortes do seu discurso pessoal e do discurso de Freire e a fluência da leitura para os leitores e leitoras não familiarizados. Freire saboreava neologismos e os utilizava apropriadamente para intensificar a força expressiva de suas ideias. Nita, simbioticamente, segue um caminho similar, e com isso recria o ambiente freireano ao longo de todo o texto.

Toda biografia requer o alinhamento de uma certa ordem cronológica para a descrição dos acontecimentos. Mas não impede escapes dessa ordem dos acontecimentos sucessivos para se explorar uma abordagem temática. Nita Freire utiliza muito bem esse recurso. Sua maior liberdade interpretativa aparece na Parte VI, quando explora os traços da figura humana do educador Paulo Freire: o homem comum por dentro do educador incomum e por dentro do mito que se construiu ao seu redor.

Seria bom mesmo que a memória de Freire não descambasse para o mito. Pois a condição de mito, no limite, é incompatível com a de educador. Foi com Freire mesmo que aprendemos isso, e seria um duplo absurdo se cultivássemos sua memória fetichizada. Não se faz educação com fetiche. Ao contrário, toda educação é ação desfetichizadora por excelência: desveladora do mundo e dos sujeitos em comunidade. Desvelamento, esse, que se faz não por passe surpreendente de mágica, mas por lenta e árdua construção cotidiana. Enquanto descobridora e construtora, a educação é desencantadora do mundo (Max Weber) tal como ele se nos apresenta imediatamente, recoberto de elaborações tradicionais, culturais, ideológicas. Requer esforço e, não raro, algum sofrimento, olhar de frente para a realidade desromantizada, desidealizada, com uma consciência não mais ingênua. Não obstante isso, não dizemos freireanamente ser "encantadora" essa experiência paradoxal da consciência crítica ao desencantar o mundo?

A vida e a obra de Freire é um fenômeno de forte apelo mítico. A aura em torno de sua figura, sem dúvida, estava relacionada à sua condição de patriota vitimado, que arriscou sua vida para abrir as portas do mundo, da história e da cultura dos analfabetos, oprimidos, excluídos. Isso lhe custou o exílio, mas – outro paradoxo – lhe deu acesso ao mundo e acesso do mundo a ele.

Os leitores e leitoras deste livro vão encontrar nele um Paulo Freire por inteiro: o nordestino apaixonado por sua terra e sua gente, o professor reconhecido por universidades de todo o mundo, o educador popular em diálogo com os excluídos onde quer que eles estivessem. Desde que começou a ser conhecido, no distante 1962, Paulo já tinha o dom de atrair as pessoas. O seu jeito de falar poético e o hábito de começar algumas vezes narrando um caso que ia se transformando em teoria encantavam a todos que o ouviam. Falava partindo da prática e ia extraindo dela uma teoria que a explicava e fundamentava princípios para novas práticas. Ele sabia falar, ouvir e compreender todos, tanto os colegas da universidade como as pessoas mais simples do povo.

A publicação desta biografia torna realidade uma previsão de Paulo Freire. Em vários momentos, ouvimos dele comentários entusiasmados em relação ao constante trabalho de Nita, de coletar e guardar cuidadosamente suas numerosas falas, escritos, participações em encontros, congressos, pelo mundo afora. Paulo dizia saber que um dia todo esse material se transformaria em alguma obra que mostraria a professores e estudiosos as questões vividas na educação e o ponto de vista de quem "andarilhou pelo mundo" pensando o significado da prática educativa a partir dessa realidade. O livro de Nita faz isso. Mais uma vez Paulo Freire estava com razão!

Por tudo isso, encontramo-nos diante de uma biografia originalíssima, autorizada, densa, de incomensurável valor histórico, cultural e educacional, e de prazerosa fruição literária. Como se não bastasse, é de longe a mais completa e autorizada biografia de Paulo Freire até hoje escrita.

Não há dúvida de que esta obra se constituirá uma fonte inesgotável de estudos e pesquisas, pela fartura e pertinência de materiais, documentos, testemunhos e pistas de novas pesquisas que ela oferece. Essas qualidades farão dela, certamente, uma obra de interesse não apenas para educadores e historiadores, mas para um vasto público de leitores e leitoras interessados (e que com ela mais estimulados ficarão) em explorar a memória cultural do Brasil e dos países onde Freire trabalhou, e reconhecer os caminhos da educação humanizadora e libertadora, de Paulo Freire.

Novembro, 2005

Prefácio à 2ª edição

Licínio C. Lima[1]

Uma biografia incontornável:
Freire em seus textos e contextos[2]

Tomei, pela primeira vez, contato com esta obra da Profa. Ana Maria Freire na Universidade Federal de Pernambuco, onde partilhamos uma sessão de apresentação de livros, organizada por ocasião do *VI Colóquio Internacional Paulo Freire*, uma iniciativa do Centro Paulo Freire de Estudos e Pesquisas, realizada em setembro de 2007 no Recife. Nessa circunstância, impressionou-me logo o aspecto imponente de cartapácio, a contrastar com o pequeno ensaio que eu acabara de publicar, *Educação ao longo da vida*, a que logo tomei a iniciativa de chamar um "livrinho". A mais completa e bem documentada biografia que sobre Paulo Freire foi escrita acabara, então, de receber o prestigiado Prêmio Jabuti.

Trata-se, com efeito, de uma biografia simultaneamente rigorosa e amorosa. Por seu turno, Alípio Casali e Vera Barreto referem-se, no prefácio, a uma "biografia originalíssima", autorizada, densa, de incomensurável valor histórico.

---

1 Docente Catedrático do Departamento de Ciências Sociais de Educação, na Universidade do Minho, em Portugal.
2 O texto retoma as notas pessoais de que me servi para fazer a apresentação da obra, que ocorreu a 2 de março de 2012 com a presença da autora, no Funchal (Ilha da Madeira/Portugal), no âmbito do I Encontro Internacional sobre Paulo Freire, organizado pela Associação Regional de Administração Educacional da Madeira.

Pela minha parte, creio que a obra se revela incontornável para os estudiosos do pensamento de Paulo Freire, especialmente pelo repositório de dados, informações, documentos e fontes inéditas, pela contextualização sócio-histórica e político-cultural do Brasil de Freire, antes e depois do exílio, e, ainda, pelo testemunho pessoal, o qual acrescenta densidade psicológica à narrativa e um olhar que combina uma faceta experiencial e uma faceta interpretativa, que conta uma história de vida e que, ao mesmo tempo, não ignora quanto o acervo de documentos disponibilizados ao público pode contribuir para um melhor conhecimento do autor e pode vir a abrir novas pistas de trabalho em torno da sua obra.

Se o leitor não conhece, ainda, o "Andarilho da Utopia", ou conhece-o apenas de nome e de alguns lugares-comuns que sobre os grandes autores sempre vão circulando e sendo reproduzidos, por um lado transformando o autor num mito, ou numa bandeira, mas, por outro, abstendo-se de o ler e estudar com profundidade e criticidade, por vezes simplificando grosseiramente o seu pensamento e fixando-se apenas em algumas máximas ou citações cristalizadas, a experiência resultante da leitura desta biografia pode ser marcante, seja quando feita à maneira de um romance histórico repleto de episódios, fatos e testemunhos, seja quando utilizada como fonte acadêmica que abre pistas e guia o leitor através da diversidade das obras e das suas circunstâncias.

Para os estudantes de pós-graduação que comigo têm trabalhado no curso semestral que dirijo, há já vários anos, no Instituto de Educação da Universidade do Minho, sob o título "Política e politicidade da educação: o pensamento de Paulo Freire", a obra representa um recurso de grande valia. Embora a presença crescente de estudantes brasileiros que frequentam aquela disciplina nos garanta um conhecimento mais detalhado da história do Brasil, sobretudo a relativa à segunda metade do século XX, complementada por obras de referência que fui reunindo ao longo dos anos, a verdade é que se revela indispensável, do ponto de vista científico, pedagógico e metodológico, estudar cada obra de Freire por referência ao contexto histórico em que foi produzida e sobre o qual reflete. Pode, é claro, generalizar-se tal necessidade relativamente a qualquer autor, mas em Paulo Freire a questão ganha centralidade pois, de certo modo, cada um dos seus livros pode ser visto como uma espécie de relatório crítico que sobre a sua experiência de trabalho educativo foi produzido; mesmo que teoricamente estilizado e densificado, estabelecendo diálogo com outras obras e autores, elaborando linhas de interpretação que transcendem já os limites do vivido e suas possíveis visões *focalistas* (que sempre criticou), cada obra remete para os projetos e ações, e para os contextos históricos e sociais em que o autor se encontrou engajado. O pensamento de Freire, a sua pedagogia, a complexa teia teórica e conceitual que elaborou, até mesmo o modo peculiar da sua expressão escrita, ou o seu idioleto, encontram-se ancorados na história do Brasil, vivida e refletida criticamente a partir de dentro e a partir de fora, marcada por fortes regionalismos e acontecimentos locais e, simultaneamente, cosmopolita, em diáspora e permanente diálogo intercultural com alguns dos centros acadêmicos, dos movimentos sociais e dos intelectuais mais estimulantes do seu tempo.

Esta biografia, ao adotar uma linha cronológica que, em simultâneo, narra a vida do autor, remetendo para as suas obras, e aborda os contextos histórico, político-social, local e pessoal, desde o Recife do bairro de Casa Amarela, onde nasceu em 1921, passando por distintos países, pelos quais deambulou durante um exílio feito de viagens e de trabalho educativo por todo o mundo, até o seu regresso e à sua "re-aprendizagem" do Brasil e, em 1997, à sua morte, em São Paulo, cidade onde assumiu responsabilidades como professor, na Pontifícia Universidade Católica (PUC-SP) e como secretário da educação na Secretaria Municipal de Educação (1989-1991), disponibiliza ao leitor dados e informações inestimáveis e à margem dos quais tudo se tornaria mais difícil em termos de estudo. A título de exemplo, observe-se quão importante é para o estudo da sua obra compreender como viveu a atividade político-cultural do Recife de Miguel Arraes e do Movimento de Cultura Popular, como foi influenciado por certas ideias em circulação a partir do Instituto Superior de Estudos Brasileiros (Iseb) e pela obra de Álvaro Vieira Pinto, como apreciava a escrita de Gilberto Freyre e como incorpora elementos dos seus livros nas suas análises, como foi influenciado por certas ideias de Anísio Teixeira e pela sua crítica à burocracia brasileira, embora transcendendo-a. Em suma, como é indispensável compreender o contexto em que ensaia as suas primeiras experiências de alfabetização de adultos, até o trabalho realizado em Angicos que o haverá de projetar publicamente e levar a assumir a direção do Programa Nacional de Alfabetização, por nomeação do ministro da educação Paulo de Tarso, baseado no então designado "Sistema Paulo Freire de Educação de Adultos", emergindo então o protagonismo das práticas e dos conceitos de círculo de cultura, alfabetização crítica, palavras geradoras, codificação e descodificação, entre outros, já no Brasil complexo e contraditório de Jango e, depois, das consequências do golpe de 1964 que o conduzirá à prisão e ao exílio. A este respeito, é de grande interesse a leitura do texto do inquérito policial militar, com suas referências aos autores lidos e contatados por Freire e aos seus conceitos, a que o inquiridor oficial chama de "palavreado complicado", num dos primeiros exercícios "interpretativos" de sua obra que, embora sem autoridade e credibilidade hermenêuticas, haveria de justificar a acusação de subversão e de traição à Pátria, por educar e alfabetizar, mesmo que sob decisão política e recursos de um governo legítimo. Em tal contexto, Freire não hesitará em declarar, simultaneamente em sua defesa e em defesa de uma concepção democrática e libertadora de educação: "Ninguém politiza ninguém e quando se tenta fazê-lo ou se faz, já não se educa, endoutrina-se desrespeitando a pessoa humana."

Será já no Chile, onde trabalhará durante quatro anos e meio, antes da sua passagem, em 1969-1970, pela Universidade de Harvard e da sua fixação em Genebra (1970-1980) no Conselho Mundial das Igrejas, que Freire iniciará uma atividade de escrita sistemática, com grande impacto em termos internacionais. Lançará, em poucos anos, as bases do seu pensamento em obras como *Pedagogia do oprimido* (1970), possivelmente a mais marcante obra pedagógica da segunda metade do século XX, e também no ensaio brilhante, de 1967, intitulado *Extensão ou comunicação?*, já uma reflexão motivada pelo trabalho desenvolvido no Chile e, ainda, pela adaptação da sua tese, apresentada em 1959 à então designada Universidade do Recife e originalmente intitulada *Educação e atualidade brasileira*, que publicará parcialmente com o título *Educação como prática da liberdade* (publicada integralmente em 2001, já postumamente). Também para um conhecimento exaustivo da bibliografia produzida por Freire, respectivas edições e traduções, obras em colaboração etc., a obra de Ana Maria Freire representa uma contribuição relevante, tanto mais que o elevado número de edições e traduções, a que acresce o fato de as primeiras edições de certas obras terem sido realizadas fora do Brasil e não em língua portuguesa, como aconteceu com a *Pedagogia do oprimido*, editada nos Estados Unidos da América em 1970, em inglês, e na Grã-Bretanha em 1972, e ainda em 1972 em português, pela editora portuguesa Afrontamento (Porto), dificultar a sua ordenação em termos de escrita e de publicação.

Particularmente rico é o tratamento conferido ao "retorno ao seu contexto de origem", e respectivas peripécias anteriores, dezesseis anos depois de ter partido. Viajará pelo Brasil, discursará, lecionará, será homenageado, aproveitando assim, nas suas palavras, para "re-aprender meu país". Esse processo de aprendizagem e de diálogo com as novas gerações de educadores brasileiros, sem esquecer as relações que manteve com alguns dos mais criativos e prestigiados acadêmicos, especialmente norte-americanos, designadamente no âmbito da chamada "Pedagogia Crítica", estão, também, na base daquilo a que, com propriedade, António Nóvoa chamou a fase de "renascimento pedagógico" de Freire. As obras que publicou nas décadas de 1980 e 1990 são testemunho da capacidade de revisitação crítica do seu trabalho anterior e de cruzamento com novos temas e problemas contemporâneos, contribuições menos conhecidas na Europa e, parcialmente, responsáveis por uma certa remissão de Freire para a década de 1970 onde, ocupando lugar de destaque, se vê, frequentemente, enclausurado em torno da educação de adultos, da educação popular e da alfabetização, nos termos definidos em *Educação como prática da liberdade* e em *Pedagogia do oprimido*. Por um lado, trata-se de um possível efeito da falta de tradução de algumas das suas obras mais recentes em certas línguas, mas, por outro, não são de afastar razões que se prendem com o crescente conservadorismo da educação institucionalizada na União Europeia, atingindo já a formação inicial e continuada de educadores e professores e certas orientações dominantes de aprendizagem ao longo da vida, de vocacionalismo e formação profissional contínua, muito mais dirigidas para a produção de habilidades economicamente valorizáveis e de competências para a empregabilidade e a produtividade em ambiente competitivo, do que para uma educação integral do ser humano que vise à constituição de cidadãos ativos na interpretação crítica do mundo e nas tentativas da sua transformação e humanização.

Merece, ainda, destaque a imensa informação relativa ao reconhecimento público de Freire, em vida e depois da sua morte, incluindo a concessão do grau de Doutor *Honoris Causa* por mais de quatro dezenas de universidades, uma das quais a Universidade de Havana, em 2003, em belíssima cerimônia acadêmica que pude testemunhar; a concessão do título de cidadão honorário de diversas cidades, os prêmios recebidos e as homenagens prestadas, as centenas de estabelecimentos de ensino, centros acadêmicos e de pesquisa, bibliotecas, cátedras, monumentos, prêmios, com o seu nome, e também praças e ruas, não apenas no Brasil, mas, por exemplo, também em Cabo Verde, na Cidade da Praia, onde a Rua Pedagogo Paulo Freire foi inaugurada em setembro de 2000, através de cerimônia que pude acompanhar. Enfim, a documentação e informação recolhidas são impressionantes, bem como o cuidado, próximo, conhecedor, o seu tratamento e a sua organização.

É para mim claro que o estudioso e pesquisador acadêmico de Paulo Freire dificilmente poderá ignorar o trabalho realizado pela Prof[a]. Ana Maria Freire. Conhecer biograficamente um autor e os seus contextos de produção representa um elemento relevante para o estudo da sua obra e do seu pensamento. Não que eu pertença a uma escola de tipo biografista e impressionista, que confira centralidade exagerada a detalhes pessoais e psicológicos, mas tampouco sou adepto de uma concepção imanentista, como se tudo se pudesse subsumir aos textos e a uma presumível essência neles contida, já para além dos contextos, visões do mundo e influências que marcam indelevelmente cada autor. Uma biografia como a que nos é oferecida agora, mesmo quando assume claramente uma relação de grande proximidade e afetividade com o autor biografado, revela-se capaz de transcender o mero impressionismo e as ciladas do subjetivismo, adotando procedimentos de crítica interna e de crítica externa, atribuindo relevância aos documentos fidedignos, buscando triangulações, analisando os contextos, conhecendo as fontes primárias e secundárias pertinentes. E mesmo assim pode errar e ter necessidade de rever, reconsiderar, corrigir, matizar, o que é próprio do nosso ofício e, sobretudo, do avanço das nossas pesquisas e dos diálogos, das teses e argumentos que vamos elaborando.

Penso, por tudo isto, que esta biografia constitui um instrumento de trabalho utilíssimo para todos quantos estudam Freire, sejam principiantes e, nesse caso, com imensas razões para se entregarem à sua leitura, ou mesmo apenas à sua consulta, em busca de informações pontuais ou da apropriação de dados contextuais passíveis de ulterior aprofundamento, seja também para os leitores especializados, capazes de estabelecerem novas relações entre fatos e informações, de consolidarem certos pontos de vista interpretativos ou de, pelo contrário, formularem novas interrogações ou linhas de indagação futura.

Introdução

Nita
Ana Maria Araújo Freire

Um testemunho de amor e de verdade: a vida de Paulo Freire

Escrever a biografia de Paulo Freire após sua morte tem para mim um significado muito profundo. De dor, de muita dor ao rememorar os 60 anos de contato que tivemos nas diversas fases de nossas vidas, mas também de uma satisfação muito especial que ameniza essa dor. A satisfação de como viúva e conhecedora de quem foi verdadeiramente Paulo Freire dar o meu Testemunho para perpetuá-lo na história dos homens de bem do nosso país. Seja para os que o conheceram ou com ele trabalharam pessoalmente. Seja ainda para os que sequer o conheceram, mesmo que seus conterrâneos e contemporâneos. Escrevi esta Biografia, acima de tudo, para o apresentar e perenizar para as gerações mais jovens e as que de nós todos e todas virão, no futuro.

Vou, então, através de minhas lembranças dos tempos vividos paralelamente, mas, sobretudo os vividos com ele, juntando a essas as suas envolventes histórias contadas a mim nas nossas conversas; com a extensa documentação sobre fatos de sua vida, de escritos seus e de diversas pessoas que se relacionaram de alguma maneira com e em torno dele, escrever esta *história de vida*. Um exemplo de vida. *Paulo Freire: uma história de vida*.

Participei como pessoa privilegiada da vida de Paulo em várias e diferentes instâncias que o relacionamento humano pode possibilitar. Mudamos no decorrer dos anos a *natureza de nossas relações,* como ele gostava de dizer. De amiga à aluna. De aluna à mulher-amante. De mulher à colaboradora e perpetuadora de sua vida e obra.

Vivi cada um desses momentos com respeito, admiração e fascinação por ele. Agora que ele partiu ficando, entretanto, para sempre em mim, tomo esta tarefa de escrever sobre sua vida, ao lado da outra tarefa, a socialização de parte de sua obra,[1] como fundamental para nós dois. A essas tarefas estou me entregando com todo o empenho, cuidado e seriedade, quase tanto quanto me dediquei a ele mesmo quando dividimos o cotidiano da vida. Espero cumprir mais este dever e este direito tal como ele desejava que eu o fizesse: reconstituir com amor, com verdade histórica e com a proximidade de mulher, estudiosa e sucessora de sua obra, detalhadamente, a sua vida e os seus feitos, através desta biografia.

"Como guardar a memória de alguém sem trair sua vida?"[2]

Guardar os tempos vividos com Paulo na minha memória, no córtex de meu cérebro, no meu *corpo consciente*, foi fácil. É fácil: foram tempos intensamente vividos, profundamente sentidos. Apaixonados. Impossíveis de serem esquecidos. Escrever sobre os tempos de nossa relação harmoniosa e feliz é prazeroso. É fácil, repito.

Perenizar sua figura de homem público, o seu legado de educador, de seus feitos por mais de 50 anos de luta e trabalhos, de esforços e dedicação, corro – como correm todos e todas que tomam para si esse dever de perenizar homens ou mulheres exemplares – o risco de não ser fiel nem ao "retrato" nem à "moldura" de quem se propõe biografar. Mais ainda quando o "retratado" foi e continua sendo objeto de admiração, fascinação e amor por parte de quem o retrata, por mim.

Há, sempre, em qualquer caso, o perigo de arbítrio quando escrevemos sobre alguém, porque a total imparcialidade de quem escreve não existe. Como autora desta Biografia, eu não desejo e nem quero a imparcialidade da falsa neutralidade: decidirei o que dizer, como dizer, onde dizer, por que dizer, por que não dizer consciente de que "aquele que é lembrado nem tem chance de escolher a moldura nem o retrato emoldurado".[3]

Sinto-me livre de escolher a "moldura" e o "retrato" de Paulo porque o conheci, realmente. Conheci o seu corpo e sua alma, seus desejos e vontades, suas aspirações e necessidades, sua obra e práxis, sua inteligência e *gentidade*.

---

[1] Fui nomeada por Paulo em documento de estatura jurídico-legal – Testamento – sua sucessora legal/intelectual no que se refere à organização de todas as suas obras inéditas, além de ser a responsável pelos escritos dele a partir de nosso casamento, em 27/03/1988.

[2] Jurandir Freire Costa, "Os que vencem após a morte" (texto sobre uma amiga psicanalista recém-falecida). *Folha de S.Paulo*, de 22 de setembro de 2002, Caderno MAIS, p. 9.

[3] Jurandir Freire Costa, idem, p. 9.

Assim, me considero apta a escrever sua biografia "sem trair sua vida". Com a certeza de que não estou negando-lhe a chance de escolher a moldura e seu retrato emoldurado. Que estou dando o meu testemunho de amor e de verdade sobre a vida de Paulo Freire.

Algumas vezes Paulo me disse, insinuando, porque jamais pediu a qualquer pessoa uma "distinção especial"[4] para ele:

"Sei que vais escrever sobre minha vida, tu sabes muito sobre ela não só pelo tempo que nos conhecemos e pelas diferentes naturezas das relações que mantivemos, mas, sobretudo, por tua capacidade de historiadora, de saberes observar e dizeres o que eu venho sendo enquanto homem e militante político na educação."

Os leitores e leitoras deste livro já devem ter percebido que não escreverei uma Biografia desencarnada, "angelicalizada" ou caricata de meu marido. Escreverei *uma história de vida*, a de Paulo Freire, tanto a que ele viveu antes de nos casarmos e a que vivemos juntos como a que venho presenciando e participando sobre ele, sem ele – com os sentimentos e as emoções, sem perder, entretanto, a capacidade do discernimento da razão pautada na transparência lógico-pedagógica e no compromisso ético-político, que continua a sua *história de vida*.

Tomarei esse caminho claramente consciente porque tenho certeza de que me empenharei em dizer tudo aquilo o que eu sei sobre Paulo, que o engrandece; tudo o que lhe faça justiça, tudo o que é verdadeiro sobre ele, e, tudo sobre o que meu marido gostava e se orgulhava de ter feito e/ou pensado e dito. Assim, vou dizer, intencionalmente, tudo que ele gostaria que eu dissesse, tudo que me está sendo possível dizer de sua vida. Registrar num discurso a sua vida sem me furtar, portanto do que vi, observei, estudei e vivi junto com ou sem ele porque fui protagonista e testemunha privilegiada de sua vida.

Portanto, escreverei este texto *encharcado* de minha paixão por ele como homem companheiro e amigo, como cidadão, como educador, mesmo porque não haveria motivo de negar os meus sentimentos por ele. Estarei cuidando todo o tempo com a verdade para que a minha amorosidade subjetiva não mate a objetividade da minha consciência crítica acerca de quem foi, de quem continua sendo Paulo Freire.

Numa coisa os leitores e leitoras devem acreditar: procurei nessa busca do "retrato" de Paulo e da "moldura" que o envolveu, o mais autêntico que habitou nesse extraordinário homem do Recife, do nordeste brasileiro. Sem in-

---

4 Paulo jamais pediu, sugeriu ou exortou qualquer pessoa ou instituição para que o homenageasse. O enorme rol de ruas, escolas, títulos acadêmicos do mais alto grau, ou outras instituições que o têm como patrono jamais foi iniciativa que partiu dele. Qualquer pessoa que o conheceu, minimamente, sabe que esse era o seu modo humilde de ser, o seu comportamento baseado na ética autêntica.

verdades, sem ambiguidades, sem engodos.[5] Com verdade e lealdade aos fatos e a Paulo. Falarei de suas tramas[6] *no* mundo, *com* o mundo e pela Vida, em seu sentido mais amplo, sem pretender a "neutralidade", pois essa é impossível, não existe, sabemos.

Se Paulo não falou por mim, não precisou dizer o que eu pensava ou tinha feito, enquanto fomos casados, porque ele sabia me respeitar e também porque sabia que eu tinha minha voz própria, pois já a exercia ao seu lado, agora, por um "acaso do destino", por uma fatalidade que não queria e não esperava – sempre pensei que morreríamos juntos numa queda de algum avião em alguma parte do mundo numa dessas inúmeras viagens que fazíamos –, sou eu quem falo sobre ele, que tinha o pleno domínio da palavra e de si. Sobre o educador que sabia o que queria e precisava *dizer* e sabia como *dizer*. Entretanto, a minha voz não fica embargada, amedrontada ou inibida fazendo comparações. Direi o que posso e sei e como posso e sei *dizer*.

Devo confessar que escrever a vida e obra de Paulo tem uma outra dimensão, a de dificuldade de acesso a tudo que ele fez e escreveu ou dele se disse e escreveu. Difícil porque Paulo foi pródigo em produzir e magnânimo em distribuir os seus trabalhos e praticar sua práxis transformadora. Assim, recolhê-los não vem sendo tarefa fácil, mesmo que venha recebendo algum material, cartas, fotografias, documentos e outros escritos de pessoas que entendem que para perpetuá-lo como um agente de transformação da sociedade é preciso conhecê-lo melhor divulgando a sua obra. Difícil, não. Impossível recolher tudo o que ele *fez* e *disse* e mais ainda o que se faz em torno de suas ideias e práxis diante da repercussão sempre crescente do que ele *disse* e *fez* nos seus 75 anos de vida.

A influência de Paulo na história dificilmente se completará. Vem se completando dinamicamente a cada ação-pensamento a partir do que ele *dis-*

---

[5] Gostaria de registrar que não é tão pouco comum, infelizmente, mesmo entre intelectuais, algumas dessas posturas. O fac-símile de uma carta de "próprio punho", atribuída a Paulo, que, na verdade, foi escrita por alguém que não meu marido, em linguagem não brasileira, com conteúdo cheio de ingenuidades, com letra de menina criança, utilizando folhas de papel pautado, dizendo coisas que Paulo jamais diria nem escreveria nem disse, foi publicada por revista ligada a uma Universidade europeia. Nela também podemos ler que Paulo se asilou na Embaixada da Suécia, em 1973, na ocasião do Golpe de Pinochet contra o Chile, quando Paulo já estava em Genebra há mais de 3 anos, depois de quase 1 ano nos EUA e 3 anos e meio no Chile. Na verdade, Paulo se asilou na Embaixada da Bolívia, no Brasil, em 1964. Ainda nessa revista podemos ler sobre outros fatos afirmados, absolutamente infundados. Conferir na *Revista Educação Sociedade & Culturas*, da Faculdade de Psicologia e de Ciências da Educação da Universidade do Porto, n. 661, nas p. 5, 90, 92/93, 93, 175 e 177, de outubro de 1998, Porto: Edições Afrontamento.

[6] Sobre esta categoria usada por Paulo consultar o interessante livro de Danilo R. Streck, *Pedagogia no encontro de tempos: ensaios inspirados em Paulo Freire*, sobretudo o ensaio "Pedagogia no encontro de tempos: a trama como metáfora para a educação", p. 13 a 30.

se e *fez*; a partir do que se faça, se pense e se divulgue sobre seu *ser no* e *com* o mundo; a cada nova práxis educativa progressista que se implante e se realize, não só no campo da educação popular e na educação de adultos, mas, no da educação no sentido mais amplo e em muitos outros campos do saber.

O que eu estou dizendo é que a interferência direta ou indireta de Paulo no mundo certamente não se completará jamais – ou se "completará" quando os sonhos possíveis, os "inéditos viáveis",[7] as utopias forem práxis reais e concretas –, pois, sua influência vem tendo cada dia mais ramificações numa progressão geométrica diretamente proporcional à busca que fazem às suas reflexões. Através das mais diversas áreas do conhecimento – da antropologia à educação ambiental; das ciências físicas, biológicas ou exatas às ciências políticas; das religiões à filosofia; da ética à estética; da museologia à educação musical; das práticas da medicina intuitiva e primitiva à medicina popular ou tradicional-científica etc. Paulo tem sempre alguma coisa a *dizer* para as nossas reflexões diante das necessidades sociais cada vez mais complexificadas no mundo tecnológico atual.

Em outras palavras, não há dúvidas, portanto, de que Paulo tem e terá sempre um papel de destaque na história das ideias, tal a profundidade e abrangência de seu pensamento, enquanto educador da consciência ético-político-crítica, mesmo que o mundo transforme os *sonhos*, as atuais utopias, em práticas da vida cotidiana. Neste caso, certamente, ele será estudado e lembrado como um dos pensadores que nos levou à possibilidade da concretização das utopias por milênios sonhadas por milhões de seres humanos.

Paulo também será sempre conhecido por sua *gentidade* amorosa. Como um educador crítico que amou apaixonadamente os homens e mulheres e a esses e essas esteve a serviço, dedicando toda a sua vida através de sua proposta de educação dialógica, questionadora, esperançosa, denunciadora e anunciadora, problematizadora e libertadora, portanto, nascida e embrenhada na amorosidade. Paulo vai ser sempre lembrado como o homem que ao amar tão intensamente os outros e as outras estabeleceu uma nova ética, a ética da vida através de sua compreensão de educação tendo sido por isso chamado pelo filósofo Enrique Dussel como o "pedagogo da consciência ético-crítica".[8]

---

7 Escrevi alguns trabalhos sobre esta categoria de Paulo. Ver os já publicados em *Pedagogia da esperança*, nota n. 1; e, em "Utopia e democracia: os inéditos-viáveis na educação cidadã", p. 13-21, in *Utopia e democracia na educação cidadã*, organizado por José Clovis de Azevedo e outros, Porto Alegre: Ed.UFRGS/Secretaria Municipal de Educação, 2000. Também no livro de minha autoria, *Meus dizeres e fazeres em torno de Paulo Freire* (Paz & Terra, 2024).

8 Enrique Dussel. *Ética da libertação: na idade da globalização e da exclusão*. Petrópolis: Vozes, 2000, p. 431.

Quando, nos primeiros dias de abril de 1997, Paulo foi entrevistado[9] por Edney Silvestre, em Nova York, poucos dias antes de sua morte, ele nos presenteou com uma surpreendente resposta "molhada" de sua humildade e amorosidade, que, certamente, não por coincidência, o autor quis encerrar essa entrevista e o próprio livro que publicou, posteriormente:

– Professor, como o senhor quer ser lembrado?
Paulo respondeu rindo, sem titubear:
– Esta é ótima. Esta é ótima. Essa é uma pergunta muito gostosa. Eu até vou aprender a fazer esta pergunta a outras pessoas. Sabe que eu nunca tinha pensado nisso? Mas agora que você me desafia, talvez a minha resposta seja um pouco humilde. Eu gostaria de ser lembrado como um sujeito que amou profundamente o mundo e as pessoas, os bichos, as árvores, as águas, a vida.

Nos mais de 75 anos de vida, certamente o sentimento que Paulo mais viveu foi esse: o amor. Recebeu o dom da amorosidade e foi construindo o seu existenciar-se em torno do amar os outros e as outras e oferecer-se ao amor na sua mais genuína autenticidade. Lutou toda a sua vida para construir "um mundo onde amar seja possível". Essa foi, certamente, a sua virtude maior e o princípio fundante de sua vida e de sua obra.

Paulo defendeu sempre a vida, a vida para ser vivida por todos e todas com dignidade, com respeito. Assim, entregou a sua própria vida "aos esfarrapados do mundo",[10] aos/às explorados/as e oprimidos/as. Com tolerância, generosidade e compromisso. Com amor. Sobretudo com o amor.

Assim, diante da complexidade e profundidade que esta tarefa deve, necessariamente, abarcar, escrever esta Biografia não será fácil diante do enorme número de aspectos aos quais pretendo e necessito abordar da vida/obra de Paulo, repito. O que me acalenta é que os leitores e leitoras de Paulo, os quais os tomo de empréstimo, encontrarão informações as mais diversas, extenuadamente procuradas e seriamente estudadas por mim. São dados de sua vida; fotografias; citações, transcrições e ou fac-símile de documentos, títulos, processos jurídicos, ou de cartas e textos de Paulo ou a ele dirigidos; narração de vivências de suas emoções e sentimentos decorrentes de seu trabalho e das relações que estabeleceu com diferentes pessoas pelo mundo; sua compreen-

---

9   Entrevista concedida a pedido de Jorge Pontual a Edney Silvestre para a Rede Globo de Televisão, do Brasil, em Nova York. Soube por amigos que, no dia 2 de maio de 1997, essa matéria foi repetida inúmeras vezes por este canal de TV, como uma homenagem a Paulo. Essa entrevista completa pode ser lida no livro organizado por mim: Paulo Freire, *Pedagogia da tolerância*, transcrita do livro de Edney Silvestre, *Contestadores*, São Paulo: Francis, 2003, p. 329-342.
10 Parte da dedicatória da *Pedagogia do oprimido*.

são de educação e leitura de mundo amalgamada por mim com a intenção de dar unidade a esta profusão de conteúdos, pensamentos, saberes e sentires dele e meus, e, de outros e outras.[11]

Ler o mundo nos espaços/tempos de cada um dentro de nós, de cada um de nós em relação com as nossas sociedades, como Paulo nos ensinou, continuará a ser a tarefa dos que querem construir um mundo mais justo, mais bonito e verdadeiramente democrático, seu *sonho maior*. Esta utopia não foi encerrada com sua morte, enfatizo, devemos ter isso bem claro. Os eventos, as instituições, sua obra, muitas pessoas que nos dias de hoje o recriam e que se espalham cada dia mais pelo planeta Terra, podem levar seus sonhos utópicos a rincões distantes, a gentes diferentes. Conhecê-lo melhor é fundamental para reinventá-lo, como ele tanto desejava porque sempre teve a preocupação de não ter seguidores ou discípulos[12], mas recriadores, sujeitos curiosos que possam *dizer coisas* sobre as coisas que ele disse e fazer coisas sobre as coisas que ele fez, renovando-o, atualizando-o, reinventando-o histórica, política e epistemologicamente, com seriedade ética. Sobretudo com seriedade ética, o perpetuar.

Convoco-os todos e todas a fazerem comigo o percurso da vida de Paulo Freire, sem os preconceitos dos intelectualismos da neutralidade científica positivista, pois, esta "moldura" não se enquadra no "retrato" de Paulo. Nem na minha.

Convoco-os a conhecerem ou re-conhecerem o Paulo "molhado" pelo amor e pela crença e respeito a todos os seres. Aquele que "[...] gostaria de ser lembrado como um sujeito que amou profundamente o mundo e as pessoas, os bichos, as árvores, as águas, a vida".

---

11 Assumo também a responsabilidade dos inúmeros documentos e cartas traduzidos do inglês, do francês e do espanhol, muitos deles passando pelo crivo do meu professor de inglês Cyro Lavieri Junior.
12 Conferir em *Pedagogia da esperança* suas próprias palavras nas quais Paulo alerta seus (suas) leitores(as) para este problema: "*Não posso ser responsabilizado, devo dizer, pelo que se diga ou se faça em meu nome*, contrariamente ao que faço e ao que digo; não vale afirmar, como certa vez, alguém, com raiva o fez: 'Você pode não ter dito isto, mas *pessoas que se dizem discípulas suas disseram*'" [grifos meus].

O seu mais autêntico contexto de origem

PARTE I

CAPÍTULO 1

Infância e adolescência

Paulo Reglus Neves Freire nasceu na Estrada do Encanamento, 724, no bairro de Casa Amarela, no Recife (PE), às 9 horas da manhã do dia 19 de setembro de 1921, filho de Joaquim Themístocles Freire e Edeltrudes Neves Freire. Morreu na UTI do Hospital Albert Einstein, na cidade de São Paulo (SP), às 6h30, do dia 2 de maio de 1997, de "enfarte agudo do miocárdio, insuficiência coronariana e hipertensão arterial sistêmica", segundo o laudo médico assinado pela Dra. Maristela Camargo Monachini.

Sua primeira família

O pai de Paulo, Joaquim Themístocles Freire, foi oficial da Polícia Militar de Pernambuco[1] e era filho de Ceciliano Demétrio Freire e de Maria Anísia Freire. A mãe de Paulo, Edeltrudes Neves Freire (Dona Tudinha),[2] de prendas domésticas, era filha de José Xavier Barreto das Neves e Adozinda Flores Neves.[3]

---

1   Num escrito dirigido ao seu pai, Ceciliano Demétrio Freire, o avô de Paulo, datado de 2 de novembro de 1909, Joaquim Themístocles se identifica como "segundo-sargento", posteriormente foi tenente e capitão.
2   Dados obtidos quando de minha pesquisa no Cartório de Registro Civil do 12º Distrito Judicial da Capital, Recife, em 11 de novembro de 2004.
3   A carta de pedido de casamento de Edeltrudes por Joaquim Themístocles Freire é datada de 14/5/1910.

Joaquim Themístocles Freire nasceu em Natal, no Rio Grande do Norte, em 31 de dezembro de 1879, e faleceu aos 54 anos de idade, em Jaboatão, Pernambuco, no dia 31 de outubro de 1934. Dona Tudinha nasceu no Recife, Pernambuco, em 28 de março de 1892, e faleceu em Campos, no Estado do Rio de Janeiro, na casa da filha Stella, em 8 de novembro de 1977. "Preso" no exílio, sem passaporte, Paulo não obteve permissão de vir vê-la antes de sua morte, quando já estava muito debilitada pelos seus sofridos 85 anos de idade.

Dona Tudinha, mãe de Paulo.

Paulo foi o quarto e último filho do casal. Na sua literatura, falou algumas vezes e sempre com afeto dos seus irmãos, Armando, Stella e Temístocles. Foram irmãos-companheiros, não só nos tempos de infância no Recife, mas, sobretudo, nos momentos mais duros da pobreza vivida em Jaboatão, que, aliás, sedimentou uma grande amizade entre os irmãos, que eles nutriram entre si por todas as suas vidas.

"Ilmo. Sr. Neves. Saudações.
Talvez que estas linhas que neste momento deliberei-me traçar vão incomodar-vos e abalar mesmo a permanência feliz e despreocupada de vossa alma, mas assim julguei necessário fazer.
Um dia Sr. um acaso feliz (eu o creio) fez-me conhecer uma moça por quem, desde então, senti-me consideravelmente atraído pelo mais sincero e santo amor. Essa criatura é D. Edeltrudes, uma das diletas filhas de V.S. que, como disse, tão bem soube arrebatar-me o coração e por quem tive a honra e a felicidade de ser correspondido neste sentimento.
Portanto, Sr. é este exclusivamente o assunto de minha humilhíssima [sic] carta, foi isto que convidou-me a falar-vos, foi absolutamente impelido por este sentimento eternamente grande e infinitamente sincero que inspirou-me a vossa digna filha, que tomei a grandíssima liberdade, de cientificar-vos das minhas intenções. Amo-a, eis tudo.
Estou certo que a nossa união, um dia, trará eternamente a minha felicidade. Por conseqüência resolvi em não permanecer por mais tempo em silêncio e sem que mesmo pense na resposta que tenhais a dar-me, venho pedir-vos a sua mão para minha noiva. Reconheço mais que todos, que não me acho em condições de casar-me agora; porém não deixo de reconhecer que estou em condições de dar o nome de noiva à mulher que amo, pois assim, livrá-la-ei, ao menos de censuras e a mim também das mesmas. Confiamos, pois, nos belos dotes que crescem e iluminam o vosso espírito, espero que aprovará o meu procedimento, ainda mesmo que nos sejam negados todos os direitos de que gozem os que procedem como venho de fazer e são atendidos.
Com estima e consideração.
Subescrevo-me o vosso [ilegível] J. Themístocles Freire"

Armando, pouco afeito aos estudos, precisou abandoná-los muito cedo para começar a trabalhar como funcionário público para ajudar a prover a mãe viúva aos 42 anos de idade[4] e seus três irmãos. Foi casado com Sílvia e morreu pouco depois de Paulo ter voltado do exílio. O casal teve oito filhos.

Stella fez a Escola Normal, tendo sido professora primária por pouco tempo, pois se casou com Bruno e foram morar em Campos (RJ), de onde ele partiu no tempo da Segunda Guerra Mundial para servir como soldado no Recife. O casal teve sete filhos.

Temístocles, a quem Paulo devotou a mais alta estima de irmão,[5] já muito doente quando Paulo faleceu, perdeu a vitalidade e o gosto pela vida, e dois anos depois, foi, em 27 de setembro de 1999, como sempre dizia querer ir desde o dia 2 de maio de 1997, ao encontro de seu querido irmão Paulo. Foi o irmão-companheiro de dores e travessuras da infância. Quando Paulo e Elza se casaram, alugaram uma casa com ele e sua mulher Renilda – então também recém-casados – e viveram juntos por alguns anos. Temístocles reformou-se como sargento do Exército logo depois do golpe de Estado de 1964, em solidariedade a Paulo: não podia se conceber dentro de uma organização que tratava seu irmão como um ser malvado, ateu, nazista e comunista. Temístocles e Renilda tiveram oito filhos.

Sr. Themístocles, pai de Paulo

Nas mais diferentes circunstâncias e momentos de sua vida, Paulo lembrava com emoção desse seu irmão: "Eu usava a amenidade das sombras para estudar, brincar, conversar com meu irmão Temístocles sobre nós mesmos, nosso amanhã, sobre a saudade de nosso pai falecido ou então para curtir, mergulhado em mim mesmo a falta da namorada que partira" (*À sombra desta mangueira*).[6]

---

4 Sobre a viuvez de sua mãe, consulte-se também o livro de minha autoria *Nita e Paulo, crônicas de amor*; e em *Nós dois*.
5 Testemunhos sobre essa relação também podem ser conferidos em diversas passagens de *Pedagogia da esperança* e *Cartas a Cristina*, ambos de Paulo Freire.
6 As obras de Paulo Freire citadas apenas pelos títulos encontram-se listadas nas referências bibliográficas do autor.

| "O livro de bebê", página 79.

A primeira família de Paulo incluía também "tia Esther", irmã de sua mãe, que morou por quase todo o tempo da infância e juventude dele em casa vizinha à sua. Paulo falava muito também do marido de sua tia, o "tio Monteiro", que foi jornalista de oposição nos anos 1920, com quem ele teria iniciado o seu primeiro "curso de realidade brasileira" ouvindo-o conversar com seu pai. Ele chegou a ser prefeito de Belo Jardim, no agreste pernambucano, após a ascensão de Vargas, onde Paulo foi muitas vezes passar férias. Morreu de tuberculose em 1935, em razão das sucessivas prisões em que esteve retido durante o governo pernambucano autoritário de Dantas Barreto. Assim, Adozinda (Dosa) e João Monteiro, filhos desse casal, foram primos muito próximos, "quase irmãos", pelos quais Paulo teve enorme desvelo e amizade. Dona Esther criou, anos depois, uma menina chamada Myrian, que, adulta, militante política, foi morta pelo regime militar,[7] por quem Paulo também teve um enorme bem querer.

O tio Rodovalho foi o padrinho de batismo de Paulo. Como comerciante bem-sucedido no Rio de Janeiro, esse tio tornara-se o protetor financeiro da família. Com a queda da Bolsa de Nova York, em 1929, a família precisou hipotecar a casa na qual vivia no Recife; e tendo-a perdida por não ter podido saldar a dívida, a família resolveu mudar-se para Jaboatão. Tio Rodovalho morreu em São Paulo, destituído de quase tudo, menos de sua imensa generosidade e capacidade de amar.

O tio Lutgardes,[8] também irmão da mãe de Paulo, viveu com a sua família – Natércia, sua esposa, e os filhos Leda, Stênio e Naná – no Rio de Janeiro. Por todos eles Paulo teve uma enorme amizade que se consolidou quando, a serviço do SESI-PE, vinha constantemente em viagem ao então Distrito Federal.

---

7   Sobre Myrian e esse fato, publiquei carta de Paulo em *Pedagogia dos sonhos possíveis*.
8   O filho mais novo de Paulo recebeu também este nome em homenagem ao tio-avô.

A "tia Lourdes" não se casou e viveu com a mãe de Paulo até a sua morte. Tocava piano,[9] garantindo à família o status de classe média quando toda a família,[10] na verdade, passava fome.

Um dos melhores amigos de Paulo, e o mais antigo deles, foi Albino Fernandes Vital, a quem ele dedicou – e à sua mulher, Jandira – o livro *Professora, sim; tia, não*, e interrompeu uma das *Cartas a Cristina* para dizer da dor de sua perda:

> P.S. Perdi hoje, 5 de agosto de 1993, um dos meus melhores amigos, Albino Fernandes Vital.
>
> Em tenra idade, quando devíamos ter cinco ou seis anos, começamos uma amizade jamais arranhada ao longo de tantos anos. Fundamos nosso querer bem num gramado macio e acolhedor que atapetava a frente de sua casa, pequena e humilde, quase vizinha à em que nasci, na Estrada do Encanamento, no Recife. Fomos colegas de escola primária e de ginásio, o Oswaldo Cruz...

Gostaria de destacar nessa biografia a importantíssima presença dos pais de Paulo, sobretudo da mãe, na sua vida e na formação de seu caráter. Os cuidados dela foram absolutamente surpreendentes para uma pessoa que foi mãe no início do século XX. Suas anotações em "O livro de bebê" de Paulo,[11] apesar da linguagem pouco usual para os dias de hoje, dizem de seu carinho, respeito e dedicação; do seu poder de observação sutil e da aceitação da maneira de ser, das emoções do seu pequeno filho desde o nascimento e no seu desenvolvimento da primeira infância. É possível constatar, para aqueles que conheceram Paulo minimamente, alguns traços de sua personalidade de adulto se definindo na sua mais tenra idade. Ela o acolheu e dele cuidou verdadeiramente, sem as interferências indevidas, autoritárias, deterministas, como era comum na época.

Transcrevo, a título de ilustração, partes significativas desse livro com os registros de Dona Tudinha:

> Paulo nasceu numa segunda-feira, foi um dia de tristeza e de aflições, pois o seu Papá [sic] estava muito mal sem esperanças de restabelecer-se, quase que o Paulinho seria órfão ao nascer, porém o bom Jesus livrou-o dessa desventura, presenteou-o restituindo a saúde ao seu Papá [sic]. (p. 12)

---

9 Conferir em *Cartas a Cristina*: reflexões sobre minha vida e minha práxis, a interpretação de Paulo sobre a função do "piano de tia Lourdes" e a "gravata de meu pai", na Segunda Carta.

10 Sobre a relação de Paulo com sua mãe e seus tios, o leitor pode consultar, além dos livros do próprio Paulo, o que escrevi, *Nita e Paulo: crônicas de amor*, e no *Nós dois*, em várias crônicas.

11 O livro traz versos de Delfim Guimarães e ilustrações de Raquel Ottolini. Atualizei a grafia de seus pais nos registros desse livro, bem como em todos os documentos citados nesta biografia.

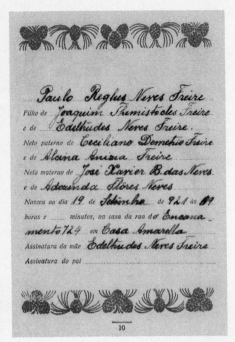

"O livro de bebê", capa e página 10, no qual D. Tudinha anotou dados importantes da primeira infância de Paulo.

Com um mês de nascido apareceu com uma forte erupção na pele, sofreu bastante durante três meses, o médico que o tratou foi o Dr. Guilherme Cirne de Azevedo. Depois desse mal, não sofreu mais coisa nenhuma até a data presente, 6 de outubro de 1922. É bem gordinho conforme se vê no seu retratinho com um ano. (p. 13)

Paulo nasceu com 2 kg e meio e ao completar 1 ano de idade pesava 9 kg e meio. (p. 14)

Media ao nascer 49 cm. E com 1 ano 69 cm. (p. 82)

No dia 10 de janeiro de 1923 adoeceu de um embaraço gástrico, apareceu muita febre... foi ele medicado por Dr. Luiz Loureiro, felizmente após dois dias estava restabelecido. Tem um afeto extraordinário pelo paizinho como o chama. Só adormece nos seus braços ouvindo-o cantar. (p. 16-17)

Deu o primeiro passeio no dia 2 de maio de 1922. O seu primeiro passeio foi à casa de sua tia Esther, cumprimentá-la por motivo de seu natalício. Veste-se sempre de branco. A primeira vez que andou em bonde foi no dia 25 de fevereiro de 1922, teve grande medo, chorou quase toda a viagem de Casa Amarela a Recife.[12] No dia 8 de setembro de 22, deu um passeio de automóvel com os seus

---

12 Nós, recifenses, chamamos de "Recife" o centro da cidade, o "Recife Antigo", e à Ilha de Santo Antonio, centro do comércio local.

pais. Gostou muito. Chorou quando desceu, e daí por diante queria tomar todo automóvel que via. (p. 18-20)

Foi batizado na igreja de Casa Forte no dia 5 de outubro de 1921, freguesia do Poço da Panela; recebeu o nome de Paulo tendo por padrinho Rodovalho Neves e madrinha Adalgiza Neves, seus tios. (p. 26)

O vigário que o batizou foi o Sr. Pe. Donino da Costa Lima.[13] (p. 28)

Sorriu pela primeira vez no dia 5 de dezembro de 1921. Tem um ar triste... A sua primeira lágrima foi notada no dia 8 de janeiro de 1922. A primeira raiva: na noite de 28 de setembro de 1922 o Paulinho contrariou-se porque sua Mamãe não o tirou logo do berço, teve

Foto de Paulo com pouco mais de um ano de idade.

um grande acesso de raiva, pouco faltou para cair do berço tais os pontapés que dava auxiliado com os seus gritinhos. Foi preciso sua Mãezinha repreendê-lo. Apanhou a primeira palmadinha na noite de 11 de março de 1923, quem deu foi sua mamãe por não suportar mais tantas malcriações. É naturalmente carrancudo, porém muito amável. Brinca pouco, fica sempre de largo apreciando os irmãos brincarem. (p. 30-3)

Nasceu o primeiro dente no dia 5 de abril de 1922. Não tem sofrido nada no período de dentição. (p. 38)

As vacinas pegaram ficou muito aborrecido e teve um dia de febre. (p. 42)

Comeu a primeira papinha no dia 15 de março de 1922 aos 6 meses. Até os 6 meses foi amamentado por sua Mamã. Aos 8 meses começou a tomar leite em copo. É muito viciado na chupeta. Gosta muito de banana assada. Deixou a chupeta no dia 8 de outubro de 1922. (p. 46)

Fez um tem-tem[14] no dia 2 de julho de 1922. Deu as primeiras passadas no dia 25 de setembro de 1922. Andou completamente desamparado no dia 16 de outubro de 1922. Depois de andar desamparado teve medo e voltou a andar de

---

13 Coincidentemente, esse mesmo sacerdote, irmão de meu padrinho, Luiz de França da Costa Lima, oficiou o meu batismo, na mesma Matriz de Casa Forte, em 30/11/1933.
14 Conforme o dicionário *Aurélio*, o "equilíbrio das criancinhas que dão os primeiros passos".

gatinhas; no dia 20 de dezembro de 1922, sem ninguém esperar, ele levantou-se e deu uma carreira, o que lhe causou grande alegria; desde esse dia não deixou mais de correr, quando cai chora de raiva principalmente quando se suja. É muito limpo e vaidoso, não passa sem água de Colônia. Tem sempre um lencinho no bolso da sunga e o quer sempre limpo e perfumado. Fica muito tempo sentado apreciando os irmãozinhos correrem. (p. 50-2)

Calçou os primeiros sapatinhos no dia 18 de junho de 1922. Os primeiros sapatinhos foram brancos. Causou grande admiração a ele e enquanto não os arrancou dos pés não descansou. Tem grande inimizade a sapato, quer somente viver descalço. Aparou o cabelo pela primeira vez no dia 3 de outubro de 1922. (p. 54)

Usa sempre alpercata "Fradinho" não gosta de outra qualidade, reclama que dói o pé. É muito sensível. A hora de adormecer chama o pai com os nomes mais amorosos possíveis e diz: "toca violão bem baixinho e canta para eu dormir", o pai atende e só o deixa depois de adormecido. (p. 56)

Foto da casa onde Paulo nasceu, na Estrada do Encanamento, 724, no Recife.

A primeira palavra que disse foi Papá no dia 2 de março de 1922. Fala muito pouco somente agora depois de 2 anos é que está se desenvolvendo mais. É muito afetuoso e ciumento não consente que seus irmãozinhos aproximem-se de mim, fica com raiva... (p. 58)

Quando o pai insiste com ele para conversar responde apenas: "Não sei falar." É orgulho só falará quando souber mesmo. (p. 60)

Amiguinhos com quem brinca: os seus irmãozinhos e seu priminho José Bosco. Tem especial predileção por sua irmã Stella que também lhe dedica igual afeto. (p. 62)

O pai de Paulo era de uma família de Natal (RN) e foi morar no Recife ainda jovem, impulsionado pela vontade de sua autonomia. Entrou no Exército Nacional e, quando sargento, aproveitou a oportunidade aberta pelo governo de Pernambuco que, precisando organizar a sua Polícia Militar, abriu a possibilidade de suboficiais do Exército serem nela admitidos com a patente de tenente. Posteriormente, foi promovido a capitão e nesse posto reformou-se, por motivos de saúde, em 1924, vindo a falecer em 1934 quando Paulo tinha completado treze anos de idade.[15] Com sua morte, os dias tornaram-se, então, mais difíceis, emocional e financeiramente, para a família Freire.

15 Conferir em *Cartas a Cristina*.

Ainda desse "O livro de bebê", transcrevo um depoimento do Sr. Themístocles – mesmo que num momento carregado do pressentimento de morte, chegando ao limite do pieguismo –, porque nele é possível perceber o grau de ternura, carinho e valorização de seu filho Paulo, de um homem nascido no século XIX, dentro de uma cultura absolutamente machista na época, a nordestina.

Ao meu filhinho Paulo, aos seus 4 anos.

Chego à noite fatigado já pelas *labutas* aos folguedos de criança, ele, o meu Paulinho manifesta à sua mainha[16] o desejo de assumir e chama-a com aquela voz, profundamente doce e profundamente meiga de uma criança de sua idade... O nosso Paulo é interessante, inteligente e altivo, porém, naquele coraçãozinho que palpita dentro de seu peito há um mundo de afeto e de carinhos, de bondade e de amor, deste grandíssimo sentimento, desta centelha luminosíssima onde Deus começa e onde Deus acaba!...

E como me sinto feliz em estreitá-lo ao meu pobre coração já tão enfraquecido e tão exausto, cujas pulsações parecem contornar lentamente os últimos degraus do túmulo que nos marcará mais tarde... pulsações lentas como as de um grande pêndulo que [ilegível] que marca constantemente, infinitamente, as horas que vêm e se vão e que se perdem na imensa confusão do tempo!...

E eu sinto-me feliz em beijar muito e muito o rostinho adorado deste filhinho meu tão jovial e tão meigo...

Chega a noite e o seu leitozinho todo branco recebe, como que sorrindo sob os brancos lençóis, aquele corpinho amado de um anjo, cheio de fadiga e passo a acariciá-lo...

E ele tem ainda a sua oração que move esse especial coraçãozinho inocente, oração que ele cela para Deus com o seu pensamento divinamente – penso –, divinamente miraculoso, enquanto que o doa a Jesus, na sublime expressão de sua grande dor simbolismos em cruzes e fé. Agradecem em prece as suas mãozinhas... E eu contemplando num quadro tão sublime sinto-me muito mais feliz em ser pai do meu filhinho... cheio de paz abraçado ao meigo e ao Nazareno! Recife. Em 1925. (p. 88-90)

Paulo com cerca de seis anos de idade, em seu triciclo.

---

16 Forma muito comum no Nordeste brasileiro de diminutivo de mãe, no lugar de mãezinha.

Paulo sempre falou de sua primeira infância como de um tempo muito feliz. Admirava e valorizava a paciência, a tolerância e a capacidade de cuidar e de amar de seus pais. Com esses depoimentos aqui transcritos, podemos constatar que as afirmações de Paulo não eram sonhos de um bom filho, foram as verdadeiras sementes das virtudes que ele desenvolveu em si, para si e que ofereceu em sua práxis e sua teoria ao mundo. Raízes da *gentidade*[17] de Paulo homem e educador. Ele entendia que a relação entre seus pais e a que eles estabeleceram com os quatro filhos, tendo sido de cumplicidade, tolerância e amor, deram ao ambiente familiar a harmonia familiar necessária para a vida sã, responsável e honesta. Eles viviam com naturalidade o sentir as emoções e o questionar sobre as inquietações infantis de toda sorte. Puderam viver, assim, a cotidianidade prazerosamente sentida ao lado do respeito às práticas religiosas e a outras opções de vida livremente escolhidas, que certamente abriram as portas, pelo exemplo, para a prática democrática de Paulo.

Sua mãe, mulher frágil e forte, doce e altiva, ao mesmo tempo, soube enfrentar com dignidade as provações, e foi também por isso uma figura extremamente importante, decisiva no desenvolvimento afetivo, intelectual e profissional de Paulo. Na verdade, ela sempre acreditou nele como um ser que queria lutar pela vida, e deixava-o livre para sentir suas emoções de raiva e amor, quando a sociedade toda sob a influência da Igreja Católica pregava que os cristãos deveriam amar, nunca terem raiva. Sua mãe adivinhava, pressentia que o menino calado, teimoso e ciumento, cheio de amor e raiva, seria o homem que foi. Nos anos difíceis de sua viuvez e pobreza, lutou destemida e obstinadamente para que Paulo pudesse estudar, porque este era, desde tenra idade, o grande sonho desse seu filho.

Seu pai não só o fazia dormir cantando, como também lia livros de histórias infantis e mais tarde conversava com Paulo sobre suas convicções éticas e políticas. Paulo entendeu e respeitou a postura de seu pai diante da vida, desde criança até o último dia de sua vida, e o que mais admirou nele foram suas práticas de tolerância e coerência. De religião e convicção espírita, kardecista, o Sr. Themístocles sempre acatou e respeitou a fé católica e todas as manifestações da religiosidade de sua esposa, e assim todos os filhos do casal foram educados segundo os princípios da religião católica.

Sua *leitura da palavra*

Paulo começou a *leitura da palavra* ensinado por seus pais, escrevendo palavras e frases de suas experiências de vida com gravetos caídos das man-

---

17 Conferir o que chamo de *gentidade* em Paulo, aliás fiel ao que ele mesmo entendia pelo termo, na Parte VI desta biografia.

gueiras, à sombra delas, no chão do quintal da casa onde nasceu – conforme suas próprias palavras –, no bairro da Casa Amarela, como tanto ele gostava de lembrar e de dizer.

> Eu fui um menino da geração dos lampiões, e uma das coisas que eu mais gostava na minha vida era ver o homem do lampião, como a *gente* chamava, com aquela vara no ombro, e que marchava com uma dignidade fantástica, com a sua chama na pontinha da vara dando luz à rua. Eu sou, portanto, de uma geração que viu e participou, como espectador, pelo menos, de um mundo de modernizações. Mas vivíamos numa casa grande, com um quintal enorme, que na época dava para as duas ruas, uma era a do Encanamento e a outra era a rua de São João. No meio das duas, o quintal ligando-as, era o meu mundo. Cheio de árvores, de bananeiras, cajueiros, fruta-pão, mangueiras. Eu aprendi a ler à sombra das árvores, o meu quadro-negro era o chão, meu lápis um graveto de pau.[18]

Conforme dizeres de sua mãe em "O livro de bebê", sem mencionar que fora a primeira professora, ao lado do marido, ela conta sobre a profissional que introduziu Paulo no "mundo das letras":

> Começou a aprender a ler no dia 15 de julho de 1925 aos 4 anos. Sua primeira mestra foi D. Amália Costa Lima, que juntamente com suas filhas o mimavam demais. Passou depois a estudar com a professoranda Eunice Vasconcelos, e depois nomeada para o interior, precisei botá-lo no Grupo Mathias de Albuquerque. Foi sempre estudioso e cumpridor de deveres. Não se conformava em ir à aula sem as lições prontas. Chorava demais; sem ter a certeza que sabia, não comparecia à aula, era difícil convencê-lo." (p. 86 e 91)

Paulo, entretanto, sempre citava os pais e Eunice Vasconcelos,[19] ao se referir à sua educação na primeira infância:

> Eu já sabia ler e escrever quando cheguei à escolinha particular de Eunice, aos 6 anos. Era, portanto, a década de 1920. Eu havia sido alfabetizado em casa, por minha mãe e meu pai, durante uma infância marcada por dificuldades financeiras, mas também por muita harmonia familiar. Minha alfabetização não me foi enfadonha, porque partiu de palavras e frases ligadas à minha experiência, escritos com gravetos no chão de terra do quintal. Não houve ruptura algu-

---

18 Cf. depoimento de Paulo Freire dado a Claudius Ceccon e a Miguel Darcy de Oliveira para *O Pasquim*, ano IX, n. 462, Rio de Janeiro, 1978.
19 O depoimento de Paulo sobre Eunice Vasconcelos encontra-se na revista *Nova Escola*, ano IX, n. 81, dezembro de 1994, "Que saudade da professorinha" (p. 58).

ma entre o novo mundo que era a escolinha de Eunice e o mundo das minhas primeiras experiências – o de minha velha casa do Recife, onde nasci, com suas salas, seu terraço, seu quintal cheio de árvores frondosas. A minha alegria de viver, que me marca até hoje, se transferia de casa para a escola, ainda que cada uma tivesse suas características especiais. Isso porque a escola de Eunice não me amedrontava, não tolhia minha curiosidade. Quando Eunice me ensinou era uma meninota, uma jovenzinha de seus 16, 17 anos. Sem que eu ainda percebesse, ela me fez o primeiro chamamento com relação a uma indiscutível amorosidade que eu tenho hoje, e desde há muito tempo, pelos problemas da linguagem e particularmente os da linguagem brasileira... mas é como se [ela] tivesse dito a mim, ainda criança pequena "Paulo, repara bem como é bonita a maneira que a *gente* tem de falar!..."

Em *Cartas a Cristina*, Paulo fala de outras professoras suas do curso primário:

Além de Eunice, a professora com quem aprendi a "formar sentenças", somente Áurea, no Recife ainda, e Cecília, já em Jaboatão, realmente me marcaram. As demais escolas primárias por que passei foram medíocres e enfadonhas, ainda que de suas professoras não guarde nenhuma recordação má, enquanto pessoas.

Jaboatão: "Era como se estivesse morrendo um pouco. Hoje sei"

Aos dez anos de idade, em abril de 1932, a família de Paulo foi morar nas vizinhanças da capital pernambucana, no Morro da Saúde, na Rua Virgílio Lamenha Lins, 70, em Jaboatão, uma cidadezinha a 18 quilômetros de Recife, após ter sido impossível ao seu tio e padrinho Rodovalho auxiliar financeiramente a família. Esse tio, como tantas pessoas outras no mundo, viu sucumbir seu próspero negócio de secos e molhados na então capital do país, o Rio de Janeiro, como consequência da quebra da Bolsa de Nova York. Assim, a família que recebia, mensalmente, uma substancial ajuda do tio Rodovalho, não foi poupada pela pobreza extrema que a atingiu como um todo. Seu pai, que já estava reformado, percebia um soldo insignificante frente às despesas mínimas de sobrevivência da família. O cerco da pobreza estava sendo impossível de ser rompido.

Com a perda da casa que era propriedade de sua avó, a família de Paulo decidiu, após várias e diferentes tentativas de driblar as dificuldades financeiras, mudar de residência. Saíram do Recife e foram morar em Jaboatão, buscando a "salvação para a pobreza" da família numa cidade muito mais pobre do que o Recife.

Jaboatão teve, para Paulo, sabor de dor, conforme se pode ler sobretudo em "A triste e traumática mudança para Jaboatão", em *Cartas a Cristina*:

> Um a um vi saírem os móveis. Mas não era somente a casa que ia se esvaziando. Era eu também, ali parado, calado, no canto do terraço de onde só me movi para entrar na boleia de um dos caminhões com meu pai, também calado. Já dentro do caminhão, que começava a marchar lentamente, ele olhou, pela última vez, o jardim de minha mãe que tantas vezes defendera da agressividade das formigas. Olhou apenas, sem dizer palavra como sem dizer palavra esteve durante quase todo o percurso entre o Recife e Jaboatão, naquela época, uma viagem.

Jaboatão foi o lugar onde Paulo começou a sentir com força trágica o sofrimento e a angústia. Lá, aos treze anos de idade, ele experimentou a dor da perda de seu pai, e pouco tempo depois a de Dadá, a fiel empregada da família que a acompanhou por muitos anos.[20] Sentiu o sofrimento ao ver sua mãe, precocemente viúva aos 42 anos de idade, humilhada na pobreza e na luta para sustentar a si e a seus quatro filhos. Lá sentiu a fome e aprendeu a fazer "algumas incursões nos quintais alheios".[21] Assim, Jaboatão ficou em sua memória como a tristeza pelas perdas pessoais e as advindas das provações materiais.

Sobre sua dor maior de menino, a morte do pai, assim se expressou com ternura:

> Trinta e um de outubro de 1934. Pôr de sol de um domingo de céu azul. Já fazia quatro dias que meu pai, com uma[22] aneurisma abdominal que vinha se rompendo, sofria intensamente e se aproxima inapelavelmente da morte. Até nós, os mais jovens, pressentíamos o fim contra o qual nada podíamos... Quando voltei ao quarto entre dezessete e dezessete horas e trinta minutos da tarde vi meu pai, ao esforçar-se para sentar-se na cama, gritar de dor, a face retorcida, tombar para trás agonizante. Nunca tinha visto ninguém morrer, mas tinha a certeza, ali, de que meu pai estava morrendo. Uma sensação de pânico misturado com saudade antecipada, um vazio enorme, uma dor indizível tomaram meu ser e eu me senti perdido. Alguém me tirou do quarto e me levou para um outro canto da casa de onde ouvi, cada vez mais fracos, os gemidos finais com que meu pai se despedia do mundo... (*Cartas a Cristina*.)

---

20 Cf. *Cartas a Cristina*.
21 Leia em *Pedagogia dos sonhos possíveis*, "A galinha pedrês e os filhos do capitão Themístocles", em *Nós dois*.
22 Assim no original.

Foi também em Jaboatão que Paulo conheceu a fome:

> o real problema que nos afligiu durante grande parte de minha infância e adolescência – [foi] o da fome. Fome real, concreta sem data marcada para partir... [que] foi chegando sem pedir licença, a que se instala e vai ficando sem tempo para se despedir. Fome que, se não amenizada, como foi a nossa, vai tomando o corpo da *gente*, fazendo dele, às vezes, uma escultura arestosa, angulosa. Vai afinando as pernas, os braços, os dedos...Como aprender, porém, se a única geografia possível era a geografia de minha fome? A geografia dos quintais alheios, das fruteiras – mangueiras, jaqueiras, cajueiros, pitangueiras – geografia que Temístocles – meu irmão imediatamente mais velho do que eu – e eu sabíamos, aquela sim, de cor, palmo a palmo. Conhecíamos os seus segredos e na memória tínhamos os caminhos fáceis que nos levavam às fruteiras melhores (ibidem).

Nesse tempo, Paulo percebeu o seu corpo entre os medos e receios que lhe marcaram por muitos anos. Esse é um trecho de *Cartas a Cristina*, no qual, falando das viagens diárias de Recife a Jaboatão, explicita essa percepção, que de certa forma o atormentou por grande tempo de sua vida:[23] "Trem das sete da manhã, estudantes felizes... No meio deles e sem que eles e elas talvez percebessem, eu pobre, magro, desengonçado, feio, muitas vezes me senti inibido."

Jaboatão não lhe ofereceu quase nenhuma opção que não fosse a de aceitar as carências impostas pela pobreza sua e da cidade: "Um cinema apenas. Inferior ao nada bom cineminha do bairro vizinho ao em que nasci no Recife e em que aplaudia, como grande parte dos meninos de minha geração, a Tom Mix[24] e seu cavalo branco, a Buch [*sic*] Jones e a Rim-Tim-Tim" (*Cartas a Cristina*).

Perguntado, em 1991, sobre como era a vida em Jaboatão,[25] respondeu:

> Muito dura, muito sofrida. Meu pai morreu quando eu tinha 13 anos, o que agravou ainda mais a crise. Eu me lembro de certos momentos da vida da minha mãe e quando eu me lembro deles tenho uma sensação de mágoa. Era, por exemplo, acompanhando-a, que eu pude ver com que rosto de vergonha, de

---

23 Sobre a percepção de seu próprio corpo, ler em *Nita e Paulo, crônicas de amor*; *Cartas a Cristina*; e na *Pedagogia da tolerância*; e em passagens deste livro.

24 Ler a propósito da imagem idealizada de Paulo sobre Tom Mix em *Nita e Paulo, crônicas de amor*, e em *Nós dois*.

25 Entrevista publicada em *Pedagogia da tolerância*, originalmente publicada no *Jornal do Sinpro*, ano IV, n. 30, dezembro de 1991, em encarte especial.

intimidação ela ficava quando o sujeito da venda – minha mãe ainda não tinha posto o corpo inteiro na porta – gritava por trás do balcão que não venderia a ela porque a dívida já era grande e que ele não acrescentaria mais. Ela nem balbuciava um "desculpe" ou "muito obrigada", voltava-se para rua e saía e eu atrás, sem comentários também. Essa coisa me marcou profundamente. Eu cresci com um baita respeito por ela e também com o senso de muita responsabilidade perante ela. Eu acompanhei muito de perto a dor dela, o sofrimento dela e fiz tudo o que pude durante toda a minha vida em termos de ajudá-la, de mantê-la. Até a morte dela eu não a vi mais, porque estava no exílio e não podia voltar ao Brasil. Isso, na verdade, não tem muito a ver com a sua pergunta. Faz parte da minha trajetória, da minha rua, da minha estrada. Foi um beco em que entrei, agora.

Numa das *Cartas a Cristina*, Paulo fala da dificuldade da família em aceitar a decadência de quem era de classe média, que vivia numa agradável casa com jardim de rosas e quintal cheio de pássaros e árvores frutíferas, em Recife, e tornar-se pobre numa muito pobre "cidade do interior". Ademais preocupada em não perder uma das poucas coisas que Jaboatão lhes oferecia nos primeiros anos de "exílio": o status de classe média de que gozavam e, por consequência, a aparência de dignidade:

O piano de Lourdes e a gravata de meu pai acidentalizavam a nossa fome. Com eles, poderíamos nos endividar, mesmo com dificuldades: sem eles, uma tal hipótese seria quase impossível. Com eles, se descobertos, nossos furtos seriam vistos como puras trelas. No máximo, seriam como razão de desgosto para nossos pais. Sem eles, os nossos furtos teriam sido delinquência infantil. O piano de Lourdes e a gravata de meu pai faziam o mesmo jogo de classe que os jacarandás e as louças de alto requinte fazem ainda hoje no Nordeste brasileiro entre os aristocratas decadentes. Talvez hoje com menor eficácia do que tiveram nos anos 30 a gravata de meu pai e o piano de Lourdes.

A difícil vida em Jaboatão, contudo, ofereceu a Paulo também oportunidades fundamentais para que ele fortalecesse o seu caráter e sua preocupação com a justiça. Lá não viveu somente dores e privações. Lá conheceu o prazer de conviver com os amigos e conhecidos que foram solidários naqueles tempos tão difíceis. Espantou-se com o crescimento de seu corpo, começou a perceber a sua corporeidade mesmo que ainda cheio de medos e de receios diante de sua magreza excessiva. Cresceu sem rancor, sem lamuriar-se, sem deixar que o menino-empobrecido prevalecesse sobre o menino-que-se-fazia-feliz. Permitiu que este prevalecesse na sua existência de adulto e superou a vivência do menino sofrido. Percebeu e sentiu um desejo enorme, uma paixão verdadeira para *conhecer*. Sonhou ser professor de língua portuguesa. Ou cantor.[26]

Sobre os amigos dessa época tão difícil de sua vida, disse, constatando com tristeza: "Possivelmente não lerão o livro que surgirá das cartas que lhe escrevo e não saberão que a eles agora me refiro com respeito e saudades: Toninho Morango, Baixa, Dourado, Reginaldo" (*Cartas a Cristina*). "Bastava o piano para nos distinguir, como classe, de Dourado, de Reginaldo, de Baixa, de Toninho Morango, de Gerson Macaco, alguns amigos daquela época" (ibidem).

Paulo ainda devotou enorme amizade a companheiros de infância e juventude, como Dino, parceiro das aventuras em Jaboatão: "Um dos melhores amigos que fizemos e cuja amizade continua tão fraterna agora quanto em 1932, foi quem nos introduziu àquela gostosa aventura de cortar fronteiras de quintais que marginavam o 'caminho de água' do Duas Unas. Pescávamos nas suas águas; 'caçávamos' nos quintais banhados por ele. Jogávamos futebol em campos às vezes improvisados... Disputávamos animadíssimas partidas de futebol e, depois, fazíamos natação..." (ibidem).

Numa das notas que escrevi para o livro *Pedagogia da esperança*, disse o que julgo importante transcrever aqui sobre sua relação com Jaboatão:

> Mas, foi também em Jaboatão que [Paulo] sentiu, aprendeu e viveu a alegria no jogar futebol e no nadar pelo rio Duas Unas vendo as mulheres, de cócoras, lavando e "batendo" nas pedras a roupa que lavavam para si, para a própria família e para as famílias mais abastadas. Foi lá que aprendeu a cantar e assobiar, coisa esta que até hoje tanto gosta de fazer, para se aliviar do cansaço de pensar e das tensões da vida do dia a dia; aprendeu a dialogar na "roda de amigos" e aprendeu a valorizar sexualmente, a namorar e a amar as mulheres e por fim foi lá em Jaboatão que aprendeu a tomar para si, com paixão, os estudos das sintaxes popular e erudita da língua portuguesa.
>
> Assim, Jaboatão foi um espaço-tempo de aprendizagem, de dificuldades e de alegrias vividas intensamente, que lhe ensinaram a harmonizar o equilíbrio entre o ter e o não ter, o ser e o não ser, o poder e o não poder, o querer e o não querer. Assim forjou-se Freire na disciplina da esperança.

Sua escolarização secundária: a importância do Colégio Oswaldo Cruz, do Recife, na sua formação humanística

Foi em Jaboatão, com aulas de reforço de Cecília Brandão e Odete Antunes, que Paulo concluiu a escola primária, depois de ter frequentado as "esco-

---

26 Sobre sua vontade de ser cantor, ler "Vocação de cantor", em *Nita e Paulo, crônicas de amor*, e em *Nós dois*.

linhas" de Amália Costa Lima e de Eunice Vasconcelos, e, por pouco tempo, o Grupo Escolar Matias de Albuquerque, no Recife.

De Jaboatão ia diariamente de trem para a capital pernambucana, já com dezesseis anos de idade, porque lá não havia escolas oferecendo o nível secundário de ensino, para frequentar as aulas do primeiro ano desse curso[27] no Colégio Francês Chateaubriand, situado na Rua Harmonia, n. 150, no bairro de Casa Amarela. Na verdade, não sendo esse um colégio "equiparado" – a legislação da época exigia a equiparação de todos os cursos secundários do país ao Colégio Pedro II, do Rio de Janeiro, tido desde os tempos imperiais como o modelo de instituição secundária a seguir, obrigatoriamente –, o Colégio 14 de Julho, que funcionava no bairro de São José, desobedecendo à lei e driblando a fiscalização, se prestava a ser a "casa oficial" onde se realizavam os "exames de admissão" e se submetiam aos exames finais do ano letivo os alunos do Colégio Francês Chateaubriand. Paulo, portanto, era aluno de um educandário que não tinha a "equiparação", e que, para dar validade aos seus ensinamentos e diplomas, usava esse artifício.

Após esse primeiro ano do curso de nível médio é que Paulo ingressou no Colégio Oswaldo Cruz, do Recife, de propriedade de meu pai, Aluízio Pessoa de Araújo. Nesse educandário, completou os sete anos de estudos secundários – cursos fundamental e pré-jurídico –, de 1937 a 1942, ingressando, aos 22 anos de idade, na secular Faculdade de Direito do Recife, tendo aí estudado entre 1943 e 1947.

Fachada do prédio do Colégio Oswaldo Cruz, do Recife, onde Paulo estudou de 1937 a 1942.

Foi, portanto, somente aos dezesseis anos que Paulo começou, tardiamente, a segunda série do curso secundário. E foi nesse momento, nos corredores do Oswaldo Cruz, na Rua Dom Bosco, n. 1.013, no já tão distante Recife de 1937, quando eu contava pouco mais de quatro anos de idade, que conheci Paulo.

---

27 Somente na era Vargas, em 1930, foi criado o Ministério da Educação e Saúde Pública, quando se deu organicidade ao ensino no Brasil, na verdade quando começou a se criar o Estado Nacional brasileiro. Francisco Campos, o primeiro-ministro, sistematizou, legislando, os cursos de nível médio, em 1931 e em 1932, após o ter feito sobre o de nível superior. Dos ramos do ensino médio, o secundário era o único propedêutico ao superior, e ficou assim regulamentado: 1º Ciclo *Fundamental*, de cinco anos de duração, após o curso primário; e o 2º Ciclo *Complementar*, com três seções diferentes, destinadas às áreas do curso superior a seguir. Pré-Médico, Pré-Engenharia e Pré-Jurídico. Assim, a escolha da faculdade a seguir se dava, na verdade, quando os/as alunos/as ainda muito jovens tinham que escolher a área do 2º Ciclo Secundário a cursar.

Sobre a sua escolarização secundária e a importância do Colégio Oswaldo Cruz, do Recife, na sua formação humanística, declarou, ainda no exílio, na entrevista que deu a Claudius Ceccon e Darcy de Oliveira para *O Pasquim*:[28]

> Eu me lembro, por exemplo, que já na adolescência, quando me foi possível entrar no ginásio, com 15 anos de idade, quando os meus camaradas de geração, cujas famílias tinham condições, estavam começando a faculdade, eu estava começando o meu primeiro ano de ginásio, escrevendo rato com dois erres... À fome e à impossibilidade total de entrar numa escola secundária. Me lembro muito bem da peregrinação que fez minha mãe pelas escolas à procura de um colégio particular que me recebesse gratuitamente. Finalmente ela encontrou o Colégio Oswaldo Cruz; é por causa dos seus responsáveis que eu estou dando essa entrevista hoje. *O diretor era o Aluízio Araújo, por quem tenho uma profunda admiração.* Ele vai fazer agora 80 anos, e eu vou chamá-lo pelo telefone para dar o meu abraço de gratidão. *Ele me recebeu. Ele só queria que eu fosse estudioso.* E era o que eu era... [grifos meus]

Em outra ocasião, Paulo lembra de como ficava mais fácil para ele vencer as suas inseguranças quando se percebia sabedor da sintaxe da língua portuguesa adquirida no Colégio Oswaldo Cruz:

> O trem das sete da manhã, o percurso da Estação Central ao Colégio Oswaldo Cruz, passando pelo Pedro Augusto e pelo Nossa Senhora do Carmo, onde ficava um pedaço de minha alegria.
> Namoradas da juventude. Jamais pensei, no tempo em que, em diferentes momentos, sofria pela impossibilidade de com uma ou com outra conversar, que tantos anos depois guardaria a saudade sossegada e tranquila que delas guardo hoje. Mais ainda, a certeza que tenho da alegria que teria de revê-las.
> Trem das sete da manhã, estudantes felizes ou preocupados com as provas parciais – Dulce, Teo, Selma, Iracy, Carneiro Leão, Toscano. No meio deles e sem que eles e elas talvez percebessem, eu pobre, magro, desengonçado, feio, muitas vezes me senti inibido. Se tinha uma dor de dente fazia o possível para ocultá-la. Falar dela poderia provocar a sugestão de um deles de ir ao dentista e eu não poderia. E porque não ia ao dentista a situação se agravava. As dores se amiudavam na medida em que as cáries se aprofundavam. A minha inibição crescia e tomava novas formas com a deterioração de um ou outro dente. Mudava forçadamente a maneira de rir e alterava assim a minha própria expressão.

---

28 Cf. *O Pasquim*, op. cit. – Um semanário de um país que devia ter um diário de humor.

Na minha luta contra a inibição explicável tive, na seriedade de meus estudos de português, ajuda forte de que precisava. Não que nenhum deles ou que nenhuma delas tivesse jamais, por palavras ou gestos, revelado ou insinuado o mais mínimo destrato a mim. Não era preciso. Bastava que eu mesmo me sentisse inseguro. Não eram elas ou eles que me agrediam, era a realidade difícil em que me achava. Por isso tudo é que, resolver as suas dificuldades em torno da sintaxe do pronome *se*, suas dificuldades em torno do uso do infinitivo pessoal, falar-lhes sobre o emprego da *crase* dava a mim a segurança que me faltava (*Cartas a Cristina*).

Foto de Paulo que consta do livro de funcionários do Colégio Oswaldo Cruz, do Recife.

Ainda sobre a possibilidade de ter podido fazer o curso secundário numa escola conhecida no Nordeste brasileiro pelo seu alto padrão de qualidade, e consequentemente de ter tido o nível de escolaridade que facilitou o seu desenvolvimento de intelectual humanista, engajado, declarou, em 1985, na entrevista publicada na revista *Ensaio*,[29] quando instigado a falar sobre se tinha estudado em escola pública:

> Fiz esse primeiro ano de ginásio num desses colégios privados, em Recife; em Jaboatão só havia escola primária. Mas, minha mãe não tinha condições de continuar pagando a mensalidade e, então, foi uma verdadeira maratona para conseguir um colégio que me recebesse com uma bolsa de estudos. Finalmente ela encontrou o Colégio Oswaldo Cruz e o dono desse colégio Aluízio Araújo, que fora antes seminarista,[30] casado com uma senhora extraordinária, a quem eu quero um imenso bem, resolveu atender ao pedido de minha mãe. Eu me lembro que ela chegou

---

[29] Cf. revista *Ensaio*, n. 14, de 1985, na entrevista concedida a J. Chasin, Rui Gomes Dantas e Vicente Madeira.

[30] Meu pai, Aluízio Pessoa de Araújo (29/12/1897 – 1º/11/1979), completou os cursos Menor e Maior no secular Seminário de Olinda e já estava com as malas dentro do navio, que o levaria à Itália, quando desistiu de tornar-se sacerdote. Em Roma, ele faria um curso de aperfeiçoamento no Colégio Gregoriano, preparando-se para a sua ordenação pelo papa Bento XV (1854-1922; eleito em 6/9/1914, aos 59 anos), programada para realizar-se na Basílica de São Pedro, quando criou coragem de enfrentar a "decisão de sua mãe" (mais do que dele), de torná-lo um padre, dentro da expectativa da época. Nesse dia 12 de dezembro de 1919, no momento em que se despedia do arcebispo de Olinda e Recife, Dom Sebastião Leme, de quem tinha sido secretário particular, disse-lhe de sua dúvida e então recebeu o endosso de desistir da carreira eclesiástica; sem, contudo, jamais ter perdido a sua fé e a prática religiosa.

em casa radiante e disse: *"Olha, a única exigência que o Dr. Aluízio fez é que fosse estudioso."* Eu, poxa, eu gostava muito de estudar e fui então para o Colégio Oswaldo Cruz, onde me tornei, mais adiante, professor. Aluízio Araújo já morreu, mas Elza e eu tivemos a grande satisfação de recebê-lo e à mulher, durante 15 dias, em nossa casa em Genebra, em 1977. E, em 1979, depois de quase 16 anos de exílio, quando viemos visitar o Brasil, estavam os dois, Aluízio e Genove, no aeroporto em Recife, nos esperando. Ele já bem acabado, velhinho, e jantamos juntos depois. Na nossa volta para Genebra, ele faleceu. *E eu não tenho dúvida de dizer aqui, nesta entrevista, que se não fossem eles, possivelmente esta entrevista não estaria sendo realizada. Foram eles que criaram as condições para o meu desenvolvimento...* É evidente que eles não poderiam ter-me fabricado, as pessoas não são fabricadas, mas a dimensão de minha experiência individual tem a ver muito com eles [grifos meus].

Em outras oportunidades, Paulo declarou ainda sua gratidão e admiração a meu pai, por ele ter lhe oferecido a possibilidade de estudar:

Minha mãe teve que tentar encontrar uma escola secundária onde eu pudesse entrar sem pagar. Procurou muito. Todos os dias saía de casa para procurar escola. Eu ficava aguardando, cheio de esperanças, mas sem ter certeza, e ela não dizia nada. Mas, um belo dia ela chegou, fui recebê-la na estação do trem e ela estava sorrindo. E me disse: *"Hoje consegui uma escola para você."* Até sinto uma profunda gratidão *pelo casal — o diretor, Aluízio Pessoa de Araújo, e sua esposa, Genove, que me deram a possibilidade de estar aqui hoje, conversando com Myles. Isso tem a ver com estar aqui hoje porque os Araújo possibilitaram minha ida à escola.* Ele era diretor de uma escola secundária excelente[31] e muito conhecida em Recife na época. Gosto sempre de expressar-lhe minha gratidão[32] (*O caminho se faz caminhado* [grifos meus]).

---

31 Em 1999, a revista *IstoÉ* promoveu um concurso aberto aos seus leitores para eleger os vinte brasileiros/as mais importantes na área da ciência e educação. Os "Cientistas do século" a serem votados foram indicados por um júri composto por trinta *experts* que tiveram como tarefa escolher os trinta "candidatos". Entre estes figuraram três nomes (10%) ligados ao Colégio Oswaldo Cruz (COC), do Recife, de meu pai. Na eleição promovida entre os assinantes da revista, esses três nomes permaneceram: Paulo Freire em 4° lugar, com 68,60% dos votos (aluno e professor do COC); Mario Schenberg, físico, 12° lugar, com 29,83% dos votos (aluno e professor do COC); e José Leite Lopes, físico, com 16,25% dos votos, 17° lugar (professor do COC) (cf. Encarte da revista *IstoÉ*, n. 1.557, de 4 de agosto de 1999). Assim, o Colégio Oswaldo Cruz contribuiu com 15% para o quadro dos considerados mais importantes cientistas/educadores de nosso país do século XX. Tal fato atesta por si só a importância da qualidade científica, humanística e ética do trabalho do diretor e dos professores do Colégio Oswaldo Cruz, do Recife. O médico brasileiro Oswaldo Cruz, que deu nome ao estabelecimento de ensino de meu pai, foi classificado em 1° lugar nesse concurso, com 83,09% dos votos. Devo esclarecer ainda que, apesar do mesmo nome, o Colégio Oswaldo Cruz do Recife, hoje extinto, não teve nenhuma ligação com a atual rede de ensino COC de São Paulo.

32 O diálogo entre Paulo e Myles Horton se deu nos Estados Unidos, em fins de 1987.

Em *Cartas a Cristina,* Paulo deu depoimento de reconhecimento a meu pai, atestando ainda a importância dos seus professores:

> Cecília Brandão e Aluízio Pessoa de Araújo têm muito o que ver com a minha formação. Sem Cecília, dificilmente poderia ter chegado ao Colégio Oswaldo Cruz. *Sem Aluízio, dificilmente poderia ter me experimentado na vida como tenho feito.* Foi Cecília quem despertou em mim o gosto quase incontido, que me acompanha até hoje, pela linguagem, que comportou, num primeiro momento, o prazer pelos estudos de gramática sem resvalar jamais para as gramatiquices. Gosto que seria reforçado e aprofundado, em seguida, já no Colégio Oswaldo Cruz, sob a influência do professor José Pessoa da Silva, do Recife.
>
> Hoje, fincado nos meus setenta e dois anos e olhando para trás, para tão longe, percebo claramente como as questões ligadas à linguagem, à sua compreensão, estiveram sempre presentes em mim. É interessante notar, por exemplo, como a primeira influência marcante que recebi neste campo e que hoje facilmente percebo foi a de Eunice Vasconcelos, já referida em uma de minhas cartas. Eunice, a minha primeira professora profissional, a que me ensinou a "formar sentenças". Ela abre um caminho a que chegam depois Cecília, José Pessoa e Moacir de Albuquerque...
>
> Moacir de Albuquerque, brilhante e apaixonado pelo que fazia, amoroso não só da literatura que ensinava – se é que se pode ensinar literatura – mas amoroso também do próprio ato de ensinar, aguçou em mim alguma coisa que Pessoa havia insinuado em suas aulas. Aguçou em mim o quão gostoso e fundamental era perseguir o momento estético, a boniteza da linguagem.

Mais adiante, no mesmo *Cartas a Cristina,* Paulo faz outro contundente depoimento sobre a importância do Colégio Oswaldo Cruz e dos meus pais na sua formação. Transcrevo-o mesmo correndo o risco de cansar os meus leitores e leitoras:

> Era então aluno do Colégio Oswaldo Cruz, um dos melhores estabelecimentos de ensino do Recife, na época. Dr. Aluízio Araújo, seu diretor, após conversar com minha mãe, no fim de uma semana de peregrinações por educandários recifenses à procura de alguém que aceitasse seu filho como aluno gratuito, dera a ela o tão esperado sim.
>
> Ela saía de Jaboatão, manhã cedo, esperançosa de, na volta, à tardinha, trazer consigo a razão de ser da sua e da minha ansiosa alegria, a de haver conseguido a matrícula gratuita para meus estudos secundários.
>
> Ainda me lembro de seu rosto em forma de riso suave quando ela me disse, no caminho entre a estação de trem e nossa casa – sabia a hora da sua chegada e

fui esperá-la –, a conversa que tivera com o Dr. Aluízio e sua pronta decisão em oferecer-me a oportunidade de estudar. Ele fizera só uma exigência: que eu realmente me aplicasse aos estudos.

Cedo me sentiria ligado ao colégio, a seus pátios, suas salas, às mangueiras em cuja sombra recreávamos, a alguns colegas a quem, por uma ou outra razão, comecei a admirar... Frígio Cavalcanti, Maria Lucia, Jaime Gamboa, Paulo do Couto Malta, Albino Vital, Euler Maia; a alguns professores como Amaro Quintas, Moacir de Albuquerque, Waldemar Valente, Pessoa da Silva, Julio de Melo, José Cardoso... mas sobretudo a Aluízio e a Genove, sua esposa e colaboradora.

Genove e Aluízio Araújo, meus pais, proprietários do Colégio Oswaldo Cruz, do Recife.

Aprendi bastante de minhas relações com meus professores, de minhas relações com meus colegas e, depois, com as que mantive com os alunos de português, *mas aprendi muito da bondade simples e sempre disponível de Genove e Aluízio. Apesar de jamais haver omitido a minha gratidão por eles, é possível, contudo, que ele tenha morrido sem imaginar a extensão do bem que ele e ela me ensinaram a querer-lhes* (Cartas a Cristina, [grifos meus]).

Uma carta de minha mãe a meu pai, datada de 5 de maio de 1947, convidando-o a ir ficar com ela mais alguns dias do que o pretendido em Garanhuns, no interior pernambucano, comprova a confiança que eles tinham em Paulo, desde quando ele era ainda um jovem professor de apenas 25 anos de idade: "Por que não vem no trem de quarta-feira? Creio que Paulo Freire poderia lhe ajudar nessas poucas horas que você se ausentará do colégio. Pense bem que seria uma renovação de energia para si, poder passar mais dois dias aqui! Acho que seria ótimo para todos nós..."

Quando os filhos de Aluízio Pessoa de Araújo, sob a liderança de Theresinha, minha irmã mais velha, quiseram em 1990 prestar uma justa homenagem a ele, que foi um dos educadores mais importantes deste país, sugerindo ao governo do Estado tê-lo como patrono de uma escola pública, o que infelizmente não se consumou, Paulo, juntando-se a todos nós os oito filhos, já como genro também e não só como um ex-aluno grato por tudo que recebera, escreveu este depoimento de próprio punho:

Theresinha Araújo, filha e antiga colaboradora de seu pai Aluízio Araújo, foi a primeira pessoa a me falar, de maneira livre e convincente: o de homenagear a memória de Aluízio Araújo. O de reconhecer seu importante papel na educação do Recife e do Nordeste brasileiro, à frente do Colégio Oswaldo Cruz que ele fundou e dirigiu com a colaboração inestimável de sua mulher, Genove Araújo.

Em certo momento de sua conversa comigo ela me pediu que escrevesse algumas linhas em que desse o meu depoimento sobre a figura deste educador a quem devo, como um sem-número de outros jovens de minha geração, os meus estudos de ginásio.

Aluízio Araújo foi um professor competente, sério, um educador zeloso, cumpridor de sua tarefa, um homem bom, justo, dadivoso.

Nunca me esqueço de como me recebeu em seu gabinete nem do que me disse na manhã em que o procurei para falar-lhe de algo sério para mim.

– Que quer, Paulo? – perguntou.

– Dr. Aluízio, comecei faz dois anos, quase, que estudo no Colégio de graça, sem dar nada de mim e não me sinto bem assim, gostaria de fazer alguma coisa. Limpar as salas, se preciso, fazer mandados, ir ao banco, sei lá.

– Paulo – disse ele, risonho sem poder esconder uma certa alegria –, você já dá uma boa contribuição ao Colégio. Você é estudioso e isto é importante para você, para mim, para o Colégio. Mas, aceito sua proposta. Na próxima semana você começará a trabalhar "tomando conta da disciplina" do curso de admissão.

Assumi, assim, dias depois, o cargo de "censor" do qual passei para o de professor de Português do Admissão e, em seguida, das demais séries do ginásio.

O importante deste fato foi a forma pedagógica como, atendendo a meu pleito, abriu possibilidades ao adolescente, que juntava à percepção de feio e anguloso que tinha de si mesmo, o mal-estar por nada fazer pelo Colégio que lhe dava ensino. Possibilidades para mim, adolescente magoado com a vida, de ganhar ânimo e acreditar em que podia fazer coisas.

À medida que o tempo passava, me aproximava mais de Aluízio e de Genove, na vida do Colégio como na intimidade da família. E quanto mais me aproximava, mais me deixava tocar por seu exemplo de bondade, por seu testemunho de honradez, por sua seriedade de educador.

Como pernambucano me sentiria orgulhoso se Pernambuco, reconhecendo o valor deste homem singular, o homenageasse.

Paulo Freire

Sua formação em nível superior: a Faculdade de Direito do Recife

Paulo fez a "opção" de cursar a Faculdade de Direito do Recife por sua tendência humanista e porque, no fundo, sonhava continuar seu trabalho de "professor de sintaxe", iniciado no Colégio Oswaldo Cruz, quando ainda muito jovem. À época não havia em Pernambuco curso superior de formação de professor para o curso secundário, que apenas se esboçava na capital do país, o Rio de Janeiro, o centro das decisões das políticas educacionais do Brasil. Assim, todos e todas que optavam por profissionalizar-se na área das ciências

Retrato de Paulo quando de sua formatura na Faculdade de Direito, do Recife.

humanas escolhiam essa Faculdade, e Paulo não foi uma exceção. O curso de Direito, mais do que um curso jurídico, era voltado para o "humanismo" que lhe possibilitaria um aprofundamento maior nos estudos da língua portuguesa, propiciando o exercício mais eficiente de sua indiscutível vocação.

Concluiu o bacharelado em Direito[33] em 1947, tendo-o iniciado no ano de 1943 nos tempos da plena ditadura varguista, no período chamado de redemocratização do Brasil.[34] Colou grau, posterior e coincidentemente, em 8 de setembro de 1949, data que no futuro ficou consagrada como o Dia da Alfabetização, com diploma registrado na E.D.Su. do Ministério de Educação e Saúde sob o n. 12.965, Livro D-14, à fl.14, em 30/10/1953, conforme processo n. 92.159/53.

Paulo nunca chegou a completar uma causa sequer como advogado, embora tivesse aberto pequeno escritório com dois grandes amigos e tentado iniciar-se nas causas jurídicas. Desistiu na primeira, no momento mesmo em que conversou com um dentista, cujo credor representava, e sentiu que confiscar os instrumentos de trabalho do jovem pai e profissional era uma tarefa impossível à sua postura em razão de sua compreensão humanista de justiça.

"Me emocionei muito esta tarde, quase agora", disse a Elza, com quem então era casado. "Já não serei advogado. Não que não veja na advocacia um encanto especial, uma necessidade fundamental, uma tarefa indispensável que, tanto como outra qualquer, se deve fundar na ética, na competência, na seriedade, no respeito às *gentes*. Mas não é a advocacia o que quero..." (*Pedagogia da esperança*).

---

33 A Faculdade de Direito foi fundada pelo imperador Dom Pedro I, em 11 de agosto de 1827, no Mosteiro de São Bento, em Olinda (PE), junto com a congênere, a do Largo São Francisco, no Convento Franciscano, na cidade de São Paulo. As duas faculdades hoje pertencem, respectivamente, à Universidade Federal de Pernambuco (UFPE) e à Universidade de São Paulo (USP).

34 Paulo nasceu em 1921, nos tempos da Primeira República, quando há cerca de dois séculos o Nordeste tinha entrado em decadência econômica. Aluno do curso de Direito, participou das lutas pela "redemocratização do Brasil" para destituir a ditadura do Estado Novo instaurado por Vargas, em 1937.

Alunos da Faculdade de Direito, do Recife, em torno de um dos professores. Paulo, o quarto da direita para a esquerda.

Na Faculdade de Direito, Paulo fortaleceu a formação humanística iniciada no Colégio Oswaldo Cruz, não só com os estudos nessa área do conhecimento, mas também nas relações de amizade de vínculos fortes nascidos nessa compreensão do mundo. Cito em primeiro lugar entre estas a que se estabeleceu entre ele e "o amigo de todas as horas" Odilon Ribeiro Coutinho, paraibano, mais escritor e boêmio do que usineiro do ramo açucareiro, que ajudou Paulo financeiramente no princípio de sua vida, quando ele teve problemas de saúde na família e quando esperava na Embaixada da Bolívia para partir para o exílio. Odilon, fiel companheiro, também nunca deixou de endossar as práticas socialistas do amigo. Paulo Rangel Moreira foi seu sócio no escritório de advocacia, do qual Paulo participou por poucos meses, e a pessoa que convidou Paulo para ir trabalhar no SESI.[35] Mantiveram uma amizade fraterna, que jamais foi abalada, mesmo que tivessem tomado caminhos opostos em suas *leituras de mundo*. Luiz Bronzeado, deputado federal pela União Democrática Nacional (UDN), que, mesmo a favor do golpe de 1964, foi, com sua mulher Criselides, a pessoa que escondeu Paulo em seu apartamento, em Brasília,[36] do dia 1º de abril, até quando houve um mínimo de segurança para que ele voltasse para o Recife, em 13 de maio de 1964.

---

35 Cf. *Pedagogia da esperança*.
36 Todas as noites quando os golpistas iam conversar com Bronzeado em sua casa, a filha dele com Criselides, muito menina ainda, dizia: "Paulo Freire está escondido aqui em casa, querem vê-lo?" Felizmente, todos alisavam a sua cabeça e não a levavam a sério.

93

SEGUNDA PROVA PARCIAL DA CADEIRA DE _Direito Romano_

DO _1º_ ANO

FACULDADE DE DIREITO DO RECIFE, _25_ DE SETEMBRO DE 1943

Paulo B. Henostroza
(assinatura do aluno)

APURAÇÃO DA NOTA MEDIA PARA ADMISSÃO Á ORAL

NOTA MEDIA DA PRIMEIRA PROVA PARCIAL .... seis (6)
NOTA MEDIA DA SEGUNDA PROVA PARCIAL .... sete (7)
NOTA MEDIA PARA ORAL .... seis e meio (6,5)

Visto   O escriturario do ano
O Presidente da Comissão

JULGAMENTO FINAL

NOTA MEDIA DA PRIMEIRA PROVA PARCIAL .... seis (6)
NOTA MEDIA DA SEGUNDA PROVA PARCIAL .... sete (7)
NOTA MEDIA DA PROVA ORAL .... dois (2)
NOTA MEDIA FINAL ....

Faculdade de Direito de Recife, _3_ de _dez._ de 194_3_

A COMISSÃO EXAMINADORA

PRESIDENTE _____
1º EXAMINADOR _____
2º EXAMINADOR _____

CAPÍTULO 2

As primeiras experiências profissionais e seu gosto em ser professor

O professor de língua portuguesa, no Recife

Em 1941, já demonstrando uma capacidade imensa de aprender, de respeitar os outros e de criar coisas novas com desembaraço e tranquilidade, Paulo foi promovido de seu primeiro emprego dentro do COC, como chamávamos o Colégio Oswaldo Cruz, de "auxiliar de disciplina" que fora por dois anos, para o de "professor de língua portuguesa", tendo aí lecionado até 1947.[1]

Com a prática adquirida nesse educandário, a fama de Paulo transpôs os seus muros e ele foi sendo contratado para lecionar em outras instituições escolares do Recife: Colégio Americano Batista, Colégio Sagrada Família, Colégio Porto Carreiro e Colégio Padre Félix. Também deu aulas particulares[2] até ir trabalhar no SESI-PE, no segundo semestre de 1947.

Um dos maiores sonhos de Paulo, ser professor de língua portuguesa, de longa data alimentado mesmo como uma hipótese remota, torna-se, portanto, realidade ao ser contratado para lecionar no colégio de meu pai, um dos mais prestigiados da capital pernambucana. A sugestão partira de seu próprio pro-

---

1 Foi exatamente nesse momento, como professor de língua portuguesa do Colégio Oswaldo Cruz, que Paulo foi pela primeira vez meu professor, em 1945 e 1946, quando eu cursava a 1ª e a 2ª séries do então curso ginasial.
2 Foi também por sua condição de professor de português que Paulo conheceu Elza, sua primeira esposa.

fessor de língua portuguesa, José Pessoa da Silva, a quem Paulo substituiu, em razão de sua mudança para o Rio de Janeiro, onde assumiria o cargo de procurador do Estado de Pernambuco: "Foi José Pessoa, quando eu ainda era aluno do Colégio Oswaldo Cruz, que sugeriu a Aluízio, seu diretor, que eu fosse aproveitado como professor de Português" (*Cartas a Cristina*, p. 79, 2ª edição).

Paulo enfatizou sua práxis de professor no Colégio Oswaldo Cruz com emoção contundente, enfatizando o "alumbramento" em que se achava, "apaixonado, enfeitiçado mesmo, pela docência no Colégio Oswaldo Cruz..." (*Cartas a Cristina*, p. 110, 2ª edição).

Paulo diz de seu sonho-menino de ser professor e da realização dele no COC, em seu texto "Ninguém nasce feito: é experimentando-nos no mundo que nós nos fazemos":

> Ninguém nasce feito. Vamos nos fazendo aos poucos, na prática social de que tomamos parte.
>
> Não nasci professor ou marcado para sê-lo, embora minha infância e adolescência tenham estado sempre cheia de "sonhos" em que rara vez me vi encarnando figura que não fosse a de professor.
>
> "Brinquei" tanto de professor na adolescência que, ao dar as primeiras aulas no curso então chamado de "admissão" no Colégio Oswaldo Cruz do Recife, nos anos 40, não me era fácil distinguir o professor do imaginário do professor do mundo real. E era feliz em ambos os mundos. Feliz quando puramente sonhava dando aula e feliz quando, de fato, ensinava.
>
> Eu tinha, na verdade, desde menino, um certo gosto docente, que jamais se desfez em mim. Um gosto de ensinar e de aprender que me empurrava à prática de ensinar que, por sua vez, veio dando forma e sentido àquele gosto... Um segundo momento desta trajetória, importante também, se dá quando o diretor do Colégio Oswaldo Cruz, que me recebera como aluno gratuito, me convidou para assumir umas turmas de Português do então curso ginasial. Me lembro ainda hoje do que significou para mim, entre assustado e feliz, entre temeroso e ousado, dar minha primeira aula.
>
> O gosto que tive naquela manhã de tantos verões passados é o gosto que tenho hoje nas aulas primeiras que continuo dando, às vezes temeroso também (*Política e educação*).

Paulo algumas vezes relembrou a sua primeira aula no Colégio Oswaldo Cruz contando-me que meu pai levou uma cadeira e sentou-se ao lado da "mesa do professor" para ouvir e analisar o que ele ensinava aos/às alunos/as, e que, acabada a aula, ele o chamou ao gabinete, e disse-lhe: "Olha aqui... olha aqui... Paulo, sua aula foi muito boa, mas talvez com um nível mais alto do que os estudantes são capazes de perceber e entender!"

Alguns outros depoimentos de Paulo também são contundentes sobre esse gosto de ser professor, desde menino nutrido. Ao responder ao questionamento "Quando surgiu em você o desejo de ser professor, como foi?" dos educadores/entrevistadores do Sindicato dos Professores de São Paulo (Sinpro/SP),[3] que foram à nossa casa na Rua Valença, n. 170, respondeu:

> Fui um menino cheio de "anúncios docentes", o que não significa que eu tenha nascido professor. Agora, quando me revejo, me retomo – coisa que gosto de fazer – me lembro que era um menino curioso. Um professor que não exerce a curiosidade está equivocado. Eu me perguntava muito, perguntava aos outros, era método no estudo... Na adolescência sonhava tanto em ser professor que às vezes, para mim, era difícil perceber que estava no nível imaginário e não no real: eu me via dando aulas.

Ainda nessa mesma entrevista, à pergunta, "O que o levou a ser professor?", respondeu:

> Eu dizia que havia duas razões visíveis para eu ter me entregue ao Magistério. Uma era a necessidade de ajudar. A minha família sofreu o impacto da crise de 29... A segunda, na verdade, foi uma questão de gosto intelectual. Eu era muito menino quando descobri uma certa paixão pelos estudos da Gramática e dei saltos por mim mesmo. Eu li todos os bons gramáticos brasileiros e portugueses que eu consegui comprar em sebos, tinha uma paixão enorme e foi exatamente me servindo dos conhecimentos que fui adquirindo, que me tornei, antes mesmo de estar dando aula, competente para dar aula. Dando aulas a jovens de classe média, tão apertados quanto eu em Jaboatão, que fui me tornando professor. Quando digo que ninguém nasce professor, eu tenho uma experiência viva disso.

É interessante lembrar que foi por causa desse trabalho de professor de língua portuguesa e por seu corpo franzino que o médico do Exército o poupou de ir lutar com a Força Expedicionária Brasileira (FEB) nos campos da Itália, quando da Segunda Guerra Mundial. O médico-militar que fazia os exames de saúde para qualificar os recrutas aptos para ir lutar na Europa perguntou-lhe, após o exame físico:

> – O que fazes na vida profissional?
> – Sou professor de língua portuguesa – respondeu Paulo.
> – Estais dispensado... Como de terra de analfabetos se pode mandar professores ir morrer na Itália?... Ainda mais um magrela como você! –, disse convicto o médico do Exército.

---

3 Entrevista concedida aos educadores do Sinpro/SP, em dezembro de 1991, publicada em *Pedagogia da tolerância*.

Esse veredito salvou o educador do Brasil, um dos mestres do mundo, ao devolver-lhe o gosto e o incentivo para continuar ensinando-aprendendo até sua morte, em 1997.

O corpo franzino de Paulo devia-se não só ao seu perfil genético, mas também por doença grave que teve em 1943: tuberculose. Essa doença era comum no Recife, que, matando grande parte de sua população pobre ainda jovem, atingia pessoas de outras classes sociais pela grande disseminação de seu bacilo. Lembro-me muito bem dessa época – quando, com dez anos de idade, certamente, hoje sei, comecei a sentir um afeto especial por ele –, que certo dia me escondi atrás de uma porta do "colégio" ao ver que meu pai se aproximava e não queria que ele me perguntasse sobre o motivo que me fazia chorar. Eu chorava, pensava na tuberculose de Paulo e dizia a mim mesma: "Nunca mais vou vê-lo!"

Paulo contou-me, quando já estávamos casados, que durante os longos meses em que esteve deitado para "salvar-se da morte", meu pai, além de pagar-lhe o salário de professor, levava de presente para ele carne e leite, que faltavam no Recife em razão do racionamento no período da guerra. Tínhamos uma casa em Carpina, no interior pernambucano, para onde todas as semanas meu pai viajava para fazer a feira da família, e dela tirava uma parte para seu muito estimado professor.

Sua práxis no SESI-PE

Após a experiência de docência no Colégio Oswaldo Cruz e em outros estabelecimentos de ensino do Recife, e nas horas vagas dando aulas particulares, Paulo foi trabalhar no setor de Educação e Cultura do Serviço Social da Indústria (SESI), órgão então recém-criado pela Confederação Nacional das Indústrias.[4] Aí teve contato com a educação de adultos/trabalhadores e sentiu o quanto eles e a nação precisavam enfrentar com seriedade e adequação a questão da educação de modo geral, e, mais particularmente, a da educação popular e da alfabetização de adultos.

Em 1947, no Recife, professor de língua portuguesa do Colégio Oswaldo Cruz, em que fizera, a partir do segundo ano, o curso secundário e o então chamado curso pré-jurídico, por especial favor de seu diretor, Dr. Aluízio Pessoa de Araújo, recebi o convite para me incorporar ao recém-criado Serviço Social da Indústria, SESI, Departamento Regional de Pernambuco, instituído pela Confederação Nacional das Indústrias, cuja forma legal lhe foi dada através de decreto presidencial (*Pedagogia da esperança*).

---

4   Projeto de Vargas, mas só concretizado após sua queda, em 1945.

O convite para ir trabalhar no SESI de Pernambuco partiu do velho amigo Paulo Rangel Moreira:

> O convite me chegou através de um grande amigo e colega de estudos desde os bancos do Colégio Oswaldo Cruz, a quem uma grande e fraterna amizade me prende até hoje, jamais abalada por divergências de natureza política. Divergências que, necessariamente, expressavam nossas diferentes visões de mundo e nossa compreensão da vida mesma. Atravessamos alguns dos momentos mais problemáticos de nossas vidas amenizando, sem dificuldades, nossos desacordos, defendendo, assim, o nosso direito e o nosso dever de preservar o mútuo querer bem acima de nossas opções políticas e de nossas posições ideológicas. Sem o sabermos, na época, já éramos, à nossa maneira, pós-modernos. É que, na verdade, no mútuo respeito, experimentávamos o fundamento mesmo da política. Foi Paulo Rangel Moreira, hoje famoso advogado e professor de Direito da Universidade Federal de Pernambuco, que, numa tarde clara do Recife, risonho e otimista, veio à nossa casa, no bairro de Casa Forte, na Rua Rita de Souza, n. 224, e nos falou, a mim e a Elza, minha primeira esposa, da existência do SESI e do que trabalhar nele poderia significar para nós (*Pedagogia da esperança*).

Paulo discursando em festividade do SESI-PE, em princípios dos anos 1950.

Sua ficha funcional

Paulo começou a trabalhar no SESI-PE[5] em 1º de agosto de 1947, como assistente da Divisão de Divulgação, Educação e Cultura, nomeado pela Portaria n. 20, de 17/7/1947, assinada por Cid Feijó Sampaio, diretor do Departamento Regional do SESI, de acordo com a Portaria n. 113 do então Ministério do Trabalho, Indústria e Comércio, Art. 22, alínea h, de 20/7/1946, devendo perceber um salário mensal de Cr$ 2.000 (dois mil cruzeiros). Nesse mesmo ano, quando completou a graduação de bacharel em Direito, Paulo foi promovido a diretor da Divisão de Educação e Cultura, através da Portaria n. 43, de 19/11/1947, assinada pelo mesmo diretor do Departamento Regional

---

5 Todos os dados cadastrais de Paulo no SESI aqui mencionados constam do dossiê que me foi presenteado, na ocasião em que inaugurei a Biblioteca Paulo Freire, no SESI-Recife, por Jucineide Paes Andrade, Antonio Carlos Brito Maciel e Armando de Queiroz Monteiro Neto, na ocasião, respectivamente, educadora, superintendente do SESI e presidente da Federação das Indústrias de Pernambuco.

do SESI, de acordo com o Regulamento do SESI, Art. 22, alínea h, aprovado pela Portaria do MTIC, n. 113, de 20/7/1946, com o salário mensal de Cr$ 4.000 (quatro mil cruzeiros).

Posteriormente, o novo diretor do Departamento Regional do SESI, Armando de Queiroz Monteiro, padronizando os salários da instituição, ordenou o aumento de salário de Paulo, para Cr$ 4.500 (quatro mil e quinhentos cruzeiros), a partir de 1948. Pela Portaria n. O53/A, de 30/10/1951, o mesmo diretor concedeu "repouso semanal remunerado" e aumento salarial para Cr$ 4.810 (quatro mil oitocentos e dez cruzeiros) a Paulo.

Em 1º/12/1954, através da Portaria n. 1.721, assinada por Sebastião de Holanda Cavalcanti, diretor do Departamento Regional do SESI, Paulo, aos 33 anos de idade, foi promovido para as funções de diretor superintendente do Departamento Regional de Pernambuco, cargo comissionado que ocupou até 23.10.1956, quando, por meio da Portaria n. 2.627, o industrial Miguel Vita, como diretor Regional do SESI, o destituiu, a pedido, desse cargo, "devendo voltar às funções efetivas de Diretor da Divisão de Educação e Cultura".

O Documento n. 307, do Departamento Regional de Minas Gerais, de 4 de julho de 1952, assinado pelo diretor Regional Newton Antonio da Silva Pereira, dirigido ao seu colega de Pernambuco Armando de Queiroz Monteiro, diz: "Tenho o prazer de vos informar, em resposta ao vosso ofício n. C.GP. 22/52, de 27 de junho último, que tivemos grande satisfação em receber o Dr. Paulo Freire, Diretor de Educação e Cultura desse Departamento Regional, com quem percorremos todas as dependências do SESI em Minas Gerais, localizadas nesta capital..."

Paulo (de branco, no centro), ladeado por três colegas de trabalho do SESI-PE e formandas dos cursos de profissionalização.

Em 1957, Lídio Lunardi, diretor do Departamento Nacional do SESI, com sede no Rio de Janeiro, por meio do Ofício n. 285/57, GDDN 262, de 6/9/1957, solicitou à Regional de Pernambuco, na pessoa de Miguel Vita, deixar Paulo à disposição do órgão nacional justificando a escolha "pela experiência e conhecimento com que o indicado irá prestar à Divisão de Estudos e Planejamentos, onde estamos incentivando trabalhos de pesquisa e coleta de elementos capazes de nos proporcionar meios hábeis à formulação de soluções atinentes a questões sociais reclamadas pela atual conjuntura..."

Esse pedido foi consagrado por meio da Portaria n. 216, de 18/10/1957. Assim, conforme Ofício GDS-58/64, assinado pelo superintendente do SESI-PE, Célio Augusto de Melo, Paulo viajou por alguns estados brasileiros dando assessoria aos educadores regionais do SESI, de outubro de 1957 até 14 de abril de 1961, por força da Ordem de Serviço n. 02/61.

Um relatório de doze páginas, sem data, elaborado por Paulo, dirigido ao presidente do D.R. do SESI, de Pernambuco, presta conta de uma "viagem de observação" feita em Minas Gerais e São Paulo. No relatório, consta na introdução: "Agradecemos inicialmente a V.S. bem como ao Sr. Superintendente a oportunidade que nos deram de sentir de perto outros Serviços e de entrar em contato com educadores de grande valor, *entre eles, o prof. Anísio Teixeira,*[6] *cuja atuação no campo educacional brasileiro o coloca entre as figuras máximas da Educação nacional*" [grifo meu].

Pouco depois do golpe civil-militar, em 14/5/1964, Célio Augusto de Melo, superintendente do SESI-PE, enviou o Ofício G.D.S. 58/64 [sem assinatura] solicitando o retorno de Paulo ao trabalho no prazo de oito dias, "sob pena de serem tomadas as providências necessárias à sua exoneração por abandono de emprego".

Em 20/5/1964, Paulo se dirigiu ao diretor do Departamento Regional do SESI, Pernambuco, adiantando-se ao que queriam fazer os industriais pernambucanos: "...venho em caráter irrevogável requerer a V.S. rescisão de seu[7] contrato de trabalho, com renúncia da estabilidade, a fim de tratar de assunto de seu pessoal interesse." Esse requerimento só foi protocolado mais de dois anos depois.

Um recibo de 25/8/1966, assinado pelo procurador de Paulo, seu cunhado e grande amigo nosso, José de Melo,[8] quando Paulo já vivia no exílio, diz:

---

6 Sobre Anísio Teixeira, disse Paulo, em 1994: "O fato, porém, de não me satisfazer política e ideologicamente esta ou aquela posição de um Anísio Teixeira, de um Fernando de Azevedo, de um Lourenço Filho, de um Carneiro Leão, para ficar só nestes e em nosso meio, não me leva a dizer simplistamente que 'já eram' ou que 'nunca foram'. O fato de *sonhar* diferentemente deles não é suficiente para que desconheça sua contribuição ao avanço da reflexão pedagógica entre nós. Da reflexão e da prática" (*Cartas a Cristina*).

7 O texto da carta de pedido de rescisão de contrato foi escrito em terceira pessoa.

8 A José de Melo Costa Oliveira, irmão de Elza, Paulo confiou não só a guarda de sua biblioteca e outros pertences deixados em Recife, mas também a procuração para representá-lo

Recebi do Departamento Regional do Serviço Social da Indústria (SESI), em Pernambuco, representado pelo industrial Miguel Vita, Diretor Regional, a importância de CR$ 1.000.000 (hum milhão de cruzeiros), a título de conciliação de todos os meus direitos e interesses decorrentes da rescisão de meu contrato de trabalho e consequente renúncia da estabilidade, homologada pelo órgão competente. O pagamento da importância supra me foi efetuado através do cheque n. 189.567 emitido contra o Banco Nacional do Norte S/A, Matriz, de cujo recebimento declaro-me pago e satisfeito de todos os meus direitos em relação ao extinto contrato de trabalho, inclusive diferenças salariais, horas extraordinárias, repouso semanal remunerado, décimo terceiro mês de salário, dando plena, geral e irrevogável quitação pelo que firmo o presente recibo, não mais me assistindo o direito a reclamações futuras em Juízo ou fora dele. Recife, 25 de agosto de 1966.

Em 30/9/1966, a Portaria n.1. 470, de Miguel Vita, diretor regional do SESI-PE, põe um ponto final na rica atuação de Paulo nesse órgão: "... no uso das atribuições que lhe confere a alínea 'f' do art. 45 do Regulamento do SESI, aprovado pelo Decreto n. 57.375 de 8 de dezembro de 1965, do Exmo. Senhor Presidente da República,[9] RESOLVE: Exonerar, a pedido, o Bel. Paulo Reglus Neves Freire do Quadro de Servidores deste Departamento Regional, tendo em vista o pedido sob protocolo 1.429 de 17/8/66, com vigência daquela data, extinguindo-se o referido cargo no Quadro de Servidores."

Não me foi possível saber por que Paulo só foi exonerado de seu cargo no SESI quando há muito já vivia no exílio, no Chile.

Temáticas propostas aos educadores

Transcrevo algumas orientações para os/as educadores/as sesianos, escritas por Paulo, nos anos 1950, em razão de seu ineditismo e de sua capacidade de radicalizar propostas educativas inovando e ousando dentro de um órgão assistencialista patronal num tempo de conservadorismo forte das classes dominantes do país, sobretudo as nordestinas. Nelas podemos constatar o espírito democrático de Paulo, e as ideias e práticas fundamentais da teoria do conhecimento dele, que comporá, posteriormente.

Todas elas iniciam-se com o título: "SESI – Divisão de Educação e Cultura. Aos Educadores: Evite-se fazer conferências, o círculo de pais e professores deve ser debate."

---

em todas as instâncias administrativo-jurídicas necessárias, nos quase dezesseis anos de seu exílio. José de Melo e sua mulher, Dora, foram, entre todos os familiares de Elza, os maiores amigos pelos quais Paulo teve enorme afeto e carinho. Após a cerimônia de nosso casamento religioso, no Recife, em 27/3/1988, fomos imediatamente visitá-los, ampliando e aprofundando essa relação.

9   O presidente da República à época era o marechal Humberto de Alencar Castelo Branco.

Todas as cartas convocatórias deveriam, se aceitas, ser assinadas pela professora responsável e sempre foram acompanhadas das "Considerações" de Paulo para cada tema a ser discutido.

Análise de Paulo sobre seu próprio trabalho no SESI-PE

A passagem de Paulo pelo SESI-PE, é preciso enfatizar, como ele mesmo o disse muitas vezes, abriu-lhe a possibilidade de, pensando sobre o que escutava,[10] via, observava, sentia e refletia, sistematizar a sua compreensão de educação. Ele asseverava: "O SESI foi para mim um *tempo fundante*."

Em *Cartas a Cristina*, Paulo dedicou uma longa carta, a décima primeira, que em sua nova edição nomeei "SESI: a prática de pensar teoricamente a prática para praticar melhor", à análise de alguns pontos primordiais de seu trabalho no SESI-PE:

> Na perspectiva da classe dominante, enquanto assistencial, o SESI deveria ser assistencialista. Por isso mesmo, qualquer prática de que resultasse ou que implicasse uma presença democraticamente responsável dos *sesianos* no comando dos núcleos ou centros sociais, que significasse um mínimo de ingerência dos trabalhadores no próprio processo de prestação de serviços de assistência, tendia a ser recusada como perigosa e subversiva. No fundo, seria ingênuo pensar que o SESI fosse expressão da bondade incontida da classe dominante, que tocada pelas necessidades de seus trabalhadores, o criara para ajudá-los... Foi exatamente no SESI, como uma espécie de contradição sua, que vim aprendendo, mesmo quando ainda pouco falasse em classes sociais, que elas existem, que elas existem em relação contraditória. Que experimentam conflitos de interesses, que são permeadas por ideologias diferentes, antagônicas... Eu não era progressista porque estivesse

---

10 Digo sobre "escutar" em meu ensaio "Paulo Freire: seu tocar, seu olhar e seu escutar": "Essa sua capacidade de *escutar*, não de ouvir simplesmente o outro, mas esse *escutar* sobre o qual nos falou na *Pedagogia da autonomia*, que fazia arrepiar seus pelos, bater forte seu coração e sentir a palpitação de seu sangue nas veias – e sobre a qual venho insistindo em minhas análises e escritos sobre a epistemologia de meu marido – *escutar* marcado pelo seu olhar e seu tocar, anunciava o momento de acolher e recolher dentro de si o que ouvia do outro. Dentro da sua inteligência lúcida aliada à intensidade desta emoção – momentos indissociáveis em Paulo, nunca podemos esquecer – ele entendia, refletia e depois dizia ao outro a palavra pronunciante de vida e mundo, quer ela viesse sistematizada ou não, quer fossem palavras de dor, de alegria ou de espanto, quer versassem sobre as coisas mais simples da vida cotidiana ou não. A resposta esperada vinha sempre ou sob a forma de silêncio, que tantas vezes traduzia dele o melhor escutar – nesses casos ele olhava ainda mais profundamente o seu interlocutor/a – ou pela palavra instigadora da reflexão e/ou pela palavra aliviadora do entendimento e da cumplicidade política ou afetiva" (cf. *Paulo Freire – Quando as ideias e os afetos se cruzam*).

certo de que o futuro inexoravelmente traria o socialismo. Pelo contrário, eu era progressista porque, recusando uma compreensão mecanicista da história, estava certo de que o futuro teria de ser construído por nós, mulheres e homens, na luta pela transformação do presente malvado. Ou construído por nós, progressistas, pela transformação substantiva do presente, ou construído pelas forças reacionárias através de mudanças puramente adverbiais do presente... Nossa compreensão da "evasão", da reprovação era outra. Uma escola democrática teria de preocupar-se com a avaliação rigorosa da própria avaliação que faz de suas diferentes atividades. A aprendizagem dos educandos tem que ver com as dificuldades que eles enfrentam em casa, com as possibilidades de que dispõem para comer, para vestir, para dormir, para brincar, com as facilidades ou com os obstáculos à experiência intelectual. Tem que ver com sua saúde, com seu equilíbrio emocional. A aprendizagem dos educandos tem que ver com a docência dos professores e professoras... Por tudo isso dávamos grande atenção, de um lado, à formação permanente das educadoras; de outro, à formação das mães e dos pais. Aprendemos bastante de nossos erros iniciais... Com a participação maior dos pais... com o envolvimento crítico das professoras e dos alunos, a frequência aos Círculos de pais e professores alcançou níveis bastante elevados. Começamos também a observar diferenças sensíveis na disciplina escolar e no aprendizado... Assustou-nos a ênfase nos castigos violentos, no Recife, no agreste, no sertão, em contradição com a quase total ausência de castigos e não só violentos nas zonas praieiras do estado... Maior abertura ao diálogo ao lado de maior compreensão das limitações de cada um de nós... A única coisa definida e estabelecida era o direito assegurado à *fala*, à *voz*, o *direito à crítica*, resguardado também o direito de cada um ao respeito de todos... Despachei favoravelmente todos os pedidos de verbas, mas sublinhei a minha discordância... Aprendi, na minha passagem pelo SESI, para nunca mais esquecer, a como lidar com a tensa relação entre prática e teoria (*Cartas a Cristina*).

Foi com essas palavras que Paulo sintetizou sua rica e profunda práxis sesiana.

Algumas outras atividades pedagógicas importantes de Paulo Freire, no Recife

No Instituto Capibaribe[11]

Anita Paes Barreto, Raquel Correia de Crasto e Paulo fundaram, no Recife, em 3 de março de 1955, o Instituto Capibaribe, que começou suas atividades funcionando na Av. Visconde de Suassuna, n. 808. No Livro do Instituto Capibaribe – Cursos, consta:

---

11 Pesquisa realizada, a meu pedido, por Maria Beatriz Coelho, no ano de 2004, na própria escola.

Um mês antes da abertura do Instituto Capibaribe estiveram reunidas as professoras que nele iriam trabalhar, a fim de instruírem a respeito do espírito e das normas de trabalho. Tiveram aulas teóricas e práticas. Foram professores: Dr. Paulo Freire, Anita Paes Barreto, Raquel Correia de Crasto.

Este curso durou um mês, ou seja, fevereiro, sendo a 3 de março inaugurado o Instituto e, a 7, começadas as aulas. Ficou, porém, combinado que a formação do pessoal seria continuada em reuniões semanais, aos sábados.

Nessas reuniões seriam estudados:

a) assuntos de psicologia e pedagogia no sentido geral e em suas aplicações aos problemas do Instituto, ora pelo Dr. Paulo Freire, ora por Raquel Correia de Crasto, podendo também, quando necessário, ser chamada Anita Paes Barreto;

b) assuntos ligados à formação moral e espiritual, a cargo de Maria de Lourdes Paes Barreto.

A ideia era que o Instituto não só deveria oferecer a escola fundamental para crianças, mas também objetivava a formação dos docentes para, por intermédio desses e dessas, instituírem uma educação escolarizada progressista dentro dele e para a escola pública em geral.

Assim, proporcionaram um "Curso de Preparação de Professores" para o Concurso de 4ª Entrância, promovido pela Secretaria de Educação do Estado de Pernambuco, que funcionou na Escola de Serviço Social, na Av. Conde de Boa Vista, 1512, de 9 de maio a agosto de 1955.

Foram professores do programa de Fundamentos de Educação Pe. Daniel Lima, Paulo Freire, Amaury Vasconcelos e Anita Paes Barreto; e do programa de Metodologia e Didática, Noêmia de Araújo Varela e Raquel Correia de Crasto. Das 24 alunas inscritas, todas mulheres, apenas quinze se submeteram ao citado concurso realizado em 16 de outubro de 1955, das quais dez foram aprovadas na prova de Fundamentos de Educação, pré-requisito para os outros exames.

O Instituto também organizou um curso para mães cujos professores foram: Pe. Zeferino Rocha, Dr. Luiz Inácio de Andrade Lima, Dr. J. Lucena, Dr. Zaldo Rocha e Dr. Galdino Loreto.

O Instituto Capibaribe mantém-se até hoje como uma instituição de ensino privado, de nível do ensino fundamental, conhecido pelo seu alto nível de ensino e formação científica, ética e moral voltada para a consciência crítica e democrática. Vem se aproximando cada vez mais da práxis de Paulo Freire.

No Serviço Social da Paróquia do Arraial

Aproveitando a experiência do trabalho no SESI-PE, Paulo liderou um grupo de casais da Ação Católica, do Recife, na segunda metade dos anos 1950, entre outros os meus pais, Aluízio e Genove, com a colaboração e incentivo do pároco padre Teobaldo da Rocha, para realizarem uma ação educativa, em prol das camadas populares da Paróquia do Arraial.

Sobre essa experiência, transcrevo dois documentos inéditos assinados por Paulo, que nos dirão dos projetos e ações possíveis realizados:[12]

Documento 1: "Escola Comunidade: Notas a propósito de uma experiência. Casa Amarela – Recife – Pernambuco"

Os estudos que fizemos em torno do aspecto particular do levantamento de certos ângulos de vida na zona da paróquia do Bom Jesus do Arraial, situada no arrabalde recifense de Casa Amarela, levantamento feito em 1954 pela concluinte da Escola de Serviço Social de Pernambuco, senhorita Vandete de Figueiredo, deram nascimento ao atual Setor de Educação que vem sendo dirigido por nós e constitui um dos departamentos componentes do Serviço Social da Paróquia do Arraial.

O arrabalde de Casa Amarela é hoje uma das zonas mais densamente populosas do Recife. Sua população atual, aproximada, segundo estimativas razoáveis é de 100 mil habitantes. Apresenta uma zona chamada de *"Asfalto"*, pavimentada em suas artérias e centros principais, onde se situam os recursos mais amplos do arrabalde: Casas bancárias, Comércio varejista e em grosso, casas especializadas em material de construção, pequenas oficinas, marcenarias, padarias automáticas, agências de I.A.P.s (Institutos de Aposentadoria e Pensões), cemitério, casas de diversão, clubes recreativos e esportivos, terminal de linhas de transporte e coletivo, mercado, feira semanal, escritórios e consultórios de profissionais liberais, maioria de unidades pedagógicas públicas, ginásios (ensino médio), público e privados, cartório do registro civil etc.

Constitui-se, assim, em um centro normal de atração dos habitantes de outras zonas do arrabalde.

Esta zona do asfalto começa de algum tempo a esta parte, pela valorização assustadora dos terrenos em face da inflação, pelo crescimento, ou melhor, na expressão de Gilberto Freyre, pela "inchação" do Recife, a penetrar às vezes até bruscamente, a outra imediata – a chamada de "Poeira". Tanto uma como outra destas expressões – Asfalto e Poeira – muito mais do que simples designações de áreas pavimentadas ou não, revelam conteúdo sociológico – distinguem posições, mentalidade, atitudes, padrões econômicos. O

Paulo em foto dos anos 1940.

---

12 Esses documentos fazem parte de meus arquivos e foram a mim doados por Paulo para serem publicados. Um terceiro consta de sua tese acadêmica como "Anexo I".

que se vem observando é o que chamaríamos de "empurrão" da zona do asfalto sobre a da poeira, com substituição dos mocambos e casinhas precárias, ou os chamados "quartos", nova modalidade de habitação entre nós, pelas casas e edifícios de apartamento de *gente* do asfalto, com a mudança, então, da paisagem não só arquitetônica, mas consequentemente sociocultural. Este "empurrão", que não obedece a planejamento urbanístico, mas à ganância e à especulação, vai levando os habitantes da Poeira para cada vez mais distantes recantos da cidade, sem o consequente alongamento de linhas de veículos coletivos, nem preparação das áreas por ser habitadas, agravando cada vez mais os problemas desta como de outras áreas do Recife. Esta zona de Poeira se estende por morros e córregos e tem uma forte incidência populacional. Nela moram, sobretudo, proletários e subproletários. Os primeiros, trabalhando em fábricas situadas as mais das vezes em outros pontos da cidade, e algumas outras, em uma fábrica de tecidos situada nesta zona.

Torrefações, serrarias e outras pequenas indústrias empregam uns tantos habitantes desta zona.

Ressente-se de bons centros diversionais; à grande parte de sua área falta luz elétrica, não tem saneamento e a água é servida por alguns raros chafarizes, este fato, aliás, vem refletindo-se fortemente na maioria das crianças desta área a quem as famílias, numa divisão de trabalho nem sempre justa, atribuem a tarefa do abastecimento de água para as necessidades domésticas. Ressente-se de unidades pedagógicas públicas, as quais, de modo geral, se vinham "plantando" na primeira zona, na do asfalto. De algum tempo a esta parte, o Poder Público vem interessando-se em melhorar a situação existente, e unidades pedagógicas – grupos escolares e escolas únicas – estão sendo levadas até os morros e córregos de Casa Amarela.

A população infantil enorme e sem escolas vem sendo servida ora por "escolinhas" particulares às quais faltam os mais simples princípios pedagógicos, com "professoras" quase analfabetas, em salas de 3 m por 2, sem condições mínimas, ora por escolas pertencentes a sociedades beneficentes, que apresentam em regra uma vantagem apenas sobre as anteriores: a de terem salas mais amplas, às vezes por "escolas" políticas, mantidas por vereadores ou candidatos a postos eletivos outros, escolas intermitentes, abertas sempre antes do pleito e fechadas logo depois, às vezes, finalmente por escolas espíritas ou protestantes. Um sem-número dessas escolinhas se espalha por morros e córregos e a quantidade de crianças sem escola, mesmo como estas, é incalculável.

Ao lado disso tudo, o sincretismo religioso, que vem exigindo posições e catequéticas diferentes das ainda muito usadas por sacerdotes zelosos de sua tarefa, mas despercebidos do sentido culturológico de manifestações sincrético-religiosas, que procuram combater por métodos antes provocadores que convincentes.

O "raquitismo" econômico de grande maioria de habitantes desta zona, a falta de recursos públicos e de assistência, existentes apenas numa ou noutra "Cruzada" disto ou daquilo, de caráter, porém, assistencialista, o baixo nível de instrução, de alfabetização, ligado à própria situação nossa, de área, a do nordeste brasileiro, subdesenvolvida; a falta de mão de obra qualificada, entre outros fatores, vem enfatizando nesta zona problemas sociais os mais diversos. Daí ser comum viver-se de "biscates" nesta zona, sem mínima estabilidade econômica, o que provoca, fatalmente, desequilíbrios emocionais, que se agravam em face da incultura do povo.

Ressalte-se, porém, trabalho de futuro promissor e que responde muito bem a alguns destes aspectos apontados – o da instrução e o da preparação de técnicos médios de que tanto estamos a precisar e viremos a precisar no processo de industrialização em que nos inserimos. Referimo-nos ao trabalho do monsenhor Odilon Lobo, da Paróquia de Casa Forte, cuja jurisdição atinge parte da área em estudo ou se aproxima de tal forma dela socialmente que se faz difícil estabelecer fronteiras.

A última zona é rural. Territorialmente enorme e representada por campos e matas. Pouco habitada.

A superfície do arrabalde de Casa Amarela é de 66 km^2. Sua população no recenseamento de 1950 era de 81.746 habitantes para a zona suburbana do arrabalde, em que enquadramos a zona do "asfalto" e da "poeira", e 3.759 para a rural, num total de 85.505 habitantes.

Daquele tempo a esta parte, as estimativas razoáveis elevam a 100 mil os habitantes de Casa Amarela.

A superfície da paróquia propriamente dita é de 5,50 km^2 e sua população, que no censo de 50 era de 50 mil habitantes, deve atingir hoje mais de 60 mil.

Há na área paroquial 36 unidades pedagógicas – grupos escolares, escolas reunidas, escolas únicas – públicas – "educandários", escolas confessionais, "políticas" e de sociedades beneficentes – privadas –, segundo dados que nos foram fornecidos pelo Fichário Central de Obras Sociais de Pernambuco.

O Setor de Educação do Serviço da Paróquia do Arraial vem entrando em contato com todas as unidades pedagógicas, interpretando-lhes seus objetivos e procurando ganhar sua adesão. No momento, trabalha com seis unidades, cinco situadas na primeira zona e uma, um grupo escolar, situada num morro.

Fez algumas tentativas que resultaram até agora negativas para trabalhar com as "escolinhas" de morro e córrego. Tentativas no sentido, sobretudo, de melhora de seus padrões pedagógicos – um trabalho de "reeducação" de suas professoras. Em que pese a precaução com que se houve, não obteve sucesso. No momento, está fazendo nova tentativa.

Objetivos do Setor de Educação

a) Despertar as escolas públicas ou não, situadas nas várias zonas da paróquia para a realidade social, econômica e cultural da comunidade onde se acham;

b) Provocar nelas a necessidade de um trabalho em conjunto, de tal forma que os problemas e as dificuldades de uma unidade pedagógica sejam conhecidos e estudados por todas. As suas relações assim passarão a ser sistemáticas e não espontâneas, como o são, de modo geral.

c) Aproximar, em caráter sistemático, escolas de famílias.

d) Criar e desenvolver a responsabilidade social e política do homem.

e) Melhorar os padrões culturais e técnicas de pessoal docente, preparando-o para a nova posição da escola.

f) Promover melhores meios de assistência ao aluno, mediante a colaboração entre escola e família.

g) Identificar a escola com os problemas de sua comunidade, estabelecendo relações entre ela e instituições ou agências da comunidade, de que nasçam projetos de ação comunitária.

h) Tentar promover alguma ou algumas das principais unidades pedagógicas da zona paroquial em centro de comunidade, de que as demais passarão a ser satélites.

Para consecução destes objetivos, o Setor de Educação vem estimulando:

I – As relações entre escolas e famílias, através do que irá oferecendo *ingerência* dos pais nos negócios da escola, mudando-lhes por meio de experiências, atitudes culturologicamente passivas, sem atitudes de participação. De ingerência a ingerência, de debate a debate, dialogando sempre, e nunca discursando, trabalhando com o homem e para ele, nunca só para ele ou sobre ele, a escola irá estimulando as famílias de seus alunos a se agregarem organicamente em Clubes dos Pais, instituição dentro da escola, em colaboração íntima com ela, mas também interessada por problemas comunitários.

II – A criação de cursos de educação de adultos nas escolas, sob o patrocínio delas ou dela e dos clubes quando existam, ou em outras instituições da comunidade.

Esta experiência vem sendo feita na sua parte concreta há quase dois anos, com uma dificuldade enorme de pessoal. O Setor de Educação vem contando com a ajuda magnífica da senhorinha Tereza Duarte, aluna concluinte da Escola de Serviço Social de Pernambuco e que prepara seu trabalho de conclusão de curso à luz desta experiência. Vem contando igualmente com a colaboração moral e financeira do Serviço Social Paroquial e do Pároco, pessoalmente, como também da Secretaria de Educação e Cultura do Estado. Igual colaboração, sem a qual teria sido impossível o início, sequer da experiência, vem sendo dada pelas Dirigentes e corpo docente das seis unidades pedagógicas com as quais estamos trabalhando.

Alguns destes objetivos apontados vêm sendo conseguidos com relativo êxito.

O trabalho, por exemplo, de relacionamento entre escola e família, dentro de uma conceituação nova dos Círculos de Pais e Professores, vem apresentando resultados promissores. Uma maior compreensão dos problemas gerais da comunidade também vem se mostrando já por parte do professorado. Cada vez se consegue mais participação nos debates das reuniões de pais e professores. Numa das unidades pedagógicas nasceu o primeiro Clube dos Pais, em outubro do ano passado, com o objetivo primordial de atacar o problema da merenda escolar do aluno. Este clube, que já tem hoje estatutos feitos pela própria diretoria provisória, tem sua sede numa das dependências da escola; 660 crianças tomam sua sopa ou seu mungunzá diariamente, pelo esforço conjunto do Clube, da escola e da Secretaria de Educação.

Este Clube mantém com a colaboração da escola, da Secretaria de Educação e do Setor de Educação do Serviço Paroquial cursos populares para suas sócias, com um programa de problemas de educação elaborado pelo Setor de Educação, em debate com as alunas dos cursos.

A ingerência deste Clube nos negócios da escola vem sendo magnífica. Sua diretoria se reúne semanalmente na sede da escola à noite onde também funcionam os cursos de educação de adultos.

Nada se faz nesta escola que não seja discutido em conjunto pelo Clube dos Pais, a direção da escola e o corpo docente.

O presidente do Clube participa das reuniões do professorado da escola e visita com outros companheiros seus as classes de aula, conversando com os meninos a respeito da vida do Clube, de suas reuniões, de seus objetivos e fazendo dos alunos elementos intérpretes do Clube junto às famílias. As reuniões de assembleia geral do Clube já estão sendo dirigidas por seus próprios diretores, entre os quais há um bacharel em direito, um sapateiro, um alfaiate, um ambulante, um motorista e duas senhoras de atividades domésticas.

Já se cogita agora na criação de um boletim mensal do Clube que começará a ligá-lo mais enfaticamente ao bairro. Suas finalidades são variadas, mas, sobretudo, são pedagógico-sociais.

No momento, a diretoria do Clube se faz representar em todo o Círculo de Pais e Professores realizados sob a orientação do Setor de Educação na área da experiência. Já algumas assembleias de pais começam a se interessar no sentido de se organizarem em Clubes também.

Assim, um dos objetivos nossos é, logo que haja em cada unidade pedagógica um Clube dos Pais, levá-los a constituir uma Federação de Clubes que, representando oficialmente todas as famílias ligadas às escolas da área, ou à sua maioria, passaria a influir na solução de problemas não só educacionais, mas de ordem moral, junto aos poderes públicos.

Paulo Freire

Documento 2: Outro documento dos meus arquivos sobre o Serviço Social da Paróquia do Arraial – Setor de Educação, escrito em março de 1957, segue transcrito:

"Notas explicativas"
A finalidade principal deste curso é dar a suas alunas alguns conhecimentos básicos indispensáveis à sua boa integração tanto no lar como fora dele, em instituições sociais ou grupos outros a que se prendem necessariamente. A chave principal para este trabalho há de ser a das técnicas de inquirição e do diálogo. Ao lado do conheci-

mento dos problemas educacionais na família, por exemplo, o orientador do curso deverá conduzir suas alunas, talvez melhor disséssemos os membros dos grupos, ao hábito ou à atitude da dialogação [sic], da inquirição. Na verdade, quanto mais se pergunta, quanto mais se dialoga, tanto mais se cresce.

Não esquecer também o orientador que este é um trabalho de educação de adultos e que "em educação de adultos somos tão professores quanto estudantes". "O estudante como professor potencial – esta a grande diferença entre a educação infantil e a de adultos." Se as crianças não têm consciência do estável e do permanente não distinguem o mutável, não é assim o adulto, a quem uma experiência de vida, mesmo faltosa de educação sistemática, total ou parcial, como neste caso, lhe dá posição diante dos fatos e das coisas que não as têm as crianças. Estas posições quase todas se enraízam nos padrões de comportamento do grupo. Muitas delas, porém, são estereótipos resultantes de visões deformadas da realidade. Em qualquer dos casos, estamos sempre diante de um problema – mudar. Esta é realmente uma das fundamentais preocupações da educação de adultos, sobretudo em países como o nosso que, começando a sofrer o impacto da industrialização, apresentam uma desproporção assustadora entre progresso técnico requerido pela própria industrialização e o desenvolvimento psicológico, educativo, social do povo. É imperiosa, em alguns casos, a ênfase da educação de adultos, que ajudará a diminuir a diferença entre aqueles dois pontos.

O problema, como se vê, é antes de tudo um problema de mudança de mentalidade. Precisamos sair da mentalidade discursiva para a dialogal. Desta forma, as matérias do programa deste curso, tanto quanto permita sua natureza, devem ser discutidas mais do que ditadas.

Nenhuma oportunidade perde o educador para estimular a descoberta da verdade pelo próprio grupo. A correção e a substituição das atitudes devem ser propostas por meio de situações. Debatidas como se realmente estivessem sendo vividas. Não dizer que tal ou qual comportamento do pai ou da mãe do menino é errado e que tal outro é certo. Apresentar a situação clara, tanto quanto possível viva, e levar pelo diálogo o grupo à crítica de que partirá para a mudança.

Para isso é preciso que o educador conheça as condições do meio em que atuará. É preciso que estabeleça boas relações afetivas com o grupo, que simpatize com o grupo e seja simpatizado por ele, para haver empatia.

Não dizer, por exemplo, e enfaticamente que "o homem é um animal racional, que na sua racionalidade está a diferença entre ele e o gato, ou que a diferença está em que o homem pode discernir o transcender e o gato não". Perguntar, porém, ao grupo quais as diferenças entre o homem e o gato e, de pergunta em pergunta, de resposta em resposta, estimulando os mais tímidos, controlando os mais faladores, levar o grupo a uma série de características do homem. Somente depois que o grupo se haja exercitado, então, pode o educador, consertando e melhorando respostas, manifestar-se em definitivo.

De início é possível e até coerente certa "intimidação", certa falta de participação; a falta de experiências neste sentido é a grande responsável. Cabe ao educador insistir no diálogo, estimular o grupo à atitude crítica, até que ele "fabrique" as suas respostas.

Para mais facilidade do seu trabalho, juntam-se as fichas individuais das participantes dos grupos, com certos dados interessantes em torno de cada uma. A fotografia que encima a ficha facilitará a fixação do nome de, pelo menos, algumas delas, ajudando as suas relações afetivas com o grupo, durante sua conversa.

Paulo Freire

No Conselho Consultivo de Educação Municipal

Em 9 de agosto de 1956, o prefeito progressista do Recife, Pelópidas Silveira, usando de atribuições a ele concedidas, nomeou Paulo pelo Decreto n. 1.555, ao lado de mais nove notáveis educadores pernambucanos, como membro do Conselho Consultivo de Educação do Recife.

Na Divisão de Cultura e Recreação

Alguns anos depois, Paulo foi designado também para o cargo de diretor da Divisão de Cultura e Recreação, do Departamento de Documentação e Cultura da Prefeitura Municipal do Recife (futura Secretaria Municipal de Educação, do Recife), conforme atestado assinado por seu diretor, Germano de Vasconcelos Coelho, em 14 de julho de 1961.

Na Escolinha de Arte do Recife

Para compor esta biografia, solicitei à fundadora dessa escola e atual membro da sua diretoria, na qualidade de diretora técnica, a professora Noêmia Varela, que me escrevesse um depoimento sobre a presença de Paulo nessa instituição. Com quase noventa anos de idade, voz firme, ela começou me dizendo, quando lhe telefonei, que não seria fácil rememorar coisas dos princípios dos anos 1950, e que os arquivos da Escolinha estão sem condições de pesquisa. De repente, disse-me: "Você me estimulou, estou me entusiasmando por seu pedido... vou escrever meu testemunho." No dia seguinte me telefonou e leu, com orgulho e alegria, o breve depoimento que segue, dizendo-me que ela mesma o levaria ao correio e que guardaria cópia em casa por garantia:

> Na Escolinha de Arte do Recife (1953-2005), Paulo Freire descobriu haver um espaço onde poderia ter acesso à estranheza e ao surpreendente poder da arte no processo educativo. Colaborou com a Escolinha valorizando seu espírito inventivo e ampliando suas iniciativas, reconhecendo-a como instituição onde

métodos criativos de ensino poderiam ser estudados, aplicados, criticados e considerados como métodos aptos a revelarem o que os homens sonham, sentem, inventam ou pensam.[13]

Paulo Freire na Escolinha de Arte do Recife e na USP

Outro importante depoimento, feito por Ana Mae Barbosa e Noêmia Varela:

> Quando entrei na Escolinha de Arte do Recife como estagiária em 1956, Paulo Freire era seu presidente e Noêmia Varela era diretora. Os dois se falavam frequentemente por telefone para conversar sobre os projetos da Escolinha. Algumas vezes, ele ia ao espaço conversar com D. Noêmia, mas, com aquele jeito só dele, também conversava com as professoras.
>
> De volta do exílio em 1980, Paulo Freire deu sua primeira palestra na USP, abrindo a Semana de Arte e Ensino organizada por Ana Mae Barbosa, na Escola de Comunicações e Artes da Universidade de São Paulo. Sua palestra foi ouvida por três mil arte-educadores, talvez o maior evento de arte-educação até hoje no Brasil. A conferência de Paulo Freire aconteceu no auditório da Faculdade de Arquitetura por ser o maior da universidade. Mesmo assim, foi necessário convocar o auxílio da TV Cultura para filmar e jogar a imagem e o som em um telão fora do auditório, no lugar que chamavam de Salão Caramelo.
>
> O nome de Paulo Freire como palestrante não fora divulgado nem no programa nem à imprensa para não atrair um público maior do que podíamos abrigar e para não parecer que o estávamos usando como chamariz para o evento.
>
> Em 1987, Paulo Freire ministrou com Ana Mae Barbosa o curso de pós-graduação intitulado "Arte-educação e ação cultural". A verba que consegui do CNPq para pagá-lo era modestíssima. Tivemos cento e vinte estudantes de todas as áreas da USP, de direito a engenharia. Muitos eram só ouvintes, outros alunos especiais, mas havia muitos mestrandos e doutorandos regulares – o que resultou em uma enorme quantidade de trabalhos para ler e dar nota, atividade que assumi consultando-o frequentemente. Paulo Freire deu nove aulas nesse curso, e eu apenas três, para substituí-lo quando viajou. Foi a aventura cognitiva mais importante de minha vida e, hoje, é um marco histórico. Esse foi o único curso regular que Paulo Freire aplicou na USP.

---

13 A Escolinha de Arte do Recife é membro da International Society for Education Through Art – Insea. Segundo informações de Ana Mae Barbosa, Paulo foi presidente da entidade no ano de 1956.

No Conselho Estadual de Educação de Pernambuco

Esse Conselho foi criado pela Lei n. 4.591, de 1º de março de 1963, que dispôs também "sobre a sua composição e competência e dá outras providências", assinada por Miguel Arraes de Alencar, governador, e Germano de Vasconcelos Coelho. O Conselho foi instalado no dia 29 de novembro do mesmo ano, no Teatro do Parque, na Rua do Hospício, pelo governador e pela secretária da Educação, Anita Paes Barreto. Na ocasião, a senhora secretária falou dos "seus propósitos referentes à democratização da cultura de modo a torná-la um direito acessível a todas as camadas sociais".

Consta do livro *Educação, legislação e cidadania*, editado em 2003, pela Secretaria Estadual de Educação de Pernambuco, o seguinte:

> Foram quinze os "Conselheiros Pioneiros" conforme expressão registrada nos arquivos. Tomaram posse em 29 de novembro de 1963. Elegeram, em escrutínio secreto, no dia 2 de janeiro de 1964, Presidente Germano Coelho e Vice-Presidente Galdino Loreto. Fizeram 24 sessões plenárias, aprovaram 10 pareceres, editaram 7 resoluções e elaboraram o Regimento Interno da entidade [conforme lei estadual preconizada pelo artigo n. 10 da Lei de Diretrizes e Bases da Educação Nacional n. 4.024/61]. Renunciaram, coletivamente, a seus mandatos, no dia 31 de março de 1964, data do golpe civil-militar, do fechamento do Congresso Nacional, da deposição do Presidente da República, da prisão do Governador do Estado, da ocupação da sede do MCP por dois tanques de guerra (p. 29).

Esses primeiros conselheiros, que se autodenominaram "Conselheiros Pioneiros", foram escolhidos pelo governador Miguel Arraes, de acordo com a lei, dentre as "pessoas de notório saber e experiência em matérias de educação e cultura" do estado de Pernambuco. O Primeiro Regimento do Conselho foi aprovado pelo governador por meio do Decreto n. 928, de 3 de março de 1964, publicado no *Diário Oficial*, em 6 de março subsequente.

Na verdade, no dia 31 de março de 1964, quando o cerco golpista já se deflagrara, apenas treze deles renunciaram coletivamente a seus mandatos. Paulo, que então morava em Brasília, e no momento se encontrava em Goiânia, ativamente envolvido com os trabalhos do Programa Nacional de Alfabetização, não pôde, assim, assinar o pedido de exoneração coletiva. Foi, então, destituído de suas funções de Conselheiro pelo Decreto n.942, de 20 de abril de 1964, pelo vice-governador Paulo Guerra, que substituíra o governador Miguel Arraes já preso pelas novas forças que tomaram o poder.

Assim, o mandato de Paulo (ao lado do artista plástico Abelardo da Hora), que teria sido de seis anos (1963-1969), terminou em 20 de abril de 1964, quando foi destituído pelas forças militares.

O professor universitário, na Universidade do Recife[14]

Na Escola de Serviço Social

Paulo teve suas primeiras experiências como professor de nível superior lecionando na Escola de Serviço Social, criada pelo esforço de algumas mulheres católicas, preocupadas com a situação social dos/as trabalhadores/as do Recife, das quais sempre reconheceu suas influências sobre ele. Lourdes de Moraes, Dolores Coelho e Hebe Gonçalves, assistentes sociais, e Anita Paes Barreto, psicóloga. Posteriormente, a Escola de Serviço Social foi anexada à Universidade do Recife. Em 1947,[15] Paulo foi convidado para fazer parte do corpo docente dessa instituição que marcou, indelevelmente, a compreensão crítica da assistência social no Brasil, exatamente quando ele começava também seu trabalho no SESI. Houve, assim, uma troca dialética das experiências acadêmicas com as práticas educativas levadas a efeito por Paulo no órgão institucional do patronato/trabalhadores de Pernambuco. Essa sua experiência contribuiu também para a compreensão crítica de Paulo em todo o seu trabalho de militância em favor dos explorados e oprimidos.

Na Escola de Belas Artes[16]

Foi, sem dúvida alguma, nessa Escola que Paulo – nomeado em 1952, cuja nomeação foi referendada em 1955, professor catedrático interino de História e Filosofia da Educação – aprofundou sua *leitura de mundo* crítica e foi criando melhores condições de fazer-se o educador ético-político e crítico-libertador que foi. Aliando a essa as experiências da Escola de Serviço Social e do SESI-PE, teve as possibilidades de radicalizar-se no real, na concretude da vida nacional marcada pelas injustiças que submetiam as camadas populares a níveis de vida miseráveis; a ver com clareza a educação memorística e aligeirada que se praticava no país sem nenhuma preocupação no adentramento da razão de ser das coisas, assim alheia ao pensamento reflexivo.

---

14 A Universidade do Recife foi criada em 20 de junho de 1946 pelo Decreto-Lei n. 9.388, assinado por Eurico Gaspar Dutra, Ernesto de Sousa Campos e Gastão Vidigal. Passou a chamar-se Universidade Federal de Pernambuco – pelo Decreto-Lei de n. 53, de 1966, no governo militar do general Humberto de Alencar Castelo Branco, que "Fixa princípios e normas de organização para as Universidades Federais e dá outras providências". O Decreto-Lei n. 252, de 28 de fevereiro de 1967, ainda no governo Castelo Branco, "Estabelece Normas Complementares ao Decreto-Lei 53, de 18 de novembro de 1966 e dá outras providências". O Decreto n. 62.493, de 1º de abril de 1968, no governo do general Arthur da Costa e Silva, "Aprova o Plano de Reestruturação da Universidade Federal de Pernambuco". Ainda no ano de 1946, o Decreto n. 21.904, de 8 de outubro, do governo civil do general Eurico Gaspar Dutra, aprovou o Estatuto da então Universidade do Recife.

15 Infelizmente, não consegui obter a data na qual Paulo se afastou da Escola de Serviço Social.

16 A Escola de Belas Artes tinha sido fundada no ano de 1932, e compôs, com outras cinco instituições de nível superior, do Recife, a base para a criação da Universidade do Recife.

A troca entre as experiências marcadamente teóricas com a outra mais empírica e prática levou Paulo ao desafio de encontrar *inéditos viáveis*, soluções transgressoras do acanhamento da repetição milenar do já feito e do já dito, e acreditando nos sonhos, lutar por um projeto de um mundo melhor através da educação para a libertação.

Paulo preocupava-se, então, em ler cada dia mais e avidamente autores dos mais progressistas aos mais conservadores, nacionais e estrangeiros,[17] para ir formando suas próprias ideias, sua epistemologia, ou, como gostava de dizer, "uma compreensão crítica da educação".

A prática comum no momento da formação das universidades públicas federais brasileiras era a de que os seus primeiros professores fossem nomeados sem muitos requisitos burocrático-acadêmicos, porque, na verdade, não havia outra possibilidade: generalizadamente, não possuíamos nem mestres nem doutores, nem sequer cursos de pós-graduação. Enfim, para serem nomeados bastava ao professor-candidato o seu reconhecimento público de "notório saber". O caso de Paulo não foi exceção.[18]

Assim, em 27 de setembro de 1955, o presidente da República, João Café Filho, confirmou a indicação da Universidade do Recife nomeando-o oficialmente, "de acordo com o Art. 12, item IV, alínea b, da Lei n. 1.711, de 28 de outubro de 1952, combinado com o Art. 5º, item I, parág. 3º, da Lei n. 1.254, de 4 de dezembro de 1950, PAULO REGLUS NEVES FREIRE, para exercer *interinamente*, a partir de 15 de março de 1952, o cargo de Professor Catedrático, padrão 'O', da cadeira de História e Filosofia da Educação, da Escola de Belas Artes, da Universidade do Recife, do quadro Permanente do Ministério da Educação e Cultura, criado pela Lei n. 2.337, de 20 de novembro de 1954" [grifo meu]. Esse decreto teve poder retroativo a 1952, pois, na verdade, desde o início desse ano letivo, Paulo se tornara efetivamente professor da cadeira. O decreto foi publicado no *DOU* em 29/9/1955.

No "Termo de Posse de Catedrático (Interino)" consta que às 14h30, de 19 de outubro de 1955, Paulo prestou "o compromisso de desempenhar fielmente as funções que lhe competem", em cerimônia realizada na Escola de Belas Artes, perante a Congregação da Escola, sob a presidência do reitor da Universidade do Recife, Dr. Joaquim Inácio de Almeida Amazonas.

---

17 Ver neste livro a lista dos autores lidos por Paulo a partir de 1943 até 1955, transcrita da nota n. 27 redigida por mim para o livro de Paulo *Cartas a Cristina*: reflexões sobre minha vida e minha práxis.

18 Foi-me possível uma minuciosa pesquisa da ficha funcional de Paulo na UFPE pela compreensão e acolhimento de alguns de seus atuais funcionários, sobretudo de Eugênio Geovani Caraciolo e Silva, assistente técnico de Normas do Departamento de Gestão de Pessoas, José Edinaldo Alencar Silva, diretor da Divisão de Pagamento de Pessoal, e Haroldo Bezerra, chefe da microfilmagem do Arquivo Geral dessa universidade.

No dia 10 do mesmo mês e ano, Paulo assinara, em obediência aos dispositivos do Art. 24 da Lei n.1.711 de 28 de outubro de 1952, uma declaração como condição para tomar posse nesse cargo, na qual constava: "o meu patrimônio se compõe: a) De uma casa situada na Rua Rita de Souza, 224, Casa Forte, em nome de minha esposa Elza Maia Costa Freire, sob hipoteca na Caixa Econômica Federal de Pernambuco".[19]

Nesse período, Paulo fez um curso e recebeu o "Diploma do Curso de Extensão Universitária: Introdução à Lusotropicologia, da Universidade do Recife", datado de 15 de outubro de 1953.

O Concurso público para professor catedrático da Escola de Belas Artes

Em 30 de julho de 1959, para conseguir sua efetivação no cargo de professor, do Curso de Professorado de Desenho, da Escola de Belas Artes, Paulo inscreveu-se no concurso para Catedrático Efetivo de História e Filosofia da Educação, através do requerimento transcrito como segue:

> Exmo. Sr. Vice-Diretor, em exercício da Escola de Belas Artes da Universidade do Recife
>
> PAULO REGLUS NEVES FREIRE, brasileiro, casado, bacharel em direito, residente nesta cidade, atendendo aos termos do edital de 30 de janeiro do ano corrente, pelo qual estão abertas, a partir de 2 de fevereiro e pelo prazo de 180 dias, as inscrições para concurso de provimento de cátedra de História e Filosofia da Educação, requer a V. Excia. se digne de mandar inscrevê-lo no referido concurso, para o que junta ao presente os documentos relacionados nos itens a) a i) do citado edital dos quais o referido no item f) está implícito no diploma que constitui o documento a).
> Junta ainda o requerente, e relaciona em anexo, documentos atestando a sua atividade didática e cultural e trabalhos publicados de sua autoria a serem apreciados no concurso de títulos que deverá preceder ao de provas, nos termos do edital.
> Nestes Termos
> Pede deferimento
> Recife, 30 de julho de 1959
> *Paulo Reglus Neves Freire*

O requerimento a seguir foi deferido pelo CTA, em 10 de agosto de 1959, e homologado pela Congregação em 17 de agosto do mesmo ano:

---

19 Posteriormente, Paulo vendeu essa casa e adquiriu outra, na Rua Alfredo Coutinho, 79, no Jardim Triunfo, em Casa Forte, no Recife, onde passou a residir.

Exmo. Sr. Vice-Diretor, em exercício da Escola de Belas Artes da Universidade do Recife

PAULO REGLUS NEVES FREIRE, BRASILEIRO, CASADO, Bacharel em direito, residente nesta cidade, pretendendo inscrever-se para o concurso da cátedra de História e Filosofia da Educação do Curso de Professorado de Desenho desta Escola, vem requerer a V. Excia., que seja dispensada a exigência referente no item a) do edital, uma vez que vem lecionando a referida cadeira desde 15 de março de 1952, data em que começou a funcionar, como prova a certidão anexa. Em 27 de setembro de 1955, foi nomeado pelo Senhor Presidente da República, para exercer interinamente a mesma cadeira.
Nestes termos,
Pede deferimento
Paulo Reglus Neves Freire

Paulo apresentou nesse mesmo ano de 1959 a sua tese,[20] de 141 páginas, como parte das exigências legais do concurso de títulos e provas para obter o grau de Doutor, e a sua efetivação na Escola de Belas Artes, um trabalho nada comum na época, intitulado *Educação e atualidade brasileira*.[21]

O concurso, com suas diversas provas, só ocorreu no ano de 1960. Em 19 de setembro, no dia em que completava 39 anos de idade, Paulo se submeteu à prova escrita do concurso. O ponto sorteado foi o de "n. 14: Conceito de Educação". Ele escreveu sobre o tema, de próprio punho, dez páginas, e certamente obrigado pelo ritual acadêmico – porque nunca o fazia em seus escritos – em papel pautado.

Nesse concurso, Paulo concorreu com Maria do Carmo Tavares de Miranda, que tomou "como tema uma análise da educação vinda do mundo hebraico" para escrever a sua tese intitulada *Pedagogia do tempo e da história*. O mundo

---

20 Paulo me contou certa vez que tinha certeza de ter emprestado o exemplar de sua tese, o mesmo que levou junto a si no momento da defesa, a um intelectual de São Paulo que, negando por várias vezes esse gesto de condescendência de Paulo, jamais o devolveu ao seu dono, apesar das cobranças dele, e depois minhas também.
21 No exemplar dessa tese que tenho em minhas mãos, dedicado a meus pais, está escrito: "Meus caros amigos Aluízio e Genove, eu sou um, entre centenas de outros Paulos que tiveram as portas do 'Oswaldo Cruz' abertas para estudar sem dinheiro. É uma alegria dizer-lhes que esta tese também lhes pertence. Seja a honestidade com que a escrevi, uma homenagem à bondade de vocês. Do compadre-'afilhado' Paulo Freire. Recife, julho 59". Quando, no ano de 1994, recuperamos, no Recife, esse exemplar, pudemos, eu e Paulo, verificar que meu pai o lera, tendo colocado, aliás, a data na qual concluiu sua leitura: 7/8/59. Entre algumas observações, meu pai aponta um erro de Paulo que, à primeira vista, não o admitiu, mas logo em seguida constatou o seu engano. Na página 32: "Atitudes mentais que *o* permitissem", está anotado na margem "que lhe permitissem", como na verdade deveria ter sido escrito. Essa correção foi feita na publicação de sua tese como livro, em 2001.

acadêmico brasileiro dos anos 1950 e 1960 priorizava as ideias universais, vindas das e pelas mãos da França e da Alemanha, e desdenhava, deliberadamente, das coisas nossas, de nosso modo de pensar a nossa realidade. Assim, se preservava, intencionalmente, do contato com nossos problemas sociais, políticos e econômicos, e, portanto, não queria reconhecer o mundo real brasileiro cheio de problemas e conflitos, pleno das contradições colonialistas, resistente ao novo e à justiça social. A Academia não tinha por que se preocupar com os sofrimentos que atingiam as classes populares, como a fome – mesmo que para sua solução tanto vinha lutando outro pernambucano, Josué de Castro – e o analfabetismo. Tavares de Miranda respondeu a essa expectativa,[22] e, assim, acredito, a ousadia de Paulo custou-lhe o segundo lugar no concurso.

As notas dos cinco examinadores para os concursos de títulos e provas dos dois candidatos foram as seguintes:[23]

	Títulos	Escrita	Tese	Didática	Médias
Paulo Freire					
La Greca	8	10	10	9	9,25
Denizard	7	9	10	9	8,75
M. Luiza	7	7	9	7	7,50
Bettencourt	7	10	10	9	9,00
C. Correia	9	10	10	10	9,75
M. do Carmo Tavares de Miranda					
La Greca	8	10	8	10	9,00
Denizard	9	9	10	10	9,50
M. Luiza	9	10	10	10	9,75
Bettencourt	9	10	10	10	9,75
C. Correia	9	10	6	8	8,75

---

22 Maria do Carmo T. de Miranda tinha estudado, a partir de 1954, na famosa Universidade Sorbonne, Paris, onde apresentou sua tese de doutoramento sobre a Teoria da Verdade inspirada no filósofo Édouard Le Roy. Ela também foi aluna de Martin Heidegger, num curso de férias da Universidade de Freiburg, na Alemanha. Com o resultado do concurso, ela tornou-se a primeira mulher catedrática de todo o Brasil, conforme ela mesma declarou numa reportagem para a revista *PER ANKN* (ano II, n. 1, jan./95, Recife, p. 3).
23 Essas informações me foram fornecidas por Paulo Rosas, que havia discutido com Paulo a própria tese e esteve presente às provas didáticas dos dois candidatos, e anotara esses dados. Infelizmente, já despendi, inutilmente, enormes esforços para obter os dados completos desse concurso, tais como nome completo dos membros da banca examinadora, quais cargos e funções ocupavam, a quais universidades estavam ligados e data da defesa de teses dos dois candidatos. Toda a documentação sobre esse concurso, inclusive suas atas, desapareceu dos arquivos da Escola de Belas Artes.

Ambos foram aprovados e, assim, obtiveram o título de doutor; mas tendo sido a média global de Paulo Freire de 8,85, inferior à de Maria do Carmo Tavares, que foi de 9,35 (diferença de 0,50), ele perdeu a titularidade da Cátedra da Faculdade de Belas Artes, sem dúvida nenhuma pela grande diferença na média das notas da Prof. M. Luiza, atribuídas aos dois concorrentes.

Alguns amigos presentes à defesa de tese dos dois, de modo especial Paulo Rosas, afirmaram-me que Paulo teria dito logo após a divulgação dos resultados: "Perdi a Cátedra, mas ganhei a vida!", como que "adivinhando", intuindo, na verdade, que sua práxis ético-político-educacional posterior seria fundamental para a sua existência mesma e para o de todos/as que ao seu lado vêm lutando pelo sonho utópico de um mundo melhor.

Paulo recebeu de Fernando de Azevedo, professor da Universidade de São Paulo (USP), reconhecido na época – e até hoje – como um dos maiores educadores brasileiros, uma carta de estímulo e solidariedade, por seu trabalho educacional e sua postura diante da perda do primeiro lugar nesse concurso, escrita de próprio punho, com papel de seda timbrado:

CENTRO REGIONAL DE PESQUISAS EDUCACIONAIS
DE SÃO PAULO

S.Paulo, 19 de dezembro de 1960

Meu caro Paulo Freire,
agradecido pelas palavras que me mandou do Rio, lamento sinceramente não ter tido a oportunidade de revê-lo, nessa última viagem ao Sul. Espero, porém, que na próxima vez lhe permitam as circunstâncias dar um pulo a S.Paulo, para conversarmos com vagar. Muito me edificaram a sua nobre atitude em face do resultado do concurso para provimento da cadeira de História e Filosofia da Educação e as expressões de calorosa simpatia com que se refere à competidora, vitoriosa por décimos, segundo me informou. A ideia que tiveram os professores da Faculdade, de se desdobrar a cadeira, e a que deu apoio à própria vencedora, é mais uma prova de reconhecimento do seu valor, demonstrado brilhantemente no concurso a que se submeteu.

V. fez-me a gentileza de informar-me sobre seus planos de sua resolução de permanecer em Recife. Creio que faz bem. É uma grande cidade, a sua – centro de cultura e um dos mais importantes do país –, onde se abrem, como vejo, as melhores perspectivas à sua carreira profissional. O resultado do concurso (e foram excelentes as suas provas, a julgar pela nota que alcançou) não o desencorajou nem podia desencorajá-lo. Se não obteve a cadeira que disputou, é certo que ele só contribuiu para confirmar a sua autoridade na matéria e o justo prestígio que já havia adquirido. É persistir agora, sem desfalecimentos. Não tem qualquer razão para desanimar. O seu trabalho "Educação para o desenvolvimento",[24] que li com o maior interesse, justifica as esperanças que despertou. Que venham outros.

Com os nossos melhores votos de felicidades no ano novo e nossas recomendações à sua Senhora, um abraço muito cordial do Fernando de Azevedo.

N/casa Rua Bragança, 55, S.Paulo

O professor da Faculdade de Filosofia, Ciências e Letras

Por não ter sido classificado em primeiro lugar, Paulo precisou deixar o "cargo de Professor Catedrático interino da cadeira de História e Filosofia da Educação da Escola de Belas Artes", com exercício a partir de 15/3/1952, e foi exonerado, "a pedido", em 3/3/1961, conforme decreto de 16 de maio de 1961 [sic], publicado no *Diário Oficial* na mesma data (Folha de Informações e Despacho da UFPE, de 11/12/89). Quem conheceu Paulo sabe que ele não era orgulhoso, mas sabe também que no seu comportamento ético não havia lugar nem tempo para esperar a sua própria exoneração. Antecipou-se e consumou o fato.

Com sua aprovação no concurso e a obtenção do título de doutor, Paulo, por intermédio da Portaria n. 30, de 30/11/1960, foi nomeado para exercer o cargo de professor de Ensino Superior da cadeira de História e Filosofia da Educação da Faculdade de Filosofia, Ciências e Letras da Universidade do Recife, tomando posse e exercício em 2/1/1961 (Folha de Informações e Despacho da UFPE, de 11/12/89); "sendo nesse ano classificado no cargo de Professor de Ensino Superior, Nível 17, de acordo com o artigo 19, da lei n. 3.780, de 12 de julho de 1960, passando a integrar o Quadro de Pessoal da Universidade do Recife, de conformidade com o Decreto n. 51.352, de 23 de novembro de 1961..." (Certidão da Seção de Administração da Delegacia Fiscal do Tesouro Nacional, em Pernambuco, em 18 de fevereiro de 1965).

Nessa Faculdade, Paulo foi assistente do Professor Catedrático Newton Sucupira, a seu convite, apesar das diferenças de leitura de mundo entre os dois. Em muitos pontos com pensamento praticamente antagônicos, a unidade e harmonia entre eles foi possível diante do mútuo respeito e verdadeiro espírito de tolerância de ambos.

Fac-símile da declaração de que Paulo fora nomeado professor de História e Filosofia da Educação da Faculdade de Filosofia da Universidade do Recife.

---

24 Todos os meus esforços para localizar este trabalho foram infrutíferos.

A inquietação inovadora e criativa de Paulo, e certamente essa condição de assistente, mesmo que com certa liberdade de ação, levou-o a estimular o seu amigo reitor da Universidade do Recife, João Alfredo da Costa Lima, a realizar um sonho também dele: o Serviço de Extensão Cultural.

O livre-docente da Escola de Belas Artes

Em 14 de agosto de 1961, o reitor da Universidade do Recife, João Alfredo da Costa Lima, assinou a Portaria n. 37, "usando da atribuição que lhe confere o art. 17, alínea C, do Decreto n. 21.904, de 8 de outubro de 1946, e, tendo em vista o que consta do Processo U.R. n. 13.762, de 4/10/60, RESOLVE conceder o certificado de Docente-Livre da cadeira de História e Filosofia da Educação, da Escola de Belas Artes da mesma Universidade, ao Dr. PAULO REGLUS NEVES FREIRE, aprovado em concurso de títulos e provas para a referida cadeira".

Esse diploma de livre-docente lhe foi entregue, em 23 de abril de 1962, diante da Congregação da Escola, conforme convite da Secretaria desta, datado de 18 de abril de 1962.

A ficha funcional da Universidade do Recife/Universidade Federal de Pernambuco: perseguição e Anistia

Prossegue a certidão sobre a vida profissional de Paulo na universidade pernambucana: "... que aprovou o sistema de classificação de cargo da mesma Universidade... passando para o Nível 20, de acordo com o Art. 9, da lei n. 4.345, de 26 de junho de 1964... que esteve afastado do exercício no período de 3 de setembro de 1963 a 14 de maio de 1964, à disposição do Sr. Ministro da Educação,[25] conforme ofício n. 578, de 14 de novembro de 1963, do Diretor da Faculdade de Filosofia; que esteve detido pelo Comando do IV Exército, no período de 17 de junho a 10 de julho de 1964, para investigações;[26] que foi

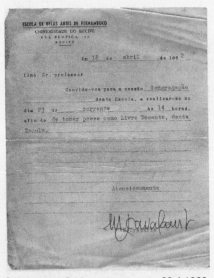

Convite para Paulo tomar posse, em 23.4.1962, como Livre-Docente da Escola de Belas Artes da Universidade do Recife.

---

25 Período em que Paulo esteve organizando o Programa Nacional de Alfabetização, que seria implantado em todo o país se o golpe civil-militar não tivesse estourado em 1º de abril de 1964.

26 Paulo foi convocado para responder a outro inquérito no Rio de Janeiro, mas pediu asilo na Embaixada da Bolívia.

demitido em 9 de outubro de 1964, conforme Decreto publicado no Diário Oficial da mesma data" (Certidão da Seção de Administração da Delegacia Fiscal do Tesouro Nacional, em Pernambuco, em 18 de fevereiro de 1965).

Paulo esteve lotado no quadro da Universidade do Recife, de 15 de março de 1952 até o golpe civil-militar de 1º de abril de 1964, quando, por força deste, foi aposentado de seu cargo de professor ao lado de colegas e servidores,[27] pelo Decreto de 8 de outubro de 1964:

> O Presidente da República, no uso das atribuições que lhe confere o artigo 7º, parágrafo 1º do Ato Institucional de 9 de abril de 1964 e tendo em vista o que foi apurado em processo de *Investigação Sumária*, de que trata o Decreto n. 53.897, de 27 de abril de 1964, resolve Aposentar *Sem prejuízo das sanções penais a que estiverem sujeitos* fazendo jus aos proventos correspondentes aos cargos ocupantes, proporcionais aos anos de serviço... 4- *Paulo Reglus Neves Freire no cargo de Professor Catedrático da Escola de Belas Artes*[28] *e no cargo de Assistente de Ensino Superior da Faculdade de Filosofia, ambas da Universidade do Recife*... Brasília, 8 de outubro de 1964; 143º da Independência e 76º da República. H. Castelo Branco. Flávio Lacerda [grifos meus].

Esse Decreto foi publicado no *Diário Oficial da União* de 9 de outubro de 1964, Seção I, Parte I, página 9.218.

Em 26 de março de 1965, o reitor da Universidade do Recife, Murilo Humberto de Barros Guimarães, dirigiu ofício n. 1.175 ao delegado fiscal do Tesouro Nacional, em Pernambuco, comunicando que pelo decreto de 8/10/64, publicado no *DO* de 9/10/1964,[29] Paulo tinha sido aposentado no cargo de Assistente de Ensino Superior, nível 20, lotado na Faculdade de Filosofia de Pernambuco, de acordo com o que trata o Decreto n. 53.897, de 27/4/1964, "sem prejuízo das sanções penais a que estiver sujeito, fazendo jus aos proventos correspondentes ao cargo de que é ocupante, proporcionais aos anos de serviço".

A "Expedição do Título Definitivo" da aposentadoria de Paulo como Assistente de Ensino Superior foi expedida em 21/5/1965, Remessa n. 3.194, da Delegacia Fiscal em Pernambuco, do Ministério da Fazenda.

---

27 Os outros professores foram: Pelópidas Silveira, Arnaldo Cavalcanti Marques, Amaro Soares Quintas, Antônio Bezerra Baltar, João Alfredo Gonçalves da Costa Lima, Amaury Vasconcelos; e os instrutores de ensino Jomard Muniz de Britto, Luiz de França Costa Lima, José Laurênio de Melo.
28 Na verdade Paulo não era mais professor da Escola de Belas Artes, conforme já foi informado nesta biografia.
29 O decreto citado, na verdade, o destituía do cargo de Professor Catedrático da Escola de Belas Artes.

Em 31 de outubro de 1980, o reitor da Universidade Federal de Pernambuco, Prof. Geraldo Lafayette Bezerra, "usando da competência que lhe foi atribuída pelo artigo 1°, parágrafo único do Decreto n. 51.352, de 23 de novembro de 1961, RESOLVE expedir a presente Portaria [n. 792], a PAULO REGLUS NEVES FREIRE *anistiado pela Lei n. 6.683, de 28 de agosto de 1979, declaratória de sua aposentadoria*, a contar de 26 de dezembro de 1979, de acordo com o artigo 4° de referida Lei, combinado com o artigo 21, item I, do Decreto n. 84.143, de 31 de outubro de 1979, no cargo de Assistente de Ensino Superior, Código: EC-503.17, do então Quadro de Pessoal – Parte Permanente, desta Universidade, com proventos proporcionais ao tempo de serviço, na razão de 27/35 (vinte e sete trinta e cinco avos), reajustáveis, mantida a proporção, na forma da Lei n.6.703, de 26 de outubro de 1979" [grifos meus]. Essa Portaria foi publicada no DO de 4/11/1980.

A NOTA DE SERVIÇO n.1097/80/SPE, de 11/11/1980, diz: "DECLARADO APOSENTADO pela Portaria n.792/80 – DO 4/11/80, a contar de 26/12/79, no cargo acima referido [Assistente de Ensino Superior, Código: EC-503.17], com proventos proporcionais ao tempo de serviço na razão de 27/35 (vinte e sete trinta e cinco avos) reajustáveis, mantida a proporção na forma da Lei 6.703/79, a partir de 26/12/79 até 31/12/79. Documento em que se baseia esta NS: Artigo 4° da Lei 6.683/79, combinado com o artigo 21, item I, do Decreto n. 84.143/79. Obs: Considerados os proventos no cargo de Prof. Assistente, Cód: M-401.4, a partir de 1/01/80, de acordo com o art. 1° da lei n. 6.703/79."

O Parecer n. 29/87-CJ,23000.010619/87-80, enviado ao presidente do Comitê de Anistia do MEC, Dr. Ronaldo Poletti, em 21/5/1987, para apreciação, tratou da anistia concedida em 1979. Diz:

EMENTA: A Emenda Constitucional n. 26, de 27 de novembro de 1985, em seu Art. 14°, concede anistia ampla superando algumas restrições oriundas da aplicação da lei n. 6.683, de 28 de agosto de 1979. Referências Legislativas: ANISTIA. Lei n. 6.683, de 28 de agosto de 1979. Decreto n. 84.143, de 31 de outubro de 1979. UNIVERSIDADE FEDERAL DE PERNAMBUCO: Decreto-lei n. 9.388 de 20 de junho de 1946. Lei n. 1.254, de 4 de dezembro de 1950. Lei n. 4.831, de 5 de novembro de 1965. DECLARAÇÃO EX-OFFICIO DOS BENEFÍCIOS DA ANISTIA. ATO DE 19 DE JUNHO DE 1980 DO MINISTRO DA AERONÁUTICA. CONSULTORIA JURÍDICA DO MEC. PARECERES N°s 109/80 e 59/85. COMISSÃO PROVISÓRIA DE ESTUDOS CONSTITUCIONAIS. DECRETO N° 91.450, de 18 de julho de 1985. DECRETO N° 91.605, de 2 de setembro de 1985." [assinatura ilegível]

Essa Comissão de Anistia, constituída pela Portaria Ministerial n.549, de 22 de julho de 1986, fez o seguinte ENCAMINHAMENTO de n. 22/87:

> Senhor Ministro. No processo n. 23000.010619/87-80, examina-se a incidência da anistia prevista na Emenda Constitucional n. 26, de 28 de novembro de 1985, beneficiando o ex-Professor PAULO REGLUS NEVES FREIRE, da Universidade Federal de Pernambuco.
> Do exame dos autos, a comissão concluiu estar ele enquadrado na citada anistia, já havendo a Universidade manifestado interesse na sua readmissão.
> O benefício é demonstrado pelo simples fato de haver o interessado sido sancionado com base em ato institucional (aposentado nos cargos de Professor Catedrático da Escola de Belas Artes da Faculdade de Filosofia, por Decreto de 8 de outubro de 1964 e publicado no DO de 9 de outubro de 1964).
> Por força do Ato Complementar n. 75, de 21 de outubro de 1969, aqueles professores ficaram proibidos de exercer a qualquer título, cargo, função, emprego ou atividades em estabelecimentos e em fundações criadas ou subvencionadas pelos poderes públicos (art. 1º).
> Assim evidenciada a motivação política, somente resta admitir a incidência da anistia prevista no texto constitucional vigente.
> Nestes termos, submetemos à alta decisão de V.Exa. o projeto incluso de despacho, pelo qual se aprova a conclusão de que o citado professor foi anistiado pela Emenda Constitucional n. 26/85, devendo o processo ser encaminhado à Universidade, com a competente comunicação à Secretaria de Controle de Empresas Estatais – SEST, em cumprimento do Decreto n. 92.768, de 9 de junho de 1986. Brasília, 4 de junho de 1987. [Assinado por Ronaldo Rebello de Britto Poletti, Ernani Bayer, José Geraldo de Sousa Jr., Derblay Galvão e Ana Camargo]

Em 16 de junho de 1987, o ministro da Educação, Jorge Bornhausen, assinou o documento:

> Aprovo a conclusão do Encaminhamento n. 22/87 da Comissão criada pela Portaria n. 549, de 22 de julho de 1986, no sentido de que PAULO REGLUS NEVES FREIRE, ex-Professor da Universidade Federal de Pernambuco, é *beneficiado da anistia prevista na Emenda Constitucional n. 26, de 28 de novembro de 1985.* Dê-se ciência à Reitoria da Universidade Federal de Pernambuco e à Secretaria de Controle de Empresas Estatais, da Secretaria de Planejamento da Presidência da República, nos termos do Decreto n. 92.768, de 9 de junho de 1986. (Processo n. 23000.010619/87-80) [Publicado no *DO* em 18/6/1987, Seção II, p. 3238].

Manifestando o desejo de muitos professores, funcionários e alunos da UFPE, o seu reitor na época, Prof. George Browne Rego, por Ofício n. 864, de 17 de agosto de 1987, resolveu reabrir as portas dessa Universidade a Paulo, decretando:

> nos termos do disposto do artigo 4º da Emenda Constitucional n. 26, de 27/11/85 e artigo 19 do Decreto n. 84.143, de 31 de outubro de 1979, e tendo em vista o disposto na Lei n.6.182, de 11/12/74 e Decreto n. 85.487 de 11/12/80, o que consta no Processo n. 23000.010619/87-80. *Reverter à atividade*, de acordo com o disposto na Lei n.6.683 de 28 de agosto de 1979, regulamentada pelo Decreto n. 84.143, de 31 de outubro de 1979, incluindo no Quadro Permanente da Universidade Federal de Pernambuco, PAULO REGLUS NEVES FREIRE, no cargo de Professor Adjunto, Referência 4 [Ato publicado no *DOU* de 24/8/1987, Seção II, p. 4568, grifo meu].

Na impossibilidade de retornar ao Recife e assumir, de fato, as aulas na universidade onde tinha começado a sua vida acadêmica, porque tinha compromissos e contratos na Pontifícia Universidade Católica de São Paulo e na Universidade Estadual de Campinas, Paulo resolveu pedir a sua verdadeira e definitiva aposentadoria. Em 9/10/1987, o magnífico reitor despachou:

> no uso de atribuições conferidas pelo artigo 9º, alínea "a", do Decreto n. 59.676, de 6 de dezembro de 1966. RESOLVE *Conceder aposentadoria*, de acordo com os artigos 176, inciso II e 178, inciso I, da Lei n. 1.711, de 28 de outubro de 1962, com redação dada pelo artigo 1º da Lei n. 6.481, de 5 de dezembro de 1977, especificamente no que diz respeito à alteração do artigo 178, respeitado o disposto no inciso I, alínea "a", a PAULO REGLUS NEVES FREIRE, MATRÍCULA n. 117-1.528.175, no cargo de Professor Adjunto, Referência 04, cadastro n. 291919, do Quadro Permanente desta Universidade, lotado no Centro de Filosofia e Ciências Humanas, em regime de 20 (vinte) horas, com proventos correspondentes ao vencimento integral do cargo, acrescidos da Gratificação Adicional de que trata o artigo 10 da Lei n. 4.345/64, no percentual de 35% (trinta e cinco por cento). II – Em consequência, declarar vago o cargo acima mencionado. (Processo n. 23076.008617/87-74). Reitoria da Universidade Federal de Pernambuco, em 9 de outubro de 1987, 166º da Independência e 99º da República" [Assinado: Prof. George Browne Rego, Reitor] [grifo meu]. Publicado no *DO* de 27/10/1998, Seção II, p. 5659.

A Folha de Informações e Despacho da UFPE, de 11/12/1989, ainda informa, esclarecendo erros e ambiguidades anteriores:

> Deste modo, embora o Decreto presidencial de 8.10.64, mencione, para efeito de aposentadoria, os dois cargos – de Catedrático e de Professor Assistente –

do primeiro o Prof. Paulo Freire se encontrava exonerado desde 1961, incidindo portanto aposentadoria apenas sobre o segundo, conforme Portaria n. 864, de 17/8/87 (folha 12 – reversão à atividade) e Portaria n. 1026, de 9/10/87 (folha 13 – Aposentadoria). (Folha de Informações e Despacho da UFPE, de 11/12/89).

O técnico do Serviço de Extensão Cultural (SEC), da Universidade do Recife

O Serviço de Extensão Cultural da Universidade do Recife (SEC) foi criado na gestão do reitor João Alfredo Gonçalves da Costa Lima, em 8 de fevereiro de 1962, concretizando um velho sonho de Paulo e do próprio reitor de fazer da universidade não apenas um espaço exclusivo de aquisição/construção do saber. Paulo queria trazer para a universidade o senso comum, os sonhos, os desejos, as aspirações e necessidades do povo, para procurar entender epistemológica, pedagógica e politicamente essas condições cristalizadas secularmente no Brasil, e criar possibilidades de superação delas por meio da conscientização das camadas populares e daí na inserção crítica do povo nos seus próprios destinos e no do seu país. O SEC tinha, pois, como objetivo primordial devolver sistematizado ao povo o que ele sabe, quer saber ou precisa saber como possibilidade para a concretização da transformação da nossa sociedade.[30] Como decorrência desse projeto haveria a formação de quadros de professores para a educação popular. O SEC criado por Paulo a mais de sessenta anos atrás inegavelmente se antecipou ao tempo histórico. Nele estavam presentes o diálogo amoroso; o respeito ao outro e à outra e à cultura local;

---

30 A pesquisadora brasileira Rossana Maria Souto Maior Serrano, em seu ensaio "Conceitos de extensão universitária: um diálogo com Paulo Freire", ao estudar a evolução histórica dos serviços de extensão universitária nos informa que tais serviços, que vêm desde a Grécia Antiga, nunca tinham tido a conotação que Paulo lhe deu: "Por outro lado podemos buscar em Paulo Freire vários conceitos e ideia-força que podem demonstrar os avanços desses movimentos em extensão, quais sejam: a dialética, a utopia, o respeito à cultura local, mudanças."
Pelos princípios que norteiam este movimento de ação voluntária sociocomunitária, podemos dizer que uma das grandes diretrizes é a abertura ao diálogo, se antes a universidade abria-se de forma autoritária, verticalizada, 'coisificando' o homem, as Universidades Populares, o Movimento Estudantil, tratam de iniciar a construção do diálogo como princípio de trabalho da extensão universitária, ou seja, o reconhecimento da capacidade do outro de construir relações com outros e com o mundo."Nas suas CONSIDERAÇÕES FINAIS, a pesquisadora conclui afirmando: "A ideia de uma extensão a serviço de um processo transformador, emancipatório e democrático; e ainda, de uma extensão desenvolvida no diálogo e no respeito à cultura local nos permite perceber quanto o pensamento freireano foi marcante e está presente no conceito da Extensão das Universidades Públicas Brasileiras" <http://www.prac.ufpb.br/copac/extelar/atividades/discussao/artigos/conceitos_de_extensao_universitaria.pdf>.

a prática da tolerância e da valorização do senso comum e do saber popular, os quais não negados precisariam ser superados. A utopia desapareceu com o arbítrio, mas hoje é modelo do Plano Nacional de Extensão, embora muitas das nossas universidades ainda estejam longe de aplicá-lo plenamente.

Com a "caça às bruxas" levada a efeito logo nas primeiras horas do golpe civil-militar de 1964, nada sobrou na sua sede da documentação e dos trabalhos educativos do SEC e da atuação dos seus idealizadores e do seu primeiro diretor Paulo Freire.[31]

O material do Método de Alfabetização foi apreendido nas dependências do SEC dentro do campus universitário pelo Exército Nacional e grande parte dele apresentado nas TVs do país como "prova da subversão comunista que inunda o país", diziam os que estavam a favor do golpe civil-militar e contra o povo. A alfabetização do povo era entendida como ato de insanidade dos comunistas às ordens dos governos e dos movimentos autoritários internacionais,[32] absolutamente associada ao perigo ameaçador à segurança nacional, das desordens que levam o caos ao Estado.

Os guaches do artista pernambucano Francisco Brennand – este um homem acima de qualquer suspeita –, que representavam as situações gnosiológicas, preparadas para as discussões nos círculos de cultura, sobre natureza e cultura no momento de apreensão do conceito antropológico de cultura pelos alfabetizandos/as – foram apreendidos por denúncia,[33] quando os soldados e o coronel do Exército já partiam do campus da Universidade do Recife.[34]

---

[31] Nas minhas pesquisas em busca de algumas elucidações e documentos do antigo SEC, pude constatar que os mais antigos documentos do Serviço de Extensão Cultural datam de 1969, e que, no decorrer desses anos até hoje, o SEC sofreu alterações em sua denominação, até tornar-se Centro Cultural Benfica. Segundo o museólogo deste Centro, Albino Oliveira, o SEC teve "diferentes nomenclaturas e objetivos, e diversos endereços. Foi criado quando a Reitoria funcionava no bairro da Boa Vista, depois se mudou com a Reitoria para o Campus nos anos 1970, depois foi para o bairro das Graças, depois para o bairro da Madalena, depois para a antiga Escola de Engenharia, enquanto o casarão da Madalena era restaurado, voltando finalmente a este em 1998".

[32] Conferir no inquérito militar que Paulo respondeu em julho de 1964 (ver Capítulo 6 desta biografia) a confusão que os militares faziam sobre essa matéria, identificando nazismo com fascismo, comunismo e peronismo.

[33] Os detalhes sobre a perfídia dessa denúncia podem ser lidos no Capítulo 22 desta biografia.

[34] No ano de 2004, o artista Francisco Brennand inaugurou um museu – Academia –, com obras pictóricas suas, em sua propriedade, Oficina Santos Cosme e Damião, no Recife, e nela colocou oito guaches "Série Paulo Freire", que tinha feito naquela ocasião como estudos para a decodificação e conscientização através do "Método", e que guardava desde então no seu acervo pessoal.

FRANCISCO BRENNAND
Recife, PE 1927

"Porco, [da série] desenhos para Paulo Freire", 1963
Nanquim sobre papel, 17 x 24 cm

Fotógrafo: Celso Pereira Jr.

FRANCISCO BRENNAND
Recife, PE 1927

"Porco, [da série] desenhos para Paulo Freire", 1963
Nanquim sobre papel, 17 x 24 cm

Fotógrafo: Celso Pereira Jr.

FRANCISCO BRENNAND
Recife, PE 1927

"Porco, [da série] desenhos para Paulo Freire", 1963
Nanquim sobre papel, 17 x 24 cm

Fotógrafo: Celso Pereira Jr.

FRANCISCO BRENNAND
Recife, PE 1927

"Gaúcho, [da série] Desenhos para Paulo Freire", 1963
Nanquim sobre papel, 27 x 18 cm

Fotógrafo: Celso Pereira Jr.

FRANCISCO BRENNAND
Recife, PE 1927

"Porco e cabrito, [da série] Desenhos para Paulo Freire", 1963
Nanquim sobre papel, 16 x 25 cm

Fotógrafo: Celso Pereira Jr.

As forças no poder estavam levando não só as coisas materiais – relatórios, pesquisas e obras de arte do SEC –, de modo especial as relativas à experiência de alfabetização de jovens e adultos, em vários pontos do país, mas, sobretudo, os sonhos e as possibilidades de inserir a população brasileira nos seus próprios destinos e nos de seu país, que, ao lado de Paulo, lutavam pensando num Brasil melhor. Tirando o direito de lerem e escreverem a palavra, "roubavam parte ontológica dos homens e das mulheres, roubavam a sua humanidade", como dizia Paulo.

No Ofício n. 3.265 de "Solicitação de verba para o SEC-UR", de 25 de junho de 1963, do então reitor da Universidade do Recife, Dr. João Alfredo Gonçalves da Costa Lima, fundador do SEC, para o ministro da Educação e Cultura, Dr. Paulo de Tarso Santos, podemos conhecer, além de uma "prestação de contas" das atividades desse órgão criado por sugestão e influência de Paulo, quão modestas eram as verbas pedidas, embora a direita dissesse o contrário. Sobretudo podemos constatar o clima de euforia reinante no país em prol da inserção social dos excluídos:

O Serviço de Extensão Cultural da Universidade do Recife, criado a 8 de fevereiro de 1962, com a finalidade de abrir novas perspectivas para a democratização da cultura, conta até agora, dentre outras, com as seguintes realizações:

a) curso no setor de educação fundamental, de extensão em nível médio e em nível superior;

b) publicação de boletim;

c) estação rádio emissora funcionando em fase experimental;

d) experiência de alfabetização e educação de adultos no Recife (em colaboração com a União dos Estudantes de Pernambuco e Diretório Central dos Estudantes da Universidade do Recife), em João Pessoa (em colaboração com a Campanha de Educação Popular), em Angicos (em colaboração com o governo do Estado do Rio Grande do Norte) e em Natal (em colaboração com a Prefeitura) com a Sudene etc.;

e) organização de serviço de documentação e informação bibliográfica.

É preciso salientar que, mesmo contando com o trabalho desdobrado de toda a equipe (de apenas seis membros), só foi possível ao SEC cumprir essas atividades, pela colaboração voluntária de estudantes secundários e universitários. Essa colaboração, no entanto, contém um aspecto negativo, torna-se praticamente impossível durante o período de aulas.

Por outro lado, o Serviço de Extensão Cultural está em entendimentos com a Universidade de Brasília, Universidade Federal de Goiás, Cooperativa Agrícola de Sergipe, com o objetivo de firmar convênios para a alfabetização de adultos.

Pelo exposto, poderá V. Exa. constatar que o SEC já ultrapassou o próprio âmbito da Universidade do Recife e mesmo do Estado de Pernambuco, não contando, no entanto, com pessoal e verbas suficientes para adquirir material e atender a compromissos que aumentam cada dia e aos quais seria lamentável furtar-se.

Daí ser imprescindível, para a continuidade e o desenvolvimento dos trabalhos do Serviço de Extensão Cultural da Universidade do Recife a ampliação do quadro de pessoal, bem como dos recursos destinados à aquisição de equipamento necessário. O "Serviço", diante do desdobramento de suas atividades, se vê dificultado pela deficiência de seus quadros burocráticos, absolutamente insuficientes para realizar a contento seus projetos. As dificuldades de funcionamento interno do SEC atingem a tal ponto, que muitos dos trabalhos de documentação e secretaria considerados vitais para o desenvolvimento do "Serviço" estão presentemente paralisados.

Para o atendimento de tais necessidades, torna-se inadiável seja concedida a esta universidade para o SEC, a verba de Cr$ 10.000.000 (dez milhões de cruzeiros) conforme a discriminação de despesas anexa, como também autorização para contratar o pessoal necessário.

Valho-me da oportunidade para apresentar a V.Exa., meus protestos de estima e consideração.

Assinado: Dr. João Alfredo Gonçalves da Costa Lima – Reitor

PESSOAL

3 Assistentes de Educação	- Nível 14
1 Bibliotecário	- Nível 12
6 Locutores	- Nível 11
3 Operadores radiofônicos	- Nível 7
2 Redatores	- Nível 16
1 Discotecário	- Nível 8
2 Oficiais de Administração	- Nível 12
2 Escriturários	- Nível 8
3 Datilógrafos	- Nível 7
1 Guarda	- Nível 8
1 Servente	- Nível 5

MATERIAL

1 Arquivo de aço tamanho ofício; 6 Fichários 7,5 x 12 x 5, de duas gavetas; 1 Guarda-roupa de aço com 8 vãos; 4 Estantes de aço 2,20 x 0,90; 1 Refrigerador; 6 Máquinas de escrever, carro pequeno; 1 Máquina de escrever, carro grande; 1 Normógrafo; 1 Pantógrafo, 1 Máquina de copiar "Thormofax"; 4 Ventiladores de pé; 1 Carro Aero-Willis; 3 Condicionadores de ar; Livros especializados; Material didático; Material fotográfico; 2 Toca-discos de 20 polegadas para a Rádio; 1 Gravador de fita magnética tipo profissional; 1 Gravador de fita magnética, portátil; 30 Rolos de fita magnética de 600 pés; 20 Rolos de fita magnética de 1.200 pés; 1 Receptor de comunicações, com dois estágios de sintonização; 1 Relógio de precisão de parede; 1 Cronômetro; 300 Discos; 1 Estante grande para discos; 6 Mesas individuais; 6 Mesas para máquina de escrever; 12 Cadeiras; e 6 Armários de aço (1,10 x 0,90 x 0,60).

Chamo a atenção para, entre outras solicitações de pessoal, o pedido de 6 locutores, 3 operadores radiofônicos, 2 redatores e 1 discotecário, isso porque o SEC estava criando a Rádio Universitária, a mesma que opera até hoje, no âmbito da UFPE, com o nome de Paulo Freire.

É importante dizer que esta foi mais uma ideia pioneira de Paulo: idealizar e concretizar, no Brasil, num Serviço de Extensão de uma universidade pública, uma estação de rádio universitária, como tática para a educação, para levar informações educativas e culturais, boas músicas e programas educativos *lato sensu* para todas as camadas sociais. Sobretudo para as camadas populares do Nordeste, que tinham nas programações radiofônicas uma das poucas possibilidades de conhecer. A estratégia era a conscientização, a educação libertadora, transformadora.

É importante enfatizar que foi no SEC, da Universidade do Recife, que Paulo desenvolveu e sistematizou cientificamente o seu Método de Alfabetização, em diálogo constante com seus pares professores, que também teorizaram, contribuindo, assim, para o aperfeiçoamento do Método com fins na transformação social.

A *Revista de Cultura da Universidade do Recife*, Estudos Universitários, n. 4, abril–junho de 1963,[35] a mais importante que foi publicada, teve também os seus exemplares recolhidos logo após o golpe, pois foram tidos como subversivos pelo governo militar que instituiu a ditadura em 1964. Esse número da *Revista*, entre poucos que foram salvos porque foram sabiamente escondidos, contou com os seguintes ensaios: "Conscientização e alfabetização: uma nova visão do processo", de Paulo Freire, da p. 5 a 22; "Fundamentação teórica do Sistema Paulo Freire de educação", de Jarbas Maciel, da p. 25 a 59; "Educação de adultos e unificação da cultura", de Jomard Muniz de Britto, da p. 61 a 70; e "Conscientização e alfabetização: uma visão prática do Sistema Paulo Freire", de Aurenice Cardoso, da p. 71 a 80. Todos com pequenos resumos em francês e em inglês. Ainda nesse número constam trabalhos de Abdias Moura, "Introdução à análise sociológica"; de Pierre Furter, "Alfabetização e cultura popular na alfabetização"; de Juracy Andrade, "João XXIII ou a Igreja que muda"; de Alfredo Guevara, "Informe ao Primeiro Congresso Nacional de cultura cubana"; e de Luiz da Costa Lima, "Por um nacionalismo não passionalizado".

Além dos supracitados intelectuais que trabalhavam no SEC junto com Paulo, outras pessoas colaboraram nesse número da *Revista*: José Laurênio de Melo, Roberto Cavalcanti de Albuquerque, Orlando da Costa Ferreira, Paulo Pacheco, Carlos Augusto Nicéias Melo e Severino Vieira. O SEC publicava um Boletim sobre as atividades ali desenvolvidas.[36]

Quero lembrar que a prática inicial da experiência de alfabetização pelo Método Paulo Freire deu-se no âmbito do Movimento de Cultura Popular (MCP), no Centro Dona Olegarinha, no Poço da Panela, em Recife, quando

---

35 Quando aluna do curso de pós-graduação na PUC-SP, época em que Paulo era ainda proibido de ser lido, oficialmente, no Brasil, encontrei um exemplar dessa revista, que li avidamente tanto por minha aproximação com Paulo quanto para a elaboração de uma monografia de fim de um dos meus cursos de mestrado.

36 Paulo Rosas, *Papéis avulsos sobre Paulo Freire*, 1, p. 104. Recife: Editora Universitária, 2003.

o antigo casarão que abrigou o Centro e que pertencia à Paróquia de Casa Forte foi cedido pelo pároco, monsenhor Lobo.

O trabalho de Paulo no SEC causou um impacto de tal monta que o Prof. Pierre Furter, após conhecer o espírito progressista e pioneiro de Paulo e a sua práxis, resolveu viver no Recife para melhor se inteirar de tudo.

A meu pedido, especialmente para esta biografia, Pierre Furter escreveu um longo depoimento, de Genebra, em 2 de maio de 2005, do qual transcrevo algumas partes:

Paulo e Pierre Furter, no Recife, princípios de 1964.

O meu primeiro contato com Paulo foi resultado de um feliz acaso. Em 1962, durante uma viagem oferecida pelo Itamaraty, conheci Luiz Costa Lima Filho que me apresentou logo Paulo Freire. Ele me falou das experiências em Natal ("os pés no chão também sabem ler")[37] e em J. Pessoa; que pude visitar. Estas experiências como as ideias do Paulo me impressionavam tanto que escrevi, de volta à Suíça, um longo relatório.

Sobre a base deste relatório, recebi uma bolsa para avaliar tudo o que se fazia em educação popular no Recife. Assim voltei no começo de 1964 com a minha família e comecei a trabalhar como observador atento no SEC. Acompanhei, pois, as atividades do SEC até o Golpe de 1º de abril. Era já uma situação difícil por causa das tensões que existiam no Recife. Também nesta época Paulo assumiu a direção da Campanha Nacional de Alfabetização[38] e transferiu-se para Brasília. A situação econômica piorou e a minha esposa me pediu para interromper as minhas tarefas de avaliação e de aceitar um convite da Unesco.

Fomos a Brasília para discutir com o Paulo a minha situação. O Golpe chegou quando estávamos em Brasília. No pânico geral, escolhi me aproximar da Embaixada Suíça no Rio. Como Paulo me aconselhou, devido à gravidade da situação, resolvi aceitar o convite da Unesco. Voltei poucos dias depois ao Recife onde fui testemunha da repressão contra os membros do SEC.

Pude, no entanto, visitar Paulo no quartel onde estava preso. Ele me pediu de informar quando pudesse a Ivan Illich. O que fiz. Também o IPM da Reitoria me convocou quando pude demonstrar a minha qualidade de observador.

---

37 Campanha: "De pé no chão também se aprende a ler."
38 Programa Nacional de Alfabetização.

Em São Paulo, no Imep da Universidade, pude escrever uns artigos sobre a minha experiência pernambucana.

Também acolhemos a família do Paulo que esperava autorização de viajar ao Chile, para reunir-se com Paulo, exilado em Santiago do Chile.

Durante os três anos em São Paulo mantive contatos com os meus colegas do SEC e com o apoio da Missão da Unesco, salvar o que podia se salvar. Como a situação piorou, o que era evidente, que o regime militar não ia deixar o poder por muito tempo, desisti e pedi a transferência para a Venezuela, onde pude testemunhar e aconselhar os venezuelanos que queriam inspirar-se nas ideias de Paulo, sobretudo quanto à alfabetização conscientizadora.

Na ocasião, contou-me Paulo, tendo ido o professor Pierre Furter,[39] num sábado, almoçar na casa dele, quando caminhavam pelas ruas de Casa Forte, no Recife, na busca de uma garrafa de vinho, disse o professor suíço "profetizando" o "destino" de Paulo: "Você está revolucionando a compreensão de educação no mundo. Você não tem a menor ideia da dimensão profunda e transformadora do que está fazendo!!! Breve você será conhecido no mundo inteiro!!!"

Paulo acrescentou a essa narrativa: "Hoje me envergonho do vinho que comprei... e ele bebeu sem pestanejar! Era, hoje sei, um vinho absolutamente horrível!"

Na ficha funcional de Paulo da Universidade Federal de Pernambuco (UFPE) consta que, pela Portaria n. 55(R), de 10/12/1963, assinada pelo reitor João Alfredo Gonçalves da Costa Lima, "usando das atribuições que lhe confere o Parág. Único do art. 1º do Decreto n. 51.352, de 23 de novembro de 1961 e tendo em vista o disposto no artigo 5º do Decreto n. 51.766, de 1º de março de 1963", "beneficiado pelo disposto no artigo 23, parágrafo único da Lei 4.069, de 11 de junho de 1962, classificado no cargo de *Técnico em Educação*, Nível 17–A, Código EC-701, a partir de 15 de junho de 1962, lotado na Reitoria;"[40] e, exonerado por Decreto Presidencial,[41] de 8.10.1964, que resolveu *Demitir sem prejuízo das sanções penais a que estiver sujeito*, do cargo de Técnico de Educação do Quadro de Pessoal da Universidade do Recife, a partir de 9/10/64", publicado no *Diário Oficial da União*, de 9/10/1964, na p. 9218 [grifos meus].

---

39 É de autoria deste professor a orelha do livro de Paulo, *Educação como prática da liberdade*.
40 No verso deste, consta: "Recebi via do original. Recife, 11 de junho de 1964. Ass. Paulo Reglus Neves Freire", portanto, logo após o golpe de 1º de abril de 1964.
41 No mesmo decreto foram exonerados igualmente Juracy Andrade e Luiz de França Costa Lima Filho, ambos também do Quadro de Pessoal da Universidade do Recife. O presidente usou "das atribuições que lhe confere o art. 7º, parág. 1º, do Ato Institucional de 9 de abril de 1964, e tendo em vista o que foi apurado em processo de Investigações Sumárias, de que trata o Decreto n. 53.897, de 27 de abril de 1964".

Em 14 de maio de 1990, a Comissão de Anistia[42] constituída pela Portaria Ministerial n. 383 fez o seguinte Encaminhamento n. 477/90:

> Senhor Ministro. No Processo n. 23000.010619/87-80, examina-se a *incidência da anistia* prevista no art. 8º parág. 5º do Ato das Disposições Constitucionais Transitórias ADCT, beneficiando o ex-servidor PAULO REGLUS NEVES FREIRE, do Quadro de Pessoal da então Universidade do Recife, atual Universidade Federal de Pernambuco.
>
> O assunto que encerra já foi objeto de exame, inclusive da Douta Consultoria Jurídica do MEC, tendo a Comissão de Anistia, à época, elaborado despacho concessivo de perdão, cujo aprovo ministerial foi dado a conhecer no *DO* de 18/6/87 (fls.10).
>
> Entretanto, tal concessão expedida no Encaminhamento n. 22/87 (fls.7) baseou-se em dados contidos no próprio ato de aposentadoria (fls.5) – a anistia fora concedida *ex-officio*, onde está consignado que o ex-servidor ocupava os cargos de Professor Catedrático da Escola de Belas Artes e o de Assistente de Ensino Superior, da Faculdade de Filosofia, ambas da então Universidade do Recife.
>
> Examinando-se o processado, face à informação de fls.14, verificou-se quanto ao Cargo de Professor Catedrático da Escola de Belas Artes, que o interessado fora exonerado, a pedido, em 3.3.61, anterior, portanto, ao ato de aposentadoria; quanto ao de Assistente de Ensino Superior, da Faculdade de Filosofia, com sucedânea no artigo 4º da Emenda Constitucional n. 26, de 27/11/85, no artigo 19, do Decreto n. 84.143, de 31/10/79, na Lei n.6.182, de 11/12/74 e no Decreto n. 85.487, de 11/12/80, foi procedida a reversão, no cargo de Professor Adjunto, referência 4, no qual foi aposentado, conforme dão conta os documentos de fls.12 e 13 respectivamente deste processo.
>
> Restou, então, a regularização da situação funcional no cargo de Técnico de Educação do qual fora demitido por força do ato publicado no *DO* de 9/10/64 (fls. 6) e em que deveria ter incidido a anistia.
>
> Assim, prevalecendo o entendimento anterior, esta Comissão elaborou projeto de despacho que submete à elevada consideração de V.Exa. visando a retificar o despacho de 16/6/87, publicado no *DO* de 18/6/87, para declarar que PAULO REGLUS NEVES FREIRE foi anistiado no Cargo de Técnico de Educação da Universidade Federal, ratificando-se os demais termos. Brasília, outubro de 1990. [Assinado por Maria do Socorro Macedo Vieira de Carvalho, Pedro de Paula Wanderley, Ana Camargo, Hamilton Muniz Mendonça]

O ministro da Educação do governo Collor de Melo, Carlos Chiarelli, em 11/10/1990, declarou: "Aprovo a conclusão do Encaminhamento n. 477/90,

---

42 Criada no governo de Fernando Collor de Melo.

da Comissão criada pela portaria n. 383, de 14 de maio de 1990, no sentido de alterar o despacho de 16/6/87, publicado no *DO* de 18 do mesmo mês e ano, para declarar que PAULO REGLUS NEVES FREIRE ocupava o cargo de Técnico em Educação, da Universidade Federal de Pernambuco e não como constou, ficando ratificado os demais termos" (Publicado no *DO* de 12/10/1990, Seção I, p. 19359).

Nesse mesmo dia 12/10/1990, o ministro enviou telegrama a Paulo, TX/GM/BSB 3417/90 com o seguinte teor:

> Comunico Vossência que vg nesta data vg proferi despacho alterando o de 16/6/87 vg publicado no Diário Oficial da União de 18/6/87 vg para declará-lo ocupante do cargo de Técnico em Educação como constou vg ficando ratificado os demais (ilegível) pt Cordiais saudações pt Carlos Chiarelli Ministro Estado Educação

Quando Paulo recebeu esse telegrama, comunicou-se imediatamente com o assessor do ministro, Sr. Guilherme Lima, porque constatou que estaria sendo afastado de seu cargo de professor e recolocado no de técnico. Anteriormente, o assessor tinha anunciado a Paulo sobre a decisão do MEC de cumprir a vontade política "do Presidente Collor de fazer justiça aos que foram perseguidos pelos Atos Institucionais do Regime Militar", mas tanto o ministro, seu assessor e Paulo julgaram que essa iniciativa acrescentaria o segundo cargo perdido quando do golpe de 1964. Equivocadamente, o processo caminhou simplesmente para a troca de cargo. Paulo reagiu veementemente, repudiando o fato, alegando ao assessor do ministro "que nem os militares ousaram destituir-me do cargo do qual muito me orgulho e que conquistei por esforço intelectual e direito constitucional: o de professor da UFPE". Pediu reavaliação imediata do ato ministerial.

Por isso, em 9/11/1990, o diretor-geral do Departamento de Pessoal da UFPE, Prof. Orlando Enedino da Silva, encaminhou o Ofício n. 2.362 à presidente da Comissão de Anistia, Dra. Maria do Socorro M.V. de Carvalho, que diz: "Em atenção à solicitação telefônica, nesta data, através de contato mantido entre o Dr. Pedro de Paula Wanderley e a Diretora da Divisão de Controle de Cargos e Empregos – DCCE, D. Lêda Tenório, estamos encaminhando o Processo de n. 23000.010619/87-80 referente ao Prof. PAULO REGLUS NEVES FREIRE".

A NOTA diz:

> Por despacho ministerial de 16 de junho de 1987, PAULO REGLUS NEVES FREIRE foi anistiado no cargo de Professor da Universidade Federal de Pernambuco.

Em decorrência, reverteu-se-lhe à atividade, incluindo-o no Quadro Permanente da Universidade Federal de Pernambuco, no cargo de Professor Adjunto, Referência 4.

Após, concedeu-se-lhe aposentadoria nesse cargo.

Verificou-se, posteriormente, que além do cargo docente do qual fora afastado, o interessado houvera sido demitido, igualmente com fulcro no artigo 7° parág., 1° do Ato Institucional de 9 de abril de 1964, do cargo de Técnico de Educação.

Daí o encaminhamento n. 477/90, do qual originou-se o despacho ministerial de 11 de outubro de 1990.

Acontece que, por lapso da Comissão, desse último despacho constou a anistia apenas no cargo de Técnico de Educação e não, como deveria constar, nos dois cargos, ou seja, de Assistente de Ensino Superior e Técnico de Educação.

Urge, pois, a sua republicação, para que a anistia se dê nesses dois cargos.

No dia 30/11/1990, novo telegrama, TLX/MEC/GM/BSB/NR 4021/90, do ministro foi enviado a Paulo:

Tenho a grata satisfação de comunicar-lhe que assinei ato referente à sua anistia nos cargos de Professor Universitário e de Técnico em Educação, a ser republicado no *Diário Oficial da União*, considerando que a publicação de 12.10.90 trouxe um equívoco da Comissão responsável pela análise da matéria. Cordiais saudações Carlos Chiarelli – Ministro Estado Educação.

Assim, esse novo ato do ministro, publicado em 3/12/1990, pôs fim aos equívocos e injustiças sofridas por Paulo por mais de 26 anos.

Oficialmente, tal fato ficou assim expresso:

Aprovo a conclusão do Encaminhamento n. 477/90, da Comissão criada pela Portaria Ministerial n. 383, de 14 de maio de 1990, no sentido de alterar o despacho de 16 de junho de 1987, publicado no Diário Oficial de 18 do mesmo mês e ano, para declarar que PAULO REGLUS NEVES FREIRE foi anistiado nos cargos que ocupava de Assistente de Ensino Superior da Faculdade de Filosofia e de Técnico de Educação, ambos da Universidade Federal de Pernambuco, e não como constou. Carlos Chiarelli – Ministro da Educação. Republicado por ter saído com incorreções no DO de 12/10/90, Seção I, Pág. 19359 (Publicado no *DO* de 3.12.1990, Seção I, p. 23121).

Em 29 de janeiro de 1991, o reitor da Universidade Federal de Pernambuco, Edinaldo Gomes Bastos, resolveu, perante o caso, expedir a Portaria n. 209:

nos termos do disposto do artigo 4º da Emenda Constitucional n.26, de 27/11/85 e artigo 19 do Decreto n. 84.143, de 31 de outubro de 1979, e tendo em vista o disposto na Lei n. 6.182, de 11/12/74 e Decreto n. 85.487, de 11/12/80, o que consta no Processo n. 23000.010619/87-80, RESOLVE *Reverter à atividade*, de acordo com o dispositivo na Lei n. 6.683, de 28 de agosto de 1979, regulamentada pelo Decreto n. 84.143, de 31 de outubro de 1979, incluindo no Quadro Permanente da Universidade Federal de Pernambuco, PAULO REGLUS NEVES FEIRE, no cargo de Técnico em Assuntos Educacionais, nível 26. (Proc. 23000.010619/87-80, grifo meu. Publicado no *DO* de 31/1/1991)

Em 19 de março de 1991, esse mesmo reitor da Universidade Federal de Pernambuco expediu a Portaria n.535, de "Ementa Retifica Portaria n. 209/91", corrigindo: "ONDE SE LÊ:... reversão à atividade... LEIA-SE:... *reintegração*... ficando ratificados os demais termos (Processo n. 23000.010619/87-80. Publicado no *DO* de 21/3/1991).

Pela Portaria n. 646, de 11/4/1991, do mesmo reitor, publicada no *DOU*, em 17/4/1991, Paulo foi atendido em seu pedido, de 21 de março de 1991, para ser afastado do cargo de Técnico em Assuntos Educacionais, Código 088, Subgrupo NS-03, Nível 26, cadastro n. 344427, "com base no que dispõe o artigo 40, item III, alínea 'c', da Constitucional do Quadro Permanente da Universidade Federal de Pernambuco, Processo n. 23076.006757/91-49". Assim, Paulo foi aposentado com base no artigo 186, item III, alínea "c", da lei 8.112, de 11 de dezembro de 1990, com os proventos proporcionais a 31/35 (trinta e um/trinta e cinco avos), no cargo de Técnico em Assuntos Educacionais (Processo 6757/91-49).

É importante enfatizar que Paulo jamais pediu sua reversão à Universidade Federal de Pernambuco para esse cargo que ocupou com entusiasmo, pioneirismo e seriedade. A situação foi revertida e a justiça foi feita por iniciativa da Presidência da República através do Ministério da Educação.

CAPÍTULO 3

O educador revolucionário: II Congresso Nacional de Educação de Adultos

O II Congresso Nacional de Educação de Adultos e Adolescentes,[1] não por coincidência, aconteceu no ano de 1958 (de 6 a 16 de julho), ano em que Juscelino Kubitschek se afirmava como força no poder (a mais democrática até então conhecida no Brasil) e mostrava-se politicamente preocupado com as misérias de nosso povo. Queria e precisava dar soluções para os problemas sociais, entre esses, o educacional. Fez convocar, então, por intermédio de seu ministro da Educação, Clovis Salgado, esse Congresso para avaliar as práticas desenvolvidas em todos os municípios brasileiros pela Campanha de Educação de Adultos e Adolescentes (CEAA), organizada pelo educador Lourenço Filho. Essa Campanha foi inaugurada em 1947 e deveria ter vigência definitiva, mas em meados da década de 1950, já dava sinais de ineficiência, para não dizer decadência, diante de sua real falta de adequação aos interesses dos adultos.

Juscelino tencionava resolver os problemas nacionais, incluindo os educacionais, dentro do marco do populismo, a ideologia privilegiada de então desenvolvida no seio do Instituto Superior de Estudos Brasileiros (Iseb). Embora tenha absorvido muito da leitura do Iseb, as ideias, o discurso e a prática de Paulo no SESI-PE já demonstravam que sua escolha era por um caminho autenticamente popular. Essa decisão revela a sua maturidade e se-

---

[1] Cabe registrar que mesmo em documentos oficiais o título do Congresso ora acrescenta, ora exclui o termo "Adolescentes".

gurança advindas da experiência, incorporadas no Relatório Preliminar, de Pernambuco, e no próprio momento do II Congresso.

Se os anseios da sociedade política vinham ao encontro dos de uma parte da sociedade civil dos anos 1950 brasileiros, alimentando um clima propício para a mobilização, para as reflexões e para as ações voltadas para as mudanças sociais e políticas dentro, sobretudo, da ideologia nacional-desenvolvimentista e populista, foi Paulo, sem dúvida, quem captou com extrema sensibilidade e inteligência esses anseios, atrelando-os aos desejos, às necessidades e às aspirações das camadas populares, sistematizando-os, com vista a fazê--los práticas concretas de superação das condições dadas, embora tivesse sido, como reconheceu, posteriormente, ingênuo em alguns desses momentos com relação às ideologias populista e nacionalista.

Esses Relatórios traduzem, pois, a luta pela qual Paulo tinha se engajado de *estar com* as camadas populares, para que elas tivessem voz, pudessem dizer a sua palavra, inserirem-se criticamente na sociedade. Enfim, o que dirá anos depois: todos os homens e todas as mulheres têm o direito de existenciarem-se, biografarem-se, autenticarem-se para participarem como cidadãos dos destinos do país como sujeitos históricos também, e não só como objetos da história.

Não só Paulo, mas também parte significativa do segmento mais progressista da sociedade civil brasileira de então – composto por operários, camponeses, estudantes, professores universitários, intelectuais, artistas, clero católico e outras lideranças – estava inclinada a não acomodar-se, mas a romper com as tradições arcaicas, autoritárias, discriminatórias, elitistas e interditadoras[2] secularmente vigentes no Brasil. Entretanto, foi Paulo quem, radicalizando mais e mais o problema, foi delineando-se, fazendo-se, como o venho chamando, *o pedagogo da esperança e da indignação,* ou *o pedagogo da consciência ético-crítica,* como tão bem o nomeou Enrique Dussel.

Os relatórios pernambucanos

O Relatório Final do Seminário Regional de Educação de Adultos de Pernambuco, preparatório a esse II Congresso, foi assinado por Eneida Rabello Álvares de Andrade, Relatora, em 17 de maio de 1958. Nele constam:

I. Temas para discussão:

1. Como é visto ou sentido, no estado, o problema da educação de adultos? Conceituação dominante na administração, nos educadores, nas instituições interessadas;

---

2 Estas são as categorias que utilizo nas minhas análises da reprodução do analfabetismo no Brasil. Verificar em Ana Maria Araújo Freire, *Analfabetismo no Brasil*.

2. O problema do analfabetismo no estado;
3. A educação de adultos e as populações marginais: o problema dos mocambos;
4. O problema da frequência aos cursos de adultos;
5. A educação de nível médio destinada a adultos;
6. Os Centros de Iniciação Profissional: organização, funcionamento e resultados;

II. Comissões de estudo.[3]

III. Considerações Gerais
1. Apesar de se entender a educação como um processo contínuo e ininterrupto, que "vai do berço ao túmulo", cumpre admitir que ela normalmente se desenvolve por etapas a serem gradativamente vencidas. Cada uma delas confere ao ser em formação atitudes, hábitos e conhecimentos capazes de lhe permitirem um aperfeiçoamento individual, ao par de um ajustamento satisfatório à comunidade em que vive.

2. Quando tal processo não se desenvolve normalmente, constatamos na sociedade a existência de camadas da população cuja educação não foi atendida no tempo devido. Aí se situam os adultos analfabetos, que constituem a maior parte dos habitantes de países subdesenvolvidos.

3. Não foi preocupação principal deste Seminário ocupar-se com a situação dos adultos que venceram as etapas normais de sua formação, mas com a daqueles que se encontram em um nível cultural muito baixo, na maioria dos casos analfabetos ou semianalfabetos – portanto o aspecto mais angustiante que oferece o problema, e que está a exigir uma atenção muito especial dos poderes públicos.

IV. Resumo do Trabalho das Comissões – Exposição do assunto e sugestões para uma solução[4]
1ª Comissão
1. A educação de adultos em confronto com a da criança
2. A educação de adultos face à realidade do estado
3. A educação de adultos e o conteúdo de ensino

2ª Comissão: O problema do analfabetismo no estado de Pernambuco
1. A situação em face dos dados estatísticos sociais
2. A situação em face dos dados oficiais fornecidos pelo Instituto de Pesquisas Pedagógicas de Pernambuco

---
3 Foram seis as comissões divididas por temas.
4 Transcrevo apenas a parte relativa ao 3º Tema, desde que foi nessa 3ª Comissão que Paulo atuou como relator.

3ª Comissão: A educação de adultos e as populações marginais: o problema dos mocambos[5]

4ª Comissão: O problema da frequência aos cursos de adultos

5ª Comissão: A educação de nível médio destinada a adultos

6ª Comissão: Os Centros de Iniciação Profissional: organização, funcionamento e resultados.

O relatório preliminar do Tema III, de Pernambuco

É este o Relatório da 3ª Comissão: "A educação de adultos e as populações marginais: o problema dos mocambos", de cujo grupo de trabalho Paulo foi, em verdade, o coordenador:

a) Apesar de serem considerados "marginais" todos aqueles que não se integram perfeitamente na vida social, podendo, como tal, serem incluídos os inválidos de todos os tipos, os mendigos, as prostitutas, os fora da lei, em geral, a Comissão se fixou naqueles que residem em mocambos, este foi o tema que lhe coube, bem ajustado a uma das formas de habitação típica de grande parte dos marginais de Recife;

b) É de todo louvável o esforço de conhecimento das peculiaridades regionais brasileiras, do nosso contorno social e histórico;

c) O que mais enfaticamente nos interessa, no momento que passa, é a nossa "sobrevivência histórica de povo que vem vivendo a sua promoção de ser colonial, em ser nacional; de ser. Objeto do pensamento de outrem, em ser sujeito de seu próprio pensamento" (Vieira Pinto). E ao mesmo tempo, o estabelecimento de bases para nosso regime de vida e de trabalho, que de simplesmente agrícola, latifundiário, paternal e escravocrata, se transforma no de um país que se industrializa, inserido em um processo de desenvolvimento e de mudanças rápidas;

d) É tempo de, atendendo a estes imperativos, considerar a indispensabilidade da consciência do processo de desenvolvimento, por parte do povo, a emersão desse povo na vida pública nacional, como interferente em todo o trabalho de colaboração, participação e decisão responsáveis em todos os momentos da vida pública – como convém à estrutura e ao funcionamento de uma democracia;

e) Tomando em consideração muito especial o problema dos mocambos, vemos que estes, situados nos córregos, morros, mangues e areais do Recife, abrigam habitantes nem sempre marginais, mas de três tipos sociais distintos:

1 – o proletário assalariado

2 – o subproletário, vivendo de biscates

3 – o mendigo, real ou falso.

---

5   A Comissão de Pernambuco que elaborou o documento foi composta por Paulo Freire, a inspetora-orientadora Dulce Chacón, a professora Elza Freire, mulher de Paulo, a assistente social Judite da Mota Ribeiro e o universitário José Augusto de Sousa Peres.

O primeiro, fazendo parte sistemática do circuito econômico; o segundo, fora do circuito em caráter permanente e esforçando-se para nele penetrar; o terceiro, improdutivo e refletindo mais fortemente esse aspecto de nossa patologia social.

Essas zonas se situam na parte urbana, suburbana ou *rurbana* [sic] do Recife, e vêm recebendo o impacto constante de populações rurais do estado, e de outros estados da região, dando como resultado o que o sociólogo Gilberto Freyre já chamou de processo de "inchação do Recife";

Sugestões para uma solução:

a) Conhecida tão criticamente quanto possível essa realidade, em mudança constante, passará o processo educativo a trabalhá-la, de um modo, aliás, que parece convir a todo o território nacional, sobretudo onde houver maior concentração de desajustes sociais;
b) rever, em todos os seus aspectos, a inadaptação dos transplantes que agiram sobre o nosso sistema educativo, com aproveitamento dos positivos, que possam ser adaptados à nova realidade;
c) proporcionar ao homem um preparo técnico especializado, para poder interferir de fato no "processo de desenvolvimento" do país. Equivale a dizer: fazê-lo sair da condição de marginal para a de participante do trabalho, da produção, do rendimento. Aí vale a pena ressaltar ainda o papel das escolas profissionais e rurais, de todos os tipos;
d) impedir que o trabalho educativo se faça *sobre* ou *para* o homem, do tipo apenas alfabetizador ou de penetração auditiva simplesmente, substituindo-o por aquele outro que se obtém com o homem: evidente mais uma vez o imperativo de sua participação em todos os momentos do trabalho educativo, preparatória ou concomitante àquela outra ainda mais estimável, que é a participação na vida da região e nas esferas mais amplas da sociedade;
e) organizar cursos de dois tipos, para as zonas mais populosas, onde maior concentração houver de desajustados: de duração rápida, intensiva ou prolongados, cujos programas devem ser, em parte, planejados com os alunos, para que correspondam à sua realidade existencial. Convém ainda lembrar os que se processam sob regime de internato, quando os recursos o permitirem. Nestes cursos seria dada ênfase ao ensino técnico e agrícola de acordo com a especial destinação de cada um deles. Ao lado destes, os de arte culinária, arranjos do lar, higiene e puericultura, corte e costura, pequenas indústrias caseiras, com vistas ao aumento do poder aquisitivo da família;
f) criar, posteriormente aos grupos de estudos, os *grupos de ação* dentro do espírito de autogoverno, agindo sobre problemas mais simples da vida local: buracos das ruas, poças de lama, combate às muriçocas e aos animais daninhos, construção de fossas, realizações de feiras, programas esportivos e recreativos em geral etc.,

até uma interferência ativa na vida religiosa, econômica, política, do distrito, do município, do estado e do país;

g) articular o trabalho das escolas de adultos com as instituições existentes, para crianças, onde funcionem "Clubes de Pais", de modo a fortalecer, por mais este meio, os laços de união entre a família e a escola;

h) interessar as instituições beneficentes e particulares de todos os tipos que se interessem por este trabalho de recuperação de adultos, bem como os de pesquisa social e pedagógica – estas fornecendo ao educador os elementos para uma ação positiva e realista;

i) criar uma mentalidade nova no educador, a par de um preparo especializado que está a exigir esta forma especial de participação sua no trabalho de soerguimento do país;

j) renovar os métodos e processos educativos, com a rejeição dos exclusivamente auditivos. Substituir o discurso pela discussão. "Utilizar modernas técnicas de educação de grupos, com recursos audiovisuais, ativos e funcionais, aproveitando o cinema, a dramatização, o rádio, a imprensa etc."

O relatório final do Tema III, de Pernambuco

Em maio de 1958, como líder do grupo de trabalho da 3ª Comissão:[6] "A Educação de Adultos e as Populações Marginais: mocambos" – relatório feito em nome da Secretaria de Estado dos Negócios de Educação e Cultura, Departamento Técnico de Educação Primária –, Paulo apresentou o Relatório final, que ele mesmo levou ao Congresso no Rio de Janeiro.

O relatório pernambucano, em sua versão final, apresentado no II Congresso Nacional de Educação de Adultos e Adolescentes, publicado nos seus Anais,[7] é marcado, na verdade, pela compreensão de educação de Paulo que se esboçava no mesmo momento em que se expandia o nacional-desenvolvimentismo brasileiro. Eis o relatório na sua íntegra:

> A "socialidade" intrínseca ao processo educativo, que não o permite reduzir-se a um simples processo intelectual, exige dele uma concordância com o contorno histórico-social da sociedade a que se pretende aplicar. A discordância deste contorno, pela aplicação meramente transplantada de concepções pedagógicas de outros espaços e de outro tempo, transforma o processo educativo numa suposição, por isso mesmo, numa inautenticidade.
>
> O processo educativo não deve ser um total "estrangeiro" à realidade a que se aplica. Mesmo quando transplantado, que se ajuste à realidade nova, que teme suas cores, suas notas, para ser autêntico,

---

6 Compuseram essa 3ª Comissão as mesmas pessoas que constam da nota 5 deste capítulo.
7 Republicado na *Revista Brasileira de Estudos Pedagógicos*, INEP – MEC, Rio de Janeiro, v. 30, n. 71, p. 81-93, jul./set. 1958.

É este esforço, aliás, de conhecimento das peculiaridades regionais brasileiras a que se deve ir aplicando um processo educativo integrado com elas, que se vem devendo ao grande educador Anísio Teixeira, através dos Centros Regionais de pesquisa pedagógica, de que Pernambuco já tem o seu, entregue à direção desse outro notável mestre brasileiro, o sociólogo Gilberto Freyre.

Conhecida, tão criticamente quanto possível, essa realidade, em mudança constante, passará o processo educativo a trabalhá-la. Comporta-se instrumentalmente com relação àquela mudança, quer dizer, é fator também de mudança enquanto pode criar novas disposições mentais no homem, capazes de inseri-lo melhor na sua contextura histórico-cultural. Novas disposições mentais que lhe deem, sobretudo, a possibilidade de melhor compreender a sua situação neste contexto. É exatamente isto o que caracteriza a educação social.

Desta forma, parece-nos indispensável, ao discutirmos o processo educativo aplicável a nós, indagarmos, numa dialogação com a nossa realidade ou o nosso contorno social e histórico, quais os objetivos fundamentais de nosso espaço e de nosso tempo. O que mais enfaticamente nos interessa, a nós e a nossa sobrevivência histórica, do povo que vem vivendo a sua promoção de ser colonial, em ser nacional. De povo que vem deixando de ser "objeto de pensamento do outrem para ser sujeito de seu próprio pensamento" (Vieira Pinto). A resposta a estas indagações, que a análise sociológica e econômica de nossa realidade nos dá, é de que estamos inseridos num processo de desenvolvimento. Processo de desenvolvimento que se nos afigura como um "imperativo existencial" e que se apresenta mais ou menos nestes termos: Ou nos desenvolvemos cada vez mais e organicamente, ou perecemos historicamente, isto é, nos transformaremos numa vasta massa humana, de teor de vida mais vegetativo do que histórica, carentes de tudo e sob a proteção inevitável de um paternalismo de Estado.

Dois aspectos mais gerais se nos deparam ao cogitarmos de um autêntico trabalho educativo aplicado a nós, na fase atual do nosso processo histórico.

O primeiro, mais conceitual, refere-se à indispensabilidade da consciência do processo de desenvolvimento por parte do povo. A ideia do desenvolvimento inserida na consciência do povo até que, partindo desse plano psicológico, em que o povo se apossa da ideia de desenvolvimento, para o sociológico, em que o povo seja possuído pela ideia, tenhamos a "ideologia do desenvolvimento", tema estudado e discutido em conferência magnífica pelo professor Vieira Pinto, do Iseb.

Caberá a nosso processo educativo, numa revisão de seus esquemas atuais, superados, sofrendo em muitos dos seus aspectos da inadaptação dos transplantes, integrar o nosso homem ao processo de desenvolvimento.

O segundo aspecto, mais técnico, refere-se ao preparo especializado do homem para interferir produtivamente no processo de desenvolvimento.

Referimo-nos à educação técnica, nos vários níveis imprescindíveis a uma sociedade que se industrializa. Educação que constitui uma das dimensões mais enfaticamente instrumentais do processo educativo.

* * *

Nas zonas de mocambos, situadas nos córregos, nos morros, nos mangues e areais do Recife, habitam três tipos sociais distintos:

I) O proletário assalariado

II) O subproletário, vivendo de biscates

III) O mendigo real ou falso.

O primeiro, fazendo parte sistemática do circuito econômico. O segundo, fora do circuito, em caráter sistemático, e esforçando-se para entrar nele. O terceiro, improdutivo e refletindo mais fortemente nossa patologia social.

Essas zonas se situam na parte urbana, suburbana e rurbana [sic] do Recife e vêm recebendo o impacto constante de populações rurais do estado e de outros estados da região e constituindo o que o sociólogo Gilberto Freyre já chamou de processo de "inchação do Recife".

Parece-nos que qualquer trabalho de educação de adultos para residentes nessas zonas terá de se fundar na consciência dessas realidades.

Além, é claro, daqueles aspectos gerais de que falamos anteriormente.

Por isso mesmo é que a educação de adultos, nessas zonas, como de resto em quaisquer outras, não pode reduzir-se a um mero trabalho de alfabetização, ou de simples suplementação, o que seria negar a existência daquele primeiro aspecto geral a que nos referimos.

Aspecto que afasta ou invalida, de saída, por outro lado, qualquer trabalho educativo que se faça sobre ou para o homem. De fato, a consciência crítica do processo em que nos achamos, nos chegará na medida em que trabalharem conosco e não sobre nós. Conosco e com a nossa realidade, mergulhados nela. E o trabalho educativo numa democracia, parece-nos, deve ser eminentemente um trabalho *com*. Nunca um trabalho verticalmente *sobre* ou assistencialisticamente *para* o homem.

* * *

Sabe-se que não há atualidade nacional que não seja processo histórico. Por isso mesmo, toda atualidade é dinâmica e se nutre de valores situados no ontem do processo. Não que deva ser a atualidade ou o presente, necessariamente o passado, o que seria a negação da própria atualidade. Desta forma, a atualidade do ser nacional apresenta uma série de marcas do ontem, manifestadas no comportamento social do homem brasileiro e mais outras tantas de fisionomia mais recente.

O conhecimento crítico dessas marcas demonstrará, aliás, como muitas dentre elas – as que se formaram lentamente em toda nossa vida colonial e que se manifestam em disposições mentais e as mais recentes, como, por exemplo, a emersão do povo na vida pública nacional – se vêm fazendo antinômicas.

Não há como não reconhecermos uma antinomia, por exemplo, entre a nossa inexperiência de autogoverno que reflete ainda forte ingenuidade nossa na análise da coisa pública, e o surgimento do povo como interferente no processo político. Não implica essa constatação, porém, que, em nome dessa ingenuidade, devêssemos – o que de resto já não nos parece possível – retirar o povo deste processo, ou reclamar-lhe a posição inconteste.

Por isso mesmo é que nos referimos a uma educação *com* o homem e não *sobre* o homem, ou simplesmente *para* ele.

Assim é que nos parece dever a educação de adultos, entre nós, ser uma educação que estimule no brasileiro a colaboração, a decisão, a participação, a responsabilidade social e política do homem. Disposições mentais que refletem uma categoria de saber que não é apreendida intelectual ou nocionalmente, mas existencialmente, pelo conhecimento vivo dos seus problemas e dos problemas de sua comunidade local. Pela discussão desses problemas em suas ligações uns com os outros. Pela criação posterior aos grupos de estudo, dos grupos de ação, através do que o homem vai ganhando experiência e sabedoria. Programa de trabalho que parta do mais simples da vida local – dos buracos das ruas – das poças de lama – da água – das fossas – das muriçocas – da vida econômica da zona – das feiras – das indústrias – das suas instituições e agências sociais – da vida religiosa – da vida recreativa – da vida política municipal – até estes, ou muitos destes problemas serem vistos nos planos mais amplos: estadual, regional e nacional. Dados estes que não devem ser discursados, mas discutidos.

O que o educador deve fazer é despojar-se de qualquer academicismo ou bacharelismo – maneira de *verticalidade pedagógica* – e debater com o homem estes problemas de que, de modo geral, ele tem consciência, mesmo ingênua.

Cursos para estas zonas de educação de adultos, cujos programas devem ser, em parte, planejados com os alunos e responder à sua realidade existencial.

Cursos em colaboração com instituições da comunidade e que poderiam ser, quanto à duração, de dois tipos: os prolongados e os rápidos, de um, de dois, ou de três meses de duração, conforme a extensão de seus programas, seus objetivos e o tipo de aluno.

Em qualquer hipótese, porém, parece-nos que o planejamento de cursos assim, mais ambiciosos do que simples cursos de alfabetização, não deve prescindir da ajuda de instituições de pesquisas sociais e de pesquisas pedagógicas, cujos estudiosos darão ao educador o conhecimento da realidade com que vai atuar.

Daí sugerirmos para o Recife, no caso de um planejamento futuro, o contato constante de educadores com os técnicos do Instituto Joaquim Nabuco de pesquisas sociais e o pessoal do Centro Regional e Pesquisas Educacionais do Recife – Inep.

Entre estes cursos rápidos ou prolongados, daríamos ênfase aos de ensino técnico e agrícola, de acordo com as situações especiais.

Ao lado destes, outros tantos de arte culinária, de costura, de arranjos do lar, de higiene, que ajudassem a mulher do mocambo a resolver certos problemas e aumentar o poder aquisitivo da família. Esta educação não pode igualmente esquecer o espírito cooperativista, estimulando a criação de clubes de compras que poderiam se alongar, mais tarde, em cooperativas.

Neste sentido, consideramos indispensável o contato de educadores com líderes de sociedades beneficentes, como de clubes recreativos e esportivos, abundantes nestas zonas.

Aspecto que não pode, finalmente, deixar de ser seriamente pensado é o dos educadores de cursos assim. *É o de sua formação pessoal, técnica e científica*; é o da sua plasticidade, sem o que dificilmente se integrará ao meio e se fará um entre os seus representantes.

CONCLUSÕES E RECOMENDAÇÕES

a) Que o processo educativo não deve ser uma superposição à realidade histórico-social a que pretende se aplicar;

b) Que as transplantações devem se ajustar às cores da realidade nacional;

c) Que o planejamento de cursos de educação de adultos para as zonas de mocambos do Recife deve tomar em consideração seus aspectos peculiares. Aspectos esses inseridos, por sua vez, em alguns dos seus ângulos, em realidades mais amplas: regional e nacional;

d) Que os cursos de educação de adultos não devem reduzir-se ao simples trabalho de alfabetização, se bem que incluído no processo;

e) Que o programa desses cursos, sempre de acordo com a realidade local, regional e nacional, seja elaborado com a participação dos educandos, em algum dos seus aspectos, pelo menos o que, flexíveis e plásticos, se preocupam:

1) Com aspectos higiênicos, morais, religiosos, diversionais, econômicos da vida local.

2) Com aspectos que envolvam a vida regional e nacional, sobretudo no que tange ao desenvolvimento do país.

3) Com o desenvolvimento e a utilização da liderança democrática local.

4) Com a criação de novas atitudes frente à família, frente aos vizinhos, ao bairro, ao município, *fundadas num espírito de solidariedade e de compreensão*.

f) Que estes cursos funcionem sempre que possível com agências sociais, locais, públicas ou privadas ou religiosas – escolas primárias, clubes recreativos, sociedades beneficentes, centros paroquiais – sob a orientação técnica do departamento oficial competente;

g) Que, anterior e concomitantemente à instalação de cursos de educação de adultos, se faça trabalho de interpretação de seus objetivos frente às agências sociais locais, no sentido de integrá-las ao trabalho;

h) Que se criem clínicas de conduta e de orientação profissional para averiguar as dificuldades e reações que impedem ao adulto a posse de atitudes coerentes com um normal e atualizado padrão de vida;

i) Que se dê especial cuidado ao treinamento[8] de educadores especializados, a quem se deve deixar em dia com as técnicas de educação de grupos, com o uso acertado e conveniente dos *recursos audiovisuais* de que não só pode, mas deve lançar mão

---

8 Com o aprofundamento de suas reflexões, Paulo abandonou e criticou o *treinamento* como ato legítimo da educação libertadora.

no seu trabalho educativo. Recomendamos atenção especial ao *emprego de dramatizações* de que só vem tirando um bom resultado formativo.

Recomendamos, finalmente, o estudo da possibilidade de criação de cursos rápidos em regime de internamento, cujos resultados positivos são incontestes. Cursos que poderiam ser dados em colaboração com instituições religiosas, bem como com unidades das Forças Armadas.

Análise crítica

Podemos verificar facilmente, ao ler e analisar esses relatórios (o preliminar e o final apresentado no próprio Congresso), que eles foram marcados pela *compreensão de educação*[9] de Paulo, mesmo que tenha havido colaboração dos outros componentes da Comissão. Com uma linguagem muito peculiar e com uma filosofia de educação absolutamente renovadora, Paulo propôs nesses documentos que a educação de adultos das zonas dos mocambos existentes no Recife se fundamentasse na consciência da realidade da cotidianidade vivida pelos/as alfabetizandos/as, e não, como era então a prática, reduzindo esse ato ao simples ato mecânico de reconhecer as letras, palavras e frases.

Chamo a atenção também para o fato de que Paulo afirmava que só se faria um trabalho educativo *para a democracia* se o processo de alfabetização de adultos não fosse *sobre* – verticalmente – ou *para* – assistencialmente – o homem, mas *com* o homem,[10] *com* os educandos e *com* a realidade.

Atento à categoria do saber que é apreendido existencialmente, pelo conhecimento vivo de seus problemas e os de sua comunidade local, Paulo já explicitava o seu respeito ao conhecimento popular, ao senso comum. Porque não entendia a educação simplesmente como um meio para dominar os padrões acadêmicos de escolarização ou para profissionalizar-se. Assim, ele *propôs, então, pela primeira vez na história, uma educação de adultos, que se estimulassem nos homens e nas mulheres a colaboração, a decisão, a participação e a responsabilidade social e política.*

Proclamando a necessidade de se chamar o povo para participar do seu processo de emersão na vida pública, engajando-se no todo social, Paulo falava em educação social, na necessidade de o aluno conhecer-se como também conhecer os problemas sociais que o afligiam.

---

9 Veja na Parte IV desta biografia mais detalhes sobre a compreensão de educação de Paulo.
10 Nos anos 1950, e até após a publicação, no início dos anos 1970, nos Estados Unidos, da *Pedagogia do oprimido*, Paulo não nominava as mulheres, entendendo, erroneamente, que ao dizer homem incluía a mulher.

Acrescentou o Relator que aos próprios educandos caberia, em parte, programar seus conteúdos de estudos e que se deveria estimular o trabalho pedagógico nos mocambos para que a mulher superasse suas condições de miséria, mudando a natureza de suas próprias práticas domésticas.

Nesses dois Relatórios, Paulo demonstrou sua clara percepção sobre a cotidianidade discriminatória e injusta da nossa sociedade, até então preponderantemente patriarcal e elitista. Apontou soluções de superação das condições vigentes, muito avançadas para a época, dentro de uma concepção mais ampla e mais progressista do que a vigente, embora ainda não explicitasse — porque ainda não tinha a clareza necessária — que a educação é um ato político. Mais que isso, que a natureza da educação é política, como dirá posteriormente.

O que Paulo propôs para a educação dos adultos analfabetos/as nesses Relatórios era absolutamente novo no Brasil e no mundo que ainda reproduziam, impiedosa e secularmente, a *interdição dos corpos*[11] dos desvalorizados socialmente, que, assim, viviam proibidos de ser, ter, saber e poder. Propôs, ao contrário, uma educação para a libertação de todos e todas. Uma educação como prática da liberdade.

Paulo partiu para criar sua compreensão de educação procurando entender, sentir e atender as necessidades do povo, o respeitando porque aprendeu a *escutá-lo*. Assim, posicionou-se nesses Relatórios, nítida e explicitamente, a favor do resgate do ser dos oprimidos e das oprimidas, mesmo que ainda não tivesse utilizado essas categorias.

Apresentou no II Congresso — ao contrário de todos os outros Relatórios elaborados pelas outras unidades federativas, e mesmo por outros do próprio estado de Pernambuco, que apenas lastimavam a impossibilidade de alfabetização de adultos cansados, ignorantes, sonolentos e famintos — uma proposta de superação desse mundo de submissão, de silêncio e de misérias, no qual os/as analfabetos/as viviam para um outro que negasse essas determinações históricas.

Contrapondo-se aos derrotistas e aos que melancolicamente reproduziam os ensinamentos e ordens do CEAA, Paulo, denunciando esse estado de coisas, apontou para um mundo de possibilidades, anunciando, assim, um novo, utópico. Apontou-nos a possibilidade de pela conscientização construirmos *um sonho possível*: um mundo no qual houvesse reais condições dos homens e mulheres serem Ser Mais, que negassem (neguem) a exploração, a submissão e a opressão que os determinam como Ser Menos.

---

11 Essa é a categoria fundamental de meus trabalhos sobre a história do analfabetismo brasileiro (cf. nota 2 deste capítulo).

Paulo forjou-se, pela prática vivida que embutia seu revolucionário pensamento, como o "pedagogo do oprimido" – mesmo sem ter ainda escrito a *Pedagogia do oprimido* –, porque partiu do saber popular, da linguagem popular, da necessidade popular, do cotidiano de limitações das classes populares, dos sentires, das aspirações e dos desejos do povo como seres oprimidos para resgatá-los.

Enfim, com todas essas inovações, o Relatório apresentado por Paulo no II Congresso de Educação de Adultos tornou-se, indubitavelmente, um marco na compreensão pedagógica da época. A presença de Paulo deu a esse Relatório uma dimensão tão inovadora e crítica, que autor e texto determinaram um divisor de águas entre uma educação "neutra", alienante e universalizante e uma outra revolucionária, libertadora, dialógica e questionadora essencialmente radicada no cotidiano político-existencial dos alfabetizandos e das alfabetizandas adultos, que veio se alongando desde então para todos os níveis, graus e naturezas diferentes do ensino-aprendizagem críticos.

Com apenas 36 anos de idade, Paulo impactou os educadores e educadoras de todo o país presentes ao evento. Muitos deles e delas queriam que ele fosse o Relator do II Congresso, mas ele preferiu voltar para a sua família e sua Recife.

Com o Relatório do Tema III da Comissão Regional de Pernambuco "A Educação de Adultos e as Populações Marginais: O Problema dos Mocambos", Paulo se inseriu, irreversivelmente, na história da educação brasileira. Anunciava a possibilidade de tornar-se o que foi, o que é: um dos maiores educadores do mundo. Não tenho medo de afirmar que este Relatório é o germe de toda a literatura ético-político-crítica de Paulo, da educação para a transformação.

CAPÍTULO 4

O educador político dos movimentos socioeducacionais no Brasil

Os primeiros anos da década de 1960 no Brasil foram de uma efervescência política no sentido da modernização de nossa sociedade, na perspectiva de caminharmos para uma "sociedade aberta", jamais vista até então no país, apesar da renúncia de Jânio Quadros. O ex-prefeito paulistano, cujo símbolo era a "vassoura para varrer a corrupção e a falta de moral nos costumes nacionais", tomou essa decisão dramática, de consequências funestas para o país, porque se sentia acuado como presidente da República pelas "forças externas ocultas" que o impediam de fazer um governo nacionalista e, também, temos que admitir, pelo seu gosto autoritário que queria prevalecesse absoluto no seu governo do país. Possivelmente tomou sua decisão jogando com duas hipóteses: ou a ditadura – procurou, imediatamente ao ato de renúncia, a Força Aérea Brasileira, em São Paulo, para que o levasse de volta a Brasília –, ou a renúncia, que, sem o endosso desses militares que não lhe deram apoio, se consumou de fato.

Em agosto de 1961, todos os "malabarismos" jurídicos e políticos foram feitos para que o vice-presidente eleito João Goulart – considerado comunista pela direita, estando à época em viagem de serviço ao país, pela China (o que aumentava mais ainda a "preocupação" dos antigos donos do poder brasileiro) – tomasse posse da presidência, inaugurando, de fato, um tempo de grandes conflitos no país, que a sociedade política não pôde ou não quis evitar. Num populismo sem definições mais precisas, políticas e ideológicas, suas ações governamentais oscilavam entre o que exigia a esquerda e o que impunha a direita. Assim, Jango, como era chamado – de partido político diferente daquele do presidente que renunciara –, não conseguiu, para se manter no poder, nem o empenho nem o sustentáculo de nenhum desses segmentos político-ideológicos.

Juscelino Kubitschek tinha incompatibilizado o modelo político do nacional-desenvolvimentismo populista, instaurado por Vargas, com o modelo econômico nacionalista, desde que permaneceu com o mesmo modelo político, mas aceitou – na verdade procurou – o capital externo. Jânio e João Goulart não conseguiram compatibilizar novamente os modelos econômicos e políticos. Jânio renunciou. Jango foi deposto. O "filho político de Vargas" não teve nem a força de poder suficiente e necessária para conter as iras dos militares de alta patente e da elite, que estavam atreladas aos interesses dos Estados Unidos, nem as da esquerda, as quais oscilavam entre acreditar e, ao mesmo tempo, considerá-lo um homem muito pouco confiável.

O Movimento de Cultura Popular (MCP)

Nesse clima de dúvidas, ambiguidades e medos; de pouca ou nenhuma certeza, Paulo foi tomando espaço com ousadia, com valentia e tenacidade, acreditando nas pessoas, nos sonhos democráticos, num Brasil melhor com a participação das camadas populares.

Extrapolando a área acadêmica e institucional, Paulo engajou-se com paixão nos movimentos de educação popular do início dos anos 1960. Participou e influenciou a campanha "De pé no chão também se aprende a ler", realizada, com sucesso, pelo então governo popular do prefeito Djalma Maranhão, de Natal, Rio Grande do Norte; e, nas experiências do Ceplar, em João Pessoa, Paraíba.

Mas foi no Movimento de Cultura Popular (MCP) do Recife que ele participou mais ativamente, como um dos seus fundadores, ao lado de outros intelectuais e estudantes, no sentido de, pela valorização da cultura popular, promover a integração do homem e da mulher nordestinos no seu processo de libertação social, econômica, política e cultural, para assim poderem estes e estas contribuir com suas presenças cidadãs na sociedade brasileira.

Sobre a fundação do MCP:[1]

> O Movimento de Cultura Popular – MCP, justiça se faça, foi o primeiro de uma série de movimentos político-educacionais que surgiram nos anos 1960, no Brasil. Tentou, resgatando a cultura popular, com o povo orientado por intelectuais, levar a uma práxis revolucionária capaz de fazer a transformação do país.

---

1 Ver, a respeito, minha nota de n. 30, para o livro de Paulo Freire *Cartas a Cristina*.

O MCP nasceu oficialmente no Recife, em 13 de maio de 1960. Seus Estatutos foram publicados no *Diário Oficial* do estado de Pernambuco, de 23 de agosto e de 12 de setembro de 1961, registrado como pessoa jurídica em 19 de setembro do mesmo ano no Cartório do 2º Ofício do Bel. Emílio T. R dos Anjos, do Recife.

Segundo seus Estatutos, a finalidade do MCP era educativa e cultural, e seus objetivos: "1 – Promover e incentivar, com a ajuda de particulares e dos poderes públicos, a educação de crianças e adultos; 2 – Atender ao objetivo fundamental da educação que é desenvolver plenamente todas as virtualidades do ser humano, através da educação integral de base comunitária, que assegure, também, de acordo com a Constituição, o ensino religioso facultativo: 3 – Proporcionar a elevação do nível cultural do povo, preparando-o para a vida e para o trabalho; 4 – Colaborar para a melhoria do nível material do povo através de educação especializada; 5 – Formar quadros destinados a interpretar, sistematizar e transmitir os múltiplos aspectos da cultura popular."[2]

O MCP[3] teve sua origem, segundo depoimento de Abelardo da Hora, famoso artista pernambucano, no movimento que embalou a sociedade pernambucana com a fundação, em 1948, da Sociedade de Arte Moderna do Recife. Em 1949, houve a sugestão ao então governador Barbosa Lima Sobrinho para que se criasse um espaço

> que pudesse agrupar as entidades culturais existentes no Recife, para formar um grande movimento cultural, no sentido de democratizar o ensino e a cultura... O prefeito Pelópidas Silveira convocou as entidades culturais do Recife, para uma reunião no seu gabinete, a qual se realizou no dia 29 de julho de 1958, para discutir a desapropriação do Sítio Trindade[4]... Eleito o Dr. Miguel Arraes ao Governo

---

2 Cf. *Memorial do MCP*, Coleção Recife, v. XLIX, Recife, Fundação de Cultura do Recife, 1986, p. 56-7.
3 O MCP contou com 99 sócios fundadores, entre outros, Paulo Freire, Germano e Norma Coelho, Anita Paes Barreto, Arnaldo Marques, Maria Antonia Mac Dowell, Paulo e Argentina Rosas, Sylvio e Liana Loreto, Amaury Costa Pinto, Arnaldo Marques, Silke Weber, Ariano Suassuna, Silvio e Marcos Lins, Cláudio Souto, José Cláudio da Silva, Cristina Tavares Correia, Zuleide Aureliano, Hermilo Borba, Antônio Bezerra Baltar, Guilherme Robalinho, Paulo Cavalcanti, José Otávio de Freitas Junior e Aluízio Falcão. Também Vicente do Rego Monteiro, Abelardo da Hora e Reynaldo Fonseca, Francisco Brennand, estes certamente os mais consagrados artistas plásticos pernambucanos.
4 No Sítio Trindade instalou-se o MCP. Contava com um casarão antigo e imenso terreno com mangueiras frondosas na Estrada do Arraial, no Recife. Feliz coincidência: Arraial, segundo o Dicionário Aurélio, significa: "3. Lugar onde se juntam Romeiros, onde há tendas provisórias, barracas de comestíveis, de jogos e diversões, e ornamentado com música etc."

Municipal... O Conselho de Direção do Movimento de Cultura Popular ficou constituído: Abelardo da Hora, como Diretor da Divisão de Artes Plásticas e Artesanato; Nelson Xavier, como Diretor da Divisão de Teatro; Paulo Freire, como Diretor da Divisão de Educação,[5] e elegemos Germano Coelho como presidente do MCP...[6]

Leiamos o que o próprio Paulo nos diz sobre a origem do MCP:[7]

> O Movimento de Cultura Popular nasceu da vontade política de Miguel Arraes, então recém-empossado prefeito da cidade do Recife,[8] a que se juntou a vontade igualmente política de um grupo de líderes operários, de artistas e de intelectuais outros. Fiz parte deste grupo, que ele convidou para uma reunião em seu gabinete e na qual falou de seu sonho. O de fazer possível a existência de órgão ou serviço de natureza pedagógica, movido pelo gosto democrático de trabalhar *com* as classes populares, e não *sobre* elas; de trabalhar *com* elas e *para* elas... Coube ao jovem professor Germano Coelho apresentar, na próxima reunião, quinze dias depois, um projeto para a criação da instituição.
>
> Germano havia chegado recentemente de Paris, aonde fora fazer estudos de pós-graduação na Sorbonne. Foi lá que ele conheceu Joffre Dumazedier, renomado sociólogo francês, presidente, então, do movimento *Peuple et Culture*, cujos trabalhos o haviam impactado.[9] Influenciado por *Peuple et Culture* se constituiu o MCP, mantendo, contudo, sempre, seu perfil radicalmente nordestino e brasileiro (*Cartas a Cristina*).

Ainda segundo o *Memorial do MCP*, o Movimento de Cultura Popular foi assim organizado:

---

5 Posteriormente, Paulo afastou-se, como sinal de respeito e tolerância, dessa Divisão, por não concordar política e epistemologicamente com o uso de cartilhas de alfabetização, e foi ser o diretor da Divisão de Pesquisa e Coordenador do Projeto de Educação de Adultos.

6 Cf. *Memorial do MCP*, op. cit.,1986, v. XLIX, p. 13-18.

7 Sobre esse tema, pode o/a leitor/a conferir mais detalhes no precioso e fascinante depoimento de Paulo na Décima Segunda Carta, "Minhas experiências no MCP, no SEC e em Angicos", no livro *Cartas a Cristina*.

8 Paulo sempre dizia que o MCP tinha começado como um movimento municipal e depois foi se estendendo no estado de Pernambuco quando Arraes já era o governador.

9 Em depoimento a mim fornecido, em sua casa no Recife, em fevereiro de 2004, Germano narrou sua experiência com Norma, sua primeira esposa, na época em que viveram na Europa. Eles estagiaram com Freinet e sua mulher na escola de ambos, no sul da França, tendo vivido também alguns meses em kibutzs, em Israel. Dessa rica experiência e do caráter inquieto de Germano, aliados aos de outros/as pernambucanos/as, pôde surgir a ideia de criação do MCP.

Departamento de Formação da Cultura (DFC); Departamento de Documentação e Informação (DDI); e Departamento de Difusão da Cultura (DDC).
Enquanto o MCP existiu, o Departamento de Formação da Cultura foi o que desenvolveu a ação educativa mais criativa e o que mais empolgava. Cabia-lhe, de acordo com o art. 15º do Estatuto,

1- Interpretar, desenvolver e sistematizar a cultura popular; 2 - Criar e difundir novos métodos e técnicas de educação popular; 3 - Formar pessoal habilitado a transmitir a cultura do povo. Compunha-se... de dez Divisões; 1- Divisão de Pesquisa (Diretor: Paulo Freire)... O Movimento de Cultura Popular foi – ou tendia ser – um laboratório informal, onde novas técnicas poderiam ser facilmente experimentadas, com reduzidos entraves burocráticos e sem as limitações metodológicas da pesquisa acadêmica. Onde as técnicas convencionais de ensino tinham também seu lugar. (p. 24-5)

O projeto do MCP foi rapidamente dinamizado. De 1960 a 1962, contou entre suas realizações com 201 escolas, 626 turmas; 19.646 alunos, crianças, adolescentes e adultos; uma rede de escolas radiofônicas; um centro de artes plásticas e artesanato; 452 professores e 174 monitores, ministrando o ensino correspondente ao primeiro grau, supletivo, educação de base e educação artística; uma escola para motoristas mecânicos; cinco praças de cultura que levavam ao povo bibliotecas, teatro, cinema, teleclube, música, orientação pedagógica, jogos infantis, educação física; Centro de Cultura Dona Olegarinha, no Poço da Panela, em colaboração com a Paróquia de Casa Forte; círculos de cultura, galeria de arte, e conjunto teatral.[10]

Paulo Rosas ainda nos informa em *Papéis avulsos sobre Paulo Freire*, do espírito vivo e revolucionário com o qual Paulo impregnou o MCP:[11]

Com a criação do Movimento de Cultura Popular (MCP), Paulo Freire passou a ser um dos seus líderes mais atuantes. Dirigia a Divisão de Pesquisa[12] da qual

---

10 Cf. depoimento de Paulo Rosas no *Memorial do MCP*, op. cit., 1986, v. XLIX, p. 19-36.
11 Cf. Paulo Rosas, *Papéis avulsos sobre Paulo Freire*, 1 (p. 63-6).
12 Ainda no mesmo livro, Rosas diz, na p. 105, que ele coordenou um grupo de pesquisadores/entrevistadores, entre os quais, Maria Isabel Araújo Lins, minha irmã, e que estes se extraviaram depois do golpe civil-militar de 1964. Ainda sobre as pesquisas do MCP, recebi esta carta de Paulo Rosas, que esclarece, a meu pedido, um pouco do trabalho que Paulo realizou quando foi diretor da Divisão de Cultura e ele, um dos coordenadores:
"Recife, 28 de março de 1994.
Nita,
Sobre as pesquisas realizadas pelo MCP, pela Divisão de Pesquisa, da qual Paulo era Diretor e eu, Coordenador de Pesquisas, apenas um pequeno artigo chegou a ser publicado: 'Dois Flashes do Carnaval Pernambucano'. Não concluídas e material coletado provavelmente perdido: 'Um século de carnaval – 1851-1961' (o objetivo da pesquisa era estudar

eu era um dos Coordenadores [...] Contudo, o papel de Paulo Freire no MCP que me parece ter sido o mais destacado, decisivo mesmo, consistiu na coordenação do Projeto de Educação de Adultos [...] [que] desdobrava-se em outros programas ou projetos de menor amplitude: no caso, *Círculos e Centros de Cultura*.

Lembro-me dos *Círculos de Cultura* com a emoção de quem pensa em sua Universidade de Utopia. Pelo menos em minhas fantasias (*fantasias? Melhor diria: sonhos e utopias*), eram o que deve ser uma das dimensões acadêmicas fundamentais: uma instituição aberta ao debate. Ideias, problemas, inquietudes. Ciência e Filosofia. Arte. Criação. Vida. Para participar daqueles debates não se exigia "papel passado" em cartório. Todos poderiam fazê-lo. Analfabetos, por que não? [...]

O primeiro Centro de Cultura foi instalado em 1961, no Poço da Panela: Círculo de Cultura Dona Olegarinha. Circunstância feliz, pois a casa-sede do Centro pertencera a José Mariano e sua esposa Dona Olegarina, abolicionistas históricos, que acolhiam, cuidavam e facilitavam a fuga e a alforria de escravos.

O Projeto dos *Centros de Cultura* para o Projeto de Educação de Adultos pensado por Paulo,[13] para o MCP, que consta de meus arquivos, aos nossos olhos de hoje parece uma coisa tão óbvia e dentro dos padrões da aceitação inclusive das classes dominantes, mas que na época foi tido como documento altamente subversivo. Este, como outros materiais do MCP, sobretudo os escritos por Paulo, foi "estudado" pelos que tramavam o Golpe de Estado como de uma ordem absolutamente inaceitável para se pôr em prática na sociedade brasileira. Transcrevo-o acrescentando, conforme desejo e pedido expresso de Paulo na *Pedagogia da esperança*, o termo "mulher" todas as vezes em que ele se refere aos dois gêneros, mas que na sua linguagem machista de então nomeava apenas o homem:

---

não o carnaval em si, mas tomar o carnaval como referência para analisar as mudanças de comportamentos e valores sociais no período correspondente); uma outra sobre os 'livros de sorte', com a mesma finalidade do estudo sobre o carnaval: sobre 'o índice de criticidade', esta deveria ser conduzida dentro do programa das Praças de Cultura – (a maior frustração de minha vida, do ponto de vista político-educacional).

Um documentário sobre publicações periódicas para crianças e adolescentes (que eu elaborei fora do MCP) foi remetido formalmente pelo MCP e pela então Universidade do Recife a Presidência da República (Jânio Quadros), como denúncia e pedido de providências: mas esta é uma outra história.

Um abraço para você e Paulo, sempre de 'plantão' para revê-los e, se possível, ajudar quanto à busca de informações.

Paulo Rosas"

13 Na cópia que possuo há a seguinte referência: "Texto retirado de *Uma experiência popular: Centro de Cultura D. Olegarinha*, Anexo I, Zaíra Ary." Rosas informa que esse texto foi apenas transcrito neste trabalho de conclusão de curso de Zaíra Ary, intitulado *Uma experiência de educação popular:* em 1962 (veja p. 85 de *Papéis avulsos sobre Paulo Freire, 1*). Assim, esse documento foi transcrito por Paulo Rosas em dois momentos. Em 1991, em *Como vejo Paulo Freire*; e em 2003, em *Papéis avulsos sobre Paulo Freire, 1* (p. 85-92).

Uma das preocupações presentes a estudiosos dos problemas do homem [e da mulher] moderno nos centros urbanos vem sendo a de sua "demissão", afogado na domesticação niveladora da massificação. O homem [e a mulher] dos centros modernos urbanos, submetido[s] a uma série infinda de controles que ele[s] mesmo[s] não conhece[m] e que quase sempre não percebe[m] vem assumindo formas de comportamento estandardizado. Suas reações perdem a mais das vezes a nota individual. Suas respostas são respostas generalizadas. Os meios modernos de difusão, de propaganda, de comunicação com as massas, vêm pondo o homem [e a mulher] desses centros em atitudes preponderantemente acríticas, ingênuas.

À propaganda comercial, com toda a força convincente, vêm-se juntando, servindo-se dos mesmos meios, a propaganda de ideias, de princípios.

Corre-se o risco de desumanização do homem [e da mulher], de sua massificação, de sua desespiritualização.

Daí que sociólogos como Mannheim, representante de uma das correntes preocupadas com este problema, insistem tanto em uma educação advertida deste perigo.

Em uma educação que busque a inserção conscientemente crítica do homem [e da mulher] na sua problemática.

"O método", diz Mannheim, "consiste em voltar a descobrir os efeitos educativos dos grupos primários, em criar tais grupos onde existem (centros comunais, centros de saúde pública)" – Centros de Cultura, acrescentaríamos nós –, "em sublinhar sua continuidade e sua utilidade" (*Libertad, Poder y Planificación Democrática*: 293).

No caso brasileiro, parece-me crescer este perigo, precisamente pela inexperiência democrática enraizada em nossas matrizes culturais.

Se no trânsito em que vivemos para uma sociedade "aberta", fatos novos estão dia a dia pondo o homem [e a mulher] brasileiro[a] em atitudes mais democráticas, não nos esqueçamos de que o nosso passado antidialogal, por isso antidemocrático, se afirma constantemente em nossas posições.

Há, hoje, toda uma psicologia histórica esclarecendo a força dessas marcas de ontem na composição de atitudes individuais e coletivas do homem de uma sociedade.

Somos, assim, dos que, participando feliz do trânsito que faz a sociedade brasileira, veem criticamente a necessidade de termos de não largarmos o homem [e a mulher] para que não se perca[m] em posições massificadas. Dos que veem a necessidade de desenvolver a capacitação crítica do homem brasileiro, agregando-o em grupos através de que faça aquela educação a que referiu Mannheim.

Não há, na verdade, democracia sem consciência crítica e não há criticidade nas posições massificadas. Daí a ênfase que teremos de dar à educação para a criticidade.

O *Centro de Cultura* é uma unidade educativa, enfeixando um conjunto de motivos que agregam grupos, que os levam a atividades de objetivos semelhantes.

Estas atividades variadas, respostas de núcleos diferentes de motivação, se acham, porém, entrelaçadas e sistematizadas, possibilitando assim um trabalho organicamente educativo.

A televisão, a leitura, o corte [de tecido para costura de roupas] e o arranjo da casa, o recreio, a educação dos filhos são motivos geradores de atividades, a congregar grupos, a se alongarem em clubes, que compõem o *Centro de Cultura*.

Assim, haverá tantos clubes no *Centro de Cultura* quantos sejam os núcleos motivadores de atividades específicas.

O motivo TELEVISÃO agrega pessoas que, exercitando determinadas atividades, se constituem em clubes: o Teleclube. Da mesma forma, o livro, que provoca a leitura, debate da leitura, interpretação da leitura e dá origem ao clube de leitura, assim sucessivamente.

O clube de leitura, o de corte, o teleclube etc., o clube de pais congregando pessoas em torno de seus núcleos motivadores, não as desintegram do todo, que é o Centro de Cultura. Por isso mesmo é que as atividades desses clubes são interdependentes e visam a um mesmo objetivo – a educação da pessoa, dos grupos e da comunidade. Os clubes dentro do Centro são dimensões próprias do centro. Daí que não possam crescer sozinhos. Nem distorcer-se. Nem perder o sentido de unidade de visão que caracteriza o Centro de Cultura.

À medida que os grupos formados em torno destes motivos vão se estruturando e ganhando forma de clubes, com toda a sua dinâmica, se apresenta ao Centro de Cultura uma oportunidade excelente de propiciar a experiência de autogoverno a seus líderes, como a seus liderados.

A administração do Centro, que de início cabe ao assistente social do MCP, passa gradativamente a democratizar-se, fazendo-se colegiada.

O centro passará a ter um Conselho de Direção, composto de representante do MCP – assistente social – e de Diretor de cada clube componente do Centro de Cultura.

Este Diretor será escolhido por eleição entre os participantes de cada clube.

O Conselho de Direção terá um Diretor executivo, por período determinado – o mesmo do Conselho de Direção – escolhido entre os participantes deste Conselho.

Ao lado deste, existirá um outro, que será consultivo e será formado pelos educadores que trabalham no Centro.

Não será demasiado chamarmos a atenção para o que significa, do ponto de vista da educação democrática e da formação da liderança, a própria estrutura administrativa de um Centro de Cultura, nesses moldes. Esta estrutura já é, em si mesma, educativa. Acrescentem-se, agora, à essência formadora de uma administração assim organizada, as atividades normais de cada clube dentro do Centro e sentir-se-á o alcance de uma experiência desta ordem entre nós.

PROJEÇÃO DO CENTRO NA COMUNIDADE

Estruturados os clubes dentro do Centro, nascentes e já atuantes os Conselhos, – o de Direção e o Consultivo –, alongados os líderes emergentes dos grupos ou dos clubes em educadores populares, partiria o Centro para contatos escritos com as instituições de sua área de repercussão.

A área de repercussão do centro poderá ser encontrada ou delimitada por meio de pesquisa. Em seu trabalho de educação da comunidade, se esforçará o Centro em transformar a área de repercussão em área de influência.

Estreitando as suas relações com as instituições da área, marcha o Centro para a criação de um conselho de comunidade, de que ele participará com um de seus líderes. A este Conselho caberá então o estudo, análise dos problemas da comunidade local, com a colaboração do Movimento de Cultura Popular e o encaminhamento de sugestões aos poderes públicos, bem como a motivação do esforço comum.

TELECLUBE

O teleclube será formado por pessoas que pretendem fazer da televisão um instrumento de cultura e de educação.

Com a participação e a coordenação de educadores especialmente preparados, os componentes do Teleclube discutirão programas de televisões locais, desenvolvendo sua capacidade crítica.

Pretende-se com esses debates a superação de atitudes ingênuas, de que decorre a aceitação passiva a qualquer tipo de propaganda ou divulgação.

Os teleclubes, como de resto o Centro de Cultura, terão de centrar todo o seu esforço na busca deste senso crítico, somente assim será possível evitarmos posições domesticadoras.

As sociedades que transitam como a nossa, de formas fechadas, tribais, antidialogais, para formas em processo de abertura, se inserem num amplo e crescente processo de "rebeldia", que exige uma educação voltada para a criticidade.

Quanto mais se desenvolva essa criticidade, tanto mais se firmará a capacidade decisória do homem [e da mulher], fundamental e indispensável ao funcionamento da democracia, que antes de ser forma de governo é disposição mental – é atitude.

Os centros urbanos brasileiros vêm apresentando um tipo preponderante de consciência, que vimos chamando de transitivo-ingênua. Este tipo de consciência vem sendo o resultado de uma promoção automática, provocada por modificações infraestruturais, de um tipo de consciência que chamamos de *intransitiva*. O passo indispensável da transitividade ingênua para a crítica há de ser, porém, o resultado da educação, fundada em condições culturais propícias. Se não conseguirmos este passo, corremos o risco de distorções – não de involuções – que nos levam à "consciência fanática", própria da massificação.

O Teleclube, dentro ou fora do Centro de Cultura, poderá e deverá desenvolver um eficiente esforço neste sentido.

Servir-se-ão os educadores das técnicas de discussão em grupos e terão de desenvolver em si também um alto teor de criticidade.

É natural, contudo, que haja no Centro de Cultura programas de televisão que não estejam sujeitos a debates – partidas de futebol, por exemplo, em que pese possam ser também discutidas. Estes programas atenderão ao público ainda não interessado pelo teleclube.

CLUBE DE LEITURA

Agrupa todas as pessoas que se interessam por leitura, quer seja esta feita no Centro de Cultura ou em casa, com o livro retirado por empréstimo.
Objetivos:
a) Propiciar aos participantes do Centro mais acesso à boa leitura.
b) Desenvolver a "consciência crítica" do homem [e da mulher], através do trabalho educativo em torno do livro e em combinação com elementos audiovisuais.
c) Desenvolver o espírito comunitário nos [nas] participantes do clube, integrando-os [as] criticamente com os problemas de sua comunidade local.
d) Propiciar, de futuro, aos adultos analfabetos, ora alfabetizando-se nas escolas radiofônicas do Movimento, instrumentos de sua capacidade de ler.
e) Motivar e desenvolver a apetência pela leitura nas áreas populares.
f) Motivar seus participantes para que vão cada [vez] mais se integrando no espírito do Centro, nos seus objetivos.

CLUBE DE PAIS

O clube de pais congregará as famílias de alunos [e alunas] das escolas do MCP existentes no Centro de Cultura; o clube se estruturará a partir dos círculos de pais e professores [e professoras] – na verdade, um dos capítulos da educação de adultos.
Receberá esse clube a colaboração de educadores [educadoras], de um lado, do próprio projeto de Educação de Adultos, de que o Centro de Cultura é um dos aspectos; do outro, da divisão do ensino do MCP. [dirigido pela psicóloga e educadora Anita Paes Barreto]

CLUBE DE COSTURA

Este clube abrigaria senhoras donas de casa e jovens, a quem daria conhecimentos objetivos que visam sensivelmente o orçamento familiar.
No programa de educação de base a ser dado às participantes desse clube se dará os princípios cooperativistas, no sentido da criação posterior de uma cooperativa de produção, que teria nas feiras a serem instituídas nos Centros Artesanais da Divisão de Artes Plásticas o seu mercado.
Parece-nos que uma experiência desta ordem poderá ser tentada.

CLUBE RECREATIVO

Reunirá as pessoas – sobretudo os jovens – em torno de atividades desportivas, como jogos de salão. Seus componentes receberão, igualmente, educação de base.

Muitos jogos que este clube pode dinamizar terão seu material construído pelo próprio clube, estimulando-se assim o senso de colaboração, de participação.

O *Centro de Cultura* se caracterizará por não fazer "doações", adequado, assim, a uma das conotações fundamentais da filosofia do MCP.

Outros tantos clubes poderão surgir depois do funcionamento regular do Centro de Cultura.

Um clube de saúde, por exemplo, pode vir a ser um deles, de importância enorme na área local.

MECANISMO ESTRUTURAL DO CENTRO DE CULTURA

De início, a Assistente Social comandará o Centro. Trabalhará a área próxima, no sentido de motivar pessoas a integrar-se nas iniciativas do Centro.

Com a criação dos clubes e o surgimento de lideranças natural, forma-se o Conselho de Direção.

RELAÇÃO DO CONSELHO DE DIREÇÃO COM OS CLUBES

O diretor de cada clube, participante do Conselho, prestará contas a seus companheiros de clubes do que se passa na alta direção do Centro. Levará ao Conselho as posições de seus companheiros. O Conselho, por sua vez, fará reuniões de assembleia geral, de que participarão os componentes de todos os clubes.

O coordenador de Projeto de Educação de Adultos [que no momento era o mesmo que escrevia esse Projeto, Paulo Freire], por sua vez, fará reuniões mensais, usando técnicas de educação informal, com os membros do Conselho de Direção.

Nestas reuniões, essencialmente educativas, se irá fazendo o indispensável trabalho de formação de uma autêntica liderança, preparando-se a etapa de projeção no Centro de Cultura na comunidade local. Nesta fase, criado o Conselho de Comunidade, fará o Projeto de Educação de Adultos o mesmo trabalho, agora junto aos membros deste conselho.

O MCP marcou, profundamente, a formação profissional, política e afetiva de Paulo como educador progressista autenticamente popular, pois foi no MCP que ele fez as primeiras experiências públicas de seu Método de Alfabetização, embora o movimento tenha optado, conforme já informei, por continuar alfabetizando pelo "Livro de Leitura para Adulto", elaborado especialmente para o MCP, por Josina Godoy e Norma Coelho.

Paulo foi muito atuante nos dois primeiros anos de funcionamento do MCP, quando então se afastou das atividades diárias para dedicar-se exaustivamente à formação e ao funcionamento do Serviço de Extensão (SEC), da Universidade do Recife. Ao lado de sua docência crítica nessa universidade, Paulo pretendia que esse Serviço, entre outras funções, reforçasse o trabalho popular do MCP e de Miguel Arraes, que já ocupava o governo do estado de Pernambuco.

Lembro-me de quando, caminhando pelas ruas do Recife, Paulo me chamava a atenção para um ou outro comportamento de pessoas das camadas populares tidos como "atrevimento e ousadia dessa *gente*". Orgulhava-se e dizia: "Isso foi incentivado por nós nos tempos do MCP! Que bom que não esqueceram!" Numa manhã de domingo, praia apinhada de *gente*, de famílias inteiras que tinham descido dos morros e alagados de Recife e Jaboatão, crianças muitas vezes sem nenhuma roupa entrando aos gritos de alegria no mar da praia de Piedade, adultos jogando uma pelada nas areias escaldantes, mulheres sentadas conversando e zelando por suas famílias, ele comentou comigo: "O povo não vinha à praia até os idos dos anos 1950... fomos nós do MCP que mostramos a eles e a elas a maravilha de um dia de prazer no sol e na água do mar!"

Nos tempos anteriores ao golpe, as notícias sobre as atividades de Paulo, seu Método e os seus textos eram veementemente criticadas, diariamente, pela imprensa, sobretudo a escrita, de todo o Brasil, obedecendo aos interesses ideológicos da extrema direita. Por isso mesmo, eram muito pouco ou mesmo nada atreladas à seriedade ética e aos verdadeiros interesses da nação.

Extinto o MCP pelo governo militar ditatorial, a rede de ensino então criada e em funcionamento foi aproveitada e deu origem à rede da Secretaria Municipal de Educação do Recife.

Não quero terminar esse item sem assinalar os nomes de algumas pessoas que, de modo muito especial, se tornaram amigas e amigos ou tiveram a oportunidade de reforçar laços antigos de amizade, no MCP, com Paulo: Norma e Germano Coelho, Antônio Bezerra Baltar, Maria Isabel e Silvio Lins, Silke Weber, Anita Paes Barreto, Almery Bezerra, Sylvio e Liana Loreto, Amaury Costa Pinto, Arnaldo Marques, Cláudio Souto, Francisco Brennand, Reynaldo Fonseca, José Cláudio da Silva, Zuleide Aureliano, Hermilo Borba Filho, Argentina e Paulo Rosas, Paulo Cavalcanti e Ariano Suassuna.

A experiência de Angicos

Ao organizar e dirigir a campanha de alfabetização de Angicos, em 1963, como iniciativa do governo do Rio Grande do Norte, dentro do clima de euforia que reinava no Brasil, entre os progressistas, Paulo ficou mais conhecido ainda, nacionalmente, como um educador voltado para as questões do povo e da conscientização.

Sobre essa sua rica experiência, ele mesmo nos diz como ela se iniciou. Calazans Fernandes, então secretário da Educação do Rio Grande do Norte, foi ao Recife, em nome do governador Aluízio Alves, e perguntou:[14]

▌Paulo coordenando um debate com educadores e educadoras, Angicos, RN, 1963.

Que podemos fazer, disse Fernandes, para que o senhor nos ajude, no Rio Grande do Norte, a enfrentar o analfabetismo? Dispomos de verbas da Aliança para o Progresso destinadas à educação.

Minha colaboração, disse eu, depende apenas da aceitação do governo do Rio Grande do Norte a umas poucas exigências que faço e que são as seguintes:

Convênio entre o governo do estado e a Universidade do Recife.

No convênio deve estabelecer-se que a Secretaria de Estado de Educação assume a responsabilidade dos gastos de transportes e diárias da equipe que me acompanhe toda vez a Natal, além de uma gratificação a ser estipulada.

Com relação a mim, o governo do estado pagaria apenas os traslados a Natal, os pernoites e as refeições. Eu já era pago pela universidade para trabalhar os dois horários.

---

14 Conferir em *Cartas a Cristina*.

Alfabetizandos no Círculo de Cultura do Gama, Brasília, em 2.9.1963. Paulo aparece de pé, de perfil, de terno escuro, à esquerda. Observem as expressões de intensa alegria e curiosidade dos alfabetizandos.

O fato de colaborar com o governo do estado não me proibiria de igualmente colaborar com o município de Natal, cujo secretário de Educação, Moacir de Góis, era e continua a ser fraterno amigo.

Havia uma contradição entre as posições políticas do prefeito Djalma Maranhão, homem de esquerda, e o governador Aluízio Alves, homem de centro.

A coordenação dos trabalhos deveria ser entregue à liderança universitária em estreita relação com o secretário de Educação.

O governador do estado deveria precaver-se de, durante os trabalhos, fazer visitas aos centros ou aos círculos de cultura para evitar exploração política.

Quem indicou a cidade de Angicos foi o governador Aluízio Alves, por ser esta a sua cidade natal. Paulo considerava esse fato absolutamente natural e aceitável, desde que, como realmente aconteceu, sem as interferências e nem as "visitas de qualquer natureza" do governante.

As dezessete palavras geradoras,[15] tiradas do contexto da situação sociológica, da linguagem dos/as alfabetizandos/as de Angicos, dentre cerca de quatrocentas delas anotadas nos diálogos preparatórios, foram, após análises

---

15 Ver estudo pormenorizado da compreensão de educação e do Método de Alfabetização Paulo Freire no Capítulo 12 desta biografia.

dos psicolinguistas, sociólogos e pedagogos da equipe do Serviço de Extensão Cultural (SEC) da Universidade do Recife:

BELOTA – MILHO – EXPRESSO – XIQUE-XIQUE – VOTO
POVO – SAPATO – CHIBANCA – SALINA – GOLEIRO – TIGELA
COZINHA – JARRA – FOGÃO – BILRO – ALMOFADA – FEIRA

Sobre a aplicação do Método em Angicos, escreveu na ocasião um dos mais entusiastas entre todos os monitores, Carlos Lyra:

> Como o método é audiovisual, fazemos fichas coloridas, para projetar, contendo situações de trabalho próprias ao grupo e com as palavras-chave. Esta projeção pode ser feita por epidiascópio, retroprojetor, projetor opaco, projetor de diafilme (a querosene), ou por qualquer outro tipo de projetor, mesmo caseiro. (A *importância da projeção é muito grande. É a melhor maneira de fazer gravar uma palavra*, principalmente quando a projeção é feita no escuro. Se escrevermos uma palavra no quadro-negro e projetarmos outra, a projetada será gravada pelo aluno em um terço do tempo necessário para gravar a outra) (p. 2).[16]

Sobre os e as alfabetizandos/as, informa-nos o mesmo monitor-educador:

> Na pesquisa de Angicos, 66 adultos informaram que iam aprender a ler e escrever "para melhorar de vida"; 26 "para ser motorista"; 23 para "ler jornal"; 20 "para ser professor"; outras 20 "para ser boa costureira"; 18 "para ficar sabendo"; 17 "para fazer [escrever] cartas", 15 "para ajudar os outros"; 11 "para ser comerciante", 10 "para votar"; 7 "para dirigir-se"; 4 "para ser músico" e 4 "para ler a Bíblia". (p. 3)

Do mesmo relatório, depreende-se que de um total de trezentos alfabetizandos/as, 156 eram homens e 143 mulheres, 159 casados, 130 solteiros, cinco viúvos, três amasiados. Quanto às suas ocupações: 94 domésticas, 46 operários, 38 agricultores, 24 artesãos, dezoito serventes de pedreiro, quinze pedreiros, sete comerciantes, três motoristas, três carpinteiros, dez lavadeiras [de roupa], três bordadeiras, sete funcionários, uma parteira, dois mecânicos, um vaqueiro, um soldado, uma prostituta, um jornaleiro e cinco desocupados; 284 eram católicos, nove eram protestantes, seis eram ateus (p. 3).

---

16 Citado do relatório mimeografado a mim cedido pelo autor.

Entre outras autoridades, o presidente da república João Goulart, o ministro da educação Teotônio de Barros Filho e o governador do RN, Aluízio Alves, na cerimônia de formatura dos alfabetizados na "Experiência de Angicos", em 2/4/1963.

Quanto à faixa etária dos participantes, eram 99 entre catorze e dezenove anos; 84 entre vinte e 29; eram 65 entre trinta e 39 anos; eram trinta entre quarenta e 49 anos; eram quinze entre cinquenta e 59 anos; cinco entre sessenta e 69 anos e dois com mais de setenta anos de idade. Suas diversões eram o cinema, ser cantador, jogar futebol, ir ao baile, teatro e circo, e jogo (ibidem, p. 3 e 4).

A pesquisa revelou a "População: acomodada, conformada, indiferente, fatalista; descrente em relação à experiência, porém curiosa e alguns habitantes entusiasmados; apegada à terra, embora esta não ofereça condições de melhoria de vida; supersticiosa em geral; estado de subnutrição e envelhecimento precoce, devido ao clima" (ibidem, p. 4).

Os voluntários para monitor tiveram dez aulas, num curso de formação dado pelo Serviço de Extensão Cultural da Universidade do Recife, que tinha assinado o convênio com o governo do Rio Grande do Norte. Carlos Lyra fez ainda a relação nominal de cada um dos alunos e alunas e os respectivos coordenadores dos círculos de cultura onde estiveram alocados/as.

Na época, 1963, o quadro do analfabetismo naquele estado nordestino era assustador: "O índice de analfabetismo da população adulta do Rio Grande do Norte é de 70%, oficialmente. Entre os 30% restantes, no entanto, temos ainda cerca de 10% de semianalfabetos, a maioria capaz apenas de assinar seu nome" (ibidem).

O analfabetismo da população adulta de Angicos era, na verdade, de 75%. O Curso de Formação de Pessoal, com total apoio dos estudantes secundaristas, sob a liderança de Marcos Guerra, teve em seu primeiro dia de atividades, conforme jornal local,[17] no dia 11/1/1963, o governador Aluízio

---

17 Em quase todas as cópias a mim fornecidas pela equipe local, quando de minha visita com Paulo, em agosto de 1993, ao Rio Grande do Norte, ficaram de fora, infelizmente, os nomes dos jornais da época, 1963. Por este motivo não mencionei o nome do jornal.

Alves presidindo a instalação do Curso e depois Paulo Freire fazendo uma conferência.

No dia seguinte, o Programa traçado teve início:

Paulo, em Angicos, RN, princípio de 1963.

com a aula do Prof. Roberto Cavalcanti de Albuquerque, sobre o tema: "Economia brasileira: evolução histórica". O Prof. Luiz Costa Lima,[18] pertencente à equipe dirigida por Paulo Freire, deu aula às 10 horas, no mesmo local, sobre "Cultura brasileira: formação histórica". Às 14 horas, o Prof. Roberto Cavalcanti de Albuquerque falou sobre "Planificação de desenvolvimento: correções dos desequilíbrios regionais – Sudene – e Plano Trienal do governo", e que, em consequência da sua importância, mereceu grande atenção do público que esteve presente. O Prof. Luiz Costa Lima deu aula às 16 horas, sobre "Cultura brasileira: processo de sua desalienação". Finalmente, o programa do curso [foi] encerrado com outra aula do Prof. Paulo Freire, às 20 horas, sobre "Educação no Brasil: deficiência e inorganicidade".[19]

---

18 Luiz Costa Lima, intelectual renomado no campo da crítica literária, manteve, quando jovem, uma estreita relação de amizade e de aprendizado com Paulo, facilitada pela vizinhança entre os dois. Frequentador assíduo da biblioteca e da casa de Paulo, trabalhou com meu marido no Serviço de Extensão Cultural da Universidade do Recife. O golpe de 1964 os afastou. Demonstrando não ter acompanhado os trabalhos teóricos e a vida de Paulo dos anos 1980 e 1990, sobretudo a práxis de Paulo na SME-SP, o antigo colaborador o "demitiu" tanto como homem de decisões e ações como educador político na SME-SP como de seu lugar reconhecido mundialmente: o de um dos maiores *pensadores* do século XX. Costa Lima declarou, recentemente, numa entrevista para um jornal do Recife: "Demitido, preso, obrigado a se exilar, Paulo Freire se tornou um nome internacional. Lamentavelmente, quando foi possível voltar ao País e foi Secretário de Educação da prefeita Luiza Erundina, em São Paulo, já estava muito doente, e não me parece que tenha feito algo singular. De todos nós que fomos obrigados a recomeçar nossas vidas, Paulo Freire foi sem dúvida o que mais sofreu. Seria ele o que mereceria o exame mais acurado. *Sem que tenha sido propriamente um pensador – e ele próprio sabia disso –*, era um exemplo de dignidade humana e de capacidade de iniciativa como não conheci outro igual. Lembrá-lo, me recorda o Recife que hoje não mais encontro" (*Jornal do Comércio*, Recife, Caderno C, p. 6, publicada em 26/1/2004). Em março de 2005, a Infraero colocou nos aeroportos do Brasil o resultado de uma pesquisa dos doze homens mais importantes do Brasil: Paulo está lá exatamente como o *pensador*, como ele, aliás, humildemente, se sabia e se considerava, e nós não temos o direito de sonegar-lhe isso. Quanto à práxis de Paulo na SME-SP, ela vem sendo modelo para muitas secretarias de Educação municipais e estaduais do Brasil todo.

19 Cf. *Tribuna do Estado do Rio Grande do Norte*, Natal, domingo, 13 de janeiro de 1963.

Assim, o processo de alfabetização realizou-se conforme o planejado, dentro do "Método Paulo Freire", que, embora tenha alfabetizado alguns homens e mulheres em poucos dias, jamais seu criador propalou ser "um método de alfabetizar em 40 horas" – como, ingênua ou astutamente, usando palavras dele mesmo – muitos asseguram,[20] certamente influenciados pelo título do belo e importante artigo escrito na época por Hermano Alves, "Angicos, 40 graus, 40 horas".

A experiência de Angicos começou em janeiro de 1963, e em 2 de abril do mesmo ano comemorou-se com uma festa de formatura a alfabetização desse grupo, que contou com a presença do presidente da República João Goulart, do governador Aluízio Alves e do ministro da Educação Teotônio Maurício Monteiro de Barros Filho (23/1/1963 a 18/6/1963) entre outras autoridades e muitos jornalistas. Na ocasião, um adulto fez discurso "quebrando o protocolo", que deixou o general Castelo Branco certo do caráter subversivo[21] de Paulo e de seu método.

Retorno a Angicos, em 1993. Paulo com chapéu de couro típico do Nordeste, e recebendo o título de "Cidadão de Angicos".

Três meses antes do golpe civil-militar-empresarial de 1º de abril de 1964, a Aliança para o Progresso já no governo do presidente norte-americano

---

20 Sobre a questão do tempo de alfabetização, Paulo tinha a preocupação óbvia de que este teria que se dar com certa celeridade. Ler sobre essa questão, neste mesmo livro, a transcrição do inquérito militar a que Paulo se submeteu. Assim, parece-me no mínimo estranho que livros sobre essa experiência de Angicos enfatizem as "40 horas" no processo de alfabetização como foco do "Método", pois Paulo em momento algum fez tal afirmativa ou teve tal pretensão.

21 Ler, em *Cartas a Cristina*, minha nota de n. 37 sobre a questão da repressão aos que foram educadores/as dessa experiência.

Lyndon Johnson, retirou o seu suporte financeiro para essa ou outras experiências de alfabetização, alegando insatisfação com a técnica pedagógica de Paulo e o desconforto em torno do conteúdo político do programa.[22]

Gostaria de, por fim, registrar a volta de Paulo a Angicos, comigo, para visitar os locais e as pessoas que ele conhecera e ajudara com seu "Método" a se alfabetizarem/conscientizarem. Na ocasião, revimos a menina que dissera ao presidente João Goulart, nos seus cinco anos de idade, que aprendera a ler acompanhando seus pais, todas as noites, nos círculos de cultura. Para fazer o teste, o chefe da nação pediu um jornal e ela, sentada no seu colo, leu o que ele apontara. Ele rindo com alegria, perguntou-lhe então: "Eneida,[23] o que você deseja como um presente meu?" "Uma pasta escolar de couro!" Goulart sacou dinheiro de seu bolso e deu ordens para que a vontade dela fosse cumprida. Perguntei-lhe, então, quarenta anos depois: "E se hoje um presidente da República lhe fizesse a mesma pergunta de Goulart, o que você pediria?" "Mais respeito com a educação e com os professores e professoras."

O Programa Nacional de Alfabetização (PNA)

Em 1963, o governo federal levou Paulo para Brasília a convite do ministro da Educação Paulo de Tarso Santos (19/6/1963 a 20/10/1963) – substituído em seguida por Julio Sambaquy (21/10/1963 a 6/4/1964) funcionário de carreira do Ministério – para realizar uma campanha nacional de alfabetização, diante da comprovada competência política e pedagógica de Paulo no seu pensar a educação popular. Algumas medidas legais foram sendo tomadas, inclusive porque a Lei de Diretrizes e Bases da Educação Nacional, Lei n. 4024/61, determinava a descentralização da educação e, assim, proibia atividades orientadas pelo governo central.

A Portaria do MEC n. 182, de 28/6/1963, determinou que se iniciariam em Brasília os trabalhos da Comissão de Cultura Popular, presidida por Paulo. "Em seguida a Portaria n. 195/63 instalou a Comissão de Cultura Popular em âmbito nacional e de cunho eminentemente popular, com o propósito de atingir áreas sem escolas. Essa Portaria especificou os

---

22 Conferir no livro de Jerome Levinson e Juan de Onis, *The Alliance that lost its way. A critical report on the Alliance for Progress*. Chicago: Quadrangue Book, 1970, p. 291.
23 Em dezembro do 1993, Maria Eneida de Araújo Melo escreveu-me agradecendo nossa visita a Angicos, e pedindo ajuda financeira para abrir um jardim de infância com o nome de Paulo nessa cidade. Respondi-lhe e pedi alguns dados do seu empreendimento, e com a sua segunda carta enviamos a ajuda pedida, com a qual pôde abrir o educandário.

membros dirigentes e os recursos financeiros a serem destinados ao movimento."[24]

A Portaria n. 233/63 de 23/7/1963, publicada no *Diário Oficial da União* em 5/8/1963, assinada pelo ministro da Educação Paulo de Tarso, revogaria as disposições em contrário, estabelecendo as linhas diretivas do movimento em caráter nacional.

No dia seguinte, o mesmo ministro assinou a Portaria n. 234, de 24/7/1963, publicada no *DOU* em 5/8/1993, que

> resolve: Designar os senhores Paulo Freire, Herbert José de Souza, Júlio Furquim Sambaquy, Luiz Alberto Gomes de Souza e Roberto Saturnino Braga para, sob a presidência do primeiro e tendo o segundo como o substituto eventual do Presidente, integrarem a Comissão de Cultura Popular instituída pela Portaria n. 195, de 18 de julho de 1963.
> Designar o Senhor Antonio Carlos Dias Ferreira para Secretário Executivo da Comissão de Cultura Popular, de acordo com o item 3 da Portaria n. 233, de 23 de julho de 1963. Paulo de Tarso

Com os trabalhos de formação dos/as monitores/as já em andamento, possibilitados pela legislação supracitada, é que, por meio do Decreto n. 53.465, de 21 de janeiro de 1964, ficou decretado:

> Art. 1º Fica instituído o *Programa Nacional de Alfabetização* mediante o uso do Sistema Paulo Freire, através do Ministério da Educação e Cultura. Art. 2º Para a execução do Programa Nacional de Alfabetização, nos termos do artigo anterior, o Ministério da Educação e Cultura constituirá uma Comissão Especial e tomará todas as providências. Art. 3º O Ministério da Educação e Cultura escolherá duas áreas no Território Nacional para início da operação do Programa de que trata o presente Decreto. Art. 4º A Comissão do Programa Nacional de Alfabetização convocará e utilizará a cooperação e os serviços de: agremiações estudantis e profissionais, associações esportivas, sociedades de bairro e municipalistas, entidades religiosas, organizações governamentais, civis e militares, associações patronais, empresas privadas, órgãos de difusão, o magistério e todos os setores mobilizáveis. Art. 6º A execução e desenvolvimento do Programa Nacional de Alfabetização ficarão a cargo da Comissão Especial de que trata o Art. 2º Parágrafo único. O Ministério da Educação e Cultura expedirá, em tempo oportuno, portarias contendo o regulamento e instruções para funcionamento da Comissão, bem como para desenvolvimento do Programa. Art. 7º Revogam-se as disposições em contrário.

---

24 Conferir em Gaetana Maria Jovino di Rocco, *Educação de adultos; uma contribuição para seu estudo no Brasil* (p. 63-4).

O presidente da República, João Belchior Goulart, entre outras autoridades, no ato de assinatura do Decreto que criou o Programa Nacional de Alfabetização, em 21/1/1964.

Nasceu assim, sob a coordenação do MEC, o Programa Nacional de Alfabetização (PNA), que, pelo "Método Paulo Freire", tencionava alfabetizar politizando cinco milhões de jovens e de adultos. Estes poderiam, pela lei vigente da época – que exigia ser alfabetizado o eleitor, na prática apenas assinar seu próprio nome –, fazer parte conscientemente do até então restrito colégio eleitoral brasileiro, do início dos anos 1960. Para se ter uma ideia da extensão desse Programa, basta lembrar que tinham votado na eleição presidencial da qual saíram vencedores o Sr. Jânio da Silva Quadros e João Belchior Goulart apenas pouco mais de onze milhões e seiscentos mil eleitores.

Como no processo de alfabetização esses novos eleitores, provenientes das camadas populares, seriam desafiados a se conscientizar das injustiças que os/as oprimiam e a sentirem a necessidade de lutar por mudanças, as classes dominantes estiveram, desde o princípio, contra o Programa.

Paulo assim se manifestou sobre o PNA:[25]

FREIRE – Foi pouco, mas deu para implantar a coisa em todo o país. O negócio era tão extraordinário que não poderia continuar. Num estado como Pernambuco, que tinha naquela época, um número que pode não ser exato, de 800 mil eleitores, era possível em um ano passar para 1 milhão e 300 mil. Um estado como

---

25 Cf. entrevista dada a *O Pasquim* (p. 13), será amplamente retomada nesta biografia. *O Pasquim*, ano IX, n. 462 – Rio de Janeiro, de 5 a 11/5/1978.

Sergipe, que tinha 300 mil eleitores, podia passar em um ano para 800 mil. E assim em todos os estados do Brasil. O que poderia ocorrer é que para a sucessão presidencial poderíamos ter no processo eleitoral, já que a lei não admitia o voto do analfabeto, facilmente 5 ou 6 milhões de novos eleitores. Ora, isso pesava muito na balança do poder. Era um jogo muito arriscado para a classe dominante. Não que você pudesse afirmar categoricamente que esses 6 milhões votariam na oposição. Mas era um risco. Um dia eu disse ao ministro: "Ministro, se fosse uma questão apenas de fabricar eleitor, se a minha questão fosse apenas dar uma resposta ao antidemocratismo da lei brasileira, de proibir que um analfabeto vote, o que seria realista, mas seria atender à lei, que exige apenas que o sujeito assinasse o nome e para assinar o nome nós não precisamos mais do que 4 horas. Se fosse assim, nós poderíamos fazer aqui milhões de eleitores em um ano. Agora eu, ministro, me recuso a isso." Possivelmente me recusaria de novo. Essa conversa com o ministro foi muito importante e eu enfatizo que a posição do ministro era igual à minha.

Miguel [Darcy de Oliveira] – *Seria o mesmo erro de encarar o povo como instrumento, como objeto.*

FREIRE – Exato. E eu me recusava e me recuso a isso. Eu sou radical, e o ministro concordou inteiramente. Evidente que nós não pensávamos, na época, em pós-alfabetização. Eu dizia, "ministro, a *gente* tem que correr o risco de não aprofundar os níveis de conhecimento dos primeiros que vão se alfabetizando, exatamente para não cair num elitismo também. Aí eu poderia pegar uma fração dessa gente e fazer cinco anos de trabalho sério e deixar o resto". A minha proposta era extensiva.

Com relação ao PNA em sua fase anterior de implantação prática, transcrevo a seguir três documentos que nos informam sobre esse processo:

Comissão Nacional de Cultura Popular. Programa de Trabalho para
Janeiro – Fevereiro – Março de 1964

JUSTIFICATIVA

Um dos problemas mais graves de nosso país que constitui um dos óbices de nosso desenvolvimento é o analfabetismo. Os nossos índices são dos mais alarmantes da América Latina. A estimativa conjectural da população analfabeta adulta do país (de 15 a 45 anos), em setembro de 1963, é de *20.464.000.*

Ora, é evidente que o combate do analfabetismo adulto pelo Sistema Tradicional é hoje obsoleto, quer por exigir um tempo demasiado longo para um resultado satisfatório, quer por partir de princípios pedagógicos já ultrapassados.

O que propomos, não mais em caráter experimental, mas cientificamente comprovado, é um método de educação de resultados rápidos, objetivos e baratos como exigem as nossas condições.

Trata-se do Sistema Paulo Freire de Educação de Adultos, que não somente é um método ativo de alfabetização, mas um Sistema de Educação que leva os analfabetos a ganharem consciência de sua dignidade de pessoa humana, de sua responsabilidade social.

No Sistema Paulo Freire, a utilização de todos os canais possíveis de comunicação conduz a uma série de fatos novos. O professor Tradicional é substituído por um "Coordenador" de debates cuja função é, pelo diálogo franco, informal e sincero retirar das situações sociológicas compactamente programadas nos "Slides" ou "Strip-films", todo um complexo de informações ligado, através de reduções a vocabulários mínimos, ora à Antropologia Cultural, ora à Sociologia ora à Geografia Humana. Vocabulários esses através dos quais é possível alfabetizar um homem utilizando uma dúzia de palavras tão somente, pesquisadas no universo vocabular do analfabeto e escolhidas entre as de maior densidade emocional e afetiva, a partir das quais ele próprio descobre e recria as milhares de palavras restantes com a ajuda do Coordenador, que aplica durante os debates a maiêutica socrática.[26] Assim a sala de aula cede lugar a um "Círculo de Cultura" e a aula tradicional a um "debate" democrático espontâneo e por isso agradável e autêntico.

O outro documento é o do Presidente da Comissão Regional de Cultura Popular de Brasília, Marcílio Augusto Veloso, sem data, o qual contém as táticas a serem abordadas pelo PNA:

FATORES BÁSICOS E FUNDAMENTAIS À EXECUÇÃO DO PLANO[27] NACIONAL DE ALFABETIZAÇÃO DE ADULTOS, PELO MÉTODO PAULO FREIRE, PELA DIRETORIA DO ENSINO BÁSICO

1. FATOR OBJETIVO (Fator Principal)
Qual o objetivo em termos *quantitativos* e *qualitativos*?
A) Quantitativo – Previsão numérica para alfabetizar em todo o país, em sete meses. (Qual seria o nº?)
B) Qualitativo – Previsão sobre o nível qualitativo a ser atingido num projeto executado em seis ou sete meses – ótimo, satisfatório, bom – de acordo com as experiências anteriores, agora em proporções maiores, isto é, nacionais.

---

26 Ver sobre a diferença entre a maiêutica socrática e a freireana no Capítulo 12 desta biografia.
27 Na realidade trata-se do Programa Nacional de Alfabetização.

2. FATOR HUMANO

A) Qualitativo –

1) Quantos seriam capazes, realmente, de realizar o plano, com alto ou bom nível?

2) Quantos dos considerados capazes poderão se dispor a isto? (Prever os que não são).

B) Quantitativo –

1) Quantos seriam mobilizados, realmente, para empreender a tarefa, até o fim?

2) Qual a proporção necessária de professores e alunos?

3. FATOR FINANCEIRO

1) De quanto se precisaria para executar;

    a) a 1ª Fase (40 ou 80 supervisores);

    b) a 2ª Fase (3.200 supervisores);

    c) a 3ª Fase (96 mil coordenadores)?

2) De quanto se precisaria para adquirir o material necessário?

3) De quanto se precisaria para fazer a propaganda?

4) Quando se poderia ter esta verba?

5) Quem administraria a verba destinada, para toda a campanha, para os [ ][28] e para os estados executores do plano?

6) Quem distribuiria a verba (Banco, Caixa Econômica, diretamente às Insp.S.)?

4. FATOR POLÍTICO

1) De quem se pediria o apoio ao plano? Do governo, Estado, Secretarias de Educação?

    A) O governo (através de alguma fórmula nacional);

    B) O MEC (através de política ministerial, em favor do plano);

    C) As entidades estudantis (UBES, principalmente UNE, UEE etc.);

    D) As Associações e Sindicatos de Classe (Trabalhadores, operários, profissionais etc.);

    E) As escolas, ginásios, colégios;

    F) A Diretoria do Ensino Secundário, especificamente falando;

    G) As Inspetorias Seccionais da Diretoria do Ensino Secundário (consequentemente).

5. FATOR JURÍDICO

1) Qual a base legal, jurídica, a ser usada para que o plano tenha solução de continuidade, a par dos acontecimentos políticos?

2) Qual o meio de que se utilizaria para não entrar na área dos Artigos da Lei de Diretrizes e Bases, que poderiam ir contra os propósitos do plano?

---

28 Aparece em branco no original.

6. FATOR ADMINISTRATIVO
1) Quem administraria todo o trabalho de execução, pagamento, distribuição de material, correspondência e outras atividades em cada estado da União?
2) Quem administraria de modo geral o trabalho do plano, de forma centralizada?

7. FATOR PROPAGANDA
1) Quais as agências noticiosas que deveriam ser empregadas?
   a) Jornais, rádios (emissoras), Entidades UEE, UNE, UBES, Inspetorias de Ensino etc.
2) Quanto seria necessário para iniciar a divulgação do plano?

8. FATOR IMPREVISTO
1) Quais os fatores imprevistos que poderiam suceder?
2) Deve-se considerar, em primeiro lugar, o tempo. Dever-se-ia dar margem maior, em dias, para todas as fases, a fim de que, ao se prever um prazo mínimo, que não seja muito alongado, posteriormente, devido a imprevistos que certamente surgiriam.

Imprevistos:

Dias feriados, Natal, férias escolares, resistências maiores a serem combatidas, a falha na escolha dos coordenadores, a demora na sua seleção, o espaço geográfico muito grande, difícil de ser totalmente abrangido por falta de recursos etc.

9. FATOR TÉCNICO-METODOLÓGICO
1) Quem e quantos fariam as avaliações:
   a) Do aprendizado dos analfabetos?
   b) Do trabalho dos coordenadores e supervisores;
   c) Do andamento dos Círculos, dado pelos coordenadores e supervisores?
2) Dever-se-á dar maior ênfase àquelas áreas, onde já existam grupos funcionando, ou atacar-se-ão estados onde nada foi ainda feito?
3) Dever-se-á compor uma equipe técnica central para avaliar os resultados obtidos pelo Método, para aperfeiçoar a execução?

10. FATOR CULTURAL REGIONAL
Tem que se levar em conta e consideração:

A – As peculiaridades regionais;

B – Os usos, costumes, normas, os valores sociais de cada subcultura (região brasileira) por diferir, enormemente, uma da outra, pela conotação de características várias.[29]

---

29 Chamo a atenção para a influência da televisão, sobretudo após o golpe de Estado de 1964, com as emissões de caráter nacional, que diluíram muitas das diferenças regionais de costumes, atos e linguagens culturais locais, nessa época verdadeiramente enormes.

C – As características próprias de cada região, e mesmo, de cada estado desta, quando da pesquisa das palavras geradoras.

D – Enfim, executar o plano nacional, reduzindo-se, sociologicamente, todos os aspectos; fatores gerais, para as regiões onde se vai aplicar o mesmo; configurados estas por características, peculiaridades e singularidades próprias de cada região, a fim de que se possa, realmente, aplicar o Método com sucesso.

E – Para isso, deve haver um trabalho especial da equipe técnica central, que estudará o problema.

Assinado Marcílio Augusto Veloso. Presidente da Comissão Regional de Cultura Popular de Brasília.

O terceiro documento esclarece ainda sobre a Comissão Nacional de Cultura Popular:

RECURSOS DE 1963[30] – Janeiro – Fevereiro – Março Cr$ 674.400.000,00

Investimento de material audiovisual e preparação de pessoal, pesquisas, composição dos núcleos centrais de Brasília e Recife:

1. Compra de 35 mil projetores a Cr$ 12.000,00 cada

Janeiro	12 mil	Cr$ 144.000.000,00
Fevereiro	12 mil	144.000.000,00
Março	11 mil	132.000.000,00

2. Compra de 35 mil Strip-Films a 3.000,00 cada

Janeiro	12 mil	36.000.000,00
Fevereiro	12 mil	36.000.000,00
Março	11 mil	33.000.000,00

3. Pesquisa em cada local para o levantamento do Universo Vocabular:

Janeiro	7.000.000,00
Fevereiro	7.000.000,00
Março	6.000.000,00

4. Preparação de 250 mil supervisores e 25 mil coordenadores em cooperação com os estados, municípios e entidades privadas

Janeiro	31.633.000,00
Fevereiro	31.633.000,00
Março	31.634.000,00

---

30 Previsão de custos para a implantação do PNA.

5. Administração e Planejamento, congressos e conferências
   Janeiro   11.500.000,00
   Fevereiro   11.500.000,00
   Março   11.500.000,00
                             674.400.000,00

Antonio Carlos Dias Ferreira (ass.) Secretário Executivo.

A direita brasileira, sobretudo os latifundiários e os empresários industriais, indignada com os movimentos populares e o povo que emergia na cena política, organizou com as Forças Armadas brasileiras o golpe de Estado de 1º de abril de 1964, que afastou o presidente Goulart e todos os sonhos da esquerda, alegando sobretudo os gastos do Estado e a corrupção generalizada.

Por intermédio desses documentos, podemos aquilatar que as autoridades brasileiras que deram o golpe por motivos político-ideológicos da irascível classe dominante brasileira e pela imposição dos Estados Unidos, alimentados ambos esses segmentos pela Doutrina de Segurança Nacional – para manter os seculares privilégios da direita e o sistema capitalista –, divulgaram ao mundo os "enormes gastos" do "Sistema Paulo Freire", inclusive com a compra dos projetores de slides[31] de "países comunistas" (comprados na Polônia), que a aplicação do Método de Alfabetização exigia e os que se encontravam disponíveis no Brasil eram mais caros. Ademais, os poloneses tinham ainda a vantagem de funcionar com scrip filme: num só filme apresentava várias palavras geradoras, o que muito facilitava o trabalho nos Círculos de Cultura.

Tendo tido esse estado de exceção autoritário, que acabou se instalando no Brasil, o seu maior temor na alfabetização das camadas populares, imediatamente fez o Decreto n. 53.886, de 14 de abril de 1964, que "Revoga o Decreto n. 53.465, de 21 de janeiro de 1964, que instituiu o Programa Nacional de Alfabetização do Ministério da Educação e Cultura". Esse Decreto do golpe civil-militar diz:

Art. 1º Fica revogado o Decreto n. 53.465, de 21 de janeiro de 1964, que instituiu o Programa Nacional de Alfabetização do Ministério da Educação e Cultura. Art. 2º O Departamento Nacional de Educação recolherá todo o acervo empregado na execução do Programa Nacional de Alfabetização, cujos recursos ficarão à disposição daquele órgão. Art. 3º O Ministério da Educação e Cultura baixará os atos que se tornarem necessários para a execução deste decreto. Art. 4º O presente Decreto entrará em vigor na data de sua publicação.

---

31 O valor de cada um desses projetores era Cr$ 12.000 e correspondia a aproximadamente 29% do salário mínimo vigente à época (Cr$ 42.000).

Assim, o PNA foi extinto e Paulo, sentindo-se muito cansado pelo ritmo dos trabalhos que vinha realizando e exaurido pelo golpe de Estado, submeteu-se a exames médicos na Fundação Hospitalar do Distrito Federal, tendo o médico, cujo nome no documento é ilegível, atestado que ele estava "necessitando de 30 dias de repouso, a partir de 2/4/64", tendo sido referendada a prescrição médica até 3/5/1964 pela Universidade do Recife, em despacho assinado pelo reitor, João Alfredo da Costa Lima. Nova licença médica de trinta dias foi concedida a Paulo, de 27/5/1964 a 25/6/1964.

A consequência maior de sua luta por um Brasil melhor e mais justo levou-o a partir de seu país, a deixar para trás a sua cidade querida, quando tinha acabado de completar 43 anos de idade. Escrevi na nota n. 7 da *Pedagogia da esperança*: "Seu 'pecado' fora alfabetizar para a conscientização e a participação política. Alfabetizar para que o povo emergisse da situação de dominado e explorado e que assim se politizando pelo ato de ler a palavra pudesse reler, criticamente, o mundo. Seu difundido 'Método de Alfabetização Paulo Freire' tinha suporte nessas ideias que traduziam a realidade da sociedade injusta e discriminatória que construímos. E que precisava ser transformada."

Perseguido, Paulo precisou, para preservar a sua vida, partir para um exílio de mais de quinze anos.

CAPÍTULO 5

O conflito ideológico brasileiro dos anos 1960

Apresentarei um pequeno estudo por mim realizado sobre o conflito ideológico brasileiro dos anos 1960 subsidiado nas matérias veiculadas pela imprensa, sobretudo pelo jornal paulistano *O Estado de S. Paulo*, francamente de direita, que ecoava o reacionarismo da época contra o ideal de construção de um Brasil mais justo e democrático, do qual Paulo era um dos líderes por meio de um processo educativo. Conflito que foi "concluído" com a derrota desse sonho e a vitória do golpe civil-militar-empresarial, ao implantar uma ditadura que perdurou de 1964 a 1985.

Na sua edição de 17/9/1963, o *Estadão* publicou uma matéria apoiando a vereadora paulistana Dulce Salles Cunha Braga, da União Democrática Nacional (UDN) – partido de direita que a história consagrou entre nós brasileiros/as como o "partido dos golpes de Estado" –, solicitando que

se oficie à presidência da Câmara de Deputados para que se determine a constituição de uma comissão parlamentar de inquérito, a fim de apurar possíveis irregularidades nas aplicações de verbas do Ministério da Educação, relativamente ao contrato firmado entre aquela pasta e o grupo de educadores de Recife, liderado pelo Prof. Paulo Freire, que vem desenvolvendo trabalho de alfabetização mediante processos eletrônicos que dispensam a aplicação de cartilhas.

Segundo a vereadora, "esse método, em si, apresenta sérias lacunas, sendo passível de críticas fundamentais no que se refere à sua oportunidade e eficiência". O mais grave, porém – acentuou –, é que, segundo depoimentos de pessoas de ilibada idoneidade, o método em causa tem sido veículo de doutrinação marxista, sob pretexto de alfabetização... "Não é necessário alertarmos aos senhores deputados federais o perigo que isto representa", acrescentou a vereadora. "A utilização do processo de alfabetização com claros objetivos comunizantes é comum na União Soviética, nos países da Cortina de Ferro e, atualmente, é largamente empregado em Cuba, visando a bitolar o raciocínio e a inteligência dos alfabetizandos nos princípios materialistas que norteiam o regime que estes países adotam." "No Brasil – acrescentou a seguir – seus efeitos serão dos mais desastrosos para o regime de liberdade em que vivemos, pois, anualmente, serão alfabetizados exércitos de patrícios, com uma visão deformada dos nossos problemas e nutridos de ódios e paixões negativas, que irão prejudicar o livre exercício dos ideais democráticos e provocar, mais acentuadamente, focos de conturbação nacional"... Após lembrar ainda que o processo Paulo Freire exige aparelhagem caríssima – que torna praticamente inexequível sua difusão imediata para todo o Brasil –, revelou a Sra. Dulce Salles Cunha Braga que, de acordo com informações obtidas pelo Serviço Secreto da Secretaria de Segurança Pública do Estado de São Paulo, aquele educador e seu grupo "estão ligados ao Centro de Cultura Popular, entidade de cunho eminentemente comunista, sabidamente auxiliada, financiada e orientada pela espionagem vermelha internacional". Concluindo, esclareceu a vereadora que, inicialmente, como promotora da Campanha de Alfabetização em Massa, acreditara que o método Paulo Freire pudesse trazer uma contribuição nova e eficiente ao ensino. Contudo, diante "dos fatos estarrecedores" de que teve conhecimento posteriormente, via-se na obrigação de denunciar "as intenções dolosas do Sr. Paulo Freire e de sua equipe".

Na contramão, o famoso jornal alternativo, da esquerda, *Brasil Urgente*[1] – "Um Jornal do Povo a Serviço da Justiça Social" –, sem data identificável, apresenta a mesma notícia, entre irônico e crítico, que ilustra a turbulência em torno da luta por justiça social, conscientização e participação popular dos anos 1961 a 1964, no Brasil:

POLÍTICA FAZ DULCE FALAR DO QUE NÃO SABE: MÉTODO PAULO FREIRE.
A vereadora Dulce Salles Cunha, em afanoso esforço para alcançar notoriedade e habilitar-se a uma reeleição que tem como problemática, vem assumindo, nos últimos dias, atitudes de extrema singularidade. Em primeiro lugar, assumiu posição de destaque num movimento de "senhoras paulistas" contra a visita do presidente Tito a São Paulo (dias após ter-se oferecido ao cônsul iugoslavo nesta capital para fazer a saudação ao visitante) e agora investe contra o Ministério da Educação e Cultura, atacando o já famoso e provado (sic) método Paulo Freire, de alfabetização em somente quarenta horas. DULCE NÃO ENTENDEU.

---
1 Esse jornal circulou de março de 1963 até 1º de abril de 1964.

Fac-símile de página do jornal *Brasil Urgente*, de setembro de 1963, que critica as falas da vereadora udenista.

Na Câmara Municipal, a referida edil pediu as providências da Câmara Federal para conter o trabalho do Ministério da Educação e Cultura, do professor Paulo Freire e do Centro Popular de Cultura. Porque, declarou, de acordo com informações secretas que obteve do DOPS paulista, o último organismo está infestado de comunistas e o próprio método Paulo Freire não visa senão comunizar o Brasil, através da bolchevização de todos os analfabetos.

Disse a vereadora da UDN, famosa pelas suas moções de aplausos apresentadas na edilidade (e nisto se limita toda a sua atuação parlamentar), que o método Paulo Freire é realizado através do processo eletrônico, que ele exige aparelhagem caríssima, o que torna inexequível a sua difusão nacional e fez, finalmente, referência às "intenções dolosas" do ilustre professor.

A verdade é que a vereadora é autora de um livrinho chamado *ABC para você*, tido pelos especialistas em educação como ineficiente, e compareceu recentemente a uma conferência pronunciada no Sedes Sapientiae pelo Sr. Paulo Freire, deixando a sala na metade da explanação. Daí não ter entendido a matéria exposta e ignorar os próprios rudimentos do processo Paulo Freire.

DULCE REFUTADA

A professora Beatriz Helena Whitaker Ferreira Lefèvre, falando à reportagem de BRASIL URGENTE e anunciando que o Movimento de Cultura Popular irá, em caráter oficial, responder aos comentários ligeiros da vereadora, disse: "A vereadora deve ter confundido o que ouviu pela metade na conferência do Sr. Paulo

Freire. Fez confusão com artigo publicado na imprensa local e que fala em alfabetização em 10 horas, através de processo eletrônico. Na realidade, o processo Freire não utiliza cartilhas e nos círculos de cultura os analfabetos criam o seu livro de acordo com os problemas discutidos. Não há ideias impostas de fora para dentro, pois, de acordo com aquele professor, a educação deve ser crítica e as respostas não são impostas, mas nascidas da própria experiência dos problemas daqueles homens. Não se trata de "bitolar" o raciocínio e a inteligência dos alfabetizandos nos princípios materialistas, como disse a vereadora, mas fazer com que saibam com lucidez tudo aquilo que leem ou escrevem e dialogar de uma forma onde o homem não domina o outro, mas respeita todas as suas possibilidades de encontrar soluções novas.

Sobre a segunda objeção da vereadora, refutou: "Há necessidade de projetores e de filmagem das situações existentes típicas do grupo que se alfabetiza. Mas isso, aplicado na escala de 40 horas para um grupo de 25 alunos, sai a menos de 2.000 cruzeiros[2] por alfabetizado." E finalizou a professora Beatriz Helena: Sobre as intenções dolosas do professor Paulo Freire e de sua equipe, há que dizer que os educadores ligados àquele sistema iniciam o trabalho de alfabetização procurando introduzir o analfabeto na distinção entre o mundo da natureza e o de cultura, separando o humano do animal, do que resulta a descoberta, em termos conscientes, de que o analfabeto é um ser capaz justamente pela sua condição humana. Não é outra a lição do próprio professor Paulo Freire sobre o método que tem o seu nome.

No dia 20/9/1963, o jornal *O Estado de S. Paulo* publicou notícia sobre o discurso de reação às críticas da vereadora Dulce Salles Cunha Braga a Paulo e ao seu Método, que fez o deputado Brito Velho, na Câmara dos Deputados. Na ocasião, o deputado leu na tribuna a sua carta a Paulo, já lida na Comissão de Educação, "onde mereceu o apoio unânime dos seus membros".

Eis a carta do deputado Brito Velho dirigida a Paulo:

> Conheci-o pessoalmente, vai para um mês, quando na Comissão de Educação e Cultura da Câmara dos Deputados V. Sa. nos apresentou concretamente o funcionamento do método, que não é a de pura alfabetização, mas de educação integradora da pessoa na comunidade, de vez que, além de ensinar a ler e escrever, sustenta o interesse por um mundo de valores aptos a despertar o senso social e cívico. Fez mais V.Sa.: desenvolveu largamente a fundamentação filosófica e psicossociológica, noutras palavras, a doutrina que serve de embasamento à técnica. Daí o dever

---

2 O valor de Cr$ 2.000 (dois mil cruzeiros) em princípios de 1964 equivalem a aproximadamente 10% do salário mínimo vigente no período (Cr$ 21.000).

que têm as autoridades, nos diversos graus da hierarquia, quando de formação autenticamente cristã e realmente democrática, de zelarem pela qualidade dos agentes deste admirável método; a fim de que a educação realizada não se afaste dos padrões exigidos pelos mais profundos ideais da alma brasileira, que despertou sob o signo da cruz e a ela há de ser fiel. V.Sa., como já lhe disse, deu-me a melhor das impressões, pela inteligência, pelo saber, pelo dinamismo, pela capacidade oblativa. Passei a considerá-lo irmão, filhos e criaturas que somos, ambos, do mesmo País e Senhor.

A mesma vereadora da UDN volta a criticar o Método Paulo Freire acusando-o de ter construído "um sistema de doutrinação marxista", no mesmo *Estadão*, na edição de 30/11/1963, pois o jornal paulistano estava, sectariamente, aliado a Dulce Salles Cunha Braga e às suas nefastas ideias:

> Assim, a Campanha Nacional de Alfabetização, através do sistema Paulo Freire, representaria enorme perigo para as instituições, pois pretende alfabetizar, em moldes marxistas, em 1964, 4 milhões de brasileiros que serão eleitores em 1965... Não se pode permitir, porém, que esse movimento venha a ser desvirtuado em benefício dos que pretendem implantar o comunismo em nosso País, visando à tomada do poder.

No dia 8/12/1963, o mesmo jornal escreveu na matéria "Alfabetizar ou politizar?":

> O governo pretende alfabetizar, até 1965, ano das eleições, cinco milhões de indivíduos... tornando possível uma maior participação do povo na escolha de seus dirigentes. Ora, uma campanha dessa envergadura exige, além de recursos financeiros – que o governo pode fabricar com as emissões –, recursos humanos, que não tem. Ou melhor, que o Ministério da Educação não tem, mas que os Centros Populares de Cultura, organizações que integram os dispositivos paralelos do Partido Comunista, da JUC [Juventude Universitária Católica], da AP [Ação Popular], POLOP [Organização Revolucionária Marxista – Política Operária] – ou que outro nome tenham as forças interessadas na subversão da ordem democrática – têm.

Paulo era acusado ora de comunista, ora de nazista pelo mesmo jornal paulistano *O Estado de S. Paulo*, que em 21/12/1963 publicou matéria intitulada "Método nazista":

> Felizmente, parece que a consciência democrática está despertando para os riscos implícitos no método de alfabetização "Paulo Freire".

A reunião que técnicos do ensino paulista realizaram há dias na Secretaria da Educação para estudar o plano de alfabetização elaborado pelo governo federal é disso a prova, pois nela se chegou à conclusão de que "o método Paulo Freire nada oferece de novo, a não ser as ideias que ventila, aproveitando os recursos audiovisuais já empregados há anos pela Cartilha Sodré". A cartilha Paulo Freire – conforme a notícia que publicamos em nossa edição de terça-feira – revela claramente outro objeto imediato: "a bolchevização do Brasil... pelas palavras que emprega, pelas ideias que ventila e pela preocupação constante com as questões sociais."

Não se diga que esta reação ao "Método Paulo Freire" é fruto de uma mentalidade obscurantista, desejosa de conservar no analfabetismo milhões de brasileiros. São os próprios defensores da referida técnica de alfabetização que, comentando em um semanário desta capital nota que a tal propósito publicamos, reconhecem seu caráter ideológico e admitem que a alfabetização deve servir a propósitos políticos e eleitorais.

O problema do "método Paulo Freire", já o dissemos, é um dos mais sérios que a opinião pública democrática tem de enfrentar. Os comunistas e filocomunistas que se pretendem servir desta técnica escolheram bem seu novo campo de ação: dificilmente um democrata poderá opor-se aos que pretendem alfabetizar milhões de brasileiros, fazendo-os participar do processo político nacional. Mas, se a oposição à campanha de alfabetização é inadmissível, deve ter-se em vista que não se pode concordar com qualquer técnica usada para erradicar esse flagelo. E a razão é muito simples: o desenvolvimento da Psicologia e de técnicas de formação – e conformação – da mentalidade dos homens chegou a tal ponto que se pode, a partir de recursos aparentemente inofensivos, chegar a resultados altamente danosos para toda uma coletividade. Pense-se na propaganda organizada e nos aperfeiçoamentos que sofreu desde que passou a ser usada não apenas a serviço do comércio e da indústria, mas também da política, isto é, dos que estão no poder e que nele desejam permanecer eternamente. Pense-se no que foram os resultados da doutrinação intensiva a que os regimes nazista e stalinista submeteram os povos alemão e russo para ter-se uma ideia do resultado pernicioso para a democracia que advirá do uso de técnicas de ensino que introduzem insensivelmente, na mente dos homens, conceitos e visões do mundo que são antitéticos àqueles que ajudam a definir o quadro de valores da sociedade democrática.

Dir-se-á que exageramos ao apontar os riscos que o "método Paulo Freire" apresenta. A prova de que assim não é, deram-na os técnicos em educação do estado de São Paulo, assinalando que com ele "pretendem os comunistas (receber) fácil e legalmente o poder por meio do voto popular". Como também os próprios esquerdistas, ou esquerdizantes, ou que outro nome tenham, que proclamam seu claro intuito de fazer da alfabetização a grande arma política para 1965. E, se esses exemplos não bastassem, serviria este: que interesse teria o atual governo, caracterizado pela incapacidade administrativa, de levar a cabo uma campanha nacional de alfabetização, mobilizando recursos financeiros e humanos, se não o de criar as condições para perpetuar-se no poder?

Parte da Igreja Católica, a tradicional, conservadora,[3] que não estava aliada aos interesses dos pobres e dos despossuídos, também se manifestava contra Paulo:

---

3   Mesmo após o retorno de Paulo, em 1980, esse segmento da Igreja, na pessoa do cardeal Dom Vicente Scherer, ainda continuava "alertando", na verdade continuando, uma sistemática perseguição a Paulo: "O Cardeal-arcebispo de Porto Alegre, D. Vicente Scherer, alertou ontem os educadores em geral, e especialmente os católicos, para que evitem o sistema de ensino defendido pelo pedagogo Paulo Freire, porque 'pende muito para os princípios marxistas' e 'está afastado da filosofia social da Igreja'. Acrescentou que, embora essa linha educacional já esteja 'muito generalizada', contraria a educação libertadora recomendada pela Igreja e, em vez de resolver os problemas sociais do País, agrava-os, porque incita à luta de classes. D. Vicente fez estas afirmações depois de prestar depoimento à comissão de Educação e Cultura da Assembleia Legislativa do Rio Grande do Sul.
    Durante o depoimento, ele disse que a Igreja não pode aceitar aquele tipo de educação que divide as pessoas em duas classes únicas: os oprimidos e os opressores. Indagado sobre que linha educacional seria essa, explicou: 'A que se funda na filosofia do doutor Paulo Freire – que eu respeito como pessoa particular, como homem que me parece muito bem-intencionado, sincero, muito amigo das classes indigentes, muito interessado na elevação do seu nível de vida, mas cuja colocação filosófica eu não posso aprovar'" (*O Estado de S. Paulo*, 7/8/1980 – "D. Vicente alerta contra método de Paulo Freire").
    Ainda o mesmo sacerdote de Porto Alegre: "O cardeal aponta alguns exemplos dessa contradição, citando afirmações de Paulo Freire que tiveram 'como fonte inspiradora e confirmação de suas proposições corifeus do marxismo teórico internacional'. Comentando a seguir a influência dessas ideias também sobre setores religiosos, diz que 'em alguns setores da Igreja muito se emprega hoje a expressão (*sic*).'
    D. Vicente mostra que as teorias de Freire aceitam 'formalmente a dialética hegeliana e a interpretação marxista da História', e que a própria expressão 'opressores e oprimidos' presente em sua obra e 'muito em voga em certa espécie de literatura eclesial', se origina do *Manifesto Comunista*, de Marx. Diz o cardeal: 'É a explicação e a justificação apresentada da inexorável e insuprimível 'luta de classes', base e quinta-essência da interpretação marxista da História e do processo da produção. É a filosofia substancial de todo o sistema adotado nos regimes comunistas. Insistentemente fala Freire da transformação ou 'liberação revolucionária' cujo sentido, rumo e objetivos tornam-se claros e manifestos. Reconhecemos que na supressão das contradições entre 'opressores e oprimidos', que só pode ser programada e realizada por estes (os oprimidos), está implícito o desaparecimento dos primeiros como classe que oprime', acrescentou o cardeal, citando um trecho do livro de Freire, *Pedagogia do oprimido*. Depois disso é que o cardeal criticou a defesa da chamada 'educação libertadora'.
    Ainda segundo D. Vicente, 'o conceito de educação e a antropologia de Freire se revelam iniludivelmente agnósticos e plenamente laicistas. Propõem como objeto prioritário e exclusivo a formação do homem capaz e decidido de se engajar na luta transformadora e revolucionária no sentido indicado. A filosofia cristã, ao invés, e principalmente o evangelho, ou a educação cristã, na tradição e em todos ao documentos na Igreja, colocam muito

O bispo de Nova Friburgo, Dom Clemente Isnard, entregou à Secretaria da Educação fluminense documento para ser encaminhado ao governador do estado, no qual denuncia a cartilha do Sr. Paulo Freire – *Viver é Lutar* (2º livro de leitura para adultos) – como "instrumento perigoso de divulgação do credo vermelho".

O bispo fora incumbido pela secretária Clezia Diniz de examinar as cartilhas que seriam distribuídas pelo "Movimento de Educação de Base" às escolas de alfabetização de adultos. A cartilha, como se sabe, foi confeccionada pelo Ministério da Educação e Cultura em papel de primeira qualidade e com ilustrações sobre cenas da vida do campo e fotos de comícios (*O Estado de S. Paulo*, 10/4/1964 – "Bispo diz ser subversiva a cartilha de Paulo Freire").

Em depoimento sobre a influência de Paulo em sua vida e sua leitura de mundo, Cristina Schroeter Simião narra um fato sintomático da postura da Igreja Católica tradicional contra Paulo, desde que o sacerdote em questão era porta-voz credenciado dela, acontecido quando Cristina era aluna da PUC-Rio no início dos anos 1960:

> Não foi tranquila a passagem de Paulo Freire por lá. Logo em seguida à sua Palestra, teríamos aula de Religião com D. Estevão Bettencourt. D. Estevão, um Santo e Sábio à moda da Igreja da época, viera para dar sua aula enquanto os alunos ainda estavam dialogando com Paulo Freire sobre a sua fala. Ninguém estava muito interessado em trocar a fala de Paulo pelas aulas de D. Estevão, por mais interessantes que fossem. Assim, D. Estevão, em seu humilde hábito beneditino, foi ao auditório para esperar pacientemente o término do diálogo dos estudantes com Paulo Freire.
>
> Quero dizer que não foi tranquila a passagem de Paulo, pois D. Estevão, logo ao iniciar sua aula, teve a infelicidade de se ater a uma fala de Paulo em que ele, ao comparar as diferenças entre o homem e o mundo animal, explicava que o homem, ao intervir e transformar a natureza, é um ser criador e o animal não é capaz de intervir de forma criadora; o animal age de forma programada. D. Estevão se ateve à afirmação: "o Homem é Criador"! Em seguida afirmou: "Só Deus é Criador!" Bastaram estas duas afirmações de D. Estevão e a polêmica que se abriu foi aula afora... A sala inteira passou a tentar explicar a D. Estevão que o significado que se dava ao termo "Criador" na pedagogia freireana era de natureza cultural e humana; não tinha nada a ver com o sentido que se dava à afirmação Criadora de Deus... Não havia jeito: no meio de uma balbúrdia de falas de mais

---

mais alto a finalidade do esforço educacional na família, na escola e na Igreja'. D. Scherer continua, afirmando que 'visa ela a desenvolver no educando todas as suas virtualidades e talentos naturais apontando-lhe os ideais da justiça, da retidão, da solidariedade, da independência, da ternura, da colaboração, do trabalho, enfim de todos os valores permanentes e indispensáveis de uma perfeita humanização..." (*O Estado de S. Paulo*, 10/2/1981 – "Cardeal Scherer rejeita a obra de Paulo Freire").

de 30 estudantes, D. Estevão, em sua mais estoica serenidade e mais franzina figura, sempre repetia o mesmo: "Este senhor disse que o homem é Criador e eu digo que só Deus é Criador!" Não houve jeito.

Eu era uma boa aluna de Religião; tirava boas notas e gostava muito das aulas de D. Estevão, além de apreciá-lo como pessoa, monge e escritor. Estranhei muito esta postura de D. Estevão, sobretudo porque um dos livros dele, sobre novas formas de interpretar a bíblia, apresentava muita lucidez ao afirmar que não se deveria tomar ao pé da letra as frases sobre criação do mundo, segundo as quais Deus teria feito o homem a partir do barro etc. etc. No calor da discussão não me ocorreu que talvez Paulo Freire já era, para D. Estevão, identificado como um *"homem subversivo"* porque fazia sucesso com sua alfabetização que gerava mudanças políticas por parte da pobreza do Nordeste. Em raro momento de silêncio na sala, tomei a palavra para argumentar fervorosamente em favor da fantástica abordagem de Paulo Freire e que o sentido que Paulo dava ao dizer que o homem era criador não contradizia o sentido de Criador que a Igreja atribuía a Deus. A resposta enfática e categórica de D. Estevão ecoou na sala: "ATÉ TU, CRISTINA!"... Percebi que eu, uma de suas melhores alunas, o havia desapontado. Não recuei contudo, e, após um longo silêncio, a "batalha" recomeçou... [grifo meu]

Dentro desse mar de acusações e incompreensões, de um lado, e, de outro, de defesas e de adesões ao trabalho de alfabetização levado a efeito então por Paulo, certamente não ingênua, mas contraditoriamente, "O diretor-interino da Agency for International Development, Sr. James W. Howe, em carta ao jornalista Carlos Swann, atesta a eficiência do sistema Paulo Freire", publicado em *O Estado de S. Paulo* de 29/3/1964, transcrito do *Diário de Notícias* de 25/1/1964, com a seguinte manchete: "Processo de Alfabetização não tem qualquer orientação política":

> O Sr. James W. Howe, diretor-interino da Agency for International Development, da Embaixada dos Estados Unidos, enviou ao jornalista Carlos Swann, de *O Globo*, a seguinte carta, sobre notícia antes divulgada a propósito do apoio do governo norte-americano à campanha de alfabetização no Nordeste:
> – Prezado senhor: Eu gostaria de me reportar à sua coluna de 16 de janeiro de 1964, relativa ao apoio dos Estados Unidos a um suposto "programa intensivo de comunização no Nordeste". O projeto Angicos, no Rio Grande do Norte, estava longe de ser uma campanha maciça de alfabetização.
> Ao contrário, apenas cerca de 300 adultos, em 20 classes, tomaram o Curso de Alfabetização de 40 horas, de Paulo Freire, como teste de eficiência daquele método para dar a adultos um entendimento básico e elementar de leitura e escrita. Contrariamente à sua alegação de que o método Freire é comprovadamente um método de doutrinação marxista, os técnicos em ensino têm confirmado que

esse método, por si só, e no caso específico de Angicos, não contém qualquer orientação política ou social. O projeto de Angicos nunca foi considerado, por si só, uma solução ou curso completo de leitura e escrita, mas antes um ponto de partida, do qual o adulto poderá chegar à educação mais elevada. Sua coluna pode levar alguém à conclusão de que ensinar pessoas a ler é ruim, porque as leva à doutrinação.

Estou seguro de que V.S. concordará que tal interpretação estaria bem fora da lógica. Essa linha de raciocínio levaria à conclusão de que não se deve dar educação básica ao povo, porque esta o prepararia para a doutrinação deste ou daquele "ismo", em realidade, o Método Paulo Freire, como qualquer outra técnica de ensino não política, prepararia o indivíduo para ser influenciado por qualquer escola de pensamento político. Entretanto, fortaleceria também um dos princípios da forma democrática de governo, isto é, o princípio de que a educação é um direito de todos os cidadãos e de que uma das salvaguardas da democracia é a população educada. O objetivo da Agência Internacional de Desenvolvimento (AID) no Nordeste é cooperar com a Sudene e os governos estaduais daquela região em programas gerais de educação básica e elementar. Nossa orientação decorre da carta de Punta del Este, dos quais um dos objetivos é "eliminar o analfabetismo por meio de campanhas sistemáticas de educação de adultos, dirigidas diretamente ao desenvolvimento" da comunidade, o treinamento de mão de obra, a extensão cultural e a erradicação do analfabetismo. Entretanto, desejo deixar claro que a participação dos Estados Unidos nos programas de Educação, no âmbito da Aliança para o Progresso, não chega ao extremo de selecionar os cursos, os materiais de ensino, ou os métodos de ensino. Estes são da responsabilidade do Ministério da Educação e Cultura e das Secretarias de Educação estaduais,

O professor Paulo Freire, autor do revolucionário método de alfabetização, merece o título de "Educador do Ano". Foi, além disso, a personalidade pernambucana mais citada em jornais e revistas de todo o país e talvez do exterior, tendo sido entrevistado pelo "Time". Seu método, adotado pelo MCP, SEC e outros órgãos de cultura popular pernambucanos, transpôs fronteiras e hoje é o método quase oficial de alfabetização para todo o país. O sr. Paulo Freire ocupa hoje alto cargo no Ministério de Educação e Cultura.

Paulo e Miguel Arraes foram escolhidos como o Educador e o Político de Pernambuco do ano de 1963. Jornal *Última Hora*, de 5/1/1964.

assim como o é a administração dos programas de educação, segundo práticas e legislação brasileiras. Devido ao interesse de seu importante jornal na Aliança para o Progresso e sabendo que V.S. compartilha conosco da crença nos objetivos da Aliança, peço-lhe que leve esta carta à atenção de seus leitores.

Com protestos de estima e grande consideração. – Atenciosamente, (ass.) James W. Howe, diretor-interino.

As inúmeras e cotidianas matérias jornalísticas que revelam a luta ideológica das duas correntes antagônicas desse momento brasileiro do início dos anos 1960 foram cada dia mais aguerridas, traduzindo o que acontecia no nosso país. De um lado, a utopia necessária para a construção de um Brasil verdadeiramente democrático com a participação popular, e, de outro, as pressões reacionárias da extrema direita brasileira e internacional com seus ódios e perseguições a Paulo e ao seu Método. No fundo, ódio e perseguição ao povo brasileiro. Desse conflito, infelizmente, saiu vitoriosa a elite endossada pelas camadas médias que, acreditando ser sua "vocação" juntar-se àquelas, a endossaram reagindo com a adesão na "Marcha com Deus pela família e liberdade", a gota d'água dos "donos do poder" para deflagrarem o golpe de 1º de abril de 1964. Ou a desculpa, desde que o golpe já tinha sido desenhado e programado desde a posse de Goulart, em 1961.

Compatibilizaram-se, enfim, o modelo econômico e o político em favor do capitalismo internacional e da negação do populismo nacionalista.

Presenciamos, então, o crescimento econômico do "Ninguém segura este País", do "Ame-o ou deixe-o", com as estradas rasgando o Brasil de Norte a Sul, as construções das grandes hidroelétricas, a generalização da telefonia e outras modernizações na infraestrutura. A oferta escolar a todos os níveis se ampliou, mas com forte proteção e decisiva valorização das instituições privadas, e medidas de depreciação das escolas públicas de nível fundamental, com a qualidade de ensino voltada, cada vez mais, para o "treinamento profissional", em cursos cada dia mais aligeirados, comprometendo, seriamente, o saber e a formação da cidadania da maioria dos brasileiros e das brasileiras. Conhecemos e sofremos, sobretudo os componentes das camadas médias, como nunca antes na história da República brasileira, os "tempos de ferro" da ditadura das torturas, "desaparecimentos" e mortes; das histórias, muitas vezes trágicas, dos exilados perseguidos e mortos fora de nosso território e dos Atos Institucionais, através dos governos dos altos militares das Forças Armadas do Brasil, sobretudo do Exército.[4]

---

4 Mal. Humberto de Alencar Castelo Branco (15/4/1964 – 15/3/1967); Gal. Arthur da Costa e Silva (15/3/1967 – 31/8/1969); Junta Militar (31/8/1969 – 30/10/1969); Gal. Emílio Garrastazu Médici (30/10/1969 – 15/3/1974); Gal. Ernesto Geisel (15/3/1974 – 15/3/1979); e Gal. João Baptista Figueiredo (15/3/1979 –15/3/1985).

CAPÍTULO 6

Prisão e inquéritos

Paulo estava vivendo em Brasília, preparando o Programa Nacional de Alfabetização, viajando pelo Brasil, inquieto, formando e assistindo os monitores para atuarem na alfabetização conscientizadora e libertadora, quando o anúncio do golpe o apanhou, em 31 de março de 1964. Ele participava de uma reunião em Goiânia, com educadores e educadoras e Carlos Luiz de Andrade, advogado e membro da Comissão Nacional de Cultura Popular. Interrompendo a reunião, Paulo dirigiu-se imediatamente para a capital federal, Brasília, para juntar-se à sua primeira família, sem esperanças da reversão da situação já por ele esperada, há alguns meses, diante de seu senso crítico da realidade.

O general Antônio Carlos Murici, ligado à Igreja Católica tradicional, moderado, mas homem de total confiança dos golpistas, declarou posteriormente, em entrevista ao Centro de Pesquisa e Documentação História Contemporânea do Brasil da Fundação Getulio Vargas (CPDOC/FGV), abertamente o medo que o Exército e todos os segmentos de direita tinham do dinamismo e engajamento de Paulo a favor do povo:

> Tive várias discussões com Paulo Freire nessa ocasião. Não sei até onde comunista, mas que ele era de esquerda, meio comuna, é. Não tenho dúvida nenhuma. Tivemos discussões muito grandes... É como o caso de Paulo Freire. O inquérito chegou na área cultural e verificou-se que o método de alfabetização Paulo Freire – que teoricamente é racional, porque pega as palavras do meio em que o indiví-

duo vive e sobre elas começa a montar o vocabulário da região e vai ampliando-o, aos poucos – utilizava, entretanto, as palavras num sentido de formação de consciência para a luta de classes. Então, isso era uma ação subliminar. E aí o Paulo Freire fugiu [*sic*!!!] e foi para o Chile, quando sentiu que iria ser preso. Dentro do inquérito estava comprovada uma ação subliminar para a formação de levantes tendo por base a luta de classes.

Mas como que se apurava isso no inquérito?

Havia várias testemunhas, examinava-se a documentação encontrada, ouvia-se um, ouvia-se outro, comparava-se, confirmava-se as palavras de um e de outro. Um pouco do que o CPDOC está fazendo agora: me ouve, se não perfeita a minha versão, outro a diz. Três testemunhas fazem fé, de acordo com a lei. Duas testemunhas não fazem, mas fazem fé, como se fosse verdade. Isso tudo vai formando uma contextura. E o inquérito mostra que Paulo Freire organizava as suas escolas, o seu método para conduzir luta de classes. Aí que ele sentiu que ia ser preso e fugiu. Foi para o Chile, depois foi para não sei onde. Inclusive, eu me dava muito com o Paulo Freire, como eu disse anteriormente.

Antes de ter sido preso por duas vezes no Recife, Paulo chegou a fazer um pedido para concessão de passaporte "para o fim de viajar para o exterior (passaporte) requer que V.S. se digne mandar certificar se o Arquivo policial Criminal registra antecedentes do requerente", feito em 22 de maio de 1964, ao Ilmo. Sr. Dr. Diretor de Administração da Secretaria de Segurança Pública de Pernambuco. Mesmo nada constando contra ele, como informou o órgão, em 12 de junho do mesmo ano, e mais posteriormente, a Divisão de Imposto de Renda, em 11 de dezembro de 1964, que emitiu tardiamente uma "Certidão Negativa para Visar Passaporte".[1]

---

1 Conforme Certidão da Agência Brasileira de Inteligência (ABIN), por mim solicitada e datada de 16 de setembro de 2005, evidencia-se o pouco controle das ações da repressão logo após o golpe. Isso pode ser constatado no desencontro das informações. Ao contrário das garantias proclamadas do "nada consta" a Certidão informa: "Em 29 de maio de 1964, foi atuado na Secretaria de Segurança Pública do Estado de Pernambuco (SSP/PE), documento elaborado pelo próprio secretário de Segurança (Processo nº 16 – nome: Paulo Freire – Pedido: suspensão dos direitos políticos) com o seguinte histórico: 'O Sr. Paulo Freire, filho de Joaquim Themístocles Freire e Edeltrudes Neves Freire, é homem notoriamente ligado à política esquerdista. Com o beneplácito da reitoria da Universidade de Recife e apoio do então governo, vinha comunizando o Nordeste, através do seu método de alfabetização de estilo revolucionário. Viajava constantemente a Brasília, onde mantinha contatos com o então presidente João Goulart e vivia em ligações com Leonel Brizola, Darcy Ribeiro e Paulo de Tarso, que aceitaram e deram amplo apoio ao método de alfabetização do referido professor. A rádio da Universidade de Recife servia de propaganda daquele

Paulo pretendia viajar para o México para atender ao convite do então padre Ivan Illich,[2] do Centro de Formação Intercultural, de Cuernavaca, e, obviamente, partir do Brasil para um lugar que pudesse lhe oferecer segurança pessoal. Em junho de 1964, Ivan Illich escreveu três cartas em favor de Paulo, desde que sua tentativa de levá-lo para o México foi abortada pelas forças de repressão brasileira:

6 de junho de 1964

Sr. Teodoro Moscoso,
Departamento de Estado,
Washington 25, D.C.
Querido Teodoro:

Escrevo-lhe para informá-lo do seguinte: Paulo Freire de Recife é uma das pessoas perseguidas pelo atual regime do Brasil. Eu o admiro, o creio como grande pedagogo, grande organizador e homem de absoluta integridade.

Ele me pede conselho sobre o que tem que fazer. Você o deve conhecer. Você acredita oportuno que eu escreva a Jaime Benitez ou a D. Luis Muñoz, para que o chamem por um ano?

Não vejo nenhuma possibilidade de ir a Porto Rico durante o presente ano. Como gostaria que pudéssemos nos reunir para umas grandes conversações.

Com carinho a Gloria e Margarita.
Ivan D. Illich

6 de junho de 1964.

Mr. Everett Reimer
New State Department Building
21st. and Virginia Ave., NW.
Washington 25, D.C.
Caro Mr. Reimer,

A carta incluída a Schuster conta a você o que realmente eu penso acerca de Paulo. Eu creio que você já o conhece, não é mesmo? Eu descobri nele alguma coisa da poesia de Dom Luis e do eros educacional de Angel Quintero. Ele é tão bom em seu campo que não pode ter um emprego "qualquer". Meu encontro com ele me convenceu disso à primeira vista.

---

método e o nome do Sr. Paulo Freire estava ficando popularizado nas camadas sociais. Torna-se pois, oportuna, a suspensão dos seus direitos políticos pelo prazo de dez anos'" (Certidão da ABIN, p. 4).

2 Paulo conhecera Illich (1926-2002) no Recife, e somente iria a Cuernavaca a seu convite já como exilado no Chile, em 1966. Illich rompeu com a Igreja Católica em 1968.

Ted deve tê-lo conhecido igualmente. Eu sei que um monte de coisas estranhas foram ditas sobre ele e espalhadas através da AID [Agência Internacional para o Desenvolvimento]. Eu estou mandando um aviso para ele por causa disso.

Talvez você devesse escrever para Paulo pessoalmente, se você quiser explorar com ele a sua possível orientação e conselho.

Neste momento um homem como ele precisa da experiência de solidariedade de um homem como você.

Amanhã eu escreverei acerca do *workshop*.

Sinceramente seu, Ivan D. Illich

6 de junho de 1964.

Dr. G. Schuster
Assistente do Reitor da
Universidade de Notre Dame,
Notre Dame, Indiana.
Caro Dr. Schuster,

Muito obrigado por seu gentil bilhete. Congratulações pelo programa de bolsa de estudos da Rockefeller, sua habilidade de convencer Jack Kennedy para voltar para o seu corpo docente e seu aparente sucesso de atrair Mathilde de Savoye.

Esta carta é para lhe apresentar o Dr. Paulo Freire. Eu o conheci no Nordeste do Brasil e fiquei impressionado por sua extraordinária competência e experiência como educador. Naquele momento ele era assistente especial do Ministro da Educação do Brasil para a Educação de Adultos. Que eu saiba, ele é o melhor organizador e teórico da pedagogia nesse campo na América Latina. Ele é controvertido (não esquerdista o suficiente para a extrema esquerda; demasiadamente imaginativo e bem-sucedido como um revolucionário para o atual governo brasileiro, o qual o despojou de sua posição, sustento e influência; um cristão, mas rigorosamente neutro em seu serviço público e, portanto não aceito até por alguns líderes do pensamento social católico), *competente* (dois ou três de seus escritos são os melhores que eu conheço no campo da educação de adultos originados na América Latina), *experimentado* (ele administrou o mais bem-sucedido plano educacional em grande escala adaptado às circunstâncias da América Latina que eu conheço e a revolução não poderia ter acontecido com tão pequena oposição no Brasil se ele tivesse permanecido no cargo por 18 meses).

Este é um homem que deveria ser agarrado agora para um alto cargo na Unesco e você como um ex-delegado da US pode saber a quem falar sobre ele. Você realmente engrandeceria o seu programa na Notre Dame se puder convencer a ele para juntar-se à faculdade por um ano... ele está certamente disponível agora (ele acaba de me escrever sobre isso), mas deverá brevemente estar requisitado por alguém, eu imagino.

Se você escrever a ele, por favor, deixe-me saber, então eu não recomendarei Paulo a ninguém mais. Seu endereço é: Rua Alfredo Coutinho, 79, Casa Forte, Recife, Brasil.

Sinceramente seu. Ivan D. Illich.

Os esforços de Paulo e de seus amigos para livrá-lo da prisão foram inúteis. Aliás, o depoimento do general Murici, aqui citado, deixa óbvio que para as forças que tinham tomado o poder não havia dúvidas de que Paulo não deveria permanecer livre no Brasil.

Paulo foi preso, segundo declarou,[3] em 16 de junho de 1964, quando foi levado de sua casa por dois policiais. Passou rapidamente pela Secretaria de Segurança Pública de Pernambuco e depois foi levado para a Companhia de Guarda, do Exército, no Recife, onde foi fichado e ficou retido por pouco menos de vinte dias. No dia 3 de julho, Paulo estava em casa.[4]

A segunda vez, Paulo ficou preso por cerca de cinquenta dias, conforme declarou na mesma conversa mantida com Sérgio Guimarães publicada no *Aprendendo com a própria história*. Os diversos quartéis que o aprisionaram ficavam em Recife e em Olinda, e neles, o que mais deixou Paulo espantado foram as condições dos cárceres individuais dentro dos quartéis do Exército Nacional, construídos para deter membros de sua corporação: paredes ásperas e com dimensões diminutas, 80 cm de largura por 1,70 m de comprimento.

Durante os períodos em que esteve preso, e que confessava jamais ter se sentido desesperado, quer no Recife quer em Olinda, Paulo dizia ter aprendido com as dificuldades da vida de preso, pois era essa a sua prática de prisioneiro. Nesses períodos, teve a oportunidade de aprofundar amizades e de aprender com a *coragem de ser gente* de pessoas como Clodomir Morais, líder na luta pela reforma agrária com os camponeses; Pelópidas Silveira, então prefeito do Recife, e Rui João Marques, médico e professor da Universidade do Recife.

---

3 Conferir em *Aprendendo com a própria história*, no capítulo 64 "Cadeia".
4 Na Certidão do Ministério da Fazenda a mim cedida pela UFPE, consta: "... que esteve detido pelo Comando do IV Exército, no período de 17 de junho a 10 de julho de 1964, para investigações..." Entretanto, afirmo que estive com Paulo no dia 3 de julho de 1964, no Recife, já livre do cárcere. A data da prisão em 17 de julho foi reafirmada no IPM, na Cia. de Guarda, do Recife, e pela ABIN: "Em 17 jun. 1964, foi detido para averiguações pela Delegacia de Segurança Social (DSS/SSP/PE) em sua residência na rua Alfredo Coutinho, 79 – Jardim Triunfo – Casa Forte, em Recife/PE, sendo removido para o IV Exército. Segundo sua "Ficha de Informação de Preso", o motivo da prisão foi por 'subversão no meio intelectual e estudantil' através do seu 'suposto' método de alfabetização." Ainda de acordo com sua "Ficha", "em 1º jul. 1964, foi interrogado e, em 4 jul. foi recolhido novamente. Há registro nos seguintes termos: 'com a Revolução de 1964, ficou preso, por setenta dias'. Não constam outros dados sobre o assunto" (Certidão da ABIN, p. 4).

O inquérito da Universidade do Recife

De volta para o Recife em 25 de maio de 1964, depois de ter permanecido em Brasília desde o Golpe,[5] oculto na casa do deputado federal Luiz Bronzeado, Paulo respondeu, por escrito, ao inquérito administrativo instalado contra ele, pela Universidade do Recife, por força do determinado pelas autoridades no poder.

Posso imaginar o constrangimento de grande parte da comunidade acadêmica da Universidade do Recife, de modo especial o de seu reitor, João Alfredo, que, apesar de ter sido um homem de direita, era um homem sério e justo, segundo afirmações do próprio Paulo. Amigo pessoal de meu marido, foi incentivador de todos os trabalhos progressistas que se realizavam na Universidade, motivo certamente para que as implacáveis perseguições da "Redentora", assim chamada por seus críticos mais exacerbados, o atingissem, ao lado de Paulo e outros, com sua aposentadoria.

Transcrevo, antes do texto desse inquérito, a ata da reunião[6] do Conselho Universitário da Universidade do Recife, que traduz a determinação do poder "revolucionário":

> Aos vinte e sete (27) dias do mês de abril do ano de mil novecentos e sessenta e quatro (1964), sob a presidência do Magnífico Reitor, Prof. João Alfredo Gonçalves da Costa Lima, realizou-se, às 20 horas, na sala de reuniões da Reitoria da Universidade do Recife, à Rua do Hospício, 619, a sétima reunião do Conselho Universitário, no corrente exercício. Havendo número legal com o comparecimento de dezoito (18) senhores Conselheiros cujas assinaturas estão lançadas às fls.188 deste livro, o Sr. Presidente declara aberta a sessão e manda que seja lida a ata da sessão anterior, que, posta em discussão e votação, é aprovada unanimemente. Em seguida o *Sr. Presidente informa que o Conselho foi convocado a fim de ter conhecimento das providências tomadas por esta Reitoria em face da Portaria nº 1, do Comando Supremo da Revolução, do Ato Institucional, e também do aviso 703 do Sr. Ministro da Educação dirigido a todas as Universidades,* cujo teor o Sr. Presidente leu para os Srs. Conselheiros, o qual transcrevo a seguir: "*O Ato Institucional de 9 de abril*, republicado no *Diário Oficial* de 11 do corrente mês, preceitua as regras fundamentais de afastamento de servidores cujo procedimento se tenha tornado incompatível com o serviço público. 2. As garantias constitucionais ou legais de

---

5   Em 3 de abril de 1964, Paulo solicitou de Brasília ao Reitor da Universidade do Recife "60 (sessenta) dias de licença para tratamento de saúde, na forma da lei em vigor"; a qual foi concedida em 23 de abril de 1964. Em 15 de maio do mesmo ano, Paulo solicita ao mesmo reitor "mandar passar por certidão, à vista das folhas de pagamento arquivadas nesta reitoria, o seu tempo de serviço no período de 15/3/52 a 31/12/65, digo, a 31/12/55, como professor catedrático interino da Escola de Belas Artes, para fins de licença especial".

6   Esse documento foi pesquisado e gentilmente cedido para publicação nesta biografia por Otávio Luiz Machado, pesquisador-associado do Laboratório de Pesquisa Histórica (ELPH) da Universidade Federal de Ouro Preto.

vitaliciedade e estabilidade estão suspensas por seis meses, e dentro deste prazo deverão estar concluídos inquéritos e processos que visem a apurar a responsabilidade pela prática de crime contra o Estado. 3. As autoridades competentes pela Portaria n° 1, e pelo Ato n° 9, publicados ambos no *Diário Oficial* de 14 do corrente, estabelecem as normas iniciais de tais inquéritos e processos. 4. Por força de dispositivos constitucionais e legais, como o próprio Estatuto dos Funcionários Públicos Civis da União, compete à autoridade administrativa a instauração de inquéritos para apurar responsabilidades funcionais. 5. O espírito da Portaria n° 1 e do Ato n° 1 é o de se valer da contribuição de servidores de confiança para apuração de possíveis irregularidades. 6. No firme propósito de prestar relevante serviço à causa nacional, e à salvaguarda do regime, *tenho a honra de sugerir a Vossa Magnificência* as seguintes medidas: a) *instauração de inquéritos administrativos* que se façam necessários para imediata apuração de responsabilidades; b) severa vigilância sobre quaisquer atividades que possam comprometer a causa da paz social e a reintegração da ordem jurídica, democrática. 7. Muito agradeceria que os inquéritos, com parecer conclusivo, me sejam remetidos no prazo de 30 (trinta) dias. 8. A gravidade do momento histórico em que vivemos exige por parte dos dirigentes universitários toda a colaboração no sentido de reintegrar o estudante brasileiro em sua precípua tarefa, qual seja, a de estudar, de reintegrar o professor na sua missão de ensinar, de colocar os servidores administrativos na sua esfera de trabalho. Na certeza de poder contar com a valiosa colaboração de Vossa Magnificência, do Conselho Universitário, dos senhores Diretores e das Congregações, do pessoal administrativo e do estudante de um modo geral, antecipo agradecimentos e subscrevo-me cordialmente.

O Sr. Presidente, em seguida, esclarece que, em face deste aviso e dos demais documentos, baixou a seguinte Portaria n. 16, de 27 de abril do corrente ano:

o Reitor da Universidade do Recife – no uso de suas atribuições e – atendendo ao aviso n. 703, de 22 de abril de 1964, expedido a todas as Universidades Federais pelo Exmo. Ministro da Educação e Cultura e Considerando o que dispõe o art. 8°, do Ato Institucional, de 9 de abril de 1964; considerando o inciso A, do art. 1°, do Ato n° 1, de 14 de abril de 1964, ambos do Comando Supremo da Revolução, – Resolve: 1 – designar os professores *Everardo da Cunha Luna*, Catedrático de Direito Penal, da Faculdade de Direito; *Armínio de Lalor Motta, Professor Emérito da Faculdade de Medicina* e Alberto Cavalcanti de Figueiredo, Catedrático de Economia das Indústrias da Escola Superior de Química, para, constituídos em Comissão, sob a presidência daquele que pelos seus membros for escolhido, apurar as responsabilidades de servidores docentes e administrativos lotados em todas as Unidades que integram a Universidade do Recife e na Reitoria, pela prática de crime contra o Estado ou seu patrimônio e a ordem política e social ou de atos de guerra revolucionária, com amplas atribuições a fim de proceder a todas as diligências necessárias, para isso investindo-se do poder de requisitar quaisquer inquéritos ou sindicâncias em curso, ou já concluídos, pertinentes à matéria a investigar, ou sob investigação, conforme prescreve o inciso B, do art. 1, do referido Ato n° 9; II – a *Comissão assim constituída fará publicar edital estabelecendo o prazo de 10 (dez) dias*, improrrogável, para que sejam apresentadas representações devidamente instruídas e com firma reconhecida, sem prejuízo do exame de inquéritos e sindicâncias requisitados nos termos do item anterior; III – *encerrado o prazo de 10 (dez) dias acima referido, a Comissão fará as intimações individuais, a fim de que os interessados apresentem a defesa que tiverem, no prazo de 72 (setenta e duas) horas, instruída, exclusivamente, com prova documental*; IV – expirado o prazo de 72 (setenta e duas) horas para defesa, a Comissão elaborará, imediatamente, o competente relatório, que deverá ser enviado ao Reitor no prazo de 20 (vinte) dias, para que seja encaminhado ao Exmo. Sr. Ministro da Educação e Cultura, do qual relatório constará parecer conclusivo pela procedência ou improcedência dos crimes de que trata o item I desta Portaria, sugerindo – no primeiro caso – a penalidade a ser aplicada [grifos meus].

Não tenho a data de publicação do edital citado, que estabelecia o prazo de dez dias para o acusado se manifestar, mas, em 25 de maio de 1964,[7] Paulo respondeu com veemência, seriedade e ousadia, informando o que realizava e como era visto, ele e seu trabalho, por políticos, educadores e imprensa, do Brasil e do exterior:

> Excelentíssimo Senhor Professor Armínio de Lalor Mota[8] – Presidente da Comissão de Inquérito da Universidade de Recife – *Nesta*

---

[7] "Em maio de 1964, compareceu perante a Comissão de Inquérito da Universidade do Recife, ocasião em que foi interrogado. No dia 22 do mesmo mês, o presidente da Comissão de Inquérito dirigiu ofício a sua pessoa, convidando-o para apresentar, por escrito, até o dia 25, os esclarecimentos que julgasse necessários sobre as atividades no SEC, os quais, segundo aquela Comissão, poderiam ser utilizados como peça de defesa em seu favor, no que dizia respeito à aplicação do Ato Institucional, bem como das demais disposições legais atinentes à espécie, podendo ainda, se julgasse conveniente, prestar outros esclarecimentos além dos indagados, desde que se relacionassem com suas atividades no SEC. No dia 25 de maio, Paulo Freire respondeu às indagações que lhe foram propostas pela Comissão de Inquérito, acerca de suas atividades no SEC" (Certidão da ABIN, p. 3 e 4).

[8] "Prestou depoimento, como indicado, no IPM mandado instaurar pelo reitor da Universidade de Recife, a fim de apurar as responsabilidades de servidores docentes e administrativos lotados em todas as faculdades que integravam aquela universidade e na reitoria, pela prática de crime contra o Estado ou o seu patrimônio e a ordem política e social ou de atos de guerra revolucionária. O encarregado do inquérito, em seu relatório datado de 30 set. 1964, concluiu que pelos fatos apurados, Paulo Freire estava sujeito às sanções impostas pelo art. 2º incisos III e IV, da Lei nº 1.802/53 (LSN).
De acordo com a Resolução nº 204/CGI, de 30 set. 1964, a Comissão Geral de Investigação tendo examinado a Investigação Sumária realizada em Recife/PE, com vistas à aplicação das sanções previstas no art. 7º parágrafo 1º do Ato Institucional, e considerada a defesa apresentada pelo acusado Paulo Freire, professor catedrático da Universidade de Recife, constatou que as irregularidades praticadas pelo mesmo não eram de molde a justificar a aplicação das referidas sanções, sem prejuízo entretanto do andamento de inquéritos ou processos penais a que estivesse sujeito" (Certidão da ABIN, p. 5 e 6).

PAULO REGLUS NEVES FREIRE, casado, 42 anos, brasileiro, residente na Rua Alfredo Coutinho, Jardim Triunfo, professor, bacharel em direito, livre docente da cadeira de História e Filosofia de Educação, responde às indagações que lhe foram propostas por essa Comissão de Inquérito.

1) – Quais as funções desempenhadas por V.S. no SEC, até 31 de março do corrente ano?

Com a criação, em fevereiro de 1962, do Serviço de Extensão Cultural da Universidade do Recife, velho sonho do Magnífico Reitor e meu, fui, desde aquela época, seu diretor. Posteriormente enquadrado na Universidade, de acordo com a Lei n.4069, de junho de 1962, como técnico de educação, continuei à frente do referido Serviço.

2) – A quem estava V.S. administrativamente subordinado e a quem transmitia ou dava ordem?

Estava administrativamente subordinado ao Magnífico Reitor. Precisamente porque o SEC era uma equipe e, sem falsa modéstia, equipe séria, realmente universitária, dialogava mais do que dava ordens. E os resultados de nossos diálogos, em torno de programas de trabalho, eram levados ao Magnífico Reitor, sempre a par de tudo, e apoiando-nos com firmeza e até com justo orgulho – o de ver sua Universidade engajada em esforço idêntico ao de tantas Universidades respeitáveis, de áreas desenvolvidas ou em desenvolvimento. Justo orgulho – o de ver velho sonho ser concretizado. Leiam-se neste sentido, suas referências ao SEC, no Relatório do ano passado, aqui anexado.

3) – Recebia V.S. orientação ou diretriz de algum superior hierárquico no que diz respeito aos trabalhos que desenvolvia no SEC e particularmente no RUR?[9]

Meu superior hierárquico, segundo já explicitei acima, em que pese fosse esta explicitação uma obviedade, era o Magnífico Reitor. Ele, por sua vez, se comportava comigo e minha equipe, como eu com esta. Universitariamente dialogava, ora comigo, ora comigo e a própria equipe, ou com alguns de seus membros.

4) – Assumia V.S. inteira responsabilidade de seus atos no SEC e na RUR ou se apenas executava as ordens recebidas?

Insisto em que o SEC era um órgão Universitário, o mesmo sem o "Status" de Instituto ou Faculdade ou de Escola e não um setor administrativo. Dessa forma, não apenas eu, mas a equipe, jamais fugimos à responsabilidade do que fizemos em nosso campo pessoal, como do que fizemos enquanto equipe. Mesmo porque, não assumirmos a responsabilidade de nossos atos seria ultrajar a nós mesmos, a nossos filhos, a nossos amigos, a própria Universidade, que amávamos. Ainda mais: seria admitirmos, ontem como hoje, que éramos indignos de ter feito o SEC e incriminar o Magnífico Reitor, por ter ele consentido, num Serviço a ele diretamente ligado, homens sem caráter.

5) – Prestava V.S. conta de seus atos a seus superiores hierárquicos?

Já salientei na resposta à segunda (2ª) pergunta deste documento e agora ratifico jamais ter deixado o Magnífico Reitor alheio às atividades do SEC. E ao fazê-lo, sempre

---

9   RUR: Reitoria da Universidade do Recife.

duas razões fortíssimas me moviam: de um lado, o dever de subordinado. Do outro, o dever de lealdade a um homem a quem muito devo e de quem sempre fui amigo. Aprendi, com meu pai e com minha Igreja, que a lealdade, a coragem e a honradez, a retidão não podem ser desprezadas pelo homem, sob pena de se desprezar a si mesmo, e deixar de já ser homem.

6) – Estavam os superiores hierárquicos de V.S. sempre de acordo com as orientações que imprimiu as suas atividades no SEC e na RUR?

Vide mais uma vez o documento número um (1).

7) – As decisões relativas à orientação e programação dos trabalhos do SEC e da RUR eram tomadas por algum órgão colegiado dentro da estrutura do SEC?

Apesar de o SEC, como já afirmei, trabalhar em equipe, havia, em sua estrutura, como exigência mesma de uma maior organicidade de trabalho, setores com seus responsáveis diretos. Elaborados os planos de cada setor, eram discutidos, então, pela equipe, que os aprovava com modificações ou não.

8) – Participava V.S. de reuniões semanais no SEC?

Toda vez que me encontrava no Recife, e o fazia mensalmente, participava das reuniões da equipe, como seu coordenador. Na minha ausência, esta função cabia ao Padre Almery Bezerra, então Secretário do SEC.

9) – No caso afirmativo quais os assuntos habitualmente tratados nessas reuniões?

Não podiam ser outros, que não os pertinentes às atividades do SEC – suas pesquisas, seus cursos etc.

10) – Sabe V.S. se o SEC em relação aos vários setores de atividades recebia colaboração de outras entidades quer públicas ou particulares?

Quando, em junho, do ano passado, fui convidado pelo Doutor Paulo de Tarso, então Ministro da Educação, para Coordenar, no país todo, um programa de educação de adultos e não simplesmente de alfabetização, convite honroso, não só para mim mas para a Universidade, fiz questão de exigir-lhe: A) que minha esposa me acompanhasse. B) que continuasse eu à frente do SEC o qual, assim, impunha ao MEC uma política educacional no campo específico da educação dos adultos e não o MEC uma política educacional do SEC. C) que o MEC fizesse convênio com a Universidade do Recife para que pudesse o SEC, não só continuar suas pesquisas, mas executar seus planos de trabalho. Aceitas essas exigências, assumi a Presidência da Comissão Nacional de Cultura Popular, e foi realizado o convênio devidamente assinado pelo então Ministro e pelo Magnífico Reitor, de Cr$.-89.400.000,00 (oitenta e nove milhões e quatrocentos mil cruzeiros), dos quais, quase um (1) anos depois, tem a Universidade do Recife, perto ainda de Cr$.-50.000.000,00 (cinquenta milhões de cruzeiros), o que comprovará pelas contas da Universidade e o que foi declarado, em recente entrevista do Magnífico Reitor. Isto, quanto à colaboração em dinheiro. Do Consulado Americano, recebeu o SEC uma valiosa doação: excelente coleção de discos de músicas clássicas, gravação da NBC. Do Consulado da França, discos contendo um curso de língua francesa, deste Consulado recebemos ainda colaboração cultural. Neste sentido, porém, de modo geral, o SEC é que prestava colaboração. Assim, demos cursos sobre problemas de educação no meio Rural e Urbano, a convite da Universidade Rural de Pernambuco. Demos seminários na Faculdade de Economia de Campina Grande, Universidade da Paraíba. Realizamos uma semana de estudos sobre o Nordeste, na Pontifícia Universidade Católica do Rio de Janeiro. Demos seminários a professor e a 10 alunos da Universidade de New York. Demos conferências a professores americanos do Seminário de Verão da Fulbright Comission, em cujo relatório se afirma ter sido "soberbo" o que o SEC lhes ofereceu. Demos cursos e conferências para a SUDENE. Recebemos vários professores europeus e norte-americanos, ora isoladamente, ora em grupo, com quem debatíamos os programas do SEC e discutíamos aspectos da realidade nacional. Várias outras contribuições de caráter universitário foram dadas pelo SEC, durante seus dois (2) anos de existência. Todas elas bem recebidas, graças a Deus. Para não falar nos encontros proveitosos com adidos culturais da França, dos Estados Unidos e da Inglaterra.

11) – Havia concordância entre o SEC e os demais órgãos públicos ou particulares integrados na Campanha de Alfabetização de Adultos?

O papel fundamental do SEC, na Campanha de Alfabetização de Adultos, era o de preparar quadros para qualquer Instituição que o procurasse. Para a continuidade de suas pesquisas e objetivos didáticos mantinha ele mesmo nove (9) "Círculos de Cultura na Várzea", com a colaboração, inclusive, de jovens seminaristas e do próprio pároco daquela freguesia. Neste sentido, preparou pessoal para o Governo do Estado do Rio Grande do Norte, que usava o Método sob os auspícios da "Aliança Para o Progresso". Preparou pessoal para o Governo do Ceará e isto muito recentemente a cujas aulas ou a algumas delas assistiu o próprio Governador, vivamente impressionado. Preparou pessoal para a Fundação, criada em São Lourenço da Mata, Pernambuco, de que o maior colaborador foi a FIAT LUX. Preparou pessoal também para o MCP. Divergências ligeiras houve entre esta Instituição e o SEC, logo depois desfeitas.[10]

12) – Tinha V.S. conhecimento das críticas feitas na imprensa do Recife sobre atividades subversivas ou de propagação de ideias contrárias ao regime democrático, tanto na RUR como na Campanha de Alfabetização e publicações do SEC?

Li não só algumas das críticas feitas na imprensa (neste sentido fiz um verdadeiro curso de como se pode por ignorância, má fé, ou outras coisas quaisquer, distorcer o pensamento dos homens), em que se falava das atividades "subversivas" do SEC, da sua Campanha de Alfabetização e de sua Emissora, mas também as que diziam o contrário, uma das quais pedimos fosse anexada a nosso depoimento oral, do sociólogo, antropólogo e quase poeta Gilberto Freyre e outra, que juntamos agora, feita por dois brilhantes intelectuais do Recife, um dos quais é hoje diretor do Departamento de Assistência às Cooperativas do Estado, doutor Walter Costa Porto. Lia, não apenas no Recife, mas no resto do país, opiniões que me defendiam e me acusavam. Até a daque-

---

10 Paulo refere-se a questões de alfabetização através de seu Método ou pela Cartilha de Norma Coelho e Josina Godoy, já mencionada.

les que jamais me tendo lido ou ouvido, afirmavam e ainda afirmam que "a cartilha do professor Paulo Freire é subversiva". E eu nunca escrevi cartilha. E eu provei cientificamente que, pelo menos quanto a adultos, a cartilha é um instrumento pedagogicamente superado. Chegou-se a dizer, num mesmo artigo do "O Estado de S.Paulo", que o professor Paulo Freire em seu Método era "nazista e bolchevista". Falou-se alto que o professor Paulo Freire fazia a "lavagem cerebral à moda dos comunistas". Que o Professor Paulo Freire pretendia comunistizar o país. Que o "Método Paulo Freire era eletrônico e caríssimo na sua aplicação." Meu Deus! Que gaiatice, se não fosse uma estupidez. Eletrônico, porque me servia de canais múltiplos de comunicação, entre eles o visual, através de projetores. E o custo do projetor? Cr$ -7.800,00 (sete mil e oitocentos cruzeiros). E o custo do "strip-film"? No máximo Cr$ -4.000,00 (quatro mil cruzeiros) por unidade, tendendo a reduzir-se a mil. E a projeção? Na própria parede da casa em que se instalasse o Círculo de Cultura. E onde não fosse possível esta projeção na parede, como em Brasília, em que os Círculos eram instalados em barracos de madeira, que dificultavam a boa visibilidade da imagem, um quadro negro, cujo lado oposto servia de tela. Em Brasília, estes quadros custaram Cr$ -7.000,00 (sete mil cruzeiros),[11] por unidade. Acrescente-se, ainda, que os projetores adquiridos pelo MEC atuam com 220, 110 e 6 Volts. O Governo brasileiro adquirira 35.000 (trinta e cinco mil), desses projetores e poderíamos erradicar o analfabetismo no Brasil[12] entre 3 anos e meio e 4. Nunca se leu ou nunca se quis ler ou ouvir que defendi e defendo exatamente o contrário. Que, precisamente porque sou cristão – e o afirmo hoje como o afirmei ontem com toda a responsabilidade que sei pesar sobre quem existe ou procura existir cristãmente, sempre vi no homem uma pessoa e na pessoa um sujeito e nunca um objeto. Daí a ênfase que sempre dei ao diálogo, que não existe sem amor, máximo da comunicação entre os homens e entre estes e o seu Criador. Sempre defendi uma educação libertadora, jamais massificadora. Sempre entendi, com André Lamouche, ("D'une morale de l'amour à une sociologie de la raison". Que "il n'est pas aujourd'hui d'imperatif plus vital que d'élaborer des solutions communes au problème sociologique de l'organisation rationelle des activités collectives, et au problème moral du respect des libertes et des aspirations fundamentales de la personne humaine" pág. 8). Sempre combati a "sloganização", como minimização e deformação do homem. E se estas afirmações, falsas e absurdas, vez ou outra me abatiam, precisamente porque, o que buscava era uma contribuição séria para o meu país – contribuição, permita-se-me a imodéstia – que me fez respeitado por grandes centros culturais do estrangeiro, outras vezes, da imprensa ou não, falavam linguagem diferente e entendiam o meu esforço em prol de uma edu-

---

11 O valor de Cr$ 7.000,00 (sete mil cruzeiros) em março de 1964 equivalem, em maio de 2005, a R$ 39,35 (trinta e nove reais e trinta e cinco centavos), correção feita pelo IPC-SP, e R$ 123,55 (cento e vinte e três reais e cinquenta e cinco centavo) com a correção pelo IGP-DI.

12 Chamo a atenção para o fato de que, nos anos 60, Paulo falava em "erradicar o analfabetismo", conceito que ele mesmo criticará a partir dos anos 70.

cação autenticamente democrática. "Senhor Presidente, disse o deputado Cardoso Meneses (Eurípedes), após conferência que tive a honra de pronunciar perante a Comissão de Educação e Cultura da Câmara de Deputados, em Brasília, e cujas notas taquigrafadas podem ser requeridas àquela Casa, desejava me congratular com V. Excia. e com os nossos colegas, por esta inesquecível tarde. Desejo também dar os meus *parabéns ao senhor professor Paulo Freire pela grande obra que está realizando*. Isto é realmente educar no sentido etimológico da palavra, 'ex-ducere', trazer à tona as virtualidades, tirar de dentro, realizar o amor. Meus parabéns, prossiga. De parabéns estamos todos nesta Casa." "Senhor Presidente, disse o então Deputado professor Guerreiros Ramos, queria congratular-me pela qualidade da exposição que acaba de fazer o professor Paulo Freire. Eu não conhecia S. Excia., senão de nome, e também não conhecia a realização de que ele vem sendo o principal empresário e me declaro aqui muito comovido em relação a tudo que ouvi. Na verdade, continuou, tudo que ele me disse aqui me é familiar do ponto de vista dos pressupostos, porque vejo na exposição que ele fez uma teoria da Educação e um Método de educar. Uma teoria de efeito educacional induzida das necessidades vegetativas do Brasil, mas, ao mesmo tempo, uma teoria que incorpora tudo aquilo que constitui a atmosfera cultural e científica do século XX – notadamente a fenomenologia e a dialética." E prossegue: "são evidentemente traços característicos da teoria da educação implícita neste trabalho, que o Ministério da Educação vem patrocinando, estes dois esforços culminantes do século XX, que são a fenomenologia e a dialética. Não a dialética, adianta o professor Guerreiro Ramos, tal como Marx a concebeu, porque a dialética hoje se desprendeu de Marx, transcende a Marx. Mas, a dialética naquilo em que ela não está enfeudada a este ou àquele nome, a este ou àquele autor, naquilo que ela passou a ser patrimônio de um culto. Portanto, quando digo dialética hoje, não digo marxismo e fico muito orgulhoso de assistir a esta exposição porque este empreendimento ilustra como o trabalho da incorporação da técnica e da teoria do saber ao Brasil não implica em nenhuma *atitude xenófoba* em nenhuma atitude agressiva contra os estrangeiros" [grifos meus]. E mais adiante: "Isto é um fato que não pode deixar de ser sublinhado, porque tem enorme importância política, no momento em que o país se encontra internacionalizado, não somente do ponto de vista de interferência estrangeira nos negócios internos do Brasil, mas do ponto de vista da interpretação do Brasil. O Brasil é um país internacionalizado. Porque há interpretações domesticadas aos Estados Unidos, interpretações chinesas, interpretações soviéticas, interpretações cubanas, quando não somos um país cuja destinação nos garante que poderemos nos orgulhar de nós. De não sermos nem Estados Unidos de segunda mão, nem Cuba de segunda mão, nem União Soviética de segunda mão, nem China de segunda mão (aplausos). Somos o Brasil com a nossa cultura. O Brasil de primeira mão. E este aspecto, continua o Mestre brasileiro, esta implicação política está na exposição, no grande "show" a que assistimos essa tarde." E enfático: "Não! Na linguagem do teórico deste movimento, não há nenhum enfeudamento sectário" (o grifo é nosso). Alongou-se ainda o professor Guerreiro Ramos em considerações desse teor para, em seguida, ouvirmos o deputado e também Mestre universitário, professor Brito Velho, do PL do Rio Grande do Sul. "Senhor Presidente, Senhor Ministro, Senhores Deputados, Minhas Senhoras e Meu Caro Amigo – permita que eu ouse usar a palavra de tal conteúdo. Eu diria preliminarmente se o nosso colega e amigo Paulo de Tarso realizasse a sua gestão, apenas isso, já teria feito uma obra de valor inestimável e se poderia dizer que, como Ministro, ele teria vinculado seu nome à gratidão dos brasileiros. "Senhor Presidente, continuou o eminente homem público brasileiro, queria dizer a V. Excia., que não foi tanto com a curiosidade de homem afeto a problemas psicológicos, nem apenas pedagógicos, que eu acompanhei esta exposição. Fui tomado desde o princípio, de uma emoção toda especial e, em certa altura, enquanto a ilustre professora (uma jovem que me assessorava), fazia a projeção, eu estive a ponto de chorar e confesso a V. Excia. que não sou um homem chorão. Não sou homem dado à lágrima, mas, me comoveu de tal maneira o verificar este fato tremendo, qual seja do que o homem é capaz, associado à verificação do que o homem tragicamente é, neste país, que esta associação e a reflexão dela decorrente, quase me levam às lágrimas. Por isto, Senhor Presidente, eu queria dizer que, triste de mim, que sou um velho... enquanto o professor Guerreiros Ramos muito mais moço do que eu, percebia na exposição e na fundamentação segura e sólida do professor Paulo Freire, a mais moderna ciência, a mais moderna filosofia da educação – e tinha razão nisso – eu, homem velho, percebia que o professor Paulo Freire, exatamente porque é moderno, é tremendamente antigo. A primeira coisa em que pensei, enquanto ele expunha, não foi em Hussel, nem em Max Scheller, nem nos doutrinadores modernos. Eu pensei foi em Sócrates. Eu senti que toda a maiêutica socrática estava admiravelmente realizada no processo que o professor Freire, com tanta perfeição realiza". "E ainda mais velho que sou e antigo, por conseguinte, senti um sopro de Santo Tomáz de Aquino na sua conceituação de educação. Eu não tenho tempo agora para fazer uma análise cuidadosa de uma série de conceitos que foram expendidos pelo professor Paulo Freire, mas toda a sua exposição estava embebida, ao mesmo passo da maiêutica socrática e dos conceitos fundamentais que, de forma genial, inigualável, Santo Tomáz de Aquino estabelecera, em pleno século XIII. Vejam, continua o eminente mestre da Universidade do Rio Grande do Sul, como há uma verdade tremenda naquele pensamento do Antigo Testamento: "que é o que é?" "É o mesmo que foi", responde o Livro da Sabedoria. É esta continuidade admirável, que existe no pensamento humano, fazendo com que o mais atual, o mais exato, o mais moderno pensamento científico seja, de fato, uma explicitação progressiva daquilo que os antigos, que os clássicos e que os medievais haviam plantado. Eu queria ressaltar preliminarmente este aspecto que me encantou de maneira extraordinária na exposição do professor Paulo Freire e que, para mim, como exposição, enquanto exposição, se me afigura uma das mais belas palestras que até hoje ouvi. E posso dizer à Casa que já tenho ouvido muitas, não apenas no Brasil, mas em terras européias, onde morei anos, assistindo a professores dos mais eminentes. E poucas vezes tive oportunidade de apreciar uma exposição tão rica, tão sólida, tão cheia de sugestões e, ao mesmo tempo, tão clara, porque um dos males dos pensadores é o de serem obscuros. Aliás, La Fontaine já dizia com malícia: "On n'ecroit savan parc que je suis misterieu". Muitos dos sábios, dos grandes pensadores, não são pensadores, não são pensadores nem sábios, eles são é misteriosos e, porque misteriosos, imagina-se que sejam profundos. O deputado Guilherme Machado, em aparte: "Como não me inscrevi para falar, permita-me que interfira. A propósito dos traços com que V. Excia. marca, para justiça de todos nós, a exposição realmente encantadora – poucas vezes se ouve falar de ciência com tanto encantamento como o professor Paulo Freire o fez – bastaria que V. Excia acentuasse, e ninguém com mais autoridade do que V. Excia., que esta maiêutica a que ele recorre, como homem fiel à linha essencional da ciência, trouxe, na sua palavra, uma das traduções mais edificantes, mais vivas, mais presentes, da psicologia da forma (gestalt), aplicada à pedagogia moderna". E entre outras tantas considerações que muito me honraram, conclui o Deputado Brito Velho: "Bem, Senhor Presidente, peço desculpas por ter sido um pouco longo. Devia, porém, como o eminente colega Guerreiros Ramos, dizer alguma coisa, porque é excepcional o que foi ouvido, o que foi presenciado esta tarde. É um dia que deve ser marcado como um dia de festa nesta Comissão, que tem primado, graças à altitude e à visão do seu Presidente, por trazer aqui pessoas capazes de debater com largueza e com profundidade temas de importâncias. Como hoje, porém, nenhuma vez. E por isso, agradeço, e agradeço não como Deputado. Agradeço como pessoa, que é algo de muito mais importante do que ser deputado, do que ser qualquer coisa. Agradeço como ser humano, como criatura de Deus. Como seu irmão, agradeço emocionado esta exposição de excepcional valia, porque mostra, não apenas o de que é capaz um amigo nosso, mas o de que será capaz de realizar este nosso amigo, *com a sua equipe em benefício do Brasil, humanizando no sentido próprio, no sentido profundo da palavra os homens que estão desumanizados. Isto é o que se pode chamar humanizar a pessoa, humanizar a sociedade. E como o trabalho do eminente professor Freire e da equipe que ele dirige, está realizando tal tarefa*, nós, representantes do povo, podemos e devemos dizer que nos sentimos orgulhosos e damos graças a Deus *por existirem, neste país, algumas pessoas como V. Excia., eminente professor e caríssimo, amigo Paulo Freire*". Encerrando a sessão, assim se expressou o Excelentíssimo Senhor Presidente: "Meus nobres colegas professor Guerreiros Ramos, Cardoso de Meneses e Brito Velho bem interpretaram aquilo que a Presidência deveria dizer depois da brilhante palestra, da brilhante aula de sabedoria, que todos recebemos nesta Casa (digo, nesta tarde). Sabem os colegas que tem sido nosso desejo que não nos limitemos àquelas tarefas rotineiras de apreciar projetos, às vezes sem muita importância, que não atraem os colegas para este órgão da Câmara, mas que realizemos sessões como esta e a de hoje vai ficar memorável, vai ficar inesquecida. Sem dúvida alguma, sairemos hoje necessitando de meditar, de meditar longamente sobre tudo que ouvimos. Depois de recebermos os exemplares que serão distribuídos, deveremos voltar àqueles conceitos, aqui analisados, para refletir sobre eles, porque muito esta Comissão tem que apreender e já apreendeu esta tarde. Lamento é que não tenham estado presentes todos os que a integram, pois que viveriam a emoção que nós vivemos. Não fora já a minha idade. Se eu hoje fosse ainda jovem e tivesse de escolher uma carreira, eu, que me encaminhei para o Magistério, talvez pensasse nestas multidões que, famintas da luz do saber, precisam receber aquele gesto de humanidade, diria até de compaixão cristã, *que um Método como este proporciona àqueles que necessitem de levantar o seu padrão de vida*. (o grifo é nosso). Pelo meu espírito, continuou o Presidente, passaram durante a exposição desta tarde várias passagens do Evangelho. Uma delas é aquela de Cristo. Que, diante de uma grande multidão, sentiu-se comovido (digo movido) de íntima compaixão. Hoje, nós experimentamos um pouco desta compaixão e foi isso que me emocionou profundamente. Disse o Deputado Brito que esteve a ponto de chorar. Também o Presidente sentiu-se emocionado. Realmente, estamos de parabéns pelo trabalho desta tarde. Senhor Ministro, Vossa Excelência está de parabéns em ter convidado o *professor Paulo Freire para realizar a obra admirável que está realizando*. O seu Ministério há de merecer a consagração dos brasileiros se este trabalho persistir por muito tempo. Peçamos a Deus que tenhamos muitas tardes como esta e que todos aprendamos muito para servir ao Brasil. Servir ao Brasil é servir ao seu povo, a seu povo sofredor, a seu povo que espera de seus representantes atitudes de desprendimento, de amor, de serviço, de abnegação. Senhor Ministro, mais uma vez, agradeço a Vossa Excelência e ao Professor Paulo Freire". De Dom José Newton, Arcebispo de Brasília, para quem falei em reunião do clero, convocada para tal, ouvi afirmações desta ordem. De Dom Fernando, Arcebispo de Goiânia, também. De Dom Távora, de Dom Carlos Coelho, hoje falecido, e então Arcebispo de Olinda e Recife, também de Dom Padim, em São Paulo, igualmente. Com alguns destes arcebispos, acertara já a adequação do Método à educação religiosa, pretendendo Dom Newton estender posteriormente as experiências às Forças Armadas Brasileiras, na qualidade de seu capelão mor. De professores, com Alejandro Covorubias Z, expert itinerante da UNESCO, ouvi que a visão humanista cristã e científica, a qual dera eu à educação de adultos, estes e até bem pouco, para ele, mais no nível do artesanato, projetava o Brasil mais de 50 anos à frente do que se fazia no mundo. Do professor Jofre Dumazidier, talvez a maior expressão atual da Sociologia do Lazer e da Cultura ouvi, em conferência realizada no SEC sobre nosso trabalho, que inaugurara eu uma Pedagogia da Comunicação e que trouxera uma sólida contribuição à Pedagogia moderna. Do eminente adido cultural da França, no Recife, professor Cherrel, ouvi referências não menos elogiosas, que muito me honraram pelo alto padrão de sua cultura. De especialistas da América Latina, reunidos pela UNESCO em Brasília, a quem falei, mesmo que não tivesse estado incluído na programação, mais por solicitação das Delegações ouvi as mesmas afirmações. À TV Francesa, sob o patrocínio da UNESCO, dei entrevista em "videotape" por sua solicitação e ouvi de seus técnicos que o nosso trabalho projetava o Brasil, superando tudo que tinham visto, em sua incumbência, no mundo, acrescentando terem honra em me conhecer. De professores norte-americanos recebi cartas como algumas que anexo a este documento, uma do Instituto de Pedagogia de Hamburgo, além de convites para participar de congresso, recebo, recentemente, por intermédio de professora brasileira, do Rio Grande do Sul, que lá estagiara, o convite para escrever em sua revista especializada. Da OEA, agora, recebo consulta no sentido de se aceito atuar em Lima, orientando Universidades Rurais, no campo da comunicação visual e da informação escrita. De mestres brasileiros, como Anísio Teixeira, Fernando de Azevedo, Abgar Renault, Artur Rios e outros, ouço as melhores referências. Faço conferência a convite na Associação Brasileira de Educação a que preside o eminente educador Joaquim Moreira de Souza e me fazem seu sócio após aplaudirem entusiasticamente as teses por mim defendidas. A "Aliança Para o Progresso" defendeu-me, contestando a "comunização" apontada em meu trabalho. Do Sr. Gilberto Freyre, ouço em sua casa, após lhe expor as bases filosóficas, sociológicas e metodológicas do "trabalho que nem eu sabia o que fizera". "Que eu fizera não só um método de alfabetizar, mas um método de aculturar". Do professor Jucundino, então Secretário da Educação do Paraná e hoje Chefe do Gabinete do Excelentíssimo Senhor Ministro da Educação, que não apenas me deu a honra de assistir a curso dado em Curitiba por mim e dois assistentes meus, mas adotou o Método em seu Estado, com o conhecimento óbvio do Excelentíssimo Senhor Governador Nei Braga, ouvi também as melhores referências. Do Excelentíssimo Senhor Governador Magalhães Pinto, que me desvaneceu subindo cinco andares a pé, com sua Excelentíssima Senhora, para assistir à conferência por mim proferida, em novembro próximo passado, em Belo Horizonte, ouvi em sua residência Governamental, aonde fora por sua solicitação, terminar a exposição que ele não pudera ouvir, por motivos superiores, na noite anterior, o seguinte: "Professor Paulo Freire, Minas não apenas usará o seu Método mas o defenderá nacionalmente, se necessário for". Como conceber que o governador Magalhães Pinto pretendesse comunizar o seu Estado? Do senhor Secretário de Educação de Santa Catarina, o ofício que anexo e em que agradeço a colaboração que prestei à semana de estudos sobre alfabetização em Florianópolis. Do Excelentíssimo Governador do Piauí, Doutor Petrônio Portella, recebo o telegrama que também junto a este documento. Não! Nenhuma destas autoridades brasileiras estava, nem está, interessada em comunizar o país. Nem tampouco nenhum dos deputados, nem dos professores estrangeiros e brasileiros aqui citados é comunista. Aderiram a nosso trabalho, porque realmente não era subversivo. Mentem e caluniam. Distorcem e traem a verdade os que afirmam intenções antidemocráticas no que fazíamos. Dei entrevistas a jornais europeus, a jornais norte-americanos. A jornais brasileiros. No Recife, mesmo, expus durante uma hora de televisão, num programa do jornalista Sócrates Times de Carvalho, as bases em que assentava o nosso esforço pedagógico. Daí, que nunca me tivesse abalado a responder a críticas, que não posso chamar de infantis, para não ofender as crianças, que me faziam e à minha equipe. Acusações de subversões, de extremismo. De plagiador de uma cartilha do professor Sodré, a respeito do que confesso até humilhado, que não conheço. Humilhado porque, educador, deveria conhecê-lo. Afirmações em torno da nenhuma originalidade de nossa contribuição. Em matéria de originalidade, sempre pensei com

Dewey: a originalidade está não em se fazer algo absolutamente novo, mas em se dar um novo enfoque às coisas velhas. Críticas que me punham diante da opinião pública como "carreirista". De outro lado, também, nunca publiquei os elogios e as referências aqui transcritas. Faço-o agora, até com certo pejo, se bem que veemente e abundantemente apenas para defender-me. Nego, pois, a veracidade das acusações assacadas contra o SEC, anteontem, ontem e hoje. Nego que o SEC, como um todo ou em suas dimensões – a da alfabetização ou a da rádio, uma estação séria, universitária, cujo Diretor e corpo de auxiliares merecem respeito, fosse ou exerça atividades subversivas ou contrárias ao regime democrático. Horroriza-me o assanhamento destas acusações. Nego que o SEC tivesse publicações subversivas e afirmo que editava apenas o seu boletim informativo. E porque a tudo isso veementemente nego, considero respondidas as perguntas dos itens 12, 13 e 14.

15) – Colaborou V. S. na elaboração de roteiros utilizados pelos alfabetizadores da Campanha de Alfabetização de Adultos?

Fiz, com o professor Jarbas Maciel, os roteiros das situações com que dávamos o conceito antropológico de cultura. Ao introduzirmos o homem comum dialogalmente no domínio das diferenças entre o mundo da cultura e o da natureza, a par da superação que iniciaria de sua consciência predominantemente "mágica" para uma consciência predominantemente crítica, com a organização reflexiva de seu pensamento, estávamos levando-o a descobrir-se como Sujeito no mundo. Como um ser criador e recriador, capaz de captar os dados objetivos de sua realidade e os laços que prendem um dado a outro dado. Esta captação, acrescente-se, é ontologicamente crítica, por isso reflexiva, e não puramente reflexa, como bem cabe à esfera dos contatos que os outros animais travam com o mundo. Daí, que seja capaz o homem, e só ele, de transcender. A sua Transcendentalidade, todavia, não é um dado apenas de sua qualidade "espiritual", no sentido scheleriano da palavra. Não é o resultado exclusivo da "transitividade" de sua consciência, que o permite auto-objetivar-se e, a partir daí, conhecer órbitas existenciais diferentes. Distinguir o eu de um não eu. A sua transcendentalidade está, para nós, sobretudo, na raiz de sua finitude. Do ser "inacabado" que é e cuja plenitude se acha na sua ligação com o seu Criador. Ligação que, pela própria essência, jamais será de dominação ou de domesticação, mas sempre de libertação. Daí que a religião – religare – que encarna este sentido transcendental das relações do homem, jamais deva ser um instrumento de sua alienação. Exatamente porque, ser finito e indigente, tem o homem na transcendentalidade, pelo amor, o seu retorno a sua Fonte. Que o Liberta. Esta introdução que dávamos aos analfabetos maieuticamente já era, em si, altamente democrática e agressivamente contrária às formas rígidas e ditatoriais. É preciso, aliás, que se insista muito numa obviedade: a democracia, antes de forma de governo, é forma de vida. É uma "frame of mind". E o que sempre pretendemos e sempre o fizemos no SEC, em qualquer de suas dimensões, foi trabalhar no sentido de desenvolver esta "frame of mind". Não posso deixar de rir, entre magoado e espantado, quando me acusam de "lavador de cérebros". A essência mesma da teoria pedagógica que defendemos e vivemos é alérgica aos regimes rígidos e só poderia florescer na plasticidade que caracteriza a vida democrática. Há, entre o que sempre fiz em educação e a rigidez antidemocrática, uma antinomia inconciliável.

16) – Reconhece V.S. em alguns desses roteiros uma diretriz contrária à ordem democrática ou que pudesse contribuir para a luta de classe?

Apesar de não ter sido o autor dos demais roteiros elaborados pela equipe do SEC, não reconheço neles nada de subversivo nem que incitasse à luta de classe. Esta tem outras raízes, que não os roteiros pedagógicos do SEC.

17) – Foi V.S. chamado para prestar depoimento pela IV Exército ou pela Secretaria de Segurança Pública do Estado? Depois do dia 31 de março deste ano?

Cheguei ao Recife há 10 dias. Encontrava-me em Brasília, recuperando-me do esgotamento provocado por excesso de trabalho. Minha intenção jamais fora a de fugir do País. Para ausentar-me por isso, da Capital do País, procurei saber, através de amigos, um deles apresentado para tal fim ao Excelentíssimo Senhor General Ernesto Geisel, Chefe da Casa Militar da Presidência, pelo Excelentíssimo Senhor General Muricy, Comandante da 7ª Região Militar, se havia por parte das autoridades do Exército algo contra mim. Nada havendo da parte do Exército em Brasília, nem tampouco da Polícia Civil, viajei para o Recife, onde me apresentei voluntariamente à Secretaria de Segurança Pública. Tive uma entrevista muito cordial com o Excelentíssimo Senhor Coronel Ivan Rui, Secretário da Segurança, que me disse não pretender a Polícia deter-me, precisando porém de prestar eu depoimento às autoridades, o que devo fazer ainda esta semana. Quanto ao IV Exército, não recebi nenhum chamado.

18) – Pertence ou já pertenceu a algum partido ou agremiação de natureza política?

Não. Uso apenas o direito de votar. Nunca tive pretensões outras que ultrapassassem esse direito.

CONSIDERAÇÕES FINAIS: Em decorrência da viabilidade para tal explícita no item 19. Estávamos e estamos convencidos quando, como educador, buscávamos uma contribuição à democratização de nosso país, auxiliado por jovens tanto quanto nós imbuídos disto no SEC, de acerto de estudos de Erich Fromm, de Mannhein, de Popper, da Wright Mills, do profético ToqueVille, de Zevedei Barbur, só para citar estes. Estávamos convencidos "the democratization is closely associated with a serie of process by which the commom pattern of life of group of individual becomes flexible". De que "Democracy is consequently defined as a flexible society, that is, a social structure open to change and novelty, and yet preserving its own basic character". E de que, "on the other hand, the mind of the individuals living in the modern era becomes more and more dominated by mental functions and structures which make it possible for them adjust (que eu diria integrar-se) to a complex and changeable world. One of this structure is reason, which I describe as the individual's capacity to grasp to the order in change, and the unity in variety. Intelligence is another function required for the adjustment (para mim integração) to the world dominated by change and novelty. Consequently the individual living in the modern world, that is, the man who created and maintains the democratic way of life, makes more and more use of intellectual, and less and less of emotional and instinctive functions in his adjustment (que eu diria integração). Barbu, Svedei – 'Democracy and Dictatorship' p. 4". Ora, um dos objetivos fundamentais de todo o nosso esforço pedagógico era exatamente este. O de contribuir para o desenvolvimento de uma mente democrática, por isso flexível, crítica, plástica, somente como poderia e poderá, ninguém se engane, o homem brasileiro existir a democracia, que, repetimos, antes de ser forma de governo, é forma de vida. É disposição mental. Todo o nosso empenho era o da superação das posições emocionais puramente instintivas, pelas críticas. Era pôr o homem diante das mudanças, capaz de optar. Instrumentalizá-lo para esta opção. Jamais indoutriná-lo, porque então assim não optaria. Seria domesticado. Massificado. Seria objeto e não Sujeito. E a isto se chamou de "lavagem cerebral"... Mas, admitamos para raciocinar, que algumas pessoas tivessem mesmo apreendido as técnicas e os processos, que todos podem usar, e se servissem deles para objetivos contrários àqueles que informavam a nossa "práxis". Que responsabilidade teríamos eu e minha equipe? Que culpa terá tido o professor e mestre brasileiro Anísio Teixeira das distorções de sua obra? Que responsabilidade teria Fleming se alguém tivesse usado contra-indicadamente a penicilina? Julga-se um homem pelo acerto ou desacerto de sua obra. Pela seriedade ou não de sua ação. Jamais pelas distorções que sofre, e as sofre só porque criou. Lembramo-nos, adolescente ainda, das perseguições e acusações de "subversivos e comunistas" de que vários intelectuais pernambucanos, para só falar nestes, foram alvo. Entre eles, o Sr. Gilberto Freyre. É que, nos seus estudos sociológicos e antropológico-culturais, falava em defesa dos cultos afro-brasileiros. Hoje, decorridos alguns bons anos, continua-se a acusar sem se saber o quê, e é a alfabetização que se torna subversiva agora. E há até quem diga que não adianta alfabetizarmos esses trinta e seis milhões de brasileiros, porque talvez "papagaio velho não aprende a ler". Como se estas legiões de analfabetos não constituíssem, para nós, seus irmãos letrados, uma prova de nosso desamor. De nossa incúria. De nosso fracasso. Como se não constituíssem uma vergonha nacional.[13] Como se não fosse o analfabetismo, por fim, um óbice sério ao próprio desenvolvimento do país, com uma mão de obra qualificada, que não ultrapassa vinte por cento. Nunca pretendemos ser os donos da alfabetização nacional. Há analfabetos demais... Se tudo o que dissemos em nossa defesa pessoal e na defesa do SEC, a ninguém convencer, paciência. Salvem-se, porém, os analfabetos". Paulo Reglus Neves Freire (assinado). Jardim Triunfo, Recife, 25 de maio de 1964.[14]

---

13 Conceito também, posteriormente, criticado por Paulo.
14 "O encarregado do inquérito, em seu relatório datado de 30 set. 1964, conclui que, pelos fatos apurados, Paulo Freire estava sujeito às sanções impostas pelo art. 2º, incisos III e IV, da Lei nº 1.802/53 (LSN) [Lei de Segurança Nacional], diz a Certidão da ABIN, p. 6.

O inquérito policial militar no Quartel da 2ª Companhia de Guardas do Recife

Pouco mais de um mês depois de responder ele próprio, por escrito, dentro de sua própria casa, ao inquérito da Universidade do Recife, Paulo foi "convidado" a responder interrogatório comandado pelo temido Ten. Cel. Ibiapina, considerado o militar mais cruel da "Revolução", no Recife.

Esta é a íntegra desse Inquérito Policial-Militar:[15]

---

15 "Foi indiciado em Inquérito Policial Militar (IPM) instaurado por determinação do comandante da guarnição e do 28º Batalhão de Caçadores (28º BC), através do Boletim Interno nº 130, de 16 jul. 1964, para apurar atos de corrupção e subversão ocorridos na 'Campanha Nacional de Alfabetização (CNA) – Método Paulo Freire', em Aracaju/SE. No relatório do encarregado do inquérito, datado de 4 de set. 1964, foram registrados os seguintes dados sobre sua pessoa: 'Indicio os senhores ... e Paulo Freire por haverem, como professores da CNA, em suas aulas, deturpado (pelo que parece), a filosofia do Método Paulo Freire, entrando em um campo político partidário, dentro da agitação política em que o País foi alvo, durante o governo deposto. Pode-se portanto o considerar, como atentado à ordem política e social do País'. Os autos foram remetidos ao cmt. do 28º BC que, por sua vez, determinou a remessa dos mesmos ao Auditor da (6ª RM), por intermédio do Presidente da Comissão Geral IPM/6, para os devidos fins de direito.
Em documento datado de set. 1964, além de registros já considerados, há ainda os seguintes dados a seu respeito: Pessoa de inteira confiança do ministro Paulo de Tarso, que o levou ao MEC em caráter efetivo e para colocar em prática o método de alfabetização que tomou o nome de "Sistema Paulo Freire. Foi a 'eminência parda' das gestões Paulo de Tarso e Júlio Sambaquy. Tinha todas as facilidades que faziam necessárias e livre-trânsito nas dependências do MEC. Deslocava-se com frequência para várias partes do país e tinha prioridade absoluta em recursos financeiros, passagens, viaturas, material de consumo, requisição de pessoal e dependência de trabalho. Em sua residência, conhecida como a 'Casa do Lago', eram realizadas reuniões com todo o 'grupo' que obedecia a sua orientação. Tinha a cobertura de Miguel Arraes. Os projetos pilotos do 'sistema' foram inicialmente postos em práticas em Recife/PE e depois foi a grande experiência de Angicos, no interior do Rio Grande do Norte, e em seguida Natal. A outra experiência foi em Brasília/DF, onde colocou em funcionamento 95 'Círculos de Cultura' nas cidades satélites de Taguatinga, Sobradinho e Gama. Paulo Freire firmou convênios com os estados da Paraíba, Bahia, Minas Gerais, São Paulo e Paraná. Na Paraíba, através da Campanha de Educação Popular, estabeleceu grande atuação principalmente no que diz respeito à concepção de grandes recursos financeiros. Tinha permanentemente o assessoramento técnico do Serviço de Extensão Rural [Cultural] da Universidade de Recife, que preparou supervisores e coordenadores do 'sistema' para as diversas regiões do País. O plano de aplicação do 'sistema' em largas dimensões previa a criação de 25 mil 'Círculos de Cultura' com aquisição de igual número de projetores. Estimava-se em mais de 3 milhões o número de pessoas a serem alfabetizadas em 1964. Paulo Freire, para e execução do seu 'sistema' planejou e conseguiu a instituição de um órgão que, por decreto do Presidente da República João Goulart, teve a designação de 'Programa Nacional de Alfabetização'" (Certidão da ABIN, p. 4 e 5).

TERMO DE PERGUNTAS A INDICIADO

No primeiro dia do mês de julho do ano de mil novecentos e sessenta e quatro, nesta cidade do Recife, no Quartel da Segunda Companhia de Guardas do Recife, presente o Tenente Coronel HÉLIO IBIAPINA LIMA, encarregado deste inquérito, comigo NOALDO ALVES SILVA, Capitão servindo de escrivão, compareceu PAULO REGLUS NEVES FREIRE, a fim de ser interrogado sobre sua atuação no Serviço de Extensão Cultural da Universidade do Recife, seu "método de alfabetização", suas atividades subversivas antes e durante o movimento de primeiro de abril do corrente ano e suas ligações com pessoas ou grupos de agitadores nacionais ou internacionais, em seguida passou aquela autoridade a interrogá-lo da maneira seguinte:

Qual o seu nome, idade, filiação, estado civil, naturalidade, profissão e residência. Respondeu que se chama Paulo Reglus Neves Freire, com 42 anos de idade, filho de Joaquim Themístocles Freire (falecido) e Edeltrudes Neves Freire, casado, pernambucano, professor universitário, residente à Rua Alfredo Coutinho, n.79 – Jardim Triunfo – Casa Forte – Recife. Perguntado onde estudou, explicando em detalhes, curso primário, secundário, curso superior de extensão, especializações e outros, respondeu que fez o curso primário iniciando-o em uma escola pública cujo nome não se recorda, na Rua da Harmonia, aproximadamente em 1927, logo após no grupo Escolar Mathias de Albuquerque, em Casa Amarela; que em 1931 foi para Jaboatão, onde concluiu o curso primário em uma escola pública, isolada, cujo nome não se recorda, que havendo falecido seu genitor, retardou seus estudos, iniciando o curso ginasial em 1936, fazendo a primeira série no extinto ginásio 14 de Julho, no bairro de São José, em Recife, transferindo-se no ano seguinte para o Colégio Oswaldo Cruz, já extinto, onde concluiu o seu curso ginasial em 1940, fazendo, em seguida, o curso pré-jurídico, para em seguida ingressar na Faculdade de Direto da Universidade do Recife, onde concluiu o curso em 1947 e que não possui nenhum curso de extensão ou especialização. Perguntado se após os estudos ou mesmo durante os currículos escolares exerceu funções ligadas ao magistério, respondeu que, como estudante do ginásio, favorecido por gratuidade, que lhe ofereceu o Dr. Aluízio Araújo, diretor do Colégio Oswaldo Cruz, buscando recompensar-lhe a bondade, o depoente ofereceu sua colaboração como auxiliar de disciplina, função que exerceu até o término do curso ginasial; que chegado ao curso pré-jurídico, passou a lecionar Português, no curso de admissão à quarta série ginasial; que como professor de português, no período e 1941 a 1947, lecionou, não apenas no colégio referido, mas também no Americano Batista, na Sagrada Família, no Porto Carreiro e no Colégio Padre Félix, neste último por seis meses em substituição ao hoje falecido Professor Moacir de Albuquerque; que em 1946 [1947] convidado pelo então diretor regional do Serviço Social da Indústria (SESI), em Pernambuco, Dr. Cid Feijó Sampaio, o depoente assumiu as funções de assistente da divisão de educação e cultura daquela instituição, cuja direção, aproximadamente 4 meses depois lhe foi entregue; que então, apesar de estudante de direito, inclinava-se o depoente aos problemas de educação. Naquele serviço teve oportunidade de iniciar experiências no campo da educação infantil e de adultos. Que neste último campo, realizou trabalhos positivos quanto às relações entre famílias e escolas. Que conseguiu-se (sic) superar um certo ar [ilegível] e verboso que caracteriza os chamados círculos de pais e mestres, faziam-se nossas reuniões, informalmente. Motivavam-se as famílias através, não só de cartas convites, mas também de visitas domiciliares realizadas por assistentes sociais. Que nestas visitas domiciliares realizadas se dizia da necessidade de um cada vez maior intercâmbio entre a escola e a família. De vez que a família, como instituição natural, é a primeira agência da educação, não devendo ser banida da escola, instituição auxiliar sua. Que estes trabalhos chegaram a interessar não só a educadores de Pernambuco, como a professora Isnard Moura, atual diretora do Instituto de Pesquisas Educacionais, da Secretaria de Educação de Pernambuco, mas também ao professor Roberto Moreira, então do Centro Brasileiro de Pesquisas Educacionais e hoje diretor da Oficina de Educación da UNESCO do Chile. Que em 1954, na gestão do Sr. Sebastião de Holanda Cavalcanti, assumiu o depoente a Superintendência Geral daquele serviço, intensificando as atividades no setor do Serviço Social. Que nesta época foi convidado pelo professor João Alfredo Gonçalves da Costa Lima para assumir interinamente a cadeira de História e Filosofia da Educação da Escola de Belas Artes de Pernambuco, da qual aquele professor era diretor; que posteriormente submeteu-se o depoente a concurso, obtendo o segundo lugar, tornando-se assim docente livre da Universidade do Recife. Em seguida, por convite do professor Newton Sucupira, catedrático da mesma cadeira na faculdade de Filosofia de Pernambuco, foi o depoente nomeado seu assistente, participando assim do corpo do Departamento de Educação daquela Faculdade. Que em 1958 representou o Estado de Pernambuco no 2º Congresso Nacional de Educação de Adultos, no Rio de Janeiro. A este tempo tomou parte como coordenador de uma experiência no campo das relações entre escolas e famílias, patrocinada pela Paróquia de Casa Forte e em colaboração com a Secretaria de Educação, dirigida no momento pelo professor Aderbal Jurema. Em fevereiro de 1962, convidado pelo então reitor de Universidade do Recife para realizar o velho sonho do reitor e do depoente, programou o serviço de extensão Cultural da Universidade do Recife, de que foi o diretor até março de 1964. Que em junho do ano passado foi convidado pelo então Ministro da Educação, Dr. Paulo de Tarso, para coordenar o plano nacional do setor da educação de adultos, estendendo, desta forma, as experiências que realizara não apenas no Recife, mas em Angicos, no Rio Grande do Norte. Nesta cidade tínhamos conseguido, com a colaboração de universitários daquele estado, alfabetizar cerca de 300 homens [e mulheres] em pouco mais de um mês. Este trabalho fora realizado a convite do governador Aluízio Alves e sob os auspícios da Aliança para o Progresso. Que sabedor dos resultados positivos pretendeu o ex-Ministro referido, fazer uma campanha de âmbito nacional. Esta a razão do convite que fez ao depoente. Com a aceitação do convite, criou aquela autoridade a comissão nacional de cultura popular de que o depoente foi o presidente. Que a tarefa inicial daquela comissão era preparar equipes nos estados, através de convênios com universidades federais, universidades católicas, secretarias de estado etc.; que, neste sentido, iniciou-se a preparação de quadros no Paraná através da Secretaria de Educação dirigida então pelo professor Jacundino, atual chefe do gabinete do Sr. Ministro da Educação. Em São Paulo, em convênio com a Universidade Católica (Faculdade de Filosofia). Em Minas Gerais, com outra Universidade Católica. No Rio Grande do Sul, com a Secretaria de Educação e desta forma com outros estados do Brasil. Que, com a posse do Sr. Júlio Sambaquy, em decorrência da renúncia do Sr. Paulo de Tarso, foi criado por decreto presidencial um programa nacional de alfabetização, de que o depoente era o coordenador. Aproveitando o trabalho já iniciado, foi intensificando a preparação do pessoal em quase todos os estados. Perguntado que sabe sobre o ponto de vista doutrinário, a respeito dos estudos e em consequência dos processos, métodos ou sistemas de instrução decorrentes e conhecidos pelos nomes de DALTON, MONTESSORI, MACKINDER, DECROLY, KILPATRICK, IENA DE PETERSON, COUSINET, SINTÉTICO, ANALÍTICO-SINTÉTICO, ALFREDINA, VESPERTINA, LAUBACH, respondeu que: Dalton fundava sua teoria da aprendizagem na participação ativa do educando na busca do conhecimento. Que Montessori fundamentava a sua filosofia pedagógica na liberdade criadora do educando. Que não conhece o método Mackinder. Que Decroly desenvolvia o método de projetos. Que Kilpatrick, dentro de uma perspectiva pragmatista, vinculava educação às mudanças sociais. Que não conhece o método Iena de Peterson. Que Cousinet baseia sua teoria pedagógica em Rousseau; que defende o máximo de liberdade na obra educativa. Que o método Sintético vai da parte para o todo. Que o método Analítico, do todo para a parte. Que o método Analítico-Sintético faz junção de ambos. Que não conhece o método Alfredina. Que não conhece o trabalho da professora Vespertina. Que julga que o método Lauback é um Analítico-Sintético. Perguntado se pode detalhar os vários estudos sugeridos pelo menos esclarecendo, de cada um, a síntese a que chegou cada estudioso ou cada grupo de estudiosos, respondeu que o grupo de educadores citados, participando das ideias da pedagogia moderna, defende em síntese uma educação ativa, em que o educando supera a passividade característica da escola antiga e assume uma posição participante no seu aprendizado. Perguntado se pode precisar, de cada método ou ensaio citado, qual a aplicação que teve em que país, respondeu que de um modo geral estes educadores influenciaram e influenciam a ação pedagógica hodierna, na Itália, nos Estados Unidos, na França etc. Perguntado se pode precisar, de cada um dos métodos ou processos citados, quais os resultados que produziram, onde foram aplicados, respondeu que Montessori fez suas experiências na Itália com absoluto êxito, observando-se porém que, vez ou outra, seus discípulos não conseguiram os mesmos resultados. Cousinet fez suas experiências na França, também com êxito. Lauback na Índia e no Brasil, igualmente com resultados positivos. Kilpatrick nos Estados Unidos, de onde irradiou sua influência. Perguntado se pode precisar, por exemplo, em que se baseou o método de ensino adotado pelo exército dos EEUU desde 1941, respondeu que tem a impressão que o método se baseou no respeito a pessoa do educando e uma participação ativa do educando no seu aprendizado. Caracteriza bem a educação americana o aprender fazendo. Perguntado se pode precisar em que método se baseou o ensino no Exército Brasileiro, respondeu que no método ativo em que o educando é levado a conhecer usando seu esforço pessoal, sua inteligência. Em que o educando pesquisa, cria e recria e não apenas memoriza. Perguntado quais as deficiências do método de ensino adotado no Exército Brasileiro, respondeu que, explicitando os valores acima citados, desconhece aspectos negativos. Perguntado qual a diferença entre o seu método de ensino e o método de Dalton, respondeu que a preocupação do depoente não era apenas a de alfabetizar, mas também a de educar o adulto; parte o depoente de uma crença profunda no homem, na sua capacidade de conhecer, uma vez que não está apenas no mundo mas com o mundo. A diferença no campo específico da alfabetização está em que esta para o depoente é um processo que parte de dentro para fora. Apreendendo o homem o mecanismo fonêmico de formação vocabular de uma língua silábica de uma língua como a portuguesa, com o auxílio do educador inicia o analfabeto, ele mesmo, a montagem do sistema de sinais gráficos. Perguntado qual a diferença entre seu "método" e o de MacKinder, respondeu que não conhece o autor. Perguntado qual a diferença entre seu método e o de Kilpatrick, respondeu que a diferença está propriamente entre a filosofia da educação Kilpatrick e as convicções filosóficas e religiosas do depoente, que é cristão. Perguntado qual a diferença entre o seu método e o de lena Paterson, respondeu que não conhece a autora. Perguntado qual a diferença entre seu método e o de Cousinet, respondeu que mais uma vez a diferença está na filosofia daquele autor, de caráter naturalista e a opção filosófica e religiosa do depoente já citada. Perguntado qual a diferença entre o método do depoente e o de Pabaco, respondeu que o Pabaco é uma instituição de estudos pedagógicos Brasileiro-Americana que, por isso mesmo (pedagógico), pesquisa métodos, processos, técnicas educativas. Que o depoente não conhece os estudos do Pabaco no campo da educação no Brasil. Perguntado qual a diferença entre o método do depoente e o de Decroly, respondeu que cabem as mesmas palavras com relação à diferença do método do depoente e o de Dalton. Perguntado qual a diferença entre o método do depoente e o de D. Alfredina, respondeu que desconhece o método de D. Alfredina. Perguntado qual a diferença entre o método do depoente e o de Vespertina, respondeu que, pelo pouco que o depoente conhece o método da professora Vespertina, este responde às necessidades da criança e o método do depoente se fazia com adultos. Perguntado qual a diferença fundamental entre os métodos de D. Vespertina e de Decroly, respondeu que não pode se manifestar, pois desconhece o método de D. Alfredina (sic). Perguntado qual a diferença fundamental entre o método Vespertina e lena Paterson, respondeu que desconhece o método lena Paterson. Perguntado qual a maior desvantagem para o Brasil do método que o Kilpatrick, respondeu que, apesar de toda a fundamentação democrática de Kilpatrick, o seu pragmatismo não parece ao depoente vantajoso. Perguntado qual a vantagem fundamental do método de Decroly sobre os de Dalton, Montessori e MacKinder, respondeu que está na seriação programática do aprendizado, motivadora e ativa. Perguntado se pode esclarecer melhor a razão por que o método de Kilpatrick não se adapta, ou melhor dizendo, não se presta ao Brasil nas condições atuais, respondeu que não só nas condições atuais, mas em outras quaisquer não parece ao depoente interessante ao Brasil uma educação enfaticamente pragmática e que esqueça a dimensão transcendental do homem. Perguntado se pode dizer qual é verdadeiramente seu método de alfabetização esclarecendo, também, se ele é um método de ensino de modo geral ou apenas de alfabetização, respondeu que a preocupação fundamental do depoente jamais foi a de apenas alfabetizar. Sua preocupação era, sobretudo, educar. Partia, como já foi dito acima, de que o homem é um ser que não está apenas na realidade, no mundo, mas com ele. O estar com o mundo implica que o homem é um ser de relações, o que o distingue do outro animal que apenas contacta o mundo. Daí que o conceito de relações guarda em si características tais como: temporalidade, consequência, reflexibilidade e transcendentalidade. Esta transcendentalidade, acrescente-se, está na raiz da própria limitação do homem, ser finito, cuja plenitude só encontra no seu retorno a seu Criador. Parte o depoente de que relacionando-se com o mundo, desafiado por ele, o homem conhece. Importa, porém saber-se qual a via deste conhecimento. O homem comum analfabeto usa uma via preponderantemente sensível, de que decorre um conhecimento preponderantemente mágico. Nós, por outro lado, usamos uma via preponderantemente reflexiva, o que resulta num conhecimento crítico. A uma compreensão mágica, em termos preponderantes, se segue uma ação também mágica, de vez que a toda compreensão corresponde cedo ou tarde uma ação. Era preciso assim um método educativo que fosse capaz de ajudar o homem a operar esta transformação. Um método educativo que fosse capaz cada vez mais de humanizar o homem. Precisava-se, portanto, de um método ativo e de uma modificação no conteúdo programático da educação de adultos. E isto antes mesmo do (ilegível) em alfabetizar. O método seria o do diálogo, que é amoroso, humilde, reflexivo, esperançoso, comunicante e que se opõe ao antidiálogo desamoroso, sem humildade, desesperançoso e anticomunicante. Mas quem dialoga, dialoga com alguém sobre algo. Esse algo seria o conteúdo da programação que deveria ajudar pela dialogação a montagem daquela compreensão reflexiva referida anteriormente. Pareceu ao depoente não haver melhor tema para tal que o conceito antropológico de cultura. Reduzido este conceito a algumas de suas dimensões, seriam estas ilustradas numa sequenciação lógica. O debate destas situações leva o homem a descobrir-se como pessoa e, porque pessoa, sujeito e não objeto. Levam a descobrir o sentido transcendental de suas relações. A perceber o seu papel no mundo. A descobrir que cultura num aspecto amplo é todo acrescentamento que o homem faz ao mundo que não fez. Para a alfabetização, pareceu ao depoente: 1º) que não se fazia necessário o uso de cartilha; 2º) que só poderia reduzir o número das chamadas palavras geradoras até 15 ou 18; 3º) que estas palavras geradoras deveriam ser retiradas do vocabulário comum da população da área a ser educada. Daí a realização de um levantamento vocabular. 4º) que feito o levantamento, as palavras seriam escolhidas mediante os critérios seguidos, digo, seguintes: riqueza fonêmica, dificuldades fonéticas; 5º) Estas palavras geradoras seriam colocadas em situações peculiares aos analfabetos, ora englobando a situação, ora um objeto da mesma. 6º) Feita a discussão de determinada situação, passa o educador à visualização da palavra geradora que, em sequência, vai aparecendo decomposta. Feita a análise da palavra geradora, parte-se para síntese oral logo depois para a escrita. Num método rigorosamente analítico-sintético, decompõe-se uma palavra geradora, outra ou outras e em seguida combinam-se as suas sílabas. Para o depoente, decomposta uma palavra geradora parte-se para o estudo de suas famílias fonêmicas. Assim, a partir de BELOTA, primeira palavra geradora usada em Angicos, estudam-se as famílias: BA-BE-BI-BO-BU, LA-LE-LI-LO-LU, TA-TE-TI-TO-TU. Diante de uma ficha como essa, o analfabeto, no primeiro [ilegível] na síntese, recompõe a palavra geradora BELOTA e cria, com sucessivas combinações, novas palavras. Por exemplo: LATA, LOBO, TOLO etc. É aí que o analfabeto apreende o mecanismo de combinação fonêmica na formação vocabular de sua língua. E porque se apropria desse mecanismo, se alfabetiza com facilidade. O mais importante para o depoente é que todo esse trabalho se funda num absoluto respeito à pessoa humana. Jamais aceitou ou defendeu o depoente a diminuição do homem, a sua massificação. Para o depoente, o fundamental é educar, jamais indoutrinar. Perguntado como pode o depoente, que, conforme seu depoimento até o presente momento, *apresentou verdadeira inocência educativa, ter pretensões de educador*, respondeu que não cabe ao depoente julgar-se. Perguntado, tendo por base o seu depoimento, segundo o qual declara repetidas vezes que as diferenças entre "seu método" e outros estão nas filosofias, mostrando, por outro lado, singular inocência com relação à cada um deles, como é capaz de distinguir entre uns e outros, respondeu que nada acrescenta às respostas dadas. Perguntado se pode esclarecer o que significa "homem-relação" e mais ainda se é uma expressão, um símbolo ou um conceito, respondeu que se referiu o depoente ao homem como um ser de relações, isto é, como um ser (ilegível) capaz de responder conscientemente[16] aos desafios de seu tempo; que empregou o conceito de relações, da esfera puramente humana em oposição ao de contacto, da esfera do outro animal. Perguntado, em relação à palavra TEMPOS que empregou, se ela exprime horas de alfabetização, respondeu que pretendeu o depoente que empregou a palavra TEMPORALIDADE, como uma das notas do conceito de relações, referir-se ao fato de que, precisamente porque existe, o homem é um ser temporal. Ele e só ele é capaz de varar o tempo e tridimensionalizá-lo. O outro animal vive sob um hoje eterno. Perguntado por que (*sic*) o alarde de um tempo limitado, respondeu que jamais teve intenções de alardear. Referiu-se apenas a um fato. Perguntado se pode precisar com exatidão o período necessário para a alfabetização pelo seu suposto método, acusando o período virtual do aprendizado, *respondeu que de mês a dois meses o homem consegue ler e escrever. Jamais pensou, porém, o depoente que fosse isto suficiente.* Daí as fases que se deveriam seguir a alfabetização. Perguntado se nunca o depoente soube ou ouviu falar de educadores que alfabetizavam em igual período, respondeu que, segundo publi-

---

16 Em todo o texto datilografado, o capitão escrivão escreveu: *consciência* e todas as palavras dela derivadas sem a letra "s" na primeira sílaba.

cação da UNESCO, o depoente tinha conhecimento de ser realizada a alfabetização entre cinco e seis meses. Perguntado se, para o depoente, TEMPO e TEMPORALIDADE são sinônimos, respondeu que não. A temporalidade é uma resultante da inserção que o homem faz no tempo. Perguntado se o depoente pode explicar o motivo por que, com a sua tão grande e profunda crença no homem, tem tanta ânsia de fixar um período de tempo, respondeu que *não tem tanta ânsia em fixar tempo rápido para a alfabetização*, em que pese esta rapidez seja necessária à solução de problema tão grave. Insiste o depoente em que sua intenção era aprofundar os conhecimentos do homem nas fases posteriores à alfabetização. Perguntado se a palavra consequência empregada em resposta a uma pergunta anterior está significando efeito ou resultado, respondeu que a palavra consequência foi empregada como uma das notas do conceito de relações, da esfera humana, em oposição ao de contato da esfera do outro animal, significando o caráter interferente, modificador das relações do homem com o mundo. Respondendo aos desafios de seu contexto, o homem cria e recria. Daí o aspecto consequente de suas relações. Perguntado se a consequência para o depoente transforma o mundo e opera o homem, respondeu que o sentido da palavra consequência empregada pelo depoente foi explicitada na resposta anterior. Sujeito e não objeto, o homem em suas relações com o mundo marca-o e altera-o. Não é operado, no sentido de determinado, se bem que influenciado. Perguntado que entende o depoente por reflexidade, [reflexividade] esclarecendo se não reflexos do comportamento, análise de situações ou conhecimentos críticos, respondeu que usou a palavra reflexidade [reflexividade] como uma das notas do conceito de relações, significando a vocação do homem para a análise de situações, de que resultam conhecimentos. Perguntado, nesse sentido da alfabetização e ligado à palavra reflexibilidade, que entende o depoente por crítico, respondeu que usou a palavra crítica como atributo de compreensão, para significar que esta se fazia em termos mais racionais. Perguntado se o depoente entende TRANSCENDENTALIDADE como dimensão do homem, respondeu que a transcendentalidade é a via pela qual o homem, ser criado, finito e indigente se reencontra com seu Criador. Perguntado se o depoente entende transcendentalidade como um retorno ao seu Criador e se pode explicar, respondeu que é ser criado finito e indigente, só no seu retorno a seu criador terá mesmo o homem a sua plenitude. Perguntado se o HUMANIZAR empregado pelo depoente significa humanizar o homem ou humanizar os homens e se essa humanização do homem e dos homens é com o mundo e no mundo, respondeu que usou a expressão humanizar o homem no sentido de oferecer-lhe meios pelos quais, digo, com os quais se armam contra o perigo da massificação, que lhe anulará a capacidade de optar. Perguntado se o depoente entende que humanizar é libertar o homem, respondeu que humanizar é ajudar a libertar o homem na medida em que se desenvolvam as suas potencialidades em que se afirme como sujeito. Perguntado se, para o depoente, tendo em vista a palavra PRAGMATISMO que usou, pragma é ação, respondeu que é ação prática de que resulta a identificação da educação com a vida mesma, sublinhando o valor da experiência. Perguntado ainda, em ligação com a pergunta anterior, se a ação é igual a movimento, se movimento é do mundo sensível ou crítico, se movimento modifica as coisas, se as mudanças são ativas ou passivas, respondeu que toda ação implica movimento que não se adstringe apenas ao mundo sensível, mas histórico-cultural e, por isso, crítico. As mudanças no campo histórico-cultural se processam permanentemente como decorrência do papel criador e recriador do homem. No jogo dessas mudanças se estabelece uma relação de causalidade de maneira que algo que se transforme passe a propiciar novas mudanças. O que importa nisso tudo é o papel do homem diante das mudanças, conhecendo-as para interferir nelas. Perguntado se pode, finalmente, assegurar, sem qualquer subterfúgio, que seu "suposto método" a que alguns seguidores, como Dona Dulce, até pretendem chamar de sistema, tem, no que se refere à alfabetização, qualquer originalidade em relação aos métodos de ensino ou alfabetização citados pelo encarregado do inquérito, inclusive quanto aos métodos adotados no próprio Exército, respondeu que nunca teve o depoente preocupação com se julgar original. Neste sentido sempre achou sábia uma afirmação de Dewey: "A originalidade, diz mais ou menos aquele mestre, não está propriamente em fazer-se algo absolutamente novo, mas em se dar novo enfoque a coisas velhas". De qualquer forma, porém, *introduzir-se o analfabeto na distinção entre o mundo da natureza e o da cultura, como tentativa da valorização de sua pessoa e motivação para o aprendizado da leitura e da escrita,* não consta ao depoente que tivesse sido feito ainda. Perguntado se, em face do desconhecimento que mostrou ter dos principais métodos estudados e aplicados no estrangeiro e, particularmente dos estudados e aplicados já no Brasil e até em Pernambuco, não incorreu em sério risco de estar apresentando um método sem originalidade, respondeu que sua intenção, como já salientou, não era a de ser original, mas a de contribuir com um mínimo para a solução do problema do analfabetismo nacional. Esta contribuição humildemente foi dada. Perguntado se sabe do juízo que D. VERSPERTINA faz do método de alfabetização do depoente, respondeu que não sabe. Perguntado se pode precisar até que ponto seu método de alfabetização está ligado a DURHEIM (sic), respondeu que seu trabalho está mais ligado a MAINHEIM (sic), sobretudo na ênfase que este autor dá à necessidade de uma educação capaz de resguardar o homem contra os perigos de sua massificação. Perguntado qual a diferença entre seu método de alfabetização e os cursos básicos de marxismo ministrados inclusive em Pernambuco, respondeu que não conhece os cursos básicos de marxismo ministrados em Pernambuco. Que um curso sobre qualquer tema pode ser dado através de métodos ativos ou passivos. O depoente não sabe qual o método que se usavam nesses cursos. Sabe, porém, que seus objetivos jamais foram outros que não os de desenvolver um trabalho educativo que ajudasse o homem a fazer suas opções. Perguntado qual a diferença entre o seu método no que se refere à preparação das turmas formadoras e os cursos médios de marxismo ministrados, inclusive aqui no Recife, respondeu que, mesmo sem conhecer os cursos de marxismo, julga o depoente dever existir diferenças entre eles e os cursos de preparação para a alfabetização. Fundamentalmente estes últimos eram formadores e nunca indoutrinadores (sic). Perguntado se as situações sociológicas estão ligadas à alfabetização, à conscientização ou à politização, explicando bem sua resposta, respondeu que as situações sociológicas em que se colocam as palavras geradoras funcionam como um desafio. Postas diante do grupo, este as debate, analisando-as. *Durante a discussão, a palavra geradora*, que, de modo geral no nordeste, era chamada de letrame, *surge na composição de sentenças ora* como *sujeito*, ora como objeto. A conscientização é o desenvolvimento da tomada de consciência. Conscientizado, quer dizer, cada vez mais reflexivamente organizado, o homem opta. Quando opta, prepara-se para politizar-se. O depoente jamais defendeu a politização, porque entende que ninguém politiza ninguém e, quando se tenta fazê-lo ou se faz, já não se educa, indoutrina-se (sic), desrespeitando-se a pessoa humana. Perguntado se, na experiência de Angicos, o coeficiente obtido em grau mais elevado foi o de alfabetização, conscientização ou politização, respondeu que não se recorda dos coeficientes. Perguntado se o resultado de Angicos agradou a SUDENE ou o MEC pela alfabetização ou politização, respondeu que agradou à SUDENE e ao MEC pela conscientização e pela alfabetização. Insiste o depoente no modo acima referido como entende a politização. Perguntado se desconhece ou nega a satisfação dos comunistas porque o resultado de Angicos foi mais favorável à politização que à alfabetização, respondeu que sinceramente desconhece. De resto, interessava ao depoente seu trabalho no sentido de uma educação realmente democrática. Por isto é que sempre se bateu. Os resultados de Angico foram realçados pela Aliança Para o Progresso, de que um de seus diretores, senão o diretor geral ainda este ano defendia o método em carta a um conceituado jornal do Rio (*O Globo*) contra-acusações que o apresenta como um esforço antidemocrático. Perguntado se nega que em Angicos, inicialmente, a pesquisa revelou menos de 10% de marxismo e que após a aplicação de seu método de politização em menos de 60 dias já revelou mais de 30% de marxismo, conforme afirmação do Dr. Coutinho do DRH da SUDENE, respondeu que, apesar de não ter permanecido em Angicos, indo lá apenas 3 a 4 vezes durante a experiência, desconhece o depoente tais resultados. Espanta-se mesmo com eles, pois o que se fez em Angicos não foi doutrinação marxista. Acrescente-se ainda que aquela experiência era comandada pela CECERNE, órgão responsável pelo andamento dos convênios no campo da educação entre a Aliança para o Progresso e o governo do Estado do Rio Grande do Norte, tendo à frente, senão se equivoca o depoente, o secretário de estado da educação. Perguntado quais as fases que se deveriam seguir à alfabetização, respondeu que após a alfabetização deveria iniciar-se uma fase em que se tentaria, usando-se a mesma técnica de execução empregada na primeira, dar o programa do curso primário, e numa outra fase, que poderia preparar o homem para a sua entrada em ginásios ou escolas técnicas, se ampliariam os seus conhecimentos partindo-se da análise de sua realidade: local, regional e nacional. Perguntado se não tem tanta ânsia para estabelecer um curto período de alfabetização de adultos, porque esta era, justamente, a única característica tornada pública e alardeada por todos os meios de comunicação no país (sic), *respondeu que o alarde realmente feito em torno do tempo rápido para a alfabetização se deve antes à imprensa. Para o depoente, o aspecto fundamental do seu trabalho não é realmente este.* Perguntado por que, falando tanto em diálogo, seu suposto método não passa de um grande monólogo e monólogo orientado, sem possibilidade de opção, respondeu que o diálogo para o depoente é e sempre foi indispensável. Sem ele não será possível comunicação. Sem ele não será possível educar para a opção. *Se alguém usou o método sem dialogar, impondo suas ideias e opções, traiu-o e às convicções do depoente.* Perguntado por que todos os programas e seus detalhes são amarrados no tempo, respondeu que, se o tempo a que se refere a pergunta diz respeito a prazos estabelecidos para o cumprimento de programas, não vê o depoente nada negativo. Perguntado por que apenas onze "situações", respondeu que as situações a que se refere a pergunta devem-se àquelas com as quais, através do diálogo, se davam as diferenças entre o mundo da natureza e o da cultura, a que o depoente já se reportou. Foram escolhidas onze, como poderiam ter sido algumas a mais ou algumas a menos. O que importava é que as situações colocadas em uma boa sequência fossem capazes de propiciar a concretização do objetivo desejado: a distinção entre o mundo da natureza e o da cultura, com as decorrências já expostas. Perguntado se reconhece que o seu *suposto método, mesmo na parte de conscientização e politização, não contém originalidade face aos métodos usados por HITLER, MUSSOLINI, STALIN e PERÓN,* que tentou estabelecer através de seus representantes na conferência internacional de educação realizada em Punta del Leste, respondeu que, em face do que já expôs, jamais poderia o depoente reconhecer qualquer semelhança, até longínqua, entre seu trabalho e métodos empregados por HITLER, MUSSOLINI, STALIN ou PERÓN. Para Hitler, Mussolini, Stalin e Perón, o homem não passava de mero objeto. Que lhes interessava era a sua redução a COISA, que eles pudessem manipular em função de seus interesses. Seus métodos por isso mesmo teriam de ser os que escravizassem o homem à força dos mitos, nunca nos que respeitassem a pessoa humana. O depoente jamais aceitou este desreito, digo, desrespeito. Defendeu sempre, pelo contrário, o homem como pessoa. Perguntado se um plano assim, tão amarrado no tempo, nas situações e nos processos, não traduz nazismo de HITLER, fascismo de MUSSOLINI, marxismo de STALIN ou peronismo de PERÓN, respondeu que não. As situações, os processos e as técnicas tanto poderiam ser usados para um fim como para outro. O que importa, no caso, é a posição assumida pelo depoente em face do destino do homem. *Vem deixando o depoente bem claro em suas respostas que a sua posição é a de um cristão católico, inconciliável com a redução do homem a COISA.* Perguntado se pode explicar o abuso que faz da palavra RECRIADOR e seus derivados e o que significam, respondeu que tem usado a expressão recriador, em relação ao homem, referindo-se à sua capacidade de modificar aspectos do mundo que ele não criou. Perguntado se pretende que os atuais métodos de ensino aplicados pelo Exército Brasileiro são velhos e que o depoente lhes deu enfoque novo, respondeu que, ao referir-se à afirmação DEWE (sic) sobre originalidade, singiu-se (sic) ao campo da alfabetização. Perguntado qual o conceito que o depoente faz de CULTURA, respondeu que CULTURA, num sentido amplo, é todo o acrescentamento que o homem faz ao mundo que não fez. Neste aspecto, é tão cultura o tacape do índio como a tela de um pintor; o boneco de Vitalino como a poesia de Manuel Bandeira. Perguntado se a cultura é de um homem ou de um povo e se a cultura se reflete do povo sobre o homem, respondeu que não há povo que não tenha sua cultura no sentido acima exposto. Que não tenha ideais, anseio, refletidos na sua criação e na forma de existir. Na medida em que estes anseios e ideais vão se objetivando, influenciam a todos. A cultura não é patrimônio de um homem, mas da humanidade. Há porém homens mais cultos do que outros. Neste sentido, a cultura parece como a incorporação sistemática da experiência humana. Perguntado por que na ficha do Curso de Formação de Coordenadores (alfabetizadores) – decisões tomadas na reunião de 20 Fev 64; 1º) a palavra DADOS está entre aspas; 2º) por que, dos grandes temas comuns, apenas o político está entre aspas, respondeu que, apesar de não ter estado presente àquela reunião, julga o depoente poder esclarecer as aspas colocadas na palavra DADOS. É que a equipe encarregada da formação possivelmente quis chamar a atenção para o fato de que, mesmo generalizar a expressão: "curso dado", pretendia evitar qualquer sentido passivo que a palavra DADO pudesse sugerir. Daí a ênfase em que o curso deveria ser feito ativamente. Quanto às aspas da palavra POLÍTICA, nada sabe ou avalia. Perguntado porque (*sic*) a redação do 4º item do documento citado na pergunta anterior volta ao DADO entre aspas e ainda mais, tem o NO DURO entre parêntesis, respondeu que a palavra DADO volta a aparecer entre aspas, seguida da expressão entre parêntesis NO DURO, confirmando, no parecer do depoente, a explicação feita anteriormente. Observa-se que a expressão NO DURO é antecedida da afirmação de que o curso deveria ser feito com se fosse no círculo de cultura, quer dizer, de forma ativa. Perguntado como entende o depoente o conceito OPÇÃO, respondeu que OPÇÃO é escolher livremente. Que não há opção sem liberdade de escolha, daí que nos regimes ditatoriais não haja opção, mas imposição. Na democracia é possível optar. Perguntado entre que conceitos pode optar, em política, um "alfabetizado" pelo seu suposto método, depois de submeter a uma intensa politização, conforme o atestam as fichas desenvolvidas e em torno das palavras geradoras, respondeu que insiste o depoente em que jamais determinou, ou ao menos sugeriu, que devessem os alfabetizadores politizar, o depoente já deixou clara sua posição neste aspecto. Está convencido de que verdadeiramente conscientizar e não politizar a opção do ex-analfabeto seria democrática. *Perguntado qual a política preconizada pelo seu método de politização, respondeu o que re-insiste o depoente em que seu método não era de politização[17] e repete que seria uma distorção de seus ideais e de seus objetivos usá-lo para aquele fim. A preocupação do depoente, mais uma vez afirma, era de uma educação democrática. Perguntado qual o ambiente que servia de base ao seu método de conscientização,* respondeu que as

---

17 O Método de Alfabetização de Paulo não era, na verdade, de politização; era e continua sendo o da leitura da palavra dialeticamente lendo o mundo, o que traduz, em última instância, a sua politicidade, nesse momento ainda não claramente entendida por ele. Mas a politização aqui referida era somente a determinada pelos comunistas, nazistas, stalinistas, peronistas quase tão somente. Assim entendiam os que fizeram o golpe e o coronel inquisidor.

primeiras experiências foram feitas quando o depoente coordenava um trabalho de adultos no Movimento de Cultura Popular. Com a criação do Serviço de Extensão Cultural da Universidade do Recife em 1962, que motivou o afastamento do depoente daquele Movimento, as experiências continuaram, já agora a cargo do SEC. *Perguntado para que tanto palavreado complicado, e até mesmo não constante de dicionário, que usa, sistematicamente para apresentar ou justificar o método de politização e conscientização,* Paulo Freire, respondeu que usa as palavras que lhe parecem ajustadas ao que pretende expor. Acrescenta que seu método não é, do ponto de vista dos objetivos do depoente, de politização. Perguntado quais os elementos do grupo francês que estavam ligados ao depoente no setor de educação, respondeu que o depoente manteve e mantém relações com o sociólogo JOFRE DUMAZEDIER, com quem esteve pessoalmente no Recife. Além desses, o depoente manteve correspondências com o professor PAUL LINGRAND da UNESCO, sediada em Paris. Perguntado quais os elementos do grupo francês que o depoente pode afirmar com certeza que não pertencem ao PC Francês, respondeu que, ao que conste ao depoente, nenhum desses dois professores faz parte do PC. Perguntado que é LANDA, que atuava em São Paulo, respondeu que o depoente não conhece nenhum LANDA. Exclarecido (sic), porém, que se tratava de pessoa da amizade de dona Violeta [irmã de Miguel Arraes], admite ser dona Iolanda, de cujo sobrenome não se recorda. Perguntado se, no seu entender, há "consciência social" na URSS, na CHINA ou em CUBA, respondeu que, se se tomar "consciência social" como algo que repousa numa mentalidade aberta, não. Perguntado qual a extruturação (sic) do Serviço de Extensão Cultural, respondeu que o SEC tinha um diretor e um secretário executivo. Sua Extrutura (sic) que não era rígida, compreendia setores com seus responsáveis. Setor de extensão, de formação, de pesquisas sociais, a rádio, além da parte puramente burocrática. Funcionava porém como uma equipe. Perguntado se reconhece como do SEC as dezoito fichas que lhe são mostradas no momento, uma a uma, denominadas: ROÇADO, FARINHA, TERRA, SECA, ENGENHO-ENXADA, CHUVA, ficha sem título, cuja primeira linha é "O POVO NÃO TEM DINHEIRO PARA COMPRAR", outra MÁQUINA, TRABALHO, CEGO-GUIA, POBREZA, POVO, CLASSE-ELEIÇÃO, outra ficha cuja primeira frase é "O POVO É TRABALHADOR: TIJOLO, CASA, DEBATE DAS SITUAÇÕES SOCIOLÓGICAS (com duas folhas), CLASSE, e uma ficha que a primeira frase é "O TIJOLO É FEITO DE BARRO", respondeu que, apesar de não ter participado da feitura desses roteiros por se encontrar em Brasília na época, admite que tenham sido elaborado pela equipe do SEC. Perguntado se reconhece como do SEC (equipe de Formação) — Curso de Formação etc., o documento que lhe é apresentado e que será juntado aos autos do presente IPM, respondeu que sim. Perguntado que desafio representam as palavras geradoras, desafio a que ou a quem, respondeu que as palavras geradoras em si mesmas não representa desafio no sentido de estímulo, mas a situação em que estão. O estímulo (desafio) se faz aos analfabetos. Perguntado como pode o homem optar, se pelo próprio espírito de seu *suposto método de alfabetização ele se submete, realmente, a um tremendo bombardeio de conceituação de luta de classes,* em período de tempo amarrado dentro de grande rigor, com sentenças preparadas para cada turma, local e época a tal ponto que não compreende qualquer cartilha por ser considerada reacionária, respondeu que pelo espírito do método, que os participantes do círculo (analfabetos) não devem ser como, já foi enfatizado, indoutrinados. Estimulados pelas situações, escutam-nas livremente sem que o coordenador (alfabetizador) imponha suas ideias. Os roteiros são elementos subsidiários dos coordenadores e não o caminho rígido que devem seguir. Nunca foi, por outro lado, intenção do depoente incitar à luta de classes. O depoente considerou as cartilhas como algo de reacionário do ponto de vista extritamente (sic) pedagógico. Talvez melhor tivesse dito que eram superados no que tange à alfabetização de adultos. Perguntado como pode não ter dado valor aos coeficientes do projeto de Angicos a tal ponto que já nem se recorda dos pontos fundamentais, respondeu que o depoente deu à experiência de Angicos a atenção merecida. Na verdade, porém, não se recorda no momento de seus índices estatísticos, afirmando, todavia, que houve resultados positivos. Perguntado como pode, digo, se pode negar que foi, tomando por base os resultados de Angicos, *proclamados pelos mais espalhafatosos recursos de propaganda dirigida,* que seu *suposto método de alfabetização,* agora reconhecido e definido como destituído de originalidade em suas próprias declarações, foi aceito pelo governo federal para o plano nacional, respondeu que o noticiário espalhafatoso dos jornais, a que se refere a pergunta, não foi feito nem orientado pelo depoente, por outro lado, mesmo que nenhuma originalidade houvesse em seu trabalho, a intensão (sic) do depoente afirmada e reafirmada, era a de oferecer alguma contribuição à solução do problema do analfabetismo e nada mais. Isto foi feito. Não pode o depoente afirmar terem sido ou não as notícias e reportagens de jornais o que motivou o ex-Ministro Paulo de Tarso a convidá-lo para tal empreendimento. *Perguntado quanto custou ao governo federal a "patente" de seu método de "conscientização" e "politização", respondeu que nunca tirou patente de seu método.* Perguntado até o presente momento de que estados ou territórios da federação recebe "Rroy", digo "ROYALTIES", pela aplicação de seu método de "conscientização" e "politização", respondeu que de nenhum. Perguntado se tem tanto interesse na educação realmente democrática, como demonstrou tanto descaso pelos resultados estatísticos de Angicos e que resultou em excelente teste de politização marxista, respondeu que o depoente jamais afirmou não ter tido interesse pelos resultados de Angicos. Esclarece também mais uma vez que aquela experiência foi realizada sob o comando CECERNE, órgão que dirigia os convênios entre o governo do Estado do Rio Grande do Norte e a Aliança Para o Progresso, no campo da educação. Mais ainda: *não é e jamais foi marxista.* Perguntado se, em que pesem suas respostas anteriores, com os roteiros empregados em ANGICOS, poderia mesmo ser outro o resultado que não uma intensa politização marxista, respondeu que o depoente não se recorda realmente destes roteiros e não os fez. De qualquer forma viu em Angicos homens alfabetizados e não marxistamente politizados. Perguntado se a sua insistência sistemática na palavra realidade (local, social, política, brasileira, nacional etc.) significa apenas um seguir, sem sentido, outros autores (sic) ou se, pelo contrário, significa que a nossa organização social, política, nacional, brasileira é uma irrealidade, uma mentira e que devem, portanto, ser radicalmente transformados, respondeu que, ao referir-se a realidade local, regional ou nacional, atinha-se naturalmente às condições sociais, históricas etc. Entendia e entende que esta realidade é real e que precisa sofrer modificações em termos democráticos, pelas quais sempre se bateu. Modificações que hoje vêem (sic) sendo tão bem encaminhadas pelo Exmo. Sr. Presidente CASTELO BRANCO. Perguntado se o depoente *não estava de acordo com o alarde feito pela imprensa em torno do curto tempo de politização e "conscientização" do seu suposto método de alfabetização, por que não protestou em solidariedade aos numerosos educadores que alfabetizavam nas mesmas condições ou melhores*, respondeu que, ao parecer depeorte, digo, depoente, fez o que lhe parecia certo, em toda ocasião propícia, *chamou a atenção para o fato que não era o tempo rápido de alfabetização o fundamental, mas a formação do homem, que se deveria seguir pelas fases posteriores*. Dificilmente, porém, os jornalistas evitaram o alarido referido. A responsabilidade não era do depoente. Perguntado de "seu método", conforme declara, não tinha pretensões de originalidade, quem pagava a custosa/vultosa e espalhafatosa propaganda pelos jornais, rádio e TV, respondeu que a originalidade ou não do método não está em jogo nesse caso. Quanto às despesas da campanha, eram autorizadas pelo Ministério e não pelo depoente. Perguntado se depois de esclarecido de que todos reconhecemos que o diálogo é indispensável e só ele realmente educa, repetindo-se a pergunta – "Por que falando tanto em diálogo, as amostras de seu *suposto método não passam de um grande monólogo e monólogo orientado sem possibilidade de opção por parte do aprendiz ou coordenador"*, respondeu que concorda totalmente com a formulação feita na pergunta de que só o diálogo educa. Por isso mesmo é que sempre enfatizou esta afirmação. Por sugestão ou orientação do depoente jamais funcionou qualquer círculo de cultura sem o diálogo ou qualquer curso de formação de coordenador sem que este não fosse visto como uma pessoa e por isso respeitado no seu direito de opinar e optar. Perguntado se não reconhece que o diálogo pior que existe é justamente aquele que é dirigido de fora, por um grupo extra, forçado sob controle entre um grupo e um coordenador, respondeu que não era esta a forma de diálogo que o depoente defendia. Qualquer imposição de um dos polos do diálogo sobre o outro implica sua morte (do diálogo). Perguntado se a semelhança entre os processos dos educadores de HITLER, MUSSOLINI e STALIN e PAULO FREIRE, não está exatamente em que, um grupo, na Alemanha o nazismo, na Itália o facismo (sic), na Rússia o marxismo e no Brasil o esquerdismo caboclo e sem orientação, todos – os grupos – citados, constituindo, em cada país de origem, a base de organização, digo, a base organizadora do grande monólogo que envenena sob orientação e conforme a vontade, mostrando uma "realidade" com forma preestabelecida, assim massificando o homem que é transformado em coisa, respondeu que concorda que as semelhanças entre os métodos usados por Stalin, Mussolini, Hitler, para a diminuição do homem, para a sua massificação. Jamais aceitaria, porém, qualquer semelhança, como já afirmou, mesmo longínqua, entres aqueles métodos e o que sempre defendeu e viveu o depoente. *Como poderia o depoente, cristão católico, e o afirma cônscio de toda a responsabilidade que sabe recair perante DEUS sobre quem existe ou tenta existir cristãmente, pregar e realizar o desrespeito da pessoa humana.* Exatamente porque cristão católico, havia combinado com D. JOSÉ NEWTON, em BRASÍLIA, com D. Fernando, em Goiana [Pernambuco] e com D. Carlos Coelho, em Recife (infelizmente falecido) com a adequação do seu método a educação religiosa. Preocupação idêntica à de D. HELDER. Perguntado em que estados o seu processo já atingiu a segunda ou a terceira fase, respondeu que as fases subsequentes à alfabetização vinham sendo estudadas pela equipe do SEC. Em S. Paulo, após uma experiência pequena de alfabetização no município de Osasco, iniciava-se, segundo informe que recebeu o depoente, um ensaio da 2ª fase. Era intensão (*sic*) do depoente fazer experiências piloto para efeito de estudo. A 3ª fase nada havia a não ser em estudos. Perguntado se em face da realidade que Yolanda – que Violeta Arraes chama de Landa – em carta de 29 de Jul 1963 (vinte e nove de julho de mil novecentos e sessenta e três), entregou digo, empregou as seguintes expressões referindo-se a Paulo Freire: "é uma boa experiência para a fabricação do material"; "os trabalhos só tomaram forma e rumo, após a passagem de Paulo Freire"; "tudo começou pela alfabetização, porém já está *engrenada* a 2ª fase que é a mais importante"; pode explicar que significa "fabricação de material", "tomar forma e rumo", e "engrenada a 2ª fase", respondeu que "a fabricação do material" se referia ao usado na aplicação do método. Quanto "à 2ª fase que é mais importante", trata-se realmente da 2a fase a que o depoente já se referiu. Quanto a afirmação "os trabalhos só tomaram rumo, após a passagem de Paulo Freire", trata-se uma visita que fez o depoente a S. Paulo, em que discutiu o andamento do trabalho. Perguntado quem é Yolanda, respondeu que Yolanda Betancourt, nome de solteira, foi diretora ou o que lhe valha, do setor de publicações da AGIR, e que morava em S. Paulo e hoje reside em Minas. Perguntado se se submete a um confronto de alfabetização de D. ALFREDINA, VESPERTINA ou outro processo audiovisual, em igualdade de riqueza e ainda em igualdade de tempo para verificar qual o mais eficiente, respondeu que sim. E que será o primeiro a afirmar as vantagens e superioridade de qualquer método sobre o seu. Sua preocupação, repete, nunca foi outra senão a de ajudar a seu país. Jamais o dominaram interesses subalternos ou vaidades. Perguntado por que, no interesse do mesmo país, não foi o primeiro a realizar, exigir ou sugerir o confronto citado na pergunta acima, respondeu que poucas não foram as vezes em que falou sobre suas experiências não só no Recife mas em outras cidades, jamais afirmando ser o dono da alfabetização Nacional e que concretizaria o que afirmou acima. Ao Ministro chegou a propor uma reunião de educadores brasileiros para uma discussão, digo, para a discussão não só dos resultados de seu trabalho, mas de outros. Perguntado se o governo fez convênios para alfabetizar ou se fez convênios para "politizar" ou "conscientizar", respondeu que os convênios eram feitos para a aplicação do método. Sobre este já afirmou o depoente não ter objetivos politizantes. Perguntado se pode negar que vendeu o *seu suposto método de alfabetização, ao governo federal, por cinco milhões de cruzeiros, conforme informação do gen. R/1*

JOSÉ RIBAMAR LEÃO E SILVA, da Comissão de Inquérito do MEC, respondeu que nega, jamais vendeu seu método ao governo brasileiro ou a qualquer outra instituição particular ou pública, nacional ou estrangeira. Perguntado se pode negar que recebe 250 mil cruzeiros mensais pela exploração de *seu suposto método de alfabetização* no Distrito Federal (Brasília), conforme informações do gen. R/1 José Ribamar Leão e Silva, da Comissão já citada, respondeu que recebia uma gratificação de duzentos cinquenta mil cruzeiros mensais, como presidente da Comissão Nacional de Cultura Popular e posteriormente deixando esta presidência como coordenador do Programa Nacional de Alfabetização, criado por decreto presidencial, isto inclusive foi declarado no seu imposto de rendas. Perguntado por que o depoente tem tanto horror à rigidez e mesmo à esquematização, em certos aspectos, tais como a do SEC e, sobretudo não admitindo uma cartilha que o depoente julga a todas reacionárias, respondeu que o depoente por convicção não aceita as coisas rígidas, sem que isto signifique regeitar (sic) a ordem e a disciplina. Não aceita os esquemas rígidos por que os considera limitadores da inteligência do homem. Quanto às cartilhas a que o depoente se referiu como reacionárias, repete o já afirmado anteriormente: a expressão reacionária singe-se (sic) ao aspecto pedagógico. Talvez realmente melhor tivesse tido, digo, dito estarem elas superadas pelo menos quanto à Educação de Adultos. Perguntado onde trabalhava no dia 1º de abril do corrente ano, respondeu que na Universidade, com diretor do SEC e na coordenação do Programa Nacional de Alfabetização, em Brasília. Perguntado onde está trabalhando agora, respondeu que na Universidade. Perguntado quais os seus principais inimigos no Brasil e em que interesses poderiam prejudicar o depoente, respondeu que não conhece inimigos seus. Perguntado qual o conceito que faz dos usineiros como um todo (conjunto), respondeu que, como um conjunto, constituem um grupo inserido na economia açucareira. Perguntado qual o conceito que faz dos comerciantes como conjunto, respondeu que constituem um grupo indispensável à economia de consumo. Perguntado qual o conceito que faz dos extremismos, nazismo, facismo (sic), comunismo, respondeu que o pior possível, enquanto na verdade reduzem o homem a uma coisa, a um objeto. Perguntado que conceito faz das repúblicas democráticas populares do tipo dos Estados da "Cortina de Ferro", respondeu que não gostaria de viver nelas, pelas razões expostas na resposta anterior. Perguntado se tem entusiasmo pelo atual regime de Fidel Castro, digo, regime político cubano, respondeu que não. Perguntado se é um admirador de Fidel Castro, respondeu que não. Perguntado se é um admirador do regime político atual da URSS, respondeu que não. Perguntado se é um admirador do PCUS, respondeu que não. Perguntado se é um admirador do PCB, respondeu que não. Perguntado que conceito fazia e faz do Governo GOULART, respondeu que era um governo com certos aspectos positivos, mas instável e sem inspirar suficiente confiança. Perguntado que juízo fazia e faz de JOÃO GOULART, respondeu que o seu juízo de João Goulart como pessoa se associa ao feito como homem público e chefe de Estado, uma vez que não tinha relações pessoais com aquele cidadão. Perguntado que juízo fazia e faz de Brizola, respondeu que, ao depoente, parecia o senhor BRIZOLA profundamente irrequieto e agressivo. Perguntado que juízo fazia e faz de Miguel Arraes, respondeu que fazia e faz um bom juízo. Perguntado que juízo fazia e faz de Pelópidas Silveira, respondeu que igualmente bom. Perguntado que juízo fazia e faz de José Ermírio de Morais, respondeu que não tem nenhum juízo formado. Perguntado que juízo fazia e faz de Estácio Souto Maior, respondeu que também não tem nenhum juízo formado. Perguntado que juízo fazia e faz do Dr. João Alfredo da Costa Lima, respondeu que fazia e faz o melhor juízo do Dr. João Alfredo, quer como homem particular, quer como homem público. O depoente conhece-o há dezesseis anos, jamais descobrindo nele nenhum gesto ou atitude que lhe desabonasse a conduta moral e cívica. É um homem de bem. Seu comportamento na Universidade, como Reitor, pareceu sempre ao depoente respeitável e digno. Perguntado que juízo fazia e faz de Rubens de Souza, tesoureiro da UR, respondeu que igualmente bom. Perguntado que juízo faz de Luís Carlos Prestes, respondeu que faz o de ser ele um líder que defende uma ideologia que não se identifica com as posições do depoente, reinteradas (sic) vezes afirmadas em seu depoimento. Perguntado que juízo faz de Julião, respondeu que de um líder com cujas formas de ação não concorda o depoente. Perguntado que juízo faz de Gregório Bezerra, respondeu que idêntico ao feito ao Sr. Carlos Prestes. Perguntado que juízo faz de David Capistrano, respondeu que nenhum, não o conhece. Perguntado que pensa do Movimento de Cultura, respondeu que nasceu o MCP de um grupo de intelectuais Pernambucanos, à frente o Professor Germano Coelho, com o objetivo de promoção do homem. O depoente participou de reuniões em que se discutiam as sugestões apresentadas por aquele professor, homem católico, para a estruturação daquele movimento. O professor Germano Coelho estudara em Paris, onde conhecera o movimento PEUPLE ET CULTURE, de objetivos semelhantes e, se não está o depoente em erro, ligado àquela época ou hoje ao Ministério de Educação da França. Daquela instituição francesa julga o depoente terá o professor Germano Coelho recebido as influências para a fundação do MCP. Perguntado se reconhece que o MCP foi criado por ordem do Congresso de PCUS em LEIPZIG, respondeu que desconhece. E mais: se desconfiasse sequer da existência de tal ordem, jamais teria emprestado sua colaboração àquela instituição. Re-insiste o depoente nas suas convicções cristãs católicas, inconciliáveis com a aceitação de determinações de tal ordem. *Perguntado se em caso de luta entre o Brasil e um país comunista ou socialista, com quem lutaria o depoente*, respondeu que em caso de luta do Brasil com qualquer outro país estará o depoente irrestrita e absolutamente com o BRASIL, que é a sua Pátria e a Pátria dos seus. Perguntado que pensa da Revolução de 31 de março do corrente ano, respondeu que os objetivos da revolução, não apenas constantemente proclamados, mas alguns deles já em via de concretização, sob liderança do Exmo. Sr. Presidente CASTELO BRANCO, correspondem aos anseios do depoente. A ênfase que o Sr. Presidente vem dando à objetivação das reformas de base, em termos democráticos em todas as suas manifestações, desde seu discurso de posse, deixa o depoente, como cristão e brasileiro, feliz e em paz. E em paz com a sua consciência porque foi por tais empreendimentos que sempre se bateu. Perguntado quais os comunistas que conhece, respondeu que não tem convivência com nenhum comunista. Perguntado quais os esquerdistas que conhece, respondeu que conhece democratas que defendiam as reformas fundamentais para o país, hoje lideradas pelo Sr. Presidente. Que pelo fato de assim procederem, quase sempre eram catalogados como esquerdistas e até extremistas. Perguntado quais as relações com os comunistas locais, respondeu que não tinha relações com comunistas. Perguntado se sofreu algum maltrato físico ou fome durante o período em que esteve preso pelo Exército, respondeu que pelo contrário, salienta a maneira cortês com que vem sendo tratado pelo Exército, desde sua detenção (sic). A bem da verdade esclarece ainda ter sido cordialmente recebido pelo Exmo. Sr. Secretário de Segurança Pública, ao tempo Cel. Ivan Rui, como também pelo Dr. Álvaro Costa Lima, Delegado Auxiliar. Perguntado se esteve foragido após o movimento revolucionário de 31 de março, respondeu que, vitoriosa a revolução, se achava o depoente em Brasília. Nunca tivera a intensão (sic) de abandonar o País, foragidamente. Encontrando-se, porém, estafado, ficou em Brasília repousando em casa de um seu amigo. Nos meados de maio, quando já se achava mais ou menos considerado, digo, recuperado, voltou para o Recife, não o fazendo sem que antes se informasse através de amigo para isso apresentado ao Exmo. Sr. Gen. Geisel, chefe da Casa Militar, pelo Exmo. Sr. Gen. Muricy, se havia algo contra o depoente em Brasília que exigisse sua permanência. Nada havendo, nem por parte do Exército nem da Polícia àquela época, contra o depoente, voltou para o Recife. Aqui chegado, apresentou-se no dia seguinte ao Exmo. Sr. Cel Ivan Rui, então Secretário de Segurança que, após uma conversa cordial, o encaminhou no dia seguinte ao Dr. Álvaro Costa Lima, com quem o depoente esteve várias vezes, sempre muito bem recebido. Prestou depoimento à comissão de inquérito da Universidade, tendo sido por fim detido no dia 17 do mês de junho próximo passado. Perguntado se assinou listas de solidariedade, respondeu que, de que se recorde o depoente, assinou há algum tempo uma lista em defesa da autodeterminação de Cuba, como recentemente, uma outra de solidariedade ao então Governador Miguel Arraes. Faz questão, porém, de salientar que a primeira em defesa da autodeterminação de um país, de acordo inclusive com a própria política externa do Brasil. Da mesma forma, teria o depoente assinado em defesa de outro país. A solidariedade, portanto, não foi ao regime político, que este o depoente não aceita. Perguntado se assinou listas de protestos, respondeu que não se recorda. Perguntado se desconhece que as resoluções do Congresso do PCUS em Leipzig foram publicadas nos jornais do Brasil e reproduzidas nos jornais de Recife, nos dias em que era discutida a criação do MCP, respondeu que desconhece totalmente. Perguntado se desconhece o mesmo fato relacionado à pergunta anterior quando em Natal foi iniciada a campanha "de Pé no chão também se aprende", respondeu que desconhece totalmente. Perguntado porque (sic) ads, digo, as cartilhas estão superadas – o depoente sempre empregou o termo reacionárias – mesmo para a alfabetização de adultos, respondeu que quanto a expressão "reacionárias" aplicada às cartilhas, já disse o depoente referir-se ao aspecto puramente pedagógico. Afirmou também que o melhor teria sido dizê-las superadas.

Esta superação decorre do fato de já não serem necessárias para a alfabetização, em que pese isto não significar que tenham perdido sua total validade. Perguntado por que motivo o depoente não organizava suas fichas de aulas ou seus roteiros em cartilhas, respondeu que estava convencido de que conseguiria alfabetizar sem elas e o faria. Perguntado se o depoente não reconhece que as cartilhas são "superadas" dentro de sua concepção, exclusivamente porque o mais importante era a politização que variava para cada turma, uma vez que a experiência anterior, embora dentro da alfabetização constante, encontrava sempre uma politização progressiva, exemplo exato da sequência da cartilha do MCP e MEB, respondeu que não. A superação a que se refere o depoente, repete, era apenas pedagógica. Sua preocupação, que insistentemente vem afirmando, não era politizar, o que se pode fazer ou deixar de fazer, com ou sem cartilha. Para o depoente, o que se há de fazer com o analfabeto é educá-lo, mais de alfabetizá-lo e nunca politizá-lo, conscientizá-lo sim. Perguntado se haveria necessidade de mudar os roteiros, na mesma área, quando se tratam apenas de alfabetização, respondeu que para o depoente alfabetizar e conscientizar estão ligados. Desta forma não lhe parece possível pensar em roteiros exclusivos para alfabetizar. Perguntado se o convênio era para aplicar o *"seu método"* por que motivo o governo sempre insistia apenas no termo alfabetização, respondeu que talvez porque fosse, como é, a alfabetização uma necessidade imperiosa para o País. Perguntado se não acha que sua culpa poderia ter surgido após as perguntas formuladas às autoridades, civis e militares (citadas), respondeu que não. O fato de ter providenciado a consulta àquelas autoridades não implica que se julgasse o depoente culpado. Perguntado se admite que a impressão do Major JOÃO BAERE DE ARAUJO, assessor da comissão de inquérito da Universidade, é a de que o depoente não teve o cuidado necessário de estudar o que existia antes de sua tentativa, no Brasil e no estrangeiro e ainda demonstrou notável inocência – educacional –, respondeu que o depoente tomou conhecimento da opinião do Major neste momento. E que, como opinião, o depoente a respeitava. Perguntado onde mais, além da UR prestou depoimentos sobre os assuntos ora inquiridos, respondeu que além da UR, só a este IPM. Perguntado qual a impressão que teve do interrogatório da Secretaria de Segurança Pública, respondeu que não foi ouvido na SSP [Secretaria de Segurança Pública], tendo apenas mantido uma conversa cordial com o então Secretário Cel. Ivan Rui e alguns encontros com Dr. Álvaro Costa Lima. Perguntado qual a impressão que teve do interrogatório prestado à comissão da UR [Universidade de Recife], respondeu que teve boa impressão. Perguntado, digo, quanto às respostas que o depoente deu *(sic)*. Perguntado porque *(sic)* estava preparando passaporte para se ausentar do Brasil, respondeu que num sábado de junho passado, cuja data o depoente não pode afirmar, recebeu um telegrama assinado pelo Padre IVAN ILLICH, do CENTER OF INTERCULTURAL FORMATION de Cuernavaca, consultando se o depoente poderia dar um curso em inglês durante 15 dias daquele mês. Neste mesmo sábado, o depoente solicitou de uma amiga sua, que também o é do Dr. Álvaro C. Lima, que ela o consultasse sobre a possibilidade de o depoente viajar, desde porém, que pudesse dar o curso em português. Na segunda-feira imediata, o depoente telegrafou para aquele centro dizendo que só poderia dar o curso em sua língua. No período da manhã daquela segunda-feira, o depoente esteve na Universidade, conversando com D. Neuza Breckenfeld sobre que providências deveria tomar para o seu possível afastamento por dias. Na mesma tarde, o depoente providenciava, para não perder tempo, a obtenção dos papéis indispensáveis. À noite daquela segunda-feira, sua amiga telefeu-lhe, digo, telefonou-lhe, dizendo-lhe que o Dr. Álvaro Costa Lima não achava oportuna a saída do depoente naquele momento. Perguntado que julgamento fez da greve estudantil de junho de 1961 e onde estava naquela época, respondeu que julgou a greve improcedente; que se encontrava no Recife e que ainda, acompanhado de três professores católicos, fora ao senhor arcebispo D. CARLOS COELHO (hoje falecido) solicitar-lhe uma reunião daquela autoridade eclesiástica com a liderança da greve para convencê-la de que devia suspendê-la e retornar às aulas. Esta reunião se fez e o depoente esteve presente a ela. Perguntado que juízo faz das reivindicações dos universitários em (ilegível) do terço nos conselhos universitários, respondeu que julga indispensável dos estudantes (sic) nos conselhos universitários. Quanto ao terço seria talvez uma experiência a ser feita. Perguntado que juízo faz do "chamado estudante profissional", respondeu que péssimo. Perguntado o que *seu suposto método de alfabetização* destrói as hierarquias, e em particular a militar, conforme declara JARBAS MACIEL em uma de suas críticas (página 32 da Revista de Cultura da UR), respondeu que jamais poderia o depoente pensar na destruição da hierarquia, sem a qual nada existe. Apesar de serem do professor Jarbas Maciel as afirmações referidas sobre as hierarquias militares e religiosas e não do depoente, parece que aquele professor se referia diretamente ao problema do amor que ele via excencialmente (sic) na segunda e não na primeira. Perguntado se esse conceito de ordem (página 9 do nº 4 da Revista de Cultura da UR) não é marxista, respondeu que não. Perguntado se as onze situações criadas (pág. 14) e a forma dialogal (pág. 12 do nº 4, tudo da Revista da Cultura da UR) não impedem, contudo, tão dosado e com tempo fixo um diálogo impossível, em tese, respondeu que não. Que o diálogo é possível e deve ser feito e quem não o tenha realizado terá traído as convicções do depoente. Perguntado se insistem que Jofre Dumazedier não pertence ao PC francês, respondeu que jamais teve conhecimento da filiação desse professor ao PC francês. Perguntado se o movimento PEUPLE ET CULTURE, não é, da mesma forma, um MCP ordenado pelos PCUS em seu Congresso de LEIPZIG, respondeu que insiste em que desconhece qualquer ligação nas suas origens entre o MCP e o PCUS e que, se tais ligações houvesse e fossem de seu conhecimento, reafirma não lhe teria emprestado colaboração. Quanto a PEUPLE ET CULTURE nada sabe além do que já disse. Perguntado porque (sic) as folhas do nº 4 da Revista da Cultura da UR foram arrancadas, tornando-se um problema difícil o arranjar uma revista inteira, respondeu que não foram propriamente arrancadas as folhas da Revista nº 4. Esgotou-se o número e se tiraram separadas de três ou quatro artigos apenas. Daí a impressão de páginas arrancadas. Perguntado que conceito faz do uso de "práxis", respondeu que a "práxis" é um trabalho submetido à reflexão.

Daí que seja exclusiva do homem. Perguntado se tem fatos a alegar ou provas que *justifiquem a sua inocência,* respondeu que pelo menos no momento *nada tem a acrescentar a não ser reenfatizar suas posições democráticas e cristãs.* E como nada mais disse e nem lhe foi perguntado, deu o encarregado deste inquérito por findo o presente interrogatório. Mandando lavrar este termo que, lido e achado conforme, assina com o indiciado com as testemunhas e comigo NOALDO ALVES SILVA, capitão, servindo de escrivão, que o datilografei e subscrevi.

Assinado: HÉLIO IBIAPINA LIMA, Ten. Cel. Enc. IPM; PAULO REGLUS NEVES FREIRE – Indiciado; EROS JOVINO MARQUES, Cap. –Testemunha; PAULO NEPOMUCENO BARBOS, 2º. Sgt. TEST.; NOALDO ALVES SILVA, Cap. Escrivão.[18] [Todos os grifos são meus]

Chamo a atenção para o fato de que, durante o inquérito, o Ten. Cel. Ibiapina se esforçou para que Paulo caísse em contradição nas suas respostas. Obviamente, ele não conseguiu seu intento, quer pela inteligência de Paulo, quer porque o militar nem sequer tinha clara a diferença entre nazismo, fascismo, stalinismo e peronismo.

Outrossim, gostaria que ficasse claro que Paulo, usando sua inteligência, omitiu ou driblou, creio eu, intencional e deliberadamente, as respostas verdadeiras, como faziam todos os que foram subjugados em inquéritos, para livrarem-se das duras penas ou para não incriminar outras pessoas.

Demonstrando o estado de raiva que o caracterizava, o Ten. Cel. Hélio Ibiapina Lima escreveu, no Recife, logo depois de Paulo ter conseguido livrar-se dos cárceres brasileiros, um relatório, de 18 de outubro de 1964, do qual transcrevo estas duas partes:[19]

Dr. PAULO REGLUS NEVES FREIRE – É um dos maiores responsáveis pela subversão imediata dos menos favorecidos. Sua atuação no campo da alfabetização de adultos nada mais é que uma extraordinária tarefa marxista de politização das mesmas. O mais grave, contudo, é que essa subversão era executada com os recursos financeiros do próprio governo federal e com a ajuda da Aliança para o Progresso e outros. Isso torna mais grave a traição que fazia à Pátria!

Negou enquanto lhe foi possível e, por fim, evadiu-se, ainda gastando o próprio dinheiro do governo, atestando por fim a sua culpa quando sentia conhecida e desmascarada a sua dissimulação e a sua negação.

E não era criador de sistema, nem de método, não passava de um mistificador entre tantos outros que infestavam o País, mitos criados pela propaganda cerrada dos tarefeiros do PC, mestres em tais assuntos, alunos que são das escolas de psicologia e política montadas e sustentadas pelo PCUS.

---

18 Em todas as dezessete páginas desse inquérito, consta a assinatura por extenso de Paulo Freire. Com exceção da 17ª página, a assinatura nas outras dezesseis páginas cobre, verticalmente, quase toda a extensão de cada uma dessas páginas.
19 Este documento me foi gentilmente cedido pelo pesquisador Otávio Luiz Machado, já citado.

E depois de fugirem, o PCUS ainda lhes fornece dólares, direta ou indiretamente, para continuarem a atuação subversiva em outros setores, em outros países.

Muitos dos que estiveram sob custódia preventiva e agora estão soltos e sobretudo a maior parte daqueles que se evadiram desde o início podem já ser acusados de tentarem por todos os meios a rearticulação do partido comunista ou até mesmo do sistema esquerdista-esquerdizante. Há, como prova, insistente e frequente documentação apresentada sob a forma de panfletos, artigos em jornal, pixamento (sic) de muros etc., tudo dentro da orientação única da desmoralização da autoridade, ataques (ilegível) violentos, boatos generalizados, encontrando-se, como norma, em torno de pessoas responsáveis pelos inquéritos pela segurança pública, e por fim, mas atrevidamente, contra as próprias autoridades maiores da República que procuram levar ao deboche e tentam ridicularizar e desmoralizar. São assim "FATOS E FATOS", "TEMPO DE ARRAES" etc.

145. PAULO REGLUS NEVES FREIRE

Autor de "suposto método" de Alfabetização, onde dizia que alfabetizar é conscientizar e politizar.

Tentou ludibriar o governo com seu "suposto método" de alfabetização, procurando vendê-lo em diversas situações.

Nenhum motivo tem a Pátria para agradecer os trabalhos de PAULO FREIRE e, ao contrário, a Pátria traída o procura, pelos atuais responsáveis pelo seu destino, para que lhe pague os danos causados.

É um criptocomunista encapuçado (sic) sob a forma de alfabetizador.

A experiência de Angicos foi de alta rentabilidade para o movimento comunista: a percentagem maior foi de politização, não de alfabetização.

O MCP era a máquina da municipalidade a serviço do comunismo internacional, e ali foi aplicado o método Paulo Freire.

A Ação Popular era um órgão com finalidades revolucionárias, e em suas circulares definiu *conscientização* (Fla. 5896) como sendo "A organização Visando a Tomada do Poder". E prossegue: "Conscientização sem finalidade revolucionária é mais uma maneira de anestesiar as massas."

Nega insistentemente ser comunista e ter aplicado seu método para a comunização do País: será que era um dos anestesiados?

Recebeu um chamado para depor no Ministério de Educação e Cultura, no Rio de Janeiro, e ali chegando fugiu sem considerar que a nação forneceu passagem de vaião (sic), confiando em que um de seus intelectuais não seria um relapso e um fujão.

Após viajar, por conta da Nação, asilou-se na Embaixada da Bolívia, negando-se a depor e caracterizando, dessa forma, toda a sua culpabilidade criminosa de que era um dos chefes.

Assim, confirmou as acusações que pesavam sobre ele: assumiu por conta própria toda a responsabilidade por ter fugido. "Quem não teme, não se esconde."

– Flas: 475 – 2245 2310 3090 3403 4115 5671 5965 – 5669 – Anexo 2, Listas MCP e MPF –

Em 11 de junho de 1964, a SSP/PE tinha expedido uma segunda via da Cédula de Identidade n. 80.313, de Paulo. A original era datada de 12/1/1943.

O chamamento para um inquérito policial militar no Rio de Janeiro

Paulo foi convocado para depor no Rio de Janeiro em setembro de 1964, em mais um inquérito administrativo policial militar. Tinha sido comunicado informalmente desse fato pelo capitão escrivão Noaldo Alves Silva[20] no momento em que acabara de responder ao anteriormente transcrito inquérito militar, no Recife.

Já no Rio de Janeiro, sentindo-se ameaçado,[21] foi aconselhado por Tristão de Ataíde, contou-me Paulo, a asilar-se na Embaixada da Bolívia,[22] pois as outras ou não queriam "encrencas" com os donos do golpe de Estado ou consideravam que sua cota de asilados políticos tinha atingido o limite máximo possível.

Paulo estava hospedado no Hotel Avenida quando, num fim de tarde, foi procurado por uma pessoa desconhecida que o vinha tirar do hotel. Paulo inicialmente recusou-se a atender ao apelo do senhor que era emissário de Tristão de Ataíde,[23] homem religioso e de integridade moral acima de qualquer suspeita, que pessoalmente vinha mediando um asilo na embaixada boliviana para ele. Após a proposta feita pelo senhor emissário de que Paulo deveria deixar o hotel como se estivessem indo a um simples passeio, deixando, portanto, toda a sua bagagem no quarto, disse-lhe: "Professor, não recuse. Esta, possivelmente, será sua única chance de deixar o país sem maiores sofrimentos!" Entendendo melhor o que estava acontecendo nos bastidores

---

20 Paulo sempre dizia que o capitão que datilografou o inquérito, e que o tratava com muita decência, lhe comunicou que chegara um telegrama do coronel que coordenava um IPM no Rio de Janeiro, pedindo que ele fosse encaminhado ao Rio, no qual estava escrito o seguinte: "Favor remessa Paulo Reglus Neves Freire".

21 *O Estado de S. Paulo* publicou em 29/9/1964: "O Conselho Permanente de Justiça do Exército decretou, hoje, a prisão preventiva de 6 pessoas, entre elas dois parentes do ex-governador Arraes: Maria Violeta Gervaiseau e Miguel Newton Arraes Alencar. As outras pessoas que tiveram prisão preventiva decretada foram o prof. Paulo Freire e os ex--secretários de Estado Aluízio Falcão, Silvio Lins [na ocasião casado com Maria Isabel, irmã da autora] e Ary Vasconcelos."

22 Infelizmente, não tendo conseguido resposta da Embaixada da Bolívia no Brasil, e não dispondo ainda da "ficha" de Paulo da ABIN nem de outros documentos nos quais pudesse ter a garantia de algumas dessas informações até a chegada de Paulo ao Chile, esses e outros detalhes desse seu percurso rumo ao exílio foram "omitidos".

23 Em conferência na OAB/SP, em 2/3/1994, Paulo diz que, ao entrar na Embaixada da Bolívia, disse "ao secretário: eu fico até as cinco da tarde e, se até cinco da tarde não chegar nenhuma autorização (Tristão de Ataíde ligaria para o embaixador intercedendo por mim), eu saio..."

do país, Paulo acatou o convite e entrou na Embaixada da Bolívia, antes mesmo do SIM protocolar. No dia seguinte, alguns tanques de guerra do Exército brasileiro cercavam a casa sede da Embaixada da Bolívia. Aí Paulo permaneceu por mais de quarenta dias esperando um salvo-conduto que o governo brasileiro postergava, intencional e malvadamente, em conceder e em entregar a ele.

Paulo partiu para aquele país em outubro de 1964, quando contava apenas 43 anos de idade, levando consigo o "pecado" de ter amado profundamente o seu povo e de ter se empenhado em alfabetizá-lo, conscientizando-o da realidade, para que sofresse menos e participasse mais das decisões nacionais. Paulo queria e lutou para contribuir na construção da consciência dos oprimidos e na busca pela superação da secular interdição na nossa sociedade a eles e a elas. Jamais tinha falado ou foi adepto da violência – só posteriormente fez algumas concessões a esta para a luta dos oprimidos – ou da tomada do poder pela força das armas. Esteve desde jovem a refletir sobre a educação e a engajar-se nas ações humanistas mediadas pela prática educacional transformadora, de início, por essa época, basicamente de orientação cristã católica. Lutou e vinha lutando sem descanso por uma sociedade mais justa e menos perversa, como gostava de dizer, por uma sociedade realmente democrática, na qual não houvesse "senhores" contra "escravos", na qual todos pudessem ter voz e vez. Na verdade, Paulo fazia um trabalho muito mais político do que ele mesmo até então pôde perceber e entender naqueles tempos brasileiros. Acreditava estar a serviço dos homens e mulheres para educá-los para a vida com dignidade, para suas humanizações ao possibilitar-lhes sua integridade ontológica: saber ler e escrever a palavra e o mundo.

Conto em meus arquivos com um documento que demonstra a devolução a Elza Freire do valor do "trecho RIO/REC, não utilizado, do TKT Form. 02A-Nº 974488 de Cr$ 85.320, Recife, 28 de setembro de 1964, assinado por Sebastião Barbosa pela Mota Barbosa Com. e Turismo Ltda."

Esse recibo, na verdade, atesta que, até o momento em que partiu do Recife para responder novo IPM sem saber da eminência de sua prisão, Paulo não queria admitir que a sua viagem para o Rio de Janeiro seria uma viagem sem volta. Tinha bilhete de ida ao Rio e volta ao Recife pago pela Universidade do Recife desde que o Exército Nacional, que o convocara, se negou a pagar as despesas da viagem. Para salvar a sua vida, ele precisou deixar o Brasil, a sua casa na Rua Alfredo Coutinho, 79, Jardim Triunfo, Casa Forte, no Recife,[24] sua família, e ir ao encontro do desconhecido, sem contudo deixar

---

24 Afora essa casa, Paulo possuía "hum (1) lote de terreno n. 6 (seis) da quadra B, situado em uma rua projetada de loteamento da parte do Sítio Casa Caiada, no município de Olinda",

que sua rebeldia bem comportada ficasse esmorecida. Morreu muitos anos depois com sua rebeldia, menina, engajada e séria.

Paulo partiu para um exílio que começava a adivinhar – pela força dos primeiros atos, dos inquéritos e demissões sumárias de professores universitários, das perseguições a estudantes, a jornalistas e a ele próprio cada dia mais ferozes e impiedosamente malvadas impetradas pelos militares – duradouro, mas não tanto quanto durou: quase dezesseis anos!

---

conforme atestou à Universidade do Recife o seu procurador José de Melo, em 20 de janeiro de 1965.

O seu contexto de empréstimo

PARTE II

CAPÍTULO 7

Exílio

Introduzo esse tema do exílio transcrevendo as próprias palavras de Paulo numa entrevista a Claudius Ceccon e Miguel Darcy de Oliveira para *O Pasquim*, no ano de 1978, já mencionada e em parte transcrita, feita pouco antes de sua volta ao seu contexto de origem:

Miguel – *Mas aí chegamos em 64.*

FREIRE – Exato. Aí veio o golpe. Eu preferi ficar. Eu tive chance de sair, em Brasília mesmo, através de uma embaixada, mas preferi não ir. E não me arrependo, sabe. O que eu coloquei para mim naquela época era o seguinte: uma grande parte da juventude brasileira acreditou nisso e é impossível dissociar essa crença nesse esforço de mim. Eu estou metido nesse treco, como um testemunho disso. Eu disse, eu não sou mártir, nem quero ser, e farei tudo dentro dos limites da dignidade para não virar mártir, agora o que eu não quero é sair do Brasil antes de testemunhar que fiquei e de assumir essa responsabilidade. E para mim foi ótimo. Talvez, se eu tivesse saído do Brasil direto sem a experiência, mínima, que eu tive de cadeia, sem a experiência global que tudo isso implicou, eu talvez tivesse chegado ao exílio sem uma marca necessária para continuar a trabalhar. Eu talvez tivesse chegado ao exílio com o sonho impossível de um retorno breve, exatamente por não ter me experimentado no bojo mesmo da violência que se instaurava. E a passagem por esse bojo, mesmo pequena, mesmo não demasiado traumática, foi traumática para um intelectual que dava aula e que associava prisão a roubo e a crime e que, de repente, se vê preso e que fica meio confuso. Não roubei nem matei e estou aqui. De maneira que essa experiência me amadureceu um pouco. Foi fundamental o exílio. Eu via que outros que tinham saído sem viver essa experiência, que a reação era diferente. Eu até dizia, olha, volta, se entrega e depois sai de novo.

Mas depois, chegou um momento em que eu confesso que me cansei de ser chamado, de estar respondendo a perguntas e vi que não tinha condição de ficar lá. A única coisa que eu sabia fazer era exatamente o que eu não podia fazer. E então eu preferi continuar vivo a entregar-me a uma espécie assim de morte lenta, ou de cinismo. Eu não via no momento uma possibilidade de ficar sem morrer de um ponto de vista ou de outro.

Claudius – *Morrer no sentido figurado.*

FREIRE – É, e até mesmo no outro. Adoecer de tal modo que chegasse até a morrer mesmo. Então eu resolvi ir embora. E o exílio então me deu essa outra grande lição. Na medida em que tu te experimentaste no teu contexto, historicamente, socialmente, na medida em que tuas raízes entraram nesse contexto, em primeiro lugar nunca mais deixas de pertencer a esse contexto e, em segundo lugar, jamais pertences só a ele. Eu sinto em mim um pedaço da raiz ultrapassando o meu sapato onde quer que eu esteja. Essa fala arrastada, do nordestino que continua, o gosto da comida, a minha visão de mundo, a minha linguagem.

Claudius – *De Recife para o mundo.*

FREIRE – Não como a Rádio Jornal do Comércio. Mas é preciso também que se explique isso, porque parece muita falta de modéstia, um treco profundamente cabotino, falar de minha universalidade, como se eu fosse aqui um cara que se pensa um homem do mundo no sentido que se dá, quando se diz isso. Não, o que eu quero dizer é que sou, existencialmente, um bicho universal. Mas só sou porque sou profundamente recifense, profundamente brasileiro. E por isso comecei a ser profundamente latino-americano e depois mundial. Eu sou capaz de querer bem, enormemente, a qualquer povo.
[...]

Foto de Paulo dos anos 1960, quando vivia o exílio no Chile.

Claudius – *Paulo, o que é que o exílio te ensinou?*

FREIRE – Não é fácil dar uma explicação do que o exílio foi para mim como aprendizagem. Eu não tenho me detido para tomar distância dele e refletir sobre ele. Eu estou nele. Mas alguns pontos a *gente* pode mostrar. Um deles é a compreensão da diversidade cultural, a compreensão das diferenças. E como é diferente! Como tu não podes fazer juízo de valor a expressões culturais! A tua experiência com outros espaços históricos e culturais termina te ensinando até a universalizar, rompendo com a tua paroquialidade. Tu deixas de ser uma mente paroquial. Isso, então, significa uma abertura maior a outras formas de estar sendo. De outro lado, o exílio possibilita também a tomada de distância, não só geográfica, mas no tempo, do teu contexto original. Então, tu readmiras o teu contexto e ao fazer isso descobres uma série de outras coisas. Muitos brasileiros passaram a ser mais brasileiros a partir do exílio. Foi exatamente a tomada de distância que deu melhor o perfil do objeto da reflexão.

Ainda sobre a questão do exílio, Paulo disse nessa mesma entrevista a Claudius e Miguel Darcy, buscando o exemplo de um dos mais importantes pedagogos da revolução:

> Pois é. Outra coisa que eu encontrei também nos textos de Amílcar Cabral e que o exílio te ensina é a dialética entre a paciência e impaciência. É viver intensamente sem a ruptura das categorias. Viver intensamente a dialeticidade de ser paciente, impacientemente. Ser impaciente, pacientemente. Pobre do exilado que não aprende essa lição. O exílio é a melhor universidade nessa matéria. Eu acho que sou doutor nessa cadeira. O que ocorre se tu rompes a dialética entre a paciência e a impaciência? Ou tu rompes em favor da paciência e ela se transforma num amortecedor da tua presença no mundo e ela vira anestesia e tu ficas historicamente anestesiado numa paciência eterna que leva a sonhos impossíveis de um paraíso que não existe. Se ela se rompe no sentido da impaciência, tu cais num ativismo, num voluntarismo que te leva ao desastre. Então, o único caminho que tem é viver a harmonia contraditória.

Paulo tinha a dimensão exata do que era estar fora de seu país:

> É difícil viver o exílio. Esperar a carta que se extraviou, a notícia do fato que não se deu. Esperar às vezes *gente* certa que chega, às vezes ir ao aeroporto simplesmente esperar, como se o verbo fosse intransitivo.
>
> É muito difícil viver o exílio se não nos esforçamos por assumir criticamente seu espaço-tempo como possibilidade de que dispomos. É esta capacidade crítica

de mergulhar na nova cotidianidade, despreconceituosamente, que leva o exilado ou a exilada a uma compreensão mais histórica de sua própria situação. É por isso que uma coisa é viver a cotidianidade no contexto de origem, imerso nas tramas habituais de que facilmente podemos emergir para indagar e a outra é viver a cotidianidade no contexto de empréstimo que exige de nós não só fazermos possível que a ele nos afeiçoemos, mas também que o tomemos como objeto de nossa reflexão crítica, muito mais do que o fazemos no nosso (*Pedagogia da esperança*).

Escrevi sobre a sua partida para o exílio:

Seu "pecado" fora alfabetizar para a conscientização e para a participação política. Alfabetizar para que o povo emergisse da situação de dominado e explorado e que assim, se politizando pelo ato de ler a palavra, pudesse reler, criticamente, o mundo. Sua compreensão de educação de adultos era essa. Seu difundido "Método de Alfabetização Paulo Freire" tinha suporte nessas ideias que traduziam a realidade da sociedade injusta e discriminatória que construímos. E que precisava ser transformada.

O Programa Nacional de Alfabetização se preparava para levar isso a grande número daqueles e daquelas a quem tinha sido negado o direito de frequentar a escola quando o golpe civil-militar-empresarial de 1964 o extinguiu.

Os militares que tomaram o poder e seus agentes queimavam ou apreendiam, dentro do espírito do macarthismo macabro da Doutrina de Segurança Nacional que se instalava no Brasil vinda do "Norte", tudo o que tomavam em suas mãos e que entendiam ser "subversivo" (em *Pedagogia da esperança*).

Dentro dessa "nova" leitura de mundo, velha nas suas táticas de castigar, maltratar e interditar, que conhecemos desde a "descoberta" do Brasil, em 1500, pelo tratamento cruel aos nacionais; acirrada nos tempos "áureos" da escravidão, com a extrema exploração do "carvão negro" que tinha apenas sete anos de "vida útil"; contraditoriamente perpetuada pelas várias fases da *res publica* por uma sociedade aristocrática, elitista e discriminatória de ranço escravocrata, não havia lugar para Paulo.

Em última instância, Paulo foi obrigado a ir para o exílio porque apresentou uma proposta educativo-ético-antropológica desafiadora, segundo a qual o/a analfabeto/a lendo a palavra lesse o mundo. Isto é, expôs à nossa sociedade um caminho político-educacional que, pela conscientização, possibilita aos/às analfabetos/as alcançar a sua autonomia, a sua libertação, possibilita-lhes resgatar a sua humanidade roubada. Ele, que tanto amava seu país e sua *gente*, foi privado de *estar nele*. E estar nele *com* o seu povo.

Bolívia[1]

Paulo teve sua prisão preventiva decretada em 29/9/1964 e partiu para o exílio em outubro de 1964, viajando sob a guarda e proteção do próprio embaixador da Bolívia no Brasil que, ao seu lado no avião, o levou até Santa Cruz de la Sierra. Aí o embaixador se despediu e retornou ao Brasil, e Paulo, começando a sua dura e longa peregrinação de asilado, prosseguiu sua primeira viagem para fora do Brasil rumo a La Paz.

Desembarcou "sozinho",[2] sem família e sem passaporte. Esse direito cidadão lhe tinha sido negado, e continuou assim sendo até 1979 pelo regime militar brasileiro. A localização da capital boliviana no cume das montanhas da Cordilheira dos Andes provocou, no dia seguinte ao que lá chegou, uma crise de pressão arterial que o deixou em estado de pré-coma.

Paulo tinha tido contato, ainda na Embaixada no Rio, com o ministro da Educação da Bolívia, que o contratou para dar uma assessoria no campo da educação de seu país, tanto para a escola primária como, sobretudo, para a educação de adultos.

Não foi somente o problema de saúde que o fez sair da Bolívia. Dias após sua chegada, também a Doutrina de Segurança Nacional ditou lá um golpe de Estado deflagrado contra o governo tido como progressista de Paz Estenssoro. Embora não tenha sido molestado, ao contrário, o novo governo boliviano referendou o convite, Paulo considerou inviável sua permanência na Bolívia.

Querendo sair daquele país e sem o salvo-conduto brasileiro, que se queimou num incêndio na pensão onde então residia com outros brasileiros em La Paz, Paulo ficou durante três semanas indo ao Ministério do Interior boliviano, até que conseguiu um "Salvo-con-

Fac-símile do salvo-conduto emitido pelo governo da Bolívia, de 11/11/1964, com o qual Paulo pôde deixar esse país e entrar no Chile.

---

1 Para outras informações sobre o exílio de Paulo na Bolívia e no Chile, o leitor poderá consultar seus livros, sobretudo na *Pedagogia da esperança*.

2 "Ninguém chega a parte alguma só, muito menos ao exílio... Carregamos a memória de muitas tramas, o corpo molhado de nossa história, de nossa cultura; a memória, às vezes nítida, clara, de ruas de infância, da adolescência... uma frase possivelmente já olvidada por quem a disse. Uma palavra por tanto tempo ensaiada e jamais dita, afogada sempre na inibição, no medo de ser recusado, que, implicando a falta de confiança em nós mesmos, significa também a negação do risco" (em *Pedagogia da esperança*).

duto para exilados" da República da Bolívia, assinado pelo capitão Roberto Wayar Anibarro, diretor geral de Imigração, de La Paz, em 11 de novembro de 1964, *"válido para viagem de ida a República de Chile e Europa"* [grifo meu]. O domicílio registrado em La Paz era Avenida Arce N-2342.

Com esse documento, sem direito de retornar à Bolívia, Paulo, após permanecer nesse país por cerca de setenta dias, pôde seguir para a segunda etapa de seu exílio: o Chile.

Chile

Paulo entrou no Chile em 20 de novembro de 1964 com esse documento boliviano de 11 de novembro de 1964.[3] Alguns brasileiros o esperavam no aeroporto de Arica. Aliviado por sentir-se fora de perigo da ditadura boliviana e por ter reencontrado o oxigênio numa cidade ao nível do mar como a sua, sem o ar rarefeito das montanhas, comentou: "Comecei a sentir-me *gente* novamente. Podia respirar e andar novamente sem arrastar os pés no chão."

Quatro grandes e fiéis amigos de Paulo[4] tinham tratado de encontrar o caminho político e institucional para estabelecê-lo no Chile: Plínio de Arruda Sampaio e Paulo de Tarso Santos, amigos do recém-empossado presidente Eduardo Frey; e, Thiago de Mello e Steban Strauss, amigos de Jacques Chonchol, então diretor-presidente do Instituto de Desarrollo Agropecuário (INDAP), que usaram seus prestígios para socorrê-lo nos dias difíceis de recomeçar, como diz a canção de Caetano Veloso, "sem lenço e sem documento" uma nova etapa da vida.

Strauss enviou-lhe dinheiro que, juntado ao pouco que ainda restava do que tinha lhe dado Odilon Ribeiro Coutinho ao visitar o amigo na Embaixada da Bolívia no Rio de Janeiro, possibilitou a compra do bilhete aéreo de La Paz a Arica. Paulo aí pernoitou e no dia seguinte seguiu para a capital, Santiago.

Na mesma entrevista a *O Pasquim*, Paulo fala de sua ida para o Chile:

Então eu fui para o Chile coincidindo com a posse do Frey e fui convidado para trabalhar com o Jacques Chonchol, que é um homem extraordinário. Ele era di-

---

3 A Certidão da ABIN diz, erroneamente, que Paulo "chegou ao Chile, via aérea, procedente de La Paz, com a carteira de identidade n. 80313, expedida em Recife/PE e com visto de turista" (p. 7-8).

4 Não posso deixar de citar os nomes de outros brasileiros e brasileiras que foram próximos de Paulo no Chile: Lígia e Almino Afonso; Ruth e Fernando Henrique Cardoso; Marietta de Arruda Sampaio; Magnólia Strauss; Álvaro Vieira Pinto; Álvaro de Faria; Maria Edy Chonchol; Wilson Cantoni; Nara e Antonio Cerqueira; Mônica e José Serra; Francisco Weffort e toda a família Fiori: Hilda, Ernani, Jorge e José Luís.

retor de um instituto de desenvolvimento agropecuário. Ele era a grande cabeça da reforma agrária.

Claudius – *Era do Partido Democrata Cristão?*

FREIRE – Era católico. Ficamos muito bons amigos, até hoje. Posteriormente ele veio a ser ministro da agricultura do Allende. Ele desenvolveu um trabalho excepcional no Chile, nas duas épocas, mas evidentemente um certo radicalismo do Jacques, não sectarismo, levou-o a sair da Democracia Cristã. Mas no Chile eu trabalhei quatro anos e meio. Eu aprendi muito...

Em janeiro de 1965, sua então esposa Elza[5] e quatro dos seus filhos[6] foram ao seu encontro em Santiago, onde ele já havia iniciado etapa importante de sua vida de intelectual militante analisando o Brasil a distância e começando a se perceber como um autêntico latino-americano.

Gostaria de acentuar a capacidade de Paulo de refazer-se das dores, frustrações e decepções. Em uma entrevista que eu fiz com o então amigo e com-

---

5 A vida de Paulo com Elza e os filhos é descrita na Parte VI, Capítulo 22 desta biografia.
6 Seus parentes que viviam no Rio de Janeiro escreveram-lhe a seguinte carta, em dezembro de 1964, que nos esclarece sobre alguns detalhes da ida da família para o Chile: "Paulo, escrevo à máquina para não lhe dar o trabalho que você me dá para ler sua letra que não é melhor que a minha. Você queria Elza. Remetemos Madá. Elza restabeleceria o equilíbrio da família, desde logo. Madá, apenas, dá começo. Paciência. Uma felicidade pode começar num dia 13. Não pode completar-se. Madá lhe dirá, pessoalmente, tudo o que você precisa saber para tranquilizar-se. Sobre Mima e Fátima. Sobre Joaquim e Lut. Sobre Tudinha. Estamos – eu e Natércia, a 'macanuda' – fazendo o impossível para, no fim do mês, numa viagem a Campos, levar à sua mãe o maior conforto que a nossa amizade possa promover. Sobre sua tia e todos os seus primos da Urca. Sobre o velho pernambucano que se "empaulistou" sem perder as raízes. Homem que continua usando chapéu e colete. À antiga. À antiga, também, usando o coração. Esse nosso Dová [Rodovalho] que realiza o milagre de melhorar, depois de ser absolutamente bom. Que consegue o absurdo de ser melhor que ótimo.
Nós todos, apesar das saudades de hoje e das que virão amanhã, estamos contentes. A colaboração foi geral. E o que se sente mesmo, não é a satisfação de quem cumpre um dever. É o amor-próprio de quem exerceu um direito. Esta manifestação chega a ser egoísmo dos que agradecem a você, o ensejo que deu a essa demonstração de querer bem.
É verdade que o Professor muito nos orgulha. Mas nós queremos mesmo bem, é ao sobrinho e ao primo. Para o Professor, as nossas palmas. Para o outro homem, as nossas lembranças mais alegres, os nossos abraços mais apertados.
Em último lugar uma observação. Elza – essa mulher, da melhor escola das Amélias – tem direito a um descanso. Tanto quanto você tem à sua presença. Pois sua Tia Natércia – a 'macanuda', quer dizer a você que não seja egoísta. Dê a Elza o sossego de que ela carece, sem prejuízo dos cafunés de que carece você. Elza precisa descansar. Lut [o tio], Natércia, Waldir e Naná. Rio, 12/12."

panheiro de exílio de Paulo, Plínio de Arruda Sampaio,[7] em 7 de abril de 2004, perguntei-lhe:

> – Como Paulo se sentia ao chegar ao Chile, muito triste e frustrado com o que ocorrera no Brasil, sem coragem de recomeçar a vida?
> – Que nada... Paulo chegou alegre e disposto a trabalhar pondo a sua curiosidade enorme a serviço das novas tarefas a cumprir! Nada de se deixar tomar pelas decepções sofridas.

Conhecendo o meu marido, posso afirmar que a raiva que ele sentiu pela traição ao povo e a ele mesmo, desencadeada pelo desmoronamento de seu trabalho de alfabetização pelo golpe de Estado no Brasil, foi tão forte e profunda, que por isso mesmo tornou-se redentora para esse novo renascer de vida e de novas criações. Paulo acreditava que o amor se faz na contradição com a raiva, que é preciso sentir e viver essa raiva profundamente para que o amor flua e prepondere sobre ela, voltando a nortear a vida.[8] A vida sem ressentimentos, sem melancolias e sem queixumes.

Comprovando o que nos disse Arruda Sampaio, cito as próprias palavras de Paulo sobre sua chegada ao Chile:

> Cheguei ao Chile de corpo inteiro. Paixão, saudade, tristeza, esperança, desejo, sonhos rasgados, mas não desfeitos, ofensas, saberes acumulados nas tramas inúmeras vividas, disponibilidade à vida, temores, receios, dúvidas, vontade de viver e de amar. Esperança, sobretudo (*Pedagogia da esperança*).

Num depoimento sobre Roberto Fox, ele fala sobre as saudades do Brasil e a necessidade de aprender a amar o Chile:

> Me lembro bem. Era abril de 1967 e vivíamos os primeiros dois anos de exílio em Santiago do Chile. Começávamos a aprender como lidar com a saudade do Brasil, de sua *gente*, de seu céu, de suas cores, do cheiro da terra, do gosto da comida, da maneira de dizer "bom-dia". Começávamos a aprender como cuidar de nossa identidade, sem recusar e desamar o contexto que nos acolhia. Começáva-

---

7 Conversando com esse famoso economista, ele me falou sobre a popularidade que Paulo conquistou no Chile; disse-me que alguns bares perto do trabalho de Paulo em Santiago serviam uma bebida à base de Pisco que nomearam "Aperitivo Paulo Freire". Quando se perguntava a algum garçom "Por que este nome?", a resposta deles todos era sempre a mesma: "Porque é muito forte e nos deixa lúcido... abre o nosso espírito! É como Paulo Freire!"

8 Paulo não cansou de afirmar que nossas ações éticas, voltadas para um futuro melhor, mais bonito e mais democrático, nascem dos sentimentos antagônicos raiva e amor, que em sua teoria tomaram corpo nas categorias de denúncia e anúncio.

mos a aprender, por outro lado, como não ter, no esforço amoroso de compreensão do Chile, de seu povo, de sua cultura, de nossas diferenças, uma espécie de negação do Brasil... O que tínhamos que fazer era aprender a amar o Chile, respeitando as nossas diferenças e ter o Brasil como pré-ocupação. Não nos seria, contudo, possível preocupar-nos com o Brasil se não nos ocupássemos no Chile.[9]

Como necessidade de sua permanência no novo exílio, Paulo recebeu da República do Chile a cédula de identidade n. 5.861.122, de profissão "empregado", domicílio C. Antunez, 1835, Dpto. 610, datada de 26 de março de 1965, com validade de cinco anos, portanto até 26 de março de 1970. Recebeu também, como asilado político, em 1965, uma "Carta de viagem" – Carta n. 0637 – para ter direito de viajar para fora do Chile, a qual foi renovada em 1967 e em 1969, desta vez com validade até 16 de abril de 1971, quando postergaram sua validade até 28 de janeiro de 1973.

Três dias depois de ter chegado a Santiago, Paulo visitou Jacques Chonchol, diretor do Instituto de Desarrollo Agropecuário (INDAP), e após uma conversa ele saiu de lá contratado para ser assistente de Chonchol, no setor de "Promoción Humana" do INDAP, um trabalho de educação popular.

Esse trabalho de educação popular de Paulo no Chile deu-se em várias instâncias e órgãos do país. No INDAP, ele trabalhou por três anos, tendo sido neste período posto também à disposição do Ministério da Educação, através da Chefatura de Planos Extraordinários de Educação de Adultos. Tanto num como no outro, Paulo atuou no processo de alfabetização e no da pós-alfabetização, no meio urbano e no rural. Nas áreas rurais o governo chileno desenvolvia um programa de reforma agrária através da "Corporação da Reforma Agrária" (CORA), para o qual Paulo também atuou no campo da educação popular e no da alfabetização de adultos.

Depois ele recebeu convite para ir trabalhar no Instituto de Capacitación y Investigación en Reforma Agrária (ICIRA), quando conseguiu realizar um trabalho que associou de forma plena a educação de adultos com o processo de reforma agrária. Para este trabalho no ICIRA, Paulo foi contratado pela Unesco como consultor especial.

Na *Pedagogia da esperança* ele nos fala, com entusiasmo, desse trabalho:

> O meu último período no Chile, exatamente o que corresponde à minha presença no Instituto de Capacitación e Investigación en Reforma Agraria [ICIRA], a que cheguei no começo do meu terceiro ano no país, foi um dos mais produtivos

---
9 Trecho do depoimento de Paulo "Roberto Fox ou a dor de sua falta", escrito em novembro de 1987.

momentos de minha experiência de exílio. Em primeiro lugar, cheguei a este instituto quando já tinha uma certa convivência com a cultura do país, com hábitos de seu povo, quando as rupturas político-ideológicas dentro da Democracia Cristã já eram claras (*Pedagogia da esperança*).

Em síntese, Paulo trabalhou no Chile de novembro de 1964 a novembro de 1967 no INDAP, e dessa data até abril de 1969 no ICIRA.

Nesse país, ele escreveu *Pedagogia do oprimido* e *Extensão ou comunicação*, além de ter feito algumas alterações em sua tese *Educação e atualidade brasileira* e tê-la publicado como livro, *Educação como prática da liberdade*. O próprio trabalho de Paulo e sua condição de asilado político o fizeram escrever dezenas de páginas sobre o que refletia e queria pôr em prática, muitas das quais ou se encontram até hoje nas mãos de algum/a admirador/a dele, ou foram publicadas no Chile, ou mesmo nos Estados Unidos, e se extraviaram.

Enquanto o Chile vivia intensamente o clima político de abertura, de otimismo da Democracia Cristã nos primeiros anos do governo de Eduardo Frey (1964-1970), os exilados brasileiros eram recebidos com simpatia, todos se inserindo na cena local com destaque. Pouco depois, entretanto, começou a recair uma certa desconfiança sobre eles. "Mais tarde, em 1969, Paulo Freire receberá provas concretas desta desconfiança. O governo democrata cristão, nesse ano de 1969, estava em plena fase de recuo em sua linha de busca da justiça social".[10]

Sobre essa desconfiança, Paulo já nos havia contado, em *Pedagogia da esperança*, que isso aconteceu exatamente quando as rupturas político-ideológicas dentro da Democracia Cristã já eram claras. Foram denúncias veiculadas nos e pelos setores mais sectariamente direitistas: "Disseram ter eu feito coisas que jamais fiz ou faria. Sempre achei que um dos deveres éticos e políticos do exilado reside no respeito devido ao país que o acolhe... Não gostaria, sequer de me alongar considerando os fatos que envolveram as acusações a mim, facilmente postas por terra por sua absoluta inconsistência".

Na ocasião, o então chefe de Paulo, Jacques Chonchol, transmitiu-lhe a denúncia feita ao presidente Frey de que ele teria escrito um livro contra o povo e o governo chileno. Tendo provado o contrário ao entregar os originais ao seu superior Jacques Chonchol, Paulo decidiu, então, não publicar *Pedagogia do oprimido* no Chile, como pretendia. No Brasil, o regime militar não o permitiria; surgiu então a oportunidade de ser lido pelo pastor e teólogo

---

[10] Sobre a importância da atuação político-pedagógica de Paulo no Chile, consultar o excelente livro de Augusto Nibaldo Silva Triviños e Balduíno Antonio Andreola, *Freire e Fiori no exílio: um projeto pedagógico-político no Chile*. Porto Alegre: Ritter dos Reis, 2001. Esta citação é da p. 32.

norte-americano Richard Shaull, que se entusiasmou pelo livro logo na primeira leitura.

Nesse momento, Paulo considerou que já tinha dado ao Chile o máximo possível de suas contribuições, pois, na verdade, contribuiu com novas e importantes diretrizes para a educação chilena, sobretudo a de adultos, e que assim tinha chegado a hora de partir. Na época recebeu, coincidentemente, alguns convites. Um deles era para ir lecionar nos Estados Unidos, na Universidade de Harvard, e foi essa a opção de Paulo. O Conselho Mundial das Igrejas consultou-o sobre a possibilidade de ir trabalhar junto a esse órgão, como educador. Com a "Carta de viagem" chilena e um "visa" do Consulado americano do Chile, Paulo partiu para a sua terceira fase de exílio: os Estados Unidos da América.

Estados Unidos

Após a proposta conciliatória de Paulo ter sido aceita pelas duas partes – a de atender primeiro a universidade norte-americana e depois, caso se confirmasse o interesse das duas partes, o Conselho Mundial das Igrejas –, ele foi fazer a entrevista no consulado americano para obter o visto de permanência nos Estados Unidos.[11]

O cônsul norte-americano, zeloso de suas atribuições, começou a fazer algumas perguntas sem dizer aonde queria chegar, mas de repente, entre pigarros e "bem... bem... bem...", começou a querer saber, em detalhes, sobre o passado de Paulo no Brasil, sua atuação "subversiva" no campo da educação, sua "extrema simpatia pelo comunismo", sua condição de homem sem passaporte etc. Da conversa sem arrogância, de repente Paulo sentiu-se num verdadeiro inquérito policial ou militar. Então, recusando-se a se submeter à situação de humilhação e constrangimento, repudiando-a, disse-lhe, levantando-se da cadeira: "Senhor, se eu estivesse preso e o senhor fosse uma autoridade que me inquiria... Como não é este o caso, recuso-me a me submeter a tal inquérito. Vou escrever às universidades do seu país dizendo por que não posso ir." Na verdade, o visto de entrada de Paulo nos Estados Unidos já estava pronto e o cônsul o entregou na hora.

Em nossas conversas, ele contou-me que também falou ao cônsul que a um inquérito ele tinha respondido no Brasil porque tinha sido forçado a isso pelas autoridades de *seu país* que instalaram a ditadura, mas para qualquer outra autoridade de qualquer outro país, não! Nunca!

Paulo partiu com Elza e os dois filhos homens para Massachusetts, ficando, de abril de 1969 a fevereiro de 1970, morando em Cambridge, contratado

---
11 Paulo já havia visitado esse país, a trabalho, duas vezes, nos anos de 1967 e 1968.

para dar assessoria a um centro de estudos sociais – Center for the Study of Development and Social Change – e para dar aulas sobre suas próprias reflexões na Universidade de Harvard – Center for Studies in Education and Development –, na qualidade de Professor Visitante.

Ainda nas palavras de Paulo na entrevista a *O Pasquim*:

FREIRE – Eu saí do Chile em 69. Depois eu fui para a Universidade de Harvard.

Claudius – *Conta essa história pra gente.*

FREIRE – Bem, depois de um largo tempo no Chile, eu comecei a perceber e conversava com Elza a respeito, que eu era muito feliz no que estava fazendo, mas eu dizia para a Elza, "nega, eu acho que esse pessoal do Chile assumiu o trabalho e quanto mais longe eu ficar, melhor"... Eu achei que aquele era o tempo do Chile, conversei com meus amigos e coincidiu também com a não renovação do meu contrato com a Unesco. Nesse mesmo período, eu comecei a receber cartas me convidando para as universidades.
[...]
FREIRE – Fui convidado para ir aos Estados Unidos. Veja só, de repente me chamam os seguintes lugares: Ford University, New York University, Princeton University, Harvard, Columbia e outra que eu não me lembro. Engraçado é que na primeira viagem eu não sabia nem dizer *good morning*. Eu falei em português e em espanhol, ora com tradução, ora sem tradução.
[...]

Claudius – *Mas e aí, quando foi que você voltou aos Estados Unidos?*

FREIRE – Em 69 eu voltei e aí eu já era matéria do *New York Times*. Nessa altura eu já tinha o original da *Pedagogia do oprimido* terminado, que só saiu em setembro de 70. Foi exatamente nesse intervalo que eu fui convidado para Harvard. Quando eu voltei ao Chile da primeira viagem, comecei a receber convites dos Estados Unidos. Houve uma coisa muito engraçada, porque recebo a carta de Harvard me propondo dois anos lá, e oito dias depois eu recebo a daqui do Conselho Mundial de Igrejas. Harvard me propunha estar lá em abril de 69, e o Conselho me propunha estar aqui em setembro. Resolvemos então fazer uma contraproposta aos dois. À Harvard para ficar até fins de 69 e ao Conselho para vir no começo de 70. Os dois aceitaram e foi bom porque eu queria muito ter a experiência dos Estados Unidos. Eu preferia vir para o Conselho, porque o problema de ser professor pra mim não se coloca. Eu me acho professor numa esquina de rua. Eu não preciso do contexto da universidade para ser um educador. Não é o título que a universidade vai me dar que me interessa, mas a possibilidade de trabalho.

E naquela época eu sabia que o Conselho ia me dar a margem que a universidade não me daria. Eu temia, ao deixar a América Latina, perder o contato com o concreto e começar a me meter dentro de biblioteca e a operar sobre livros, o que não me satisfaria e me levaria à alienação total. Não me interessa passar um ano estudando um livro, mas um ano estudando uma prática diretamente. O Conselho me dava essa oportunidade. Então o que ocorre? Eu chegava à Índia, por exemplo, e encontrava lá um grupo de estudantes que me dizia: "olha, nós conseguimos uma edição do teu livro, mimeografamos, estudamos dois meses e resolvemos ir para a prática, e é a prática que nós tivemos que queremos te contar". Então eu passava duas ou três horas conversando com esses meninos e eles dizendo, "tu escreveste esse livro foi para nós porque é a mesma coisa".

Imaginem que Paulo chegou aos Estados Unidos lendo, tendo uma experiência visual bastante boa do inglês quando se tratava de ler obras acadêmicas, e falando algumas coisas sobre o seu pensamento; mas não sabia ler uma revista ou jornal e tampouco entendia o que ouvia. Assim, percebeu logo que nem sequer saberia manter uma simples conversação sobre coisas do dia a dia e muito menos lecionar com proficiência. Então uma intelectual que era bilíngue português/inglês prontificou-se, para no final dos diálogos com o grupo de colegas, rever com ele os erros cometidos que ela anotava cuidadosamente. Ao mesmo tempo, Paulo lia em inglês as obras já conhecidas de Marx, Hegel, Sartre, Merleau-Ponty e outros. Depois de algumas semanas, quando as aulas em Harvard começaram, ele já falava tudo o que queria e como queria sobre o seu pensamento, sobre sua compreensão de educação na língua inglesa, com sotaque nordestino, o que, aliás, ele nunca perdeu. Nem fazia questão de perder!

Inicialmente, Paulo trabalhou no Center for the Study of Development and Social Change, o centro de pesquisas sociais, já assinalado, criado e dirigido por jovens intelectuais norte-americanos que tinham o interesse na compreensão crítica do desenvolvimento, quando teve suas "aulas particulares" de inglês.

Além das aulas na Universidade de Harvard, Paulo viajou nesse período por várias partes dos Estados Unidos, ora a convite de outras universidades, ora para dialogar com setores progressistas de comunidades populares.

Num trecho de *Dialogando com a própria história*, ele faz uma análise crítica dessa sociedade, geralmente não percebida e não aceita pelos nacionais de lá, e por muita *gente* em todo o mundo:

> Quer dizer, em minha experiência, quando eu fazia essa andarilhagem, ainda tímida, primeira, pelos Estados Unidos, aprendendo essa coisa concreta e óbvia do terceiro mundo no primeiro, do primeiro no terceiro; aprendendo a força da

raiva do branco contra o negro, a violência, o desrespeito do corpo negro pelo corpo branco; o corpo branco que se decretava a si mesmo como superior geneticamente ao corpo negro... Agora, o que eu acho é que o que há de positivo na experiência democrática americana não é suficiente para que alguns norte-americanos pensem a si como pedagogia da liberdade no mundo... Para mim não há substantividade democrática na sociedade norte-americana... Eu não posso entender ou conciliar essa ideia de uma democracia profunda, fantástica, com o racismo horripilante da sociedade norte-americana, com o autoritarismo da sociedade, com a mitificação da tecnologia, por exemplo. Há uma série de negatividades lá dentro da experiência democrática norte-americana que me fazem não dizer que tudo lá é ruim, mas também não dizer que tudo lá é bom (*Dialogando com a própria história*).

Terminado o contrato com a Universidade de Harvard, algumas universidades dos Estados Unidos fizeram-lhe convites para que lá ficasse, mas Paulo resolveu que deveria ir trabalhar no Conselho Mundial das Igrejas (CMI), conforme combinado desde o Chile. Sua opção de mudar-se para o Velho Mundo foi uma opção tomada conscientemente desde que tinha percebido, enfatizo, que o CMI lhe daria o que nenhuma universidade poderia lhe dar.

Porque enquanto a universidade me oferecia uma docência anual, semestral, com grupos de 25, 30 alunos... O Conselho Mundial das Igrejas abria as portas do mundo para a minha atividade pesquisadora, a minha atividade docente e a minha atividade discente. Quer dizer, no Conselho Mundial das Igrejas, a partir dele, eu teria gradativamente o mundo como objeto e sujeito da aprendizagem. Eu iria ensinar e iria aprender (*Dialogando com a própria história*).

Suíça

Convicto de que o Conselho Mundial das Igrejas lhe daria as possibilidades de "estudar e aprender" o mundo, Paulo mudou-se com Elza e quatro filhos para Genebra, cidade que abrigava a sede desse órgão. Chega ávido para conhecer a Europa (até então só conhecera uma cidade desse continente, Paris); ansioso por estar nessa casa ecumênica, de fé, que se abria para que ele pudesse exercer a sua liberdade de educador ao possibilitar um trabalho novo: o de lutar para a libertação dos oprimidos e oprimidas do mundo. Nesse país, Paulo viveu de 14 de fevereiro de 1970 até 15 de junho de 1980.

A questão do asilo político

Em 27 de novembro de 1972, seu advogado em Genebra, Alain Farina, solicitou ao Departamento Federal de Justiça e Administração Pública, Divisão Federal de Polícia, de Berna, asilo político para Paulo, na Suíça. Os argumentos contidos nesse documento sobre as circunstâncias que o moveram a sair do país foram, sucintamente: o golpe civil-militar do Brasil, em abril de 1964; seu trabalho como coordenador do Programa Nacional de Alfabetização de Adultos; seus 75 dias de prisão em casernas militares do Recife e Olinda, acusado de subversão; sua convocação em setembro de 1964 para responder inquérito no Rio de Janeiro. O documento fala ainda de seu refúgio na Embaixada da Bolívia, no Rio de Janeiro; que só em outubro de 1964 recebeu o salvo-conduto do governo brasileiro para sair do país; que tinha obtido do governo chileno uma carta com a qual ele poderia viajar para o exterior, renovável a cada dois anos, a primeira vez em 1965 e depois renovada em 1967 e 1969, que em janeiro de 1971 as autoridades chilenas prolongaram a validade da carta de viagem para 28 de janeiro de 1973, que tinha residido no Chile de 1964 a 1969, ocupando diversas funções no Ministério da Educação; que em 1968 se tornou conselheiro especial do Instituto de Formação e Pesquisas e Reforma Agrária Chilena, pela Unesco; que em 1967 foi aos Estados Unidos pela primeira vez, a convite de diversas universidades. Que tinha solicitado um passaporte ao Consulado do Brasil em Genebra em setembro de 1972, que em 28 de setembro de 1972 o Consulado lhe informou que tinha enviado seu pedido ao Ministério de Relações Exteriores no Brasil. Em 14 de novembro de 1972, o Consulado do Brasil em Genebra informou por telefone que esse passaporte não poderia ser obtido, mesmo que M. Eugène C. Blake, secretário-geral do Conselho Mundial das Igrejas, tivesse escrito ao Consulado Geral do Brasil em Genebra, em 25 de setembro de 1972, solicitando a emissão de um passaporte brasileiro para Paulo; que em 13 de novembro de 1972, M. Phillppe Potter, novo secretário geral do CMI tinha endereçado o mesmo pedido ao Consulado do Brasil. Que Paulo não queria retornar ao Brasil por receio da repressão policial e das perseguições arbitrárias.

Por esse documento podemos verificar que Paulo entrou na Suíça em fevereiro de 1970, partindo dos Estados Unidos, com a "Carta de viagem n. 0637", do governo chileno.

Na Suíça, Paulo obteve uma "carta de permanência e de trabalho" do governo desse país sob o n. 68.241, de 14 de fevereiro de 1970, prolongada até 14 de fevereiro de 1972, renovada para até 14 de fevereiro de 1973, e, enfim, até 1980. Entretanto, nunca obteve o asilo político do governo suíço.

Em 30 de maio de 1980, o Cantão de Genebra emitiu um aviso assinado por P. Maspero, diretor-adjunto do Controle de Residência, de que a entrada de Paulo, em 14 de fevereiro de 1970, se findaria em 15 de junho de 1980, data na qual Paulo, já com passaporte brasileiro, voltou definitivamente para o Brasil.

Conselho Mundial das Igrejas (CMI)

A serviço do Conselho Mundial das Igrejas, como consultor especial do Departamento de Educação, Paulo "andarilhou", como gostava de dizer, pela Ásia, pela Oceania, pela América (com exceção do Brasil, proibido que estava, para sua tristeza, de pôr os seus pés em seu país), e pela África, sobretudo nos países que tinham recentemente conquistado sua independência política.

O teólogo luterano alemão Konrad Raiser, secretário-geral do Conselho Mundial das Igrejas, sintetizou a atuação de Paulo,[12] após sua morte, nesse organismo das igrejas protestantes, mas que tinha como objetivo, desde quando iniciou suas atividades, o ecumenismo religioso. Escreveu este belíssimo testemunho:

> O Conselho Mundial das Igrejas (CMI), que foi inspirado por Paulo Freire durante o período em que ele esteve vinculado ao seu *staff* nos anos de 1970, chora a perda de um amigo e de uma das grandes mentes do nosso século... Em 1970, Freire foi convidado a integrar o recém-estabelecido Setor de Educação do Conselho Mundial de Igrejas como um consultor em educação popular.
>
> Durante os nove anos [dez anos] em que esteve vinculado ao CMI, Paulo Freire influenciou profundamente a orientação e a metodologia da educação ecumênica; o conceito de "aprendizado ecumênico" foi amplamente beneficiado pelas ideias dele... Paulo Freire sempre afirmou sua fé cristã. Como membro da Igreja Católica Romana, ele era comprometido com o ecumenismo e teve uma forte influência no desenvolvimento da teologia da libertação na América Latina e em particular na vida das Comunidades Eclesiais de Base. O Conselho Mundial de Igrejas rende graças a Deus pela vida e pela brilhante contribuição de Paulo Freire, não somente para a teoria e prática da educação, mas para o desenvolvimento de formas mais humanizadas da comunidade humana. Ele será lembrado por seus amigos no movimento ecumênico com carinho e respeito.

Instituto de Ação Cultural (IDAC)

Em 1971, em Genebra, Paulo e um grupo de brasileiros, entre eles Elza Freire, sua esposa à época, Claudius Ceccon, Rosiska e Miguel Darcy de Oliveira, criaram o Instituto de Ação Cultural (IDAC), que tinha como objetivo aprofundar o estudo das práticas de Paulo no Brasil antes do golpe de 1964.

Inicialmente, nos diz Miguel Darcy de Oliveira:

> os anos de 1971 e 1972 marcam o encontro do IDAC com a realidade que, pouco mais tarde, vai dar origem ao primeiro projeto de trabalho que acompanhamos

---

12 Depoimento publicado em *Contexto Pastoral*, n. 37, ano VII, p. 12, março/abril de 1997, publicação bimestral de Koinonia Presença Ecumênica e Serviço.

em continuidade... Essas correntes contestatórias encontram um quadro teórico de referência na *Pedagogia do oprimido* de Paulo Freire e por isso entraram em contato com o IDAC... Foi este diálogo, pelo qual fomos, pouco a pouco, nos envolvendo na realidade italiana, que nos possibilitou participar, sobretudo a partir de 1973, de uma experiência profundamente inovadora no campo da educação de adultos – *as 150 horas* (*Vivendo e aprendendo*: experiências do IDAC em educação popular, p. 15-16).

As *150 horas* foi um projeto que levou milhares de trabalhadores italianos, que há muitos anos não frequentavam a escola, que tinham tido poucos anos de escolaridade, de volta à "escola" para debaterem, refletirem e pesquisarem "temas da maior importância da sua própria vida e da realidade nacional, tais como a emigração, o fascismo, a fábrica, a saúde, a condição da mulher, a casa, a história do Movimento Operário etc." (ibidem, p. 31).

Outro trabalho importante do IDAC foi o realizado na Suíça, a partir de 1973, dentro do quadro do movimento feminista, reunindo mulheres das mais diversas origens e crenças, "curiosas e descontentes". O ponto de convergência entre estas cerca de 500 mulheres, segundo Rosiska Darcy de Oliveira, era "um sentimento vago, difuso, de mal-estar". O IDAC elaborou para este trabalho de conscientização da mulher dentro da sociedade um texto, "Feminizar o mundo" e uma película, filmada pelas próprias mulheres do grupo, a partir dos "temas geradores" levantados, retratando a vida das mulheres no conjunto residencial, "seu marasmo mas também seus conflitos surdos" (ibidem, p. 53).

Só posteriormente, a partir do convite oficial feito através do Comissariado de Educação da Guiné-Bissau, em 1975, para assessorar esse país na questão da educação, de modo particular na da alfabetização dos adultos, o IDAC passou a preocupar-se, mais diretamente, com o processo de libertação dos países africanos.

Além da Guiné-Bissau, também Cabo Verde, São Tomé e Príncipe e Angola tiveram a assistência de Paulo na sistematização de seus planos de educação. Esses povos conheceram o trabalho de Paulo quando se empenhavam, nos anos 1960, em livrar-se das garras do colonialismo, em extirpar os resquícios do opressor que tinha feito de muitos dos corpos negros africanos cabeças brancas de portugueses de além-mar. Esses povos queriam e precisavam libertar-se da "consciência hospedeira da opressão", como tanto denunciou Paulo, formando seus homens, mulheres e crianças para serem cidadãos de seus países e do mundo.

Ainda citando *O Pasquim*, leiamos o que Paulo disse sobre o IDAC:

Miguel Darcy de Oliveira – *E o IDAC, Paulo, o que é?*

FREIRE – O IDAC, Instituto de Ação Cultural, é um grupo de pesquisas que criamos em 1971. Foi o resultado da busca de uma possibilidade de continuar uma reflexão sobre o real e o concreto. Que era inclusive vital. Havia em nós quatro, do grupo inicial, uma quase certeza de que ou encontrávamos o caminho de uma prática no concreto ou feneceríamos em torno de conjecturas e propósitos de conceitos. O meu desejo na época era, e eu disse a eles, que eu participaria, com limitações, mas que eles iriam ter muito mais trabalho do que eu. O que eu gostaria é que isso nascesse e crescesse sem necessitar de mim, mas me tendo também. Que não fosse algo criado em torno de mim para criar um mito e alimentar um mito, que eu não queria. No início se pensava que ia ser fácil, depois viu-se que não era, mas o IDAC se afirmou pelo trabalho sério da equipe. As solicitações eram tantas a um certo momento que o IDAC corria o risco de virar um instituto de seminários, o que não era a nossa intenção. Ao mesmo tempo era preciso pensar na sobrevivência. Até que em 75 surgiu essa grande oportunidade de encontro conosco mesmo que foi o encontro com a África. Então, nós recebemos uma carta falando do interesse que tinha o governo da Guiné-Bissau em uma colaboração nossa. Foi um momento muito rico esse de cartas e respostas. As respostas demoravam muito. O tempo africano é outro. A minha carta foi em fevereiro e só veio resposta em abril. Mas a *gente* sabia que não era desinteresse, era o processo de luta em que estava o governo. Não dava pra ficar fazendo carta. Foi bom porque a *gente* aproveitou para estudar juntos em seminários muito sérios, internos. Estudamos os textos do Amílcar Cabral, conversávamos com todo mundo que vinha da Guiné. Uma das coisas que a *gente* procurou evitar ao máximo foi a de que a nossa memória fosse interferir no projeto da Guiné. A *gente* teria que fazer um esforço tremendo que era o de esquecer, em certo sentido, o antes feito para não dar a esse antes feito uma validade universal que pudesse ser transplantada para a Guiné. As experiências não se transplantam, se realizam. Mas isso nos levou também a estudar tantas outras experiências de alfabetização em várias partes do mundo, não necessariamente de que participáramos, pelo contrário, experiências que não tinham nada que ver com a nossa. Até que chegou a primeira visita à Guiné-Bissau e daí para cá as sucessivas. As oportunidades que a *gente* teve de ver que, apesar de a *gente* não se reconhecer expertos internacionais em vários campos de trabalho, a *gente* pode dar uma assessoria. Dela resulta um aprendizado enorme, em que aprendemos nós que estamos ensinando e aprendem eles que estão ensinando também a nós. Isso tem nos dado um enriquecimento enorme no que significa uma transição histórica de uma sociedade. A problemática, às vezes dramática, desde a falta de uma máquina de escrever até os vestígios da velha ideologia interferindo no processo de desenvolvimento do país. Tudo isso a *gente* está estudando, anotando, refletindo, além de outras contribuições como essa do Centro Audiovisual que o Claudius propôs que se criasse, numa perspectiva funcional. Ele propunha o centro não como uma fábrica de materiais, mas como um setor engajado no próprio setor de educação. Não era um departamento especializado em fazer slides, mas um departamento para acompanhar o processo de transformação e de desenvolvimento da sociedade.

Assim, durante pouco mais de quatro anos, o IDAC deu assistência a esses países africanos,[13] até quando Paulo retornou ao Brasil, em 1980. O IDAC transferiu-se, então, para o Rio de Janeiro e suas atividades continuam até hoje sob a direção de Rosiska e Miguel Darcy de Oliveira, preocupados, sobretudo, com a questão da condição da mulher. Paulo afastou-se do IDAC em 1981 e Claudius em 1983. Claudius fundou no Rio de Janeiro, em dezembro de 1986, o Centro de Criação da Imagem Popular (CECIP), do qual Paulo foi cofundador e presidente de honra até a sua morte, em 2 de maio de 1997.

Universidade de Genebra[14]

Na Suíça, Paulo Freire foi também professor da Universidade de Genebra, levando aos/às alunos/as da Escola de Psicologia e Ciências da Educação (EPSE) dessa universidade suas ideias, reflexões e prática educativa.

Segundo Pierre Furter: "Paulo aceitou um convite durante o tempo de sua estadia com o COE [Conseil Œcuménique des Églises] da Universidade de Genebra para compartir com a equipe de educação de adultos da Faculdade de Ciências da Educação (FAPSE), aulas e seminários, dirigidos pelo professor Pierre Dominice... Paulo falava das suas experiências na aplicação do seu 'método' nos projetos da educação conscientizadora promovido pelo COE em diversas partes do Terceiro Mundo".[15]

Em um de seus livros falados, Paulo diz que exerceu sua docência com muita independência. Nunca foi obrigado a se enquadrar em nenhum tipo de curso. Assim, ele ensinava temas em torno da compreensão crítica da prática educativa. No momento tinha proposto, antes de desligar-se da universidade, dois seminários: um deles seria sobre a "escuta da realidade", com gravadores, e o outro seria "a fotografia do mundo", para o qual se usariam filmadoras e máquinas fotográficas.

---

13 Embora em algumas "biografias" de Paulo seus autores digam que ele esteve em Moçambique, há um equívoco nisso. "Eu me sinto tão solidário por Moçambique quanto por Angola, Guiné-Bissau, Cabo Verde e São Tomé. Acontece apenas que não fui a Moçambique. E não fui a Moçambique porque eu acho que não devo tomar um avião, descer em Maputo, e dizer: 'Cheguei!' Não fui convidado. Agora, o fato de dizer 'não fui convidado' não significa que eu me sinta discriminado por Moçambique, de maneira nenhuma. Mas como não posso ir a Moçambique como turista – a minha chegada é um ato político –, eu não devo forçar a barra, como diria em brasileiro, e me introduzir" (cf. *A África ensinando a gente; Angola, Guiné-Bissau, São Tomé e Príncipe*, com Sérgio Guimarães). Tal fato está confirmado nesse trecho da *Pedagogia da esperança*: "Minha passagem pelas ex-colônias portuguesas, com exceção apenas de Moçambique..."
14 Informações solicitadas por mim ao reitor da Universidade de Genebra e gentilmente respondidas pela Sra. Dominique Torrione-Vouilloz, encarregada da Administração Central dos Arquivos da Universidade.
15 Este é outro trecho do depoimento a mim concedido pelo professor Pierre Furter, em carta de 2 de maio de 2005, que já foi citado e transcrito na parte sobre o SEC.

Em carta datada de 2/10/1973, o Departamento de Pedagogia dessa escola diz da razão de ser para o contrato de trabalho de Paulo, por duas horas semanais, como professor do nível do terceiro ciclo, a partir de 15/11/1973.

Em declaração do Conselho de Estado, da República e Cantão de Genebra, datado de 12/12/1973, firmou-se um contrato de um ano letivo (15/11/1973 a 30/9/1974), de duas horas semanais na Seção de Pedagogia, conforme a indicação de outubro de 1973, e estabelecendo, inclusive, os seus honorários.

Em 17/7/1974, o mesmo Conselho o notificou da mudança em seu contrato de trabalho inicial para os anos universitários 1974-1975, 1975-1976 e 1976-1977, de três horas semanais na mesma Seção de Pedagogia da mesma EPSE, com aumento de salário.

Em carta datada de 10/6/1977, dirigida a Leonardo Massarenti, diretor da Faculdade de Ciências da Educação da Universidade de Genebra, Paulo pediu demissão:

> Prezado senhor Massarenti,
>
> Dirijo-lhe a palavra, para exprimir a minha grande satisfação por eu ter dado uma contribuição, mesmo mínima, à Faculdade de Ciências da Educação, durante os dois anos nos quais coordenei seminários.
>
> Infelizmente minhas atividades na África fizeram com que se tornasse impossível continuar esta colaboração. Como minhas atividades na África vão ainda aumentar, a partir de agora, a minha participação, eu não vejo nenhuma outra solução que não a de apresentar a minha demissão. Ao fazê-lo através desta carta, eu faço questão de reiterar a satisfação que tive de trabalhar na Faculdade de Ciências da Educação.
>
> Eu lhe rogo aceitar, senhor, a expressão de meus melhores sentimentos.
>
> *Paulo Freire*

Em 22/6/1977, o Sr. Michel P. Schaller escreveu ao Sr. Claude Bossy um ofício anunciando a demissão, e que o afastamento de Paulo se daria em 24/6/1977.

Em 18/7/1977, o decano (de assinatura ilegível) da Universidade de Genebra defere o fim do contrato de Paulo, o qual teria validade até 30/9/1977, e que nem seria prorrogado, nem renovado.

África

Paulo conheceu o continente africano em fins de 1971. Na *Pedagogia da esperança* ele nos esclarece sobre esse momento: "a minha primeira visita à África. A Zâmbia e a Tanzânia... Deveria parar em Zâmbia onde teria uma semana de seminário em Kitwe, num centro de estudos teológicos, Mindolo Ecumenical Foundation, antes de ir à Tanzânia, para outro seminário na Universidade de Dar Es Salaam..."

Nessa viagem aflorou-se a africanidade de Paulo, comentava ele comigo, pois esse conhecer a Pátria Negra na verdade proporcionou-lhe um reencontrar-se consigo mesmo.[16] Sua alegria foi imensa ao pisar o solo africano, sobretudo na Tanzânia. Tal fato deu a ele a sensação, pela primeira vez desde que partira para o exílio, de que voltava para casa, e não a de que chegava a terras desconhecidas.

Do aeroporto de Dar Es Salaam à Universidade, Paulo revia as coisas tão peculiares de sua vida nordestina: a cor do mar, os coqueiros balançando suas enormes folhas ao vento; o olor dos frutos dos cajueiros e das mangueiras, e, depois, quando comeu os seus frutos, dizia "São iguaizinhos aos do Recife!"; o doce aroma das flores tropicais; as bananas, sobretudo "a mais saborosa de todas: a banana maçã"; o gingado do corpo[17] ao andar movimentando-o espontaneamente sem a preocupação da "civilidade" dos brancos: não só das negras, mas dos negros também; o jeito exuberante de falar rindo alto e alegremente. Traços esses que Paulo entendia como estarem "desenhando o mundo", embelezando o mundo. Traços da cultura negra que os colonizadores portugueses em cinco séculos não conseguiram aniquilar neles, por mais que se esforçassem em fazê-lo. Durante esse trajeto Paulo foi rememorando a sua vida, o Recife, e foi constatando então que era mais africano do que se sabia e se considerava.

O IDAC na Guiné-Bissau, Cabo Verde, Angola e São Tomé e Príncipe

Paulo admirou sobremaneira dois dos "pedagogos da revolução" da África: Julius Nyerère, da Tanzânia, a quem conheceu e com ele dialogou algumas vezes, e Amílcar Cabral – que nasceu em Cabo Verde, formou-se em agronomia em Lisboa, mas foi mais do que cabo-verdiano, foi um homem a serviço da luta de libertação africana. Paulo esteve *com* Cabral por longos anos de sua vida, por ele teve um enorme respeito, embora nunca o tenha visto pessoalmente e nem tenha dialogado com ele. Amílcar havia sido assassinado por um membro de seu próprio partido, o Partido Africano para a Independência da Guiné e do

---

16 Sobre esse retorno de Paulo às suas raízes, sobre a descoberta de sua "africanidade", resgatei-a por Paulo, nomeando uma das partes de *Pedagogia da tolerância* de "Sobre africanidade", para demonstrar a identificação dele com a África e os/as africanos/as, e fazendo publicar também uma conferência que Paulo fez em Brasília, em homenagem a Amílcar Cabral: "Amílcar Cabral, Pedagogo da Revolução" in *Pedagogia da tolerância*. Em sua biblioteca e sala de estudos, Paulo tinha um enorme pôster com a fotografia do africano.

17 Instigada pela Professora Corinta Geraldi, pesquisei quando Paulo começou a falar sobre o *corpo*, a tomá-lo como categoria de análise de sua epistemologia constatando que foi a partir das suas idas à África, e aprofundadas com gosto muito especial depois de nosso casamento, inicialmente na *Pedagogia da esperança*.

Cabo Verde (PAIGC), em janeiro de 1973, antes de Paulo ter ido trabalhar nas ex-colônias portuguesas. Respeito por sua capacidade de entender a luta contra o colonialismo como uma unidade dialética entre ação e reflexão, prática e teoria. Respeito pela forma como ele entendeu o senso comum que norteava o comportamento de sua *gente* e lutou por sua superação. Respeito pelo que com ele aprendeu, sobretudo da teoria política e revolucionária do líder africano.

As ações de Paulo na África, a partir de setembro de 1975, quando foi pela primeira vez à Guiné-Bissau, se relacionavam menos com sua atuação no Conselho Mundial das Igrejas e muito mais com as atividades do Instituto de Ação Cultural (IDAC),[18] ambas com sede na Suíça. Posteriormente, o trabalho se estendeu a Cabo Verde, Angola e São Tomé e Príncipe.

Assim Paulo se expressou em diálogo com Sérgio Guimarães e alunos/as da Universidade de Lyon II, França, em fevereiro de 1978, após o convívio e análise crítica da realidade africana. Farei, em seguida, um apanhado de diversos momentos de sua fala, feita com cientificidade e amorosidade em *A África ensinando a gente*:

> Bem, a nossa intenção ao trabalhar na África não era a de lá chegar levando conosco, em nossas valises de mão, o nosso diagnóstico da realidade. Pelo contrário, o nosso papel era chegar lá e procurar compreender tanto quanto possível a realidade nova, com os nacionais, e com eles estudar a programação do trabalho.

Acrescenta, com o extremo respeito aos africanos e africanas, como lhe era peculiar: "eu não tenho dúvida nenhuma de que esses povos estão exatamente no processo de sua libertação... a luta da reconstrução nacional é a continuidade da luta inicial de libertação, em que se inclui o problema da identidade cultural."

Sobre a questão da política linguística como traço da necessária identidade cultural africana, Paulo assim se manifestou nesse mesmo encontro:

> Em países como, por exemplo, Angola, Guiné, nos quinhentos anos de presença colonial, colonialista, as grandes massas campesinas não foram toca-

Círculo de Cultura na Guiné-Bissau, nos anos 1970.

---

18 A equipe do IDAC que trabalhou na África era formada por Miguel Darcy de Oliveira, Claudius Ceccon, Marcos Arruda, Elza Freire e Paulo Freire. Posteriormente, se incorporaram, vivendo em Guiné-Bissau, José Barbosa e Gisèle Ouvray e, em Genebra, Rosiska Darcy de Oliveira.

das sequer pela língua portuguesa! Isso necessariamente coloca a todos esses países a questão de uma política cultural, dentro da qual se situa a política linguística. Esse é um problema que se coloca de um modo geral à África e cuja solução implica decisão política... Daí que haja neles todos [países africanos] – uma preocupação com uma política cultural, incluindo uma política linguística.

Quanto à questão de uma "língua oficial" em qualquer um desses países africanos, todos tinham enormes dificuldades, empecilhos difíceis de superar, diante da malvadez, como dizia Paulo, dos colonizadores:

> Vamos admitir, por exemplo, que o partido e o governo dissessem hoje: todas as disciplinas agora, da escola primária e secundária, serão veiculadas pelo crioulo. No dia seguinte, não haveria um texto escrito em língua crioula!

▌Alfabetizandos e alfabetizandas africanos fazendo decodificação de uma situação existencial.

> Tenho a impressão de que às vezes eu sou até uma espécie assim de campeão do anticolonialismo... para que as crianças da Guiné e os da Guiné aprendessem geografia, história, matemática, biologia, ciências naturais etc., com seus necessários textos em língua crioula, eu faria isso. Mas acontece que isso toma um tempo. Isso implica a formação de quadros, implica ter dinheiro também para a impressão de todos os textos em língua crioula. E isso não se faz da noite para o dia. Agora, o que eu acho importante é a decisão política de fazer isso o mais rapidamente possível.

Com clareza ética e política Paulo acrescentou:

Um outro grande problema que se coloca a esses países, e que tem que ver com a nossa preocupação no campo da alfabetização, é a questão da superação da herança colonial, no sentido da criação de um novo sistema educacional. Esses países só não partem do zero, em certos casos – o caso de Guiné, por exemplo, ou o caso de São Tomé –, porque partem de suas tradições culturais e históricas.[19]

Sobre a questão da escolha das autoridades nacionais pela alfabetização na língua portuguesa, mesmo que advertidos por Paulo, que insistia que esta era a língua dos opressores – não podemos esquecer que a língua portuguesa era falada apenas pelas elites, e ainda havia outros fatores complicadores, pois, além do crioulo, outras dezenas, talvez centenas de línguas, eram faladas no dia a dia das diversas nações africanas –, respondeu a Sérgio:

> Essa experiência [a alfabetização em língua portuguesa que não deu certo] eu acho que foi muito boa, na medida em que ela ensinou o óbvio, quer dizer: que não era possível fazer ensino da língua portuguesa nas zonas rurais do país... a impossibilidade do aprendizado em língua portuguesa, uma língua que não faz parte da prática social do povo, uma língua estrangeira.

A equipe do IDAC e às vezes apenas Paulo produziram farto material pedagógico para esses países da África, que só eram socializados no âmbito educacional e escolar após aprovação dos educadores e dos governos dessas nações. Sobre isso Paulo disse a Sérgio, em Genebra, no inverno de 1978, ao mesmo tempo que ia falando de sua percepção crítica:

> No momento, por exemplo, o que me preocupa enormemente, junto com as equipes nacionais de São Tomé e Príncipe, é a criação de materiais, de textos, de pequenos livros, com os quais se possa dar suporte ao processo de alfabetização e de pós-alfabetização no país. Então estou muito dedicado à criação desses materiais, ora com eles lá – aonde vou quando eu faço minhas visitas –, ora aqui [...] escrevi um livrinho que será o primeiro livro de textos para os que dominaram a parte primeira da alfabetização, a primeira fase... [que] se

---

19 Luiza Teotônio e Luis Motta (*Guiné-Bissau – 3 anos de Independência*. Lisboa: Edição CIDAC-C, Coleção África em luta, 1976, p. 106) nos informam que "Em 10 anos, de 1963 a 1973, foram formados os seguintes quadros do PAIGC: 36 com curso superior, 46 com curso técnico médio, 241 com cursos profissionais e de especialização, e 174 quadros políticos e sindicais. Em contrapartida, desde 1471 até 1961, apenas se formaram 14 guineenses com curso superior e 11 no nível técnico". Assim, em dez anos, o PAIGC formou muito mais quadros que o colonialismo em cinco séculos (cf. *A África ensinando a gente*).

chama "Segundo caderno de cultura popular – textos para ler e discutir como introdução à gramática", em que estudo as categorias gramaticais, apenas, começando pelo verbo [...] escrevi os textos todos do livro – repito, de forma simples mas não simplista. Os textos exigem do leitor uma disciplina de trabalho [...] a partir de uma parábola, que expressava uma determinada atmosfera cultural, que tocava a prática do povo, era possível ir mais além... Como a África vai ensinando a *gente*! Como a realidade vai ensinando! [...] a *gente* está enfrentando uma cultura cuja memória – por *n* razões... é auditiva, é oral, e não escrita.

Prossegue Paulo falando sobre a produção do material didático para a África:

> No lugar de escrever guias para os educadores de base, escrevo carta ao animador cultural, em nome da comissão também [...] A ideia que eu tenho é a de diminuir a distância que há entre a linguagem dessas cartas e a capacidade dos animadores [...] [a primeira carta] necessariamente teria que apanhar toda a visão teórica também da alfabetização... tem 22 páginas! A segunda é pequena, tem umas seis. E essa terceira vai ter umas 25. Já é um ensainho! [...] essas cartas são feitas não assinadas por mim, mas assinadas pela comissão lá... de São Tomé [...] Eu sugeri que fossem cartas para deixar o animador, desde o começo, mais ou menos convencido de que as cartas não são prescrições, mas são antes elementos desafiadores também deles.

Cito ainda algumas informações importantes sobre as ações educativas de Paulo em prol da transformação na África, extraídas de *A África ensinando a gente*:

> os textinhos que a *gente* está organizando para São Tomé... há dois cadernos básicos para a etapa da alfabetização. O primeiro deles se chama "Primeiro caderno de cultura popular". [...] Há, então, um esforço enorme de desafiar a criatividade do povo. Mas nós descobrimos que esse caderno só não bastava, por causa do tal negócio da cultura de memória oral. Era preciso estimular mais ainda. Então fizemos um outro caderninho... cujo título é "Praticar para aprender"... desafia desde o começo até o fim a criatividade do alfabetizando. E é eminentemente político também. Não há uma afirmação que não seja política... E aí o caderninho vai crescendo em dificuldades, até que chega um momento em que a *gente* sugere que o alfabetizando comece a escrever ele também estórias, suas estórias [...] numa carta que fiz à Guiné-Bissau, porque sempre ponho a equipe da Guiné-Bissau a par de tudo o que se faz em São Tomé e vice-versa.

Outra vez, pelas palavras do próprio Paulo em *O Pasquim*, transcrevo dados importantes sobre o IDAC e sua presença na África:

Miguel – *Vocês se ocupavam também da parte aritmética?*

FREIRE – No Brasil, antes do golpe de 1964, nós demos pouca ênfase a isso. Hoje, na África, damos muita importância a esse aspecto. Não sou eu que estou fazendo, mas estou estimulando teoricamente isso. Preparar a pós-alfabetização, onde tu já incluis a aritmética, inclusive também como auxiliar da organização crítica do pensamento. Nós estamos trabalhando num texto de aritmética para São Tomé, Elza, o nosso genro que é físico-matemático e eu. O meu papel é redigir as partes que são necessárias de linguagem. Eu tenho impressão de que esse caderno vai ser muito bom. O título dele é: *Terceiro Caderno de Cultura Popular – Nosso Povo, Nossa Terra – Trabalho, Produção e Conta*. Eu escrevi uma introdução mostrando duas coisas. Primeiro que o povo já sabe fazer conta porque trabalha. Segundo, que conta tem que ver com política. Eu mostro a diferença de adição, divisão, multiplicação entre a época colonial e hoje. Esse caderno é para a pós-alfabetização. O domínio das quatro operações básicas, bem-feitas, e medições de tempo e espaço também. Então, na época da alfabetização ainda, tu introduzes o que eu chamaria de uma leitura diversificada e superficial da realidade, através da descodificação da temática girando em torno das palavras geradoras. Fundamentalmente, na alfabetização tu já tens um ato de conhecimento, em que tu propões ao alfabetizando assumir o papel de sujeito do próprio conhecimento dele.

[...]

Miguel – *O IDAC em relação à Guiné se comporta como educador em relação ao educando. Ensinar aprendendo e aprender ensinando?*

FREIRE – É exatamente isso.

Claudius – É preciso dizer também que nós estamos aprendendo enormemente. Se bem que desde o princípio era muito claro pra nós que a *gente* não vinha trazendo nada pronto. Eu acho que a realidade confirmou e ultrapassou de muito os pressupostos que tínhamos.

Miguel – O entrosamento entre vocês e os africanos é satisfatório?

FREIRE – Existe, por exemplo, no caso da Guiné, o ponto em que a equipe nacional começa a voar por ela mesma e a ganhar a sua autonomia, o que nos dá uma alegria enorme ao ver que o trabalho funcionou. Nesse momento, a equipe nacional tem atitudes de adolescente que mata o pai. Disso eu já tenho uma larga experiência na minha vida. Quando eu vejo um jovem muito aderido a mim, ao que eu faço, eu digo: "esse daqui a dois anos está me 'matando'." Mas me matando no sentido mau. Está me negando comigo mesmo. Tenho críticas a mim que me dão essa convicção. O cara me critica usando a minha linguagem ainda, usando o meu discurso, mas para se libertar de mim me nega. Essa é uma atitude falsa, errada. É uma atitude ainda de imaturidade. Mas é positiva.

A paixão de Paulo pela África

A paixão de Paulo pela África e a possibilidade que tinha em oferecer seu trabalho a esse povo-pai nosso brasileiro estão nestas palavras:

> deixei a Universidade de Genebra, por causa da África. Por causa da África eu rejeitei até hoje uma série de convites que recebi, e que continuo recebendo, de universidades não europeias – europeias, umas duas somente – mas norte-americanas e canadenses, para ficar lá com eles, em paz. Eu prefiro ficar na minha luta pela África (*A África ensinando a gente*, com Sérgio Guimarães).

Paulo tinha muito poucos documentos sobre sua presença na África. Registro apenas três desses que sobreviveram à mudança dele da Europa para o Brasil.

O primeiro diz respeito a um morador de São Tomé e Príncipe, José Mario Freire, pintor primitivista, que gostava de registrar as cenas locais desde quando soube que as situações da realidade de todo o dia deveriam ser codificadas para o estudo e conscientização – *leitura da palavra* e *leitura do mundo* – de seus compatriotas. Ao ouvir o som do avião que se avizinhava do aeroporto, ele corria para casa e pintava diversos guaches pensando em levar seus trabalhos para Paulo, que o gratificava e o deixava exultante de alegria com sua intenção, nitidamente política e pedagógica. Em nosso apartamento de Jaboatão, meu e de Paulo, tínhamos alguns desses guaches, de 1977: o Rio Hió Grande com um pescador e um peixe muito grande, e mais duas outras pinturas que representam festas populares da região.

O segundo registro que tenho em meus arquivos é uma carta da "República Democrática de S. Tomé e Príncipe. Gabinete do Primeiro-Ministro. Unidade – Disciplina – Trabalho".

O terceiro documento que possuo, além de nunca ter sido publicado, é inédito, e sua forma não é conhecida nem mesmo entre os estudiosos de Paulo: ele como entrevistador. Ele a fez quando tencionava produzir uma série delas com o interesse de conhecer mais e divulgar, publicando-as, a África e os pensadores africanos. Essas entrevistas desapareceram, com exceção desta – a primeira – realizada em 16 de junho de 1976, com Mário de Andrade, engenheiro africano.

Uma primeira conversa sobre Amílcar Cabral

— Meu Caro Mário, uma primeira pergunta que eu te coloco seria esta: como Amílcar te marcou? Como, ainda hoje, estando ele já falecido, Amílcar marca sua vida?

— É uma questão bastante vasta, Paulo. Ela requer uma resposta também bastante ampla. Respondendo-te, eu creio que a tua pergunta me leva a considerações mais amplas. Responderia nos seguintes termos: minha relação com Amílcar poderia ser situada em três planos. *Em um primeiro plano*, eu falaria em torno à minha relação com o Ser Humano Amílcar Cabral. *Num segundo momento*, eu te colocaria questões em torno à minha relação com o Amílcar agregador e educador de Homens. E, finalmente, *num terceiro momento*, eu falaria acerca de minha relação com o Amílcar pensador e teórico da luta pela libertação.

Numa *primeira abordagem*, o Homem Amílcar Cabral. Nossa relação foi aquela entre estudantes. Ele aparece em Lisboa precisamente no mês de Outubro de 1948, com um companheiro angolano, o Humberto Machado, que foi colega dele no Instituto Superior de Agronomia. Humberto nos aproximou dizendo: "Quero apresentar-te um colega, um africano". E foi assim que eu o conheci. Um Homem de estatura média, bigode, elegante nas maneiras, que me aperta a mão de uma forma fraterna, muito significativa. Ele se apresenta, se manifesta de forma sincera e alegre por encontrar com mais um africano de valor (como ele me diria, mais tarde). Este encontro foi decisivo. Não sei se expresso bem a vitalidade existencial deste tipo de encontro. Não sei como Rafael Alberti falaria de seu primeiro encontro com García Lorca; mas, quando um poeta fala de outro poeta, é como se dissesse a respeito de uma corrente de energia. Foi como uma descarga elétrica, plena de simpatia humana.

— É interessante, Mário. Se me permite uma intervenção, algo semelhante me foi dito por Alda. Ela conheceu Amílcar também em Lisboa, num piquenique. Ele se aproxima e, ao identificá-la como sendo também africana, diz da alegria de encontrar uma africana a mais. E ela nunca mais se esqueceu deste encontro.

— Veja, Paulo, salta aos olhos uma característica humana de Amílcar. Uma certa simpatia, uma solidariedade humana e uma capacidade de captação do outro que favorecem os futuros encontros. Amílcar era um especialista nisso de captação do outro. Captação para quê? Pois, para o fervilhamento das ideias.

Bem, tu podes facilmente imaginar o contexto de então e as trocas de ideias. Lisboa de 1948, o pós-guerra europeu, o fascismo, uma certa timidez nossa, dos estudantes africanos. Tínhamos essa espécie de timidez do colonizado, timidez que nos fazia desconfiados de nós mesmos. Ali começávamos a apreender essa forma de relação colonizado-colonizador. Uma relação limitada, tacanha. Uma relação que torna ambos (colonizador e colonizado) tacanhos e limitados na sua cultura. Ali começávamos a alimentar nossa certeza de lutar contra essa relação.

E, para lutar, devíamos ganhar confiança em nós próprios. Pois é essa confiança que a relação com Amílcar faz brotar.

Por essa época, ele cursava o terceiro ano da Agronomia. Sua colega de então, Maria Helena, aquela que viria a ser sua primeira esposa, nos permite um testemunho desses anos. A turma dele, na Faculdade de Agronomia, iniciou com duzentos e vinte estudantes; apenas vinte foram para o segundo e terceiro ano do curso. Amílcar era o único negro nesta turma. Desenvolve aí, por esses caminhos, sua confiança e sua autodeterminação. Há certas características a serem realçadas: ele se expressa bem, fala bem e, assim, domina bem os conhecimentos de que podia dispor. Através disso, ele participa de movimentos estudantis de seu tempo. Sua participação tem, sempre, essa marca de realçar a confiança no outro e com o outro.

Uma outra observação de suas características de então. Amílcar proveio de Cabo Verde. Sua vida e seus estudos, até o secundário, deixam-lhe marcas culturais regionais típicas do Homem da ilha. Ele estava, então, alargando essas marcas. Não estava submisso à insularidade cultural de suas marcas de origem. Sendo cabo-verdiano, não se submete aos reflexos limitados do ilhéu colonizado; vale dizer, ele não se isola dentro de suas características. Ao mesmo tempo, veja que curioso, ele desenvolve um sentimento de que: "Precisam de mim, na África". E ele dizia mais: "É preciso que muitos Africanos de valor retornem à África". O que estou dizendo é o seguinte: ele estava avançando num processo de "des-regionalizar-se" para, através disto, redescobrir a integralidade e a unidade de ser Africano. Creio que é nesse movimento que nós nos encontramos. Isso seria parte de nosso processo de "desassimilação" de um certo regionalismo, impregnado daquela estreiteza cultural do colonizado.

Havia um lugar de reuniões. Era um projeto de inspiração colonialista que se chamava "Casa dos estudantes do Império" e destinava-se às reuniões de estudantes. Também ali Amílcar tinha certa atuação. Era responsável pelo boletim, que publicava artigos e reflexões. Estávamos, então, fazendo algumas leituras em comum. Considero extraordinárias nossas leituras e nossas discussões em torno à afirmação positiva do Homem Negro: Leopold Senghor e Sezer, autores extraordinários, falando da humanidade, da escravidão e da negritude como só os poetas sabem falar. Eram poemas que sabíamos de cor. Havia, também, bastante literatura publicada no Brasil, que nos chegava através de companheiros...

— Interessante, Mário. Em teu depoimento, há um papel relevante que a poesia cumpre. No processo de politização, a poesia e, também, a literatura cumpriram importante papel de aglutinadora e despertar...

— Sim, Paulo Freire. Em momento posterior, surge a criação de Agostinho Neto, nos Cadernos. Há uma vasta literatura desde esse movimento de Negros se afirmando. De Cuba, da América do Norte e, como disse, do Brasil, houve literatura que nos chega através da poesia. Fazíamos leituras comuns. Na Casa dos

Estudantes, tínhamos grupos de estudos africanos. E Amílcar era uma figura de centro, nestas iniciativas. Ou seja, ademais de captação humana e além de considerar o Humano como valor, estou salientando aqui o Amílcar Cabral como agregador de pessoas.

Este poderia ser denominado, Paulo, *um segundo momento* no meu relacionamento com Amílcar. Havia em Amílcar um talento que captava o valor Humano e, aglutinando pessoas, esse talento localizava pessoas e seus valores em lugares ou movimentos já de acordo com novas posturas e novas realizações. Cito um caso, dentre outros. O geógrafo e escritor Francisco José Carreiro era um Homem mais maduro que a média de nosso grupo. Nascido em São Tomé, desde menino não conheceu sua mãe africana e criou-se com o pai, em Portugal. Penso que era um Homem talentoso, dividido, um Ser Humano difícil, desenraizado brutalmente por certas características de criação. Escreveu um livro: *Ilha de Nome Santo*, na coleção "novo cancioneiro", em 1945. Colocou esta dedicatória: *Mãe, o teu nome é difícil. E entre nós é uma raça. Entretanto este livro é para ti.* Essa dedicatória chocou-me profundamente. E mostrou-me toda a dureza do desenraizamento. Segundo a opinião de Amílcar... esse homem deveria estar à coordenação das programações do Centro de Estudos Africanos. Ou seja, Amílcar contribui para que o Homem se situe e, situando-se, participa e contribui para um avanço coletivo.

Àquela espécie de "descarga elétrica" que havia sido nossos primeiros contatos, eu somaria esta característica de *um segundo momento*: Amílcar chocou-me. Amílcar tocou-me de modo a despertar-me NÃO para o universo pessoal dele, NEM me despertou para as suas próprias reflexões e perspectivas — que, afinal, como já sublinhei nesta conversa, eram um tanto próximas às minhas, pois nós tínhamos temas e problemas um tanto próximos — mas, sim, Amílcar despertou-me para o universo social. Nesse sentido, ao NÃO me engajar em sua estratégia pessoal, ele agia como criador na esfera social em que nos motivávamos, todos. Ou seja, em Amílcar Cabral, a íntima conexão entre o individual e o social se mostra como alavanca de consciência. Cada um segundo seu potencial de reposicionar-se, e todos nós balizados por uma concepção abrangente do social. Isso eu denomino: nossas primeiras "tomadas de palavra e posição". E, mais do que isto, eu diria: em nossa tomada de consciência, havia um engajamento político em que as pessoas se lançavam COM PROPRIEDADE em sucessivos reposicionamentos. Nossos futuros compromissos surgiam calcados em engajamento sólido, eram coletivamente discutidos.

E é desde essas características que Amílcar se projeta como um Homem formador de quadros partidários. Vejo, Paulo Freire, aquele que eu denominei *um terceiro momento*. Seria o Amílcar intelectual, farejador de realidades. A proposição de organizar quadros partidários não se nutria em concepções prévias. Eram parcos os precedentes de um trabalho político-intelectual enraizado na negritude. Nossas propostas eram proposições que emergiam desde a complexidade das posições que anteriormente descrevi; e elas emergiam desde os desafios da realidade.

Veja você, Paulo, a centralidade difusora de Amílcar. Ele era um Homem bastante requisitado, profissionalmente era muito convidado para trabalhos, para assessorias. Houve situações em que, para citar um exemplo que testemunhei, um determinado produtor-cafeicultor (da África) vinha até Amílcar e dizia: *"Quanto é que você quer para que minha produção de café possa contar com uma visita sua...?"* O fulano pagava, sem questionar valores. E, assim, ele viajava muito: Lisboa, Guiné, Angola, Luanda, outros países africanos também. Ele utiliza a peculiaridade de sua atuação profissional itinerante para agregar e para difundir. Houve situações em que até mesmo economicamente Amílcar contribuía. Isto é pouco sabido: em certas situações, com certos companheiros foi o salário de Amílcar-agrônomo que ajudou a avançar pessoas e situações em uma certa direção. Ou seja, faz parte da personalidade dele também esta espécie de faro e generosidade: ele aceitava trabalhos em localidades estratégicas, e ele contribuía financeiramente quando era o caso.

Havia, então, nas atuações de Amílcar, um sopesamento. As características individuais, o potencial humano de reposicionar-se, a abertura correlata a esse reposicionamento exigindo concepções mais amplas de Ser Humano e Sociedade. Por volta dessa época, Amílcar tinha, já, uma referência forte e permanente da contribuição marxista – do Manifesto, sobretudo.

— Exato, Mário. Ele faz uma referência a isso no *Processo de Luta de Libertação*.

— E, especificamente em relação a isso, digo-lhe, Paulo Freire, que nós discutíamos e evoluíamos muito. Não era necessário estarmos paralisados, esperando o despontar de uma classe operária que, em África, era apenas embrião. Nem era necessário nós, negros da África colonial, nos amoldarmos a certas concepções de luta e organização típicas de cidades europeias industrializadas. E, com isso, quero assinalar que fizemos, em grupos, um movimento coletivo de consciência de desafricanizar nossa estreiteza cultural e, em seguida, reafricanizarmo-nos; nessa sequência, reafricanizarmo-nos quer dizer criarmos padrões a partir de uma negritude assumida, conquistada. Como um direcionamento interno a esse movimento, Paulo, o que fizemos também foi "africanizar" o marxismo...

— Exato, Mário. As teses marxistas, por universais, mereciam uma readequação reflexiva...

— E isso, Paulo, não havia sido nunca feito, antes. Ou seja, nós nos corrigíamos seguidas vezes. Cito um exemplo: nossa ênfase inicial era a mobilização a partir de concepções urbanas. Pois tivemos que corrigir essa rota, nossa gente não era prioritariamente urbana. Ou seja, reorientávamos o marxismo segundo reflexões imbricadas na realidade africana. E tínhamos, em nossos corpos, em nossa inserção social, a realização efetiva dessa ubiquidade da reflexão em uma dada realidade. Angola, Guiné e Moçambique produziam um tipo de Homem e, através de nós e de muitos com quem nos envolvíamos, produzia-se um determinado tipo de luta. Uma luta específica. Que engendrava uma certa reflexão combativa. E, veja você, se constituía um amplo e magnífico horizonte político intelectual da África no início dos anos 1960. Nesse horizonte se conformava a nossa voz. Você se recordará que, na reunião de Povos Africanos, de 1960, surgiu um grupo que se intitulava movimento anticolonialista e, logo, logo, esse tipo de expressão se transforma em Frente Revolucionária.

Com tudo isso, Paulo, estivemos reivindicando nossa voz, nosso lugar. E, assim, reivindicamos também nossa identidade. No concerto Africano, estávamos reivindicando a reinvenção de um tipo de Homem. Guineenses, Angolanos e Moçambicanos fazíamos inventar uma "capital africana" desse tipo de ação-reivindicativa. Em algumas presenças muito significativas, Amílcar prossegue articulando gentes e situações; em Paris, em Londres, escrevendo muito, afirmando uma certa especificidade de Homens em luta. Retomava-se a "reafricanização" em outros termos, mais amplos. Recomeçávamos, muitas vezes segundo parâmetros de mais de uma geração, além da nossa própria. Fazíamos balanços e agíamos como uma Frente.

Alguns de nós atuavam até mesmo profissionalmente: engenheiros, havia médicos, agrônomos etc. Nossa luta, em busca de penetrações mais amplas, buscava inserir-se também sob esse aspecto. E uma das compreensões de mundo que faziam muito sentido era uma constante afirmação de Amílcar: *"Temos algo a dizer, temos um horizonte de inserção e estamos reconstruindo uma identidade africana própria, não simplesmente assimilada. Temos, portanto, uma contribuição à História da libertação do Homem"*. E não é simplesmente, você bem sabe, aquela libertação que estava sendo refletida pelos críticos, franceses ou não, do modelo francês de colonialismo. A ruptura com o colonialismo português foi uma radicalidade humana muito grande. Pois, se é possível estabelecermos uma comparação, a crítica ao colonialismo francês na África levava em conta (e deveria mesmo fazê-lo) os padrões culturais que a ocupação francesa sempre considerou. Em meio à exploração colonizadora havia uma marca cultural com que também se ocupava o colonizador. A França teve um duplo *visage*, sempre: era comercial e cultural. Isso permitiu que o menino e o jovem africano colonizado pela França assimilassem, também com estranhamento, uma certa formação, um certo verniz. Diferentemente, nós, colônias portuguesas, havíamos sido cruamente utilizadas como entrepostos comerciais portugueses. O capital cultural com que se processou a colonização portuguesa foi profundamente alienante. Daí se pode concluir um movimento visceral de desentranhar o colonizador, que havíamos estranhamente introjetado, e uma recriação radical. Foi, eu repito, uma radicalidade humana muito profunda. Uma ruptura muito ampla. Através da qual estávamos criando uma personalidade social, Humana, Africana.

E Amílcar tinha essa qualidade da percepção marcante. Quando assumimos o Movimento Popular pela Libertação, ele me impôs um certo trabalho. Interessante, amigo Paulo, é a primeira vez em minha vida que estou conversando sobre isto: Amílcar, numa conversa, me impôs que eu assumisse naquele momento a presidência do Movimento. Não estava em meus planos pessoais assumi-la, me lembro que argumentei sobre uma reunião bastante coletiva para discutir sobre isso. E ele foi incisivo: Agostinho Neto estava na prisão, havia uma certa urgência.

Minha constatação pessoal deste *momento da nossa relação*: realço a dimensão de Amílcar "Homem de Ciência". Amante da Literatura, com profundo gosto poético, cientista das Ciências Agrárias. Note você que as imagens políticas de Amílcar eram imagens ligadas à natureza, ao campo e à experimentação científica.

— Minha impressão, Mário, sobre esse aspecto que tu estás comentando é a de um apurado talento pedagógico nos textos de Amílcar. Por exemplo, quando ele analisa aquilo que ele denominou "as debilidades da cultura". Noto algo fantástico, ali: mesmo posicionando-se contrário a tais "debilidades da cultura", ele mantinha um profundo respeito. Respeito a quê? Respeito à possibilidade de transformações que, através de prática social e política, teriam como ponto de partida o reconhecimento, a negação e a superação de tais "debilidades". Justamente porque era preciso negá-las e superá-las é que Amílcar as denunciava com profundo respeito. Como bom Pedagogo que era, ele sabia que "debilidades culturais" não se eliminam por decreto ou por imposição. A transformação viria com práticas sociais e políticas que retomassem as práticas então existentes. Havia nos textos dele um tratamento dialético. Ele denunciava e esclarecia elementos de vida social que constituíam tais "debilidades" e, lutando contra elas, sempre insistia na constituição de uma Cultura Científica.

— Perfeitamente, Paulo.

— Mas não foi, nunca, um cientificista. Ou seja, ele estava provocando as reflexões em torno a práticas de busca para uma Cultura Científica.

— Retomo aqui, Paulo, o trabalho pedagógico que Amílcar exercia. Ao propiciar que cada Homem se engajasse num processo de superações, estava-se instaurando ali um Movimento Revolucionário de formação de personalidades. *"Cada Homem é construtor de História"*, ele dizia, repetidas vezes. Eu ouvi de meninos, de rapazes, de lutadores a expressão corriqueira *"Amílcar falta-nos, em tudo"*. Veja você, que profundidade. Reconhecia-se, através de expressões como essa, que o Ser Humano Amílcar era tomado; era agradável e plenificante ter-se a companhia de Amílcar, fosse qual fosse a situação. Ora, penso eu, através das atuações de Amílcar está-se procedendo de modo a criar uma teoria do Ser Humano, no seu sentido amplo. Está-se fazendo uma teoria Humana da libertação. Mais ainda, está-se criando uma teoria do Homem engajado na construção de uma Sociedade Nacional não colonizada. Havia, ali, um discurso elaborado emergindo desde práticas sociais de descolonização e desenraizamento regional orientando-se para a constituição de Sociedades Nacionais Africanas. Eis aí, Paulo Freire, a dimensão do Amílcar intelectual e Homem de teoria. A globalidade desse Movimento se manifesta mesmo após o falecimento dele. Há até uma dimensão trágica, nisso; o herói triunfa depois de morto.

— Somando-me a isso que tu disseste, Mário, eu completaria repetindo o que ouvi de um jovem que trabalhou como professor numa zona libertada. Foi há alguns meses. Ele dizia: *"O inimigo publicou no Mundo a morte de Amílcar, pensando que assim matavam um país. Amílcar não morreu, o PAIGC não morreu, nós todos somos Amílcar Cabral".*

A paixão de Paulo pelo povo africano foi retribuída por meio de um presente recebido, muito certamente da Nação Balanta, que representava o grupo étnico da principal base de apoio a Amilcar Cabral e ao PAIGC durante a luta de libertação de Guiné-Bissau e Cabo Verde. Trata-se de um cajado de ébano, belamente torneado à mão, usado pelos chamados "Homens Grandes", como um símbolo do respeito da comunidade àqueles que pela experiência da vida longa adquirem a sabedoria e a maturidade. É, então, desses "Homens Grandes" que se espera a visão profética dos que podem com justiça e equidade aconselhar e dirigir os homens e as mulheres da comunidade. Paulo muito se orgulhava desse cajado pelo que ele representava, pois sempre o considerou um sinal de reconhecimento de sua "cidadania africana" e de sua solidariedade com a luta de libertação dos povos desse continente que se emancipavam das "correntes de ferro" colonialistas portuguesas.

CAPÍTULO 8

O sonho da volta para o seu contexto de origem

O sofrimento de Paulo por viver no "contexto de empréstimo" foi muito grande. Sua luta foi paciente-impacientemente vivida durante os quase dezesseis anos de exílio. Esperava o seu retorno, dentro dos limites autoritários dos governos militares brasileiros estabelecidos e o seu direito de voltar ao seu contexto de origem. Impacientemente-paciente sonhou, sonhou sempre em "voltar antes de um Natal". Realisticamente nunca pensou em vir passar o "próximo Natal", como diziam os brasileiros e brasileiras exiladas, desde os primeiros dias que tinham sido obrigados a deixar o Brasil.

Em 1968, por intermédio de advogados, impetrou um mandado de segurança, mas apesar de ter vencido juridicamente,[1] não pôde realizar seu sonho de vir visitar sua mãe no Natal daquele ano. Um outro golpe atingiu o Brasil poucos meses depois do *habeas corpus* a favor de Paulo ter sido julgado: o AI-5,[2] por meio do qual muitos dos direitos individuais foram extintos e a garantia de *habeas corpus*, nos casos de crimes políticos, foi suspensa.

---

1 "Em maio de 1968, jornais de Brasília/DF e Recife/PE publicaram que no dia 17 daquele mês, o STM, por unanimidade de votos, concedeu hábeas (*sic*) corpus a Paulo Freire, então exilado no Chile, excluindo-o do processo a que respondia na Auditoria da 7ª RM considerando inepta a denúncia, acusado que fora de praticar crime previsto na LSN 'por ter criado a Cartilha de Alfabetização de Adultos, durante o governo Goulart e ter promovido luta de classes através de politização de trabalhadores'" (Certidão da ABIN, p. 8 e 9).

2 Consulte-se a nota n. 4, de minha autoria, no livro de Paulo Freire, *Cartas a Cristina*.

O pedido de *habeas corpus*

Este é o pedido de *habeas corpus* impetrado em favor de Paulo:

Exmo. Sr. Ministro Presidente do Colendo Superior Tribunal Militar.

Antonio de Paula Monteiro e Antonio Modesto da Silveira, brasileiros, casados, advogados, o primeiro residente no Recife e o último nesta cidade, vêm impetrar uma ORDEM DE HABEAS CORPUS, com fundamento no art. 150, parág. 20, da Constituição Federal, em favor de PAULO REGLUS NEVES FREIRE, brasileiro, casado, professor universitário, atualmente com residência em Santiago do Chile, pelos fatos e razões de direito que, a seguir, oferecem à douta consideração dos preclaros Ministros dessa Corte de Justiça Militar.

OS FATOS Por iniciativa do Promotor Militar, em exercício, da Auditoria de Justiça da 7ª Região, sediada no Recife, foi o paciente denunciado, em data de 9 de junho de 1965, por pretendido crime capitulado no art. 2º, inciso III, da Lei n. 1.802, de 5 de janeiro de 1953.

A peça vestibular da ação penal, subscrita pelo Promotor Oton Fialho de Oliveira, é das mais falhas e deficientes, o que toca aos seus aspectos técnico-jurídicos.

Assim é que, enquadrando o paciente nas duras sanções do art. 2º, inciso II, da revogada Lei de Segurança do Estado, o ilustrado representante do Ministério Público limitou-se a descrever fatos atípicos e indeliquentes (*sic*), que não podem conduzir, como premissas, à conclusão do delito de atentado à segurança interna, com auxílio ou subsídio de Estado ou de organização estrangeira.

Irroga-se, por exemplo, contra o paciente a imputação de haver organizado, como diretor do Serviço de Extensão Cultural da Universidade do Recife, "mesas redondas" que "visavam à *politização* de muitos brasileiros no sentido subversivo do Partido Comunista Brasileiro, politização que era a meta do mesmo denunciado". (V. documento n. 1 anexo).

Atribui-se, por outro lado, ao paciente, como integrante do Programa Nacional de Alfabetização, a "ação delituosas" de "conscientizar" o povo, "a serviço do Comunismo Internacional"; de patrocinar "Reformas de base"; de adotar um tipo de "alfabetização de adultos" como "instrumento inequívoco do Partido Comunista para a conquista do poder".

Em matéria de denunciação penal, dificilmente se poderá encontrar outra, nos anais forenses, mais genérica e subjetiva, em que os FATOS cedem lugar a conjecturas e hipóteses – num relato incaracterístico, fluido, atípico e indefinido, absolutamente em desacordo com as rígidas recomendações do art. 188, letras "a", "c" e "e", do Código de Justiça Militar.

O delito consubstanciado no art. 2º, inciso III, da antiga Lei de Segurança do estado, é, por sua natureza, de concurso necessário de agentes, plurisubjetivo, de coautoria, de bilateralidade, sendo necessário que haja, para a sua tentativa de consumação, aquela *relação de causalidade* entre os agentes passivos e ativos de atentado à segurança interna – sem o que, consequentemente, cairá por terra, toda a estrutura da empresa codelinquencial.

Dos mais graves delitos de que se ocupava a lei de Segurança de Estado, já revogada, esse crime de "tentar mudar a ordem política ou social estabelecida na Constituição, mediante ajuda ou subsídio de Estado estrangeiro ou de organização estrangeira ou de caráter internacional", não é dos que podem ser admitidos por meras inferências ou presunção, exigindo-se, ao contrário, que a prática de sua ilicitude transpareça clara, lúcida, inequívoca, demonstrada através de Atos concretos, sem cuja evidência não há lugar para a incriminação e o procedimento penal.

Daí porque, dentro dos severos e irrecusáveis requisitos processuais, a peça vestibular do Ministério Público não tem força com que possa produzir efeitos jurídicos, sendo, pois INEPTA, na acepção mais lídima da palavra.

DO DIREITO. É do mestre CARRARA a magnitude desta advertência: "O processo criminal é o que há de mais sério no mundo. Quero dizer: tudo nele deve ser claro como a luz, certo como a evidência, positivo como qualquer grandeza algébrica. Nada de suposto, nada de anfibológico, nada de ampliável. Acusação *positivamente articulada*, para que a defesa seja *possivelmente segura*. Banida a analogia, proscrito o paralelismo, assente o processo exclusivamente sobre a precisão dos fatos. E esta recomendação mais salutar, ainda: A DA VERDADE SEMPRE DESATAVIADA DE DÚVIDAS!

Quando a lei prescreve, normativamente, que a denúncia, na ação penal, deve conter as circunstâncias do crime e tudo o mais que a ele, *concretamente*, se refira (art. 188, do Código da Justiça Militar), tal recomendação, se se trata de delito de coautoria, deve ser mais imperiosa e até casuística, a fim de que as relações entre os partícipes apareçam indissimuláveis, no TODO da ação criminosa.

Transferir no bojo do processo o ônus da prova a respeito da qual denúncia nada materializa, ou mal insinua, é ludibriar os cânones da lei. "a denúncia – diz o mestre JOSÉ FREDERICO MARQUES – não contém simples *notitia criminis*, mas autêntica acusação, pois que, não havendo entre nós o juizado prévio de instrução, instalado e constituído se encontra o *judicium causae*, a partir do recebimento da denúncia". ("Denúncia em coautoria" in *Revista Brasileira de Criminologia e Direito Penal*, n. 17, abril/junho de 1967, pág. 37)

Se a hipótese fosse de crime da competência do júri – sublinha o mesmo autor – ainda poderia haver denúncia informe e fluida que, no correr da formação de culpa, ou *judicium acusationis*, iria, paulatinamente, ganhando seus contornos definitivos. "Mas, em se tratando de denúncia-libelo, não se pode admitir imputação vaga, genérica, indefinida e abstrata, visto que a lide ou causa penal deve, desde logo, ser individualizada." (Idem, ibidem).

Carnelutti já distinguia entre *propor* uma imputação e *formular* uma imputação. (*Lecciones sobre el Processo Penal*, vol. IV, pág. 6)

Nos processos em que não há o chamado juízo prévio da formação de culpa, a denúncia do Ministério Público já deve conter a FORMULAÇÃO da imputação, ou seja, os dados acusatórios para a delimitação do litígio penal.

O ilustrado Promotor Militar, em exercício, descumpriu, desse modo, as melhores e mais clarividentes lições do direito processual moderno, além de infringir, frontalmente, os preceitos exigidos pelo Código da Justiça Militar para o oferecimento da denúncia, silenciando sobre

a) "a narração de fato criminoso com suas circunstâncias";
b) "as razões de convicção ou presunção da delinquência";
c) "o tempo e o lugar em que foi praticado o crime".

As acusações contidas no requisitório do Ministério Público contra o paciente são ATÍPICAS e IRRELEVANTES. Nenhuma delas, ao rigor técnico-penal, sujeita o Professor PAULO REGLUS NEVES FREIRE, da Universidade do Recife e líder católico de projeção internacional, às penas da lei. Porque "organizar mesas redondas", "alfabetizar adultos", "conscientizar o povo", "promover Círculos de Cultura" – não podem ser levados à conta de subversão, nem de "comunização", muito menos de atentado à segurança interna, seriamente. Aqui, o ilustrado Promotor Militar, em exercício, talvez inconscientemente, procede, *data venia*, como os líderes do Nazismo, que levavam a mão ao revólver quando ouviam falar em cultura...

Mas com tal procedimento não deve concordar essa colendíssima Corte de Justiça, que tem sabido interpretar as leis e salvo de paixões momentâneas, dignificando-as com a placidez do seu pensamento e o bom senso dos seus arestos.

De tudo quanto se expõe, conclui-se que a denúncia do Ministério Público Militar de primeira instância é inepta, faltando-lhe, também, JUSTA CAUSA, como peça angular do processo.

A JUSTA CAUSA diz sempre com a existência de indícios suficientes de criminalidade, de acusação formalizada. "Por isso – proclamam os Tribunais brasileiros – faltará JUSTA CAUSA quando não houver aqueles indícios, ou o constrangimento se der com a violação dos requisitos legais." (*Revista dos Tribunais*, vol. 270, página 734).

VICTOR NUNES LEAL. Eminente Ministro do Superior Tribunal Federal, relatando acórdão unânime, quando do exame do *habeas corpus* n. 42.697, chamou a atenção dos seus preclaros colegas para as múltiplas facetas com que se apresenta a falta de JUSTA CAUSA, na ação penal:

"Umas vezes, na falta de justa causa se insere a inépcia da denúncia. Outras vezes, a falta de justa causa resulta de não ter sido descrito, na denúncia, ou na sentença, um fato criminoso, ou de lhe faltar um elemento essencial à tipificação do crime. Também pode haver contradição entre as premissas e a conclusão, que é modalidade de inépcia; pode faltar a indicação dos atos que caracterizam a coautoria, ou não haver nexo entre esses atos e o resultado criminoso ou a intenção criminosa." (*Revista Trimestral de Jurisprudência*, vol. 35, pág. 533).

À luz de tais ensinamentos, emanados de um dos mais categorizados e eminentes Ministros do Supremo, vê-se que a peça vestibular do Mistério Público, no caso em exame, desatendeu a TODAS AS RECOMENDAÇÕES da lei, da doutrina e da jurisprudência, na feitura de uma denúncia INEPTA, também destituída de JUSTA CAUSA, que há de contaminar, por nulidades irrecusáveis, o processo penal que dela se origina.

Em sessão de 10 de novembro do ano próximo passado, esse egrégio Superior Tribunal Militar, quando da apreciação do *habeas corpus* n.29.709, sendo relator o eminente Ministro ALCIDES CARNEIRO, decidiu pela anulação de denúncia que, tal como a invocada neste pedido, silenciara sobre as ações individuais, em crimes de coautoria:

"A denúncia não se acha revestida das formalidades legais, uma vez que não esclarece a participação de cada um dos denunciados nos fatos que, em conjunto, lhes são atribuídos. A narrativa é ampla e vaga o que torna a denúncia insubsistente, por ser inepta."

A esse respeito, vale relembrar, por oportunas, as palavras do antigo Procurador-Geral da Justiça Militar, ERALDO GUEIROS LEITE, hoje Ministro dessa Corte de Justiça, reportando-se a lições da jurisprudência brasileira, em casos de delitos de comparticipação:

"Na coautoria, é essencial que a conduta do agente se insira na corrente causal e que haja nexo psicológico ligando a sua vontade à prática do crime." ("O Inquérito do PC e sua passagem pelo Superior Tribunal Militar", página 46).

Eis aí, preclaros ministros, a que se reduz a ação penal contra o paciente, à luz do que existe de mais claro e meridiano na legislação e na doutrina, de que se fazem eco os Tribunais do País, inclusive esse colendo Superior Tribunal Militar.

A OBRA EDUCACIONAL DO PACIENTE. Por seus trabalhos como educador católico, o Professor PAULO REGLUS NEVES FREIRE notabilizou-se internacionalmente. Seus métodos de alfabetização de adultos são, hoje, tomados como modelo em vários países da América Latina. A Igreja Católica adotou-os. No Chile, onde trabalha para o governo democrata-cristão do presidente Eduardo Frey, e em Universidades dos Estados Unidos, sua obra é acatada e difundida, sem reservas. Referindo-se ao Professor PAULO REGLUS NEVES FREIRE e aos seus métodos de alfabetização, escreveu o sociólogo FRANCISCO C. WEFFORT, num trabalho intitulado "Reflexões sociológicas sobre uma Pedagogia da Liberdade":

"Sua visão sociológica, centrada sobre o mundo da consciência, se constitui a partir de uma preocupação fundamentalmente educativa. Por isso, convém não tomar muito a sério as acusações dos reacionários que confundem sua concepção educacional com qualquer concepção política determinada. Este educador sabe que sua tarefa contém implicações políticas, e sabe que estas implicações interessam ao povo e não às elites. Mas sabe também que seu campo é a pedagogia e não a política, e que não pode, como educador, substituir o político revolucionário interessando no conhecimento e na transformação das estruturas." (V. *Educação como prática da Liberdade*, edição 1967, pág. 15).

Outro sociólogo de fama, PIERRE FURTER ao analisar a obra do Professor PAULO REGLUS NEVES FREIRE, disse, insuspeitamente:

"Se Paulo Freire condena as elites no poder por só pensarem em defender os seus interesses, também se opõe às pretensões das novas elites que manipulam as massas recém-alfabetizadas ou que despertam ilusões por um ativismo sectário." (Idem).

Ele mesmo, o Professor PAULO REGLUS NEVES FREIRE, paciente neste pedido de *habeas corpus*, resume no trecho que se lerá em seguida, toda a filosofia dos seus métodos de ensino, em palavras escritas DEPOIS do movimento político-militar de 1964; por isso mesmo, palavras de quem, banido do País pela violência de certos encarregados de IPMs no Nordeste, não se deixou impregnar de ódio ou ressentimento, mantendo, incólume, a inteireza do seu pensamento pedagógico:

"Cada vez mais nos convencíamos ontem e estamos convencidos hoje de que teria o homem brasileiro de ganhar a sua responsabilidade social e política, existindo essa responsabilidade. Participando. Ganhando cada vez maior ingerência nos destinos da escola do seu filho. Nos destinos de seu sindicato. De sua empresa, através de agremiações, de clubes, de conselhos. Ganhando ingerência na vida do seu bairro, de sua Igreja. Na vida de sua comunidade rural, pela participação atuante em associações, em clubes, em sociedades beneficentes. Assim, iríamos ajudando o homem brasileiro, no clima cultural da fase de transição, a aprender democracia, com a própria existência desta." (Idem, pág. 92).

Transformar, pois, a filosofia educacional do Professor PAULO REGLUS NEVES FREIRE em ideologia política, a serviço de potência estrangeira, como o fez, de modo insidioso, o ilustrado Promotor Militar, em exercício, tentando sujeitá-lo às penas do art. 2o, inciso III, da antiga Lei de Segurança do Estado, é, antes de tudo, subverter a própria verdade dos fatos, forçando o exílio de um probo educador, cuja vida tem sido, até hoje, um paradigma de honradez, em favor do balizamento e da definição da problemática cultural brasileira.

Os preclaros Ministros desse colendo Superior Tribunal Militar hão de corrigir, estamos certos, as deformações a que ficaram expostas, nação penal, as ideias e os métodos do conhecido educador pernambucano, hoje elevado, no exílio, às culminâncias da consagração e do respeito dos homens de bem de todas as latitudes.

O STM E O PROCESSO. Inúmeras vezes, por via de *habeas corpus*, esses colendo Tribunal já se manifestou pela inépcia da denúncia do órgão do Ministério Público da Auditoria de Justiça da 7ª Região Militar, no processo em exame. Em data de 4 de outubro de ano próximo passado, reconhecendo inépcia da peça vestibular de acusação e inexistência de justa causa para a propositura da ação penal, o Superior Tribunal Militar determinou o trancamento do processo quanto ao réu JOEL REGUEIRA TEODÓSIO.

Por sua vez, o egrégio Supremo Tribunal Federal, em sessão de 8 de agosto de 1966, também por inépcia e falta de justa causa, concedeu *habeas corpus* ao denunciado ROBERTO DE MORAIS COUTINHO. (*Revista Trimestral de Jurisprudência*, vol. 40, págs. 312 usque 317).

A ementa desse respeitável acórdão do STM, que fulminou de inepta a denúncia do Promotor Militar, é a seguinte, para o completo entendimento dos eminentes Ministros do STM:

"A responsabilidade penal é pessoal. A denúncia, contudo, não diz qual a conduta penalmente típica do paciente. Não se diz qual o fato por ele cometido, com a especificação indispensável para que a defesa se pudesse exercer. A acusação há de ser precisa, com todos os seus elementos, a fim de pode (*sic*) proporcionar os meios para enquadrá-la tipicamente dentro da norma penal, e, ao mesmo tempo, permitir que o acusado dela possa defender-se."

Ainda por via de *habeas corpus*, sob o n. 29.090, relatado pelo ilustre Ministro LIMA TORRES, esse colendo Superior Tribunal Militar, em sessão de 8 de novembro último, reconheceu a inépcia da denúncia e a falta de justa causa para o enquadramento penal do indiciado ARTUR EDUARDO DE OLIVEIRA CARVALHO, estendendo os efeitos da decisão a MARCIUS FREDERICO CORTES, WILMA VAZ, AMARO CARNEIRO DA SILVA, BENJAMIN SANTOS, JOMARD MUNIZ DE BRITO, JURACY DA COSTA ANDRADE, MIRIAM CAMPELO e PAULO PACHECO DA SILVA.

Os nove denunciados acima referidos estavam num "lote" (expressão do venerado acórdão) encabeçado pelo Professor PAULO REGLUS NEVES FREIRE. Concedendo a extensão aos integrantes daquele agrupamento de indiciados, só por mero lapso há de ter escapado da concessão da medida e conhecido e respeitado educador brasileiro, tão "culpado de subversão" quanto os demais.

Vê-se, desse modo, que a denúncia do ilustrado Promotor Militar, no processo chamado da Universidade do Recife, já sofreu a crítica dessa Corte de Justiça, ao crivo da mais severa vigilância das leis e dos seus postulados. De INEPTA foi ela inquinada, pelo menos DEZ VEZES, à unanimidade do Superior Tribunal Militar e do Supremo Tribunal Federal.

Resta, agora, que a mesma decisão se repita, na sucessividade de um judicioso exame da matéria, beneficiando-se não só o paciente, como o restante – poucos, afinal – dos que se encontram ainda submetidos a esse processo verdadeiramente kafkeano, pela angústia de suas implicações, quando não pela excessiva demora de quase QUATRO ANOS de vexames sem fim.

DO PEDIDO

Em face do exposto, confiam os impetrantes na concessão da ordem de *habeas corpus* em favor do Professor PAULO REGLUS NEVES FREIRE, pelo reconhecimento da INÉPCIA da denúncia e FALTA DE JUSTA CAUSA para o processamento penal solicitadas da autoridade coatora – a Auditoria de Justiça da 7ª Região Militar, com sede no Recife – as informações de praxe, requerendo-se, igualmente, a extensão da medida aos demais denunciados, por EQUIDADE.

Rio de Janeiro, 18 de abril de 1968.

Antonio de Paula Montenegro e Antonio Modesto da Silveira.

Paulo recebeu então uma belíssima carta do respeitado advogado pernambucano Paulo Cavalcanti, em tom intimista, carregada de sua integridade ética e patriótica e de senso de justiça, datada de 23 de maio de 1968.[3] Ao lê-la, Paulo pensou: agora posso voltar ao Brasil, posso rever a minha mãe!

Meu caro Paulo,

Ganhamos o seu *habeas corpus*![4] Você não imagina a minha alegria ao ler, nos jornais, a notícia de julgamento pelo STM do pedido formulado em seu favor. Assim tem sido, Paulo. Há dois anos, venho lutando, como advogado, para defender os perseguidos e presos políticos. Não faço outra coisa. Eu, que nunca pretendi ser advogado, agora quero sê-lo para defender a liberdade. Isso, aliás, não me tem dado nem pão, nem glória. Mas me enche de satisfação inteiro, como se eu ganhasse milhões em cada caso. É uma espécie de salário moral, ou político. Já tiramos, eu e Mércia, mais de duzentas pessoas de processo, na Justiça Militar.

Quando voltei ao Recife, falei imediatamente com o Antonio de Paula Montenegro, seu advogado. Ele, que me havia pedido para redigir o *habeas corpus*, concordou com tudo quanto já fora feito. Achei prudente que o *habeas* fosse assinado pelo próprio Antonio Montenegro, aqui, e Modesto da Silveira, no Rio, ficando com este a incumbência da defesa oral no dia do julgamento. Tudo deu certo. E ganhamos por unanimidade, estendendo o STM os efeitos do pedido ao restante dos réus, conforme se formulara na inicial do *habeas*.

A repercussão foi muito boa, principalmente na imprensa do Rio. O *Jornal do Comércio* aqui publicou a notícia cujo recorte lhe envio. Da tribuna da Assembleia Legislativa, o deputado Dorany Sampaio se congratulou com você, registrando o fato para os anais.

Depois que cheguei de viagem, já havia ganho uns 8 *habeas*. Mas o seu me alegrou sobremaneira, porque você estava precisando urgentemente disso. Hoje ou amanhã, terei notícia de um *habeas* feito por nós para Silvio Lins, que está em Genebra. Temos certeza de nova vitória. Desse modo, Silvio poderá voltar – o que é desejo seu e dos seus familiares.

Ainda não me desencarnei das delícias da viagem. Nem das recordações fabulosas da hospitalidade de Jader e Carmem. Me lembro de vocês todo dia. Moema ficou em São Paulo. Acho que ela lhe escreverá um bilhetinho, acompanhando desta carta.

---

3 A resposta de Paulo Freire a esta carta de Paulo Cavalcanti, escrita de Santiago, em 13/6/1968, encontra-se publicada em *Pedagogia dos sonhos possíveis*.

4 Alguns meses depois, o Ato Institucional n. 5 (AI-5), de 13 de dezembro de 1968, em seu art. 10, acabou com o sonho de Paulo de pelo menos visitar sua mãe e seu país. Reza o art. 10: "Fica suspensa a garantia de *habeas corpus*, nos casos de crimes políticos, contra a segurança nacional, a ordem econômica e social e a economia popular."

Envio-lhe cópia do *habeas*, para seu arquivo. Escreva para Modesto da Silveira, Álvaro Alvim, 24, sala 905, Rio, agradecendo-lhe o auxílio, como advogado, gratuitamente, a nosso pedido.

Mande um cartãozinho para o Dorany Sampaio,[5] com endereço da Assembleia. E aceite o meu abraço de parabéns pela vitória. Que é sua. Do seu caráter. Da sua bondade.

Abraços para todos. Jader, Carmem, filhos, Almino, Arruda Sampaio, Zacarioti (é assim mesmo?) Chico Pereira, Hoffmann, Marise e todos, enfim. Abraços para sua esposa e filhos. Paulo, 23/5/68.

Esta é a carta de agradecimento de Paulo ao Dr. Modesto da Silveira:

Somente hoje, depois de uma série de compromissos inadiáveis em Santiago e fora do País, me é possível escrever-lhe. E fazê-lo, no meu nome e no nome de minha família, agradecer-lhe, sinceramente, a contribuição eficiente e desinteressada que o Senhor deu na solução de meu caso no S. T. M.

Espero, um dia, abraçando-o pessoalmente expressar de viva voz os agradecimentos que ora lhe faço nesta carta.

Dizer-lhe do exílio, distante da terra – desenraizamento – saudade de tudo, de todos não fez de mim um abatido, um desesperado. Não matou em mim a confiança no seu poder de fazer e refazer o homem. Não diminui em mim a crença no povo brasileiro, nos homens simples dos morros, dos córregos, das favelas, dos mocambos, das cidades, do campo, cuja vocação como homens, não é coisificar-se, mas humanizar-se.

Dizer-lhe o que o Senhor já sabe: que na boa luta de advogado está trazendo a sua contribuição a esta causa.

Receba, finalmente, o abraço fraterno de Paulo Freire.
Santiago, 2/8/68
P.S.: Como não tenho o endereço de Paulo Cavalcanti,[6] lhe ficaria muito grato se o Senhor fizesse chegar às suas mãos a carta que lhe remeto.

Se é verdade que o exílio não fez de Paulo "um abatido, um desesperado", pois ele pôde viver e trabalhar inserido nos "contextos de empréstimo", também é verdade que ele, durante todos os anos em que viveu no exílio, até ter ido à África, em 1971, nunca se sentiu "voltando para casa", quero enfatizar. Uma estranha sensação de falta, de vazio, imprecisa e angustiante que lhe ti-

---

5 Também por orientação de Paulo Cavalcanti, Paulo escreveu ao deputado Dorany Sampaio, de Santiago, em 2.8.1968, carta também publicada em *Pedagogia dos sonhos possíveis*.
6 Carta igualmente publicada em *Pedagogia dos sonhos possíveis*.

rava de sua verdadeira "casa", o seu contexto de origem – o Brasil, o Recife – que o marcou durante os mais de quinze anos de exílio.

Entrevistas concedidas na Suíça antes da vinda ao Brasil

Os militares brasileiros tinham proibido que qualquer veículo de comunicação de massa do país mencionasse o nome de Paulo Freire, sobretudo a partir de 1968. Assim, com enorme espanto, o Brasil passou a ler a voz de Paulo na mídia,[7] em 6/4/1977, pela primeira vez em seu próprio país após mais de treze anos silenciado e vivendo no exílio, por meio de uma curta entrevista publicada na revista semanal *IstoÉ*.

Da entrevista de R. Ribeiro, que fez dez perguntas a Paulo, destaco alguns trechos:

IstoÉ: O que aconteceu em todos esses seus anos de vida no exterior?

FREIRE – Para explicar o que esses 13 anos de exílio vêm representando para mim, talvez fosse interessante falar da expectativa que tinha ao deixar o país. De maneira nenhuma alimentava o sonho – que se tornou impossível – de um retorno no Natal seguinte... É que analisando o que se dava no país, não era possível admitir um retorno breve. Isso me deu um certo senso de realismo, me obrigou a jamais permitir que a saudade que sabia que me tomaria (e a saudade nos tomou a todos) se transformasse em nostalgia. Além disso, já era um homem maduro...

IstoÉ: Você se tornou um cidadão do mundo?

FREIRE – De fato, pouco a pouco, sem surpresa, fui me sentindo *gente* do mundo. Não pela repercussão a nível mundial que alguns de meus trabalhos vieram a ter. Falo da experiência existencial...

IstoÉ: Em que você mudou?

FREIRE – Todo o processo começa ainda no Brasil, no convívio com mulheres e homens do Recife, *gente* dos alagados, no esforço de compreender a forma de estar sendo dos camponeses do Nordeste que não era a nossa, as experiências dos operários urbanos, das crianças dos mocambos... com suas rezas, suas benzedu-

---

[7] Pela ousadia do diretor da Editora Paz e Terra, Fernando Gasparian, na data de publicação dessa entrevista, já tinham sido editados, no Brasil, *Educação como prática da liberdade*, em 1967; *Extensão ou comunicação?*, em 1971; *Pedagogia do oprimido*, em 1974; e *Ação cultural para a liberdade*, em 1976.

ras, sua compreensão mágica do mundo – mais bonita e lógica –, mal sabíamos que nos estávamos preparando para compreender coisas parecidas a outros níveis, que o exílio nos obrigaria a entender ou a suicidar...

A última questão dessa entrevista termina com estas palavras de Paulo:

> O fatalismo do camponês do Nordeste está envolto por uma falsa e mágica concepção de divindade – como se Deus fosse o responsável direto pelo que se passa na História – e, se não é Deus, é a sina, ou quando não é nada disso, então é a inferioridade natural de que o camponês fala como possuidor nato. Em Nova York, esse fatalismo também existe, mas toma a forma da mitificação da ciência e da tecnologia. A formação todo-poderosa de uma concepção tecnicista, cientificista do mundo e da existência compõe o quadro do fatalismo nos Estados Unidos. O fatalismo também se encontra na Europa, na África, em níveis distintos. Por outro lado, vi desaparecer esse fatalismo em certas situações comuns – quando surge uma esperança. Mas só há esperança na medida em que há futuro. Fora do futuro não há esperança e não há futuro quando um povo não toma a História em suas mãos.

A segunda entrevista foi a de *O Pasquim*,[8] principal mídia de contestação e de humor do Brasil nos tempos da ditadura militar, que publicou uma longa conversa de Paulo com Claudius Ceccon e Miguel Darcy de Oliveira, em Genebra. A página de rosto de *O Pasquim* anunciava ironicamente bem afinada com o seu objetivo crítico:

> Empacotaram o Brasil!... Entrevista com PAULO FREIRE (pág. 12)
> O HOMEM QUE ENSINARIA O BRASIL A LER

Transcrevo alguns fragmentos dessa memorável entrevista fartamente retomada em várias partes desta biografia.
Perguntado por Claudius se ele se correspondia com sua mãe, respondeu:

FREIRE – Muito, muito. Eu passei treze anos de exílio, escrevendo com grande assiduidade. E escrevia de todas as partes do mundo, de Fiji, de Guiné Papua, da Austrália, da Índia, da África, dos Estados Unidos, de todo lugar. Às vezes, pelo excesso de trabalho eu limitava a correspondência, mas aí ela me escrevia e protestava. Reclamava, e dizia *o que que há? Você parece que está ficando rico.* (risos)

---
[8] Cf. *O Pasquim*, ano IX, n. 462 – Rio de Janeiro, de 5 a 11/5/1978. Várias das perguntas/respostas dessa entrevista já foram transcritas nesta biografia.

Miguel – *E com que idade ela morreu, Paulo?*

FREIRE – Morreu agora, com 85 anos. Eu estou perdendo assim toda a minha família sem poder vê-los. Quando eu estava no Chile, perdi um tio, que era um grande amigo meu, um homem extraordinário, o Lutgardes. Era um grande advogado do Rio de Janeiro.

Miguel – *Mas depois da morte do seu pai ela ficou vivendo com a pensão dele?*

FREIRE – Mas era uma pensão irrisória. Eu não sei quanto seria hoje, mas a pensão era de 80 mil réis. Não dava para coisa nenhuma e nós vivemos uma etapa dificílima. Mesmo quando meu pai era vivo.

Miguel – *Era dura a vida de vocês?*

FREIRE – Eu tive a experiência da fome. Neste livro que estou escrevendo[9] eu falo um pouco disso. Eu sei o que significa ter fome. O sujeito que faz dieta para ganhar um corpo mais bonito não sabe o que é fome, porque esse tipo de fome existe e não existe na medida em que a *gente* sabe que pode superar. Mas a outra, a que entra sem pedir licença, essa é dura.

Miguel – *Com fome e tudo, você viveu uma infância feliz?*

FREIRE – Olha, apesar da fome fui muito feliz. Essa fome a *gente* até que conseguia matar de vez em quando furtando os quintais alheios, roubando jaca, roubando manga, roubando banana. Eu, junto com o meu irmão Temístocles, conhecia perfeitamente a geografia desta fome, que era a geografia dos quintais dos outros. E então, quantas vezes a *gente* escondeu cachos de banana em buracos secretos.

Miguel – *É a fome desesperada.*

Claudius – *Eu gostaria de te fazer uma pergunta: As mais recentes teorias dizem que não se ensina às crianças, elas aprendem sozinhas. Eu queria que você comentasse um pouco isso, com base na sua experiência.*

FREIRE – Não é por acaso que se discute muito isso, na psicopedagogia, por exemplo, mas essa tua pergunta é mais sobre a teoria do conhecimento. Eu tenho

---

9 Esse livro iniciado, como diz Paulo, em Genebra, na verdade não passou de três páginas, as quais foram abandonadas quando ele retomou o tema nos anos 1990 e o publicou com o título de *Cartas a Cristina*.

impressão que é preciso um pouco esclarecer essa afirmação: Não se ensina à criança. A criança aprende. Essa afirmação coloca bem o papel do educador e do educando. Eu também sou muito radical na análise dessas relações, mas a minha convicção é a seguinte: tomando a educação como um ato do conhecimento, qualquer que seja a relação educacional, a que se dá informalmente no lar, e a que se dá formalmente na escola, é impossível escapar ao ato de conhecimento que se processa: tanto no educador como no educando, tão sujeitos do conhecimento. O erro de uma pedagogia tradicional e reacionária está, um deles, em que o objeto do conhecimento é posse do educador. O educador possui o objeto do conhecimento e transfere, no modo ideal que ele acha que conhece. O educando, então, castrado na possibilidade de recriar o objeto, de penetrar no objeto, apoderar-se, apreender o objeto, recebe...

Claudius – *Sofre.*

FREIRE – Você disse muito bem: o educando *sofre* o ato de conhecer. Ele come o objeto. Isso é o que Sartre chamou, ironicamente, de filosofia alimentar... Aí é que eu acho que está uma dimensão riquíssima de uma teoria do conhecimento. O educador, por sua experiência intelectual, por sua sistematização maior do que o educando, coloca diante do educando, mediando os dois, um certo objeto de conhecimento, um objeto de conhecimento que ele, previamente, conhece. Mas no momento em que o educando, desafiado nessa situação de conhecimento, começa a desvelar o objeto, o educador que desvelou antes, redesvela o objeto no desvelamento que o educando faz.

Claudius – *O que acontece é exatamente o oposto do que você está dizendo. O educador entra na sala de aula, transfere o seu conhecimento, o que é muito mais cômodo. A classe fica quieta, ele fala e depois toma a lição, passa dever ou dá uma prova e com isso ele afere o que foi retido daquilo tudo. Isso está se transformando no método da múltipla escolha. Como se para cada pergunta houvesse apenas uma resposta certa. Por que acontece isso com os professores? Porque eu acho que é extremamente ameaçador para um professor pôr-se em questão diante da pergunta de um garoto. Aí é que está o nó do negócio. É entre uma verdade absoluta, imóvel, eterna, e uma outra coisa, que é a descoberta comum.*

FREIRE – Eu acho o seguinte, Claudius. Eu concordo inteiramente com a sua crítica, mas eu acho que podemos correr o risco de, ao criticar essa teoria do conhecimento que está aí implícita e explícita nessa prática pedagógica e docente, chegar ao outro extremo, que é o extremo da negação do papel do educador enquanto sujeito também do conhecimento.

Claudius – *É bom lembrar isso, mas não é bem isso que eu estou dizendo.*

FREIRE – Eu sei, mas esse outro extremo levaria a uma espécie de espontaneísmo pedagógico e como não há pedagogia que não seja política, se cai no espontaneísmo político, também. O papel do professor seria quase o de uma figura anedótica dentro da sala. Essa não é a defesa que eu faço. Pelo contrário, eu acho que o educador é sujeito junto com o educando, com mais experiência e aprendendo na aprendizagem que o educando faz. É um processo constante, contínuo. Agora, é mais difícil, porque não é burocrático. Isso implica a invenção, a reinvenção do educando, amplia a atividade do educando e, portanto, a humildade do educador. Ele precisa também dizer que não sabe, ter coragem de dizer, porque a partir do momento que ele diz que não sabe ele abre a possibilidade de saber. A grande diferença entre o Homem e o animal ou a árvore é que a árvore sabe também, mas possivelmente, não sabe que sabe. E nós sabemos que sabemos e sabemos que não sabemos. Não foi por acaso que o velho Sócrates disse isso há alguns anos.

Claudius – *Fale um pouquinho da sua geração. Recife é um centro cultural importantíssimo no Brasil.*

FREIRE – Eu participei da chamada geração de 45. Eu aí estudava Direito.

Claudius – *Você é advogado?*

FREIRE – Bacharel. Mas a minha geração participou de toda aquela fase do fim do Estado-Novo, guerra, essa coisa toda. Essa geração tinha um desafio histórico, que era, sobretudo, um desafio liberal. Era a chamada redemocratização. Um negócio um pouco parecido com o de hoje.

Claudius – *Você não é o único a dizer isso.*

FREIRE – ... Muita ingenuidade em tudo, uma ingenuidade que a *gente* descobre hoje, mas que no momento era uma crítica...

Sobre a alegria do alfabetizando que começa seu processo de ler-escrever, Paulo disse:

Na primeira experiência houve um caso lindo, de um dos alunos que escreveu *Lina* [Nina] no quadro-negro e começou a rir, um riso nervoso. Eu perguntei, por que é que tu ris? "Ora, esse é o nome da minha mulher. E é a primeira vez que eu escrevo." São esses pormenores, que são profundamente humanos, que não podem ser esquecidos por um revolucionário. Uma revolução que esquece que um homem ri nervosamente ao escrever o nome de sua mulher é uma revolução frustrada.

Miguel – *Qual era a importância da parte gramatical nesse seu início de experiência?*

FREIRE – Eu, naquela época, já estava convencido, e hoje estou muito mais, de que, durante a etapa da alfabetização, o que tu deves fazer primeiro é estimular ao máximo a expressividade oral do alfabetizando. E não inibi-lo de maneira nenhuma com a tua linguagem, mas é partir da linguagem dele e estimulá-lo no poder de expressar-se e de expressar as suas relações com sua realidade, com seu mundo. É o desenvolvimento da oralidade, associando-se logo com a escrita, o domínio da palavra. O papel, por exemplo, que tem as sílabas na constituição da palavra e o papel da palavra na estrutura do pensamento. É a compreensão crítica do próprio pensamento. Tu não podes ter pensamento e linguagem sem realidade concreta.
[...]

Claudius – *Voltando ao Brasil, como é que você chegou à oficialização desse método e à campanha nacional de alfabetização?*

FREIRE – A oficialização se deu, antes da campanha nacional, na Universidade de Recife no chamado Serviço de Extensão Cultural. Fazíamos então investigações já com uma equipe bem grande, *gente* boa, da qual participava o Costa Lima, por exemplo. Eu me lembro que ele deu alguns seminários na Universidade Católica do Recife analisando o universo vocabular do povo. Ele levava do SEC as pesquisas e na Universidade ele colocava para os estudantes os problemas de teoria literária. Eram uns seminários muito bons. Depois veio a campanha nacional, eu me desloco para Brasília, e aí...

Claudius – *Aí já era a aplicação do chamado "método".*

FREIRE – Isso foi feito através da Secretaria de Educação do estado em convênio com a Universidade do Recife. Uma das exigências que eu coloquei foi que a liderança dessa campanha ficasse na mão da União dos Estudantes de lá e por coincidência caiu nas mãos do Marcos Guerra, que era estudante de direito, e ele coordenou todo esse esforço. O Marcos tem uma capacidade extraordinária de organização. É um cara que pensa e pratica. O trabalho da equipe do Recife foi o de ir a Natal capacitar a equipe de Marcos, que partiu depois para Angicos.
O primeiro trabalho dessa equipe foi fazer o universo vocabular da região. Nunca me esqueço que a primeira palavra geradora de Angicos foi *Belota*. É uma corruptela de borlota que é exatamente esse negócio de pôr em rede, em cortina. Por que isso? Nessa região se trabalhava muito com couro e eles usavam nos rebenques exatamente uma borlota mas que o povo chama belota. Essa foi a pri-

meira palavra geradora, de uma riqueza extraordinária, em ambos os aspectos, sociológico e linguístico, porque ela introduzia três famílias silábicas: a do ba--be- bi-bo-bu, a do la-le-li-lo-lu, e a do ta-te-ti-to-tu, ela em si abria a possibilidade de criação de novas palavras. Depois dessa seleção feita, os meninos foram e passaram a morar lá. Um mês depois tinha trezentas pessoas lendo e escrevendo. Uma das minhas curiosidades hoje seria a de voltar a Angicos e procurar descobrir essas pessoas, conversar com elas para saber se continuam lendo e escrevendo ou se caíram no analfabetismo regressivo.[10] A coisa explodiu a nível nacional quando o presidente foi lá com todo o seu ministério fazer o encerramento desse curso. Então se noticiou, às vezes com muitas coisas inventadas. Eu tive que lutar muito para convencer os jornalistas a não fazer sensacionalismo, exatamente porque aquilo era um trabalho sério que tinha que ver com o povo. Se a *gente* mistificasse a *gente* trabalharia contra. Realmente colaboraram. Foi nessa época que saiu artigo muito bonito de Hermano Alves que se chamava *Angicos, 40 graus, 40 horas*.[11] Era muito quente lá. Foi a partir daí que a coisa veio para o plano nacional, quando o Paulo de Tarso foi Ministro me convocou. O primeiro trabalho [nacional] foi o de capacitação de equipes centrais, em cada capital do país para multiplicação de quadros e imediatamente pondo na prática. Mas o tempo foi pouco.

[...]

Claudius – *Acho que seria interessante se constituir esse contexto social. Ao mesmo tempo que essa campanha da alfabetização se fazia, havia uma série de coisas que estavam acontecendo: a luta pelas reformas de base, havia as Ligas Camponesas, que cresceram muito. Eu me lembro de um amigo que estava nos Estados Unidos que me disse que todo dia tinha na televisão alguma coisa sobre as ligas camponesas no Nordeste. E parece que havia um certo medo, uma certa histeria nos Estados Unidos de que houvesse uma nova Cuba no Nordeste. Pela linguagem como isso era feito, a gente pode, quem sabe, pensar que das duas uma: ou eles realmente estavam por fora, ou então esse exagero da importância do poder das Ligas Camponesas era feito para justificar alguma coisa que viria depois. Eu tenho impressão de que tudo isso que se falava, esse poder das Ligas, foi desmentido pelo que aconteceu em 64. Em 64, os relatos estão aí, foi um castelo de cartas que se desfez, porque não havia, na realidade, nenhuma organização e nenhum preparo. Eu acho que é muito*

---

10 Em 1993, Paulo voltou a Angicos comigo, como já comentado antes, e na ocasião pudemos conversar e nos certificarmos de que muitos dos alfabetizandos e alfabetizandas continuavam a ler a palavra e o mundo.
11 Por causa dessa manchete difundiu-se, mesmo entre intelectuais, que a proposta de Paulo era de alfabetizar em 40 horas. Sobre esse tema, veja o inquérito policial militar a que ele respondeu em 1964, no Recife, quando explicitou, abertamente, que a alfabetização em poucos dias não era sua preocupação e nem de ninguém de sua equipe.

importante aquele período e mostrar que essas modificações todas, que na época eram chamadas de revolução, pensava-se fazê-las através do voto, pelo processo democrático.
[...]

Claudius – *Darcy Ribeiro teve uma frase na entrevista que ele deu ao Pasquim que é, "eu não sei se esse é o lugar, mas esse é certamente o melhor povo para se fazer uma nação"!*
[...]

Miguel – *Eu percebi de você uma grande ligação, ou real ou na memória, ao elemento família. Seus pais, seus tios e Elza. Qual é o seu conceito de família?*

FREIRE – Eu vou procurar ser o menos repetitório possível nessa história. Fazer nenhuma ligação entre família, direito e propriedade. Mas eu quero te dizer que na verdade o meu primeiro universo é a minha família mesmo. Eu estaria errando, contudo, se pusesse o interesse de minha família acima dos interesses sociais do povo, do meu país ou de outro. Agora tem uma coisa, foi no meio da família que me constituiu e onde eu me constituí com debilidades e positividades, que eu aprendi a compreender a problemática geral. Para mim é imprescindível a afetividade e o amor. Eu tenho, aliás, recebido muitas críticas, sobretudo da América Latina, porque eu falo muito de amor, e amor, segundo essas críticas, é um conceito burguês. Em primeiro lugar eu não admitiria que foram os burgueses que inventaram o amor. Eles podem ter a propriedade das fábricas, mas do amor não. O amor é uma dimensão do ser vivo que, ao nível do ser humano, alcança uma transcendência espetacular. Nesse sentido é que eu digo que a revolução é um ato de amor.

A terceira entrevista dada por Paulo ainda em Genebra foi à *Veja*, revista semanal brasileira, também por intermédio de seu grande amigo Claudius Ceccon. Foi publicada na seção "Páginas Amarelas" de 20 de junho de 1979, cujo título é: "O profeta do bê-á-bá". A matéria foi assim introduzida:

Em março passado, sussurrou-se em Brasília que o Itamaraty decidira liberar a entrega de passaportes para todos os exilados brasileiros – com exceção de um grupo de oito personalidades, entre elas o educador Paulo Freire, 57 anos, fora do Brasil desde 1964. Os rumores foram prontamente desmentidos... mas o fato é que Freire, sempre sem maiores explicações, continua até agora privado de seu passaporte. Trata-se de uma punição, especialmente desagradável para um homem que, nestes quinze anos, se tem deslocado por centros universitários importantes, como Harvard e Genebra, e viaja com frequência por diferentes países

– geralmente a convite de governos interessados na aplicação do método de alfabetização concebido por Freire no começo dos anos 1960...

Transcrevo a seguir partes de algumas das respostas às perguntas que lhe foram feitas pelo seu grande amigo e colega de trabalho Claudius Ceccon.

FREIRE – ... pelo que me dizem e pelo que me foi dado ler, tenho a impressão de que o Mobral procurou utilizar alguns elementos da parte mecânica de meu método, completamente emasculado de seu conteúdo original. E acho que não poderia ser de outra forma, já que o objetivo do Mobral não me parece ser exatamente o de promover uma tomada de consciência das camadas mais desfavorecidas, a fim de que possam sair do que chamei "cultura do silêncio" e transformar sua situação como sujeitos de sua própria história, não como objetos de uma história de opressão... Carrego comigo muito viva a lembrança de minhas conversas com o povo do Recife, dos córregos e dos morros do Recife. Foi dessa vivência que se nutriu tudo o que vim a fazer a seguir. No início dos anos 1960, houve no Brasil um conjunto de circunstâncias que permitiram que uma experiência bem-sucedida a nível regional fosse transplantada para todo o país... É muito difícil dizer onde teríamos chegado se essa experiência [de alfabetização] não tivesse sido interrompida em 1964. A educação não é capaz de por si só mudar a estrutura de uma sociedade, ela é parte de um todo e, quando esse todo se põe em marcha, como aconteceu no início dos anos 1960, abrem-se possibilidades que não existem em tempos normais. Naquela época, tinha-se a impressão de que o Brasil começava a despertar de sono secular e ia finalmente levantar-se de seu berço esplêndido...

VEJA – E em que se fundamentava essa esperança?

FREIRE – As coisas começavam a se mexer: havia a emergência de um operariado criado às pressas pela industrialização desenvolvimentista e selvagem que fez inchar as periferias das cidades industriais. Havia a situação insustentável no campo, criada pelas estruturas arcaicas, geradas de miséria secular, de desespero e de revoltas reprimidas com a violência. Havia a emergência de uma classe média urbana dividida entre a insatisfação com a situação de então e o medo do rumo que as coisas estavam tomando. Desse setor saíram os estudantes que acorreram aos milhares ao apelo que lhes foi feito para ajudar a erradicar o analfabetismo no Brasil. Era um idealismo que comovia a *gente*. Era um movimento telúrico, era como se aquilo viesse das entranhas da terra: o início de um processo de transformação que deveria desembocar numa sociedade mais justa e mais humana.

Mais adiante, Paulo proclamou:

– O essencial era a clara visão de que as transformações de estrutura, que o alargamento do espaço democrático e que a criação de uma sociedade mais justa se fazem com a participação ativa e criativa do povo...

VEJA – *O único processo instaurado contra o senhor foi arquivado em 1968. Por que o senhor ainda não voltou ao Brasil?*

FREIRE – Quando meu processo foi arquivado no Superior Tribunal Militar, eu era consultor da Unzieto (sic), um organismo estatal do governo democrata cristão do Chile e não podia ausentar-me imediatamente. Lembro-me de um telegrama passado por amigos que me diziam para arrumar as malas e pegar o primeiro avião. Marquei a viagem para dezembro, quando podia tirar férias e passar o Natal com minha velha mãe. Mas, antes que viajasse, veio o Ato Institucional n. 5 e tudo mudou, era como se não tivesse havido nenhum arquivamento. Não só não pude voltar como me vi, ao longo de todos esses anos, objeto de um certo tipo de ódio que se traduz por uma série de medidas discriminatórias, como o fato de me ter sido negado o passaporte. Essa medida odiosa, que priva um cidadão de um direito que lhe assiste constitucionalmente e em decorrência das convenções internacionais, certamente não abona quem a toma.

Continua Claudius: "Além do passaporte negado, houve algum outro tipo de represália?"

FREIRE – No início dos anos 70, ocorreram no Brasil coisas que hoje são do domínio público e me forçaram a me asilar na Suíça... Posso compreender que venha a ser penalizado por uma postura que assumi, mas por que minha mulher e meus dois filhos também tiveram os passaportes negados... Minha mulher[12] e meu filho mais moço, depois de muita espera, receberam o que eu chamo de "ficaporte", pois, embora seja válido para todos os países com os quais o Brasil mantém relações diplomáticas, confina seu portador a um só país. Em fevereiro deste ano, instado por amigos que me citavam pronunciamentos do presidente da República, de políticos e ministros de governo, e do próprio Itamaraty, voltei a

---

12 *O Estado de S. Paulo* publicou nesse momento (1979): "2 ações contra o Itamaraty: A mulher do professor Paulo Freire, Elza Maia Costa Freire, ingressou ontem, no Tribunal Federal de Recursos, com um mandado de segurança contra o Ministério das Relações Exteriores, que vem se recusando, sem qualquer explicação, a renovar o visto de seu passaporte, por intermédio do Consulado brasileiro em Genebra, onde reside atualmente... Segundo Elza Maia Costa Freire, a atitude da representação diplomática do Brasil na Suíça parece indicar a 'existência de intenção discriminatória por preconceito político', pois nenhuma explicação lhe foi fornecida até agora. Ela informa, ainda, que não responde a nenhum processo no Brasil, seja na Justiça Militar ou Comum..."

solicitar, por escrito, mais uma vez, um passaporte. A única resposta que recebi foi um telefonema perguntando o que pretendia ao pedir um passaporte. Respondi que o que pretendia era exercer o direito – que, como cidadão brasileiro, eu tenho – de possuir um passaporte de meu país, direito esse que me vem sendo negado há quinze anos. Como desde então não recebi mais quaisquer notícias, encarreguei meu advogado de impetrar um mandado de segurança.

[...]

VEJA – De que forma o senhor reage à possibilidade de um breve regresso ao Brasil?

FREIRE – Essa possibilidade desperta em mim a saudade que me havia proibido sentir. Saudade da *gente*, dos amigos, saudades dos cheiros, das cores, das frutas, da quenturinha do mar do Recife. Mas, por outro aspecto – o de uma enorme curiosidade por conhecer esse Brasil que eu não conheço e essa mocidade que me escreve, que me homenageia como paraninfo, como os formandos em Pedagogia na Notre Dame do Rio de Janeiro.[13] São jovens que tinham 5 anos quando deixei o Brasil, e a única explicação que encontro para o fato é que provavelmente encontram em mim um pretexto para um reencontro com eles mesmos. O recado que procurei com a busca que eles empreenderam. O que quero é continuar a ser um bom pretexto. E mergulhar de novo minhas raízes no solo generoso e fecundo de minha terra tão querida.

A carta de Henfil ao general Geisel

Em janeiro de 1979, Paulo começou a receber telefonemas de vários jornalistas do mundo perguntando como ele estava reagindo às declarações do governo brasileiro de que ele era *persona non grata* ao seu país e que, assim, jamais teria um passaporte brasileiro. Nessa ocasião, Paulo foi tomado por uma tristeza incomensurável, tendo passado a noite sem dormir ao saber dessa proibi-

---

13 Na ocasião, Paulo escreveu o seguinte texto de agradecimento: "Genebra, 1/5/79. Faculdade de Educação, Ciências e Letras Notre Dame. Meus queridos formandos: Deveria ser, para vocês, razão de uma profunda decepção, se eu, ao responder à linda carta que vocês me enviaram e que acabo agorinha de ler, o fizesse com ares doutorais. Se, em lugar de lhes falar da alegria grande, 'grandona', como diz Carolina, uma neta querida, que a carta de vocês nos trouxe (li-a pelo telefone para Elza) eu estivesse quebrando a cabeça para escrever um texto erudito. Não! Não vou decepcionar vocês. A minha carta vai continuar como começou: uma carta de querer bem, por isso, de alegria, de esperança. Uma carta de amigo, de camarada, de colega mais velho – uma carta de tio. Vocês, na verdade, são a geração de meus sobrinhos(as) de alguns(mas) dos quais e das quais recebo cartas dizendo que conheciam de há muito o tio mas que agora escrevem a Paulo Freire que, em verdade, digo eu, é o mesmo tio Paulo. Pretendemos visitar o Brasil ainda este ano Elza, os filhos e eu. Se tudo der certo, talvez nos encontremos aí. Com o melhor de mim, o abraço de Paulo Freire."

ção reafirmada a ele por pessoa de sua família, do Brasil. Já tentando recuperar-se dessa dor, respondeu serenamente aos jornalistas justificadamente curiosos: "Vou esperar pacientemente impaciente pelo dia de minha volta."

O jornalista Henfil escreveu sobre esse assunto a seguinte carta pública ao então presidente general Ernesto Geisel,[14] traduzindo a voz do protesto que tomava as ruas do país e que teve enorme repercussão:

> Exmo. Sr. Presidente Ernesto Geisel,
>
> Considerando as instruções dadas por V.S. de que sejam negados passaportes aos senhores Francisco Julião, Miguel Arraes, Leonel Brizola, Luís [Carlos] Prestes, Paulo Schilling, Gregório Bezerra, Márcio Moreira Alves e Paulo Freire.
>
> Considerando que, desde que nasci, me identifico plenamente com a pele, a cor dos cabelos, estatura, cultura, o sorriso, as aspirações, a língua, a música, a história e o sangue destes oito senhores.
>
> Considerando tudo isto, por imperativo da minha consciência e honestidade de princípios, venho por meio desta devolver o passaporte, que, negado a eles, me foi concedido (certamente por engano) pelos órgãos competentes do seu governo.
>
> Juro pela minha mãe, que eu pensava estar vivendo em meu país há 34 anos!
>
> Solicito a compreensão de V.S. no sentido de me conceder um prazo de 30 dias para que eu possa desocupar o seu país com todos os meus pertences em direção à minha (e a dos 8) verdadeira pátria, o Brasil.
>
> Desculpe o engano. Que confusão, siô !
>
> Atenciosamente, Henfil
>
> P.S.: Só pra me informar: que país é este?[15]

A luta pela "Anistia ampla, geral e irrestrita"

A luta dos brasileiros e brasileiras pela redemocratização de nossa sociedade ganhou novo impulso e forma por meio da "Anistia ampla, geral e irrestrita", quando, nos meados dos anos 1970, os sindicatos dirigidos por trabalhadores progressistas, a Ordem dos Advogados do Brasil, a Associação Brasileira de Imprensa, a Conferência Nacional dos Bispos do Brasil e o povo tomaram as ruas

---

14 Sucedeu ao general Ernesto Geisel outro general do Exército, João Baptista Figueiredo (15/3/1979 – 15/3/1985), a quem coube a tarefa de controlar e conduzir o processo de abertura política do país, cujo movimento ficou conhecido como: "Anistia ampla, geral e irrestrita". Esta não foi uma concessão dos "donos do Brasil", mas nasceu, cresceu e se fortificou na luta dos "exilados internos", como acentuava Paulo, embora a anistia não tenha atendido aos sonhos e às necessidades.

15 Cf. revista *IstoÉ*, 10/1/1979, p. 82.

HENFIL

Exmo. Sr. Presidente Ernesto Geisel,

Considerando as instruções dadas por V.S. de que sejam negados passaportes aos senhores Francisco Julião, Miguel Arraes, Leonel Brizola, Luis Prestes, Paulo Schilling, Gregório Bezerra, Márcio Moreira Alves e Paulo Freire.

Considerando que, desde que nasci, me identifico plenamente com a pele, a cor dos cabelos, estatura, cultura, o sorriso, as aspirações, a língua, a música, a história e o sangue destes oito senhores.

Considerando tudo isto, por imperativo da minha consciência e honestidade de princípios, venho por meio desta devolver o passaporte, que, negado a eles, me foi concedido (certamente por engano) pelos órgãos competentes do seu governo.

Juro pela minha mãe, que eu pensava estar vivendo em meu país há 34 anos !

Solicito a compreensão de V.S. no sentido de me conceder um prazo de 30 dias para que eu possa desocupar o seu país com todos os meus pertences em direção à minha (e a dos 8) verdadeira pátria, o Brasil.

Desculpe o engano. Que confusão, siô !

Atenciosamente,

Henfil

P.S.: Só prá me informar: que país é este?

ISTOÉ 10/01/1979

Fac-símile da página 82 da revista *IstoÉ*, de 10/1/1979, na qual Henfil protesta pela discriminação do poder militar, na pessoa do presidente Ernesto Geisel, contra oito cidadãos brasileiros exilados, entre eles Paulo.

num grande movimento que envolveu toda a nação. O coroamento da luta por democratização, ainda em fase de transição, começou com a "Lei de Anistia",[16] Lei n. 6.683, de 28 de agosto de 1979, assinada pelo presidente da República João Baptista de Figueiredo e mais 23 ministros de Estado.

No Art. 2º dessa Lei e no Art. 10, do Título III – Do pedido de Retorno ou Reversão, do Decreto que Regulamentou essa Lei, posteriormente, consta textualmente: "Considera-se requerimento, para todos os efeitos deste Decreto, a manifestação de vontade do interessado, feita por escrito, perante autoridade administrativa competente para baixar o ato de retorno ou reversão."

Paulo nunca se curvou a essa determinação, mas, tendo obtido passaporte pela luta dos "exilados internos", como sempre reconheceu e proclamou, visitou seu país ainda em 1979 e voltou em 1980 ao seu contexto de origem, para nunca mais dele se apartar.

---

16 Cf. Lei n. 6.683 – de 28 de agosto de 1979. Concede anistia, e dá outras providências: "O Presidente da República.
Faço saber que o Congresso Nacional decreta e eu sanciono a seguinte Lei:
Art. 1º – É concedida anistia a todos quantos, no período compreendido entre 2 de setembro de 1961 e 15 de agosto de 1979, cometeram crimes políticos ou conexos com estes, crimes eleitorais, aos que tiveram seus direitos políticos suspensos e aos servidores da Administração Direta e Indireta, de Fundações vinculadas ao Poder Público, aos servidores dos Poderes Legislativo e Judiciário, aos militares e aos dirigentes e representantes sindicais, punidos com fundamento em Atos Institucionais e Complementares (vetado)...
Art. 2º – Os servidores civis e militares demitidos, postos em disponibilidade, aposentados, transferidos para a reserva ou reformados, poderão nos 120 (cento e vinte) dias seguintes à publicação desta Lei, requerer o seu retorno ou reversão ao serviço ativo:...
Art. 3º – O retorno ou a reversão ao serviço ativo somente será deferido para o mesmo cargo ou emprego, posto ou graduação que o servidor, civil ou militar, ocupava na data de seu afastamento, condicionado, necessariamente, à existência de vaga e ao interesse da Administração...
Art. 6º – O cônjuge, qualquer parente, ou afim na linha reta, ou na colateral, ou o Ministério Público, poderá requerer a declaração de ausência de pessoa que, envolvida em atividades políticas, esteja, até a data de vigência desta Lei, desaparecida do seu domicílio, sem que haja notícias por mais de 1 (um) ano.
§ 1º Na petição, o requerente, exibindo a prova de sua legitimidade, oferecerá rol de, no mínimo, 3 (três) testemunhas e os documentos relativos ao desaparecimento, se existentes...
Art. 13 – O Poder Executivo, dentro de 30 (trinta) dias, baixará decreto regulamentando esta Lei.
Art. 14 – Esta Lei entrará em vigor na data de sua publicação.
Art. 15 – Revogam-se as disposições em contrário.
João Baptista Figueiredo – Presidente da República, Petrônio Portella, Maximiano Fonseca, Walter Pires, R. S. Guerreiro, Karlos Rischbieter, Eliseu Resende, Ângelo Amaury Stábile, E. Portella, Murilo Macedo, Délio Jardim de Matos, Mário Augusto de Castro Lima, João Camillo Penna, César Cals Filho, Mário David Andreazza, H. C. Mattos, Jair Soares, Danilo Venturini, Golbery do Couto e Silva, Otávio Aguiar de Medeiros, Samuel Augusto Alves Correia, Delfim Netto, Said Farhat, Hélio Beltrão."

O retorno ao seu contexto de origem

PARTE III

CAPÍTULO 9

A volta para o Brasil

No princípio de 1979, o governo havia divulgado o nome de oito brasileiros – entre eles Paulo Freire – aos quais continuariam a ser negados os passaportes a que tinham direito como cidadãos brasileiros, por entenderem os militares do poder que se tratava de homens nocivos à ordem pública do país. Entretanto, tendo "mudado de opinião" em razão das pressões dos brasileiros e brasileiras que não podiam mais suportar o estado de exceção, o governo militar brasileiro concedeu através de um mandado de segurança impetrado por Paulo o seu primeiro passaporte brasileiro (e o primeiro de sua vida)[1] CA 491114, em 26 de junho de 1979 (com validade até 25 de junho de 1983), assinado pela vice-consulesa Elsa Gomes, do Consulado do Brasil em Genebra.[2] Paulo contava, então, com 58 anos de idade. Assim, entrou no Brasil, em 7 de agosto do mesmo ano, sob o clima de euforia da "anistia política ampla, geral e irrestrita", que o tinha beneficiado em seu direito legítimo de cidadão de ter esse documento. Paulo desembarcou numa fria manhã no Aeroporto de Viracopos, SP, onde foi recebido, calorosamente, por amigos, autoridades eclesiásticas, estudiosos de seu pensamento e militantes sindicais e políticos.

Deve ser mencionado também aqui o empenho do então arcebispo de São Paulo, Dom Paulo Evaristo Arns, que solicitou às autoridades do país para que

---

[1] Anteriormente, Paulo já havia pedido às autoridades brasileiras três vezes esse documento, sempre negado até a emissão deste.
[2] Na vigência do governo do Gal. Ernesto Geisel e do Ministro da Justiça, Petrônio Portella Nunes.

o educador e sua família tivessem todas as garantias pessoais. Tal fato ajudou, então, Paulo a realizar o sonho de vir *ao* e no ano seguinte *para* o Brasil.

Esteve um mês no Brasil visitando São Paulo, Rio de Janeiro e Recife, para rever parentes, amigos e admiradores, e para, conforme afirmou à imprensa brasileira e aos amigos, naquele momento, "reaprender meu país".

Visitando São Paulo

Paulo chegou ao Brasil vindo de Genebra, acompanhado de Elza e de seus dois filhos rapazes, em agosto de 1979, cheio de temores, alegria e vontade de reaprender o seu tão amado país.

Seu primeiro temor foi quando o comandante avisou que o avião não faria a escala prevista no aeroporto do Rio de Janeiro, que aterrissariam em Viracopos, diante do mau tempo no Galeão. Nesse momento Paulo pensou consigo mesmo: "Não posso ser prepotente, deixar de ser humilde, mas será que nisso há alguma interferência, alguma ordem do governo militar para me prenderem? Será que as pessoas empenhadas na minha segurança já estarão em Viracopos? Tempo bom em São Paulo e ruim no Rio?!"

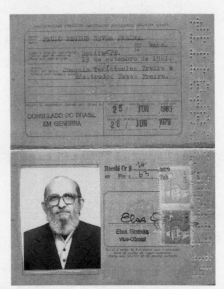

Fac-símile do primeiro passaporte de Paulo, concedido pelo consulado do Brasil em Genebra, em 26/6/1979.

Por incrível que pudesse parecer, esse fato era verdadeiro. Paulo disse-me, um dia: "Nita, fiquei mais quietinho do que nunca esperando para ver... não havia outro jeito." Quando desembarcou, foi vendo o Aeroporto de Viracopos cheio de *gente* para recebê-lo: a filha mais velha; o irmão de Elza, José de Melo, e a mulher, Dora; Dom Paulo Evaristo Arns; Nadir Kfouri; José Carlos Dias; José Gregori; Rosiska e Miguel Darcy de Oliveira; Claudius Ceccon; Fernando Henrique Cardoso; José Serra; eu e Raul, então meu marido; alunos da PUC e da Unicamp, entre outros o nosso filho Ricardo, antigos alfabetizadores freireanos dos anos 1960 e 1970; muitos amigos e admiradores..., e, pelo menos acintosamente, nenhum "agente de segurança" do governo. O grupo que promoveu a vinda de Paulo havia tido o cuidado de estar lá muitas horas antes da prevista para o avião chegar, de sentinela, para que ele não fosse surpreendido e molestado. A promessa do ministro da Justiça e do governo Geisel feita anteriormente foi cumprida com lealdade durante todo o tempo em que Paulo permaneceu no Brasil, mas o motorista do carro que o levou para a Granja Viana saiu numa velocidade pouco usual...; talvez tenha tido essa mesma suspeita...

Paulo convidou a mim e a Raul para irmos ao almoço de boas-vindas a ele na casa de Madalena, sua filha, e do seu então marido Francisco Weffort, quando se reuniram em torno dele políticos, antigos companheiros de exílio no Chile, a família etc. Aproveitou das caipirinhas e batidas das suas prediletas frutas brasileiras. Deu entrevistas para a televisão e para estações de rádio dizendo da alegria de sentir o cheiro da terra; de seu reencontro com as cores das roupas, dos pássaros; do céu; das paisagens verdes e dos arruados brasileiros; do "voltar para casa" ao pisar o chão brasileiro quase dezesseis anos depois que tinha partido para a Bolívia; de matar saudades de tudo e de todos e todas e de reaprender o Brasil.

Eu cumprimentando Paulo no momento em que ele veio ao Brasil, em 1979, quase dezesseis anos após ter partido para o exílio. Em Viracopos, São Paulo.

Imediatamente começou a receber telefonemas, que traziam, quase sempre, essas críticas: "Paulo, você volta do exílio onde viveu grande parte de sua maturidade... sofreu, viu a ditadura robustecer-se, matar e torturar... e fala de pássaros, de flores, de sucos... de reaprender o Brasil? O que é isso, onde está o homem político Paulo Freire?" Sei, sabemos todos hoje, que Paulo foi apenas cauteloso e prudente, sobretudo, saudoso... Falou amorosamente, com cuidado político, de seu sentir, porque nele estava imbricado o seu pensar... o seu pensar de educador-político. Apenas fez um discurso político não explícito!

Ficou alguns dias em São Paulo, atendendo convites e observando tudo de novo que estava em curso no Brasil. Contou-me depois que uma das coisas que o fez constatar que o Brasil tinha feito avanços efetivos ao encontro de sua identidade e da integridade das mulheres, e não só mudanças modernizantes na área da infraestrutura, entre outros fatos, foi um programa de televisão[3] no qual Marta Suplicy, que naqueles tempos trabalhava como sexóloga, falava aberta e naturalmente sobre os direitos da mulher na esfera sexual.

Nesses dias em que Paulo esteve em São Paulo, eu e Raul o convidamos, como também a alguns/mas professores/as amigos/as, e lhe oferecemos, para seu deleite, um "cozido pernambucano" em nossa casa, onde também ele recebeu Fernando Gasparian para tratar de questões relativas às publicações de seus livros no Brasil.

Ainda nesses dias nessa cidade, Paulo visitou famílias do povo[4] e assinou o contrato para lecionar na PUC-SP no Programa de Pós-Graduação: Currículo, consagrando formalmente o convite que o grão-chanceler dessa universidade, Dom Paulo Arns, lhe tinha feito informalmente em Genebra.

O momento mais memorável de sua visita a São Paulo, contudo, e sou testemunha disso, foi a recepção que a PUC-SP fez em seu teatro, o Tuca, no dia 20 de agosto de 1979, em sua homenagem, quando, mais do que aplaudido, Paulo foi ovacionado ao subir no palco e ao fim de seu discurso, feito com sua voz mansa e cheia de ternura.[5] O teatro superlotado deixou os

---

3   Trata-se do famoso programa matinal *TV Mulher*, da Rede Globo de Televisão, apresentado por Marília Gabriela e Ney Gonçalves Dias, no qual Marta Suplicy, como sexóloga, mantinha um quadro para tratar de questões relacionadas à sexualidade feminina, e no qual também o jornalista Henfil mantinha um quadro de humor crítico.

4   A esse respeito, Vera Barreto escreveu este depoimento: "Em relação aos dias em que passou em São Paulo, Paulo queria muito visitar uma família do povo e fez este pedido ao Zeca e a mim. Escolhemos uma família participante da comunidade de Osasco, num bairro bem pobre de Osasco. A família se encantou com a visita, insistindo em preparar um bolo. A dona da casa trabalhava como faxineira. O marido era aposentado por problemas de saúde e estava aprendendo a ler numa classe do MOBRAL. O casal tinha dois filhos jovens que estavam começando a trabalhar. Nossa visita foi longa e cheia de surpresas para o Paulo, que queria saber como acontecia a vida naquela vila, o que se comprava com o salário mínimo, onde e como as crianças da vila brincavam etc. Depois de um lanche muito caprichado, saímos de lá com Paulo lamentando a rapidez com que o tempo passou."

5   Tenho em meus arquivos, certamente, um dos mais belos testemunhos sobre Paulo, o da professora titular da PUC-SP, Lucia Santaella, carregada de emoção de 19/8/1980, que acompanha suas anotações desse inesquecível dia, com extrema sensibilidade e beleza, as quais, respectivamente, transcrevo: "São Paulo, 19 de agosto de 1980. Prof. Paulo Freire, Passando pelos corredores da Pós-Graduação hoje, eu o vi dando uma aula. Lembrei-me que exatamente há um ano comovidamente o ouvi pela primeira vez: no Tuca, falando para uma multidão. Lembrei-me, então, que movida pela emoção cheguei em casa naquela noite e não pude evitar registrar no papel impressões que iam além de mim. Encontrei agora esse papel entre alguns escritos meus e lhe faço chegar às mãos como uma tímida homena-

próprios seguranças assustados, pois sentia-se o tremor do velho prédio que evidenciava o risco para Paulo e a pequena multidão que o aplaudia delirantemente.

Visitando o Rio de Janeiro

Depois de alguns dias em São Paulo, Paulo seguiu para o Rio de Janeiro, para encontrar outros amigos e parentes. Esteve com sua irmã Stella, que aliás foi ao seu desembarque em Viracopos, o marido Bruno e seus filhos. Reuniu-se também com as expressões maiores da Música Popular Brasileira (MPB), Chico Buarque de Holanda, Caetano Veloso e Gilberto Gil.

---

gem com um ano de atraso. Maria Lucia Santaella Braga." "Em 20 de agosto de 1979, PAULO FREIRE NO TUCA. Hoje vi Paulo Freire. Hoje ouvi Paulo Freire. Não eu apenas, mas um eu alargado, dilatado numa multidão apinhada, inquieta, ansiosa, como se, de repente, 15 anos tivessem se transformado numa imensa bolha vívida e ávida por explodir na carência da presença de uma voz. Não foi só a voz que chegou. Veio com ela um corpo-sangue-alma: a vida agradecida por estar viva e pisando a terra que é sua. Que esperávamos nós naquela ânsia? Mais um discurso sobre as injustiças de um sistema opressivo? As lamentações de um condenado que se viu alijado do povo, da língua, da cultura de que era tecido e ajudou a tecer? Nada disso veio. Veio, isto sim, a presença calma, serena e forte de um bravo. Aquele que aprendeu a fazer da espera uma forma de luta. Antes de tudo, a luta pela sobrevivência de suas marcas, de sua brasilidade. 'Não espera na espera pura, mas a espera na busca do esperado.' Nada de rancores, nem zangas, nem juramentos de vingança. Nenhuma cobrança. E num gesto de carinho e humildade, que só os grandes podem ter, homenageia os que vieram para homenageá-lo. E, ao invés de hiperbolizar seu próprio exílio, lança-nos, de chofre, a consciência de um exílio que foi de todos nós: dos que expulsaram e dos que deixaram ficar, na fome da luz e no silêncio do medo. Nenhuma pompa de discurso. Uma voz quase sussurrante: 'gasta mais pela emoção do que pelas palavras ditas'. Dois alto-falantes, um em cada mão, rentes aos lábios, para sorvermos as brisas crianças da vida. Parece que foi isso que você nos trouxe, Paulo Freire. A consciência aguda de que é esse espaço vital de contradições não antagônicas (vida-morte, eu-outro, nós-tu, macho-fêmea, velho-jovem, loucura-razão: amor), espaço devido e roubado pelas contradições antagônicas, que temos de lutar para resgatar e criar como espaço humano de todos. Num mundo e num Brasil tão dilacerados por cisões de classe e opressões duplicadas, você volta para nos recordar que não podemos esquecer de lembrar que os nervos da afetividade e do amor falam alto e calam fundo. Tão enrijecidos e mortalmente feridos temos estado (no corpo, na alma e no cérebro) pelas contradições antagônicas, e pela dor delas, e pela culpa delas, que pouco lugar sobrou em nossos sentidos para ouvir o canto, sentir o cheiro da terra e do povo, a mornidão do mar, o calor do sol. Com 15 anos de ausência, você consegue voltar mais sensível à brasilidade do que aqui ficamos sendo, lembrando-nos que uma cultura está também num modo de andar e de sorrir, numa gestualidade, nas paisagens dos trejeitos do rosto e do corpo, na alegria de estar a falar a língua que é nossa. E o que dizer dessa alegria metade orgulho de ser a nossa língua nativa, a língua de Paulo Freire? O que fazer, contudo, desta tristeza metade vergonha de não ter podido ouvi-la por 15 longos anos? M. Lúcia Santaella Braga."

Visitando o Recife

Ao chegar ao Recife, em 29 de agosto de 1979, Paulo declarou à jornalista Janina Adamena, quando foi perguntado sobre sua emoção ao descer no Recife: "Eu escrevi alguns livros, mas não sei te dar essa resposta. É uma coisa estranha. Ainda bem que eu fiz um aprendizado do Brasil e não vim direto para Pernambuco. Eu tenho a impressão que seria demasiado..."[6]

Em meio a milhares de pessoas que se acotovelavam para recebê-lo no Aeroporto Guararapes, ao som da canção "Apesar de você", de Chico Buarque de Hollanda, estavam lá Dom Helder Câmara, meus pais Aluízio e Genove Araújo, seus irmãos e cunhadas, seus primos e primas, sobrinhos e sobrinhas, amigos e amigas, e um sem-número de seus admiradores.

Pernambuco, Recife mais especialmente, foi sempre para Paulo o solo amado, a terra fértil de onde das misérias nasce a esperança de dias melhores para nossa sociedade. Por isso sentia-se verdadeira e visceralmente ligado ao Recife das ruas de nomes pitorescos, das mangueiras frondosas, das jaqueiras e jacas generosas, do rio Capibaribe, das lagostas e camarões, dos cheiros e perfumes, das cores e do calor, mas sobretudo de suas *gentes*. Dos amigos, dos familiares, da *gente* do povo que tanto o tinham ensinado.

Nos dez dias que ficou em Recife, andou pelas ruas, pela beira do rio Capibaribe, visitou *gente* querida e matou saudades. Recebeu homenagens e carinho. Muito carinho. Mas foi no Recife mesmo que Paulo constatou e se conscientizou de que o seu sonho de nunca de lá partir, e tendo partido de lá para lá voltar, não iria se realizar. Não só porque já havia assinado contrato para lecionar na PUC-SP. Assinou exatamente porque já sabia do clima político nada propício a recebê-lo. Constatou, com dor, essa impossibilidade: a de viver a

Fac-símile do *Diário da Noite*, do Recife, de 30/8/1979, noticiando o retorno de Paulo à sua cidade natal. Entre Paulo e Dom Helder, pode-se ver meu pai, Aluízio Araújo.

sua recifencidade no Recife. Mas apenas algumas horas de avião ou alguns dias de automóvel separavam o Recife de São Paulo, pensava consolando-se.

Paulo retornou à Europa, partindo do Recife para Lisboa e de lá para Genebra com o Visto de Saída n. 0580-79, em 8 de setembro de 1979, conforme carimbo em seu passaporte, para cumprir compromissos assumidos anteriormente, e para preparar seu sucessor no Conselho Mundial das Igrejas.

---

6 Cf. *Diário da Noite*, Recife, ano 34, n. 228, de 30/8/1979, p. 2.

Nessa visita ao Brasil, Paulo pôde recuperar o gosto e o sentir de, de fato, "voltar para casa". Essa foi, não titubeio em afirmar, a coisa mais importante para ele nessa vinda primeira que preparou o seu retorno definitivo ao Brasil.

O retorno definitivo ao seu "contexto de origem"

Retornou quase um ano depois, em 16 de junho de 1980, para ficar definitivamente no Brasil, abrindo mão dos direitos concedidos pelo governo suíço para lá residir e poder viajar pelo mundo com credenciais que lhe davam garantias pessoais e os privilégios que lhe oferecia o Conselho Mundial das Igrejas, para integrar-se e entregar-se definitivamente ao seu país e ao seu povo. Mas as condições políticas, ainda difíceis, o impediram de voltar, repito, como tanto sonhou no exílio, à sua tão querida e decantada Recife, sobre a qual nunca deixou de reconhecer que era o seu "mais verdadeiro contexto de origem", o lugar sagrado de sua *gentidade*.

O documento do chefe de serviço do Controle de Habitação, da "República e Cantão de Genebra" certificou, em 30 de maio de 1980, que, Paulo "residente ou tendo residido no território de nosso Cantão depois de 14 de fevereiro de 1970 até 15 de junho de 1980, data na qual partirá definitivamente para o Brasil, estando no endereço: 19, Chemim des Palettes c/Eux, em Lancy, com permissão do governo. P. Maspero".

Paulo obteve no seu retorno ao Brasil um novo Título de Eleitor: SP, Inscrição n. 567294, Segunda Zona, Perdizes, 78ª Seção, de 24 de setembro de 1980. Alegrou-se com isso: completava-se, com esse documento, grande parte de sua cidadania brasileira.

CAPÍTULO 10

O educador político: novamente na academia

Na Pontifícia Universidade Católica de São Paulo (PUC-SP)

Quando de sua estada em São Paulo, em agosto de 1979, Paulo recebeu então formalmente o convite da reitoria da Pontifícia Universidade Católica de São Paulo (PUC-SP), referendando o feito anteriormente pelo seu então grã-chanceler, Dom Paulo Evaristo Arns,[1] em Genebra, para ali lecionar. Nessa universidade que vinha sendo um reduto da resistência contra a ditadura caberia um professor como Paulo Freire.

Assim, São Paulo lhe abriu as portas como se ele fosse um filho seu que voltasse, pela possibilidade aberta pela Lei de Anistia, mas sobretudo pelo espírito democrático da reitora Nadir Kfouri da PUC-SP, não só pelo de seu grã-chanceler Dom Paulo. Naquele momento, estava sendo impossível o retorno de Paulo a Recife, pois lá não contaria com a proteção desse valente e ousado sacerdote que, desde 1969 com a perseguição e prisão dos padres dominicanos, e sobretudo com o covarde assassinato do jornalista Vladimir Herzog nos porões da ditadura, vinha enfrentando as forças do poder militar.

Na carteira de trabalho de Paulo, de n. 56.397, Série 00007-SP, emitida em São Paulo, no dia 4 de setembro de 1980, consta sua admissão retroativa a 1º de agosto de 1980 pela PUC-SP como Professor Titular. Paulo afastou-se

---

[1] Sobre esse assunto, remeto o leitor ao meu discurso na abertura do 1º Curso da Cátedra Paulo Freire, da PUC-SP, em 1998, publicado no livro que organizei sobre esse curso, *A pedagogia da libertação em Paulo Freire*.

voluntariamente da docência dessa universidade, unicamente, em apenas dois períodos: quando da morte de Elza, sua primeira mulher, e quando foi secretário da Educação do Município de São Paulo. No primeiro caso, por ter resolvido que deveria chorar o pranto da perda da mulher; no segundo, porque considerava que eticamente não deveria acumular o cargo de secretário com o de professor universitário.

Assim, imediatamente após ter deixado de ser secretário, Paulo voltou a escrever com paixão. E não com menos prazer voltou também à docência na PUC-SP. Foi afastado "por velhice" em 31 de julho de 1987, e recontratado, imediatamente, na mesma função, lotado no Departamento de Fundamentos da Educação, e atuando no Programa de Pós-Graduação em Educação/Currículo. Paulo deu aulas até na semana anterior à sua morte. Foi, assim, professor da PUC-SP desde 1980 até o dia de sua morte, em 2 de maio de 1997.

Em São Paulo, comprou um apartamento nas proximidades da PUC-SP, na Rua Homem de Melo, onde viveu com Elza e Lutgardes até princípios de 1986, quando se mudou para uma casa na Rua Valença, n. 170, também na cidade de São Paulo. Nessa casa, Paulo viveu com eles, e mesmo após o falecimento de Elza, em 24 de outubro de 1986, lá continuou morando. Ainda nessa mesma casa, eu e Paulo, depois de casados, e por um ano seu filho Lutgardes, vivemos por quase dez anos.

O Programa de Pós-Graduação em Educação/Currículo da PUC-SP, atendendo a sugestão de Paulo, inovou a tática pedagógica de "dar aulas", o ato de ensinar-aprender. Ele não ia sozinho para as classes, tal como o "mestre" que vai ensinar tudo ou muitas coisas do que sabe porque sabe tudo. Não! Sempre com outro/a professor/a, mais habitualmente com Ana Maria Saul, Antonio Chizzotti e Yvone Kouri formavam círculos de debates sobre a prática educativa dos/as alunos/as, sobre os temas de seus trabalhos teóricos. Para esclarecer dúvidas ou aprofundar teorias, enfim dialogando em si e em torno dos temas das dissertações e teses deles ou delas ou mesmo em torno de algum objeto do conhecimento das teorias educativas e político-éticas ou sociológicas que lhe traziam curiosidade. Nunca exclusivamente sobre a teoria de Paulo,[2] mas preferencialmente sobre o que estavam estudando, analisando ou tinham curiosidade epistemológica de saber. Por isso Paulo nunca se referia a "cursos" ou "classes", mas a "seminários".

Mesmo que os professores seus colegas na PUC-SP, sobretudo Antonio Chizzotti e Ana Maria Saul, insistissem com ele dizendo que alguns poucos

---

2   Paulo teve o sonho de oferecer, e chegou a propor ao Programa de Pós-Graduação em Educação/Currículo da PUC-SP, um curso de educação comparada, nunca concretizado, no qual deveriam ser abordados os pensamentos de Amílcar Cabral, de Julius Nyerère e o seu próprio. Propôs, inclusive, que fosse eu quem se encarregasse de aprofundar com os alunos e as alunas a sua compreensão político-crítica de educação, infelizmente apelo não ouvido pelos coordenadores do programa.

dias de sua ausência na sala de aulas não interfeririam negativamente no decorrer dos estudos dos/as alunos/as – até porque esses cursos eram ministrados por dois ou três professores em conjunto –, ele tinha pruridos em aceitar convites que o forçassem a faltar com seu compromisso docente semanal. Além do mais, insistiam fazendo-o ver que os convites para ministrar conferências fora da universidade valiam pontos para o Programa, na avaliação do MEC, os internacionais mais do que os nacionais.

Esta carta de Paulo ao Dr. Heinz-Jurgen Joppien, sem data, informando que não poderia ir à Europa para uma homenagem a Ernest Lang – que escreveu o prefácio da *Pedagogia do oprimido* para a edição alemã, e por quem tinha enorme admiração e gratidão – é o melhor exemplo desse seu compromisso semanal com a PUC-SP:

> Prezado Dr. Joppien,
> Só hoje, após retornar de uma viagem longa, é que está sendo possível escrever-lhe. Em março, talvez fevereiro de 1969, eu recebi no Chile, onde eu estava na experiência de nosso exílio, uma carta desafiadora do Ernest Lang, que eu ainda não conhecia, como diretor de um dos mais importantes setores do Conselho Mundial das Igrejas.
> Ele me convidou para trabalhar no recém-criado setor de Educação. Obviamente ele foi orientado por algumas pessoas progressistas latino-americanas que naquela época trabalhavam junto a mim para a Instituição. Pessoas como Oscar Bolioli, Gerson Meyer, Leopoldo e outros. Eu havia recebido dois dias antes outro convite para deixar o Chile. A Universidade Harvard me propôs um longo contrato de trabalho para ensinar lá. Ambos os convites me estimularam. Após discutir com minha família acerca desses convites, eu escrevi para Harvard e para Ernest fazendo uma nova proposta. Eu ficaria em Cambridge até fevereiro de 70, quando então poderia ir para Genebra para começar minhas atividades em um novo desafio.
> Após receber respostas positivas de ambas, do Conselho Mundial das Igrejas e de Harvard, eu senti que deveria esclarecer melhor com relação ao Ernest Lang o seu convite para ir para o Conselho Mundial das Igrejas.
> Escrevi, então, uma carta amigável a Ernest Lang dizendo a ele que, em certas ocasiões, eu amaria ter sido convidado por engano, no sentido de fazer palestras desveladoras, tornando claro que tipos de escolhas pelas quais eu venho lutando para ser um ser no mundo. Entretanto, esta não foi a minha intenção com relação ao Conselho Mundial das Igrejas. Então eu falava sobre a razão de ser das coisas para minha escolha, para o pobre, o oprimido e concluí minha carta dizendo a ele que, depois de ler a carta, eu pude me sentir livre para confirmar ou não que o convite dele tinha sido feito a mim. Infelizmente eu perdi a cópia da minha carta, como também a resposta dele na qual ele reconfirmava o convite. Eu o

encontrei algumas vezes, entretanto o suficiente para perceber que ele se mostrou a mim um homem singular. O primeiro deles, num fim de semana, nós ficamos juntos na casa de Werner Simpfendörfer com Kennedy na Floresta Negra, discutindo o futuro do escritório. William Kennedy era o chefe do escritório quando eu fui apresentado a Ernest num restaurante no dia seguinte ao qual cheguei, eu não entendi bem quem era o alemão ao qual eu tinha sido apresentado. Werner e Kennedy saíram da sala por alguns momentos e eu comecei a falar com ele. Alguns momentos depois, quando Kennedy voltou, eu disse a ele: "Você deveria convidar este homem para trabalhar conosco. Ele é um extraordinário intelectual."

Fraternalmente, com um doce sorriso, Kennedy me disse: "Paulo, este homem é o nosso diretor. Ele é Ernest Lang, ou quem teve a ideia de trazê-lo para o escritório." Não é a primeira nem a última que eu digo coisas como esta.

Depois disso eu tive outras oportunidades de ter conversas criativas com ele, numa das quais eu pedi a ele para escrever o prefácio para a edição alemã de *Pedagogia do oprimido*. Eu disse a ele esta história para evidenciar que Ernest Lang continua vivo em minhas recordações. "Ele foi um grande homem, um grande intelectual."

E também para dizer a você e a todos os organizadores do encontro o quão triste eu me sinto por não ter condições de estar com todos vocês na comemoração da vida e do trabalho de Ernest Lang. Meu compromisso na Universidade, em São Paulo, me impede de estar ausente no ano acadêmico. Eu me sinto como se eu estivesse com vocês.

Fraternalmente,

Paulo Freire

Transcrevo ainda outra carta que tem esse mesmo tom de humildade e compromisso com a PUC-SP, quando do convite da coordenadora das comemorações dos 150 anos da Villanova University, em Pensilvânia, Estados Unidos, como uma universidade católica dos padres agostinianos:

São Paulo, 15/1/92

Prezada Professora Lysionek,

Eu acabo de chegar de uma longa viagem e somente hoje está sendo possível para mim começar a ter contato com a enorme correspondência que eu encontrei.

Neste momento estou sem secretária para me ajudar como seria necessário, nem tempo suficiente para consultar o dicionário. Você deve superar os meus enganos.

Eu li as suas primeira e segunda cartas e tenho o prazer em aceitar o seu convite.

Proponho deixar São Paulo na quarta-feira, 16, à tardinha (porque eu tenho seminário de manhã), chegando nos States no dia 17, podendo descansar todo o dia no sentido de falar no dia 18 de novembro, uma sexta-feira. Eu preciso voltar no dia 19, sábado, porque eu tenho aulas na segunda-feira, dia 21. Assim, ficarei uns poucos dias fora da Universidade Católica de São Paulo.

Tenho ainda umas poucas coisas para fazer referência. A primeira delas, o que me torna um intelectual "caro", tem sido a minha impossibilidade de viajar a não ser em primeira classe. Isto é uma questão de sobrevivência. Eu tenho 70 anos de idade e amo estar no mundo. Classe Turista [Econômica] me deixa insuportavelmente cansado.

A segunda delas é que eu sempre viajo com minha mulher. Nesta época, entretanto, ela não poderá ir comigo.

A terceira delas é concernente ao meu honorário. Obviamente eu preciso ser pago por meu trabalho intelectual, o qual demanda de mim tempo e reflexão. Mas eu deixo com você a decisão acerca disso. Sua universidade pode me pagar o que paga aos outros professores.

Esperando por notícias,
Fraternalmente,

Paulo Freire

É importante, e ao mesmo tempo doloroso, ter que dizer nesta biografia que mesmo quando Paulo já se sentia cansado de tudo que não fosse escrever e criar, de trabalhos rotineiros, de "dar aulas", por exemplo, ele continuou a tarefa docente porque precisava do salário recebido nessa universidade católica que o tinha trazido da Europa. Apesar da fama e de tantas conferências proferidas no mundo, e de livros escritos e publicados por toda parte, ele não tinha garantia nenhuma de podermos viver sem essa remuneração. Tenho que admitir também que, apesar do cansaço, a docência lhe dava uma enorme alegria e assim lhe custava separar desse ato de amor e responsabilidade. Na verdade, a docência fazia parte de seu ser no mundo.

Disse ele muitas vezes: "Não sou um bom exemplo, não sou um modelo para quem quer escolher ser professor ou professora pensando que é uma profissão para se ficar, mesmo que um pouco, rico!"

No 2º semestre de 1998 o Programa de Estudos Pós-Graduados em Educação, da PUC-SP, do qual Paulo tinha sido professor, cria a Cátedra Paulo Freire. Fui a primeira professora convidada do primeiro curso, cujo tema foi o estudo e análise da *Pedagogia do oprimido*.

Na Universidade Estadual de Campinas (Unicamp)

Em 1º de setembro de 1980, após pressões dos estudantes e de alguns professores, Paulo foi nomeado Professor MS-6 da Universidade Estadual de Campinas (Unicamp), por ATO DO REITOR n. 712/80, junto ao Departamento de Ciências Sociais Aplicadas à Educação, da Faculdade de Educação. Essa nomeação foi publicada no *DOE* em 13 de setembro de 1980.

O desejo dessa universidade em ter Paulo como seu professor era nutrido desde quando ele ainda vivia na Suíça. Como testemunha disso, cito esta sua carta-resposta que segue, na qual ele expressa de forma contundente a tristeza de não ter o passaporte e, consequentemente, não poder voltar ao seu país e compromissar-se, de alguma maneira, com a Unicamp:

Genève, 10/9/78

Prezado prof. Antonio Rezende,

Acabo de chegar dos Est.Unidos e me apresso em responder à sua carta de 18 do mês passado.

Em primeiro lugar, gostaria de sublinhar a satisfação que tive ao saber, através de sua carta, do interesse que a Unicamp revela por minha colaboração, ao convidar-me para participar do Seminário aí, em novembro próximo, e ao consultar-me se aceitaria tornar-me um de seus professores.

Fosse eu um professor brasileiro vivendo em Genebra e, de posse de um passaporte brasileiro e minha resposta positiva ao primeiro convite seria imediata. Aí, então, discutiria as bases para a aceitação do segundo convite, para o que pesaria, sem dúvida, a minha forte simpatia pela Unicamp.

Infelizmente, este não é o caso. Sou um professor brasileiro em Genebra, é certo, mas sem passaporte brasileiro, documento que, nestes 14 anos de exílio, já me foi negado, nunca por escrito, três vezes. Esta foi a razão por que também não pude comparecer à recente reunião da SBPC [Sociedade Brasileira para o Progresso da Ciência] em São Paulo, para a qual fui convidado.

Insistindo em afirmar o quanto me agradaria a possibilidade de uma atividade docente na Unicamp, vai aqui o fraternal abraço de P.Freire.

Paulo foi indicado e o mais votado[3] por alunos/as e professores/as da Unicamp para ser seu reitor – e confessou-me ter tido uma vontade enorme

---

3 César Nunes, hoje professor assistente, doutor da Faculdade de Educação da Unicamp, era, à época, aluno e militante. Ele me deu um testemunho sobre esse fato, do qual transcrevo uma parte: "No ano de 1982, eu participei de um movimento único vivido na UNICAMP, que culminou com a eleição de Paulo Freire, votado pela comunidade acadêmica,

de ocupar esse cargo –, mas o então governador do estado de São Paulo, Paulo Maluf, vetou esse desejo legítimo da comunidade acadêmica. O mesmo governador que postergou o mais possível a sua nomeação como professor da mesma Unicamp.

O Parecer de Rubem Alves

A reitoria da Unicamp pediu ao Conselho Diretor, na pessoa do Professor Titular Rubem Alves, um "Parecer sobre Paulo Freire". O pedido pareceu um absurdo ao seu colega professor e, na verdade, fazia lembrar as perseguições que Paulo sofrera durante os anos de exílio. Antes eram passaportes negados, agora eram pareceres avaliativos. Antes, "coisas da ditadura", era o repúdio do presidente do Mobral[4] e sua comitiva em Persépolis, Irã, em 1975, que, obedientes às ordens do governo militar de Brasília, se ausentaram na hora da cerimônia para não presenciarem a entrega do Prêmio Internacional da UNESCO que estava sendo conferido ao educador brasileiro. Antes coisas da ditadura militar, agora "coisas do entulho autoritário", na exigência da "legitimidade" para torná-lo Professor Titular.

As palavras de Rubem Alves, um dos intelectuais mais respeitados do país, dizem mais:

> O objetivo de um parecer, como a própria palavra o sugere, é dizer a alguém que supostamente nada ouviu e que, por isso mesmo, nada sabe, aquilo que parece ser, aos olhos do que fala ou escreve. Quem dá um parecer empresta os seus olhos e o seu discernimento a um outro que não viu e nem pôde meditar sobre a

---

para a composição da lista de candidatos à Reitoria de nossa universidade. As mudanças nos critérios de sucessão, efetivada pelo governador Paulo Maluf, o afastamento de diretores legitimamente eleitos e a indicação de interventores, as arbitrariedades para garantir a maioria governista no colégio eleitoral da universidade, a intervenção autoritária e truculenta nos estatutos da UNICAMP provocaram uma saudável e corajosa reação da comunidade acadêmica que, ainda que agredida com as medidas de exceção, em plena ditadura militar e sob o governo estadual de um governador nomeado pelos militares, buscava construir uma cultura de participação, de democracia e resistência. A comunidade decide sustentar paralelamente um processo democrático de escolha de seu reitor e promove uma ampla consulta aos professores, discentes e funcionários. Paulo Freire é eleito com mais de seis mil votos e figura como o mais votado na lista sêxtupla tirada pela comunidade... Sonhávamos todos começar a década de 1980 com Paulo Freire na Reitoria da UNICAMP! Mas... Paulo Freire não foi nosso Reitor. Todavia, seu nome permanece em nossa história, como professor da Faculdade de Educação, como educador de gerações, como inspiração para nossos melhores sonhos!"

4   Ler detalhes desse fato em *Pedagogia dos sonhos possíveis*.

questão em pauta. Isto é necessário porque os problemas são muitos e os nossos olhos são apenas dois...

Há, entretanto, certas questões sobre as quais emitir um parecer é quase uma ofensa. Emitir um parecer sobre Nietzsche ou sobre Beethoven ou sobre Cecília Meireles? Para isso seria necessário que o signatário do documento fosse maior que eles e o seu nome mais conhecido e mais digno de confiança que aqueles sobre quem escreve...

Um parecer sobre Paulo Reglus Neves Freire.

O seu nome é conhecido em universidades através do mundo todo.

Não o será aqui, na Unicamp? E será por isto que deverei acrescentar a minha assinatura (nome conhecido, doméstico), como avalista?

Seus livros, não sei em quantas línguas estarão publicados. Imagino (e bem pode ser que eu esteja errado) que nenhum outro dos nossos docentes terá publicado tanto, em tantas línguas. As teses que já se escreveram sobre seu pensamento formam biografias de muitas páginas. E os artigos escritos sobre o seu pensamento e a sua prática educativa, se publicados, seriam livros.

O seu nome, por si só sem pareceres domésticos que o avalizem, transita pelas universidades da América do Norte e da Europa. E quem quisesse acrescentar a este nome a sua própria "carta de apresentação" só faria papel ridículo.

Não. Não posso pressupor que este nome não seja conhecido na Unicamp. Isto seria ofender aqueles que compõem seus órgãos decisórios.

Por isso o meu parecer é uma recusa em dar um parecer. E nesta recusa vai, de forma implícita e explícita, o espanto de que eu devesse acrescentar o meu nome ao de Paulo Freire. Como se, sem o meu, ele não se sustentasse.

Mas ele se sustenta sozinho.

Paulo Freire atingiu o ponto máximo que um educador pode atingir.

A questão é se desejamos tê-lo conosco.

A questão é se ele deseja trabalhar ao nosso lado.

É bom dizer aos amigos: Paulo Freire é meu colega. Temos salas no mesmo corredor da Faculdade de Educação da Unicamp...

Era o que me cumpria dizer.

Rubem Alves

Esse parecer, datado de 25 de maio de 1985, de Rubem Alves, Professor Titular II, está protocolado sob n. 4.838/80, nos registros administrativos da Universidade Estadual de Campinas. No *Diário Oficial do Estado de São Paulo*, de 12/7/1985, foi publicada a "APOSTILA DO REITOR n. 820/85: aprovada pelo Conselho Diretor, em Sessão realizada a 25/6/85, a referida admissão". Esse é um fato inconcebível por seu autoritarismo, ademais que Paulo já vinha lecionando regularmente como professor titular convidado na Unicamp, desde 1980, e conhecido e respeitado por toda a comunidade universitária.

Paulo pediu exoneração de seu cargo de Professor, "Referência MS-6, da PS do QD, em RTC", ao reitor da Unicamp. A dispensa, a pedido, foi concedida em 5 de março de 1991 e publicada no *Diário Oficial* do Estado de São Paulo em 8/3/1991.

Na sua carta de demissão ao então reitor, lamentou seu afastamento da Unicamp no início do ano letivo de 1991, quer pela luta estudantil e dos professores para sua admissão como docente e depois como candidato mais votado por uma enorme quantidade de pessoas dessa comunidade universitária para ocupar o cargo de reitor quer pelas condições de alto nível dos trabalhos realizados nesta universidade desde a sua criação pelo professor Zeferino Vaz.

Esta é a carta de Paulo pedindo sua exoneração da Unicamp:

São Paulo, 4 de março de 1991.
Exmo. Sr. Prof. Dr.
Carlos Alberto Vogt
Magnífico Reitor da Universidade Estadual de Campinas – Unicamp
Magnífico Reitor,

No momento em que decido solicitar a V. Magnificência minha exoneração do cargo de professor dessa universidade, não posso seguir um trâmite simplesmente burocrático. Devo, pelo contrário, justificar o meu pedido, dizer das razões que me levam a esta decisão.

A Unicamp e a Pontifícia Universidade Católica de São Paulo são duas universidades brasileiras que me deram a honra e também a alegria de, estando ainda no exílio, em Genebra, sem passaporte e proibido de sequer visitar o Brasil, me convidarem para ser docentes seus. Por isso mesmo é que só uma razão tão forte quanto a que agora tenho me faria ausentar-me da Unicamp.

Quando o Golpe de Estado foi dado em abril de 1964 eu era Professor Adjunto da então chamada Universidade do Recife, hoje Federal de Pernambuco e Técnico de Educação. O Golpe me aposentou do cargo de professor e me demitiu do de técnico.

Durante todos estes anos jamais solicitei minha readmissão como me recusei a pedir, de acordo com a lei da Anistia, que o governo militar revisse meu caso, ao regressar em 1980.

Agora, sem que tivesse feito nenhum pedido, o Sr. Ministro da Educação Dr. Carlos Chiarelli, determinou a minha readmissão ao cargo de Técnico da Universidade Federal de Pernambuco.

Não podendo acumular as duas aposentadorias no Recife com a da Unicamp, que viria em setembro próximo, em decorrência da idade limite, teria de fazer uma opção.

A aposentadoria de prof. do Recife é CR$ 146.000 a de Técnico, de 246.000 e a da Unicamp, aproximadamente 33.000.

Por mais amorosidade que eu sinta pela Unicamp, por mais honrado que me sentisse por ser seu professor aposentado, não seria sensato, nos tempos de hoje, ficar com 33.000 desistindo de 246.000.⁵

Gostaria de através de V. Magnificência dizer aos corpos docente e discente da UNICAMP da alegria e da honra que tive por ter aqui trabalhado nestes últimos dez anos.

Fraternalmente,

Paulo Freire.

De próprio punho despachou o reitor:

Lamentando, mas compreendendo as razões do prof. Paulo Freire, de acordo.

Sendo a aposentadoria proporcional aos anos de vinculação à Unicamp, dez anos no caso do prof. Paulo Freire, de fato a sua decisão pela aposentadoria da Universidade Federal de Pernambuco se justifica plenamente.

Cabe, no entanto, deixar aqui declarado que o prof. Paulo Freire, prof. doutor *honoris causa* da Unicamp, é indispensável à qualidade do ensino e da pesquisa de nossa universidade.

Neste sentido, registro, desde logo aqui, nosso convite para que o prof. Paulo Freire mantenha com a Unicamp um vínculo acadêmico, na forma da resolução 28/90 do Consu.

C. Vogt, 5/3/91

Diante da cortesia e do respeito do então ministro da Educação em todo o processo de sua reintegração, Paulo escreveu-lhe agradecendo, em seu nome e no de sua família:

Exmo. Sr. Dr. Carlos Chiarelli
Ministro da Educação
Brasília
Caro ministro Chiarelli,

Acabo de assinar o meu pedido de aposentadoria do cargo de Técnico em Educação da Universidade Federal de Pernambuco, de que havia sido demitido após o Golpe de Estado de 1º de abril de 1964, e ao qual V.Excia. me readmitiu recentemente.

Não poderia deixar de expressar o meu agradecimento e o de minha família a V.Excia. por seu ato que sana injustiça há tanto tempo praticada.

Cordialmente,

Paulo Freire

---

5   Em 4 de março de 1991, Cr$ 146.000, Cr$ 246.000 e Cr$ 33.000 equivalem, respectivamente, ao seguinte número de salários mínimos da época (Cr$ 17.000): 9, 14 e 2.

Outras atividades acadêmicas

Na Universidade Metodista de Piracicaba (UNIMEP)[6]

O primeiro trabalho de Paulo junto à Universidade Metodista de Piracicaba deu-se em 1981. O convite veio através desta carta:

Piracicaba, 3 de setembro de 1980.

Ao Sr.
Prof. Paulo Freire,
Prezado professor,

A Universidade Metodista de Piracicaba (UNIMEP), através do Centro de Teologia, em criação, está programando a realização de um Simpósio Nacional sobre "Fé Cristã e Ideologia", a ser realizado no período de 23 a 27 de março de 1981, com a presença e participação de pensadores Cristãos e ideólogos, nacionais e internacionais. O objetivo principal é "identificar as ideologias predominantes hoje, que exercem influência decisiva na vida e na sociedade humanas, examinando as suas relações religiosas, e confrontando-as com a Fé Cristã".

Cremos na importância desses estudos para entendermos melhor as forças que trabalham a vida e a sociedade modernas, e assim nos habilitemos para o cumprimento mais consciente da nossa tarefa, no contexto da missão cristã.

O nosso propósito é convidar-lhe para participar desse Simpósio, solicitando-lhe desde já que reserve em sua agenda a data indicada.

Informações mais completas quanto ao programa, preletores, transportes e hospedagem, serão encaminhadas posteriormente.

Pedimos-lhe a gentileza de nos confirmar sua possibilidade de participar desse Simpósio, na data acima.

Atenciosamente,

Prof. *Clory Trindade de Oliveira*
Coordenador Geral do Centro de
Teologia, em criação.

Noutra feita, Paulo participou como convidado especial do "Seminário Internacional de Educação", de 26 a 28 de maio de 1983, realizado pela UNIMEP, que reuniu educadores da maioria dos estados brasileiros e delegações da Nicarágua, da Bolívia e de El Salvador. "Esse seminário propiciou a organização posterior do ciclo de debates sobre educação popular coordenado pelo Prof. Paulo Freire durante todo o segundo semestre de 1983, em encon-

---

6 Informações fornecidas por Zuleica Mesquita, da Universidade Metodista de Piracicaba (UNIMEP) – Setor de Arquivos.

tros semanais com educadores e interessados nos projetos de educação popular desenvolvidos nesta instituição nos anos 80."

Na Universidade de São Paulo (USP)

A amiga e ex-aluna de Paulo Ana Mae Barbosa deu-me este depoimento em maio de 2005:

> De volta do exílio em 1980, Paulo Freire deu sua primeira palestra na USP abrindo a Semana de Arte e Ensino organizada por Ana Mae Barbosa na Escola de Comunicações e Artes da Universidade de São Paulo. Sua palestra foi ouvida por 3.000 arte-educadores, talvez o maior evento de Arte/Educação até agora no Brasil. A conferência de Paulo Freire foi dada no Auditório da Faculdade de Arquitetura, por ser o maior da USP, entretanto foi necessário convocar o auxílio da TV Cultura para filmar e jogar a imagem e som em um telão fora do auditório no lugar que chamavam Salão Caramelo.
>
> O nome dele como palestrante não fora divulgado nem no programa nem à imprensa para não atrair maior público do que podíamos abrigar e para não parecer que o estávamos usando como chamariz para o evento.

Em 1987, Paulo Freire ministrou um curso regular, como "Professor Convidado", por iniciativa de Ana Mae Barbosa, e a convite dela, no Curso de Pós-Graduação da Faculdade de Comunicação dessa mesma universidade, intitulado "Arte-Educação e Ação Cultural". Conforme ainda declaração da própria professora pernambucana:

> A verba que eu consegui do CNPq para pagá-lo era modestíssima. Tivemos 120 estudantes no curso, de todas as áreas da USP, de Direito à Engenharia. Muitos eram só ouvintes, outros alunos especiais mas havia muitos mestrandos e doutorandos regulares, o que resultou em uma enorme quantidade de trabalhos para ler e dar nota, atividade que assumi consultando-o frequentemente. Ele deu 9 aulas neste curso e eu apenas 3 para substituí-lo quando viajou. Foi a aventura cognitiva mais importante de minha vida e hoje é um marco histórico. Foi o único curso regular que Paulo Freire deu na USP.

No 2º semestre letivo de 1991, Paulo foi novamente convidado, por intermédio do pró-reitor da USP, Celso de Rui Beisiegel, como professor. O projeto seria desenvolver um trabalho amplo, proferindo palestras nas faculdades, gravando vídeos e discutindo projetos novos e pioneiros da Universidade. Na verdade, sua atuação foi pouco valorizada e não obteve os resultados esperados nem por ele mesmo, e certamente também não pela Universidade de São Paulo, diante das condições dadas.

Em outras instituições

Paulo contribuiu com suas ideias e práticas para muitas instituições de instrução de nível superior do Brasil todo, inclusive, a meu convite, em 1980, ajudou na elaboração de um projeto "de especialistas em formação de educadores/as em educação popular", na Faculdade de Moema, hoje extinta, em São Paulo, onde eu lecionava.

No ano de 1987, Paulo foi convidado pelo então reitor da Universidade de Brasília (UnB), Cristovam Buarque, para fazer parte do Conselho Diretor dessa universidade, e, segundo este mesmo declarou, Paulo contribuiu enormemente para dar segurança científica aos projetos da reitoria e no alargamento das ideias e ações da UnB.

A necessidade de desincompatibilização

Quero enfatizar o fato de que, ao retornar ao Brasil, em 1980, Paulo sabia que teria que recomeçar, mais uma vez, uma nova vida, com diferentes tarefas profissionais, não apenas porque não estava voltando para o Recife. Mesmo que tivesse voltado para o Recife, teria que ter tido este recomeçar, desde que, para reintegrar-se aos antigos cargos que ocupava antes do golpe civil-militar, como já informei anteriormente, a Lei de Anistia n. 6.683, de 28/8/1979 exigia que o ex-exilado requeresse ao governo o estudo de seu caso. Por considerar ofensiva, Paulo recusou-se a aceitar tal exigência, tanto no caso da revisão de sua aposentadoria da docência como no da demissão do cargo de técnico da ex-Universidade do Recife.

Como já citado anteriormente, Paulo tinha sido nomeado professor da Universidade do Recife, em 15 de março de 1952, e aposentado, em 8 de outubro de 1964, por decreto baseado no Ato Institucional de 9 de abril de 1964. Permaneceu na categoria de professor aposentado da Universidade Federal de Pernambuco de 8 de outubro de 1964 até sua morte, cargo que, diante das condições que lhe foram impostas, representou para ele um momento maior do que a saudade dos tempos da comunicação do saber construído ou do saber criando-se e da amorosidade na relação com seus alunos. Ele o tinha como uma de suas maiores honras.

Quanto ao cargo de Técnico em Assuntos Educacionais do Serviço de Extensão Cultural, só muito posteriormente Paulo teve o reconhecimento de seus direitos pelo Ministério da Educação, sem que tenha feito nenhum pedido ou ação contra o governo, como rezava a Lei de Anistia. Paulo havia sido nomeado pelo reitor João Alfredo Gonçalves da Costa Lima no cargo de Técnico de Educação, a partir de 15/6/1962, lotado na reitoria, e foi demitido pelo governo militar (pelo decreto presidencial de 8/10/1964, a partir de 9/10/1964). Posteriormente, foi reincorporado nesse cargo aos quadros da universidade pela Portaria Ministerial n. 209, de 31 de janeiro de 1991. Em seguida, aposentado com tempo parcial de trabalho, em março de 1991, sem nenhum direito pelos 27 anos perdidos.

A reincorporação de Paulo como Técnico em Educação da UFPE se deu por decreto do governo do presidente Fernando Collor de Melo, que tinha decidido pela reintegração de todos e todas demitidos/as, injustamente, pelo governo militar.

Diante da cortesia e do respeito do então ministro da Educação em todo o processo de sua reintegração, Paulo escreveu-lhe agradecendo, em seu nome e no de sua família:

> Exmo. Sr. Dr. Carlos Chiarelli
> Ministro da Educação
> Brasília
> Caro ministro Chiarelli,
>
> Acabo de assinar o meu pedido de aposentadoria do cargo de Técnico em Educação da Universidade Federal de Pernambuco, de que havia sido demitido após o Golpe de Estado de 1° de abril de 1964, e ao qual V.Excia. me readmitiu recentemente.
> Não poderia deixar de expressar o meu agradecimento e o de minha família a V.Excia. por seu ato que sana injustiça há tanto tempo praticada.
> Cordialmente,
> *Paulo Freire*

Com a readmissão de Paulo no seu cargo – mesmo que imediatamente na categoria de Aposentado –, do lugar que nunca deveria ter sido tirado, de Técnico em Educação, pediu demissão do cargo de professor da Unicamp, pois a Constituição Brasileira de 1988 proíbe a acumulação de mais de dois cargos públicos e/ou suas aposentadorias.

Paulo cumpriu cívica e eticamente o seu dever de cidadão: pediu demissão do seu cargo de professor da Unicamp para cumprir a lei.

CAPÍTULO 11

O político educador

Na Secretaria Municipal de Educação da Cidade de São Paulo (SME-SP)

Mediante o Título de Nomeação n. 08, de 1º de janeiro de 1989,[1] Paulo foi empossado como Secretário de Educação do Município de São Paulo[2] pela prefeita de São Paulo Luiza Erundina de Sousa, justamente porque o Partido dos Trabalhadores, do qual Paulo havia sido um dos fundadores – o único ao qual se filiou durante toda a sua vida –, chegara ao poder com a eleição dessa paraibana lúcida, justa, corajosa, forte e, sobretudo, fiel à ética autenticamente humanista. Assim continuo a considerá-la. Paulo assim a considerava.

Ouvíamos dizer e éramos perguntados por toda a parte se Paulo seria o secretário da Educação de Erundina, logo após sua eleição em fins de 1988.

---

1 Publicado no *DOM* de 3/1/1989, p. 4.
2 Paulo convidou o Dr. Moacir Gadotti para ser seu chefe de gabinete. A prefeita, acatando, então, a resolução de Paulo, assinou o Título de Nomeação n. 77, em 5/1/1989, nomeando o Dr. Moacir Gadotti como chefe de gabinete da SME-SP, publicado no *DOM* do dia 6/1/1989. O Sr. Gadotti foi exonerado desse cargo pela Prefeita em 6/2/1990, através da Portaria n. 57, publicada no *DOM* de 7/2/1990. Nesse mesmo dia, Luiza Erundina o nomeou para o cargo de Assessor Especial da mesma Secretaria, através do Título de Nomeação n. 04, de 6/2/1990, publicado no *DOM* de 7/2/1990, do qual foi "exonerado a pedido e a partir de 01/03/91", publicado no *DOM* de 13/3/1991, quando este professor foi definitivamente desligado da SME-SP, quase três meses antes da saída de Paulo dessa mesma Secretaria.

Ele respondia que não. Que ela nada tinha lhe falado a respeito. Paulo pensava muito sobre essa possibilidade: "Se for verdade que receberei este convite, o que vou decidir, Nita? Acho que isso é boato, não creio que ela irá me convidar!" Vinha outra pessoa e insistia: "Você vai ser convidado pela Erundina!" Ele me dizia: "Nita, casamos na terceira idade, quero viver o amor com você, quero viver e aproveitar momentos de tranquilidade com você, quero voltar a escrever, quero cumprir promessas de longa data de aceitar convites fora de São Paulo, mas não posso me furtar de aceitar este convite, se ele realmente vier. É um dever cívico e político que tenho diante de mim mesmo e para com o povo da cidade que me acolheu tão generosamente quando voltei do exílio. Será uma oportunidade importante de testar mais uma vez na prática, desta vez nesta imensa rede pública de ensino que é a da cidade de São Paulo, a minha teoria. A minha compreensão de educação." Paulo se sentia e estava, realmente, dividido. Aguardou sem prepotência e sem pretensões de poder – que nunca teve –, o que seria irremediável.

Numa tarde de novembro de 1988, estando na nossa casa da Rua Valença, em São Paulo, atendi ao telefone. Uma voz desconhecida me disse: "Falo de Campina Grande, de onde o senador Eduardo Suplicy e a prefeita Luiza Erundina desejam falar com o professor Paulo Freire." Prontamente respondi: "Ele não está em casa. Está dando aulas na Unicamp." Despedimo-nos e eu pensei que eles queriam mesmo fazer o tal convite a Paulo, e que, com a resposta que dei à mediadora, estava dando mais tempo a Paulo para decidir se aceitaria ou não esse novo desafio. Para Paulo seria um outro novo recomeçar. Recomeçar uma nova tarefa difícil e complexa aos 67 anos de idade, quando, na realidade, sua vontade pessoal era a de "ficar em casa" escrevendo e me amando.

No fim dessa mesma tarde, a campainha soa, corro para abrir o portão de nossa casa, e de longe fui logo dizendo: "Paulo, Erundina...". Ele cortou minha palavra e disse-me: "Eu aceitei, minha mulher, eu aceitei!!!" Confesso que fiquei perplexa e me perguntava: "E nós, e a nossa vida em comum que há tão pouco tínhamos começado?"

Devo dizer, entretanto, que com a capacidade imensa de Paulo de compatibilizar harmonicamente a sua vida profissional com a vida amorosa jamais me senti "roubada" no meu tempo de mulher dele, e ele jamais se arrependeu do *sim* que havia dado a Erundina e a Suplicy; na verdade, ao povo paulistano. Ele não tinha sido tomado de surpresa numa sala de aulas na Universidade Estadual de Campinas: ele já havia elaborado claramente em sua consciência a opção que tomaria.

Luiza Erundina de Sousa foi empossada no cargo de prefeita da cidade de São Paulo no dia 1º de janeiro de 1989, e na mesma cerimônia, na então sede da Prefeitura, no Parque Ibirapuera, empossou todo o seu secretariado, inclusive, obviamente, Paulo.

No dia seguinte, Paulo assumiu o cargo de secretário, ocasião em que proferiu um discurso. Leia no livro organizado por mim e Erasto Fortes, *Direitos humanos e educação libertadora: gestão democrática da educação pública na cidade de São Paulo*, p. 47-58.[3]

Leia também o documento oficial de Paulo como secretário de Educação da cidade de São Paulo, distribuído a toda a Rede, fruto de seus estudos e reflexões, sobre suas pretensões de mudança, elaborado por ele e pela equipe que o assessorou logo depois de ter aceitado o convite de Luiza Erundina:

Construindo a Educação Pública Popular[4]
Aprender é gostoso. Mas exige esforço.

Um diagnóstico feito durante o mês de dezembro nos mostrou que a situação física de nossas 629 escolas municipais é preocupante: faltam mais de 30.000 conjuntos de carteiras e cadeiras para os alunos e mesas para os professores; a conservação dos prédios é muito deficiente; 40% dos professores estão exercendo suas funções precariamente em comissão; o atendimento à demanda deixa fora da escola muitas crianças, jovens e adultos; a população tem buscado formas de suprir as deficiências do ensino formal, criando alternativas diversificadas de práticas educacionais que não são consideradas pelo sistema oficial.

Nessas condições é muito difícil realizar uma escola que encare o ato de ensinar e de aprender como um ato prazeroso. Ao assumir esta Secretaria, estamos cientes, contudo, de que é preciso partir dessa realidade para realizar a escola que sonhamos. O voto de 15 de novembro foi um voto para a mudança, para mudar inclusive essa escola que temos, para superar as suas precariedades. Só que não vamos fazer isso sozinhos. Pretendemos mostrar a todos os que hoje estão envolvidos com a educação no município de São Paulo que, juntos, podemos mudá-la, construindo uma *escola bonita*, voltada para a formação social crítica e para uma sociedade democrática.

Entendemos que essa escola deve ser um espaço de *educação popular* e não apenas o lugar da transmissão de alguns conhecimentos cuja valorização se dá à revelia dos interesses populares; uma escola cuja boniteza se manifesta na possibilidade da formação do sujeito social.

Para isso, partimos do princípio da verdade, da transparência. Procuramos fazer circular todas as informações que tivemos sobre a situação real de todos os setores da Secretaria. Mostraremos também os caminhos possíveis de mudança. Queremos imprimir uma fisionomia a essa escola, cujos traços principais são os da *alegria*, da serieda-

---

3   Ana Maria Araújo Freire e Erastos Fortes (orgs.). *Direitos humanos e educação libertadora: gestão democrática da educação pública na cidade de São Paulo*. São Paulo: Paz & Terra, 2019.
4   Na Certidão da ABIN, consta que Paulo "divulgou no Diário Oficial do Município de São Paulo (suplemento) de 1º fev. 1989, os documentos de sua autoria, intitulados" 'Aos que fazem a Educação conosco em São Paulo' e 'Construindo a Educação Pública Popular'" (p. 21).

de na apropriação e recriação dos conhecimentos, da solidariedade de classe e da amorosidade, da curiosidade e da pergunta, que consideramos valores progressistas. Poremos todos os meios de que dispomos a serviço dessa escola necessária.

Não vamos impor ideias, teorias ou métodos, mas vamos lutar, pacientemente impacientes, por uma educação como prática da liberdade. Nós acreditamos na liberdade. Queremos bem a ela.

Os problemas que encontramos já nos são conhecidos há muito tempo, como a evasão – na realidade, expulsão – e a repetência, o conservadorismo, a apatia, o número de crianças fora da escola, a inadequação dos processos pedagógicos. Repeti-los aqui seria monótono, já que são frequentemente lembrados por toda a sociedade. Todos estamos de acordo quanto ao diagnóstico.

O quadro de deterioração da escola pública é consequência da falta de vontade política de assumir um *projeto pedagógico emancipador*. A preocupação com a quantidade, com a construção de novos prédios escolares, deve inserir-se num projeto qualitativo mais amplo. As medidas adotadas não podem ser apenas emergenciais. Devemos imprimir a essas medidas um caráter mais sistemático, gradual e permanente.

Encontramos muito medo, desconfiança e indiferença. A esses sentimentos, oporemos a ousadia.

Procuraremos restabelecer integralmente a liberdade de expressão e de organização como elementos constitutivos essenciais da democracia e, consequentemente, de uma política educacional que vise à construção de uma escola pública de qualidade.

Restabelecer a confiança exige *reintegrar* imediatamente os *demitidos* (porque fizeram greve em 1987) nos mesmos locais de trabalho, com contagem de tempo corrido e pagamento dos salários (a partir de 05/10/88, conforme prescreve a atual constituição).

Entendemos que é a falta de *participação nas decisões* o que muitas vezes leva ao desânimo e à descrença em relação à escola. Pretendemos implantar os Conselhos de Escola, fortalecer os Grêmios Estudantis e rever o papel das APMs – Associações de Pais e Mestres. Pretendemos substituir gradativamente a atual função de controle burocrático das DREMs – Delegacias Regionais do Ensino Municipal – por Núcleos de Ação Educativa (NAEs), rompendo com uma estrutura hierárquica de tomada de decisões sustentada de cima para baixo, e substituindo por instâncias de assistência, acompanhamento e planejamento participativo da atividade pedagógica. A população organizada – Conselhos Populares – cumpre sempre a função fiscalizadora das DREMs.

Não só as DREMs, mas todo o aparato burocrático da Secretaria necessita de uma compreensão pedagógica de suas funções. Todos os que estamos na escola somos educadores, inclusive os funcionários, as merendeiras, os escriturários, os inspetores etc.

É nossa intenção realizar, ainda no primeiro semestre, Plenárias Pedagógicas – embriões dos Conselhos Populares de Educação – em cada região, com a presença dos dirigentes da Secretaria para terem contato direto com pais, professores, alunos e comunidade, e manterem essa *esperança ativa* que ora é demonstrada por numerosos grupos. Entendemos que a mobilização que hoje se manifesta deve ser mantida e estruturada por uma série de encontros em que a política educacional possa ser definida conjuntamente, e não burocraticamente. O pretendido encontro entre a Sociedade Civil e o Estado, como caminho para o socialismo, passa pela democratização do Estado. Cremos que não é a escola que transformará a sociedade, mas ela terá um papel no conjunto das forças que estão transformando – como o partido e o sindicato –, na crítica à ordem capitalista existente e na formação da consciência socialista.

No sentido de democratizar desde já a gestão das escolas, estamos fazendo entrar em vigor a partir de hoje o *Regimento Comum das Escolas* aprovado pelo CEE – Conselho Estadual de Educação – em 1985, que prevê a implantação de *Conselhos de Escola*. Devemos iniciar logo a discussão desse Regimento e regularizar a situação escolar da rede municipal de ensino junto ao CEE.

A escola demonstrará maturidade exercendo sua capacidade de autogovernar-se. Devolveremos as *programações curriculares* e outros materiais arbitrariamente recolhidos no início da administração anterior, por serem patrimônio das escolas. Desencadearemos um processo de discussão para a construção de novas propostas curriculares. A escola precisa ser *um espaço vivo democrático* onde todas as perguntas sejam levadas a sério, espaço privilegiado da ação educativa e de um sadio pluralismo de ideias.

A Secretaria precisa da *burocracia*, não do burocratismo; precisa do *acadêmico*, mas não do academicismo. Precisa de professores que valorizem a unidade teoria-prática, professores curiosos que respeitem a linguagem da criança, que pensem rigorosamente a poesia, que proponham uma forma científica de pensar o mundo, sendo assim capazes de fazer uma reflexão crítica sobre a sua própria prática.

O *aluno* deverá ser o centro das preocupações, a medida do êxito ou do fracasso de nossa política.

A escola cresceu muito em seus aparatos de fiscalização e controle, e pouco em participação e democracia: cresceu no alto, mas não tem pés sólidos. Queremos inverter essa política, fortalecendo as bases da escola. Todo o esforço deve ser feito para valorizar, acima de tudo, a relação professor-aluno.

Nessa direção, terá tratamento urgente a elaboração conjunta de um *Estatuto do Magistério*, envolvendo os representantes das associações e sindicatos de educadores, que traduza essa nova proposta de atuação educacional na rede pública de ensino municipal, valorizando o trabalho docente em sala de aula.

Nesse sentido, concomitantemente com sua prática docente, a *formação contínua do magistério* será prioritária. Conforme prevê a nova Constituição, realizaremos concursos, rompendo com o fisiologismo e o populismo que utilizam parte do magistério em funções não docentes. O próprio concurso deverá ser motivo de formação permanente dos professores.

O *aluno-trabalhador* não deve ser tratado como um aluno de segunda categoria. A educação de jovens e adultos não será tratada como caso de assistência social. O Ensino Noturno terá sério tratamento, assim como o Ensino Supletivo, a ser visto na sua relação com o Ensino Regular. Reforçaremos o caráter sistemático da educação de adultos, contra o caráter emergencial das campanhas.

A criança pequena, também ela, deverá ter um atendimento educacional que supere, de fato e de vez, a concepção do espaço escolar infantil como uma questão simplesmente de "segurança" ou de "guarda". As EMEIs – Escolas Municipais de Educação Infantil – serão incentivadas a construir, na sua atuação, um projeto educacional que valorize a infância, capacitando-a para a escolarização regular, e que, ao mesmo tempo, traduza as necessidades dos pais que trabalham e precisam ali deixar seus filhos o dia todo.

A qualidade dessa escola deverá ser medida, por isso, não apenas pela quantidade de conteúdos transmitidos e assimilados, mas igualmente pela *solidariedade* de classes que tiver construído, pela possibilidade que todos os usuários da escola – incluindo pais e comunidade – tiverem de utilizá-la como um espaço para a elaboração de sua cultura.

Não devemos chamar o povo à escola para receber instruções, postulados, receitas, ameaças, repreensões e punições, mas para participar coletivamente da construção de um saber, que vai além do saber de pura experiência feita, que leve em conta as suas necessidades e o torne *instrumento de luta*, possibilitando-lhe transformar-se em sujeito de sua própria história. A participação popular na criação da cultura e da educação rompe com a tradição de que só a elite é competente e sabe quais são as necessidades e interesses de toda a sociedade.

A escola deve ser também um centro irradiador da *cultura popular*, à disposição da comunidade, não para consumi-la, mas para recriá-la. A escola é também um espaço de organização política das classes populares. A escola como um espaço de ensino-aprendizagem será então um centro de debates de ideias, soluções, reflexões, onde a organização popular vai sistematizando sua própria experiência. O filho do trabalhador deve encontrar nessa escola os meios de autoemancipação intelectual independentemente dos valores da classe dominante. A escola não é só um espaço físico. É um clima de trabalho, uma postura, um modo de ser.

A marca que queremos imprimir coletivamente às escolas privilegiará a associação da *educação formal* com a *educação não formal*. A escola não é o único espaço da prática pedagógica. A sala de aula também não poderá ser o único espaço da prática pedagógica. A sala de aula também não poderá ser o único espaço da veiculação do conhecimento. Procuraremos identificar outros espaços que possam propiciar a interação de práticas pedagógicas de modo a possibilitar a interação de experiências. Consideramos também práticas educativas as diversas formas de articulação de grupos, núcleos, unidades escolares, associações e entidades que visem a contribuir para a formação do

Eu e Paulo sendo recebidos pelo governador de Sergipe Antonio Carlos Valladares, quando fui proferir conferência em 1990, para educadores do Programa Nacional de Alfabetização e Cidadania. *Jornal da Cidade*, Aracaju, 21.11.1990.

sujeito popular enquanto indivíduos críticos e conscientes de suas possibilidades de atuação no contexto social.

Nessa dimensão, os educadores são chamados a apresentar suas propostas, a discutir as diferentes formas de viabilizá-las e a identificar o papel da administração neste processo, de forma a garantir um esforço integrado para viabilizar a mudança.

As *medidas concretas* surgiram gradativamente. De nada adiantaria um plano de governo elaborado apenas em gabinete, excluindo a presença ativa e deliberativa dos que o executam.

Todos os *meios de comunicação*, inclusive televisivos, audiovisuais e a informática – importantes meios de educação moderna – devem ser incentivados. O aproveitamento construtivo desses meios utilizados criticamente associa-se à ideia de uma democratização do próprio ensino, tornando-o mais ativo. Proporemos a publicação periódica de informativo que garanta a circulação das diversas propostas pedagógicas e facilite a relação entre as escolas.

A educação é um *processo permanente* que demanda continuidade e planejamento a longo prazo. Superar o imediatismo, a desinformação e a descontinuidade administrativa – que caracterizam a educação de hoje – é um grande desafio para uma administração popular. Não se trata de dar uma direção única e burocrática à educação. Trata-se de criar um sistema municipal de educação pública articulado com a sociedade, capaz de superar a atual pulverização.

O *atendimento integral* como direito do aluno deve ser facilitado pela integração com outras Secretarias:

- com a *Secretaria de Higiene e Saúde*, visando à revisão da forma e à ação conjunta no atendimento à população escolarizável;
- com a *Secretaria da Cultura*, visando a projetos conjuntos para resgatar a dimensão cultural da educação;
- com a *Secretaria de Bem-estar Social*, visando à integração das diferentes formas de escolarização de jovens e adultos e ao atendimento da educação infantil de 0 a 4 anos;
- com a *Secretaria de Abastecimento*, para a alimentação e o suprimento das escolas;
- com a *Secretaria de Esportes*, permitindo atividades conjuntas;
- com a *Secretaria das Administrações Regionais*, para manutenção das escolas;
- com a *Secretaria de Transportes*, para programas de educação para o trânsito;
- com a *Secretaria do Negócios Jurídicos*, para promover as ações competentes nos casos de violação das liberdades individuais e da cidadania que venham a ocorrer no âmbito da escola;
- com a *Guarda Civil Metropolitana*, para garantir a segurança nas escolas e reduzir o nível de violência.

Uma *escola pública popular* não é apenas aquela à qual todos têm acesso, mas aquela de cuja construção todos podem participar, aquela que atende realmente aos interesses populares que são os interesses da maioria; é, portanto, uma escola com uma *nova quali-*

dade baseada no compromisso, numa postura solidária, formando a consciência social e democrática. Nela, todos os agentes, e não só os professores, possuem papel ativo e dinâmico, experimentando novas formas de aprender, de participar, de ensinar, de trabalhar, de brincar e de festejar.

Reafirmamos que essa nova qualidade não será medida apenas pelos palmos de conhecimento socializado, mas pela solidariedade humana que tiver construído e pela consciência social e democrática que tiver formado, pelo repúdio que tiver manifestado aos preconceitos de toda ordem e às práticas discriminatórias correspondentes.

A escola pública só será popular quando for assumida como projeto educativo pelo próprio povo através de sua efetiva participação. A transformação radical da escola que temos supõe essa participação organizada na definição de prioridades. O primeiro passo é conquistar a *velha escola* e convertê-la num centro de pesquisa, reflexão pedagógica e experimentação de *novas alternativas* de um ponto de vista popular.

Nossas propostas são viáveis desde já. Queremos construir progressivamente uma escola pública democrática, popular, autônoma, oniforme (não uniforme), competente, séria e alegre ao mesmo tempo, animada por um novo espírito. Queremos construir escolas para onde as crianças e os jovens, os professores, todos, gostem de ir e sintam que são suas. Não as abandonem.

Paulo Freire

Um dos maiores sonhos de Paulo era reunir em congresso os alfabetizando/as para ouvir deles e delas as suas palavras.[5] Para possibilitar que discutissem sua educação como sujeitos da história e não como simples objetos da incidência dos que determinam as políticas públicas. Paulo gostaria de realizar um evento com a totalidade dos/as alfabetizandos/as paulistanos/as e por um período de três dias. Entretanto, não havia nem local que comportasse todos eles e elas e nem verba suficiente para evento de tal envergadura. Mas o I Congresso de Alfabetizandos realizou-se, com alegria e êxito, em 16/12/1990.

Quando Paulo fala da voz dos alfabetizandos nesse encontro organizado por ele e sua equipe da Secretaria Municipal de Educação de São Paulo, refere-se não só a um fato ocorrido pela primeira

Paulo na posse como secretário da Educação da cidade de São Paulo, tendo à sua esquerda a prefeita Luiza Erundina de Sousa.

---

5   Texto baseado nas notas por mim redigidas para o livro de Paulo *À sombra desta mangueira*.

vez na história da educação – uma assembleia na qual educandos-educadores se reuniram e discutiram o processo de aprender-ensinar, em que estavam engajados epistemológica e politicamente –, mas fala também dos discursos de própria voz emitidos pelos alfabetizandos.

Presença marcante foi a de uma alfabetizanda, com cerca de cinquenta anos, casada prematuramente por decisão do pai, lavrador de Alagoas. Alma forte, mãos calejadas, facilidade de comunicação, líder democrática de uma comunidade da periferia paulistana, ela frequentemente consultava a mim e a plateia de três mil pessoas se eu e esta queriam ou não que ela continuasse sua fala. Queriam.

Ela entremeava depoimentos de sua vida no Nordeste com a experiência de mulher que, libertando-se dos preconceitos e determinações, aprendia naquele evento algo de que jamais teria cogitado. Seu saber se fazia, se produzia ali mesmo no momento da troca com seus parceiros e educadores em torno da alfabetização, naquele 16 de dezembro de 1990. Ela tinha claras as condições adversas e seu analfabetismo da leitura e da escrita tanto quanto as que estava adquirindo no ato de discutir o hoje, calcado no ontem, com esperança no amanhã. Politizava-se mais, no momento em que conhecia mais.

Incentivava outras mulheres a procurarem a escola, independentemente da vontade de seus pais, maridos ou filhos, das discriminações de classe, sexo, idade e de onde quer que tivessem nascido. Os participantes do encontro vibravam, sentindo-se homens e mulheres que se faziam cidadãos.

Pioneiro na compreensão da educação de adultos como um ato que respeita a oralidade e a *leitura do mundo* adquirida pelos anos vividos na sociedade e desses fatos partindo para suas superações, Paulo ousou também na organização de um evento desta natureza. Participava silencioso do congresso, testemunhando a satisfação de sujeitos que se iniciavam num duplo processo de conhecimento: saber a palavra escrita e saber que poderiam saber mais. Ali estava como secretário, mas sobretudo como um educador cuja utopia é a alfabetização que conduz à *leitura da palavra* e do mundo.

Quero enfatizar que o I Congresso de Alfabetizandos foi o único até hoje realizado nas histórias da educação do Brasil e do mundo. Foi organizado pelo Movimento de Alfabetização de Jovens e Adultos (MOVA) e pelo Programa de Educação de Adultos da Diretoria de Orientação Técnica (EDA-DOT), órgãos da SMED/SP, em colaboração com o Fórum dos Movimentos Populares de Alfabetização da Cidade de São Paulo, integrado por 57 entidades. Com o evento se pretendia, sobretudo, estreitar os vínculos entre os alfabetizandos como cidadãos, aprofundar os debates em torno do analfabetismo e alfabetizandos e apresentar as atividades dos alfabetizandos do MOVA e do EDA.

O MOVA é muito mais do que um Movimento de Alfabetização de Jovens e Adultos. Paulo o concebeu e desenvolveu como uma educação popular de alfabetização e pós-alfabetização político-ideológica-epistemológica, quando ia se tornar secretário de Educação da Rede Municipal de São Paulo, segundo concepções sugeridas pelo educador popular e amigo pessoal Pedro Pontual.

Lembro-me de quando, antes de Paulo tomar posse, Pedro nos visitou e o desafiou a pensar como poderia ser inovada e inovadora a educação de adultos. Eu diria, com minhas palavras e minha compreensão sobre esse assunto, que os dois refletiram em torno de como vinha sendo a educação de adultos através dos tempos brasileiros – preponderantemente assistencialista, autoritária, discriminatória e elitista, marcada pela inferioridade intrínseca do/a analfabeto/a. Diria que no diálogo entre os dois o que chamou mais a atenção de Paulo foram alguns pontos da sua própria *compreensão de educação*: a dialeticidade e dialogicidade no ato de educar para a libertação, para a concretização da autonomia, da cidadania.

Assim, acreditando no/a outro/a abrindo-se às participações dos grupos populares organizados, estes se responsabilizariam e assinariam, em nome das comunidades, como seus representantes e responsáveis, o acordo com a SME-SP. Esta ficaria responsável pela formação pedagógica do/a monitor/a e de pagar-lhes um pró-labore em valor equivalente ao salário de uma professora; pela orientação pedagógica do projeto e pela avaliação do processo de alfabetização. O MOVA tinha também como condição que a iniciativa das salas de alfabetização partisse da própria comunidade nas quais os seus indivíduos sentissem a necessidade e quisessem ler e escrever a palavra. A comunidade apresentava o seu "professor", o monitor, o homem ou a mulher de confiança, ou a líder do grupamento; enfim, o/a que tivesse acesso às ansiedades, necessidades, sonhos e preocupações dos alfabetizandos/as. O MOVA inaugurou, assim, sem dúvida nenhuma, um novo tipo de educação popular, de educação de adultos, no qual dialeticamente se envolviam alunos/comunidade/poder estatal organizado.

Sobre o MOVA, disse Paulo, em fins de 1989:

> Só muito dificilmente poderia negar a alegria, mesmo bem-comportada, que sinto hoje, como Secretário de Educação da Cidade de São Paulo, enquanto um entre os que pensam e fazem o MOVA-SP. A alegria de ser um dos que pensam e fazem o MOVA tantos anos depois de haver coordenado o Plano [Programa] Nacional de Alfabetização do MEC, em 1963, e que o golpe de Estado frustrou em começos de 1964.
>
> Sabemos, os educadores e educadoras que fazemos o MOVA-SP, da seriedade que um programa como esse exige de quem dele participa, não importa o nível de sua responsabilidade. Sabemos da competência, sempre provando-se, a ser posta a serviço do programa; sabemos também que um programa assim demanda clareza política de todos nele engajados e vontade política de quem se acha ao nível de decisão.
>
> A administração popular democrática de Luiza Erundina tem a vontade política indispensável à marcha do MOVA-SP. Nós garantiremos o nosso empenho para fazer as coisas certas, respeitando só Movimentos Sociais Populares com os

quais trabalharemos e buscando o apoio conscientemente crítico dos alfabetizandos, sem o qual fracassaremos.

O MOVA-SP tornou-se modelo de educação popular e de alfabetização de adultos para muitas das Secretarias de Educação de governos progressistas, que até hoje proliferam em todo o nosso território.[6] Considero, como especialista na história da educação brasileira, esta a forma histórica mais acabada, mais completa até hoje possível de alfabetização de adultos.

Após conhecer os resultados dos esforços de seu primeiro ano frente à SME-SP, Paulo escreveu este documento publicado no *Diário Oficial do Município*, de 13.3.1990, p. 37:

COMPARTILHANDO UM AVANÇO

Foi com alegria que recebi os resultados de promoção/repetência dos alunos do 1º Grau da Rede de Ensino Municipal, relativos a 1989. Quero dividir essa satisfação com todos vocês, através da divulgação destes resultados.

Em 1989, obtivemos o mais alto percentual de aprovação verificado nos últimos dez anos: 79,46%. Ou, inversamente, a mais baixa incidência de retenção no conjunto do 1º Grau em nossa rede (20,54%), no período de 1980–1989.

O quadro abaixo[7] e respectivo gráfico revelam a evolução da retenção por série e total no 1º Grau, no período indicado.

Apesar desse progresso na rede, apresentando declínio de retenção na 1ª e 5ª séries, nas quais tradicionalmente a expulsão dos alunos é mais acentuada como decorrência dessa reprovação, ainda continuamos com dificuldades. No ano passado, na 1ª e 5ª séries a incidência de reprovação foi, respectivamente, de 26,93% e 29,43%. Contudo, são esses os menores percentuais apresentados em uma década. Um outro modo de avaliar o significado destes resultados é pensar, por exemplo, no que teria acontecido se, em 1989, houvéssemos repetido o percentual de retenção no 1º Grau verificado em 1988. Nesse caso, no ano passado, cerca de 8.100 alunos a mais do que ocorreu de fato teriam sido atingidos pela reprovação.

Estudos mais detalhados estão sendo desenvolvidos em relação a estes resultados, focalizados agora segundo as diferentes áreas da cidade, componentes curriculares etc.

Quero felicitar os educadores desta rede pelo esforço não poupado, e desejar que no próximo ano o trabalho acumulado permita anunciar resultados bastante

---

6 Infelizmente existem também em nosso país programas de alfabetização com o nome de MOVA, entretanto sem respeitar os contornos epistemológicos, éticos e políticos desse Movimento traçado por Paulo e sua equipe, em 1990.
7 O quadro e o gráfico referidos não constam do original. Consultar *Diário Oficial do Município*.

mais animadores para todos nós, avançando na construção de uma escola democrática com uma nova qualidade.
Fraternalmente,
Paulo Freire.

Orgulhava-se do fato de, em sua gestão, diferentemente da prática usual após a abertura política, não ter havido nem sequer um dia de greve por parte dos/as professores/as e funcionários/as da Rede Municipal de Ensino de São Paulo. Apenas um dia "de alerta de greve", nos 29 meses em que foi secretário. Preocupava-se com todos os aspectos que envolviam os/as educadores/as da rede, desde os pedagógicos e políticos até os econômicos e sociais.

Assim, escreveu uma carta à prefeita Luiza Erundina, que traduz muito bem o seu senso de realidade com os problemas concretos do cotidiano,[8] aliado à sua linguagem poética e ao sonho de mudar o mundo através da democratização e valorização da educação e dos/as educadores/as. Assim, esta é uma carta na qual "briga", como ele dizia, por melhores salários dos/as professores/as:

Prezada Erundina. São Paulo, julho – 1990

Se há algo que não precisamos fazer, você e eu, é tentar convencer, você a mim, eu a você, de que é urgente, entre um sem-número de mudanças neste país, mudar a escola pública, melhorá-la, democratizá-la, superar seu autoritarismo, vencer seu elitismo. Este é, no fundo, seu sonho, meu sonho, nosso sonho.

A materialização dele envolve, de um lado, o resgate de uma dívida histórica com o magistério, de que salários menos imorais são uma dimensão fundamental, de outro, a melhoria de condições de trabalho, indispensáveis à materialização do próprio sonho. Entre estas condições, a possibilidade de trabalho coletivo para a efetivação da reorientação curricular e a formação permanente dos educadores e das educadoras, o que não se pode realizar a não ser mudando-se também o que se entende hoje por jornada de trabalho nas escolas.

De há muito estou certo e absolutamente convencido hoje de que, só na medida em que experimentarmos profundamente a tensão entre "insanidade" e a sanidade, em nossa prática política, de que resulta nos tornarmos autenticamente sãos é que nos faremos capazes de superar dificuldades só aparentemente intransponíveis que se nos apresentam na busca da concretização de nossos sonhos.

Na verdade, querida Erundina, é isso o que você vem sendo e é isso o que você vem fazendo ao longo de sua vida de militante, amorosa da verdade, defensora dos ofendidos, entregue sempre à boniteza doida de servir.

---

8   Sobre o cotidiano em Paulo, ler algumas considerações minhas no Capítulo 12 desta biografia.

O texto que se segue, de produção coletiva, amorosamente militante também, é uma espécie de grito manso,[9] de apelo, em busca da concretização de nossos sonhos.

Do amigo Paulo Freire.

Enfim, o trabalho de Paulo foi profícuo, "mudando a cara da escola", como costumava dizer. Reformou as escolas, entregando-as às comunidades locais dotadas de todas as condições para o pleno exercício das atividades pedagógicas. Reformulou o currículo escolar para adequá-lo também às crianças das classes populares e procurou capacitar melhor o professorado em regime de formação permanente. Não se esqueceu de incluir o pessoal instrumental da escola como agente educativo, formando-o para desempenhar adequadamente suas tarefas. Foram os vigias, as merendeiras, as faxineiras, os/as secretários/as que, ao lado de diretores/as, orientadores/as, professores/as, alunos/as e pais de alunos, fizeram do ato de educar um ato de conhecimento, elaborado em cooperação a partir das necessidades socialmente sentidas.

Durante a sua gestão, Paulo inaugurou 31 escolas municipais paulistanas entre as construídas, em maior número do que as reformadas[10] na sua gestão, todas dentro dos critérios de adequabilidade pedagógica e segurança pessoal para a comunidade. Todas foram entregues às populações locais – sem ter colocado nas placas comemorativas das inaugurações, em nenhuma delas, enfatizo, o seu nome como secretário de Educação de São Paulo.

Depois de ter delineado e implantado a política popular de "Mudar a cara da Escola", Paulo pediu a Erundina, em maio de 1990, para "voltar para casa": estava ávido por escrever e para ficar mais tempo comigo. Dizia querer lutar em "outra esquina" da vida por uma sociedade brasileira verdadeiramente democrática.

Nos fins deste mesmo ano de 1990, Paulo dizia abertamente entre seus auxiliares que desejava voltar a escrever, que sua cabeça e coração pulsavam no sentido de comunicar sua nova práxis educativa, a notícia se espalhou pela Rede, e muitos diziam: "Fique, professor Paulo Freire." Paulo atendeu novamente ao pedido.

Nas duas tentativas de Paulo de se afastar da Secretaria Municipal de Educação (SME-SP) para voltar a escrever, tanto a prefeita como grande parte da Rede Municipal pediam insistentemente para ele ficar. Lembro-me de um dia em que Erundina chamou-me para ir almoçar com ela e a secretária da Cultura, Marilena Chauí, no dia 15 de maio de 1990, na sede da prefeitura, à

---

9   Expressão que foi aproveitada por educadores argentinos para nomear um livro, *El grito manso*, de Paulo, publicado pela Siglo XXI da Argentina.
10 Essas informações foram por mim solicitadas e gentilmente fornecidas pela professora de Museologia Rosângela Castelo Branco Morales, do Memorial do Ensino Municipal da SME-SP; com a participação da professora Sidoni Chamoun, da Memória Técnica Documental, da SME-SP.

época ainda no Parque do Ibirapuera, para pedir que eu as ajudasse na tarefa de convencer Paulo a permanecer como titular da pasta da Educação até o fim daquela gestão. Na verdade, ele não deixou os/as educadores/as nem abandonou a prefeita, mas de fato os assistiu até o último dia do Governo Democrático, mesmo quando fora da SME-SP.

Sem ter se arrependido de ter aceitado o convite, sobretudo por ter realmente mudado a "cara da escola", por tê-la tornado verdadeiramente popular ao ter dado as diretrizes e as táticas para fazê-la mais democrática, Paulo pediu de novo a sua demissão a Erundina depois de 29 meses de atuação ousada e prudente, marcadamente inovadora.

Em 16 de maio de 1991, tendo Lisete Arelaro ao seu lado, Paulo reuniu os funcionários da SME-SP e anunciou que estava "voltando para casa" para escrever livros, para trabalhar em "outra esquina" da luta político-pedagógica.

Na manhã do dia 27 de maio de 1991, Paulo escreveu uma carta de despedida "Aos Educadores e Educadoras, Funcionários e Funcionárias, Alunos e Alunas, Pais e Mães". Esta carta de despedida está transcrita, integralmente, no livro organizado por mim e Erasto Fortes, *Direitos humanos e educação libertadora*, nas páginas 331 a 334.

Com uma linda festa no Teatro Municipal de São Paulo, na noite de 27 de maio de 1991, Paulo recebeu muitas homenagens e despediu-se de seu cargo de secretário. Sua saída foi oficializada pela prefeita, que o "exonerou a pedido" através da Portaria n. 180, desse mesmo dia de 27/5/1991 publicada no *DOM* de 28 de maio de 1991. Sucedeu-lhe o professor Mario Sergio Cortella[11] que, com sua marca pessoal, continuou o trabalho político-pedagógico de Paulo.

Na gestão verdadeiramente democrática como jamais tinha conhecido a cidade de São Paulo, Paulo deu provas de que os trabalhos em colegiados, que promoveu e coordenou, quer de educadores/as e pessoal de apoio quer de pais e mães de alunos/as, que assim determina o estreito entendimento da Secretaria da Educação com a comunidade, levam à responsabilidade coletiva e à reinvenção de uma sociedade mais aberta e mais democrática, que dialetica-

---

11 Sucedendo Paulo na SME-SP, o Prof. Mario Sergio Cortella foi nomeado como secretário municipal de Educação da cidade de São Paulo pela prefeita, através do Título de Nomeação n. 18, de 27/5/1991, publicado no *DOM* em 28/5/1991. Ocupou, portanto, o cargo de 28/5/1991 até o último dia do mandato da prefeita, em 31/12/1992. Nesse mesmo dia, consta a sua exoneração do cargo de chefe de Gabinete da SME-SP através da Portaria n. 181, de 27/5/1991, publicada no *DOM* de 28/5/1991. O Prof. Mário Sérgio Cortella tinha sido assessor especial da mesma Secretaria, empossado pelo Título de Nomeação n. 5 de 6/2/1990, publicado no *DOM* de 7/2/1990 e exonerado pela Portaria n. 56, de 6/2/1990, publicada em 7/2/1990 para exercer o cargo de chefe de Gabinete na gestão de Paulo Freire. Mário Sérgio Cortella ocupou também o cargo de secretário geral do Conselho Municipal de Educação, nomeado em 8/1/1989, publicado no *DOM* de 10/1/1989.

mente se reflete na dinamização dos órgãos de decisão, no ato de educar, de instruir os alunos e alunas com mais eficiência, adequação e justiça.

Suas decisões políticas, nascidas de sua própria teoria e de suas práxis de educador pelo mundo – não seria exagero dizer *do* mundo – como também nascidas das práxis educativas das pessoas da equipe técnico-pedagógica que o assessorou com fidelidade e lealdade, receberam o apoio incondicional e irrestrito da então prefeita Luiza Erundina de Sousa. No fim de seu mandato foram seus assessores e colaboradores mais diretos, aos quais devo um preito de gratidão: Mário Sérgio Cortella, Lisete Arelaro, Ana Maria Saul, Antonio Carlos Machado, Cecília Guaraná, Vera Lúcia Vieira, e todos/as os/as coordenadores/as dos dez Núcleos de Ação Educativa (NAE) que atuavam nas várias instâncias desse órgão educacional. Por fim, quero acrescentar os meus agradecimentos a Iraci Ornelas, sua cuidadosa e eficiente assistente, e todo o pessoal de apoio e todos os/as professores/as, que traduziram não só a vontade do secretário, mas também as necessidades e sonhos das comunidades. Juntos, todos em colaboração recíproca mudaram "a cara da escola" marcando, indelevelmente, a educação da rede de ensino do município de São Paulo.

Congressos e Encontros[12] foram realizados pela Secretaria Municipal de Educação (SME) de São Paulo, na gestão de Cortella, gerados e inspirados na *compreensão de educação* de Paulo, dando prosseguimento ao processo dialógico do ato de educar, por ele iniciado, mas sempre com a compreensão e iniciativa daquele educador. Desde o início da organização desses eventos, fizeram-se dezenas de reuniões onde se discutiram projetos e ideias. Expediram-se boletins informativos e comunicados. A intenção dos eventos era partilhar a emoção, o trabalho e as invenções do então ensino municipal.

Os objetivos do I Congresso Municipal de Educação – o primeiro de que se tem notícia com as características, as dimensões e a natureza desse congresso, realizado de 1º a 4 de outubro de 1991 – eram os de "ampliar a discussão dos princípios político-educacionais da SME; discutir temas básicos ligados à educação nacional; oportunizar mais um momento do processo de formação permanente dos educadores; registrar e divulgar os avanços da ação pedagógica das escolas municipais; propiciar discussão de experiências diversificadas nas diferentes áreas de atuação da escola pública da rede municipal".[13]

O I Congresso contou com seis mil inscritos [sete mil presenças] – educadores, funcionários, pais e alunos da Rede Municipal e convidados de outras instituições. Realizaram-se simpósios, mesas-redondas, relatos das práticas, grupos temáticos, mostras de material pedagógico e eventos artísticos. Durante essas sessões, diurnas e noturnas, refletiu-se sobre a relação da educação com:

---

12 Cf. em *À sombra desta mangueira* as notas n. 7 e 8, de minha autoria, as quais, com pequenas alterações, estão aqui transcritas.
13 Publicação oficial da SME-SP (p. 5).

liberdade, democratização, conhecimento, compromisso do educador e com a política nacional de educação de jovens e adultos. Também se discutiram, dentre outros temas, a suplência de 1º grau, a interdisciplinaridade, a educação infantil, a gestão democrática, planejamento urbano e educação, avaliação e a questão da mulher como trabalhadora na educação. Em grupos temáticos, as cem escolas inscritas apresentaram sugestões quanto ao período integral, alfabetização e educação infantil, uma nova qualidade de ensino, a sala de aula, direitos humanos e relações sociais, a matemática e a informática. Foram feitas apresentações dos alunos de arte, conjunto de flautas, coral, dança, fanfarra e teatro.

Dando continuidade a esse processo, de 11 a 15 de agosto de 1992 foi realizado o II Congresso, no Palácio das Convenções Anhembi, em São Paulo. Alguns eventos realizaram-se na área dos Núcleos de Ação Educativa. Os NAE, dez regiões administrativo-pedagógicas, eram a base da secretaria e foram implantados por Paulo em substituição às delegacias de ensino, antigas e inadequadas nomenclaturas e formas de entender a educação, de caráter mais fiscalizador do que orientador.

O evento contou com a participação de sete mil pessoas ligadas à SME e convidados de várias instituições. Aprofundando a questão educacional, o II Congresso teve como objetivo o debate sobre: educação e cidadania; as relações de poder no âmbito da escola; o papel dos conselhos municipais, estaduais e federal de educação; experiências desenvolvidas no âmbito federal e estadual; propostas pedagógicas alternativas; direitos humanos, violência, marginalização e direito à escola.

Nas diversas sessões foram debatidas questões como currículo, projeto pedagógico na escola de educação infantil, formação do magistério, relações de poder na escola, orientação sexual, o curso noturno, o Estatuto da Criança e do Adolescente e a nova Lei de Diretrizes e Bases da Educação. Também foram tratadas propostas interdisciplinares para as várias disciplinas do currículo. Foram expostos materiais produzidos por alunos e professores: maquetes, livros, fotos, cartazes, produções artísticas e softwares. As exibições de vídeo e as apresentações artísticas mostravam a face alegre da escola que Paulo procurou imprimir à Rede Municipal de São Paulo.

Também merece ser mencionada a realização de dois encontros de pais, inspirados na compreensão de educação de Paulo, que nos anos 1950 os promovia em Recife, em seu trabalho nas escolas do SESI. O I Encontro Municipal de Pais realizou-se em 14 de dezembro de 1991, com objetivo de fortalecer os conselhos de escolas e promover integração entre os pais, professores, funcionários e alunos. Ao final do evento foi proposta a realização de novos encontros, a instituição de Grupos de Formação de Pais e de colegiados de representantes dos conselhos de escola.

O II Encontro Municipal de Pais ocorreu no dia 4 de julho de 1992 e contou com um envolvimento ainda maior de pais e educadores. No documento final foram propostas, entre outras coisas, a criação de jornais, boletins e murais para serem veiculados sobretudo em dias de reunião de pais e mestres, a criação de grupos de estudos sobre os direitos e deveres da segurança, a integração do aluno marginalizado, a ampla divulgação do novo Regimento Escolar e reuniões permanentes de pais e mestres (*Entre Conselhos*, nov./92).

Esses quatro eventos levaram inequivocamente a "marca de Paulo", que, já afastado da secretaria, havia sido impressa na Educação e na Rede Municipal de São Paulo, com prioridades entre as quais: *a democratização da gestão, a política de educação de jovens e adultos, a democratização de acesso e uma nova qualidade do ensino.*

De 1º de janeiro de 1989 a 27 de maio de 1991, Paulo se dedicou, exclusivamente, a "mudar a cara da escola". Para organizar uma escola pública de qualidade, popular e democrática. Apesar disso, de todo o esforço e sucesso que Paulo obteve com o seu trabalho na SME-SP, a mídia paulistana escrita não o poupou, como não poupa quaisquer homens ou mulheres de esquerda desse país, que por isso mesmo lutam para incluir as camadas populares na sociedade. Ou o atacam profissionalmente e ou nas suas posturas pessoais.

Muito continuadamente, essa imprensa escrita de São Paulo tinha algum comentário pouco ou nada elogioso sobre a atuação de Paulo e de sua equipe. Censuras porque Paulo declarou que orientaria as professoras para não marcarem a correção dos trabalhos dos alunos/as com lápis vermelho; porque o secretário não queria assinar acordos com o Fundo Monetário Internacional (FMI); porque alguma professora tinha sido vista em carro oficial etc. Ou ainda censuras por coisas que jamais tinham acontecido ou sido pensadas por ninguém responsável pela SME-SP.

Sobre essa falta de seriedade profissional, Paulo desabafou a um amigo:

São Paulo, 2 de março de 1990.

Meu prezado Vern [Simula],

Neste momento em que eu estava escrevendo esta carta, lendo a sua, você nem pode imaginar quão importante ela foi para mim. Sua carta me apanha quando eu estive, durante mais de 15 dias, intensamente criticado pela e através da imprensa. Os críticos me tratam de tal maneira que muitas vezes eu pergunto a mim mesmo se faz sentido continuar a despender o último tempo de minha vida sendo acusado de fazer o que eu não fiz.

Mas, ao lado disso, sua carta me fez feliz. Muito obrigado, muito mesmo.
Fraternalmente,

Paulo Freire

De outra feita, Paulo também sofreu com a falta de ética profissional com a qual foi atingido pelo jornalismo brasileiro. Em 1996, recebeu um jornalista da revista *Veja* – nada mais tinha a ver com ela mesma dos seus primeiros anos de publicação – que queria fazer uma reportagem sobre ele. Paulo o recebeu com sua habitual cordialidade e atenção, como, aliás, em todas as vezes nas quais ele foi solicitado a conceder entrevista de qualquer natureza, a qualquer pessoa, de qualquer ideologia ou nacionalidade. Entretanto, a intenção da revista/jornalista, pareceu-nos após a leitura da matéria publicada, era tão somente a de produzir algo de cunho sensacionalista. Depois da publicação, tanto a revista quanto Paulo receberam cartas de repúdio e de apoio, respectivamente, de inúmeros amigos, intelectuais,[14] alunos, correligionários e leitores. Mesmo assim, foi um pequeno resumo dessa matéria que a mesma *Veja* publicou dando a notícia de morte de Paulo,[15] em maio

---

14 Transcrevo a carta de Mário Sérgio Cortella sobre a matéria, datada de 29/5/1996: "Ilmo Sr. MÁRIO SÉRGIO CONTI. D.D. Diretor de Redação *Veja*. Fax: (011) 877 1640. Na edição 1046 de *VEJA* pude ler, com muita satisfação, o Perfil do educador Paulo Freire laborado pelo sempre competente Geraldo Mayrink. No entanto, pelo fato de conviver com Paulo Freire há bastante tempo e, demais, por ter sido seu Chefe de Gabinete e, depois, com imensa honra, seu sucessor à frente da Secretaria Municipal de Educação de São Paulo durante a Gestão Luiza Erundina, não posso deixar de fazer três observações: 1) De acordo com a matéria, ele, 'segundo uma avaliação geral, despediu-se do cargo sem que ninguém sentisse falta'. Isso não é verdade; todo o trabalho desenvolvido na educação municipal paulistana de 1989 a 1992 – avaliado como extremamente positivo pela própria mídia, pela população e, até, pela oposição – contou com sua decisiva, democrática e imprescindível orientação. 2) Diz o texto que Paulo Freire 'almoçava rigorosamente em casa, para espanto de seus assessores'. Ora, nenhum dos componentes de sua equipe direta poderia espantar-se com algo saudável e desejável, sobretudo porque ele residia a menos de 2.000 metros da sede (sem cozinha/refeitório) da Secretaria e, obviamente, seria quase o mesmo que se deslocar até um restaurante. 3) O texto passa uma ideia de suposto descompromisso de Paulo Freire ao afirmar que ele 'uma vez encerrou subitamente uma reunião às 5 da tarde anunciando que ia ao cinema com a mulher' e que abandonou 5 mil pessoas no estádio do Pacaembu dizendo 'Não estou com vontade de falar'. Na verdade, nunca ele encerrou reunião alguma com o argumento de que iria ao cinema e, mesmo que o fizesse, sua equipe compreenderia essa atitude vinda de alguém que, como ele, dedicava a quase totalidade de seu tempo (noites e finais de semana incluídos) ao serviço público. Quanto ao ocorrido no Pacaembu, sua dificuldade em falar naquele encontro deveu-se a uma súbita indisposição de natureza médica. Espero ter contribuído para uma maior clareza dos fatos, principalmente tratando-se de alguém que, como tão bem evidencia o conjunto da matéria da *Veja*, tem uma importância radical na Educação do nosso século. Mário Sérgio Cortella. PUC-SP. Secretário Municipal de Educação de São Paulo (1991-1992)."

15 Em 12 de maio de 1997, o mesmo professor da PUC-SP e sucessor de Paulo na SME-SP, escreveu nova carta ao mesmo diretor de Redação da *Veja*: "Em maio do ano passado enviei um fax para V.Sa. (do qual foi gentilmente acusado o recebimento) buscando esclarecer alguns tópicos relativos a um perfil do educador PAULO FREIRE elaborado por Geraldo Mayrink na edição 1.046 da *VEJA* (na seção Memória, assinada por Mário

de 1997, o único órgão de imprensa, devo registrar nesta biografia, em todo o mundo, que não foi elogioso e respeitoso acerca de sua pessoa, de sua obra e de sua práxis.

Sabino), os fatos por mim contestados são reapresentados sem qualquer modificação. Não me considero, evidentemente, uma fonte privilegiada de *Veja*; no entanto, no que se refere às situações mencionadas, meu testemunho poderia ter sido invocado para que os mesmos equívocos não fossem recorrentes. Assim, remeto novamente o fax anterior. Atenciosamente, Mario Sergio Cortella." Pelo mesmo motivo, pela diretoria da Editora Vozes, o frei Vitório Mazzuco, OFM, escreveu em 12 de maio de 1997 a seguinte carta ao Sr. Mário Sérgio Conti: "Quero manifestar o nosso repúdio à opinião de Mário Sabino sobre o educador Paulo Freire. Fácil é criticar um educador morto, difícil é assumir suas ideias vivas. O Sr. Sabino é corajoso e ousado como jornalista, mas morreu com sua opinião sem deixar nada para a formação de nosso povo e para os leitores desta revista. Atenciosamente Frei Vitório Mazzuco, OFM". Ainda tenho uma terceira carta de repúdio ao Sr. Mário Sérgio Conti sobre esse mesmo fato: "É lamentável a falta de profissionalismo na nota sobre Paulo Freire na última edição (14/5). Para começar não foi a 'esquerda' que perdeu Paulo Freire. Foi a educação, a inteligência brasileira, o pensamento crítico mundial. Mencionar num obituário episódios tão fugazes (aliás inverídicos) em sua passagem pela Secretaria de Educação é atestar absoluto desconhecimento da natureza da seção. Encaminhamos em anexo o obituário de Paulo Freire publicado no *New York Times* (6/5/97, p. D/23). Paulo Freire era um *político* enquanto educador envolvido com seu tempo. Foi um (bom) *administrador* enquanto membro de um partido comprometido com a transformação social de seu país. Mas Freire era sobretudo um *pensador*. Portanto, ter 'apenas alguns de seus princípios' como diretriz de um exército de milhões de trabalhadores de educação é privilégio que tiveram poucos intelectuais deste mundo. Referi-lo como 'sem método' é ignorar a essência de sua obra, acessível em qualquer das três dezenas de títulos de livros. Mais do que seu método, é sua filosofia da educação que está em aplicação nos cinco continentes. É isto que estamos procurando documentar e divulgar no *Projeto Paulo Freire em Ação*, com participação de George Stoney, cineasta ganhador de Oscar e professor da New York University. *Veja* é irresponsável ao publicar uma matéria de um tal Mário Sabino, que mostra completo desconhecimento do personagem. Ignora por exemplo seus 35 títulos de doutorado (mais oito que não teve tempo de receber) que atestam o auge de seu prestígio internacional. Freire estava no auge de sua produtividade intelectual, escrevendo um livro atrás do outro. Um de seus projetos que mais o entusiasmava era voltar a lecionar em Harvard a partir de setembro deste ano. O que o Sr. Sabino não esconde é um velado preconceito contra nordestinos ao comentar um Paulo Freire com aparência de 'Santo de Cordel'. Preferia o Sr. Sabino um cabelo batidinho e look modernoso, ou uma imagem neutra/urbano--sulista? O tremendo carisma da figura de Paulo Freire estava absolutamente aquém da profundidade de seus ensinamentos. Freire (um paralelo a outros educadores importantes) estabelece bases de uma educação que será implantada massivamente no decorrer do 3º milênio. Aliás, pela 2ª vez, *Veja* credita a Freire o reconhecimento que 'educação não é a chave para transformação da sociedade' sem concluir o pensamento. Parece sobretudo uma obsessão de derrubar o pensador e sua razão de viver sem nada propor no lugar. Ao contrário, o estilo blasé da revista *Veja*, que se julga 'indispensável', opta em dar destaque a segredos de alcova de um presidente morto e enterrado há 20 anos. Julio Wainer, professor da PUC-SP."

Esta é uma das respostas de Paulo às mencionadas cartas de apoio recebidas por ele, quando da reportagem da *Veja*, em 1996:

Meu caro Antonio,

Muito obrigado por seu fax. Tenho recebido cartas, bilhetes, telefonemas solidários comigo em face de inverdades e malvadezas da matéria da tal Revista.

Não nos mudamos. Continuamos na mesma casa, mas fomos "inundados" pelo jornalista arquiteto e agora falo com minha mulher por interfone... E o pior, caro amigo, é que conversei por mais de uma hora com o "cara" sobre momentos diversos de minha prática político-pedagógica. Ele levou consigo um bom material mas que pouco lhe serviu para *perfilar-me*. Uma vez mais, a falta de ética, o desrespeito gratuito às pessoas.

Receba um abraço fraternal de

Paulo Freire
17/6/96

Ainda a imprensa do Brasil, o mesmo jornal que nos anos 1960 perseguiu Paulo e seu trabalho de Recife, de Angicos e, sobretudo, de Brasília publicou matéria que fez que um dos mais famosos educadores paulistanos, Paulo Nathanael de Souza, escrevesse esta carta a Paulo:

São Paulo, 8 de dezembro de 1988.

Caro Professor Paulo Freire:

Quem leu *O Estado de S. Paulo* de hoje não deve ter gostado da declaração a seu respeito, que me foi atribuída, assim curta e agressiva, pelo repórter, que ontem me telefonou. Também eu não gostei e me apresso em escrever-lhe este esclarecimento. Foi longa a conversa telefônica sobre sua pessoa e sua obra e é claro que o jornalista Pedro Zan deve ter a gravação, para confirmar o que lhe digo.

Não o conheço pessoalmente, mas conheço seus livros e a importância da sua atuação no campo educacional. Disse ao entrevistador do respeito que dedico a toda essa contribuição teórica, embora com ela não me alinhe, dadas as premissas diversas de que partimos para compreender a educação: as suas estão mais para o pensamento marxista e as minhas para o liberal. Todavia, deixei claro que suas colocações, além de muito consistentes, tendo em vista os referenciais teóricos de que se valem, têm prestado um inestimável serviço nas discussões da teoria educacional no Brasil. E lhe desejei boa sorte na Secretaria Municipal.

Como vê: o repórter isolou uma frase, que não deveria ter sido deslocada do conjunto da apreciação, e com isso invalidou a própria entrevista que fez, além de criar-me um constrangimento.

Sirvo-me do ensejo para renovar-lhe os meus respeitos, sem prejuízo da diferença das nossas posições ideológicas e formular-lhe os melhores votos de sucesso à frente dessa difícil Secretaria Municipal da Educação. Sei que vai precisar deles.

Atenciosamente,

Paulo Nathanael P. Souza.

Infelizmente para nós brasileiros/as, ainda temos muito no que caminhar no sentido de que a verdade prevaleça nas matérias jornalísticas. Tenho pelo menos um exemplo do oposto disso na postura de respeito, sem concepções a priori do jornalista James Brooke – que certamente não comungava das mesmas ideias e ideologia de Paulo –, do *New York Times*, famoso jornal de NYC, que publicou, em 28 de maio de 1989, notícia[16] sobre Paulo como secretário da SME-SP, da qual transcrevo alguns trechos:

Renascimento de projetos esquerdistas nas Escolas de São Paulo[17]

Vinte e cinco anos atrás, o mundo de Paulo Freire, como educador radical, desmoronou a seu redor.

Estando no lado oposto de um golpe conservador, o professor brasileiro então com 43 anos foi preso como subversivo e depois exilado durante 15 anos. Nas décadas de ditadura militar, suas teorias de educação famosas no mundo inteiro foram banidas no Brasil.

Um quarto de século depois, a barba de Freire tornou-se branca. Mas, aos 68 anos, ele fala com entusiasmo sobre seu novo cargo: Secretário de Educação do Município de São Paulo, o maior sistema escolar do Brasil.

"Queremos criar escolas onde questionar não seja um pecado", diz Freire em relação a seus planos para o sistema de São Paulo, que engloba 654 escolas e 550 mil alunos. "Não é pecado fazer-se um estudo da realidade do Brasil. Só uma pequena porcentagem das pessoas possui terras. A maioria não tem..."

---

16 Tradução de Marylene Pinto Michael.
17 Na edição da mesma matéria do jornal para distribuição em "Wash–Bost", de 29/5/1989, a manchete foi alterada de *"plan"* (plano) para *"plot"* (conluio, conspiração, intriga, trama). Na ocasião, João Ferreira Pinto, brasileiro e amigo meu e de Paulo, residente nos Estados Unidos, escreveu a James Brooke, dizendo do tom de ambiguidade com o qual Paulo foi tratado na republicação da mesma matéria. O jornalista norte-americano, *desculpando--se*, respondeu informando a Ferreira Pinto que as manchetes não eram redigidas pelos repórteres autores das matérias, que, assim, a mudança da palavra certamente teria sido uma decisão do editor responsável pelo jornal local.

Durante o exílio de Freire, suas teorias se tornaram mais conhecidas no resto do mundo que em seu país... Sua ênfase com relação ao despertar da consciência foi adotada no Brasil pelos defensores da "teologia da libertação", uma filosofia cristã que encoraja os pobres a buscarem justiça social, além da salvação pessoal. "Queremos passar para os alunos uma compreensão crítica e não apenas transferir-lhe um bloco de conhecimentos." "O governo militar cuidou mal das escolas públicas", ele disse. "Consertamos 4 mil carteiras. No início do segundo semestre escolar, em junho, 50 das escolas em pior estado estarão reparadas." Deplorando a "mania de inaugurar e depois abandonar" dos políticos brasileiros, Freire propôs-se a consertar e manter em vez de construir... Crente convicto da participação comunitária, Freire quer criar escolas "democráticas" nas quais alunos, professores, pais, funcionários de sua administração e operacionais discutirão meios de tornar as escolas lugares "mais felizes, mais abertos".

Por fim, gostaria de registrar nesta parte da biografia de Paulo as comemorações *in memoriam* dos seus oitenta anos de idade, levadas a efeito em toda a Rede Municipal, por determinação do Comunicado 17, de 18 de junho de 2001, publicado no *Diário Oficial do Município* de 19/6/2001, pelo então secretário Municipal de Educação Fernando José de Almeida, que comunica a realização de eventos em homenagem a Paulo Freire, através de: Exposição itinerante; palestras; trabalhos das unidades escolares sobre suas práticas; relatos de práticas; encontros regionais; produção de materiais que trabalham a Pedagogia freireana, no período de agosto a outubro de 2001. A Comissão organizadora foi assim definida: "Professor Fernando José de Almeida, Professora Ana Maria Freire; Professora Ana Maria Saul; Professor Antonio Fernandes Gouvêa da Silva; Professora Olgair Gomes Garcia; Professora Maria Nilda de Almeida Teixeira Leite;[18] Professora Maria Filomena de Freitas Silva; Professora Sandra Grecco e os Representantes dos NAEs."

Para encerrar essas comemorações, houve uma sessão solene no Parque Anhembi, no dia 8 de outubro de 2001, com a presença e as palavras dedicadas a Paulo da prefeita Marta Suplicy, do secretário Prof. Dr. Fernando Almeida, do ex-secretário Mario Sergio Cortella, e de toda a comissão dos eventos, acima citada, com a presença entusiasmada e saudosa de mais de três mil professores/as da Rede Municipal de São Paulo.

---

18 Esta educadora e coordenadora dos NAEs foi uma das maiores entusiastas, e colaborou com Paulo enormemente. Faleceu em 2023. A ela, minha gratidão pela amizade que nutriu por mim e por Paulo.

No Partido dos Trabalhadores (PT)

Quando Paulo visitou o Brasil em 1979, antes de seu retorno definitivo, conheceu o projeto para a formação do PT. Entusiasmou-se ao ver que uma de suas ideias fundamentais, a necessidade da organização popular, estava tomando corpo. Corpo num partido político surgido dos movimentos sociais que a ditadura não conseguira sufocar e que seria peça fundamental na necessária e verdadeira democratização do país.

Aderiu ao projeto nos próprios dias que aqui permaneceu "reaprendendo o país" ao conhecer a sua orientação: o diálogo para a formação dos consensos necessários a transformar nossa sociedade no sentido de que todos e todas pudessem *dizer a sua palavra*. Sentiu que o PT seria o partido ao qual gostaria e precisava pertencer, constatação que continuou dizendo até o fim de sua vida: "O PT é o

Mesa de trabalho do Partido dos Trabalhadores composta por Luiz Gushiken, Lula e Paulo.

único partido político ao qual me filiei e a nenhum outro do mundo me incluiria." Entretanto, é importante assinalar: Paulo vem sendo um homem respeitado por todos os partidos políticos do Brasil. Ele é de fato um homem suprapartidário, mesmo que sempre tenha dito publicamente sua opção político-partidária.

Foi um dos seus fundadores, apesar de não estar no país na data oficial de sua abertura.

Na Ata da Reunião Nacional de Fundação do Partido dos Trabalhadores, realizada entre os dias 31 de maio e 1º de junho de 1980, no Instituto Sedes Sapientiae, em São Paulo, consta que[19] esse encontro aprovou o Programa e o Estatuto do Partido, referendou o Manifesto de Lançamento aprovado em 10 de fevereiro no Encontro do Colégio Sion e elegeu a Comissão Diretora Nacional Provisória, conforme a Lei Orgânica dos Partidos Políticos, que teve como atribuições solicitar o registro provisório do PT até a Convenção Nacional.

Como fundadores ao lado de Paulo, entre outros, destaco: Apolônio de Carvalho (ficha n. 1), Eduardo Matarazzo Suplicy, Lélia Abramo, Luiz Inácio (Lula) da Silva, Luiz Dulci, Nilmário Miranda, Olívio de Oliveira Dutra, Osmar Santos de Mendonça, Paul Singer e Perseu Abramo.

Paulo morreu acreditando, como dizia, que o PT "tem as possibilidades de traduzir os sonhos, as utopias pelas quais lutei toda a minha vida e sofri

---

19 Informações gentilmente prestadas por Maria Alice Vieira, do Núcleo de Documentação do PT.

quase 16 anos no exílio. A utopia de fazer um Brasil mais sério, mais bonito e mais justo, verdadeiramente democrático".[20]

Paulo foi o primeiro diretor-presidente da Fundação Wilson Pinheiro, que nasceu no bojo do PT.

Quando Luiza Erundina se candidatou novamente para as prévias dentro do Partido dos Trabalhadores, em 1996, para ser indicada como candidata ao mesmo cargo de prefeita da cidade de São Paulo, que já ocupara, Paulo enfatiza a sua crença no PT e na pessoa com a qual trabalhou como secretário da educação:

> Feliz do partido político de cuja prática interna faz parte o debate para a escolha de candidatos a postos majoritários. A experiência democrática se robustece, cresce, se consolida em práticas em que a defesa de princípios, de ideias, de posições, de propostas se faz fundada no respeito à verdade, no respeito à pessoa dos outros.
>
> A prática política do debate interno e da escolha pelas bases de quem se apresentará aos eleitores como candidato ou candidata ao posto majoritário se faz também eminentemente pedagógica. Ela torna óbvia aos militantes a sua importância no destino do partido cujos caminhos não devem ser escolhidos e determinados apenas pela liderança. Mais ainda, termina por gerar um clima demandante de seriedade, de simplicidade, de coerência, em que a competência de cada um deve ser exposta sem arrogância e autossuficiência mas com humildade e modéstia, qualidade no fundo necessária à prática progressista.
>
> O Partido dos Trabalhadores, de que me orgulho de ser militante-fundador, vem sendo um partido assim, com seus erros, com seus acertos, com suas inseguranças.
>
> O PT é um partido de mulheres e de homens e não de anjos, que não fazem política.
>
> A escolha fácil de ser realizada pela pessoa progressista e coerente com a sua opção é a que se faz entre antagônicos – direita e esquerda – por exemplo, e não entre puros diferentes, mas iguais na diferença.
>
> Prefiro Luiza Erundina não porque Tereza Lajolo e Aloizio Mercadante sejam neoliberais, incoerentes ou incapazes. Lajolo e Mercadante são tão progressistas quanto Luiza e de cada uma delas como de Mercadante posso discordar adverbialmente, mas não substantivamente. Afirmamo-nos todos na mesma luta contra esse fatalismo cínico e "morno" dos neoliberais a que, diante da miséria, do desemprego, da dor funda dos famintos, da saúde subtraída às classes populares, da educação a elas também subtraída, simplesmente dizem: "É triste, mas a realidade é assim mesmo." A realidade só não é assim mesmo quando o

---

20 Veja nota 34, Capítulo 22, sobre o tema.

interesse diretamente em jogo é o das classes dominantes. Aí o fatalismo neoliberal desaparece e o mundo pode ser mudado.

Prefiro Erundina porque, tendo trabalhado com ela, nela percebi, no seu testemunho diário, a certeza que a sustenta e a tonifica de que é possível *mudar*, de que é *difícil*, mas é *possível mudar* o mundo.

Mudar o mundo não é sonho impossível de figuras estranhas, espécies de mal-assombrados históricos, falando discursos descompassados, perdidos por aí. Mudar o mundo é tarefa de *gente* insubordinada e rebelde em cuja luta à procura da justiça se vai tornando revolucionária. Erundina é assim.

Mudar o mundo é tarefa de *gente* amorosa, sonhadora e solidária. *Gente* que não tem medo da novidade e que não se agarra alienadamente ao passado. Erundina não tem medo de sonhar e brigar por seus sonhos. Administrando a cidade de São Paulo, Erundina mostrou que sabe brigar por eles, os sonhos. Erundina quer mudar o mundo, mas jamais se pensou dona da verdade da mudança.

Com ela, na minha experiência de auxiliar seu, confirmei o valor da competência humilde que indaga, que pergunta, que duvida, que aceita a crítica, que incorpora a sugestão.

Meu voto é seu.

Paulo Freire
São Paulo, fevereiro, 1996.

Vice-presidente, ministro da Educação, senador

No jornal *Diário da Região*, de Ribeirão Preto, sexta-feira, 13 de dezembro de 1989, n. 11.848 – ano 40, tem a seguinte manchete: "Freire diz que PT está pronto para governar e admite ser um ministro". Destaco da matéria duas passagens:

O educador Paulo Freire, ao se reunir com professores e estudantes ontem em Ribeirão Preto, admitiu que pode ser ministro de Lula e declarou:

"Nós do Partido dos Trabalhadores sabemos governar – estamos prontos para governar e vamos governar", afirmou ontem o educador e atual secretário Municipal da Educação de São Paulo – Paulo Freire. Na opinião do educador premiado e conceituado na comunidade educacional estrangeira e admitindo a possibilidade de vir a ser ministro, "se questões educacionais, como todas as outras no país, serão equacionadas de forma completa e séria pelo governo Luiz Inácio Lula da Silva, se ganhar o 2° turno das eleições presidenciáveis".

Ontem, Paulo Freire esteve debatendo com universitários estudantes do Magistério e 2° grau – no auditório do Instituto de Educação Monsenhor Gonçalves. O secretário da Educação colocou as questões da Universidade voltada para a classe trabalhadora, além de abordar a importância da participação do jovem na vida pública do país, "crítica e consciente – sem esquecer sua formação científica", observou. Para que isso aconteça de forma ordenada, Paulo Freire enfatizou que os governantes devem priorizar o ensino público dando-lhe qualidade e objetividade.

Após o debate, o educador falou com a imprensa sobre a administração do PT em São Paulo e sobre as dificuldades encontradas pela sua Secretaria com relação à quantidade de escolas públicas que encontraram abandonadas pela administração anterior. "Só prometo não entregar as escolas públicas para o próximo secretário, assim como as encontrei", além disso, reiterou Freire, "pretendemos reformular os currículos das escolas públicas, mudando a sua cara – tornando-as democrática sem ser democratista, disciplinada sem ser autoritária".

QUESTÕES BÁSICAS

O educador, mesmo defendendo a intervenção do Estado na educação, valorizou a escola pública sem, no entanto, criticar as escolas privadas – defendeu em tese a proposta de municipalização do ensino como pretende o Governo Estadual – apenas como uma concepção democrática e não como uma forma de convênio, com o total abandono por parte do Governo Estadual, afirmou.

Paulo Freire – que ganhou notoriedade internacional quando criou um método pedagógico especial que leva o seu nome e que valoriza a crítica como temática do aprendizado – afirmou que os problemas educacionais do país são sérios, mas que, em Ribeirão Preto, não veio como representante da Comissão Nacional do PT que trata desses assuntos da educação.

Segundo o secretário Municipal da Educação de São Paulo, as questões nacionais deverão ser discutidas posteriormente porque não se sente autorizado a mencionar esses assuntos que envolvem questões nacionais, "não sou ministro de Lula, mas posso vir a ser convidado – aí, sim, poderemos conversar sobre o assunto", concluiu Freire.

Na agitação da campanha presidencial de 1989, surgiu entre alguns poucos petistas admiradores de Paulo a ideia de convidá-lo para compor a chapa com Lula, na qualidade de vice-presidente pelo Partido dos Trabalhadores. Ele não chegou a empolgar-se com a possibilidade do cargo e com o poder dele decorrente, mas aceitou orgulhoso: a proposta durou poucos dias e desapareceu quando José Paulo Bisol foi o indicado, oficialmente, para vice de Lula na chapa da "Frente Brasil Popular".

Quando, nesse mesmo ano de 1989, todo o país, ou melhor, a esquerda brasileira se preparava para uma vitória de Luiz Inácio Lula da Silva para governar o país, Paulo tinha, na verdade, aceitado ser o ministro da Educação do

Brasil, como fica claro no depoimento supracitado.[21] Não precisaria dizer quão grande teria sido a luta e a eficiência pedagógica e ética em prol de um ensino de qualidade social para todos e todas, nos seus mais diferentes níveis, graus e naturezas. Paulo abarcaria os imensos e mais distintos desafios de que precisávamos enfrentar (e continuamos mais ainda precisando hoje) para dar ao país a educação que poderia alavancar nossas possibilidades reais de desenvolvimento ético-político-social-humanista-educacional e econômico. Isto é, a práxis de Paulo seria voltada para as pessoas, as *gentes* e não para as exigências do mercado.

Na tarde dessas eleições, quando Lula concorreu com Fernando Collor de Melo, Paulo convidou-me para "passear de carro", para sentir o clima de euforia logo após o encerramento do horário eleitoral. Fomos para a Avenida Paulista, em São Paulo, local tradicional na capital paulista das comemorações ou contestações políticas. Paulo disse-me, imediatamente ao lá chegarmos, "sentindo no ar" e nas "torcidas organizadas" a vitória do candidato do Partido da Reconstrução Nacional (PRN): "Nita, perdemos as eleições! Vamos voltar para casa... tenho que telefonar a algumas pessoas..."

Voltamos tristes e decepcionados, e antes de ele fazer as ligações telefônicas, resolveu ver e ouvir pela televisão os prognósticos dos resultados finais pelas previsões da "boca de urna". Elas confirmavam a dolorosa suspeita. Lula e o PT perdiam as eleições, e a nação brasileira estava prestes a conhecer um dos seus períodos mais sombrios da história republicana.

Paulo fez quatro ligações a Lisete Arelaro, a Ana Maria Saul, a Mario Sergio Cortella e a Pedro Pontual e a todos dizia: "Nossa conversa de amanhã ficou adiada... talvez por mais 4 anos!" Ele não sentia o fato como uma derrota sua ou de Lula/Brizola ou do PT, mas da nação. Ele tinha sonhado com uma educação de qualidade que pudesse ajudar na concretização do projeto de fazer do Brasil um país para si mesmo em relação com a sociedade e o mundo, pois sabia e dizia que a educação sozinha não pode fazer a transformação social. Mas sem ela, a educação, nenhuma sociedade jamais faria (fará) a sua necessária transformação. Essa era uma de suas poucas certezas. Paulo sonhou em pôr toda a sua energia e sua capacidade ética, política e epistemológica a serviço dessa possibilidade viável. Desse inédito viável de que tanto precisamos. E continuamos sonhando e precisando, esse que foi o sonho maior de Paulo: democratizar o nosso Brasil! Livrarmo-nos dos clientelismos, dos elitismos, dos colonialismos, das corrupções, dos desprezos ao povo, dos apoderamentos das coisas públicas, do mito do "salvador da pátria".

---

21 "Ainda em nov. 1989, o PT anunciou uma lista com nomes de diversas pessoas, entre elas, Paulo Reglus Neves Freire, as quais deveriam fazer parte do 1º escalão do governo da FBP [Frente Brasil Popular], caso o candidato do partido fosse eleito presidente da República em 17 dez. 1989" (Certidão da ABIN, p. 22).

Dias depois, de próprio punho, como sempre, escreveu um bilhete a Lula, mas que não chegou a enviá-lo. Resolvi mandá-lo junto a uma outra carta por mim escrita em 19/9/2002, na data em que Paulo completaria 81 anos de idade, com a intenção de homenagear o meu marido e Lula,[22] e ajudar, caso os homens de marketing da sua quarta candidatura, considerassem pertinente:

São Paulo, 21/12/89

Meu caro Lula,

Gostaria de fazer chegar a você o meu abraço fraterno e, com ele, palavras de companheiro, carregadas de um misto de muito obrigado pela força, pela coragem, pela dedicação com que você lutou pela Democracia e pelos interesses maiores de nossa *gente*.

Valeu a pena viver o tempo que já vivi para ver um filho do Povo enfrentando a mentira, o engodo, a farsa, engajado na reinvenção de nosso país "sem medo de ser feliz".

Para você e Marisa, o carinho de Nita e meu.

Paulo Freire

Esta é a carta que escrevi a Lula para encaminhar este bilhete de Paulo:

São Paulo, 19 de setembro de 2002.

Lula,

Guardo e arquivo com o maior carinho e cuidado todos os manuscritos de Paulo: os tenho como preciosidades, que na verdade os são. Entendo, entretanto, que há exceções. Hoje estou lhe remetendo um original dele e me contentando com a cópia.

A forma bonita, sincera e simples com que ele escreveu esta carta (bilhete?) para você, muito possivelmente querendo consolá-lo pelo resultado de 1989, traz também a sua postura de humildade e profundo respeito por você: considerou não dever enviá-la. Poderia magoá-lo! Considerei que agora é chegada a hora de entregá-la: ainda há tempo dela marcando a presença de Paulo servir à sua campanha, se assim o desejar.

Certamente uma coisa ele acrescentaria nesta carta datada de 21/12/1989, se hoje a escrevesse: "Valeu a pena viver o tempo que já vivi para ver um filho do

---

22 Recebi no dia 26/9/2002, de Mônica Zerbinato, do Gabinete de Lula, o seguinte bilhete: "Prezada Nita Freire: Entreguei sua carta e o bilhete de Paulo ao Lula em mãos no próprio dia 19. Lula se emocionou muito e pediu para agradecer-lhe a homenagem que já está disponível no site <www.lula.org.br>. Obrigada e um forte abraço, Mônica."

Povo governando para o Povo também este maravilhoso país que é de todos e todas nós e não somente de alguns poucos."

Com o meu abraço.

Nita Freire

P.S. Paulo nasceu em 19 de setembro de 1921, faria, portanto, 81 anos de idade, de sabedoria e de compromisso. *Nita*.

Quando, no ano de 1994, Luiza Erundina se candidatou ao Senado, convidou Paulo para compor com ela a chapa, como vice-senador, pelo Partido dos Trabalhadores. Novamente o PT entendeu que deveria indicar uma pessoa de outro partido que fazia a composição política com o PT. Dessa vez Paulo se frustrou e o país perdeu um dos homens mais notáveis, que certamente teria contribuído com sua sabedoria ética, intuição epistemológica, inteligência sensível e capacidade de ação política para um caminho mais humano para a solução de tantos de nossos problemas, como representante do Estado de São Paulo na Câmara Alta brasileira.

Lembro-me, perfeitamente, da tarde em que Erundina, abatida, prostrada – acompanhada do médico sanitarista e amigo comum Eduardo Jorge, que tinha sido Secretário de Saúde de seu governo – desfez o convite, deixando o sonho esvair-se, testemunhando sua crença na competência ético-política de Paulo, numa explícita decepção com a qual lamentava a impossibilidade de ter sua candidatura ao lado da dela. Erundina sabia perfeitamente o que o Brasil estava perdendo porque conhecia profundamente o comportamento do seu também ex-secretário e mestre, Paulo Freire.

No Instituto Cajamar (INCA)

Para narrar a experiência de Paulo no Instituto Cajamar[23] e a própria origem do instituto, solicitei, em maio de 2005, a um dos seus fundadores, o animador e educador popular e depois colaborador de Paulo na SME-SP, Pedro Pontual, que redigiu o seguinte texto:

Em agosto de 1986 foi fundado o Instituto Cajamar como concretização do sonho de diversos dirigentes do movimento sindical e de outros movimentos so-

---

23 Na Certidão da ABIN, p. 1 e 2, estão elencadas organizações às quais Paulo esteve ligado: "fundador e presidente do Conselho Diretivo do Instituto Cajamar"; "membro e diretor--presidente da Diretoria Administrativa da Fundação Wilson Pinheiro"; "diretor da Fundação Maria Leonor Cunha Gayotto – São Paulo/SP; e membro do Grupo Mulher Educação Indígena".

ciais de construir um espaço de formação e debate capaz de prepará-los para intervir propositivamente diante dos complexos desafios daquele período de redemocratização do País, dentre os quais destacavam-se, de forma mais imediata, a Assembleia Nacional Constituinte e a possibilidade concreta do exercício de governos locais. Entre seus fundadores estava o atual Presidente da República Luiz Inácio Lula da Silva e diversos intelectuais orgânicos àquele projeto. Houve unanimidade entre seus fundadores de convidar a Paulo para assumir a presidência do Instituto com a forte expectativa de que ele pudesse dedicar parte do seu tempo à coordenação político-pedagógica daquela iniciativa pioneira do movimento dos trabalhadores no Brasil.

E àquela expectativa Paulo Freire respondeu com grande entusiasmo e empenho tendo participado da discussão das propostas de cursos e seminários, dos seus pressupostos metodológicos e da elaboração de diversos recursos pedagógicos que foram utilizados não só nas atividades do próprio instituto, mas também difundidos por todo o Brasil através dos educadores populares que ali tiveram um espaço privilegiado de formação.

O Instituto também foi um dos espaços em que Paulo Freire se encontrou e trocou experiências com diversos educadores populares do CEAAL (Conselho de Educação de Adultos da América Latina), rede latino-americana de ONGs fundadas em princípio dos anos 80 e que teve também a Paulo Freire como seu primeiro presidente.

Em 20.7.1995, Paulo escreveu "Aos participantes da Assembleia dos Sócios do Instituto Cajamar, de 21/7/95".

Motivos superiores à minha vontade me impossibilitam de estar aí com vocês, participando da importante reunião em que se tentará através da avaliação do que tem feito e tem sido o Instituto Cajamar, adequá-lo às novas condições histórico-sociais e políticas do país.

Pessoalmente, estou convencido de que o Cajamar, enquanto centro de formação, hoje, talvez mais do que ontem, deve lutar contra as teses centrais neoliberais, segundo as quais, com a "morte da História", com o "desaparecimento das classes sociais", de que resulta que certos conflitos, já não sendo de classe, se tornam puramente *individuais* com o "fim das ideologias", a educação, tornando-se absolutamente *neutra, apolítica,* não tem por que *desocultar verdades*, não tem por que conscientizar. Se já não há classes sociais dominantes nem classes sociais dominadas já não há por que falar em educação libertadora ou dominadora. Daí, então, que a única tarefa respeitável da educação, uma espécie de prática de resultados, seja a pragmática, isto é, a tarefa de "adestrar" técnica e cientificamente o educando. Daí que o discurso neoliberal insista na morte igualmente dos sonhos e das utopias. Insista na eficácia do *produto* sem a preocupação com o *processo*.

Gostaria, finalmente, de expressar o desejo de continuar prestando, quando possa e quando saiba, minha contribuição ao Cajamar, na perspectiva político-ideológica em que sempre me *achei*, a de um homem progressista, que não tem por que negar sua posição de esquerda.

São Paulo

Paulo Freire

Posteriormente, o Instituto Cajamar pediu para que Paulo respondesse algumas questões das quais transcrevo apenas uma parte:

Pergunta: Refletindo sobre a relação entre ação educativa e os processos organizativos dos movimentos sociais, perguntamos: Qual é a "postura pedagógica" de um instituto de formação dos movimentos sociais, como o INCA?

Resposta: Creio que, de forma simples, jamais simplista, podemos responder a esta pergunta.

O primeiro ponto a ser sublinhado é que a natureza formadora de institutos como o Cajamar recusa a sua redução a *centros* de *treinamento*, vale dizer, a centros fixados no adestramento para o uso de técnicas ou de destrezas. A natureza formadora de institutos assim implica a capacitação técnica, mas a ultrapassa.

Em outras palavras, percebe a capacitação técnica como um momento necessário da formação, abrangente e universal. Fazem parte desta dimensão abrangente a solidariedade, a abertura ao mundo, a amorosidade, o gosto da vida, o respeito à natureza de que somos parte, a compreensão de nós próprios como seres históricos, sociais e políticos.

O bom torneiro, deste ponto de vista, não é só o que sabe os saberes de seu ofício, mas o que se move crítico, amoroso e perspicaz, no domínio político da cidade. É o que respeita a margarida que aumenta a boniteza do jardim. O bom torneiro é também o bom cidadão. Por isso mesmo, a sua postura pedagógica, a do instituto, há de ser uma postura aberta ao diálogo, ao respeito ao diferente, à aprendizagem com ele, à compreensão da História como *possibilidade* e não como *determinismo*. A postura também de quem não renuncia ao *sonho*, não por *teimosia* mas por compreensão da natureza humana. O homem e a mulher carecem de um amanhã a que se refiram e não há esta referência sem o sonho e a esperança.

Pergunta: Qual é a contribuição do educador popular na construção de um projeto pedagógico das classes populares?

Resposta: Há um universo de contribuições a ser vividas e oferecidas pelo educador ou educadora popular em sociedades como a nossa. A formação técnica, científica e política dos grupos populares é o horizonte maior desta contribuição. A superação da curiosidade ingênua dos grupos populares pela curiosidade crítica é um exercício fundamental e permanente a ser experimentado incansavelmente. Exercício que implica viver a relação dialética teoria-prática. E vivê-la de tal maneira que nos ponhamos cada vez mais distantes de cair na tentação populista ou basista de negar o papel da teoria ou na tentação elitista de, negando a prática, exclusivisar a importância da teoria. Uma necessita da outra como nós do ar que respiramos.

Pergunta: Quais são as questões e temas que devem ser debatidos e refletidos na formação das lideranças e dirigentes dos movimentos sociais, promovida pelo Instituto?

Resposta: Não tenho dúvida de que não cabe a mim nem tampouco ao próprio Cajamar, sozinho, escolher as questões a ser debatidas na formação permanente das lideranças de movimentos sociais em relação com ele, o Cajamar.

É no diálogo entre o Instituto e as lideranças dos movimentos sociais que estas questões virão à tona e, debatidas, farão surgir outras até então "escondidas". Não há como negar, porém, que ambos, o Cajamar de um lado e as lideranças de outro, podem sublinhar questões ou "temas geradores" que, desta ou daquela maneira, vêm se tornando "destacados em si", em suas experiências. O que me parece fundamental é que o Cajamar jamais se deixe fisgar por ideologia elitista, às vezes contraditoriamente detectada na prática de educadores progressistas, segundo a qual o papel educativo dos movimentos sociais se limita à sua participação na luta política pela educação popular. Não cabe aos movimentos comparecer à prática educativa como educadores também. Para mim, esta é uma posição inconciliável com um projeto progressista.

Paulo Freire

Na Unesco

De 1987 até 1995, Paulo foi um dos membros do Júri Internacional da UNESCO, que a cada ano se reúne no verão de Paris para escolher os melhores projetos e experiências de alfabetização dos cinco continentes, cujos prêmios são outorgados e entregues em cada 8 de setembro, Dia Internacional da Alfabetização.

Em carta datada de 18 de março de 1993, Federico Mayor, então diretor geral da UNESCO, escreveu a Paulo convidando-o a ser o presidente desse

Júri do Prêmio de Alfabetização. Paulo declinou do convite através da seguinte carta, carta pequena, mas um enorme exemplo de sua sincera modéstia e humildade:

São Paulo, 12/4/1993.

Estimado senhor Federico Mayor
Diretor Geral da UNESCO.

Somente hoje me está sendo possível responder à sua carta na qual me honra com o convite para aceitar a Presidência do Júri.

Sinto-me enormemente feliz por ser membro do Júri, mas não me sinto indicado para sua presidência. Espero que você entenda a minha recusa que, de maneira nenhuma, significa falta de apreço à instituição.

Cordialmente,

Paulo Freire

Fac-símile de carta de Paulo dirigida ao diretor geral da Unesco, Federico Mayor, abrindo mão do convite para ser presidente do júri que julgava os melhores projetos de alfabetização do mundo e indicava as premiações.

Em agosto de 1995, tendo ido sozinho a Paris, Paulo lá passou mal, teve uma isquemia cerebral, antes mesmo de ter começado os trabalhos de avaliação dos projetos dos candidatos aos Prêmios concedidos pela UNESCO. Ele viajou para a Suíça e precisei ir buscá-lo para tratar-se e recuperar-se em casa, no Brasil. Posteriormente, Paulo escreveu uma carta pedindo o seu afastamento definitivo como membro do Júri do qual fazia parte, com entusiasmo, desde 1987:

São Paulo, 21 de dezembro de 1995.

Dr. Federico Mayor
Diretor Geral da Unesco

Prezado Dr. Mayor,

Desde agosto passado, quando sofri em Paris uma isquemia cerebral, que venho pensando em escrever-lhe. De um lado, para agradecer-lhe a atenção de que venho sendo alvo por parte do senhor, de outro, para solicitar o meu afastamento do Júri Internacional. Apesar de me sentir muito bem, aos 74 anos, mais do que uma sugestão médica é uma exigência de meu corpo mesmo que não faça viagens longas, a não ser de primeira classe. A exigência de meu corpo ultrapassa os limites das normas administrativas da UNESCO, sem contar ainda com as dificuldades orçamentárias da organização.

Gostaria finalmente de sublinhar a minha profunda admiração pelo senhor e por sua dedicação à obra fundamental que cabe à UNESCO realizar em favor da Paz, da boniteza do mundo, da cultura e da ciência.

Com o abraço fraterno de

Paulo Freire

O seu fazer teórico

PARTE IV

CAPÍTULO 12

O "Método Paulo Freire" de alfabetização da palavra e do mundo dentro da sua compreensão de educação

Creio que é preciso, nesta biografia, dedicar um item especial para fazer algumas considerações sobre o "Método Paulo Freire" – acreditando, porém, que num texto dessa envergadura não há lugar de destaque para uma análise teórica ensaística, formal e acadêmica –, uma vez que ele é ainda muito utilizado, com algumas adaptações legítimas, devo advertir, para as necessidades locais e diante das exigências atuais. Mesmo com o avanço nos últimos anos da sociolinguística e da psicolinguística,[1] ainda assim o Método de Alfabetização continua válido e amplamente utilizado pelo mundo.

Quero fazê-lo, sobretudo, para dirimir dúvidas, esclarecer enganos e mal-entendidos: não se pode, quando se entende minimamente do pensamento de Paulo, separar seu Método da sua teoria como um todo. Ele não é um todo que se justifique por si só. Ele está contido na sua teoria do conhecimento.

---

[1] Os novos aportes da ciência para o processo de alfabetização foram reconhecidos por Paulo. "Considerando os princípios político-pedagógicos em que me fundei, bem como certas razões epistemológicas de que tenho falado em diferentes textos, não tenho por que negar minhas proposições. Continuam hoje tão válidas quanto ontem numa perspectiva progressista. Do ponto de vista, porém, da alfabetização em si é impossível relegar a um plano secundário os estudos atuais da sócio e da psicolinguística, a contribuição de Piaget, de Vygotsky, de Luria; a de Emilia Ferreiro, de Madalena Weffort, de Magda Soares. Contribuições que, se bem aproveitadas, retificam e aprimoram algumas das propostas que fiz" (*Cartas a Cristina*).

Assim, antes de tudo e enfaticamente, devo dizer que o "Método de Alfabetização Paulo Freire" foi por ele entendido não como passos a seguir, diretrizes a perseguir, caminhos rígidos a trilhar. Ao contrário, a natureza mesma do "Método" é em si uma compreensão de como ensinar-aprender.[2] Paulo entendeu e elaborou teoricamente o "seu Método" como um processo cognitivo, no qual está implícita e faz parte de sua epistemologia a sua teoria do conhecimento, que é eminentemente política, ética, humanista e democrática, porque tinha a intenção de incluir, para participar da sociedade, todas as pessoas dessa sociedade. Para isso, para atingir o nível de consciência crítica, demanda de quem o faz a educação conscientizadora que começa em ler a palavra lendo o mundo.

Assim, devo explicitá-lo, portanto, para negar o senso comum, mesmo entre educadores/as, que, ao falar do "Método Paulo Freire", o reduz a puro conjunto de técnicas ligadas à aprendizagem da leitura e da escrita, independentemente, dissociada, "libertada" da *compreensão de educação* de Paulo. Ou, por outro caminho, que reduz sua abrangente e revolucionária concepção de conscientização, libertação e ética humanista contida na sua teoria do conhecimento a meras técnicas mecânicas de alfabetização.

Ao considerar Paulo apenas um fazedor de "como alfabetizar", um "metodólogo", os "intérpretes" ou os pseudoporta-vozes dele demonstram não conhecer o seu pensamento e cometem contra ele ato de injustiça. Demonstram, no mínimo, uma pobreza ou simplismo de entendimento de sua proposta antropológica, ética e política de resgate da vocação ontológica dos homens e das mulheres que, entre outras, se concretiza no direito de *ler a palavra e o mundo*.

Ao desvincular assim a teoria ou a compreensão de educação do "método", como se qualquer uma dessas partes pudesse se sustentar uma sem a outra, pudesse desvincular-se uma da outra dentro da epistemologia que Paulo criou, demonstram os seus analistas e/ou críticos não terem se detido com o cuidado necessário sobre o seu "Método" e nem saberem sobre o conhecimento científico o suficiente para constatarem e entenderem a relação dialética entre ambos.

O ato de alfabetizar em Paulo tem como intenção maior possibilitar fazer de Seres Menos, Seres Mais, ao permitir que analfabetos e analfabetas resgatem a sua humanidade roubada. No processo milenar de "hominização", de primatas a seres humanos, fomos nos fazendo existência humana porque in-

---

[2] Apesar dos linguistas em geral entenderem que estes são dois atos separados, Paulo os considerava como um único ato, pois, segundo a sua teoria, se ensina aprendendo e se aprende ensinando. Gostava do verbo francês *"apprendre"*, que traz em si exatamente essa dupla conotação.

ventamos a cultura para a qual todos e todas contribuímos. Excluir alguns segmentos sociais do direito de usufruir de um dos bens mais importantes da cultura – o da simples *leitura da palavra* – é malvadez dos poderosos, dos exploradores. É interditar "os que não conhecem as letras" o acesso à *leitura do mundo* que a verdadeira *leitura da palavra* possibilita.

Festa com alfabetizandos/as de um Círculo de Cultura da zona açucareira pernambucana, em maio de 1992.

Em última instância, "produzir os analfabetos/as" é arrancar-lhes a voz da participação, da cidadania e da vida social com dignidade. Ao analfabeto/a rouba-se o direito de biografarem-se, isto é, de serem sujeitos que podem ter suas histórias de vida como seres sujeitos da história, a partir de suas participações efetivamente concretizadas. A alfabetização conscientizadora possibilita aos indivíduos se constituírem como sujeitos e não ficarem eternamente só como objetos da incidência dos que sabem, podem, exploram, mandam e os submetem.

E essa proposta de humanização dos homens e das mulheres é a base da teoria do conhecimento de Paulo, e, estando também no "Método", não há como negar: este está em relação explícita e dialética com sua compreensão de educação mais ampla e profunda.

O que Paulo propõe com o seu "Método de Alfabetização" é, pois, muito mais do que fazem os métodos tradicionais de alfabetização – seguindo a estreita concepção tradicionalista dos métodos –, que se limitam a fazer decorar letras e sílabas e juntá-las para formar frases e discursos que repetem os slogans, o que querem os opressores. Esse entendimento, portanto, faz sentido na vida de quem formula tais slogans, mas não na vida de quem os repete, porque não lhes possibilitam sair da precariedade socioeconômico-cultural em que vivem como analfabetos/as nas sociedades elitistas, letradas e de exploração capitalista. E o sonho de Paulo foi, indubitavelmente, o de que todos os seres humanos, independentemente de cor, religião, raça, etnia ou gênero, pudessem ser *gente*. *Gente* que possa escrever e ler. *Gente* que tenha onde morar bem e escola para estudar. *Gente* que possa sonhar os seus sonhos e trazer consigo os de sua família e sua sociedade para transformá-la. *Gente* que possa entender que "mudar é difícil mas é possível".

Paulo sistematizou o seu Método de Alfabetização no Serviço de Extensão Cultural, da Universidade do Recife, a partir do ano de 1962, embora já o viesse experimentando no MCP há mais de um ano, no Poço da Panela, bairro do Recife. Entendeu-o como uma ação cultural dialógica para a libertação. Como na sua teoria essa ação é entendida como a que nega a conquista, a divisão para submeter mais facilmente, a manipulação e a invasão cultural dos analfabetos/as e que antagonicamente possibilita, através da colaboração, da união, da organização e da síntese cultural,[3] fazerem-se sujeitos conscientes, de serem sujeitos da história.

Considero oportuno fazer antes do aprofundamento do Método algumas considerações sobre como compreendo que Paulo entendia o cotidiano e a cotidianidade, do qual partiu para compor a sua epistemologia.

O cotidiano em Paulo foi algo além dos conceitos proclamados nos dicionários, como aquilo que se faz ou se sucede todos os dias, o que acontece ou se pratica habitualmente, concepções que traduzem, por sua vez, o que vem do senso comum socializado por nós todos: a repetição de algo rotineiramente, mecanicisticamente. O cotidiano na leitura de mundo de Paulo supera esse entendimento. Resgata a natureza substantivamente rica e plena de vida que os atos, os gestos e as palavras, mesmo que simples de todos os dias e de todas as horas, restauram da dignidade do mais autenticamente humano que temos em nós, mulheres e homens, na vivência da cotidianidade.

O cotidiano é humano; a repetição – embora também a pratiquemos como mero ato repetitivo, secularmente repetitivo do mesmo – faz parte dos outros seres da natureza. Nos ventos, nas chuvas, nos trovões, na reprodução das plantas e dos animais etc., onde não há sentido a interferência do humano. São fenômenos que acontecem mecanicisticamente.

A cotidianidade tão trabalhada e valorizada por Paulo é a que dá sentido, dá respeitabilidade e dá plenificação tanto ao trabalho como ao descanso ou lazer de todos os dias, ao nosso dever de cuidarmo-nos enquanto corpo

---
3 Categorias fundamentais de sua compreensão crítico-político-pedagógica.

nos atos diários de comer, de banharmo-nos, de dormir, de fazer amor, de cuidar do outro, de estudar, de escrever, de conversar, de decidir, de fazer política, de determinar a economia... É desse cotidiano que surge a reflexão crítica. É dele e das coisas que acontecem nele que devemos tirar nossos temas de reflexão.

Desde antes de Sócrates as reflexões do mundo ocidental incidem sobre as coisas e os fenômenos do cotidiano. Dele é que surgem nossos verdadeiros problemas, porque é nele que esses acontecem. O cotidiano e a cotidianidade implicam, pois, o tempo-espaço do pensar e do agir, da possibilidade de interferir no mundo que supera o mecânico, o rotineiro, o "sem vida", o sem sentido. O cotidiano é o que nos dá a medida exata do que somos, sentimos e fazemos e, portanto, é nesse espaço-tempo que nos constituímos como *gente* e constituímos a história. Nele nos fazemos seres históricos. Na teoria de conhecimento de Paulo, a cotidianidade, além de resgatar o humano como o ser de possibilidade, do *quefazer*, expõe a possibilidade de através desse cotidiano se chegar à maturidade consciente. Isto é, se pudermos ler certo o mundo, carregando assim o verdadeiro sentido e a sabedoria dos gestos, das palavras, dos atos, das experiências e dos fatos que o cotidiano nos faz viver, forçosamente viveremos o cotidiano mais profundo e conscientemente.

Na sua teoria, Paulo partiu desse cotidiano e nele fincou raízes, para dele tirar não prescrições metafísicas ou doutrinas dogmáticas, mas para dele criar a pedagogia radical, concreta, engajada, crítica, oriunda do real do cotidiano, mesmo se esse real fosse ou não carregado pelas interpretações mágico-místicas do mundo. Cotidiano advindo da consciência crítica da realidade ou dos que estavam mergulhados na consciência ingênua da realidade.

Paulo partiu do pragmático, do óbvio que se repetia ingenuamente, magicamente por parte da população brasileira, e deu sentido a esse cotidiano não referendando o eterno repetir quase tão somente da esfera animal em que muitas vezes viviam; partindo dele como fonte inesgotável de temas a discutir restaurou a fonte criadora que a cotidianidade possibilita, como ponto de partida para a reflexão crítica. Propôs ler a palavra e o mundo cotidiano, disse não ao não cotidiano, isto é, ao metafísico alienado e alienante.

Assim, ele partiu do cotidiano, do dito, do feito, e do entendido no mundo diário dos oprimidos/as em relação dialética com o do opressor/a – e nele fixou suas bases para dele tirar sentido, criar as raízes necessárias no concreto para daí superar as crenças e os mitos de grande número de pessoas que precisavam se beneficiar de sua compreensão da educação essencialmente política, ética e humana. Criou raízes não para fixar doutrinas e impor prescrições ideológicas, mas, ao contrário, para, delas partindo, levar mulheres e homens a conscientizarem-se, alfabetizarem-se e terem a possibilidade de transformar o mundo decodificando o mundo cotidiano codificado. Discutir o cotidiano radicalizando-o e a partir desse próprio ato, desse processo, fazer história e com os resultados desse processo, desse cotidiano discutido, transformar o mundo, fazer uma história nova.

Lendo o cotidiano corretamente, podem seus sujeitos adquirir a força transformadora, negadora dos atos diários sem sentido e sem intencionalidade do cotidiano. Esses atos sem sentido, entretanto, podem, se forem temas geradores de discussões, tornar-se conscientemente carregados de sentido transformador. Foi isso que Paulo fez na sua *compreensão de educação*: tomou o óbvio do cotidiano como ponto de partida do sem sentido e sem legitimidade superando-o, como um inédito-viável possível de concretização no campo do real, do prudente, do coerente para a vida de milhões de brasileiros/as que apenas repetem corriqueiramente seu pequeno mundo sem perceberem que nos fatos, nos sonhos, nas aspirações, nas necessidades, nas decepções e frustrações da vida estava a força capaz de tirar-lhes desse mundo da repetição alienada e dramática para o mundo aberto, de risos e alegrias, cheio das possibilidades de sonhos e projetos que a cotidianidade oferece.

No cotidiano se criam os tempos-espaços do medo, da ousadia, da militância política, do que estudamos e aprendemos, de termos prazer ou de nos entediarmos. Tempo de fazermo-nos o mais possível seres autenticamente humanos e nos refazermos no processo eterno e ininterrupto de construirmo-nos como existência. É no cotidiano, vivendo tudo que ele nos oferece, que vivemos a cotidianidade plena, que aprendemos, que podemos refletir sobre a prática diária. Prática consciente, não meros atos repetitivamente mecânicos. Do cotidiano se faz o melhor humor, nele sofremos a dor e a tristeza, mas também as alegrias, as esperanças e construímos nossas utopias.

Como se constituiu o Método

As reflexões que induziram Paulo a criar o seu Método de Alfabetização por volta de 1960 tiveram seu ponto fundamental quando seu filho Lutgardes, então com pouco mais de dois anos de idade, fez a *"leitura da palavra"* "Nescau". Ele associou a imagem e a pronúncia de NESCAU que vira na propaganda da televisão com a palavra inscrita num painel de propaganda de rua desse alimento que ele conhecia. Cantarolou a música do anúncio ao ver a placa da rua e repetia "Nescau... Nescau... Nescau..."

Em seguida, já em sua sala de estudos, Paulo refletiu profundamente sobre esse fato – como sempre o fez durante toda a sua vida, pois a teoria dele surgiu menos das reflexões sobre outras reflexões e mais do seu pensar a prática, o óbvio, o cotidiano, o que escutava, o que observava – e percebeu claramente a capacidade humana, nascida, alegremente para ele da constatação de seu filho menor. Lut fez a relação entre a *leitura da palavra* já conhecida porque vista e fixada na sua consciência como tal através do som da palavra falada no anúncio, no caso a palavra "Nescau", e ela mesma, a palavra, reconhecida num outro contexto, pela mesma associação que sua consciência foi capaz de fazer abstratamente entre o som da palavra (ouvida da mídia em casa) e a sua representação gráfica. Em outras palavras, o menino fez a relação apreendida e aprendida através da televisão entre a imagem-som e a percepção baseada na capacidade própria da consciência humana de desvelar a palavra "conhecida" escrita em outro contexto.

A intuição de Paulo de que aquele momento não era apenas "uma sabedoria de um menino muito curioso" levou-o a reflexões sobre a lógica do fato. Assim, a partir dessa ideia, criou um caminho cognitivo-epistemológico – o chamado "Método Paulo Freire de Alfabetização" – que deu a possibilidade aos adultos de lerem a palavra escrita, já anteriormente conhecida pela oralidade.

Mais uma vez Paulo "deu ouvidos" à sua intuição, à sua permanente curiosidade, à sua capacidade de escutar, nesse caso, a provocada por seu filho caçula.

Paulo testou o seu "Método" pela primeira vez com a empregada doméstica que então trabalhava em sua casa, Maria Gonçalves da Silva,[4] chamada pela família de "Mãe", uma mulher inteligente que na ocasião tinha em torno de cinquenta anos de idade. Maria tinha nascido em 5 de novembro de 1910, numa época em que, mesmo entre as mulheres das classes abastadas, poucas delas estudavam. Paulo chamou-a ao escritório e explicou-lhe o que estava fazendo, que tinha em mente que as pessoas adultas analfabetas como ela pudessem ler a palavra. Perguntou se ela se prontificaria a ser sujeito de sua pesquisa, pois precisava ter a certeza de que o que ele pensara era uma boa ideia, e para isso precisava verificar sua eficiência na prática. Com o consentimento de "Mãe", Paulo começou o teste que lhe daria garantias, ou não, de prosseguir nas suas investigações.

Maria conseguiu com facilidade relacionar a palavra com a figura e compreendeu, imediatamente, o mecanismo de junção dos "pedaços" da palavra apresentada com a possibilidade de composição de novas palavras, em razão do mecanismo fonêmico de formação vocabular da língua portuguesa. Esse foi o fato decisivo para Paulo continuar e aprofundar o Método de Alfabetização de Adultos.

---

4   As informações me foram fornecidas, a meu pedido, por Juracy, filha de Maria, em carta datada de 8 de março de 1990. "Mãe" trabalhou com a família de 1949 até setembro de 1964, quando, por força do golpe civil-militar, a família desfez a residência do Recife.

Foto feita na ocasião em que eu e Paulo visitamos "Mãe" em sua residência, em janeiro de 1990.

Vejamos como Paulo mesmo narrou esses episódios em sua famosa entrevista ao jornal *O Pasquim*:[5]

> eu meditava muito, eu pensava tremendamente todo dia em casa, e comecei a estudar tudo quanto era cartilha que havia no Brasil e fora do Brasil. Nesse tempo, eu tive uma ideia um pouco louca que era a de tentar trabalhar com analfabetos projetando figuras simples e pondo o nome, o substantivo que nomeava a figura embaixo e insistindo com o analfabeto no sentido de ele me dizer qual era aquela figura, e depois estabelecer uma relação entre aquela figura e o nome que estava embaixo. A minha ideia era verificar se era possível ou não que ele *introjetasse* o nome, a palavra, associada à imagem da figura para numa etapa posterior tentar extrojetar as palavras que foram introjetadas. Eu fui levado a fazer isso por um fato muito interessante: o meu menino mais moço, que é um homem hoje de dezenove anos, tinha dois anos, e havia um reclame na televisão de Nescau, em que aparecia a lata do Nescau e havia uma cançãozinha que dizia "Nescau, Nescau..." não me lembro mais do resto. Um dia eu ia com ele sentado no meu colo e quando o jipe fez uma curva numa rua, havia um imenso placar trepado em cima de uma dessas estaçõezinhas de tomar ônibus, com a lata de Nescau, e quando o jipe voltou, ele olhou e disse "Nescau, Nescau" e cantou a

---

5   Cf. a entrevista dada para *O Pasquim* (op. cit.) amplamente citada nesta biografia.

cançãozinha. Quer dizer, ele *leu* a palavra. Então isso me deu mais força ainda. Aí eu fiz a minha primeira experiência com Mãe. Era a nossa cozinheira, uma mulher formidável, que continua lá no Recife. Eu perguntei a ela se ela gostaria de dar uma contribuição, me ajudando a procurar um caminho melhor de ajudar o povo brasileiro a ler e escrever. E ela disse que aceitava. Aí então eu a levei para a minha biblioteca e projetei um menino desenhado. Olha *gente*, não por mim, e escrito embaixo *menino*. Eu disse "Maria, o que é isso?". Ela disse "é um menino". Eu disse "OK, é um menino". Então eu tirei aquele desenho e apresentei o segundo: o mesmo menino, escrito embaixo *meni*. Deixei projetado algum tempo e disse "o que é isso", e ela disse "é um menino" de novo. Eu disse "mas então tem alguma diferença grande em tudo isso que está aí na parede? Tem alguma diferença em relação ao que eu projetei antes?" Ela disse "tem, aqui tá faltando um pedaço". Aí eu projetei um terceiro desenho, que tinha escrito *meno*. Aí eu disse "e agora, Maria?" e ela disse "agora falta o do meio". Apresentei um outro com *nino*. E ela disse "agora falta o princípio". Quando ela disse isso, ela disse: "dotor, tô com a cabeça doendo" (*risos*). "Mãe, eu disse, a cabeça dói, porque tu trabalhaste agora diferentemente. Tu trabalhas o dia todo nessa casa, lavas tudo e não te cansas. Mas, agora, esse trabalho é diferente. Se eu fizer o teu trabalho eu me canso. Mas uma coisa que está errada é que eu não faço o teu e tu não fazes o meu. E um dia vai chegar em que eu faço o teu e tu fazes o meu. E a *gente* cansa menos." Eu agradeci a ela e ela me deu um cafezinho. Aí eu disse a mim mesmo "não tem nada de introjetar e extrojetar", o negócio é na base da compreensão *crítica* da palavra. E aí fui em frente. E comecei a fazer as primeiras experiências já a nível assim crítico. O primeiro grupo com que eu trabalhei me deu resultados extraordinários. E nunca mais parou. Mas você vê o seguinte aí: que aí a questão não era somente técnico-metodológica, mas a questão *de fundo* aí é a capacidade de conhecer, associada à curiosidade em torno do objeto. Essa é a minha insistência. O resto são os melhores meios de que tu te serves para ajudar a curiosidade de saber. É a curiosidade que tem que ser estimulada... É a reinventividade.

Claudius – *O que fez, pouco a pouco, criar o seu método?*

FREIRE – Eu tenho que confessar o seguinte: eu fui empurrado aos córregos do Recife, às zonas urbanas do Recife, urbanas e rurais, indiscutivelmente por minha postura cristã, católica... e por certa camaradagem que eu sempre estabeleci na minha vida com Cristo, entende, até hoje. Não tenho por que renunciar. Isso eu tenho dito abertamente, e qualquer que seja o contexto. E realmente fui lá por isso. Eu digo isso também com humildade. Quer dizer, eu me sentia responsável por aquela defasagem tremenda entre a maneira como eu podia e estava vivendo e a maneira como milhões de meus irmãos vivem. E acontece que eu era educador. Então, se eu fosse arquiteto talvez eu tivesse marchado para discutir com os camponeses, com os operários sobre a maneira melhor de se fazer os mocambos. Se eu fosse médico, teria partido para o problema da saúde preventiva. Mas eu fui como educador. Eu comecei como o que nós hoje chamaríamos e chamamos na Guiné-Bissau, *animação cultural,* que eu prefiro chamar ainda *ação cultural.* Eu trabalhei, em primeiro lugar, no trabalho de ação católica em paróquia do Recife. Trabalhei com escolas, com adultos, com ação cultural, uma espécie assim de paradoxal pós-alfabetização. Quer dizer, um trabalho de educação com analfabetos, mas discutindo uma temática, que poderia ser considerada uma temática daqueles que já liam. O que que se passou? Ocorreu o seguinte: eu consegui com os jovens com quem eu trabalhava – isso nos anos 1959, 1960 e 1961 – e antes mesmo, eu conseguia discutir com grupos de operários, e às vezes de camponeses, uma temática que *vinha* deles. Foi aí que eu fiz as primeiras análises, as primeiras pesquisas do que eu passei a chamar depois universo temático.

Claudius – *Acho que é muito importante sublinhar, Paulo, que você não se considerava o dono da verdade. Você discutia os problemas com a comunidade local, não é?*

FREIRE – Os problemas nasciam lá! Os caras alinhavavam o que gostavam de discutir. E o meu trabalho depois era o de descobrir *gente* capaz de ter o diálogo sobre aqueles diferentes temas, pois eu necessariamente não podia discutir sobre tudo, eu não era enciclopédico. Me lembro que convidei certos amigos meus, professores de economia, por exemplo, de sociologia, que topavam o troço, a discutir com caras analfabetos. Foi aí que eu comecei a usar ajudas visuais, projetando slides de esquemas, de desenhos, como codificações. O resultado foi o seguinte: eu observei que o povo começava a sistematizar, a organizar o seu pensamento em torno da análise da realidade. Quer dizer, ao analisar a sua realidade, discutindo a temática que eles mesmos sugeriram, eu observei que esses grupos começavam a assumir uma posição altamente crítica, rigorosa na análise. Eu observei isso na universidade e vi que nem sempre os estudantes pensavam tão rigorosamente quanto os caras lá dos mocambos. Um dia eu perguntei: Se esse negócio é possível ao nível da pós-alfabetização, independentemente de ser só analfabeto, porque não é possível fazer o mesmo na alfabetização? Então houve um lapso de tempo em que eu meditava muito, eu pensava tremendamente todo dia em casa, e comecei a estudar tudo quanto era cartilha que havia no Brasil e fora do Brasil...

Não podemos ter a menor dúvida de que Paulo, ao ir pensando teoricamente a sua compreensão e o seu "Método", o fez aproximando-se mais e mais e identificando-se com o que sentiam e sofriam os analfabetos e as analfabetas. Essa era a sua prática, como podemos ler em seu depoimento de 1987:[6]

> Numa manhã mais para cinzenta que para azul, desci no aeroporto Kennedy, tímido, assustado... meus medos de que não houvesse ninguém à minha espera, de sentir-me só, de perder-me, de não saber dizer que estava perdido, cresceram. Entendi melhor certos medos de que me haviam falado vários analfabetos no Brasil e no Chile, medo que sentiam na e da cidade grande, medo de perder-se, como sentia naquela manhã cinzenta no aeroporto imenso, medo de ser enganado, de tomar uma condução errada, de não me expressar. E eu era Paulo Freire, professor universitário, autor, expulso de meu país por ter feito algumas coisas como pedagogo...

A proposta ético-crítico-político-epistemológica de Paulo Freire

Dizendo em outras palavras o que Paulo disse na resposta a Claudius na entrevista a *O Pasquim*, o "convite" dele ao alfabetizando adulto é, inicialmente, para que ele se veja enquanto homem ou mulher vivendo e produzindo em determinada sociedade. Convida-os/as analfabetos/as a saírem da apatia e do conformismo de "demitidos da vida" em que quase sempre se encontram e desafiá-los, através do processo maiêutico, a compreenderem que eles próprios são também fazedores de cultura. O entendimento e a crença de terem-se tornado, irremediavelmente, Seres Menos – e que na verdade estão sendo diante da precariedade em que vivem ou apenas sobrevivem impostas pela malvadez, como dizia Paulo, dos donos do poder – é trabalhado para não ser interpretado como tal, isto é, não ser uma condição aceita como desígnio divino ou sina, mas a ser entendida como determinação do contexto econômico-político-ideológico da sociedade em que vivemos. Nascida da antieticidade da elite brasileira, na nossa negação histórica de "permitir" a completude da vocação ontológica dos homens e das mulheres de saberem simplesmente *ler e escrever a palavra*.

Quando o homem e a mulher se percebem como fazedores de cultura, quando apreendem o conceito antropológico de cultura, está vencido, ou quase vencido, o primeiro passo para sentirem a importância, a necessidade e a possibilidade de se apropriarem, criticamente, da leitura e da escrita da palavra. Estão alfabetizando-se, politicamente falando.

Os participantes do "círculo da cultura", em diálogo sobre o objeto a ser conhecido contido na representação da realidade decodificada – técnica pen-

---
6 Trecho do depoimento "Roberto Fox ou a dor de sua falta", manuscrito, de novembro de 1987.

sada e utilizada por Paulo diante das dificuldades de abstração dos grupos não familiarizados com a cultura letrada, a qual, partindo do concreto, do conhecido, do vivido na cotidianeidade pode levar os alfabetizandos/as mais facilmente à captação dos fenômenos abstratos – dos alfabetizandos/as, respondem às questões provocadas pelo coordenador do grupo, aprofundando suas leituras do mundo. O debate que surge daí possibilita uma releitura da realidade, de que pode resultar o engajamento do alfabetizando/a em práticas políticas com vista à transformação da sociedade.

Esse "diálogo freireano" se diferencia do de Sócrates por várias razões: a conscientização da realidade decorrente desse processo freireano se dá no plano da concretude do vivido e quer atingir a compreensão do real, mas, sobretudo, porque está implícita nesse diálogo a relação de horizontalidade entre sujeitos iguais, embora em estágios diferentes do conhecimento sistematizado, dialogando em torno do objeto cognoscível. Em Paulo há alteridade, há o/a outro/a que aprende ensinando e o/a que ensina aprendendo, portanto não há um só sujeito e um só objeto. Há sujeitos em comunhão em busca não só do saber, mas também de suas humanizações, de seus endereços ontológicos mais autênticos.

Quê? Por quê? Como? Para quê? Por quem? Para quem? Contra quê? Contra quem? A favor de quem? A favor de quê? – são as perguntas que permeiam o diálogo freireano e que provocam tanto os/as alfabetizandos/as como todos os seres curiosos por saber, em torno da substantividade das coisas, da razão de ser delas, de suas finalidades, do modo como se fazem etc. São essas perguntas que nos permitem ir ao âmago das questões.

As atividades de alfabetização da escrita exigem uma *pesquisa participante* quando no contato direto com os/as alfabetizandos/as nos "círculos de cultura" os educadores/as conhecem as palavras das falas cotidianas deles e delas e possam, assim, compor cientificamente com essas palavras conhecidas e usadas pelos grupos populares, o que Paulo chamava de "universo vocabular mínimo". É de posse desse universo vocabular que os/as alfabetizadores/as com a equipe multidisciplinar escolhem as palavras que farão parte do processo de alfabetização dos que ainda não conhecem a palavra escrita.

Essas palavras, geralmente em torno de dezessete, chamadas *palavras geradoras*, devem ser palavras de grande riqueza fonêmica e colocadas, necessariamente, em ordem crescente das menores para as maiores dificuldades fonéticas, e nelas devem-se encontrar todas as letras do alfabeto. Mas, sobretudo, devo enfatizar, as palavras escolhidas devem ser as de maior valor semântico para as camadas populares, portanto devem ser tiradas do vocabulário do cotidiano, da oralidade de todo dia de quem entra no processo de alfabetização da palavra escrita. Essas palavras foram apropriadas por eles e elas no contato social e, portanto, são as que lhes proporcionaram a alfabetização oral. Têm, portanto, um valor pragmático inestimável na alfabetização de sua palavra escrita.

Perguntado sobre esse assunto pelos entrevistadores de *O Pasquim*, Paulo respondeu do seguinte modo:

FREIRE – Então nós trabalhávamos nessa época com o projetor, exatamente pala maior mobilidade que o instrumento me dava. Quer dizer, você não poderia naquela época de maneira nenhuma estabelecer uma lista de slides. Eu tive que ir buscando através da prática. Eu ia fazendo minhas notas. E a coisa ia marchando. E em poucos dias os caras venceram, venceram umas quatro ou cinco palavras. E começaram a me dar susto. E por outro lado, a me convencer do acerto em que eu estava. Então, depois dessa primeira experiência, eu me convenci de que era inviável fazer o processo de alfabetização a partir de palavras geradoras que eu escolhesse, a meu critério. Na primeira experiência eu levei minhas palavras. Por intuição pura eu usei palavras de lá mesmo. Mas por intuição mesmo. Não que eu estivesse já seguro disso. Mas depois dessa primeira experiência eu me convenci que era absolutamente inviável a continuidade do processo sem ter como ponto de partida que era uma investigação por simples que fosse, da palavra geradora, que eu chamei de *o universo mínimo vocabular*. Mas aí, eu cometi uma ingenuidade.

Nessa mesma entrevista de Paulo a *O Pasquim* ele disse muito claramente sobre a questão do "método", dentro de sua proposta ético-político-epistemológica, de sua teoria do conhecimento:

Claudius – *Já que você toca nesse assunto, eu tenho a impressão que você, 14 anos depois, consegue falar desapaixonadamente de um período que foi muito traumatizante e que está na origem desse seu andarilhar pelo mundo. Acho que a maior parte de leitores, justamente, tem muito pouco conhecimento do que significa exatamente o método Paulo Freire, tão falado no mundo inteiro.*

FREIRE – Eu tenho até minhas dúvidas se se pode falar do método. E há, há um método. Aí é que está um dos equívocos dos que, por ideologia, analisam o que fiz procurando um método pedagógico, quando o que deveriam fazer é analisar procurando um método de conhecimento e, ao caracterizar o método de conhecimento, dizer: "Mas, esse método de conhecimento é a própria pedagogia." Entendes? O caminho era o caminho epistemológico. Evidentemente, tem *gente* que descobriu isso. Por exemplo, há duas teses, uma no Canadá e outra na Holanda, quase com o mesmo nome, "o ato de conhecimento em Freire", em que a preocupação dos que escreveram as teses não foi outra senão a de esmiuçar a teoria do conhecimento que está lá e a sua validade ou não. Esse é o *approach* que eu acho correto. Então, não é o método no sentido se é ba-be-bi-bo-bu. Se o sujeito ler direitinho os textos que eu tenho escrito, sobretudo os recentes, sobre o problema da alfabetização, ele descobre que o que estou fazendo é teoria do conhecimento. A alfabetização enquanto um momento da teoria do conhecimento.

Acho oportuno assinalar, porque é importante dizê-lo, que o "Método Paulo Freire" inaugurou, com o processo interativo de busca da palavra pronunciada pelos que desejavam se alfabetizar, *a pesquisa participante*, embora esse "feito" nem seja reconhecido e nem atribuído ao seu criador, Paulo Freire.

Seus passos cognitivos

A decodificação da palavra escrita, contextualizada, que vem em seguida à decodificação da situação existencial codificada, em algumas situações os dois atos conscientizadores realizados concomitantemente, compreende alguns passos que devem, com rigorosidade, se suceder.

Tomemos a palavra TIJOLO, palavra geradora em Brasília, nos anos 1960, escolhida porque era uma palavra muito usada entre os candangos,[7] pois a capital federal era ainda uma cidade em construção. Palavra de valor pragmático que, portanto, facilitou e contribuiu para a *leitura da palavra*. Vejamos:

1º) Apresenta-se a palavra geradora "TIJOLO" inserida na representação de uma situação concreta: homens trabalhando numa construção aparecendo alguns tijolos.

2º) Apresenta-se simplesmente a palavra:
TIJOLO.

3º) Apresenta-se a mesma palavra com as sílabas separadas:
TI – JO – LO.

4º) Apresenta-se a "família fonêmica" da primeira sílaba da palavra TIJOLO:
TA – TE – TI – TO – TU.

5º) Apresenta-se a "família fonêmica" da segunda sílaba da palavra TIJOLO:
JA – JE – JI – JO – JU.

---
[7] Nome pelo qual ficaram conhecidos os nordestinos que trabalharam na construção de Brasília.

6º) Apresenta-se a "família fonêmica" da terceira sílaba da palavra TIJOLO:
LA – LE – LI – LO – LU.

7º) Apresentam-se de uma só vez todas as "famílias fonêmicas" da palavra que está sendo decodificada, no caso a palavra TIJOLO:
TA – TE – TI – TO – TU
JA – JE – JI – JO – JU
LA – LE – LI – LO – LU

Este conjunto das "famílias fonêmicas" formado a partir da palavra em questão foi denominado "ficha de descoberta" por uma das assistentes de Paulo no SEC da Universidade do Recife, Aurenice Cardoso, pois esse conjunto propicia ao/à alfabetizando/a ir juntando os "pedaços" da "família" da palavra TIJOLO, gerando mais palavras que possibilitavam a escrita de frases compostas dentro e a partir do contexto da realidade vivida pelo/a alfabetizando/a. Através dos conjuntos das famílias fonêmicas, os analfabetos podem "descobrir", na verdade "criar", novas palavras da língua portuguesa, por isso cada uma dessas palavras foi chamada de *palavra geradora*.

8º) Apresentam-se, então, as vogais:[8]
A – E – I – O – U

Essa técnica fundamentada cientificamente se repete com relação a todas as palavras geradoras.

Em síntese, no momento em que o/a alfabetizando/a consegue, articulando as sílabas, formar palavras, ele ou ela compreendeu o mecanismo de formação das palavras: está, em tese, alfabetizado. O processo requer, evidentemente, aprofundamento, e depois a pós-alfabetização para garantir que essa apreensão seja transformada em saber verdadeiro e não seja esquecido.

Assim, se é o/a próprio/a alfabetizando/a que constrói seu saber, o "Método Paulo Freire" deveria ser considerado também como um *processo cognoscitivo construtivista*, como uma teoria construtivista do conhecimento. Isso também não é, injustamente, reconhecido na teoria de Paulo.

A eficácia e a validade do "Método" consistem, devo enfatizar, em partir da realidade do/a alfabetizando/a, do que ele ou ela já conhecem, do valor pragmático das coisas e dos fatos de sua vida cotidiana, de suas situações exis-

---

8 Vera Barreto afirma que "nos trabalhos orientados por Paulo não havia a apresentação das vogais separadamente". Entretanto, quando escrevi sobre isto a primeira vez e entreguei a Paulo para sua concordância ou não, ele nada comentou sobre a inclusão, por mim, dessa 8ª etapa. Foi com base no documento de 1963, organizado pela "Mobilização dos Estudantes Secundaristas para Erradicação do Analfabetismo", que incluí esta 8ª etapa.

tenciais, de suas palavras faladas na comunidade porque delas todos e todas sabem o seu significado. Em outras palavras, quero e devo chamar a atenção para duas coisas que considero muito importantes, que são, na verdade, princípios fundantes do seu "método". Sempre atento às obviedades, Paulo partiu de duas delas para compor o seu Método: o/a analfabeto/a desconhece apenas a linguagem escrita, não é "ignorante" da linguagem oral, e sabemos que sabemos e que podemos saber mais. Assim, partindo da palavra conhecida da qual os/as analfabetos/as sabem o seu significado seria mais fácil e possível a alfabetização conscientizadora da realidade. A intuição e a sabedoria de Paulo levaram-no a, respeitando o senso comum e dele partindo – e não negando-o como um saber sobre o qual se pode construir outros saberes –, propor a sua superação.

O "Método" obedece às normas metodológicas e linguísticas, mas vai além delas, porque desafia o homem e a mulher que se alfabetizam a se apropriarem do código escrito e a se conscientizarem/politizarem, tendo uma visão mais ampla da linguagem e do mundo.

O "Método" nega a mera repetição alienada e alienante de frases, palavras e sílabas, ao proporcionar aos/às alfabetizandos/as *ler o mundo* ao *ler a palavra*. Leituras, aliás, como enfatizava Paulo, indissociáveis, daí ele ter se posicionado contra as cartilhas que, prontas e alienadas, levam quase sempre à alienação.

Homem, com filho no colo, formando palavras e frases, a partir da palavra geradora "Tijolo", no Círculo de Cultura do Gama, Brasília, 1963.

Concluo essa abordagem dizendo que a possibilidade de alfabetização do povo brasileiro por meio do "Método Paulo Freire" era, e continua sendo, uma tática educativa para atingir a estratégia necessária: a politização no sentido da verdadeira democratização da sociedade. Isso quer dizer que a sua proposta é da *leitura da palavra* que implica a *leitura do mundo*, ou da *leitura do mundo* que exige a transformação da sociedade injusta. Por isso, propõe dentro do Método a educação problematizadora. É um ato que, introduzindo a dúvida e o possível, perfila a educação questionadora. Introduz no ato de ler a palavra a criatividade e a criticidade, afastando o homem e a mulher do ato repetidor/alienador da educação tradicional. Estimula a curiosidade espontânea a transformar-se em curiosidade epistemológica.

Em última instância, o Método é realizado num ato educativo-cultural – uma ação cultural, voltado à conscientização dos problemas ético-político--sociais e à transformação das condições das injustiças impostas secularmente aos/às analfabetos/as, nutrido na esperança determinada pela incompletude da existência humana e na utopia dos sonhos possíveis de dias melhores. É um ato que busca não a igualdade das pessoas, mas igualizar as oportunidades sociais, resguardando as nossas diferenças individuais. Paulo entendia, nesse caso, a unidade na diversidade: que as nossas diferenças próprias da existência humana fossem respeitadas e que não se massificasse a todos e a todas em nome da igualdade dos seres humanos.

Nesse sentido, de uma ação cultural para a libertação é que o "Método" é revolucionário: ele tem a possibilidade de tirar da situação de submissão, de imersão e de passividade aqueles e aquelas que ainda não conhecem a palavra escrita e permanecem apenas e submissamente *no* mundo. Essa revolução pensada por Paulo não pressupõe, entretanto, uma inversão nos polos oprimido-opressor; pretende reinventar, em comunhão, uma sociedade na qual não haja essa bipolaridade que determina a submissão, a exploração e a verticalidade do mando. Onde não haja a exclusão ou a interdição à *leitura do mundo* aos segmentos desprivilegiados da sociedade. Propõe que o povo possa também *pronunciar o mundo ao* falar a palavra certa e ao escrever a palavra que leva à sua humanização e, consequentemente, à inserção político-econômico--social de todos e de todas em suas sociedades.

Paulo esteve no exílio por quase dezesseis anos, exatamente porque compreendeu a educação dessa maneira, como um ato conscientizador,[9] eminentemente político, daí autenticamente ético, e lutou para que um grande nú-

---

9 "A conscientização não *era*. É um imperativo histórico. É uma exigência humana enquanto necessária à luta pela transformação do mundo e pela retificação das transgressões éticas com a exploração dos seres humanos pelos seres humanos" (Paulo Freire, 10/10/1996, em entrevista ao Instituto Cajamar).

mero de brasileiros e brasileiras tivesse acesso a esse direito ontológico, dizia, a eles e elas negado secularmente: o ato de ler a palavra lendo o mundo. Estar *no* mundo *com* o mundo.

Concluindo, o "Método Paulo Freire" é muito mais do que um método que alfabetiza, é uma ampla e profunda *compreensão da educação* que tem como cerne de suas preocupações a natureza política do ato de conhecer/educar. É uma teoria do conhecimento, na qual se unem solidária e dialeticamente o ético/estético, o epistemológico, o psicossocial, o antropológico, o pedagógico e o político.

CAPÍTULO 13

As influências sobre sua vida e sua obra

Paulo recebeu influências decisivas de seus pais; de meus pais; de alguns de seus/suas professores/as, educadores/as; de suas duas esposas: Elza e Nita. De cada um com quem conviveu ele aprendeu alguma coisa para aprofundar e aperfeiçoar as suas virtudes, desde a tolerância, a mansidão, a gratidão, a coerência, a generosidade e até a sua fé, sua religiosidade e sua enorme capacidade de amar. Aprendeu e ensinou com seus filhos e filhas, com seus netos e netas, com meus filhos e filha, com meus neto e neta, com seus amigos e seus colegas de trabalho. Aprendeu e recebeu influências do povo. Do que ele escutou do povo com quem dialogou ou escutou nas conversas informais em encontro educativo ou mesmo do que ouviu dele na televisão. Sua literatura está "molhada" dessas influências perceptíveis a quem lê a sua obra, ouviu-o falar ou conviveu com ele. No corpo desta biografia, essas influências e aprendizagens são muitas vezes apontadas por mim.

As influências teóricas, fundamentais a quem pensa, foram amplas e profundas, mas Paulo criou um pensamento próprio, absolutamente peculiar porque radicalmente imbricado em sua vida e na realidade social na sua recifencidade.

Pela pesquisa que realizei sobre os livros que comprou, e muito certamente todos lidos por ele, numa avidez em ler e ler cada vez mais, os mais diferentes autores, de quaisquer ideologias ou escola de formação, redigi uma nota para o seu livro *Cartas a Cristina*. Como o teor dessa nota (a de n. 27) é extremamente importante para o estudo das influências de autores, escolas pedagógica ou filosóficas ou sociológicas na formação de seu pensamento, decidi que, apesar de longa, deveria transcrevê-la nesta biografia com algumas modificações. É assim que a reproduzo a seguir, adaptando meu próprio texto ao corpo desta biografia.

Em um livro de registro de leituras, de uma relação de 572 livros listados de seu próprio punho, podemos observar que Paulo começou a ler obras em espanhol em 1943; em francês em 1944; e em inglês em 1947, deduzindo que após a aquisição dos referidos livros ele naturalmente os lia a todos.

Relaciono os autores na ordem em que constam neste seu livro de registro, informando o número da página, sem repeti-los nas vezes em que foram novamente citados: Aguayo, Tristão de Ataíde, Claparède, Penteado Junior, Gates, Dewey, Renato Jardim, Augusto Magner, Laski, Ingenieros, Maritain, Balmes, Taine, Carneiro Ribeiro, Gilberto Freyre, Edison Carneiro, Sforza, Snedden, Renato Mendonça, Duguit, Kant, Ortega y Gasset, Francovich, Joaquim Ribeiro, Arthur Ramos (p. 1). Antonio Coutinho, André Maurois, Max Beer, M. Querino, Durkheim, Thering, Leonel Franca, Chesterton, Aldous Huxley, Ruy Belo, Burckhardt, Raymond Aron, Croce, Pedro Anísio, Vaissière, Gerald Walsh, Macnab, Labriola, Platão, Pedro Calmon, Schopenhauer, Joseph Jastrow, Otávio de Freitas Junior, Haeckel, Berdiaeff (p. 2). Campanella, Zacarias Villada, André Cresson, Gustavo Le Bon, Horne, Aristóteles, Messer, Elizondo, Charlotte Buhler, Anísio Teixeira, Bastide, Pereira da Silva, Tarquínio de Sousa, Unamuno, Hermes Lima, Carpeaux, Adler, Toynbee, Bruner (p. 3). Vico, Spengler, Oswald de Andrade, José Veríssimo, Shakespeare, Theobaldo Miranda Santos, Britto, Nordeaux, Afrânio Peixoto, Mario Barreto, Diogo de Melo Menezes, Reinach, Plínio Salgado, Murilo Mendes, Waldemar Valente, M. D`Humiae, Rousseau, Backheuser, Bally, Vosseler, Euclides da Cunha, Licínio Cardoso (p. 4). Pereira da Silva, Francisco Mangabeira, Zama, Mario Matos, Maeterlinck, Camões, Tenório de Albuquerque, Saussure, Rebelo Gonçalves, Douzat, Andrade Lima, Bernanos, Mantovani, Brício Cardoso, Pinto Ferreira, Leite de Vasconcelos, [Santo] Tomás de Aquino, Bargallo Cério, Afonso Celso, Sarmiento, Silvio Romero, Renan, Gurvitch (p. 5). Nietzsche, Sepich, Leisdemann, Amaro Quintas, Joaquim Nabuco, Lucien Lefèvre, Bonfin, Dante, Silva Rodrigues, Jean de Léry, Buarque de Hollanda, Augusto Frederico Schmidt, Irene Albuquerque, Oliveira Lima, Silvio Rabelo, Jean Piaget, Fritz Kahn, Viriato Correia, Junqueira Schmidt, Lecter, Fouillé (p. 6). Scheler, Thomsen, Freyer, [Santo] Agostinho, Mallart, Bergson, Weigert, Belloc, Ruben Dario, Dilthey, Botelho do Amaral, Eça de Queiroz, Mauriac, Enrique B. Pita, Werner Jaeger, Jacob Burckhardt, Alfred Weber, M. Ballesteros, Hugo Rachel (p. 7). Otto Willmann, Ralph Turner, Franz Schnass e A. Rude, René Guénon (p. 8). M. Figueiredo, Richard Wickert, Lorenzo Luzuriaga, José D.

Forgione, Paul Monroe, Espasandeir, H. Marrou, Riboulet, René Hubert, Bento Andrade Filho, Frank Granes, Richard Lewis, Wilcken, Fernando de Azevedo, Virgil Gheorghiu, Martin Grabmann, De Hovre, Lewis Mumford, Peter Peterson, Johannes Bühler, Ferdinand Gregorovius, Wiun (p. 9). Friedrich Paulsen, Aldo, A. Petrie, J. Huizinga, Doctrans, Fustel de Coulanges, John Brubaker, Luella Cole, William Brickman, Adolf Meyer, Charles Norris Cochrane, Butts, P. Barth, René Hubert, Thomas Hobbes, Otto Klineberg, Juan Gomas, Arnold M. Rose, L. C. Dunn, Michel Leiris, Homero, Ionis Halphen, Charles Bémont e Roger Doucet, Louis Halphen, Georges Guenin (p. 10). Erwin Rohde, Kilpatrick, Romuald Zaniewski, Theodor Gomperz, Donald Pierson, Erich Kahler, Robert Lowie, H. E. Barnes e H. Becker, Aldo Mieli, Abram Kardiner, Julio Caro Baroja, Herbert Spencer, Roger Girod, August Messer, W. A. Lay, Ernesto Neumann, Frank Freeman, Herman Nohl, Eduard Spranger, Margaret Mead, Castiglioni, Felix Kaufmann, Lombardo Radice, Paschoal Lemme, Robert Vanquelin, Giovanni Gentile, Carneiro Leão (p. 11). Olsen, Fernandez Ruiz, Ponce, Bode, Perkins, Ruiz, Jones, Graciliano Ramos, José Weinberger, Bent Kronemberg, Charmot/S. J., Hans Zulliger, Jean Richepin, Ebagué, Olívio Montenegro, Louis-René Nougier, O'Shea, Gonzague de Reynold, Charlotte Buhler, Roger Cousinet, Nelly Wolf Hem, James Bryant Conant, Charlotte Wolff, Nicholas Hans, Ernest Schneider (p. 12). F. Kieffer, J. J. Findlay, Sten Konou, W. C. Davis, Eckhard Unger, Pedro Negre, R. Maisch, F. Pohlhammer, Valdemar Vedel, D. S. Margoliouth, Julius Koch, Karl Roth, Heinrich Swoboda, Erich Bethe, J. Leif, G. Rustin, André Beley, Jerónimo de Moragas, Antonio Tovar, Gesell e F. L. Ilg., Wilhelm Stekel, Herman Nohl, George Stoddard, Ernst Krieck (p. 13). M. A. Block, C. Baudouin, Elmer von Karman, Harry J. Baker, Clotilde Guillén de Rezzano, Curt Honroth, Ramón Ribera, Germán Berdiales, Luis Santullano, Jan Amos Comenius, Paul Bodin, Manuel H. Salari, R. Amadeo, Nicholas Hans, Antonio Aliota, Domingo T. Benidí, H. Ruiz, Dostoiévski, Mary e Lawrence K. Frank, Alfredo Ravera, Martin P. Nilsson, Ma. Teresa von Elckhout, Ernst Cassirer, Dante Morando, Alberto Pimentel Filho, Frederick Eby, Webbster (dicionário), Krech, Crutchfield, Herbert Butterfield (p. 14). Silvio Frondizi, Werner Sombart, Otto Klineberg, Román Perpiña, Hewlett Johnson, J. B. Bury, Olívio Montenegro, M. A. Block, Harold J. Laski, S. R. Slavson, Emile Callot, Roger Labrousse, Irene Tézine, Joseph Lebret, Gilbert Robin, Madeleine Faure, René Fau, M. F. Glength, W. P. Alexander, Ismael Quiles/S. J., Thomas Merton, Luciano Lopes, Jean-Louis Fyot, Herbert Read (p. 15). Charlotte Mason, Joseph Schumpeter, Machado de Assis, Ernest Green, H. C. Dent, Harry C. Mckown, Alvin Roberts, Joseph Ratner, Antônio d'Ávila, F. Escardó, Henri Johannot, S. Hernandez Ruiz, Eric Agier, Paul Reiwald,

C. A. César-F. E. Emery, Saúl Taborda, Eduardo M. Torner, J. Piaget y J. Heller, Clifford H. Moore, F. L. Lucas, John Scott, Charles Adams, John Roler, James Campbell, Bertrand Russell, Ricardo Ramos (p. 16). Jarbas Resende, Baldomero S. Cano, Jacob Moreno, Juan Planella Guille, Emilio Sosa López, Rodolfo Mondolfo, Richard Mckeon, Guillermo Bauer, Alfred von Martin, Charles Sherrington, John S. Childes, Sidney Hook, Carlos Drummond, Manuel Bandeira, Vinicius de Moraes, Marcel de Corte, T. S. Eliot, B. Champigneulle, P. Valentine, Próspero Alemander, Kenneth Richmond, Ward Reeder, Richard Livingston, Frank P. Graves, William Boyd, Batts-Cremin, Thomas Woods (p. 17). H. G. Hood, Monroe, A. D. C. Peterson, W. R. Niblett, Berenice Baxter, Siegfried Behn, G. F. Dobson, Carlos Z. Florez, Rose-Marie Mossé-Bastide, A. Carrard, Porot, Charles Sherrington, Sidney Hook, Christopher Dawson, Emmanuel Berl, John Wynne, Irene Melo, Ilse Sosa, Margaret Ribble, Melville Herskovits, Pe. Negromonte (p. 18). Giacomo Lorenzini, Juarez Távora, Mauro Mota, Guillermo Abramovich, Paul Essert, R. West Howard, James H. Tipton, Elizabeth Mchose, George Sharp, Wand Robertson, Florence Stratemeyer, Margaret Fisher, Ruth Strang, James Hymes Jr., Jane Mayer, Viola Themam, Fritz Redd, D'Evelyn, Helen Buzard, Roy G. Haring, Truman Mitchell Pierce, Frances E. Falvey, John W. Polley, Manson van Buren Jennings, Lucile Lindberg, Ruth Cunningham, L. Volpicelli (p. 19).

É importante atentar que Paulo leu até 1947 mais autores estrangeiros sobre seus temas de interesse: antropologia, linguística, filosofia, literatura, gramática, história e educação, do que autores brasileiros sobre essas mesmas áreas do conhecimento. Isso não evidencia uma escolha deliberada dele por obras estrangeiras, por mais válido e importante que fosse conhecê-las, mas, acima de tudo, evidencia a pouca valorização de nossa cultura. A pequena produção nacional nessas áreas do saber, como, aliás, em quase todos os outros campos de conhecimento, determinou uma presença pouco expressiva, quase inexistente, de casas editoras no Brasil dos anos 1940 e 1950.

Infelizmente, ele não prosseguiu com esse registro, através do qual poderíamos, então, ver elencados pensadores como: Marx, Hegel, Erich Fromm, Gaston Bachelard, Espinosa, Sören Kierkegaard, Herbert Marcuse, Ivan Illich, Jean-Paul Sartre, Simone de Beauvoir, Merleau-Ponty, Mannheim, Wittgenstein, Karel Kosik, Agnes Heller, Lenin, Rosa Luxemburgo, Vygotsky, Luria, Martin Heidegger, Ernani Maria Fiori, Che Guevara, Karl Otto Apel, Álvaro Vieira Pinto, Gramsci, Albert Memmi, Mao Tsé-tung, Frantz Fanon, Karl Jaspers, Lukács, Amílcar Cabral, Reinhold Niebuhr, Jürgen Habermas, Lucien Goldmann, Wright Mills, Edmund Husserl,

Nyerère, Barbu, entre tantos outros, que o fizeram refletir para que pudesse criar a sua *leitura de mundo*, dos fins dos anos 1950 até a década de 1990.

Podemos constatar que, antecedendo a formação de seu pensamento genuinamente brasileiro, preocupado com a realidade nacional, Paulo se ocupou de, e analisou, obras de mais de uma centena de autores europeus, americanos e latino-americanos. Ao mesmo tempo, escolheu os mestres do pensamento de várias partes do mundo, e autores brasileiros e portugueses atentos ao bem falar e escrever, porque ele mesmo estava preocupado com a linguagem esteticamente bela e certa de nossa língua, e com a *"leitura do mundo"* eticamente precisa e objetiva.

Viveu, portanto, a contradição entre suas experiências educativas refletidas, que se juntaram às suas vivências e experiências de criança, e as ideias de pensadores nacionais e estrangeiros para "partejar" o seu pensar absolutamente original e peculiar de pensar os brasileiros e brasileiras. De pensar o mundo. Assim, arraigado nas questões da realidade concreta do Recife, de Pernambuco, do Nordeste, do Brasil, foi tão local que pôde tornar-se mundial.

Chamo a atenção do/a leitor/a para o fato de que tanto mais Paulo avançou para a constituição de seu pensamento próprio menos ele fez citações de outros autores e mais dele próprio. Podemos constatar também que *Pedagogia da autonomia*, um dos seus mais importantes livros, foi muito pouco citado, pois foi publicado poucos dias antes de sua morte, e dentre os seus próprios livros os únicos não citados, todos em parceria, foram os publicados após a sua morte, com algumas exceções.

Em seus livros pessoais, podemos encontrar citações dos seguintes pensadores,[1] nas seguintes obras e suas respectivas páginas:

Em Educação como prática da liberdade

Thiago de Mello, transcrição da poesia "Canção para os fonemas da Alegria", do livro *Faz escuro mas eu canto – porque a manhã vai chegar*.
Frantz Fanon, *Los condenados de la tierra*.
Erich Kahler, *Historia universal del hombre*.
Karl Jaspers, *Origen y metas de la historia*; *Razão e antirrazão de nosso tempo*.
Erich Fromm, *El miedo de la libertad*; *Marx y su concepto del hombre*.
Hans Freyer, *Teoría de la época actual*.
Zevedei Barbu, *Democracy and dictatorship*; *Problems of historical psychology*.
Boris Pasternak, *O doutor Jivago*.

---

1 Elaborei esta lista de citações por sugestão de um dos curadores da primeira edição deste livro, o Prof. Dr. Alípio Casali.

Wright Mills, *A elite do poder*.
Guerreiro Ramos, *A redução sociológica*.
Karl Popper, *A sociedade democrática e seus inimigos*.
Celso Furtado, *Reflexões sobre a pré-revolução brasileira*.
Tristão de Ataíde, *Mitos do nosso tempo*.
[Emmanuel] Mounier, *Sombras de medo sobre o século XX*.
Simone Weil, *Raices del existir*.
[Papa] João XXIII, *Mater et Magistra*.
Paulo Freire, *Educação e atualidade brasileira* (Tese).
Álvaro Vieira Pinto, *Consciência e realidade brasileira*.
Fernando de Azevedo, *Educação entre dois mundos; Cultura brasileira*.
Gabriel Marcel, *Los hombres contra lo humano*.
Tocqueville, *A democracia na América*.
Padre Antonio Vieira, *Obras completas do padre Antonio Vieira – Sermões*.
Caio Prado, *Evolução política do Brasil e outros estudos*.
Gilberto Freyre, *Casa-Grande e senzala; Sobrados e mocambos*.
Viana Moog, *Bandeirantes e pioneiros*.
Padre Manuel da Nóbrega, *Cartas do Brasil e mais escritos*.
Oliveira Viana, *Instituições políticas brasileiras*.
Rugendas, *Viagem pitoresca através do Brasil*.
Joaquim Costa, "Coletivismo agrario en España".
E.L. Berlinck, *Fatores adversos na formação brasileira*.
Gunnar Myrdal, *Solidariedad o desintegración*.
Anísio Teixeira, "Revolução e educação".
Costa Pinto, *Sociologia de desenvolvimento*.
Roberto Moreira, *Educação e desenvolvimento no Brasil*, e "Hipóteses e diretrizes para o estudo das resistências à mudança social, tendo em vista a educação e a instrução pública como condições ou fatores".
Karl Mannheim, *Diagnóstico de nuestro tiempo; Libertad y planificación*.
Peter Drucker, *La nueva sociedad*.
A.N. Whitehead, *The aims of education and other essays*.
Richard Livingston, *Some thoughts on University Education*.
[Jacques] Maritain, *La educación en este momento crucial*.
Jomard Muniz de Britto, "Educação de adultos e unificação de cultura".
Jarbas Maciel, "A fundamentação teórica do Sistema Paulo Freire de educação".
Aurenice Cardoso, "Conscientização e alfabetização".
William Gray, *L'enseignement de la lecture et de l'écriture*.
Aldous Huxley, *El fin y los medios*.
[John] Dewey, *Democracia e educação*.

Na Pedagogia do oprimido

Ernani Maria Fiori, "Aprenda a dizer a sua palavra", Apresentação.
Francisco Weffort, Prefácio de *Educação como prática da liberdade*.
Hegel, *The phenomenology of mind*.
Rosa Luxemburgo, "Reforma o revolución".
Wright Mills, *Los marxistas; The sociological imagination*.
São Gregório de Nissa, "Sermão contra os usurários".
Karl Marx, *Tercera tesis sobre Feuerbach; Manuscritos econômico-filosóficos*.
Marx e Engels, *La sagrada familia y otros escritos*.
G. Lukács, "Lenine".
[Erich] Fromm, *El corazón del hombre*.
Herbert Marcuse, *L'homme unidimensionel e Eros et Civilisation*.
Paulo Freire, "Cultural action for freedom"; *Educação como prática da liberdade*.
Cândido A. Mendes, "Memento dos vivos – a esquerda católica no Brasil".
Frantz Fanon, *Los condenados de la tierra*.
Albert Memmi, *Colonizer and the colonized*.
Régis Debray, *La revolución en la revolución*.
Álvaro Vieira Pinto, *Consciência e realidade nacional*.
Simone de Beauvoir, *El pensamiento politico de la derecha*.
[Jean-Paul] Sartre, *El hombre y las cosas*.
Reinhold Niebuhr, *Moral man and immoral society*.
Karl Jaspers, *Philosophy*.
Edmund Husserl, *General introduction to pure phenomenology*.
Ernesto Guevara, *Obra revolucionária*.
Pierre Furter, *Educação e vida*.
André Malraux, *Antimemoires* (citando Mao Tsé-tung).
Mao Tsé-tung, *Le front un dans la travail culturel; On contradictions*.
Karel Kosik, *Dialetica de lo concreto*.
Hans Freyer, *Teoria de la época actual*.
Lucien Goldmann, *The human sciences and philosophy*.
André Nicolai, *Comportement économique et structures socials*.
Lenin, *On politics and revolution*.
Fidel Castro, *Gramma*.
Gajo Petrovic, *Man and freedom; Marx in the midtwentieth century*.
[Papa] João XXIII, *Mater et Magister*.
Franic Split, bispo, "Os 15 Obispos hablan en prol del Tercer Mundo".
Getúlio Vargas, *O governo trabalhista no Brasil*.
Louis Althusser, *Pour Marx*.
Germano Gruzman, *Camilo el cura guerrillero*.

Martín Buber, *Yo y tu*.
Mikel Dufrenne, *Pour l'Homme*.
André Moine, *Cristianos y marxistas después del Concilio*.
John Gerassi, *A invasão da América Latina*.

Em Extensão ou comunicação?

Jacques Chonchol, Prefácio.
Pierre Guiraud, "La semántica, Fondo de Cultura".
Ferdinand de Saussure, *Curso de linguística geral*.
Paulo Freire, *Pedagogia do oprimido;Educação como prática da liberdade*; *Cultural action for freedom;* "Alfabetização de adultos – crítica de sua visão ingênua, compreensão de sua visão crítica"; "O papel do trabalhador social no processo de mudança"; "O compromisso do profissional com a sociedade"; "Algumas sugestões sobre um trabalho educativo que encare o 'asentamiento' como uma totalidade"; "O papel do trabalhador social no processo de transformação".
Willy Timmer, "Planejamento do trabalho de extensão agrícola".
Eduardo Nicol, *Los princípios de la ciencia*.
Cândido Mendes, *Memento dos vivos*.
Bronislaw Malinovski, *Magic, science and religion*.
Ernani Maria Fiori, "Aprender a dizer sua palavra – o método de alfabetização do Prof. Paulo Freire".
Octavio Paz, "Claude Lévi-Strauss o el nuevo Festin de Esopo".
Zevedei Barbu, *Problems of historical psychology*.
Adam Schaff, "Introducción a la semántica".
Marx e Engels, *Obras escolhidas*, "Teses sobre Feuerbach".
José Luís Fiori, "Dialética e liberdade: duas dimensões da pesquisa temática".

Em Ação cultural para a liberdade e outros escritos

Paulo Freire, *Pedagogia do oprimido; Educação como prática da liberdade; Extensão ou comunicação?*.
Wright Mills, *The sociological imagination*.
Ernani Maria Fiori, Prefácio da *Pedagogia do oprimido*.
Álvaro Vieira Pinto, *Consciência e realidade nacional; Ciência e existência*.
Zevedei Barbu, *Their psychology and patterns of life*, "Democracy and dictatorship".
Louis Althusser, *Pour Marx*.
Lucien Goldmann, *Las ciencias humanas y la filosofia*, p. 35; *The human science and philosophy*.

UNESCO, *La situación educativa en América Latina*.
Frantz Fanon, *Os condenados da terra*.
Albert Memmi, *Colonizer and the colonized*.
Dario Salas, "Algumas experiências vividas na Supervisão da Educação Básica em Alfabetização Funcional no Chile".
Karl Marx e Frederich Engels, *Obras escolhidas*, "III Tese sobre Feuerbach".
John Belloff, *The existence of mind*.
Fernando Henrique Cardoso, *Hegemonia burguesa e independência econômica – Raízes estruturais da crise política brasileira*; *Politique et développement dans les societés dépendantes*.
Erich Fromm, *The heart of man*.
John MacDermott, *Technology: the opiate of intellectuals*.
Jean-Paul Sartre, *Situations I*; *Search for a Method*.
Karel Kosik, *Dialética do concreto*.
Teilhard de Chardin, *El fenómeno humano*.
Ionesco, *Rhinocéros*.
Tom Paxton, cantando Pete Seeger.
Reinhold Niebuhr, *Moral man and immoral society*.
E. J. Hobsbawm, *Aspects of history and Class consciousness*.
George Lukács, *Histoire et conscience de classe*.
Jürgen Moltmann, *Religion, revolution and the future*.
Christian Lalive D'Epinay, *El refugio de las masas, Estudio sociologico del Protestantismo*.
Beatriz Muniz de Souza. *A experiência da Salvação, Pentecostais em São Paulo*.
Hugo Assmann, *Opresión – Liberación, desafio a los cristianos*.

Em Cartas a Guiné-Bissau: registros de uma experiência em processo
Paulo Freire, *Educação como prática da liberdade*; *Ação cultural para a libertação* [liberdade]; *Pedagogia do oprimido*.
Julius Nyerère, *Education for self-reliance*; *Essays on socialism*.
Frantz Fanon, *Os condenados da terra*.
Albert Memmi, *Retrato do colonizado precedido pelo retrato do colonizador*.
Amílcar Cabral, *Unité et lutte, l'arme de la théorie*; *Resistência cultural – PAIGC – unidade e luta*.
Luiza Teotônio Pereira e Luís Motta, *Guiné Bissau – 3 anos de Independência*.
IV Centenário da publicação d'*Os lusíadas*, *Os Lusíadas e a Guiné*.
André Malraux, *Antimémoires* (palavras de Mao).
Harry Braverman, *Labor and monopoly capital – the degradation of work in the twentieth century*.

Samora Machel, "Fazer da escola uma base para o povo tomar o poder".
Karl Marx, *El capital*.
Samir Amim, *Élogie du socialisme*.
Louis-Jean Calvet, *Linguistique et colonialisme*.
Karel Kosik, *Dialectica de lo concreto*.
H. P. Lee, "Education and rural development in China today" in *World year book of education*.
Chen Yung-Kuei, *China! Inside the people's republic*.
Paulo T. K. Lin, "Development guided by values: comments on Chinas' s road and its implications" in *On the creation of a just word order*.

Em Educação e mudança

Erich Fromm, *O coração do homem*.
Wright Mills, *La elite del poder*.
Bergson (sem livro citado).
Hegel, *Fenomenologia del espíritu*.
Paulo Freire, "A propósito del tema generador".
Robert K. Merton, *Teoria y estructura sociales*.
Erich Kahler, *Historia universal del hombre*.
Hans Freyer, *Teoría de la época actual*.
Jomard Muniz de Britto, "Educação de adultos e unificação de cultura".
Jarbas Maciel, "A fundamentação teórica do sistema Paulo Freire de educação de adultos".
Aurenice Cardoso, "Conscientização e alfabetização – uma visão prática do sistema Paulo Freire de educação de adultos".

Em Conscientização: teoria e prática da libertação

Márcio Moreira Alves, *Cristo del pueblo*.
Francisco Weffort, "Introdução" in *L'éducation, práxis de la liberté*.
Thomas R. Sanders, *The Paulo Freire Method, literacy training and conscientization*.
Paulo Freire, *Pedagogia do oprimido*; *Ação cultural para a libertação*; *Educação como prática da liberdade*.
Alberto Silva, *La pédagogie de Paulo Freire*.

Em A importância do ato de ler em três artigos que se completam

Marx, "As teses sobre Feurbach".
Paulo Freire, "A alfabetização de adultos – crítica de sua visão ingênua, compreensão de sua visão crítica"; *Ação cultural para a liberdade e outros escritos*; *Cartas à*

Guiné-Bissau; Pedagogia do oprimido; "Criando Métodos de Pesquisa Alternativa – Aprendendo a fazê-la através da ação"; "Quatro cartas aos animadores de Círculos de Cultura de São Tomé e Príncipe".

Carlos Rodrigues Brandão, *Pesquisa participante; A questão política da educação popular.*

D. Merril Swert, "Proverbs, parables and metaphors – Aplying Freire`s concept of codification to Africa".

Antonio Gramsci, *Cuadernos dela carcel: los intelectuales y la organización de la cultura.*

Angelo Broccoli, *Antonio Gramsci y la educación como hegemonia.*

Em A educação na cidade[2]

Moacir Gadotti, *Convite à leitura de Paulo Freire.*
Georges Snyders, *A alegria na escola.*
Ana Maria [Araújo Freire], *Analfabetismo no Brasil.*
A. N. Whitehead, *The aims of education and other essays.*
Paulo Freire, *L'éducation, pratique de la liberté; Educação como prática da liberdade; Alfabetização, leitura da palavra e leitura do mundo; Pedagogia do oprimido; Por uma pedagogia da pergunta.*
Donaldo Macedo, *Alfabetização, leitura da palavra e leitura do mundo.*
Antonio Faundez, *Por uma pedagogia da pergunta.*

Em Pedagogia da esperança: um reencontro com a Pedagogia do oprimido

Manuel Bandeira, "Evocações do Recife", in *Poesias.*
Jean Piaget, *The moral judgment of the child.*
Gilberto Freyre, *Nordeste.*
Ernesto Guevara, *Obra revolucionária.*
Antônio Callado, *Quarup.*
Jean Ziegler, *La Suisse au-dessus de tout soupçon.*
Ana Maria Araújo Freire, *Analfabetismo no Brasil*: da ideologia da interdição do corpo à ideologia nacionalista ou de como deixar sem ler e escrever desde as Catarinas (Paraguaçu), Filipas, Anas, Genebras, Apolônias e Grácias até os Severinos.
Carlos Brandão e outros, *A questão política da educação popular.*
Paulo Freire, *Pedagogia do oprimido; Educação como prática da liberdade; Ação cultural para a liberdade e outros escritos;* "Escola primária para o Brasil".

---

2   Obra descontinuada. Sobre o trabalho de Paulo Freire na SME/SP, publiquei com Erasto Fortes Mendonça o livro *Direitos humanos e educação libertadora*, já citado.

Georges Snyders, *La joie à d'école*.
Amílcar Cabral, *Obras escolhidas*, vol. I, "A arma da teoria-unidade e luta".
Paul Shorey, *What Plato said*.
Engels, *Obras escogidas*, Carta de Engels a Schmidt.
François Jacob, "Nous sommes programmés, mas pour appendre".
Erica Sherover Marcuse, *Emancipation and consciousness, dogmatic and dialectical perspectives in the early Mary*.
Paulo Freire e Sergio Guimarães, *Sobre educação – diálogos*.
Eduardo Nicol, *Los princípios de la ciencia*.
Mao [Tsé-tung] (sem obra citada).
Frantz Fanon, *Los condenados de la tierra*.
Albert Memmi, *Colonizer and the colonized*.
Neil Postman, *Technopoly – The surrender of culture to technology*.
Rose Moss, *Shouting at the crocodile*.
Manning Marable, *The crisis of color and democracy essays on race, class and power*.
Ana Guadalupe Martínez Menéndez, *Las cárceres clandestinas*.

Em Política e educação

Paulo Freire, *Pedagogia do oprimido; Pedagogia da esperança; Ação cultural para a liberdade; A educação na cidade*.
François Jacob, "Nous sommes programmés, mais pour apprendre".
Georges Snyders, *La joie à l'école*.
Peter Angeles, *Dictionary of Philosophy*.
A. R. Lacey, *A Dictionary of Philosophy*.
Nicola Abbagnano, *Dicionário de Filosofia*.
J. Locke, *An essay concerning human understanding*.
Karel Kosik, *Dialética do concreto*.
Ashley Montagu, "Toolmaking, hunting and the origin of language", in *The sociogenesis of language and human conduct*.
Joseph Schubert, "The implication of Luria's theories for crosscultural research on language and intelligence" in *The sociogenesis of language and human conduct*.
Erich Fromm, *O coração do homem*.
Karl Vossler, *Filosofía del lenguaje*.
Ana Maria Araújo Freire, notas da *Pedagogia da esperança*.

Em Professora, sim; tia, não: cartas a quem ousa ensinar

Maria Eliana Novaes, *Professora primária – mestra ou tia*.
Georges Snyders, *La joie à l'école*.
Frantz Fanon, *Os condenados da terra*.

Albert Memmi, *Retrato do colonizado precedido pelo retrato do colonizador*.
Paulo Freire, *Pedagogia do oprimido*; *Pedagogia da esperança*; *Educação como prática da liberdade*; *Educação e mudança*; *Ação cultural para a liberdade*; *A importância do ato de ler*; "Alfabetização como elemento de formação da cidadania".
Ana Maria Araújo Freire, *Analfabetismo no Brasil*; nota da *Pedagogia da esperança*.
Paulo Freire e Sérgio Guimarães, *Sobre educação*.
Paulo Freire e Ira Shor, *Medo e ousadia, o cotidiano do professor*.
Paulo Freire e Donaldo Macedo, *Alfabetização, leitura do mundo leitura da palavra*.
Paulo Freire e Márcio Campos, "Leitura do mundo, leitura da palavra".
Vygotsky, *Vygotsky and education. Instructional implications and applications of socio-historical psychology*.
François Jacob, "Nous sommes programmés mais pour aprendre".
E. L. Berlinck, *Fatores adversos na formação brasileira*.
Moacir Gadotti, Paulo Freire e Sérgio Guimarães, *Pedagogia: diálogo e conflito*.
Merleau-Ponty, *Fenomenologia de la percepción*.
Adolfo Sánchez Vásquez, *Filosofia da práxis*.
Karel Kosik, *Dialética do concreto*.

Em Cartas a Cristina: reflexões sobre minha vida e minha obra

Paulo Freire, *Pedagogia da esperança*; *Pedagogia do oprimido*; *Educação como prática da liberdade*; "Educação e atualidade brasileira"; *Professora, sim; tia, não*; *Política e educação*; *Educação e mudança*; *Ação cultural para a liberdade*.
Manuel Bandeira, *Poesias*.
Padre Antonio Vieira, *Obras completas*.
E. L. Berlinck, *Fatores adversos na formação brasileira*.
Joaquim Nabuco, Publicação comemorativa do 1º Centenário do Nascimento do antigo deputado por Pernambuco.
Paulo Cavalcanti, *O caso eu conto como o caso foi* – da coluna Prestes à queda de Arraes.
Ana Maria Araújo Freire, notas da *Pedagogia da esperança*.
Van Hoeven Veloso Ferreira, *Jaboatão de meus avós*.
Erica Sherover Marcuse, *Emancipation and consciousness, dogmatic and dialectical perspectives in the early Marx*.
Francisco Weffort, *Por que democracia?*.
Jonathan Kozol, *Morte em tenra idade*.
Jerome Levinson e Juan de Onis, *The Alliance that lost its way*.
Zevedei Barbu, *Democracy and dictatorship*.
Frantz Fanon, *Os condenados da terra*.
Albert Memmi, *Retrato do colonizado precedido pelo retrato do colonizador*.

Em À sombra desta mangueira

Neil Postman, *Technopoly. The surrender of culture to technology.*
Paulo Freire, *Pedagogia da esperança; Pedagogia do oprimido; Cartas a Cristina.*
Karel Kosik, *Dialética do concreto.*
Eugène Ionesco, *Rhinoceros.*
Marília Fonseca, "O Banco do Império".
Paulo Freire e Antonio Faundez, *Por uma pedagogia da pergunta.*
Henry Giroux, *Teacher as intellectuals – toward a critical pedagogy.*

Na Pedagogia da autonomia: saberes necessários à pratica educativa

Regina L. Garcia e Victor V. Valla, "A fala dos excluídos".
François Jacob, "Nous sommes programmés, mais pour apprendre".
Paulo Freire, *À sombra desta mangueira; Pedagogia do oprimido; Cartas a Cristina; Pedagogia da esperança; A educação na cidade; Professora, sim, tia, não.*
Álvaro Vieira Pinto, *Ciência e existência.*
Neil Postman, *Technopoly. The surrender of culture to technology.*
David Crystal, *The Cambridge Encyclopedia of Language.*
Joseph Moermann, "La globalization de l'économie provoquera-t-elle un mai 68 mondial? – La marmite mondiale sous pression".
Wright Mills, *A elite do poder.*

Na Pedagogia da indignação: cartas pedagógicas e outros escritos

Paulo Freire, *À sombra desta mangueira; Pedagogia da autonomia; Pedagogia da esperança; Cartas a Cristina; Pedagogia do oprimido; Educação como prática da liberdade.*
Frantz Fanon, *Os condenados da terra.*
Paulo Freire e Donaldo Macedo, *Alfabetização*: leitura da palavra, leitura do mundo.
Arno Gruen et al., *The insanity of normality: realism as sickness*: toward understanding human destructiveness.
Albert Memmi, *Retrato do colonizado precedido pelo retrato do colonizador.*
François Jacob, "Nous sommes programmés, mais pour apprendre".
Neil Postman, *Technology – The surrender of culture of technology.*
Wright Mills, *A elite do poder.*

Na Pedagogia dos sonhos possíveis

Ana Maria Araújo Freire, nota em *Pedagogia da esperança; Analfabetismo no Brasil.*
Paulo Freire, *Pedagogia do oprimido; Pedagogia da esperança; Ação cultural para a liberdade; Educação na cidade; Cartas a Cristina; Cartas a Guiné-Bissau; Pedagogia da autonomia; Professora, sim, tia, não.*

Paulo Freire e Donaldo Macedo, *Alfabetização: leitura do mundo, leitura da palavra*.
Paul Shorey, *What Plato said*.
François Jacob, "Nous sommes programmés, mais pour apprendre".
Francisco Whitaker Ferreira, *Planejamento – sim e não*.
Skinner, *Beyond freedom and dignity*.

Na Pedagogia da tolerância

Albert Memmi, *Retrato do colonizado precedido pelo retrato do colonizador*.
Ana Maria Araújo Freire, nota em *Pedagogia da esperança*.
Paulo Freire, *Pedagogia do oprimido*; *Pedagogia da autonomia*; *À sombra desta mangueira*; *Educação como prática da liberdade*; *Pedagogia da esperança*; *Cartas a Guiné-Bissau*; *Professora sim, tia não*; *Política e educação*; "Educação e atualidade brasileira"; *Cartas a Cristina*.
Marilyn Frankenstein, "Educação matemática crítica: uma aplicação da epistemologia de Paulo Freire" in M.A Bicudo, *Educação matemática*.
Paulo Freire e Antonio Faundez, *Por uma pedagogia da pergunta*.
Fernando Henrique Cardoso, *Politique et dévelopment dans les societés dépendantes*.
Donaldo Macedo, *Literacy for stupidification*: the pedagogy of big lies.

Paulo mencionou nesses seus livros diversas pessoas e artistas importantes para os seus trabalhos, bem como outros autores cujas obras não foram citadas.

CAPÍTULO 14

A sua compreensão do ato de ler/escrever e o modo como escrevia

Considero muito importante chamar a atenção dos leitores e leitoras desta biografia para a maneira *como* Paulo escrevia seus textos, pois ela é coerente e está dialeticamente relacionada com a sua compreensão do ato de ler/escrever a palavra e o mundo, ler a vida.

A compreensão da unidade dos atos de ler e de escrever para Paulo é a que possibilita entendermos suas palavras: ler a palavra lendo o mundo para reescrevê-lo, ou ler o mundo ao escrever a palavra.

Em Paulo não havia, pois, um tempo de escrever e um tempo de ler. Havia sim um tempo de ler/escrever ou escrever/ler. É que esses atos tidos e aceitos quase sempre como separados em dois momentos distintos do ato de conhecer foram entendidos por ele como um instante único e indissociável da construção do saber. Ele não cansou de denunciar essa dicotomia que destrói o saber verdadeiro. Na sua compreensão de educação, na sua teoria do conhecimento está explícita essa unidade no alfabetizar/educar: ler a palavra lendo o mundo.

Quando ele "escrevia", ia "lendo" outros autores e relendo a si próprio da mesma maneira que ao ler a si e aos outros ia escrevendo e reescrevendo sua nova *leitura do mundo*. Há no ato de ler e no de escrever uma intrínseca relação dialética que torna impossível dissociarmos um do outro, reafirmo com Paulo.

Enfim, o ato de ler/escrever em meu marido não foi somente um ato de comunicar ou de dialogar com as leitoras e os leitores ética, estética, pedagógica e politicamente, mas de fustigá-los/as a pensar e a engajarem-se na transformação de um mundo melhor. Foram momentos de anúncio da possibilidade de um mundo mais bonito, mais justo, mais democrático ao denunciar as injustiças de toda sorte.

O ato de ler/escrever para Paulo foi, portanto, e antes de tudo, uma tarefa política. Seus textos, por isso, são muito mais do que "molhados", são "ensopados" da eticidade estética libertadora de rara beleza, perceptíveis para quem lê os seus escritos, porque faziam parte substantiva de sua maneira de ser, de seu comportamento diante da vida.

Ler e escrever, acredito *com* Paulo, não são dois momentos distintos e excludentes de criação, de procura de conhecer ou de perpetuação de alguma coisa da cultura de quem escreve ou de quem lê. O de apenas grafar no papel o que a humanidade já construiu, ou o autor está construindo no momento da escrita, para saciar a sua vontade, interesse e curiosidade com pretensões de atingir o/a leitor/a.

Ler/escrever é mais complexo do que isso: é uma das mais importantes expressões da cultura que, portanto, só os humanos podem e fazem. O ler/escrever implica compreensão inteligente e sensível do mundo que surge da instância social através da capacidade pessoal do autor e do leitor.

Envolve ao mesmo tempo sentimentos, emoções, desejos, sonhos, intuições e necessidades pessoais do autor ou autora a partir do que ele/ela escuta de outros e outras, do que observa do mundo, de como se insere no mundo e do que elabora advindo da sua intuição, do envolvimento do leitor e da leitora na trama do texto e, portanto, das emoções do leitor também. Tudo isso sob a tutela da razão de ambos.

Stricto sensu, ler/escrever estabelece, portanto, uma relação única e profunda entre o saber contido no texto tomado como objeto de conhecimento, que só tem sentido na relação desse objeto com os sujeitos cognoscentes, o autor e o leitor.

Ler/escrever é, pois, uma das representações que surgem da tensão subjetividade/objetividade do mundo letrado no sentido de perpetuá-lo e fazer possível a sua evolução.

Assim, necessariamente, quem escreve está *lendo o mundo* para reescrevê-lo diferentemente do que ele ou ela já o faziam anteriormente, mesmo que escrevendo sobre o mesmo tema. Isso porque há em cada momento de criação um outro tempo histórico que interfere nos próprios agentes que fizeram e ou estão fazendo a história.

No ato de ler/escrever há, portanto, a junção da percepção dos fatos e das coisas, com as emoções e a inteligência do sujeito situado e datado – a *leitura do mundo* do autor –, que, necessariamente, passa tudo isso se assim o quiser aos leitores e leitoras quando o leem para reescreverem todos, em comunhão, o mundo.

Quem lê um livro também, necessariamente, está *lendo o mundo* que o autor/a leu, daí o escreveu, e aquele o lerá incorporando essa *leitura do mundo* à sua, modificando, acrescentando ou negando a que tinha anteriormente.

Assim, quem escreve porque leu e quem lê porque está relendo e reescrevendo o que está lendo estão interferindo no mundo. Então, terão formas novas e diferentes de *ler o mundo* e, portanto, de *estar no mundo*. Daí ter a possibilidade de estar *com o mundo*, de tornar-se cidadão, de transformá-lo.

Ler implica, pois, ler com atenção, com cuidado, para reconstruir o mundo do/a autor/a ao ir (re)construindo, reescrevendo o seu próprio. Seja ele o mundo afetivo ou imaginário, o mundo real ou racional do campo social objetivo. Ler, portanto, é uma das formas de reescrever o mundo, e não ir lendo mecanicamente palavras, letras e sentenças.

Os homens e as mulheres precisaram ler/escrever verdadeiramente a palavra, pois esse ato *pronuncia o mundo*, para irem reescrevendo o mundo continuadamente, porque sem o "ler o mundo/escrever a palavra" – quer se trate de teorias científicas, filosóficas ou pedagógicas quer de romances, contos ou poesias – não teríamos, assim, atingido o estágio civilizatório que atingimos e nem poderíamos estar ampliando-o continuamente.

Por tudo isso se diz que o "livro enriquece a alma", que "um país se constrói com homens, mulheres e livros", que "o livro é um dos objetos do desejo de homens e mulheres". Ou ainda, que "temos que marcar a nossa presença no mundo plantando uma árvore, tendo um filho e escrevendo um livro". Ler/escrever, pois, faz parte da necessidade de reproduzirmo-nos como espécie humana, como existência humana.

Escrever lendo o mundo exige, conforme Paulo acentuava, jamais negar suas emoções, sentimentos, intuições, sensibilidade, ousadia para enfrentar o medo do desconhecido e assim se desafiar para criar o novo, pois ele entendia também não ser possível separar razão/emoção. Concretamente, ele escrevia com a linguagem criada no seu *corpo consciente*, no seu corpo inteiro, razão e emoção.

Seus textos falam do mundo real segundo sua interpretação, segundo sua *leitura de mundo*, assim neles estão, pois, os seus sentires e pensares mais autênticos. Nunca pensou em escrever seguindo uma "corrente de ferro" das ideias já conhecidas, ditas, escritas.

O processo de escrever *lendo o mundo* em Paulo não era apenas o de grafar as suas ideias concebidas com os instrumentos de que mais gostava de usar, o lápis ou uma caneta hidrográfica ou esferográfica, numa folha de papel branco.

Paulo tinha a preocupação em produzir textos bonitos, do ponto de vista linguístico e ético. E que expusessem com exatidão e clareza epistemológica o seu raciocínio filosófico-político-ético de educador dos/as oprimidos/as. Seus textos também são momentos estéticos de rara beleza, perceptíveis para quem lê seus escritos. Fez filosofia com rigor e poesia. Escreveu poeticamente a Verdade com adequação, eficiência e ousadia, sem medo de errar, arriscando-se e por isso compôs uma epistemologia sobre a Vida, da Vida.

Paulo discursando em Reggio Emilia, Itália, em abril de 1990.

Paulo jamais teve pressa de publicar livros e textos para contá-los em número cada vez maior em seu currículo no fim de cada semestre ou ano. Esse jamais foi o seu objetivo, como não deve ser o de nenhum intelectual no mundo.

Ele elaborava suas ideias mentalmente, anotava em pedaços de papel ou em fichas, ou as punha "no cantinho da cabeça" quando elas iam surgindo na rua, nas conversas ou durante a sua própria fala em alguma conferência ou entrevista. Isso quer dizer que Paulo escrevia quando criava, daí, dialeticamente, ia criando mais e mais ao escrever, ao ir inserindo-se no mundo com mais criticidade, *relendo o mundo* a cada instante em que refletia, porque vinha de sua paixão pelo ato de conhecer e socializar as coisas que desvelava.

Nunca se preocupou em esgotar um assunto numa página ou num livro. Ao contrário, pacientemente impaciente esperava o momento que lhe parecia mais adequado para dizer o que queria e considerava ser seu dever dizer como um educador político comprometido com a transformação das pessoas e do mundo, mas que por razões diversas tinha decidido deixar para aprofundar depois. Ou, até porque só posteriormente tal coisa tinha surgido em suas reflexões como uma necessidade de ser abordada por ele. Assim, muitas vezes, ao querer radicalizar mais um ponto de suas análises, para tratá-lo com mais rigorosidade científica, ética e política, voltava ao tema. Reescrevia e aprofundava temas, pois, quando tinha tido uma nova percepção do fato ou do fenômeno, uma diferente *leitura de mundo* sobre este ou aquele problema ou questão.

Outras vezes Paulo reescrevia alguns pontos para rever-se nos seus enganos, para explicar melhor alguma diferença, por menor que fosse, ou para extirpar ambiguidades, provando estar sempre atento em esclarecer melhor aos leitores e às leitoras o que dizia, pensava e queria. Sobre o que sonhava utopicamente.

Paulo nunca teve, assim, medo de seus "resvalamentos", enganos ou erros. Considerava-os parte da busca do saber, dos riscos inerentes à incompletude humana, da explicitação da Verdade que, sendo histórica, deve ir sendo atualizada constantemente. Igualmente, não desprezava serem possíveis os equívocos diante das contingências pessoais e sociais de quem, como ele, pensava e escrevia com ousadia. Reconhecer o erro não é um defeito, é uma virtude, para a qual ele esteve sempre atento e aberto. Permanecer no erro sabendo de seu erro é que é uma atitude hipócrita, desonesta, antiética. Expõe vaidade, insegurança e prepotência de quem assim age. Por isso ele foi ousado, não teve medo de correr riscos ao criar e afirmar suas ideias.

Paulo foi aberto, livre, autônomo, coerente com sua concepção de história e de existência humana. Adotou para si essa metodologia para buscar mais profundamente o que acreditava ser a Verdade daquele momento histórico e a sua própria diante deste. Esta foi sua forma intencional de comportar-se diante de sua própria existência e de suas criações: fazer as superações, rever-se constantemente como *gente* e como pensador, dialeticamente atualizando-se e inserindo-se na história humana. Inscreveu-se assim, acreditava, como um pensador pós-modernamente progressista.[1]

Ele gostava e considerava imprescindível consultar dicionários de qualquer natureza: de ortografia, de regência ou de sinônimos e antônimos. De outras línguas. Exigia de si essa busca da palavra certa, mais bonita ou mais adequada e rigorosa para explicitar o que sentia e queria dizer.

Foi, assim, disciplinado, atento e cuidadoso no ato de escrever/ler. Nunca terminou afobado ou irritado um texto porque tinha a hora ou o dia estipulado para acabá-lo. Respeitava seus próprios limites de tempo, seu ritmo de pensar, sistematizar e escrever lendo.

Apesar de respeitar e incentivar o uso de aparelhos tecnológicos no âmbito educacional,[2] como necessidade da inserção social dos/as educandos/as,

---

[1] Apesar das contraditórias interpretações sobre a conceituação da pós-modernidade, Paulo não se furtou em afirmar que além da pós-modernidade reacionária existe uma pós-modernidade progressista, na qual se inscrevia. Conferir, entre outros trabalhos, os seus ensaios "Discussões em torno da pós-modernidade" em *Pedagogia dos sonhos possíveis* e "Pedagogia das grandes mentiras" em *Pedagogia da tolerância*.

[2] Quando secretário da Educação do Município de São Paulo, na gestão de Luiza Erundina, Paulo introduziu os computadores nas escolas públicas da Rede Municipal, fato pioneiro no Brasil.

jamais se pôs diante de uma máquina de escrever, ou de um computador para digitar os seus escritos. Sempre escreveu de próprio punho.

Seus manuscritos se inserem no papel com tanta harmonia que mais se assemelham a um desenho que pode ser olhado e admirado antes mesmo de ser lido o significado de suas palavras e frases, e de sabermos, pois, que *leitura de mundo* ele estava fazendo naquele seu escrito.

Quando entregava os seus manuscritos a qualquer uma das secretárias[3] que nos assistiram nos anos vividos em comum, para serem datilografados ou digitalizados, era porque tinha a convicção de que havia dito tudo o que queria e podia dizer naquele texto, naquele dia, naquele momento. Isso não quer dizer que tivesse algum dia pensado em ter esgotado todas as possibilidades do tema tratado, até porque jamais teve a pretensão de dizer ou pensar que podia esgotar qualquer tema. Mas, no instante em que entregava para a impressão gráfica o seu pensamento contido no manuscrito, tinha dito nele com rigorosidade, na sua peculiar forma linguística, sensivelmente poética, ética e profética, o que queria ou tinha podido dizer naquele texto, naquele momento.

Paulo era igualmente estético no modo com que seus dedos e mãos tocavam, manuseando os livros e os simples objetos necessários à grafia de seus textos, parecendo querer expressar que os sentia como instrumentos mediadores de seu amor e ternura às pessoas que iriam lê-lo. Estético no modo como postava seu corpo todo, privilegiando as suas mãos. Nesses momentos todo o seu corpo estava, assim, ali presente, envolvido no ato que me parecia a de um verdadeiro ritual de oferta e de recebimento pelo seu dever cumprido ou a comunhão com o outro autor que à tarefa de escrever também tinha se dedicado. Eram, enfim, gestos de extrema identificação amorosa frente aqueles objetos que sabia simbolizavam um momento especial do dever e do prazer do seu existenciar-se.

Assim, quando tomava um livro em suas pequeninas mãos, qualquer que fosse ele, o tocava, delicadamente, quase acariciando. Alisava-o mirando a sua capa e a sua contracapa. Tornava a alisá-lo, e começava a folheá-lo, abrindo-o, suavemente, página por página, para vê-lo, para senti-lo, para ter um contato como se estivesse conversando com o livro, quando, na verdade, ainda não o estava lendo.

Paulo transcrevia suas ideias no papel fazendo-os textos gráficos de rara beleza, que vêm sendo socializados em quase todo o planeta em mais de duas dezenas de línguas nacionais diferentes desde o "brasileiro", o espanhol, o inglês e o italiano até o paquistanês, o indonésio, o japonês, o coreano, o basco, o árabe, o iídiche, o chinês, o indiano, o alemão, o ídiche, o valenciano e o sérvio.

---

3 Agradeço a Raquel Garson, Marina Kern e Lílian Contreira a dedicação, eficiência e bem querer na prestação de seus serviços como nossas secretárias.

Paulo acumulava os seus "a dizer", e depois, quando os tinha lógica, epistemológica, ética e politicamente filtrados, organizados e sistematizados, sentava-se na poltrona giratória de seu escritório e, refletindo, tranquilamente, como que "passando a limpo" as ideias, tendo a certeza de que tinha completo e maduro o que queria dizer, escrevia. Todas as vezes que Paulo retomava o ato de escrever, relia o já escrito para então começar o novo ciclo de análises do que iria pôr no papel.

Reproduzo aqui um pequeno texto de Paulo que tenho em meus arquivos, na verdade um simples rascunho, sem os cuidados habituais com os quais ele escrevia e que reafirma minhas observações sobre essa sua metodologia de seu pensar/escrever. Paulo se propôs o exercício de experimentar-se! De uma forma nova de escrever:

> Esta a primeira vez em que me sento à mesa de trabalho para escrever sem ter antes pensado em sobre que escrever. É a primeira vez em que me entrego à redação sem haver antes definido o seu objeto. É como se a transitivação do verbo escrever se gerasse não na experiência social da produção e da aquisição da linguagem na sintaxe da língua, mas no exercício mesmo de escrever. É como se o *sobre que* escrever não precedesse o escrever e este, em sendo acionado, gerasse ou fosse gerando o objeto. É um exercício difícil, rico, mas sobretudo exigente. É que não se trata de que eu vá simplesmente pondo no papel retalhos de *discursos que me venham ao corpo* [este grifo é meu, os demais são do original] como se estivesse empenhado num jogo solitário de palavras e de frases. No fundo, porém, a experiência tem um pouco de jogo e um pouco de curiosidade em busca. Uma das primeiras possibilidades para prosseguir é a tentação que me assalta quase como se eu estivesse me sentindo mal com a experiência, de dar início, ainda bem não comecei o exercício, a determinação do objeto desta redação: posso esperar do ato mesmo de escrever que me deu o objeto da escrita?
>
> Na verdade, não é bem isso o que quero. Se isto fosse, eu estaria aqui e agora como de outras vezes em que nesta mesma mesa vários temas trabalhei e sobre os quais muitas páginas escrevi. Não. Na verdade, vim a esta mesa *escrever* na espera de que, iniciado o processo, fosse este gerando temas ou assuntos sobre que escrever. Desta forma – me parece que o exercício vem aclarando compreensões – toda vez que escrevemos temos antes falado do que escrevemos ou o que fazemos ao escrever. Quero dizer que ninguém escreve um discurso absolutamente *"virgem"* de oralidade. É verdade, mas isto não basta. Que ocorre quando, no andamento do processo, este ou aquele tema emerge para que sobre ele escrevamos? A emersão dos temas interrompe o exercício de *escrever* sem ter antes pensado sobre que escrever?

De frente para sua escrivaninha e sobre um suporte de couro, que amaciava o contato da caneta com o papel, em folhas de papel sem pauta e de próprio punho, sem deteriorar a caligrafia, quase sempre sem rasuras e sem nenhuma correção, Paulo escrevia seu texto ocupando toda a página de papel branco – de cima até embaixo, da esquerda até a direita – cercando o tema, aprofundando-o.

Seus escritos são verdadeiros "desenhos" feitos com uma caneta azul, com os destaques com tinta vermelha ou verde no papel branco. São a imagem criada na sua inteligência e sensibilidade, a linguagem criada no seu *corpo consciente*, no seu corpo inteiro – razão e emoção – porque vinham de sua paixão pelo ato de conhecer, de ler-escrever a realidade e de sua vivência pessoal, totalmente envolvido com o que estava escrevendo, como um homem sensível de seu tempo, que foi.

Assim, quando Paulo sentava-se para escrever, não ficava fazendo rabiscos, "procurando inspiração". Não. Sentava-se na sua poltrona giratória, refletia até considerar que estava apto a dizer colocando no papel, para os/as leitores e leitoras, o que ele pretendia comunicar naquele momento. Muitas vezes, como já dito, depois de amadurecer mais um ou vários pontos de suas análises, para tratá-lo com mais rigorosidade científica, acuidade política e sobretudo lisura ética, Paulo voltava ao tema. Reescrevia-o, aprofundando-o. Essa foi sua forma de comportar-se diante de sua própria criação, rever-se constantemente, como fez por toda a sua vida consigo mesmo.

Quase nunca mudava seus parágrafos, suas palavras, sua sintaxe ou a divisão dos capítulos de seus livros quando tinha a certeza de que tinha completado e definido o que pretendia dizer, após suas radicais reflexões. Quando substituía uma palavra ou algumas palavras já escritas, recortava pequeninas tiras de papel, delicadamente, com uma tesoura pequena, media-as para ter a certeza de que o tamanho era suficiente para cobrir o que queria mudar, passava, então, a cola no pequeno pedaço de papel em branco, colava-o no local e esperava secar. Só então, cuidadosamente, tendo a certeza de que não iria borrar o seu novo escrito, escrevia a nova palavra ou frase.

Enfim, seus textos têm muita força porque conseguem, com beleza e veracidade, transpor para o papel as suas reflexões e opções geradas na sua prática cotidiana. Na sua sensibilidade, paixão, rebeldia, generosidade e amorosidade. Paulo não escreveu "ideias", ele escreveu com todo o seu *corpo consciente*, porque escrevia o que pensava, o que via, o que observava, o que sentia sobre a concretude das coisas, sobre os fatos da vida pessoal e social. Sobre as coisas óbvias e sobre o que sua intuição lhe dizia sempre sobre o real. Suas preocupações, portanto, se centraram sempre sobre as *condições* e as *relações* que a vida mesma com as suas contradições o fazia refletir. Nunca sobre críticas das ideias, críticas de outras teorias. A verdadeira teoria, acreditava, é a que passa pelo movimento ação-reflexão-ação. Ficar oscilando entre teorias já elaboradas é teoricismo. Ficar na pura ação é praticismo.

Todos os livros de Paulo têm, acima de tudo, um ponto em comum: a forma madura e convincente de como tratava a teoria e a prática educativa e sua compreensão mais crítica do mundo. Com consciência, lucidez e transparência. Com clara opção política a favor dos/as oprimidos/as, por uma ética de vida, através de sua linguagem esteticamente bela e rigorosa de quem sabia o que queria e sabia dizer isso como queria. Sabia, sobretudo, traduzir os anseios, os desejos, as dificuldades e as perdas de todos aqueles e de todas aquelas que querem a necessária libertação de si e de sua sociedade. Tem razão Enrique Dussel ao nomeá-lo "o pedagogo da consciência ético-crítica".

Termino esta minha análise sobre o ato de escrever de Paulo dizendo que uma coisa o acompanhou desde os seus primeiros escritos na década de 1950 do século passado: o seu estilo de escrever e de se comunicar relacionando-se com seus/suas leitores/as, como se estes e estas estivessem numa mesma sala *com* ele, aproximando-se deles e delas, convidando-os a refletirem *com* ele, a inserirem-se na sua trama, nas suas angústias, nas suas alegrias, e nos seus sonhos utópicos, na possibilidade de transformar os sonhos impossíveis em *sonhos possíveis,* para transformar o mundo num mundo mais justo, mais bonito e mais democrático.

CAPÍTULO 15

Sua obra teórica

A obra de Paulo Freire, publicada em quase todo o mundo, é composta de livros, alguns de sua exclusiva autoria, outros "falados" em parceria com alguns educadores; ensaios e artigos em revistas especializadas; entrevistas concedidas a pessoas que escreviam sobre ele ou suas ideias, ou a rádios e canais de TV, jornais e revistas diversas; conferências proferidas; participação em seminários e debates em organizações e movimentos de educação popular, em escolas secundárias e profissionais e em universidades de todo o mundo, bem como prefácios em obras de outros autores.

Poderia dividir a obra pedagógica de Paulo, ou melhor dizendo, os seus livros, em alguns momentos histórico-políticos. Entretanto, deve ficar claro que considero que nunca houve nela rupturas e/ou mudanças de orientação de qualquer natureza. Sua obra mantém uma coerência tal, dos primeiros aos últimos escritos, que a totalidade garante a unidade que a caracteriza.

Temos que considerar, entretanto, as influências que ele sofreu no curso de sua vida, as circunstâncias históricas, que deixaram marcas no seu corpo e, portanto, na sua leitura de mundo e na expressão do seu pensar/escrever/agir. Os anos vividos por Paulo o influenciaram aprofundando a sua percepção do mundo, e portanto a sua literatura. Sua infância feliz; as presenças carinhosas e cúmplices de seus pais e de meus pais; a pobreza em Jaboatão; a morte de pessoas que lhe eram caras; o retorno ao Recife; suas práxis nos movimentos de cultura popular, no SESI-PE, na docência em escolas secundárias e universitárias e no Serviço de Extensão Cultural na Universidade do Recife; seu exílio e os novos desafios no Chile, nos Estados Unidos e de Genebra sua reaprendizagem do Brasil; e o exercício da amorosidade com Elza e comigo o impregnaram de uma forma profunda e muito especial de *ler o mundo*.

Em outras palavras, ao lado dessa história pessoal, dialeticamente, o mundo foi mudando durante o período em que Paulo viveu, diante de mudanças das relações sociais de produção, das inovações dos modos de produções, e das relações conflituosas as mais diversas que influenciaram a ciência e as tecnologias, a filosofia e as religiões etc., que se refletiram no seu amadurecimento intelectual.

Assim, o que houve foi um crescimento cada vez maior e mais profundo de Paulo, diante de sua crescente sabedoria, na percepção e na clareza de *ler o mundo*; nas análises teóricas dos fatos e fenômenos histórico-sociais e no compromisso ético-político dele com todas as questões que atormentavam os homens e mulheres, sobretudo as que separam os seres humanos em Seres Menos e Seres Mais. A sua teoria é essencialmente a pedagogia do oprimido, da esperança, da libertação.

Paulo foi, por excelência, o pedagogo do verbo, do substantivo e da preposição. Escreveu sempre sobre o que refletia e o que fazia. Sobre os sujeitos históricos e os proibidos de sê-los. Sobre a relação entre essas categorias. Pouco se concentrou no que lhe parecesse adjetivo ou adverbial. Sua leitura de mundo e sua própria linguagem atestam essa minha afirmativa. Escreveu de forma belamente poética para dizer da Verdade, da educação e dos valores éticos, políticos e estéticos. Foi conciso nas suas palavras sem ser omisso na clareza de suas ideias.

Registro aqui algumas palavras de como foi para mim colaborar com Paulo em seus livros fazendo as suas notas, porque isso tem uma conotação qualitativamente diferente da que ele oportunizou aos seus vários parceiros em seus "livros falados", devo diferenciar. Com as notas, ganhei, por um lado, uma certa independência, mas, por outro, um estado quase permanente de tensão e dúvida sobre a necessidade, adequação e clareza do que eu produzia porque o diálogo que estabelecia com Paulo não era diretamente com ele. Ao escrever as notas, minha relação com ele dava-se, inicialmente, com as suas palavras escritas, não com as palavras pronunciadas por ele no momento de suas falas. Ultrapassava a relação marido-mulher.

O diálogo com as palavras já ditas e prontas, embora, obviamente, tudo o que eu escrevesse passava pelas suas mãos antes das publicações, era um diálogo que tinha momentos de espera. Essa confiança de Paulo no meu trabalho demonstra, sobretudo, o homem simples e humilde em sua imensa sabedoria

Canção Óbvia

Escolhi a sombra desta árvore para
repousar do muito que farei,
enquanto esperarei por ti.
Quem espera na pura espera
vive um tempo de espera vã.
Por isto, enquanto te espero
trabalharei os campos e
conversarei com os homens
Suarei meu corpo, que o sol queimará;
minhas mãos ficarão calejadas;
meus pés aprenderão o mistério dos caminhos;
meus ouvidos ouvirão mais;
meus olhos verão o que antes não viam,
enquanto esperarei por ti.
Não te esperarei na pura espera
porque o meu tempo de espera é um
tempo de quefazer.
Desconfiarei daqueles que virão dizer-me,
em voz baixa e precavidos:
É perigoso agir
É perigoso falar
É perigoso andar
É perigoso esperar, na forma em que esperas,
porque êsses recusam a alegria de tua chegada.
Desconfiarei também daqueles que virão dizer-me,
com palavras fáceis, que já chegaste,
porque êsses, ao anunciar-te ingenuamente,
antes te denunciam.
Estarei preparando a tua chegada
como o jardineiro prepara o jardim
para a rosa que se abrirá na primavera.

Paulo Freire
Genève - março - 1971.

Depois de algum tempo de chegado,
o estrangeiro disse aos homens do vale,
num morrer de tarde:
Até agora vos tinha falado apenas
dos cânticos dos pássaros e
da ternura das madrugadas.
Era preciso fazer convosco um aprendizado fundamental:
Sentir a incerteza do amanhã,
vivendo a negação de mim mesmo,
num trabalho que não é nosso.
Só assim falar a vós seria uma forma de falar convosco.
Agora vos digo:
Não acreditemos em quem proclame
que nossa fraqueza é um presente dos deuses;
que ela está em nós como o perfume nas flores
ou o orvalho nas manhãs.
Nossa fraqueza não é ornamento
de nossas vidas amargas.
Não acreditemos nos que afirmam,
com hipócrita entonação,
que a vida é assim mesma;
— uns poucos podendo muito,
milhões nada podendo.
Nossa fraqueza não é virtude.
Façamos de conta, porém, que acreditamos
em seus discursos.
É preciso que nenhum gesto nosso
revele nossa intenção real.
É preciso que êles partam felizes com sua mentira;
certos de que somos coisas suas.
Necessitamos de tempo
para preparar o nosso discurso
que sacudirá montanhas e vales
mares e rios
e os deixará atônitos e medrosos.
Nosso discurso diferente
— nossa palavração — será dito
por nosso corpo todo:
nossas mãos, nossos pés, nossa reflexão.
Tudo em nós falará uma linguagem

— inclusive os instrumentos que
nossas mãos usarão,
quando, em comunhão,
transformarmos nossa fraqueza
em nossa força.
Ai de nós, porém, se pararmos de [?]
Simente porque êles já não possam ma[?]
Por isto vos digo:
Nosso discurso de libertação
não é medicina para doença passage[?]
Se emudecermos ao se calarem
as mentiras atuais
novas mentiras surgirão,
em nome de nossa libertação.
Nosso discurso diferente,
— nossa palavração —
como discurso verdadeiro,
se fará e re-fará;
jamais é ou terá sido,
porque sempre estará sendo.
Nosso discurso diferente,
— nossa palavração —
tem de ser um discurso perma[?]

Paulo Freire
Genov[?]
April
1971.

Guardo em mim, clara, precisa,
a memória de idos dias —
manhãs escuras,
tardes frias,
noites de inquietação e de mêdo.
Mêdo de dormir — mêdo maior,
de acordar perdido, repetido,
nas manhãs escuras,
nas tardes frias.

Mas guardo em mim também, clara, precisa,
a memória de outros dias —
manhãs límpidas,
tardes amenas,
noites de alegria.
Sono tranquilo

risos no sonho
palavras no sonho
olhos de sonho no sonho.
Naquelas noites sem mêdo,
dormir ou não dormir
era a mesma forma de sonhar.

Há cantigas medíocres,
que nem animam a gente para cantá-las.
Há silêncios necessários
Há discursos impossíveis
Há corpos que se desnudam contra princípios
Há purezas que se maculam
Há memórias olvidadas
Há coisas que se dizem mas não se fazem
Há coisas que se fazem mas não se dizem
É preciso cantar cantigas de valor
Diminuir a distância entre fazer e falar

Paul Henry

Recife sempre.

- Cidade bonita
cidade discreta
Difícil cidade
cidade mulher.
Nunca te dás de uma vez.
Só aos pouquinhos te entregas
Hoje um olhar.
Amanhã um sorriso.
- Cidade manhosa
cidade mulher.
Podias chamar-te maria.
    Maria da Graça
    Maria da Penha
    Maria Betânia
    Maria Dolores.
- Serias sempre Recife,
Com suas ruas de nomes tão doces:
Rua da União, que Manuel Bandeira tinha "medo que se chamasse rua do fulano de tal" e em teste eu tenho que se passe chamar rua Coronel fulano de tal.
Rua das Creoulas
Rua da Aurora
Rua da Amizade
- Rua dos Sete Pecados.
Podias chamar-te maria
    Maria da Esperança
    Maria do Socorro
    Maria da Conceição
    Maria da Soledade.
- Serias sempre Recife.
teus homens do povo
queimados do sol
gritando nas ruas, ritmadamente:
    Chora menino pra comprar pitomba!
    Eu tenho lã de barriguda pra trabiceiro!
    Doce de banana e goiaba!
Faz tanto tempo!

Para nós, meninos da mesma rua,
aquele homem
    que andava apressado
    quase correndo
    gritando, gritando:
    Doce de banana e goiaba,
aquele homem era um brinquedo também.
    Doce de banana e goiaba!
Em cada esquina, um de nós dizia:
    Quero banana, doce de banana,
sorrindo já, com a resposta que viria.
    Sem parar,
    sem olhar para traz,
    sem olhar para o lado,
    apressado, quase correndo,
    o homem-brinquedo assim respondia:
    Só tenho goiaba.
    Grito banana porque é meu hábito.
    Doce de banana e goiaba
    Doce de banana e goiaba
    Continuava gritando, andando apressado,
    sem olhar para traz,
    sem olhar para o lado,
    o nosso homem-brinquedo.
Foi preciso que o tempo passasse
que muitas chuvas chovessem
que muito sol se pusesse
que muitas marés subissem e baixassem
que muitos meninos nascessem
que muitos homens morressem
que muitas madrugadas viessem
que muitas árvores florescessem
que muitas Marias amassem
que muito campo secasse
que muita dor existisse
que muitos olhos tristonhos eu visse
para que entendesse

que aquele homem-brinquedo
era o irmão esmagado
era o irmão explorado
era o irmão ofendido
o irmão oprimido
proibido de ser.

Recife, onde tive fome
onde tive dor
sem saber por que
onde hoje ainda
milhares de Paulos,
sem saber por que,
têm a mesma fome
têm a mesma dor,
raiva de te não possoter.

Recife, onde um dia tarde,
com fome, sem saber por que,
pensei tanto, sem saber por que,
nos que não comiam
nos que não vestiam
nos que não sorriam
nos que não sabiam
o que fazer da vida.
Pensei tanto, sem saber por que,
nos deserdados
nos maltratados
nos que apenas se anunciavam,
mas que não chegavam.
Nos que chegavam,
mas não ficavam
nos que ficavam,
mas não podiam ser.
Nos meninos
que já trabalhavam
antes mesmo de nascer.
No ventre ainda, ajudando a mãe
a pedir esmolas
a receber migalhas.

Pior ainda:
a receber descaso de olhares frios.
Recife, raiva de ti não posso ter.

Recife, cidade minha
já homem feito
teus **cárceres** experimentei.
Um, dois, três, quatro
quatro, três, dois, um.
Direita, esquerda
esquerda, direita
pra frente, pra traz
apitos, aceita o passo
soldado não pensa
um dois três quatro
quatro três dois um
Direita esquerda
Alto! Direita esquerda
Soldado não pensa!

Recife, cidade minha,
já homem feito
teus cárceres experimentei
   o que queria
   o que quero
   e quererei
   é que os homens, todos os homens
   sem exceção
   possam pensar
   possam agir
   possam o mundo transformar.
   o que queria
   o que quero
   e quererei
   é que os homens, todos os homens
   possam comer
   possam vestir
   possam calçar
   possam criar

e que os meninos
não tenham fome
não tenham dor.
possam brincar
possam sorrir
possam cantar
possam amar
e amados possam ser.
Recife, cidade minha,
já homem feito
teus cárceres experimentei.
Neles, fui objeto
fui coisa
fui estranheza.
Quanta feira. 4 horas da tarde.
O portão de ferro se abria.
Hoje é dia de visita.
Eis Ela! que
Quisera aquele trouxer um chocolate, ao menos.
Revistarei a todos.
Com voz áspera, dizia um pobre diabo
em quem o posto era maior que o homem.
marchávamos descompassados sem cadência
até as esposas tristes
as mães aflitas
os filhos espantados.
Nestes encontros, algo novo descobri
frente a Elza
e as Marias
filhas nossas
muita palavra tinha pra dizer
muita coisa a perguntar
muita esperança pra afirmar.
mas também, muita fome para matar.
E trinta minutos para tudo.
Nestes encontros, algo novo descobri:
palavras e pedaços de comida
também podiam se chocar.

Recife, cidade minha
já homem feito
teus cárceres experimentei.
"Capitão, quando êsse doutor
disser Creador, referindo-se a Deus,
escreva com c pequeno.
Creador com C grande é sòmente o meu."
Ó coronel, dono do mundo
dono dos presos
de Deus queria ser dono também.
Pequeno coronel aquele.
pequeno homem aquele.
Queria fazer de Deus cabo da guarda
ou "bagageiro" seu
ou capitão do mato
que o ajudasse a caçar subversivos.
Recife, cidade minha,
já homem feito,
teus cárceres experimentei.
Vivi silêncios
isolamentos vivi.
morei horas numa espécie de caixão
um metro e setenta de comprimento
sessenta centímetros de largura
paredes frias
paredes ásperas
Escuridão.
Vivi tranquilo
dormi tranquilo
de nada me arrependi
Recife, cidade minha,
já homem feito
teus cárceres experimentei.
um dois tres quatro
quatro tres dois um
os homens aprendendo a não ser homem

O relógio de minha casa também dizia
um dois três quatro
quatro três dois um
mas sua cantiga era diferente.
Assim cantando
o tempo dos homens apenas marcava.

Recife, cidade minha
em ti vivi infância triste
adolescência amarga em ti vivi.
   Não me entendem
   se não te entendem
   minha quiladice de amor
   minha esperança de lutar
   minha confiança nos homens
   tudo isto se forjou em ti.
   Na infância triste
   na adolescência amarga.
      O que penso
      o que digo
      o que escrevo
      o que faço
      Tudo está marcado por ti.
Sou ainda o menino
   que teve fome
   que teve dor
   sem saber por que
   Só uma diferença existe
   entre o menino de ontem
   e o menino de hoje,
   que ainda sou:
   Sei agora porque tive fome
   Sei agora porque tive dor.
Recife, cidade minha,
se alguém me ama
que a ti te ame.

Se alguém me quer
que a ti te queira.
Se alguém me busca
que em ti me encontre
   nas tuas noites
   nos teus dias
   nas tuas ruas
   nos teus rios
   no teu mar
   no teu sol
   na tua gente
   no teu calor
   nos teus morros
   nos teus córregos
   na tua inquietação
   no teu silêncio
   na amorosidade de quem ontem
   e de quem luta
   de quem se expôs
   e de quem se expõe
   de quem morreu
   e de quem pode morrer
   buscando apenas
   cada vez mais
   que menos meninos
   tenham fome e
   tenham dor
   sem saber por que
Por isto disse:
   Não me entendem
   se não te entendem.
   o que penso
   o que digo
   o que escrevo
   o que faço
Tudo está marcado por ti.
Recife, cidade minha,
te quero muito, te quero muito.
      Santiago, fevereiro 69.

Sem razão

De amor e paixão aloucados
o homem falou sozinho
 da dor de ter sonhado
 da alegria que não teve
 da fantasia impossível
De amor e paixão aloucado
o homem chorou sozinho
 pensou não mais amar
 pensou parar de sonhar
 fugir da verdade desta
De amor e paixão aloucado
o homem inventou razões
 pra já não caminhar
 pra fugir, pra não ficar
De amor e paixão aloucada
a mulher falou a ele
 de sua verdade

 de sua ternura
 de seu amor
De amor e paixão aloucados
o homem não retrucou
Tudo entendeu.
Então se deram as mãos, homem e mulher
 e começaram a andar, para sempre,
de amor e paixão aloucados.

Paulo

A quem darás esta noite os teus
~~abraços~~ carinhos
quem ouvirá de teus lábios a frase
louca
meu pensamento rasteja pelos
caminhos
minha saudade sem fim segue
os teus passos
Ah! quem terá entre as mãos
os teus cabelos
a quem darás esta noite os teus
abraços
nos meus anseios de acaricia-
los a vê-los
chego até a senti-los em
minha boca

A quem dirás meu amor
com esse jeito teu
com esse estranho calor
que há tanto tempo foi meu
a quem irás mandar em- esta noite
bora
quem chorará como eu
que choro agora.

Aquele homem está morto.
Morreu por falta de um substantivo.
Ninguém pode dizer que ele silenciou
a sua necessidade fundamental.
Falou, gritou, explicou.
Mãos ironicamente risonhas lhe trou-
xeram interjeições.
O substantivo necessário não chegou.
O homem falou, gritou, explicou, expirou.

1980

ICONOCLASISTAS
Argentina,
<iconoclasistas.net>
"Nuestra Señora de la Rebeldía"

Em "Nuestra Señora de la Rebeldía", o duo Iconoclasistas elenca os símbolos de resistência cultural e política na América Latina. Paulo Freire é indicado como o primeiro da lista.

FRANCISCO BRENNAND
Recife, PE 1927
"Paulo Freire, [da série] Paulo Freire" , 1963
Nanquim e guache, 33 x 24 cm
Fotógrafo: Celso Pereira Jr.

Francisco Brennand produziu uma série de ilustrações, a pedido de Paulo Freire, a partir da qual pudesse ser discutido o conceito de "cultura como expressão do esforço criador do ser humano".

FRANCISCO BRENNAND
Recife, PE 1927
"Paulo Freire, [da série] Paulo Freire" , 1963
Nanquim e guache, 24 x 33 cm
Fotógrafo: Celso Pereira Jr.

FRANCISCO BRENNAND
Recife, PE 1927
"Paulo Freire, [da série] Paulo Freire", 1963
Nanquim e guache, 33 x 24 cm
Fotógrafo: Celso Pereira Jr.

Paulo Freire explica em *Pedagogia da indignação*: "Eram dez as situações concretas, codificações, como as chamo, cuja 'leitura' possibilita o começo do desvelamento da atividade cultural humana."

FRANCISCO BRENNAND
Recife, PE 1927
"Paulo Freire, [da série] Paulo Freire", 1963
Nanquim e guache, 24 x 33 cm
Fotógrafo: Celso Pereira Jr.

FRANCISCO BRENNAND
Recife, PE 1927
"Paulo Freire, [da série] Paulo Freire", 1963
Nanquim e guache,
24 x 33 cm
Fotógrafo: Celso Pereira Jr.

Durante o Golpe civil-militar de 1964, a maior parte dos originais da "série Paulo Freire", como o trabalho ficou conhecido, foi apreendida pelo Exército como material perigoso e subversivo. As obras preservadas encontram-se, hoje, no Museu/Oficina Cerâmica Francisco Brennand, em Recife.

de relacionar-se amorosamente. O homem sempre disposto a compartilhar comigo os seus saberes e afetos, a dar-me todo o seu empenho para que eu crescesse ao seu lado também como uma intelectual freireana, porque ele sabia que esse era um dos meus desejos.

Um direito que ele reconheceu, mas também um dever meu, diante das possibilidades de incentivar outras mulheres com capacidade intelectual ou sensibilidade poética ou de qualquer outra natureza a aceitarem os desafios possíveis abertos – ou propostas por iniciativas delas mesmas, por que não? – por seus companheiros e ou amigos escritores ou de quaisquer outros ramos profissionais a que se dediquem para colaborarem com eles.

Foi exatamente quando ele estava terminando de escrever a *Pedagogia da esperança*, o primeiro depois de dez anos sem escrever livros sozinho, que, um dia, ele entrou na minha salinha de trabalho, contígua à dele, andando leve e mansamente, em passadas pequenas e firmes, aparentando um misto de cara de menino feliz e de intelectual sério e rigoroso, me perguntando com seu bom humor e amorosidade habituais, nos termos que ouso aqui reproduzir como se ainda pudesse ouvi-los: "Nita, queres escrever umas notas explicativas para este livro?", disse-me com os braços estendidos, olhar faiscando de brilho, voz terna e tendo nas suas expressivas mãos as folhas de papel escritas de próprio punho. "Paulo, você me acha capaz de fazer isso? De colaborar diretamente em obra sua?", respondi perguntando feliz e emocionada com o que ouvira e com o que via: ele, carinhosamente ofertando os seus mais novos manuscritos a mim. "Se não fosses capaz de colaborar comigo não a teria convidado, evidentemente. Nem teria sequer sugerido isso dias atrás quando senti a necessidade de aclarar alguns pontos. Mas quis deixá-lo pronto para então te consultar se gostarias de fazê-las, enfim, de 'oficializar' meu convite. Quero que na qualidade de historiadora que és faças a contextualização dos temas que trato nestes escritos para que fiquem mais explícitas algumas coisas que... que nem sei fazer...", disse-me com sua habitual modéstia enquanto eu, espantada, dava tempo ao meu coração que tinha disparado voltar ao seu ritmo normal.

E ele prosseguiu: "Como historiadora tens a consciência também da importância de resguardar os meus manuscritos... me alertaste sobre isso há poucos dias... Nunca, na verdade, tinha me apercebido disso... Arquive-os para ti, a partir de hoje não só estes, mas todos os que escreverei... e todos os que formos encontrando em minhas gavetas e prateleiras das minhas estantes de livros...".

Na verdade, como um pensador criativo que foi, Paulo não gostava mais de investigar, de debruçar-se sobre os fatos históricos ou mesmo sobre outros detalhes necessários para contextualizar os momentos ou fatos de seus escritos. Valorizava-os, evidentemente, pois sua epistemologia filosófica, ética e pedagógica partiu exatamente dos estudos que ele realizou dos fatos historicamente vividos pela maioria da população, determinados pelas seculares condições de opressão no Brasil. Todavia, não lhe apetecia mais verificar pormenores da História. Preferiu, então, deixá-los ao meu encargo. Sabia do meu gosto em fazer isso e sabia da necessidade de dar a dimensão do tempo e de lugar aos seus escritos.

Paulo e eu em Nova York, em abril de 1988, em foto feita pelo professor e amigo Ira Shor, que, sendo judeu, acabara de lhe presentear com um quipá.

Deu-me, com essa decisão e gosto subjetivo de não mais meter-se na historicidade ou na história mesma, e por saber da necessidade objetiva de fazê-lo para dar mais concretude ao seu livro, um enorme presente: colaborar com ele em suas obras teóricas.

Considero que a obra teórica de Paulo anterior ao seu exílio está representada na sua tese de doutoramento – *Educação e atualidade brasileira*. Essa e suas reflexões sobre ela mesma que já trazia em seu bojo todos os seus escritos, muitos deles publicados, foram a sua preparação como educador ético-político para o que criará, consistentemente, a partir do Chile até a sua morte, em 1997.

No exílio, Paulo escreveu os seguintes livros: *Educação como prática da liberdade*, na verdade uma revisão ampliada, diante do vivido e sofrido, de sua tese de doutoramento defendida nos anos 1950, no Recife; *Pedagogia do oprimido*, *Extensão ou comunicação?*, no Chile; *Ação cultural para a liberdade e outros escritos*, nos Estados Unidos; *Cartas a Guiné-Bissau: registro de uma experiência em processo*, e alguns ensaios que compõem *A importância do ato de ler*, na Suíça.

Com exceção de *Conscientização: teoria e prática da libertação* e *Educação e mudança*, obras de transição entre o tempo do contexto de empréstimo e o contexto de origem, e dois ensaios de *A importância do ato de ler*, nos primeiros anos de retorno ao Brasil, sua literatura pedagógica dos anos 1980 é marcada exclusivamente pelos "livros falados". São os livros em diálogo com outros educadores que o estimulavam e desafiavam a pensar e a falar ao tempo em que "reaprendia o Brasil".

Paulo ficou dez anos sem escrever livros individuais.[1] Algumas condições adversas quando do seu retorno ao contexto de origem o inibiram de criar, de avançar e de desenvolver as suas ideias no isolamento de seu escritório, "à sombra da mangueira".

Incentivado por Sérgio Guimarães, aceitou o desafio de produzir suas ideias instigado por outro intelectual que o "forçava" a pensar e a dizer a sua palavra. Todos os parceiros foram homens, o que levou as feministas norte-americanas a questionar-lhe sobre isso. Tinham aventado a ideia de com duas delas "escrever dois livros falados", uma, a conhecida intelectual negra norte-americana bell hooks,[2] e a outra, uma sul-africana branca que vivia nos Estados Unidos.

Paulo dedicou-se, de 1989 a 1991, a "mudar a cara da escola" como secretário da Educação da cidade de São Paulo. Quando deixou essa tarefa para viver o cotidiano de reflexões de suas ideias e suas práxis, refeito dos momentos adversos do início de seu retorno ao Brasil, da doença e morte de Elza, já estando ao meu lado, coerente com a alegria que esta nova etapa de sua vida lhe proporcionava, Paulo escreveu obstinadamente, conforme prometera à sua amiga e prefeita Luiza Erundina na festa de despedida de sua gestão como secretário.

Sucederam-se nesse período, em pequenos espaços de tempo: *Pedagogia da esperança*: um reencontro com a *Pedagogia do oprimido*;[3] *Educação na cidade* (livro descontinuado que deu origem ao mais recente *Direitos humanos e educação libertadora*); *Política e educação*; *Cartas a Cristina*; *Professora sim, tia não*: cartas a quem ousa ensinar; *À sombra desta mangueira*; e *Pedagogia da autonomia*. Foram sete livros em apenas seis anos – todos escritos após ter voltado à vida plena – ao mesmo tempo que atendia centenas de convites para fazer conferências e participar de eventos político-educacionais no Brasil e no mundo, e exercia a docência universitária.

---

1 Observem na "Bibliografia de Paulo Freire", neste livro, o intervalo entre o primeiro livro depois de nosso casamento – *Pedagogia da esperança* – e o imediatamente anterior – *A importância do ato de ler*, respectivamente de 1992 e 1982.
2 Seu nome é sempre grafado em minúsculas, a seu pedido.
3 Escrevi notas explicativas para este livro, conforme já mencionado. Em alguns casos aprofundei, a pedido de Paulo, os temas-problema denunciados por ele. Fiz o mesmo para os livros *Cartas a Cristina* e *À sombra desta mangueira*.

Após sua Partida, fiz publicar textos seus, uns inéditos, outros poucos publicados no exterior ou em revistas nacionais, cumprindo o seu desejo expresso em testamento, o de que eu seria a sucessora legal de sua obra. O primeiro foi um livro iniciado por ele, mas que ficou inacabado, ao qual ele chamava "Cartas pedagógicas". Inacabado até a terceira carta, das dez que pretendia escrever, cuidei de sua publicação junto a "outros escritos" que organizei, apresentei, e achei por bem denominá-lo *Pedagogia da indignação: cartas pedagógicas e outros escritos*. Posteriormente, reuni outros de seus textos inéditos, os quais organizei, apresentei e fiz publicar como livros, nomeados *Pedagogia dos sonhos possíveis*, inaugurando a "Série Paulo Freire", no ano comemorativo dos seus oitenta anos, e *Pedagogia da tolerância*, ambos na Editora Unesp, agora na Editora Paz e Terra. Fiz também traduzir do inglês, apresentei e fiz publicar *O caminho se faz caminhando*, em coautoria com Myles Horton. A série dialogada com Sérgio Guimarães prosseguiu: *Aprendendo com a própria história II*,[4] e *A África ensinando a gente*. Na Argentina, ainda inédito no Brasil, *El grito manso*, organizado por Roberto Iglesias com o meu aval.

Seguiram-se *Pedagogia do compromisso*; *Cultura, língua, razza*, com Donaldo Macedo, ainda sem tradução para a língua portuguesa; *Lições de casa*, com Sérgio Guimarães e *Pedagogia da solidariedade*, com Nita Freire e Walter Ferreira de Oliveira. E duas coletâneas com textos diversos na língua alemã.

Enfim, dos anos 1950 aos 1990, não temo em afirmar, sobretudo a partir do Chile, as novas experiências e os sofrimentos com a ruptura dos trabalhos no Brasil e a dor causada pela falta das coisas que a cultura e só a cultura de uma pessoa pode proporcionar determinaram um enorme amadurecimento em sua literatura. Ela – a sua obra – cresceu em maturidade, em riqueza da linguagem e na acuidade maior das problemáticas que envolvem as diferenças de classe, de gênero, de idade, de etnias, de religião e outras, que foram foco de suas reflexões.

Algumas palavras sobre seus livros individuais

Educação como prática da liberdade

Este primeiro livro, segundo Paulo, foi o resultado de sua tese acadêmica, defendida em 1959, na então Universidade do Recife, hoje Federal de Pernambuco, *Educação e atualidade brasileira*.

A obra é composta por quatro capítulos e inclui reprodução das telas originais do artista pernambucano Francisco Brennand, recriadas pelo pintor

---

4 Atualmente com o título de *Dialogando com a própria história*.

Vicente de Abreu. Esse livro transcreve também o belíssimo poema de Thiago de Mello – "Canção para os fonemas da alegria" – que ele compôs depois de ter ouvido de Paulo sobre o que justificara sua prisão e exílio, depois de um jantar em sua casa de Adido Cultural do Brasil, no Chile.

Pedagogia do oprimido

Esse livro é considerado a obra-prima de Paulo. Foi traduzido, muito possivelmente, para mais de trinta idiomas. Paulo escreveu os três primeiros capítulos desse livro no ano de 1967, no Chile, em apenas quinze dias, quando estava de férias, porque já os estava pensando, anotando em "fichas de ideias", "escrevendo-o na cabeça"; discutindo com outros intelectuais por mais de um ano. Ficou meses escrevendo o quarto e o último capítulos, porque o fez nos momentos em que ia estudando, pensando e ordenando as suas ideias no campo da teoria política. Este havia sido um conselho de Ernani Maria Fiori após ler o livro para escrever o belíssimo e importante Prefácio, em dezembro de 1967. Assim, escrevendo essa quarta parte nas noites e madrugadas, ao mesmo tempo que trabalhava, só o completou em 1968.

Pedagogia do oprimido teve sua primeira publicação em língua inglesa, nos Estados Unidos, em 1970. A tradutora foi Myra Ramos, uma norte-americana que, tendo vindo trabalhar no Brasil, casou-se com um pastor presbiteriano brasileiro e aprendeu a língua portuguesa, ganhando ainda um sobrenome brasileiro. Ela fora indicada para esse trabalho pelo teólogo Richard Shaull, que não cansava de dizer: "Esse livro vai abalar o mundo." A pedido de Paulo, foi ele quem escreveu o prefácio para as edições em inglês. Paulo contou-me que Myra sempre o contatava por telefone quando ele residia em Cambridge, Massachusetts, dando aulas na Universidade de Harvard, para esclarecer as dúvidas de como traduzir algumas expressões novas para ela e diante da riqueza e complexidade da linguagem de Paulo.

Cópias originais em português desse livro foram trazidas para o Brasil da Suíça em 1970 pelo amigo e professor Jean Ziegler. Por sua identificação com os oprimidos, ofereceu-se para essa difícil missão porque, com o seu passaporte de diplomata (deputado pelo Cantão de Genebra), ele não teria sua bagagem revistada. Assim, por ousadia de Fernando Gasparian, que enfrentou o regime militar, a Editora Paz e Terra publicou *Pedagogia do oprimido*, na sua primeira edição brasileira, em 1974, quando já tinha sido traduzido dos originais em português, obviamente, para o inglês, o espanhol, o francês, o italiano, o alemão, o grego, o holandês e o português, em Portugal.

Transcrevo aqui a "resenha" desse livro feita pelo próprio Paulo em carta de 3.9.1968 endereçada à irmã Celina, publicada na *Pedagogia da tolerância:*

> O livro tem 4 capítulos. No primeiro, analiso a consciência oprimida e a opressora constituindo-se na realidade objetiva. Estudo-as em sua dialeticidade e coloco a questão da superação da contradição entre elas, de que nasce o homem novo – novo não mais opressor, não mais oprimido – homem libertando-se.
>
> No segundo, apresento e critico os fundamentos do que venho chamando de concepção "bancária" da educação, que transformando a consciência dos homens numa espécie de *panela,* vai enchendo-a com depósitos que são falso saber. Esta é a educação que, "castrando" a essência do ser da consciência – sua intencionalidade – serve à opressão. Em seguida, descrevo o que me parece ser a educação como prática da liberdade, que se instaura como uma situação gnosiológica em que o educador-educando, em diálogo com o educando-educador, se fazem sujeitos *complacentes, mediatizados* pelo objeto cognoscível.
>
> No terceiro, trato da dialogicidade da educação que tem como ponto de partida a busca do conteúdo programático da educação, que não pode ser realizado apenas pelo polo do educador, dentro de uma concepção libertária da educação. Esta busca implica no conhecimento do pensar do povo, referido ao mundo, em cuja relação dialética vamos encontrar o que chamo de "temas geradores". Assim, a educação *libertária,* na alfabetização, investiga a "palavra geradora" do povo e, na pós-alfabetização, o "tema gerador". Exponho toda a metodologia desta investigação que venho teorizando nestes anos de exílio.
>
> No último capítulo, o maior em número de páginas, analiso (resultado também do exílio – o que em última análise é o livro todo) as teorias da ação que nasceram das matrizes dialógica e antidialógica.
>
> O livro, mesmo que com suas marcas, às vezes até ostensivas, cristãs (com um pouco de teológico) é um livro forte e duro.

Extensão ou comunicação?

Paulo escreveu alguns dos textos deste livro para subsidiar os trabalhos do Instituto de Capacitación e Investigación en Reforma Agrária (Icira), que os reuniu e os publicou em espanhol, em 1969. O livro pretende com este estudo fazer uma análise do trabalho do agrônomo, chamado erroneamente "extensionista", como educador. Pretende ressaltar sua tarefa junto com os camponeses, a qual não é de "extensão", mas de comunicação.

Este livro, publicado no Brasil em 1970, é composto de densos e profundos ensaios organizados em três capítulos a fim de que os agrônomos pudes-

sem entender criticamente o que acontecia no meio rural, para então ensinar e assistir o camponês, possibilitando torná-lo/a cidadão e bom lavrador/a. Para que o agrônomo substituísse a sua prática extensionista, vertical, de obediência cega, "bancária", pelo diálogo autêntico, pela comunicação verdadeira. A temática do livro, portanto, é a da educação para a prática da liberdade, cotidiana, e para os e as que trabalham no campo. Para a profissionalização consciente e para a formação da cidadania. Em última instância é um tratado, ainda atual, da teoria da comunicação.

Ação cultural para a liberdade e outros escritos

O título dado por Paulo para a edição brasileira tinha sido "Ação cultural para a libertação", mas a conselho do editor Fernando Gasparian a palavra *libertação* foi trocada para outra mais suave diante da censura da época, *liberdade*.

Neste livro, Paulo agrupou diversos textos dele escritos entre 1968 e 1974, anteriormente publicados em inglês e em espanhol, preparados para seminários diversos, e que tinham a intenção de provocar reflexões e debates em torno dos temas pujantes naquele momento histórico.

Os melhores e mais importantes escritos de Paulo sobre a Teologia da libertação estão neste livro; como também suas críticas sobre as cartilhas, entendidas por ele como alienantes e alienadoras. O livro é composto por doze ensaios, um Prefácio que Paulo escreveu para um livro de James Cone e mais uma entrevista dada por ele ao IDAC, além da "Breve explicação".

Cartas a Guiné-Bissau: registro de uma experiência em processo

Nesse livro Paulo publicou as cartas escritas ao Comissário de Educação e à Coordenação dos Trabalhos de Alfabetização da Guiné-Bissau. Nele, Paulo expõe toda a sua africanidade contida no corpo de nordestino brasileiro. Sua alma, gêmea da africana, não se esconde; ao contrário, ele a deixa à mostra para quem lê as dezessete cartas, a maioria delas escritas para Mário Cabral. Foram escritas em Genebra, datadas de

janeiro de 1975 até a "primavera de 1976", quando, com o IDAC, Paulo ajudou alguns dos países em processo de libertação do colonialismo português, em especial a Guiné-Bissau, a se organizarem como países nacionais, por meio da educação.

As cartas nos contam das dificuldades desse processo, sobretudo porque a Guiné-Bissau, influenciada por decisões de Moscou, escolheu alfabetizar seus/suas cidadãos/ãs na língua portuguesa, exatamente a língua do opressor. As argumentações de Paulo sobre esse fato foram desprezadas pelos nacionais.

O livro conta ainda com três ensaios teóricos de Paulo sobre a relação e as análises das condições de trabalho na Guiné-Bissau.

Educação e mudança

Esse pequeno livro marca o retorno de Paulo do exílio. Publicado em 1979, é a tradução do *Educación y cambio*, de 1976, e nos oferece quatro ensaios. Chamo a atenção para o fato de que no último deles Paulo retoma o tema da conscientização.

Conscientização: teoria e prática da libertação. Uma introdução ao pensamento de Paulo Freire

Esse livro tem três partes e foi organizado pelo Institut Œcuménique au Service du Développement des Peuples (Inodep). Em cada uma delas Paulo rediz alguns fatos de sua vida, da relação entre alfabetização e conscientização e, por fim, sobre a práxis da libertação.

A importância do ato de ler em três artigos que se completam

Publicado em 1987, esse livro responde à inquietação de Paulo em socializar conosco os materiais usados na alfabetização e pós-alfabetização de São Tomé e Príncipe. Os artigos que se completam são a conferência "A importância do ato de ler", feita no Congresso Brasileiro de Leitura, em 12 de novembro de 1981; "Alfabetização de adultos e bibliotecas populares – uma introdução", conferência pronunciada no XI Congresso Brasileiro de Biblioteconomia e Documentação, em janeiro de 1982, em João Pessoa; e, "O povo diz a sua palavra ou a alfabetização em São Tomé e Príncipe", no qual ele mesmo comenta os "Cadernos de Cultura popular", utilizados nesse país. Por este livro Paulo recebeu o "Diploma de Mérito Internacional" da Associação Internacional de Leitura, Estocolmo, Suécia, em julho de 1990.

Direitos humanos e educação libertadora[5]

Direitos humanos e educação libertadora é uma reunião de escritos e falas de Paulo Freire organizada e anotada por Ana Maria Araújo Freire e Erasto Fortes Mendonça. Apresenta, sob um ponto de vista inédito, a experiência do educador como secretário de Educação da cidade de São Paulo, entre 1989 e 1991. A esses textos, acrescentaram-se outros, escrito por alguns daqueles que compartilharam com Freire o sonho de reinventar a escola da Rede Municipal paulistana e democratizar a educação pública de qualidade: Luiza Erundina de Sousa, Mario Sergio Cortella, Lisete R. G. Arelaro e Ana Maria Saul. Participam também com artigos os educadores Ana Maria de Araújo Freire, Erasto Fortes Mendonça e Ivanna Sant'Ana Torres.

Pedagogia da esperança: um reencontro com a *Pedagogia do oprimido*

Inicialmente, Paulo pensou em escrever um texto que seria anexado à *Pedagogia do oprimido*. A intenção era esclarecer dúvidas, dizer como discutiu seu famoso livro em muitas partes do mundo, declarar que aceitava algumas denúncias de "resvalamentos" em torno de um certo idealismo ou o machismo do homem nordestino do Brasil feitas contra ele. Quando *Pedagogia do oprimido* foi publicado nos Estados Unidos Paulo começou a perceber-se como um machista ao receber inúmeras cartas das feministas desse país enviadas para Genebra onde ele já vivia: "E a mulher não transforma o mundo, professor Paulo Freire? Só os homens?" A princípio respondia às suas interlocutoras que assim escrevia por uma questão de normas gramaticais até perceber que, de fato, era uma questão ideológica e política de superioridade intrínseca do homem instaurada na cultura da maioria, senão da totalidade, dos países do mundo. Assim, nesse livro ele pediu a todas as editoras do mundo que substituíssem em todos os seus escritos onde estivesse escrito "homem" por "homem e mulher" se fosse o caso. Isto é, se ele estivesse se referindo ao ser humano dos dois gêneros.

Paulo alongou-se tanto e de tal maneira nas suas análises sobre as práxis que a *Pedagogia do oprimido* levou ao mundo, e aprofundou tantos os temas abordados que percebeu ter escrito um novo livro.

---

5 Anteriormente chamado de *A educação na cidade*, foi reorganizado e ampliado por Ana Maria Araújo Freire e Erasto Fortes Mendonça.

A *Pedagogia da esperança* veio em compasso de maturidade, por isso escreveu-a toda no mesmo ritmo, por meses a fio. A riqueza do conteúdo, acompanhada de uma maior homogeneidade no seu estilo, cresce e se aprofunda em cada parágrafo. A vibração com o envolvimento de sua obra *Pedagogia do oprimido* no mundo, do qual muito se orgulhava, está presente da primeira à última linha, e sua paixão e esperança pelas pessoas e pelo mundo melhor embebem cada uma de suas palavras.

Na *Pedagogia da esperança*, livro para o qual escrevi as notas, Paulo optou por escrever um trabalho que, aparentemente, não tem a forma mais direta e próxima de se dirigir ao leitor ou leitora, que ele considerava serem as "cartas". Mas, na verdade, sua narrativa é tão envolvente e sedutora, aproximando-se tanto do leitor e da leitora, provocando reflexões, que considerou ter chegado a eles e elas tanto quanto em suas "cartas", mesmo sendo um livro que nem sequer tem capítulos.[6]

Política e educação

Esse livro é composto de pequenos ensaios e conferências sobre temas diversos, escritos, quase todos, no ano de 1992. Apresento-o com as palavras do próprio Paulo, escritas em abril de 1993: "Há uma nota que os atravessa a todos: a reflexão político-pedagógica. É esta nota que, de certa maneira, os unifica ou lhes dá equilíbrio enquanto conjunto de textos... Me darei por satisfeito se os textos que se seguem provocarem os leitores e leitoras no sentido de uma compreensão crítica da História e da educação."

São onze ensaios que versam desde a função pedagógica das cidades, novas reflexões sobre a educação de adultos, sobre a unidade na diversidade, alfabetização como elemento da formação da cidadania, do direito de criticar e do dever de não mentir, participação comunitária, da relação entre educação e responsabilidade, das tarefas de uma universidade católica e da questão de experimentar-se no mundo.

---

6   Esse livro, diferentemente dos outros de Paulo, não teve prefácio até a sua 11ª edição. Na verdade, tendo esperado quase um ano por esse trabalho solicitado a um intelectual e amigo, forçado pela editora –"Professor, o sr. não precisa de prefácio nem apresentação de ninguém" –, Paulo resolveu não esperar mais e publicá-lo com esse aparente vazio. Em 2005, entretanto, na sua 12ª edição, o livro conta com o belo prefácio de Leonardo Boff, bem como uma quarta capa assinada por Mario Sergio Cortella, que atenderam ao meu pedido para colaborar nesse livro de Paulo.

Cartas a Cristina: reflexões sobre minha vida e minha práxis

Nesse livro, Paulo quis dar "respostas" às indagações que sua sobrinha Cristina lhe tinha feito quando ele ainda vivia na Suíça. Tentou ainda da Europa responder à questão colocada por ela: "Quem é esse meu tio de quem se fala e se estuda tanto na Faculdade e que dele, como intelectual, sei tão pouco?" Viajando, trabalhando no mundo a serviço do Conselho Mundial das Igrejas, na verdade Paulo só tratou de reconstruir sua história de vida e reflexões sobre sua práxis, numa simbólica resposta à sobrinha, cerca de dez anos depois.

Nessas cartas, Paulo trabalhou temas que vão das dificuldades de sua família empobrecida nos anos 1930 e a preocupação dela na manutenção do status social através da gravata de seu pai e do piano da tia Lourdes, seus anos no Colégio Oswaldo Cruz, ao seu importante trabalho no SESI-PE, até sobre a questão ética do professor orientador em sua relação afetivo-epistemológico-ideológica com o/a aluno(a)/orientando(a). Escrevi as notas desse livro.

Professora sim, tia não: cartas a quem ousa ensinar

Paulo escreveu esse livro logo em seguida a *Pedagogia da esperança*. Em linguagem apaixonada e crítica, porém respeitosa do leitor-professor e leitora-professora, ele expõe de maneira simples as ideologias sub-reptícias a esse tratamento aparentemente afetivo "Tia". E outras de que *a* e *o* profissional da educação têm de estar conscientes. Embora as cartas mudem de tema, permanecem nelas a riqueza e o amadurecimento de sua linguagem de educador político preocupado em radicalizar sua busca teórica para subsidiar a competência profissional e política dos educadores e das educadoras.

A forma dada por Paulo a esse livro é a mesma de *Cartas a Cristina*, livros em que ele trata os tema-problemas em forma de cartas porque as considerava mais comunicantes do que a forma tradicional de ensaios.

À sombra desta mangueira

Certo de que as injustiças sociais não existem porque têm de existir, respondeu aos desafios do nosso tempo escrevendo *À sombra desta mangueira*, no qual buscou, de modo mais especial, desmistificar as teses malvadas, como gostava de dizer, do neoliberalismo político que determinou a globalização da economia. Debruçou-se, também, aprofundando temas, entre outros o da esperança, o dos limites da direita, a gestão democrática, a seriedade e a alegria, e dialogicidade e fé.

Pedagogia da autonomia: saberes necessários à prática educativa

Esse livro foi lançado em 10 de abril de 1997, no Sesc Pompéia, em São Paulo. Nele, Paulo tratou dos saberes necessários à prática pedagógica progressista. Com muita simplicidade ele nomeia e aprofunda as qualidades, segundo seu ponto de vista, do educador revolucionariamente progressista, esperançoso e docente de uma prática educativa libertadora.

Quando esse livro teve sua capa e seu formato modificados pela Editora Paz e Terra,[7] escrevi a orelha, como segue:

> A Pedagogia da autonomia de Paulo Freire é um livro de poucas páginas, mas de uma densidade de ideias pouco vista em qualquer outra de suas obras. Este seu poder de síntese demonstra sua maturidade, lucidez e vontade de, com simplicidade, abordar algumas das questões fundamentais para a formação dos educadores/as, de forma objetiva. Sugere práticas e mostra a possibilidade dos educadores/as estabelecerem novas relações e condições de educabilidade deles/as entre si, dentro de cada deles/as mesmos e *com* os seus educandos/as. Com respeito e rigor sem prescrições ou regras a seguir. Entendia que essas posturas pessoais e epistemológicas possibilitam a abertura à cognoscibilidade, à intenção de gerar a apreensão, compreensão, apropriação do saber.
>
> Sua linguagem é poética e política. Calma, tranquila e, ao mesmo tempo, inquieta, problematizadora e exuberante a serviço do pensar, do decidir e do optar para a ação transformadora. Demonstra perseverança, ousadia e crença nos homens e nas mulheres e na educação autêntica como o caminho necessário para a JUSTIÇA e a PAZ. Neste livro Paulo faz, na verdade, um chamamento aos educadores/as para com ética crítica, competência científica e amorosidade au-

---

[7] Em maio de 2005, esse livro ganhou uma faixa prateada com a tarjeta de "mais de 650.000 exemplares vendidos", só no Brasil. Some-se a esses exemplares comercializados uma belíssima edição especial de mil exemplares para distribuição a educadores/as do MST, autorizada por mim e pela Editora Paz e Terra, na pessoa de Fernando Gasparian.

têntica, sob a égide do engajamento político libertador ensinarem aos seus educandos/as a serem Seres Mais.

Nesse texto Paulo vai tecendo e "re-tecendo", passo a passo, suas ideias, como fios condutores para a autonomia e a libertação. Sentimos ao lermos esse livro o seu *corpo consciente* presente, o seu corpo já tão frágil, com a mesma força de sua cabeça esclarecedora e justa. A sua voz terna e mansa falando apaixonadamente de suas convicções. Suas mãos firmando a *esperança* que jamais abandonou. O seu escutar traduzindo a sua postura de humildade presente nas referências aos que com ele dialogou para escrever este livro. O seu olhar está o tempo todo voltado para todos e todas que ousam ensinar-aprendendo.

Quanto mais nos aprofundamos na leitura da *Pedagogia da autonomia* mais percebemos que Paulo se faz texto! O seu bem querer pelos seres humanos, a *gentidade* de seu *eu pessoa/eu educador* e a sua fé na educação estão vivamente presentes, evidenciando ter sido ele um apaixonado pelo mundo e pela VIDA.

Pedagogia da autonomia não é um livro a mais da extensa obra de Paulo. É o livro que sintetiza a sua *pedagogia do oprimido* e o engrandece como *gente*. É o livro-testamento de sua presença no mundo. Ofereceu-se nela por inteiro na sua *grandeza* e *inteireza*.

A *Pedagogia da autonomia* mantém-se na lista de livros "mais vendidos no Brasil", mesmo depois de vinte e sete anos desde a sua primeira edição.

Pedagogia da indignação: cartas pedagógicas e outros escritos

As "Cartas pedagógicas", tendo ficado inacabadas, as fiz publicar, junto a "outros escritos" com esse título. Assim o nomeei[8] porque nas 29 páginas deixadas manuscritas por Paulo sobre sua mesa de trabalho ele tinha abordado com radical indignação as distorções da aeticidade humana: o neoliberalismo e a globalização e a forma vil, antiética como vêm sendo tratados os integrantes do Movimento dos Trabalhadores Sem Terra (MST) e os indígenas brasileiros – que a morte do índio pataxó Galdino nos mostrou mais clara e explicitamente. Sua indignação contra as questões da falta dos limites éticos e do ato necessário de educar a vontade está, mais do que nunca, nessas últimas páginas escritas por ele: "Desrespeitando os fracos, enganando os incautos, ofendendo a vida, explorando os outros, discriminan-

---
8 Além do título, também a organização, a "Apresentação", as contextualizações e as notas são de minha autoria.

do o índio, o negro, a mulher não estarei ajudando meus filhos a ser sérios, justos e amorosos da vida e dos outros..."

Paulo escreveu a Primeira Carta[9] Pedagógica especialmente para os pais, e nela alerta-os sobre a questão da autoridade e seus limites; do risco de educar para a liberdade; sobre a disciplina da vontade e o desenvolvimento da mentalidade democrática que nos forjam sujeitos éticos. Na Segunda ele fala sobre a legitimidade dos sonhos de rebeldia, sobre a importância da luta do MST contra o latifúndio e as injustiças e elogia a marcha sobre Brasília organizada e realizada por seus militantes. Na Terceira, um dos textos mais bonitos e importantes de Paulo, ele chora a morte do indígena pataxó Galdino de Jesus e analisa as causas da desgentificação dos assassinos de Brasília e a de todos e todas que têm esses como modelo a seguir. Os "outros escritos" foram formados por seis ensaios que versam sobre a malvadez do colonialismo, sobre a inadequação da sua linguagem ideológica que diz ter sido descoberto o Brasil, quando na verdade foi uma invasão às terras dos nacionais; alfabetização e miséria; os desafios da educação frente às tecnologias; a alfabetização na televisão, a educação e esperança e sobre profecia, utopia e sonho.

Pedagogia dos sonhos possíveis

Esse é outro livro que, após recolher com cuidado alguns textos de Paulo, os organizei, escrevi as notas e a Apresentação e o fiz publicar. Inaugurei com ele a Série Paulo Freire,[10] sob minha direção, na Editora Unesp, comemorando os 80 anos de idade que Paulo faria se vivo fosse no ano de sua publicação, 2001.

São depoimentos, ensaios, diálogos, entrevistas e cartas, que penetram profundamente nas temáticas preferidas de Paulo. A práxis educativa questionadora, libertadora, dialogal, política, de engajamento genuinamente humanista, por consequência em sua compreensão, ética, que marcaram a sua presença entre nós. Como vinha fazendo sobretudo a partir de *À sombra desta mangueira*, Paulo se posiciona explicitamente contra a inexorabilidade do fatalismo neoliberal; a redução mecanicista da subjetividade à simples adaptação dos homens e das mulheres aos ditames dos que não

---

9 Síntese da resenha que escrevi para a revista *Interface: Comunicação, Saúde, Educação*, Fundação UNI – Botucatu/Unesp, n. 8, fevereiro de 2001, p. 147-52.

10 Nessa Série Paulo Freire, da Editora Unesp, sob minha direção, incluem-se, além de *Pedagogia da indignação, Pedagogia dos sonhos possíveis, Pedagogia da tolerância* e *Cartas a Cristina*: reflexões sobre minha vida e minha práxis (2ª ed. revista, em 2003), todos de autoria de Paulo; outras obras: *A pedagogia da libertação em Paulo Freire*, organizada por mim com a colaboração de quarenta autores (2001, e 2ª ed. em 2005); *Leituras freireanas sobre educação*, de Ivanilde Apoluceno de Oliveira (2003) e *Paulo Freire: o menino que lia o mundo*, de Carlos Brandão com participação minha (2005). Os cinco primeiros títulos acima mencionados têm agora o selo da Paz e Terra.

acreditam no *sonho*, na esperança e na utopia de dias melhores; a educação posta em prática como um simples treinamento tecnológico a serviço do pouco ou não pensar, que vem sendo determinada, cada dia mais, pelo "mundo globalizado", assim desprovida do que lhe é mais essencial: formar o sujeito crítico, ético e político, com a responsabilidade coletiva de agir, de intervir no destino histórico do mundo como sujeito histórico que é, voltada, portanto para a cidadania planetária. Paulo enfatiza nesses trabalhos a possibilidade histórica – negando o determinismo marxista –, o seu a favor da libertação, da justiça, da paz, do socialismo democrático.

Na atual edição da Editora Paz e Terra, fiz algumas alterações com relação às anteriores publicadas pela editora Unesp: "Educando o educador" saiu da Parte I e ficou na Parte II com o título: "Educando o educador: um diálogo crítico com Paulo Freire". Introduzi, no lugar daquele, o texto "Educação, empoderamento e libertação". Exclui deste livro a conferência de Paulo "Direitos humanos e educação libertadora", que estava alocada na Parte II e que fará parte do livro sobre a gestão de Paulo no SME-SP.

Pedagogia da tolerância

Esse é mais um livro póstumo de Paulo, pensado, organizado, apresentado e com notas de minha autoria, motivos pelos quais a editora Unesp me considerou coautora. Uma coletânea de textos, dividida por critério ou por sua forma ou por seus conteúdos, em oito partes: 1 – Sobre os nacionais (como Paulo chamava, preferencialmente os primeiros habitantes dessa terra Brasil): com um dos seus textos mais bonitos sobre a tolerância para com o diferente ("O que a tolerância legítima termina por me ensinar é que, na sua experiência, aprendo com o diferente"), outro sobre a educação indígena, que é um diálogo com educadores/as do Conselho Indigenista Missionário, no qual, acima de tudo, a sua humildade se sobressai; e uma discussão questionadora sobre se "há episteme no saber dos indígenas?". 2 – Sobre africanidade: que se inicia com um belíssimo discurso de Paulo sobre um dos homens que mais amou, aprendeu e admirou, Amílcar Cabral, e uma carta simples a antigo companheiro africano de trabalho na Guiné-Bissau, que evidencia o cuidado de Paulo com as pessoas. 3 – Sobre a ação cultural e cidadania: o primeiro texto foi escri-

to no ano de 1971, inacabado, talvez porque tratasse de conscientização, tema que estava, diante das críticas, abandonando, e um outro, uma entrevista para os educadores do BBEducar ressaltando que a "cidadania é criação política". 4 – Sobre ensino/aprendizagem: no primeiro texto, um diálogo no qual expõe para universitários uruguaios "sobre a importância da psicologia na prática educativa"; o segundo, sobre um dos temas de sua predileção sobretudo depois que foi secretário de Educação da cidade de São Paulo, a formação permanente do professor/a; o terceiro é uma entrevista concedida a Andes sobre "a paixão de mudar, de refazer, de criar..."; o quarto é uma entrevista sobre "uma escola séria e alegre" que estava pondo em prática como secretário de Educação; e o quinto sobre a necessidade do "audiovisual na educação", no qual fala sobre o sonho, a indignação e a "pedagogia da raiva". 5 – Diálogos e discursos: "O profeta da esperança" assim chamado por seu entrevistador; "Sem esperança a radicalidade se negaria" enfatizando a esperança como parte inerente à natureza da existência humana; algumas "Considerações em torno da Reforma Agrária" dirigidas aos militantes do MST; e "Que coisas permanecem como certezas?", entrevista com intelectuais do Peru, no qual diz que há certezas, mas que nunca devemos estar muito certos de nossas certezas. 6 – Cartas, cinco lindas e importantes cartas nas quais – com exceção da última, na que fala como menino que sempre foi das lutas dos "caras pintadas dos adolescentes" exigindo a deposição do presidente corrupto e a ética na política – Paulo fala de suas saudades das pessoas, das ruas e das praça, das coisas mais simples do Brasil, como sua recordação dos dizeres populares para enfrentar um ônibus superlotado e, com bom humor e ironia, dizia o cobrador para recolher mais passageiros: "o salão tá vazio"; do "doloroso desenraizamento" que o exílio causa; da necessidade de enfrentamento dos problemas dos seres humanos quando ele anuncia por escrito, pela primeira vez a uma brasileira, o seu livro *Pedagogia do oprimido* e de sua fé e religiosidade. 7 – Testemunhos: "É preciso mudar o mundo", feito poucos dias antes de sua morte; "Parentesco intelectual", um ensaio avaliando a identidade do freireano Peter McLaren com ele; "Não é possível moralidade sem boniteza" fragmentos do discurso quando recebeu a "Medalha Salvador da Humanidade"; "Jamais envelheçam, apenas fiquem maduros!" um pequeno ensaio para uma revista popular; e um pronunciamento em homenagem a Dom Paulo Evaristo Arns, no programa "O simbólico e o diabólico". Por fim, 8 – Depoimentos de vida: quatro depoimentos nos quais fala de vários aspectos e momentos de sua vida. Com esse livro, conquistamos o segundo lugar do Prêmio Jabuti, na categoria Educação, Psicologia e Psicanálise, em 2006.

Pedagogia do compromisso

Em 2008, reuni trabalhos de Paulo Freire, todos inéditos no Brasil, realizados por ele entre 1989 e 1996, e os publiquei sob o título de *Pedagogia do compromisso: América Latina e Educação Popular*.

Pedagogia porque considero que o pensamento de Paulo, embora esteja mais e mais servindo de subsídio teórico para as mais diversas e diferentes áreas do saber – ou nem sei, se por isso mesmo –, é fundamentalmente um  pensamento pedagógico. Estes trabalhos, de modo particular, têm esse cunho de sua marca de educador político-ético: pedagogizar.

O *América Latina,* desde que são discursos, conferências e entrevistas feitas nesta área geográfico-política de grandes semelhanças entre si devido às suas origens coloniais ligadas à Espanha, com peculiaridades próprias geradas pelas diferentes etnias indígenas que inauguraram estes países: na Argentina, em 1996; no Chile, em 1991; no Paraguai, em 1992; e no Uruguai, em 1989; e um Manifesto ao povo da Nicarágua, de 1989. Somente a partir desta edição, da editora Paz e Terra, o Brasil foi incluído com dois diálogos realizados em 1987 e 1988, no Instituto Cajamar, em São Paulo.

Ao organizar este livro deliberei, pois, que deveria agrupá-los tendo como princípio os contextos onde foram produzidos: nos países da América Latina nos quais ele teve a oportunidade de expor, discutir e dialogar, preponderantemente, sobre temas contundentes para estes países: as questões do analfabetismo e da alfabetização, da prática docente e da formação dos educadores.

O *Educação Popular* porque em todos os trabalhos o tema dos diálogos é o *como* e o *porquê* para a construção da democracia e da luta contra a desigualdade social. Para Paulo, isso teria que começar por uma educação de caráter eminentemente político que possibilitasse a transformação social. E essa educação pelos dizeres dele mesmo neste livro: "É a educação que, está, primeiro, a serviço dos grupos populares ou dos interesses dos grupos populares, sem que isto signifique a negação dos direitos dos grupos das elites. [...] eu também descubro que gostaria que a prática da Educação Popular desse alguma contribuição para a transformação radical da sociedade."

Estes trabalhos por terem sido transcrições de falas diversas, obviamente não têm citações de outros autores, nem de sua própria voz escrita em seus próprios livros.

Os livros falados: diálogos com outros autores

Os "livros falados" de Paulo com outros autores são dezessete, até 31 de dezembro de 2014.

1) Com Sérgio Guimarães. *Partir da infância: diálogos sobre educação.* São Paulo: Paz e Terra, 2011.[11]
2) *Educar com a mídia*, com Sérgio Guimarães.[12]
3) *Paulo Freire ao vivo*, org. por Aldo Vannucchi, com professores e alunos da Faculdade de Ciências e Letras de Sorocaba.
4) *Essa escola chamada vida*, com Frei Betto, entrevistados por Ricardo Kotscho.
5) *Por uma pedagogia da pergunta*,[13] com Antonio Faundez.
6) *Pedagogia: diálogo e conflito*, com Moacir Gadotti e Sérgio Guimarães.
7) *Medo e ousadia: o cotidiano do professor*, com Ira Shor.
8) *Aprendendo com a própria história*, com Sérgio Guimarães[14]
9) *Dialogando com a própria história*, com Sérgio Guimarães.[15]
10) *Que fazer: teoria e prática em educação popular*, com Adriano Nogueira.
11) *Alfabetização: leitura do mundo, leitura da palavra*, com Donaldo Macedo.
12) *O caminho se faz caminhando*, com Myles Horton.
13) *El grito manso*, com Roberto Iglesias e outros (publicado apenas na Argentina).
14) *A África ensinando a gente: Angola, Guiné-Bissau, São Tomé e Príncipe*, com Sérgio Guimarães.
15) *Conversação libertária*, com Edson Passetti.[16]
16) *Lições de casa*: últimos diálogos sobre educação, com Sérgio Guimarães.
17) *Pedagogia da solidariedade,* com Nita Freire e Walter Ferreira de Oliveira.

---

11 Este livro vinha sendo publicado como *Sobre educação* v. I. Rio de Janeiro: Paz e Terra, 1982.
12 Este livro vinha sendo publicado como *Sobre educação* (diálogos) v. II. Rio de Janeiro: Paz e Terra, 1984.
13 Texto gravado numa viagem de Paulo à Suíça, quando já residia em São Paulo.
14 Este livro vinha sendo publicado como *Aprendendo com a própria história*, v. I, desde o ano de 1987.
15 Este livro vinha sendo publicado como *Aprendendo com a própria história*, v. II, desde o ano de 2002.
16 Esse livro foi publicado na Itália e no Brasil como de autoria apenas do professor Passetti, com o título de *Conversação libertária com Paulo Freire*, mas pelo acordo feito entre as duas partes para uma possível 2ª edição, o título e coautoria do livro serão resgatados. Assim, antecipadamente, a partir desta biografia, considero como já tivessem sido feitas essas alterações.

Como podemos constatar, foi com Sérgio Guimarães, que o convidou e incentivou a "falar livros", que Paulo mais compôs nesse novo tipo de comunicação freireana: ao todo são seis livros publicados.

Uma breve análise sobre sua literatura

Paulo sistematizou, como podemos constatar, suas ideias e práxis quase todas publicadas em livros que se sucederam dos anos 1960 até os 1990, mas que traduzem uma continuidade coerente e permanentemente engajada com os oprimidos e as oprimidas e o sonho democrático, "ensopados" das suas enormes virtudes.

Ao examinar as temáticas tratadas por Paulo em todos os seus livros,[17] não há dúvida de que ele escreveu sempre dentro de uma compreensão epistemológica humanista antropológica-religiosa-ética-estética-política, com a perspectiva da esperança ontologicamente intrínseca à natureza humana, numa tessitura de tal densidade dentro do concreto, da realidade histórica dos contextos, que dá a possibilidade de mulheres e homens, conscientizando-se, concretizarem as transformações sociais para uma sociedade mais justa se assim o quiserem. Acreditando sempre, acrescento, que essas se darão através de uma educação problematizadora, questionadora e crítica, voltada para a curiosidade e a utopia, a partir, sempre, da realidade histórica e para ela e aos sujeitos retornando. A educação para a conscientização, a criticidade e a cidadania possibilitaria, então, que todos os homens e mulheres se façam Seres Mais no processo permanente de libertação.

Suas preocupações foram endereçadas, sobretudo, objetivamente às camadas e pessoas oprimidas do mundo, num crescente aprofundamento e alargamento de suas ideias, riqueza de linguagem e maturidade existencial e filosófico-científica, posta claramente na sua obra, sempre mais claramente nos diversos momentos ou fases do seu escrever. Talvez por isso, equivocadamente, alguns críticos da obra de Paulo creem e dizem que há na sua literatura diferentes fases e enfoques teóricos.

Seus núcleos temáticos caminharam – sempre dentro da dialeticidade intrínseca ao seu modo de ser, de pensar e de interpretar o mundo – das condições de opressão de classe social às de etnia, religião, gênero, escolhas sexuais e outras discriminações; da opressão nas condições do trabalho no campo às dos/as trabalhadores/as dos centros urbanos. Das dificuldades de entendimento crítico do/a professor/a sobre sua tarefa ético-política tanto

---

17 Quase todos os livros individuais de Paulo estão traduzidos para o inglês e o espanhol. Muitos deles também para o italiano, o francês e o alemão. Há traduções ainda para valenciano, coreano, japonês, hindu, iídiche, hebraico, sueco, holandês, indonésio, dinamarquês, ucraniano, finlandês, paquistanês, basco, árabe e sérvio.

quanto a pedagógico-cognoscitiva às propostas do diálogo libertário e gerador do conhecimento entre professor/a-aluno/a. Das questões da escola privada ou pública à educação popular; da solidão à comunhão. Da ação à reflexão, e novamente à ação; da consciência humana ao mundo concreto; da subjetividade à objetividade. Do senso comum à ciência; da licenciosidade à liberdade. Do condicionamento ao determinismo; das ideologias à história como possibilidade. Da crítica ao cientificismo e ao historicismo, às questões dos países "desenvolvidos" e "ricos" às dos países pobres ou em vias de desenvolvimento. Dos conflitos dos/as trabalhadores/as urbanos com os donos do capital; ao machismo e aos direitos das mulheres. Das discriminações racistas contra os negros à empáfia dos brancos; da questão indígena ao trabalho escravo. Da unidade à diversidade; da crença e da fé à teologia. Da educação bancária à educação libertadora; do autêntico líder popular às massas manipuladas. Da unidade do ensino/aprendizagem aos alfabetizados/as-alfabetizandos/as. Da conscientização/alienação às ações dialógica e antidialógica. Da mundanidade à transcendentalidade, da elite às massas. Do sectarismo à radicalidade. Da Igreja tradicional ou modernizada à Igreja profética. Da natureza à cultura, dos animais aos seres que nascidos desses se fizeram homens e mulheres. Da impossibilidade da neutralidade, mesmo dentro do conhecimento científico, às ideologias. Da transgressão da ética à esperança, ao sonho, à utopia. Do racionalismo às virtudes humanas mais autênticas.

Enfim, poderíamos afirmar que, sucintamente, a obra teórica de Paulo tem a preocupação de analisar as relações e as condições de opressão e de exclusão.

Dentro desses núcleos temáticos mencionados os interlocutores ou seus sujeitos históricos de análise de Paulo são os pares contraditórios que vão do camponês aos trabalhadores urbanos, desses aos industriais; dos educadores aos educandos; dos líderes às massas; dos sem-terra aos latifundiários.

Na sua literatura há momentos densamente teóricos, outros nos quais ele fala de sua vida de dificuldades ou de realizações profissionais e intelectuais, outros nos quais a práxis emerge com a força da unidade prática-teoria-prática. Assim, fica claro para nós que ele entendeu, porque por natureza dialético em sua maneira de ser e de pensar, que não poderia falar *com* o oprimido e *sobre* o oprimido sem falar do opressor. Afirmou que só existem os/as oprimidos/as porque existem os opressores, e que aqueles só podem libertar-se dessa condição saindo dela a partir da conscientização ético-política desse fato e das possibilidades educativo-sociais oferecidas. Nesse processo de "deixar de ser oprimido/a", ele/a vai possibilitando ao/à outro/a sair da condição de opressor/a, mudando assim a relação de verticalidade para a de horizontalidade. Nesta, portanto, não há mais opressor nem oprimido: há homens e mulheres em processo permanente de comunhão para a libertação. Para ele, o processo de libertação implica a expulsão do dominador verdadeiro ou do que hospeda dentro de si.

Como todas essas questões sobre as quais se debruçou ainda permanecem no mundo, a atualidade e a relevância do pensamento de Paulo são um fato inconteste ainda neste século XXI que se inicia, mesmo que alguns pensadores conservadores pós-modernos reacionários queiram negar isso. O problema da libertação dos oprimidos e das oprimidas está plenamente vigente, principalmente depois da arrancada neoliberal e da globalização da economia. A prepotência desses pensadores a serviço dos "donos do mundo", que querem padronizar e massificar todos os povos dos diferentes continentes, aniquilando culturas milenares e arrancando com "guerras preventivas" as riquezas alheias, prevalecendo-se das tecnologias mais avançadas, vem produzindo o terrorismo com sua também violência generalizada. O mundo conturbado de hoje – sustentado ideologicamente por esses conservadores sectários e governos teocráticos fundamentalistas, quer do mundo oriental quer do ocidental – continua sendo um dos maiores desafios dos homens e das mulheres que constroem o seu tempo e o seu espaço histórico. Desmantelar essas ideologias e práticas autoritárias requer que lutemos para a implantação de políticas públicas mundiais que sejam subsidiadas pela teoria da libertação de Paulo. Ela é, pois, atual e relevante.

Todos os escritos de Paulo têm, acima de tudo, um ponto em comum – a forma madura e convincente como tratava a teoria e a prática educativas. Com consciência, lucidez e transparência. Com clara opção política a favor dos/as oprimidos/as e por uma ética de vida, através de sua linguagem esteticamente bela e de quem sabia o que queria e sabia como dizer porque, em verdade, sempre traduziu os anseios, desejos, sonhos e necessidades de todos aqueles e todas aquelas que querem e queriam a necessária libertação de si e da sua sociedade.

Estou certa de que os textos de Paulo têm muita força porque conseguem, com beleza e veracidade, transpor para o papel as suas reflexões e opções geradas na sua prática cotidiana, nesse seu escutar pleno e profundo do real e concreto do mundo e das *gentes*. Na quase absoluta coerência de escrever sobre o que sentia e vivia. Na sua sensibilidade, paixão, generosidade e amorosidade de *ler o mundo com* os oprimidos e as oprimidas.

A obstinação que Paulo vinha devotando nos últimos anos de sua vida ao ato de ler/escrever deve-se ao seu sonho da utopia democrática. Ele esteve sempre convicto de que deveríamos fazer o possível hoje para construirmos uma sociedade democrática amanhã. Como educador-político, fundamentalmente ético, teve a percepção clara de que cabe a todos nós educadoras e educadores uma parte dessa tarefa de transformação de nossa sociedade. Escrevendo como um educador ético-político se sentia e se sabia cumprindo a tarefa-desafio que se lhe determinou desde muito jovem.

Assim, vinha entregando-se a essa tarefa, escrevendo, contestando, argumentando, procurando interferir mais diretamente no processo educativo para, dialeticamente, transformar as sociedades, sobretudo a brasileira, no sentido de que ela se tornasse menos autoritária, menos discriminatória, enfim, mais justa e mais bonita, mais democrática, como ele gostava de dizer.

Sobre as temáticas que o preocuparam mais amiúde nos últimos anos de sua vida, Paulo disse pouco antes de morrer: "Mas sempre, e sobretudo agora, de cinco ou seis anos para cá, [venho] insistindo fortemente na questão da utopia, na questão do sonho, na questão da esperança, na questão da ética" (*Pedagogia da tolerância*).

CAPÍTULO 16

Prefácios e outros papéis diversos

Alguns textos de Paulo são tão preciosos que julgo conveniente não deixá-los em gavetas ou prateleiras, razão pela qual os divulgo aqui nesta biografia. Trata-se de papéis avulsos diversos. Outros textos são prefácios que, embora já publicados, considerei importante reproduzi-los mais uma vez.

Para o livro *Sexo se aprende na escola*, de Marta Suplicy:

> De modo geral, mesmo reconhecendo a validade dos guias e talvez até por causa disto, me sinto um pouco temeroso se devo participar da redação de um deles se sou chamado a sobre um deles opinar. Meu receio radica na possibilidade de se transformar o que seria um simples guia num conjunto de prescrições que, autoritariamente, termina por fazer daqueles e daquelas a quem queríamos ajudar puros objetos de nossas receitas. Na verdade, cabe aos guias, sugerindo posições críticas, instigando a curiosidade dos leitores, desafiá-los a que corram riscos, sem o que não há criatividade.
>
> É exatamente isto que se espera deste guia de orientação sexual. Algo mais do que isto ele fará na medida mesma em que o trabalho sério de seus autores e autoras fez dele um texto aberto e não fechado, um texto crítico e não ingênuo, um texto cheio de pureza e vazio, seco, absolutamente "esturricado" de puritanismo.
>
> São Paulo, janeiro de 1994.
>
> *Paulo Freire*

* * *

Certa vez, em 1988, o jovem sexólogo Marcos Ribeiro escreveu desculpando-se por "sua ousadia" de, mesmo não conhecendo Paulo, solicitar-lhe um texto de quarta capa para o seu livro *Mamãe, como eu nasci?*, publicado pela Editora Salamandra, que conta com ilustração de Bia Salgueiro. Depois de ler os originais, Paulo escreveu:

> Ao ler agora *Mamãe, como eu nasci?* não pude deixar de pensar na infância de minha geração. E me lembrei até de quando, aos 7 anos, tendo sofrido um acidente em casa, minha mãe me ensinou dizer às visitas ter "fraturado o fêmur". Quebrei a coxa, como normalmente diria, não era de bom tom.
>
> A geografia da coxa estava muito molhada de "pecado". Minha geração podia falar livremente até o joelho. A de minha mãe tinha parado no tornozelo.
>
> Com seu livro para crianças, Marcos Ribeiro ajuda a história. Fala do corpo sem pudores falsos. Fala da boniteza do corpo, da gostosura do corpo. Fala de como o corpo se gera no corpo e nasce do corpo.
>
> Livrinhos assim deveriam multiplicar-se.
>
> São Paulo, inverno de 1988
>
> Paulo Freire

Posteriormente, o já conhecido Marcos Ribeiro solicitou que Paulo escrevesse o prefácio do livro do qual ele era o organizador: *O prazer e o pensar: orientação sexual para educadores e profissionais da saúde*:[1]

> Homens e mulheres somos corpos conscientes e sociais *no* mundo e *com* o mundo, na história e com a História que nos faz e refaz enquanto a fazemos. Por isso mesmo que nos achamos *com* o mundo e não só no mundo, como se fosse ele um puro *suporte* onde nossa *vida* se daria, nos fizemos históricos e nos tornamos capazes de inventar a existência, servindo-nos para tanto, do que a vida nos ofereceu. É por isso que nossa presença no mundo não se pode reduzir à mera adaptação a ele. O estar no mundo só vira *presença* nele quando o ser que *está* se *sabe estando* e, por isso, se torna hábil para aprender a interferir nele, a mudá-lo a se tornar, portanto, capaz de acrescentar à posição de objeto, enquanto no mundo, a de sujeito. Estar *no* mundo e *com* o mundo, como corpos conscientes, existentes, histórico-sociais, implica a assunção por nossa parte, da inteireza indicotomizável que *vimos sendo*. Um corpo inteiro, que não pode ser dividido – corpo e men-

---

1 O livro conta com 53 autores, entre outros: Marta Suplicy, Betinho, Içami Tiba, Heloneida Studart e Tania Zagury. Foi publicado pela Editora Gente, em 1999, de São Paulo, em dois volumes.

te; razão e emoção; inteligência e sentimentos: corpo como "geografia" do pecado, alma como pureza; razão como certeza; emoção como erro.

Nenhuma dicotomia é capaz de nos explicar. Não somos apenas o que adquirimos nem tampouco o que herdamos. *Estamos sendo* a tensa relação entre o que herdamos e o que adquirimos. Somos corpos ou seres programados, mas não determinados.

Nada que diz respeito à nossa presença ao mundo à maneira como *estamos sendo* presentes poderia escapar à nossa curiosidade de seres ou corpos "programados para aprender".

Endereçar, por isso mesmo, nossa curiosidade ao saber de nosso corpo no mundo e com o mundo é algo tão fundamental, necessário e imperioso quanto respirar.

A sexualidade, enquanto possibilidade e caminho de alongamento de nós mesmos, de produção de vida e de existência, de gozo e de boniteza, exige de nós essa volta crítico-amorosa, essa busca de saber de nosso corpo. Não podemos estar sendo, autenticamente, no mundo e com o mundo, se nos fecharmos medrosos e hipócritas aos mistérios de nosso corpo, ou se os tratamos, aos mistérios, cínica e irresponsavelmente.

Este livro é uma séria hipótese de trabalho em torno do corpo, do nosso corpo consciente *no* mundo e *com* o mundo.

Felicito quem o escreveu e quem o publica e a seus possíveis leitores digo que, lê-lo nos originais, foi um prazer, uma gostosura.

Paulo Freire
São Paulo, 14 de agosto, 1992

Giroux foi um dos poucos intelectuais presentes numa reunião em que Paulo introduziu na Pedagogia o conceito de crítica, criando a Pedagogia Crítica. Para o intelectual da Pedagogia Crítica dos mais conceituados nos Estados Unidos, um homem que literalmente "derrubou a mesa" ao ler *Pedagogy of the Oppressed* quando era um professor de língua inglesa na escola secundária norte-americana, Paulo, que o considerava um dos seus melhores re-criadores, escreveu esta Introdução:[2]

Henry Giroux é, na verdade, um pensador e não apenas um excelente professor, o que seria já suficiente para marcar um sem-número de jovens que passam pela força de seu discurso crítico.

Esta afirmação talvez possa sugerir a alguém menos criticamente desperto a possibilidade de ser um excelente professor um simples professor sem, ao mesmo tempo, pensar fundo sobre as relações que o objeto específico de seu ensinamento tem com outros objetos. De fato, isto não é possível. É inviável escrever ou falar sobre conteúdos, temas, tornando-os isolados em si mesmos. Uma das característi-

---
2 Introdução do livro *Teacher as Intellectuals*, South Hadley, 1988.

cas de Giroux como sutil tratador de temas e não apenas a sua postura gnosiológica de acordo com a qual temos que fugir da forma ingênua de aproximação do objeto, que não apreende na complexidade de suas relações com outros objetos, mas também um gosto estético de escrever bonito e fluentemente ao lado da capacidade com que "andarilha" pelo contexto em que vai captando os temas de que fala.

Em Giroux, esta experiência gnosiológica e este gosto do bom gosto a que acabo de me referir fazem dele um intelectual que, pensando como condição do existente, se faz um pensador. Todos somos pensantes mas não necessariamente pensadores. A criticidade, a disponibilidade à pergunta, a indagação curiosa, a dúvida, a incerteza das certezas, a coragem de arriscar-se fazem de Giroux um dos melhores pensadores de seu tempo, não apenas no seu país.

Há algo nele que, embora não sendo exclusivo dele e de sua forma de pensar, de entender o mundo e o processo de sua transformação e que uma vez mais permeia estes textos, gostaria de sublinhar.

É a sua inteligência da História como possibilidade. Para Giroux, nada de esperança sem um futuro a ser feito, criado, construído. A História como possibilidade significa exatamente que o amanhã não está predeterminado, ora como algo que necessariamente *será* como pura repetição do hoje simplesmente, em certos aspectos, mudado, para que continue o mesmo.

A compreensão da História como possibilidade reconhece o papel indiscutível, se bem que jamais arbitrário, da subjetividade na transformação da realidade, o papel da subjetividade no ato de conhecer, e, em consequência, implica uma forma otimista de entender a educação.

Na medida mesma em que entendo a História como possibilidade reconheço: que a subjetividade tem algo importante a cumprir no processo transformador; que a educação ganha relevância na proporção em que este algo importante a ser cumprido necessita de ser assumido como tarefa histórica e política; que, por isso mesmo a educação tem limites.

Se a educação tudo pudesse não haveria por que falar de seus limites. Se a educação nada pudesse não haveria tampouco como falar de seus limites.

A História como possibilidade significa a nossa recusa a todo voluntarismo como a toda "domesticação" do tempo.

Os homens e as mulheres fazem a História que é possível, nem a História que gostariam de fazer em certo momento nem a História que às vezes é dita como devendo ser feita.

Não é possível negar em Giroux a sugestão de esperança que nos dá mesmo quando parece pessimista.

Uma vez mais Henry aparece crítico e provocador neste texto.

Paulo Freire

* * *

Carta-Prefácio para o livro *Exercício da paixão política*,[3] de Luiza Erundina de Sousa.

Carta Prefácio

Há maneiras diferentes de escrever prefácios. Todas elas válidas. Nenhuma é melhor do que a outra. Falarei aqui de três apenas.

Há prefácios em que o livro prefaciado é objeto da análise aprofundada do prefaciador, que testemunha, assim, aos leitores e leitoras como fez sua aproximação crítica do livro, tomado como incidência de sua curiosidade.

Há prefácios que, no processo de serem escritos, viram um quase capítulo que seu autor acrescenta à obra prefaciada, capítulo cuja precisão não foi necessariamente sentida ou destacadamente percebida pelo autor do livro. Neste caso, o prefaciador se alonga em quase coautor do livro prefaciado, sem, contudo, poder exigir a solidariedade do seu autor.

Há prefácios que, sem deixar de ser sérios e respeitosos do autor e dos possíveis leitores do livro, tocados por sua boniteza, por seu vigor, pela vida pessoal de seu autor, são antes um convite expresso e sem rodeios à sua leitura.

É assim que tenho escrito prefácios. É assim que escrevo este agora, com a emoção singular que resulta da experiência do convívio por mais de dois anos com Luiza Erundina, participando, para alegria e honra minhas, de sua equipe de governo, o da cidade de São Paulo.

Qualquer, porém, que seja o caminho que o prefaciador escolha, o prefácio é sempre a escrita de uma certa leitura. Enquanto texto que procura a inteligência de outro texto, o prefácio deve alongar-se à compreensão do contexto do texto a que se refere e à compreensão também de como, "movendo-se" no contexto, o autor do texto o escreveu. Não há texto sem contexto. Não há leitura sem escrita como não há escrita sem leitura.

Um dos trágicos enganos que podemos cometer no ensino da leitura é dicotomizá-la da escrita, é tomá-la como algo em si, separado da fala geral, como se fosse possível também fazer separação entre a fala e o mundo humano, entre a fala a e vida da *gente*.

A escrita de um texto tem que ver com a vida, com a experiência social de seu autor ou autora no seu contexto. A leitura de um texto tem que ver com a vida do leitor no seu contexto também.

Por isso, nunca se esgota definitivamente a leitura de um texto. Cada nova leitura pode provocar a descoberta, numa "esquina" mal iluminada do texto, de uma dimensão até então despercebida. É como se, uma vez escrito, o texto jamais deixasse de poder ser reescrito pelas leituras dele feitas por seus leitores. Ler seriamente é, quase sempre, reescrever o texto lido.

---
3 Cf. *Exercício da paixão política* (São Paulo: Cortez, 1991).

Ao redigir estas páginas me lembro particularmente de quem, visitando amorosamente livrarias, de estante a estante, vai passeando os olhos pelos livros e, de repente, tirando um dele para exame mais demorado, se fixa numa ou noutra página, olha o índice, vê a bibliografia, lê a contracapa, demora-se no prefácio.

A você, que faz isso agora, ou você em outra situação, mas curioso em torno deste livro, vai o meu convite: Faça sua convivência com ele. *Vale a pena lê-lo*.

Às vezes, ao fazer prefácios assim, em forma de convite à leitura do livro prefaciado, me detenho em comentários sobre ele. Hoje, prefiro exercício diferente. Prefiro falar um pouco de Erundina, de como tenho aprendido com ela, de sua paixão pela vida, de sua coragem de amar, de fazer coisas, de sua coerência, com o que busca diminuir a distância entre o que diz e o que faz, de sua coragem de mudar o mundo para dizê-lo de maneira diferente.

Estive com ela, pela primeira vez, anos atrás, recém-chegado eu do exílio de quase 16 anos, com que o golpe de Estado de 1º de abril de 1964 me puniu pelo "pecado" de haver coordenado o Programa Nacional de Alfabetização de Adultos, em 1963.

Conheci Erundina numa destas festas de conclusão de curso, no caso, de assistentes sociais, de uma faculdade de São Paulo. Ela era paraninfa e eu o patrono da turma de concluintes. Aquela era a primeira vez, numa série que ultrapassa hoje a casa dos oitenta, em que jovens universitários, moças e rapazes, me homenageavam, me expressavam seu bem querer e seu apoio a mim. Foi bom para mim que a tivesse conhecido quando éramos ambos, ela e eu, afetiva e politicamente abraçados por um grupo de jovens que, ao dizer de sua aprovação a nós era como se nos advertissem de que, se perdêssemos o "endereço histórico" seríamos desaprovados amanhã.

Uma das virtudes de Luiza, com que decerto não nasceu e que, pelo contrário, vem sendo forjada na sua prática, é a perseverança incansável com que luta para viabilizar seus sonhos – os de uma sociedade menos injusta, menos perversa, menos autoritária, menos elitista, mais democrática, mais aberta, menos racista, menos machista.

Luiza acredita tanto na ciência, na sua rigorosidade quanto no sonho, na utopia, nos desejos. Recusa tanto o cientificismo arrogante quanto a negação irresponsável da teoria.

Ao sectarismo que estreita a visão do mundo e deteriora a prática política porque a fecha no ciclo estreito da verdade possuída com exclusividade pelo sectário, Erundina opõe a radicalidade serena de quem, não estando demasiado certo das suas certezas, respeita as incertezas dos outros.

À compreensão acanhada da história como "estação" em que se espera um tempo já feito, que vê depois, inexoravelmente e em que não há lugar para o papel de sujeito da subjetividade, Luiza contrapõe a inteligência da história como possibilidade, em que o papel da educação e da cultura assume a importância que lhes é devida pela transformação do mundo.

A tolerância, virtude de conviver com os diferentes para poder lutar com os antagônicos, é algo que a prática política de Luiza lhe vem dando e sem a qual é impossível não apenas fazer política mas existir também.

É por tudo isso que os textos de Luiza Erundina estão "molhados" e não apenas "salpicados" de esperança. É que não há esperança fora da luta, da busca, do empenho de mudar, de refazer, de recriar, de reinventar. Não há esperança na pura espera, na inação de quem cruza os braços e, perdendo o desejo do sonho, submerge no fatalismo imobilista.

Este livro é um *não* ao imobilismo e à desesperança.

Paulo Freire, abril de 1991.

Para o livro de autoria de Dom Helder Câmara, *Palavras e reflexões*, publicado pela Editora Universitária da Universidade Federal de Pernambuco, em 1995, a pedido da freira Maria do Carmo Pimenta – antiga aluna de Paulo no Colégio Oswaldo Cruz, de propriedade de meu pai –, Paulo escreveu esta apresentação:

De Dom Helder, quando era ainda o padre Helder, ficando famoso pela amorosidade cheia de coragem com que se dava a intenso trabalho no Rio de Janeiro, ouvi, nos começos de minha juventude, palavras de apoio e de estímulo a ensaios utópicos em que me achava engajado.

Já naquela época a figura de Dom Helder estava associada à esperança e à recusa a qualquer posição fatalista. Dom Helder jamais aceitaria em paz, conformado, discursos estimuladores de nossa pura adaptação aos fatos: "as coisas são assim porque não podem ser de modo diferente." Posições como estas, que só ajudam os poderosos, contradizem sua fé e negam a amorosidade, para ele fundamental à transformação do mundo, fora da qual já não reconheceria sua própria presença na História.

A Unamuno lhe doía a Espanha. A Dom Helder não lhe dói apenas o Brasil, mas o mundo. A ele lhe dói a dor não importa quem a sofra. A dor dos que chegando à vida e pouco ficam, dos que ficando em breve "são devolvidos". A dor dos mal dormidos, dos traídos, dos assustados, dos ofendidos, dos violados, dos inseguros, dos torturados. A dor de quem se perde na desesperança. A dos daqueles e daquelas a quem a malvadez dos poderosos nega o direito de sonhar.

O fundamental, porém, é que, assumindo a dor de não importa quem, não o faz como se nada mais pudesse e devesse fazer. Ele tem na assunção do sofrimento do mundo o ponto de partida de sua esperança em tempos melhores.

Este livro é mais uma expressão deste encanto pela vida.

São Paulo, fevereiro, 1995.

Paulo Freire

* * *

Paulo foi convocado a dar pareceres e formular juízo de valor. Em 1982, escreveu sobre a questão de um aluno expulso de uma escola carioca por teimar em ter cabelos longos, relacionando tal fato à questão da democracia em nosso país:

Fala-se, às vezes, na necessidade que tem a Democracia de se defender do que lhe possa representar ameaças. Quase sempre, porém, lamentavelmente, o que se vem considerando como ameaças à democracia é o que na verdade a justifica enquanto Democracia – a presença atuante do Povo no processo político nacional – a voz das classes trabalhadoras que se mobilizam e se organizam na reivindicação de seus direitos – a presença inquieta da juventude brasileira cuja palavra nos é indispensável.

Os que procuram "defender" a Democracia contra o "perigo" da participação dos trabalhadores como dos estudantes na reinvenção necessária da sociedade sonham como uma democracia *sui-generis*, uma democracia sem povo.

Não me parece que se defende a Democracia com a expulsão de jovens como Javier. Pelo contrário, se trabalha contra ela.

São Paulo, 1982.

Paulo Freire

Quando lhe foi solicitado, ainda como secretário da Educação, manifestar-se sobre a instituição do Estatuto da Criança e do Adolescente, do Brasil, Paulo escreveu:

Não seria possível deixar de constar no texto do Estatuto da Criança e do Adolescente um capítulo sobre o direito à liberdade, ao respeito e à dignidade. Seria incompreensível, mais ainda, inaceitável um Estatuto da Criança e do Adolescente que não fizesse referência a aspectos de direito à liberdade, como de vir, o de ir e estar nos logradouros públicos, o de opinião e de expressão, o de brincar, praticar esporte, divertir-se etc.

Numa sociedade, porém, de gosto autoritário como a nossa, elitista, discriminatória, cujas classes dominantes nada ou quase nada fazem para a superação da miséria das maiorias populares, consideradas quase sempre como naturalmente inferiores, preguiçosas e culpadas por sua penúria, o fundamental é a nossa briga incessante para que o Estatuto seja *letra viva* e não se torne, como tantos outros textos em nossa História, *letra morta* ou *semimorta*.

São Paulo, maio, 1991.

Paulo Freire

* * *

Antes da Universidade de Glasgow, na Escócia, criar a Bolsa de Estudos Paulo Freire, Paulo recebeu uma carta pedindo permissão, cuja resposta transcrevo:

Professora Maria Slowey
Diretora do Departamento de Educação de Adultos e Educação Continuada.
Universidade de Glasgow.

Acabo de receber a sua amável carta na qual você me pede permissão para que uma das Bolsas de Estudos da Universidade seja criada com o nome de Bolsa de Estudos Paulo Freire.

Tal fato é uma honra para mim e também a razão para me sentir profundamente feliz.

E eu, naturalmente, aceito.

Muitíssimo obrigado.

Paulo Freire

Entre outros papéis avulsos, tenho este escrito para o "Encontro de Cúpula de Genebra para o Avanço Econômico da Mulher da Zona Rural", de 1992:

Altezas, Primeiras-Damas, Autoridades do
Geneva Summit on The Economic advancement for Rural Women
25-26 de fevereiro, 1992

Como bom brasileiro do Nordeste de meu país nunca me é fácil falar quatro minutos apenas, sobre nenhum assunto. Mas, é preciso cumprir o regulamento.

Superando a necessária modéstia, devo dizer-lhes que o tema desta conferência de tal forma me apaixona e desafia que se torna ainda menos confortável para mim ter de falar somente os quatro minutos.

Não há pois outro caminho senão escolher um ou dois pontos, obviamente de minha preferência e sobre eles tecer umas poucas considerações. O primeiro deles tem que ver com um chamamento que devemos fazer a todos nós, participantes do evento. Uma advertência que devemos nos fazer com relação à natureza política dos projetos necessários de desenvolvimento econômico das áreas rurais, para falar só nelas, do mundo e que envolvem particularmente mulheres.

É preciso que estejamos abertos à compreensão da natureza política de tais projetos para não cairmos na ingenuidade de julgá-los como que – fazeres puramente técnicos ou humanitários. Pelo contrário, mesmo que possam revelar ou expressar um certo querer bem, uma certa capacidade de amar por parte de seus agentes, estes projetos são fundamentalmente políticos. Eles implicam numa opção, que, por sua vez, nos leva a uma decisão que, no fundo, é ruptura. E ninguém decide ou rompe indiferentemente, de forma neutra.

Quanto mais criticamente assumirmos a politicidade de nossa prática em favor de um certo sonho, tanto mais eficazmente agimos. E este é um sonho porque vale a pena lutar, cuja realização empresta significação à nossa existência de mulher ou de homem. Um sonho, porém, que, como todo sonho, exige de nós engajamento responsável, decisão, competência, disponibilidade para começar tudo de novo, se necessário, com a mesma força, com a mesma esperança.

Um outro aspecto que me parece indispensável ser tocado é o caráter pedagógico de projetos como estes que não podem ser reduzidos a um mero esforço educativo, considerado este como neutro. É que, precisamente porque educativo, é político também. Me parece importante salientar este ponto para que evitemos outra ingenuidade – a do pedagogismo, segundo a qual a educação tudo pode. Na verdade, a educação pode alguma coisa precisamente porque não pode tudo. Sua força reside exatamente na sua fraqueza. É porque submetida a limites que a educação se faz eficaz. A questão que se coloca a nós, educadoras e educadores, é saber quais são os limites que se põem à realização de nossos sonhos, aqui e agora, ou, em outras palavras, o que é possível ser feito aqui e agora.

Em história se faz o que se pode fazer e não o que se gostaria de fazer, mas é preciso também lutar para tornar possível o que às vezes a falta de ousadia ou o medo ou a incompetência decretam ser inviável. Senhoras Primeiras-Damas, os resultados práticos deste encontro dependem da tenacidade, da decisão, da clareza política, da amorosidade com que nos entreguemos à viabilização deste sonho – o da superação de um mundo feio, injusto, perverso pela invenção de um mundo em que amar seja menos difícil.

Genebra, 26 do 2 [fevereiro] de 1992.

Paulo Freire

Texto escrito por Paulo para o estande da Editora Paz e Terra, na verdade um reconhecimento público a Fernando Gasparian, seu diretor, por sua luta em prol da democracia brasileira, quando essa editora o homenageou na Bienal de 1992, e nós estaríamos em Paris, ele trabalhando para a UNESCO:

Quando se avalia a importância que certas organizações, certas instituições e não só certas pessoas tiveram na resistência ao arbítrio, à violência, ilegalidade que se geraram no Golpe de Estado de 1º de abril de 1964, a Editora Paz e Terra terá um lugar de destaque pelo que fez na difusão de obras fundamentais na defesa das liberdades e da democracia.

São Paulo, agosto, 27, 1992

Paulo Freire

* * *

Cumprindo certa vez uma necessidade burocrática, devendo eu compor meu currículo universitário, recebi de Paulo esta sincera e amorosa declaração:

> Declaro, com a responsabilidade de meu nome, que Ana Maria Araújo Freire, de quem sou marido, participou comigo dos debates num seminário por mim coordenado em Nova York no quadro das festividades organizadas em comemoração de meus setenta anos, em dezembro de 1991.
> São Paulo, maio, 1992.
>
> *Paulo Freire*

Entre outras anotações e rascunhos interessantes de Paulo, tenho um diálogo, diríamos hoje virtual, sem data, não concluído, através das "Notas a Eduardo Nicol – *Los principios de la ciencia*":[4]

Discursivo – que procede por etapas – por raciocínio – metodologicamente – se opõe ao *intuitivo* – que aprende imediatamente seu resultado sem passar pela demonstração.

a) historicidade da ciência não é o resultado da filosofia historicista. A historicidade da ciência faz parte da sua natureza mesma. A ciência não é um a priori da história. A constatação da historicidade da ciência provoca conflito entre ela e o valor atemporal que se emprestava ao conhecimento científico.

b) desde os princípios mesmos da ciência, possivelmente desde Platão, o conhecimento científico se fundava em duas relações fundamentais e complementárias: a epistemológica e a lógica. A epistemológica é a mais primária. É a que se estabelece entre o sujeito de conhecimento e os objetos em geral, de cujos caracteres ontológicos o sujeito consegue ter notícia através de tal relação.

c) É interessante observar não ter sido necessário que surgisse a ciência, como modalidade especial de conhecimento, para que o homem percebesse que o simples dar-se conta das coisas não é um saber cabal, completo. O verdadeiro saber é um pensar, uma ação que o sujeito exerce sobre a base de suas apreensões imediatas dos objetos e com a qual percebe a interdependência desses objetos e não apenas sua pura presença.

O conhecimento é *discursivo* porque as coisas se relacionam umas com as outras, dependem uma das outras ou surgem umas das outras. De fato, a percepção revela sempre muito mais do que uma presença estática dos objetos – revela uma *presença* e uma *questão*. Isto faz com que o ato de conhecer não se esgote na pura reprodução do objeto mas se alongue no como e no por que do objeto. Este jamais é para o sujeito uma pura presença. Dito de outra forma – a presença do objeto inclui a um tempo o *ser* é a relação e por isso coloca uma

---
4 México: Fondo de Cultura Económico, 1965.

pergunta que não está resolvida na presença – a coisa isolada não diz de si mesma e remete a outra coisa presente ou ausente, sem a qual não se capta bem o ser da primeira. O ser é dinâmico e sua mudança faz parte de sua natureza. Conhecê-lo é explicar sua mudança.

Daí que o pensamento mítico seja discursivo – causal. Mais do que anotar as coisas, busca a razão delas. A pergunta *que é isto?*, pergunta essencial, envolve a questão da origem: de onde provém isto – Para dar razão à coisa temos que averiguar sua origem, sua causa. Esta curiosidade é uma constante do pensamento, que aparece já no *mito* – e reaparece na *física*.

Nesse sentido, todo conhecimento é racional, inclusive o mítico, mesmo que esta razão não seja ainda a razão lógica da episteme.

Mesmo que a razão do *mito* não se limite a refletir a realidade passivamente, não é uma razão crítica.

A ausência da vigilância crítica na razão é que distingue o conhecimento pré-científico do científico, o pensamento no mito e na doxa do pensamento metódico na rigorosa episteme. A diferença fundamental está no método, pois o mito é também discursivo, sistemático e causal e a própria opinião pode igualmente sê-lo. A metodologia é a ação crítica que o logos exerce sobre si mesmo – é a lógica.

A questão que se coloca é que, mesmo que seja coerente, a doxa não expressa a coerência objetiva das coisas. Não pensa tampouco em ser verificada com sua opinião, o perfeito simplesmente marca a diferença que o separa dos demais. Por isso é que, para o que opina, o importante é *ter razão* enquanto que para o [que] *sabe* o fundamental é dar *razão*.

A ciência vem a ser uma nova forma de vinculação humana – a instituição de uma comunidade de pensamento fundada *na razão*. Na razão *lógica*. Isto não significa ser ilógico o mito – sua *lógica* é porém diferente da que caracteriza a ciência. Nesse sentido fundamental, ela se distingue da forma pré-científica de saber em que a participação geral, às vezes unânime na crença, era garantia suficiente de verdade. Uma coisa é o fato social da vigência de certas opiniões, outra é a adequação dessas opiniões com as coisas mesmas.

A primeira distinção entre o logos científico e o pré-científico é epistemológica mais que formal. E esta radica no *método* – O método é uma maneira de tratar com as coisas e só derivadamente requer uma maneira de tratar com os pensamentos que formamos sobre as coisas. Para compreender bem o que é o método, o conceito que temos de ter presente é o de objetividade.

Procurado pelos que lutavam para a continuidade da Escola de Sociologia e Política de São Paulo, ameaçada, em 1994, Paulo escreveu:

> Apoio a luta dos corpos discentes e docente da Fundação Escola de Sociologia e Política de São Paulo, pela manutenção do ensino de graduação dos cursos de Sociologia e Política, Biblioteconomia e Documentação.

A Escola de Sociologia e Política de São Paulo é uma das mais antigas Faculdades do País e seu esvaziamento implicaria um indiscutível prejuízo ao ensino das Ciências Humanas no Brasil.

São Paulo, fevereiro, 1994.

Paulo Freire

Numa das vezes em que Paulo viajou para a Europa, deixou este discurso que eu li na Abertura do Seminário Internacional de Alfabetização, organizado pela Fundação para o Desenvolvimento da Educação (FDE), na ocasião em que ele foi homenageado, em São Paulo, 7 de março de 1994.

São Paulo, março, 1994.
Senhoras e senhores congressistas:
Atendendo a um compromisso que não podia ser desfeito me acho ausente hoje de São Paulo e portanto, proibido de experimentar a satisfação de estar com vocês.

Duas palavras gostaria de lhes fazer chegar através da voz de Nita, minha mulher. A primeira, para dizer-lhes que continuo comprometido com o exercício da coerência, buscando, assim, diminuir a distância entre o que faço, o que digo e o que escrevo.

A segunda, para dizer-lhes com quanta alegria prossigo na minha luta de educador, inserido numa prática educativa criticizante, desveladora e desocultadora de verdades. Daí que, fiel à recusa ao autoritarismo com que iniciei minha vida profissional de educador, portanto, de político, fiel aos princípios de uma prática educativa libertadora, recuso, com ênfase, em certo discurso neoliberal, pragmatista, que fala da morte da História, das classes sociais, de sua luta; da morte do sonho e da utopia e que oferece à educação popular um horizonte estreito. Horizonte que não ultrapassa, na formação da classe trabalhadora, o treinamento puramente técnico. O uso dos instrumentos de trabalho, isento, porém, do indispensável exercício de crítica *leitura do mundo*.

Sonho com o tempo e a sociedade em que, mais coerente com a minha natureza de ser programado para aprender, epistemologicamente curioso, não me satisfaça, por exemplo, enquanto marceneiro, com saber, quase adivinhando, com a ajuda do tato, a maior ou menor docilidade da madeira com que faço a porta, a janela ou a mesa estilizada ou como usar o serrote. É que, coerente com a minha natureza social e historicamente constituindo-se, devo ir mais além das indagações fundamentais em torno do que faço, de como faço, de com que faço o que faço e desafiar-me com outras indispensáveis perguntas: a quem sirvo fazendo o que faço, contra que e contra quem, a favor de que e de quem estou, fazendo o que faço.

Finalmente, reafirmando-me perante vocês, neste encontro mundial, como um educador pós-modernamente progressista, quero dizer-lhes que viva, muito viva, me acompanha, na minha experiência cotidiana, a esperança que me alenta e que não me permite fraquejar.

Paulo Freire

Paulo foi um homem incansável em favor das coisas e causas públicas. Assim, escreveu poucos dias antes de sua morte:

São Paulo, 23/4/97

É obviamente impossível o desenvolvimento do país sem o rigoroso cuidado da ciência e da tecnologia. Não poderia, por isso mesmo, faltar com o meu integral apoio ao Manifesto em Defesa do Sistema Nacional de Ciência.

Paulo Freire

Considero também importante transcrever algumas respostas de Paulo quando convidado para ser homenageado em cerimônias de formatura universitárias.

Convidado para ser Patrono de formandos em engenharia da UFRJ, Paulo escreveu:

Genève, 12/11/79

Claudio Fontes Nunes

Comissão de Formatura
EE – UFRJ
Rua Raiz da Serra 10/301
CEP: 20531
Usina/Rio
Brasil

Prezado Claudio,
Acabo de receber sua carta, escrita em nome da Comissão de Formatura da turma de engenheiros de 1979, da Universidade Federal do Rio de Janeiro, em que me comunica ter sido eu escolhido como Patrono da mesma. Dois sentimentos contraditórios me tomaram ao terminar a leitura da carta: A alegria que a escolha de vocês me provoca e a tristeza por não poder, de um lado, participar com vocês, com os seus e com o corpo docente da Escola, da solenidade em que receberão o título universitário; de outro, por não me ser possível, agora, escrever um

texto, mesmo pequeno, que corresponda ao momento. Chegado, há uma semana, do Equador, devo, em dias mais, partir para o Caribe de onde regressarei no fim do mês para, em seguida, viajar a São Tomé e Príncipe, na África, de onde voltarei no dia mesmo da formatura de vocês.

Por mais motivado que me encontre pela alegria que me deram – e pela honra também – não encontro um mínimo tempo, no pouco tempo de que disponho, para escrever mais que esta carta cheia de reconhecimento e de afeto. Reconhecimento e afeto aos quais junto a minha confiança em que, engenheiros daqui a pouco, inventarão caminhos vários de aprofundar o compromisso de vocês com o Povo brasileiro. Gostaria, finalmente, de deixá-los absolutamente livres para, caso lhes pareça melhor, escolher um outro Patrono que possa estar aí com vocês, diretamente compartindo a satisfação de todos.

Abraça-os, fraternalmente,

Paulo Freire

Outro convite de formandos engenheiros, agora da USP, resultou nesta carta de Paulo:

Genève, 7/1/80
Marcelo Borges de Oliveira
Alameda Fernão Cardin
251 – 6º andar
01403 – São Paulo – SP

Meu caro Marcelo,

Faz dois dias, você me telefonou para dizer-me, em nome da turma concluinte de 1979 da Escola Politécnica da Universidade de São Paulo, que eu havia sido escolhido como paraninfo da mesma.

Vocês são mais um grupo de jovens brasileiros de quem recebo, com humildade e alegria também, homenagem semelhante. E a humildade verdadeira que me toma ao receber homenagens como esta resulta da convicção que tenho de que elas não são puras gratificações por algo que eu tenha feito, mas, sobretudo, um desafio no sentido de que jamais cruze meus braços como se o mínimo até agora realizado justificasse a minha inação. Daí também que a humildade com que digo *sim* a estas provas de carinho – pois que igualmente o são – discipline a minha alegria, jamais permitindo que ela se perverta em vaidade. Um profundo sentido de responsabilidade, sim, estas demonstrações de apreço me infundem.

Lamento profundamente não poder estar com vocês, com os seus familiares, com os seus professores, com que vocês aprenderam e a quem certamente algo ensinaram, nas solenidades em que receberão seus diplomas universitários. Estas poucas palavras que lhes mando através de Marcelo tentam suprir a minha ausência e testemunhar a minha gratidão a vocês. Elas portam sobretudo a minha confiança numa juventude inquieta e lúcida que, recusando o silêncio, demanda a sua participação crítica na História de seu Povo.

Fraternalmente,

Paulo Freire

Mensagem para a turma Março 1992 dos alunos de Educação Artística – Universidade Bennett, Rio de Janeiro:

Lamentando não me ter sido possível estar com vocês, seus professores, suas famílias e amigos, na festa de conclusão de seu curso acadêmico, envio a vocês, nestas palavras poucas, o meu abraço fraterno e agradecido. Envio a vocês, sobretudo, o meu recado de esperança, de fé em um tempo melhor que não virá, porém, a não ser que lutemos para forjá-lo.

Fraternalmente,

Paulo Freire

Sempre pronto e solícito a emprestar o seu prestígio, quer nacional quer internacional, para ajudar brasileiros ou não, Paulo escreveu algumas cartas de recomendação. Transcrevo apenas algumas daquelas que sei que Paulo nunca se arrependeu de as ter escrito.
Sobre Venício Artur de Lima, nosso querido amigo, Paulo deu este depoimento:

Ao Conselho Britânico

Nunca me senti, mais do que agora, à vontade, para expressar minha confiança nas qualidades morais e intelectuais de um candidato a bolsa.
Conheço, de há muito e de perto, o professor Venício Artur de Lima, por quem tenho admiração e respeito.
Não tenho dúvida do quanto produzirá durante sua estada em Birmingham, caso seja atendido seu pleito.

São Paulo, 22 de setembro de 1986.

Paulo Freire

A carta que segue foi escrita originalmente em inglês, dando o seu testemunho em favor de Rubem Alves, em resposta à carta recebida da Fundação Rockefeller:

Ms. Susane E. Garfield
Gerente do Belagio Center Office
Bellagio Center Office
1133 Avenue of the Americas
New York, New York, 10036
U.S.A.

São Paulo, 23 de janeiro de 1990.
Acabo de receber a sua carta, na qual você pede meus comentários com relação, de um lado, à capacidade do professor Rubem Alves, e de outro lado, a substantividade do projeto que ele propôs para a Fundação Rockefeller.

Eu me sinto muito à vontade por ser capaz de lhe dizer que o prof. Alves não é somente um excelente intelectual, mas também e acima de tudo um homem que não tem medo de amar.

Eu o conheço há muitos anos e tenho tido o privilégio de ser professor, desde 1980 até agora, na mesma Universidade que ele ensina.

Estou tanto seguro da validade de seu projeto como acerca de sua competência para desenvolvê-lo.

Fraternalmente.

Paulo Freire

Esta é uma outra carta de recomendação, em favor de Rosa Maria Torres, quando sobre ela Paulo recebeu pedido de informações do escritório da UNICEF, em Nova York:

São Paulo, 1/12/1992
Senhora Shahnaz Kianian,[5]

Antes de tudo eu quero pedir-lhe desculpas pela demora em responder às suas questões sobre Rosa Maria Torres del Castillo. Em segundo lugar, ainda que eu entenda o processo usado pelas Instituições de formular as perguntas, eu não gosto de segui-lo. Mas, eu tenho muito prazer de oferecer a você a minha contribuição, fazendo-lhe sentir o quanto eu respeito a intelectual, a profissional e o valor pessoal de Rosa Maria. Eu a conheço desde o tempo que ela fez um trabalho na Nicarágua e já a encontrei muitas vezes. A última vez que estivemos

---
5   Então diretora da Seção de Recrutamento do Unicef.

juntos foi em Hamburgo, no último ano, durante as comemorações do Instituto Unesco – celebração pelos seus 40 anos.

Ela é uma educadora muito competente. Eu a considero uma das melhores educadoras populares latino-americanas. Ela é democrática, jamais uma "democratista". Ela ama a liberdade, assim recusa a licenciosidade.

Ela não é uma populista, mas defende o pobre. Ela é séria, escreve bem e eu acredito não haver dificuldades em se trabalhar com ela.

Sinceramente seu,

Paulo Freire

Mais uma carta de recomendação de Paulo, a pedido da Fundação Guggenheim ao Memorial Foundation, sobre Maurice Bazin, a John Simon:

S.Paulo
26/2/1987.

Eu conheço pessoalmente o professor Maurice Bazin tanto como um muito competente físico, seriamente interessado no processo da formação crítica dos professores, assim como um acadêmico a quem nós devemos respeito por sua sabedoria popular, embora possamos reconhecer a radical diferença entre senso comum e conhecimento científico.

Eu devo expressar e sublinhar meu total apoio à sua proposta.

Paulo Freire

Empenhado na candidatura de Darcy Ribeiro, nosso amoroso e fraterno amigo, ao Prêmio Rei Balduíno, concedido a educadores de todo o mundo pelo Conselho de Administração da Fundação Rei Balduíno, sediado em Bruxelas, na condição de um laureado que fora por essa instituição, Paulo escreveu a carta que segue apresentando o amigo:

Sr. Kindebergen Andrei
Presidente do Conselho de Administração da
Fundação Rei Baldouin
Rue Brederode, 21
1000 Bruxelles

Na qualidade de antigo laureado dessa Fundação me dirijo ao Senhor para sugerir, com imensa satisfação, que o nome do brasileiro Darcy Ribeiro seja estudado entre os demais candidatos ao Prêmio Rey Baldouin.

Antropólogo, Educador dos mais lúcidos e criadores do Brasil ao longo de nossa história, político sério, cujo discurso de candidato não é jamais negado pela prática do eleito, romancista de bom gosto, de nada que Darcy Ribeiro tem feito e continua a fazer se pode dizer que fique distante dos interesses das massas populares sofridas, postas sempre entre parêntese pela arrogância dos poderosos do mundo.

A boniteza do que ele faz, do que ele cria, do que ele escreve, como político, antropólogo, educador, escritor está exatamente na sua coragem de brigar em favor da dignidade e do respeito aos índios, da dignidade e do respeito aos milhões de meninos e meninas do mundo sem escola, da dignidade e do respeito de milhões de homens e mulheres proibidos de ser e até mesmo de expressar a dor de não poder ser.

O estético absolutamente indispensável a ele sublinha o ético, em que sua necessidade de lutar se robustece.

Por isso, a boniteza do que faz, do que diz, do que escreve não está apenas no bom gosto com que faz coisas, com que diz e com que escreve.

Estou juntando cópia, em português, do currículo vitae do prof. Darcy Ribeiro.

Cordialmente,

Paulo Freire

Em resposta a essa indicação, Paulo recebeu a seguinte correspondência:

Bruxelas, 4 de dezembro de 1992

Senhor Professor,

V.S. nos apresentou um candidato ao Prêmio Internacional Rei Bauduíno para o Desenvolvimento. O cavaleiro Bourseaux, Presidente do Conselho de Administração da Fundação Rei Bauduíno, me deu a honra de agradecer-lhe uma vez mais por este sinal de consideração.

O Conselho de Administração da Fundação Rei Bauduíno para o Desenvolvimento decidiu conferir o 7º Prêmio Internacional Rei Bauduíno para o Desenvolvimento ao Banco Grameen (Bangladesh) pelo reconhecimento do papel da mulher dentro do processo de desenvolvimento e pela originalidade de um sistema de crédito financeiro contribuindo para o melhoramento das condições sociais e materiais das mulheres no meio rural e de suas famílias.

Como o Regulamento orgânico do Prêmio prevê, o próximo Prêmio será atribuído em 1994. Eu não deixarei de fornecer-lhe em tempo útil todas as informações a esse respeito.

Senhor Professor, queira aceitar minha mais distinguida consideração.

Luc TAYART de BORMS,
Secretário do Comitê de Seleção.

Concluindo, registro um verdadeiro papel avulso: numa folha branca, sem data, com simplicidade, mas com profunda amorosidade, uma declaração profética. Não de Paulo, mas a ele feita:

> Querido Paulo Freire,
> Mais uma grata surpresa! Saber das boas novas de Paulo Freire ajuda a *gente* a não abrir mão da esperança, como recomenda o professor e amigo!
> Este Brasil ainda tem muito que aprender e se encantar com você!
> Abração
> *Tereza Lajolo*

CAPÍTULO 17

Correspondências importantes

Cartas recebidas

Quando ainda vivia em Genebra, Paulo recebeu esta carta da primeira-ministra da Índia:

Nova Déli, 16 de maio de 1973

Prezado Frei Freire,[1]

Sinto muito de ter sabido que por causa de um problema de saúde você tenha tido que interromper sua visita à Índia. Espero que, breve e completamente, você esteja bem de saúde. Tente vir à Índia mais uma vez.

Eu estava ansiosa para encontrá-lo. Tenho apenas um conhecimento superficial com relação às suas ideias sobre educação. Mas isso foi suficiente para despertar meu entusiasmado interesse. O homem é uma fascinante criatura com uma personalidade de muitas facetas e capaz de tantas coisas. Parece-me que, exceto por um infinitesimal número, este potencial é recoberto camada após camada por um ou outro tipo de inibição.

---

[1] Certamente, a primeira-ministra da Índia acreditava, equivocadamente, que Paulo fosse um frade, porque ele trabalhava no CMI, sendo esta uma instituição criada, aliás, pelas igrejas protestantes, e não pela Igreja Católica, e Paulo jamais fora frade.

Nosso sistema de educação e a própria estrutura da sociedade desencorajam desvios do *status quo*, o qual em grande medida apoia os interesses de um setor relativamente pequeno.

Com minha consideração e os melhores desejos,
Sinceramente

Indira Gandhi

Fr. Paulo Freire
Escritório de Educação
Conselho Mundial das Igrejas
Genebra.

Tenho em mãos uma carta em papel jornal timbrado da *Folha de S.Paulo* de um dos maiores jornalistas do Brasil, Samuel Wainer, a quem Paulo muito admirava e que faleceu poucos dias depois de ter escrito este bilhete, em 2/9/1980, sem terem tido tempo para um novo encontro:

Paulo, desculpe não permanecer para o almoço. Um chamado urgente me obriga a partir e me rouba o prazer de usufruir de sua maravilhosa companhia.
Até breve. E um grande abraço de *Samuel Wainer*.
SP, 20/8/80

De Dom Paulo Evaristo Arns, Paulo recebeu esta carta cuja cópia me foi fornecida pelo Vereda:

São Paulo, 8/9/83.

Prezado Amigo Paulo Freire
Paz e Bem!

Daqui a instantes, vou encontrar-me com o Povo no santuário da Penha, padroeira da cidade. Estou levando comigo o que também você leva em seu coração: o desemprego, a fome do Nordeste e de São Paulo, mas sobretudo o anseio de participação de nossa *gente*.

Escrevo-lhe isso pra dizer quanto seu método de alfabetização conseguiu, nestes 21 anos: alfabetizar universitários, eclesiásticos, operários e todos os que desejam a sociedade mais justa e fraterna, que deve brotar do nosso chão e ser regada por nós e ela Mãe do céu.

Bendita a hora em que Deus o inspirou pelo seu Povo! Feliz a hora em que Você voltou para sofrer e esperar conosco!

Seu Paulo Evaristo, Card. Arns

Quando Paulo foi contemplado com o título de Cidadão da Cidade de São Paulo, recebeu do grande amigo e companheiro de luta por um Brasil melhor, Florestan Fernandes, a carta que segue:

Ao companheiro Paulo Freire:

Este é um dia de grande alegria para todos os paulistanos, para os brasileiros em geral e para os que pertencem à comunidade dos intelectuais críticos e militantes. Impossibilitado de comparecer à festa pela qual a cidade de São Paulo se honra incorporando-o entre os seus cidadãos prestantes, quero externar por este meio a minha solidariedade por tal ato.

Eu próprio já fui distinguido com o título de cidadão emérito da cidade de São Paulo e devo confessar que mais de uma vez, sob a ditadura, foi-me difícil resistir ao impulso de devolver o título à Câmara Municipal. Desta vez, porém, ela nos dá uma grande felicidade, ao reconhecer o seu talento, ao premiar o seu trabalho e ao nos incentivar a ver no futuro do Brasil uma realidade promissora, que desabrocha como suas classes trabalhadoras para a construção de uma nova sociedade entre nós.

Já se disse que toda filosofia envolve uma pedagogia e se poderia afirmar, também, que toda pedagogia pressupõe uma filosofia. Você é o nosso primeiro e único filósofo da educação, pioneiro de práticas pedagógicas de transformação do homem e de transformação do mundo. A Câmara Municipal de São Paulo voou alto e foi buscar no homem certo a quem distinguir e pôr em primeiro plano, neste momento de desilusões mas principalmente de grandes esperanças.

Com a solidariedade intelectual do companheiro de partido,

Florestan Fernandes
19/8/1986

Preocupado com as questões concernentes a presos políticos da Argentina, em 1989, Paulo enviou um telegrama ao presidente Menem, e recebeu a seguinte resposta da autoridade competente argentina:

Ministério de Educação e Justiça
Secretaria da Justiça
Buenos Aires, 29 de novembro de 1989

Estimado Senhor,

Tenho prazer de dirigir-me ao senhor em resposta ao telegrama enviado ao senhor Presidente da Nação, Dr. Carlos Saúl MENEM.

Manifesta o senhor preocupação pela situação processual dos dirigentes do Partido dos Obreiros, Carlos Gualberto Suárez, Liliana Graciela Roldán,

Catalina Guagnini, Pablo Rieznik, Jens Rath, Gregório Flores e José Wermus (a) Jorge Altamira.

Todos eles se encontram processados diante da Justiça Federal e com permanência em Morón. Com data de 5 de junho de 1989, as detenções foram convertidas em prisão preventiva sustentadas em provas incompletas do delito previsto no artigo 213 bis do Código Penal, associação ilícita. Esta medida está em vigor pois não houve apelação. Não obstante, todos foram libertados sob caução juratória.

Saudações,
Muito atenciosamente

César Arias
Secretário de Justiça.

Paulo recebeu esta carta-convite do ministro da Educação de Havana, Cuba:

O Ministro da Educação
Cidade de Havana, 12 de dezembro de 1989
"31 Anos de Revolução"
Prof. Paulo Freire
Brasil

Estimado Educador,

Sinto-me gratificado por enviar-lhe este convite para que participe do "Congresso Pedagogia 90: Encontro de Educadores por um Mundo Melhor", que estaremos realizando em Havana, de 5 a 9 de fevereiro de 1990, e que é uma continuação do encontro efetuado em 1986 e que teve uma enorme acolhida por parte dos educadores.

O objetivo do Congresso é o de propiciar ampla troca de experiências entre educadores latino-americanos e analisar as questões comuns de transcendência para todos, sobre os problemas educacionais de nossos países.

Ao convidá-lo, o Governo de Cuba assumirá os gastos com sua inscrição no evento e sua estada em nosso país. Aproveito a ocasião para enviar-lhe o folheto informativo e reiterar-lhe nosso desejo de contar com sua participação.

Saudações fraternas,

J. J. Fernandez

Num gesto de uma aparente traição minha – desde que o autor diz que não publicará a carta, jamais –, na verdade como sinal do grande respeito e amizade que Paulo tinha e eu continuo a ter por Darcy Ribeiro, por seu trabalho como educador na criação da Universidade de Brasília e dos CIEPs do Rio de Janeiro; como romancista, mas sobretudo como o antropólogo na defesa dos "nacionais" brasileiros/as, transcrevo esta sua carta:

Rio de Janeiro, 7 de setembro de 1990.

Paulo, meu irmão,

Estou mandando para você a notícia – curricular – elogiosa do candidato ao prêmio belga. Espero, naturalmente, que você faça os cortes e as modificações que achar apropriados. Pode também mandar como está e eu ficaria ainda mais feliz. Só prometo não mostrar nunca a ninguém, nem publicá-lo jamais, para não dar testemunho tão peremptório de seu amor por mim, quase tão grande como o meu, real, por você. Estou mandando em separado – como digo na carta – um pequeno dossiê composto essencialmente do meu *LIVRO DOS CIEPs* e de *A UNIVERSIDADE NECESSÁRIA* e a comprovação fotográfica das centenas de CIEPs que pus em funcionamento.

Sua visita ao Rio teve uma repercussão enorme. O efeito foi aproximar mais os petistas inteligentes dos pedetistas inteligentes – o que já é muito no nosso esforço de criar uma esquerda mais lúcida.

Beijo suas duas frontes e as bochechas de Ana Maria. Aprendi muito com o livro dela.[2] Realmente, ando até citando materiais que ela elaborou ali, bem como conceitos dela.

Gratíssimo,

Darcy Ribeiro

Quando Paulo tomou posse como secretário de Educação, recebeu muitas cartas e telegramas felicitando-o. De Roger Garaudy, recebeu um pequeno cartão:

A Paulo Freire, este esforço para dar à política sua dimensão de transcendência, homenagem do autor e da Éditions du Seuil, fraternalmente,

R Garaudy.

Pelo mesmo motivo, outro importante intelectual francês também muito conhecido no Brasil, Alain Touraine, escreveu:

Caro Paulo Freire,

Permita-me lhe dizer a alegria que me causa sua nomeação como Secretário da Educação dessa imensa cidade onde as distâncias sociais são tão grandes e a desigualdade tão brutal.

Fico feliz por você ter novamente a possibilidade de colocar sua reflexão e seu entusiasmo a serviço do povo.

Muito cordialmente

Alain Touraine

---

2   Trata-se de meu livro *Analfabetismo no Brasil.*

Do poeta e amigo Thiago de Mello, Paulo recebeu – uma carta ou um poema? – num certo 15 de maio:

Paulo do meu coração,

nunca estivemos tão juntos,
nunca me ensinaste tanto.
Cada dia mais aprendo contigo.
Aconteceram muitas coisas; agora faço tempo
por aqui, grudando letras no vento, avisando
aos navegantes os ocos do mar, e aos homens
a certeza (pálida nos olhos das pessoas que mais
precisam dela) de esperança.
Diz de mim com ternura,
À tua *gente*.

Teu
Th.
15 maio.

Em abril de 1991, Paulo recebeu carta de uma pessoa que lhe era muito querida, e que a vida ainda não permitiu que nos conhecêssemos, Jeanne, na ocasião esposa de Henry Giroux:

Querido Paulo,

Nós estamos com muitas saudades suas. Entretanto nós não temos tido a oportunidade de estar com você, Henry e eu sempre falamos sobre você.
Eu estou incluindo uma fotografia da família. Como você pode ver nós estivemos muito ocupados nesses poucos anos passados.
Nós esperamos visitar você em New York na celebração dos seus 70 anos e encontrar Nita.
Nós sentimos saudades de você e o amamos muito mesmo. Amor para Nita.
Amor de

Jeanne e Henry

> Paulo do meu coração,
>
> nunca estivemos tão juntos,
> nunca me ensinaste tanto.
> Cada dia mais aprendo contigo.
> Aconteceram muitas coisas; agora faço tempo
> por aqui, pudando letras no vento, avisando
> aos navegantes os ócios do mar, e aos homens
> a certeza (pálida nos olhos das pessoas que mais
> precisam dela) de esperança.
> Diz de mim, com ternura,
> à tua gente.
>
> Teu
> Th.
>
> 15 maio.

Uma carta ou um poema? De Thiago de Mello a Paulo.

De seu grande amigo Claudius Ceccon, recebeu esta carta:

CECIP Centro de Criação de Imagem Popular
Rio, 11 de março de 1992.

Querido Paulo,

Aí vai a série "Alfabetizar é Construir".
Temos recebido muitos elogios que repasso a você, que contribuiu decisivamente para que o trabalho adquirisse a qualidade que tem. Digo, sem falsa modéstia, que acho que realmente ficou muito bom. É um exemplo do que se pode fazer com recursos modestos... mas com muita seriedade e imaginação. Fico contente em ter podido aceitar o desafio e ter conseguido apresentar algo que vai beneficiar certamente a muita gente. E você aparece tão bem que me animo a sugerir a você que realizemos aquele nosso velho sonho.[3] Assim que possível.
Um abraço do

Claudius

De outro amigo fraterno, colega de turma de Paulo no Colégio Oswaldo Cruz e na Faculdade de Direito, do Recife, e que o "salvou" das garras da ditadura, mesmo sendo deputado federal da situação, quando abrigou Paulo em seu apartamento em Brasília, nesse momento já como procurador-geral do estado da Paraíba:

João Pessoa, 26 de abril de 1993

Caro Paulo,
Ainda com saudade de você e de Nita, eu e Criselides enviamos estas fotos, recordação da estada – tão rápida – de vocês em JOÃO PESSOA.
Estou anexando às fotografias um lembrete, em cópia xerox, para você tentar encontrar nos ESTADOS UNIDOS o disco "THE SONG OF AMERICA", ali lançado pela "DECCA" em 1951.
Esperando que voltem aqui tão logo possam, enviamos o mais forte abraço.

Luiz Bronzeado e *Criselides*[4]

---

3 O sonho de Claudius e Paulo era de gravarem vídeos, que estimulassem um mais além da alfabetização e da pós-alfabetização – o diálogo conscientizador político-pedagógico *com* e *entre* trabalhadores da construção civil.
4 Infelizmente não voltamos a João Pessoa nem encontramos o disco pedido nos Estados Unidos. Compramos um similar e o enviamos. Em janeiro de 2004, telefonei ao casal, do Recife, pois queria fazer-lhes uma visita e uma entrevista sobre a relação deles com Paulo, mas a pessoa que me atendeu me participou que ele não mais estava entre nós e que ela estava na casa de uma filha do casal, em Brasília.

Jean Ziegler foi um grande amigo de Paulo, desde quando se conheceram na Universidade de Genebra, onde os dois eram professores. Ainda com um cartão de deputado[5] do Conselho Nacional, do Cantão de Genebra, escreveu após ter recebido um exemplar da *Pedagogia da esperança*:

14/7/1993

Meu caro Paulo,
Teu livro é repleto de inteligência e lucidez.
Por isso te agradeço de todo o meu coração. Eu gostaria muito de te rever em breve.
Fraternalmente e cheio de admiração.

Jean Ziegler

Paulo sempre teve um apreço e uma admiração muito grandes por um dos intelectuais que o influenciaram na feitura da *Pedagogia do oprimido*, Albert Memmi. Dele recebeu esta carta:

Paris, 14 de setembro de 1993.

Meu querido Freire,

Muitíssimo obrigado por me dar a ocasião deste contato com você.
Eu venho lendo a sua obra desde longa data com estima e admiração por tudo que você faz...
Eu vou ler a *Pedagogia da esperança* (que belo título!). Entretanto, como sua obra aparecerá em inglês, avise-me onde eu poderei encontrá-la, assim será mais fácil que meus alunos a possam ler.

Fraternalmente

Albert Memmi

---

5 Ziegler perdeu seu mandato por ter denunciado algumas atitudes antiéticas do governo de seu país, entre outras pela denúncia de colaboração do governo suíço com o governo de apartheid da África do Sul e pela publicação dos livros: *A Suíça acima de qualquer suspeita* (Paz e Terra, 1977); *Suíça, o ouro e as mortes* (Record, 1997); *Trata-se de não entregar os pontos – conversas radiofônicas*, com Régis Debray (Paz e Terra, 1999), e *A fome no mundo explicada a meu filho* (Vozes, 2002).

De Georges Snyders, Paulo recebeu esta carta:

Paris, 9 de fevereiro de 1992.

Caro e eminente colega,

Eu fiquei verdadeiramente emocionado com as palavras elogiosas que você me reserva em seu livro *A educação na cidade*. Vindo de você elas adquirem uma profunda repercussão.
Eu me permito enviar-lhe minha última pequena obra esperando que ela não o decepcione. Junto um segundo exemplar com o desejo, o sonho, de que sua influência consiga convencer algum editor a traduzi-lo ao brasileiro.[6]
Creia na minha devoção admirativa.

Georges Snyders

Do amigo e um dos recriadores de Paulo nos Estados Unidos, Peter McLaren, recebeu esta carta, sem data, de Porto Alegre:

Querido Paulo,

Esta é a minha primeira viagem ao Brasil – um maravilhoso País.
Nilze Pellanda tem feito isso possível para mim e estou muito grato a ela. Eu tenho encontrado um pessoal fantástico. Eu estou partindo brevemente para estar com Adriana Puigrós da Argentina e depois falarei no México.
Eu estou pensando sobre você.
Com amor.

Peter McLaren

Em 20 de outubro de 1994, Memmi escreveu esta outra carta a Paulo:

Caro amigo,

Eu fico muito contente cada vez que eu recebo alguma coisa de você: decididamente nós caminhamos na mesma direção.
Eu vou ler este livro[7] com a mesma paixão que senti pelos outros.

---

6 Trata-se do livro *Alunos felizes*: reflexões sobre a alegria na escola a partir de textos literários (São Paulo: Paz e Terra, 1993), para o qual Paulo escreveu o prefácio.
7 Refere-se a *Cartas a Cristina*.

Muito obrigado e acredite, eu lhe peço, caro amigo, eu o tenho em meus bons pensamentos.

Albert Memmi

Entre algumas centenas de importantes convites recebidos por Paulo, destaco este que, aliás, ele não pôde atender, vindo de conhecidos homens públicos – do México e da ex-União das Repúblicas Soviéticas – em nome do "State of the World Guanajuato Forum":

Guanajuato, Gto., 6 de maio de 1996

Estimado Paulo,

No alvorecer do novo milênio o mundo enfrenta diversos problemas cuja solução requer um novo sentido de liderança, de uma visão global, assim como um diálogo humanista e respeitoso. É tempo de empreender ações que nos ajudem a enfrentar uma nova fase da história do homem.

Por isso, é uma honra para nós convidar-te a participar do fórum: ENFRENTANDO OS DESAFIOS DO NOVO MILÊNIO, evento que consideramos histórico, convocado conjuntamente pelo governo do Estado de Guanajuato e o STATE OF THE WORLD FORUM e que terá lugar na cidade de Guanajuato, México, de 1 a 3 de agosto.

[...]

Convidamos pessoas cuja experiência e preocupação pelo que nos rodeia permite analisar com sentido crítico e participar ativamente na construção de um futuro melhor para nosso planeta...

Estamos convencidos de que darás uma valiosa e importante contribuição neste histórico evento. Por este motivo, te convidamos a participar na qualidade de um *expert* magistral das mesas-redondas e painéis que se organizarão no fórum...

Cordialmente

Vicente Fox Quesada
Mikhail S. Gorbachev

Como uma atividade que coincidiria com a V CONFINTEA, de Hamburgo, a Evangelische Akademie Loccum organizou uma importante atividade – no secular convento alemão no qual tinha vivido Lutero – para que se realizasse um diálogo em torno da pedagogia da libertação, entre alguns dos maiores pensadores do fim do século e do milênio, que incluía

Jürgen Habermas,[8] que infelizmente não aconteceu em razão do falecimento de Paulo:[9]

10 de outubro de 1996.

Prezado Senhor Freire,

Como já foi concordado entre o Senhor e o Instituto Unesco bem como a faculdade das ciências da educação da Universidade de Hamburgo, pretendemos fazer na Evangelische Akademie Loccum, no mês de julho de 1997, uma conferência especializada sobre o assunto da pedagogia da libertação desenvolvida pelo Senhor. Pelo presente queria pedir ao Senhor, também em nome da Evangelische Akademie Loccum, que aceite o nosso convite oficial e cordial. A reunião será organizada em conjunto com a faculdade das ciências da educação da Universidade de Hamburgo, a Sociedade Paulo Freire, e o Instituto da Unesco, em tempo perto do congresso da Unesco em Hamburgo sobre o assunto de educação de adultos.

De acordo com o seu desejo, a nossa reunião oferecerá oportunidade para discutir o desenvolvimento teórico das suas ideias com representantes das ciências da educação e filosofia social – Jürgen Habermas, entre outros...

Aguardamos com muito interesse e prazer a sua estimada visita na nossa academia, e subscrevemo-nos muito atenciosamente

Sybille Fritsch-Oppermann

Poucos dias antes da morte de Paulo, ele recebeu esta carta convidando-o a participar do Congresso Mundial de Investigação-Ação Participativa, a ser realizado em Cartagena, em julho de 1997. Paulo a recebeu do Ministro das Relações Exteriores da Colômbia:

---

8 O Prof. Dr. Ramón Flecha, catedrático da Escola Universitária e Direito do Centro de Investigação Social e Educativa (CREA), da Universidade de Barcelona, vem insistindo em alguns de seus trabalhos que a teoria da ação dialógica de Paulo é muito anterior à teoria da ação comunicativa de Habermas: "Pouco a pouco, as contribuições comunicativas das novas ciências sociais estão, contudo, chegando à literatura, e muitos educadores e educadoras se encontram com a 'surpresa' de que os principais cientistas sociais atuais têm a mesma orientação dialógica de Paulo Freire. Surpreendem-se até por terem esquecido que na *Pedagogia do oprimido* Freire desenvolveu uma teoria da ação dialógica mais de uma década antes da publicação da Teoria da ação comunicativa de Habermas" (in *A pedagogia da libertação em Paulo Freire*).

9 Fui convidada para ambos os eventos, o de Loccum e o de Hamburgo, quando recebi as homenagens póstumas prestadas a Paulo, e pronunciei discursos de agradecimento e sobre suas ideias.

República da Colômbia

Ministério das Relações Exteriores
DM00265
Santa Fé de Bogotá, D.C., Março 21 de 1997
Professor Paulo Freire

Estimado Mestre,

Com grande atenção, tenho o prazer de enviar-lhe o programa do projeto de organização do 8º Congresso Mundial de Investigação – Ação Participativa proposto na Inglaterra para ser realizado em Cartagena das Índias em julho de 1997.

Para este Ministério e para todos será uma grande honra contar com sua presença na Comissão de Auspício, juntamente com os Presidentes da República do Brasil e da Colômbia – os quais já manifestaram sua concordância – e o Professor Gabriel García Márquez, também de reconhecimento universal. O evento é do maior interesse e terá consequências positivas para os nossos países.

Espero que possa, com urgência, dar a esta iniciativa a atenção que ela merece, uma vez que o Comitê Organizador deseja publicar os relativos anúncios o mais breve possível.

O coordenador do Congresso, Professor Orlando Fals Borda, fará contato com Vossa Senhoria para outras informações que se façam necessárias.

Com grande consideração e apreço

Rodrigo Pardo García-Peña
Ministro de Relações Exteriores

Paulo, entretanto, já havia recebido uma carta do amigo Fals Borda, em resposta à enviada por Paulo:

Bogotá, 3 de março de 1997.

Querido Paulo Freire, Mestre,

É uma má notícia a de que tu não podes vir. Aqui estávamos bastante entusiasmados com tua vinda e já se havia imprimido o Programa do Congresso com o teu ilustre nome. Não seria possível reconsiderar? Todos os outros convidados especiais vêm, como Agnes Heller, Wall- [ilegível], García Márquez, Stavenhagen etc. todos desejosos de te conhecer e te escutar.

[...]

Enfim, tua ausência seria triste para o congresso.

Poderias pensar mais? É uma grande oportunidade mundial pois temos pessoas inscritas desde a China!

Espero tua nova notícia e tratarei de chamar-te por telefone.

Um grande abraço,

Orlando Fals Borda

Poucos dias antes de sua morte, Paulo recebeu esta carta de Margarida Genevois, grande amiga nossa, lutadora incansável pelos Direitos Humanos e impulsionadora invulgar da Rede Brasileira de Educação em Direitos Humanos, para um compromisso que a partida dele de nosso seio não nos deu tempo, infelizmente, de atender:

São Paulo, 28-abril-1997

Amigo Paulo

Tenho alegria de enviar-lhe o 1º Número do Jornal da Rede, recém-saído da gráfica. Ele será lançado no nosso Congresso de Educação em Direitos Humanos e Cidadania dia 5 de maio. Gostaria de ouvir a sua opinião sobre o mesmo.

No dia 4 chega a São Paulo Luis Pérez Aguirre, educador do Uruguai e grande defensor da Educação e dos Direitos Humanos.

Domingo à tarde estamos organizando um encontro em "petit comité" com Perez Aguirre, Leticia Olguin (Costa Rica) e Rosa Maria Mujica (Peru) em minha casa, às 4h, para conversarmos sobre nosso projeto da Rede.

Seria maravilhoso se você pudesse vir com Nita. A reunião irá no máximo até 21h pois no dia seguinte madrugamos.

Contamos com vocês. Abraço amigo

Margarida Genevois

Cartas enviadas

Paulo foi um homem preocupado com o outro e a outra, assim respondia sempre às cartas pessoais que recebia, tanto como fazia com as solicitações de participação em trabalhos os mais distintos para diversas entidades nacionais e internacionais. Escreveu milhares de cartas e bilhetes; muitos deles, infelizmente, não tiveram guardadas as suas cópias. Selecionei algumas de temas diversos e de ocasiões diferentes, e aqui transcrevo alguns desses documentos que fazem parte de meus arquivos. São exemplos da prática de transparência, humildade, espírito de solidariedade e mansidão de Paulo.

Esta é a resposta de Paulo à carta de Dom Paulo datada de 8/9/1983, também do acervo do Vereda, a mim gentilmente cedida para publicação nesta biografia:

São Paulo
Setembro
23
1983

Meu caro D. Paulo

Li, com profunda emoção e real alegria, a mensagem que me fez.

Entendi suas palavras amigas como um estímulo, um chamamento a que eu continue fiel, apesar de todas as minhas limitações, ao compromisso de luta em favor dos oprimidos.

Suas palavras aumentaram em mim o sentido da responsabilidade em face do compromisso.

Muito obrigado.
Fraternalmente

Paulo Freire

Entre algumas centenas de convites que Paulo recebeu, destaco este do Portugal tão querido dele, ao qual não pôde atender:

Exmo. Senhor
Diretor do Departamento de Programação e Gestão Financeira
Ministério da Educação
Praça da Alvalade, 12/700
Lisboa
Portugal

Prezado senhor,

Recebi ontem o honroso convite desse ministério para participar do II Congresso Ibero-Americano de Informática na Educação, a realizar-se em Lisboa de 24 a 28 de outubro deste ano de 1994.

Compromissos anteriormente assumidos não me permitem, lamentavelmente, aceitá-lo, razão por que me apresso em fazê-lo ciente.

Gostaria, porém, de desejar pleno êxito ao Congresso que discutirá um dos mais agudos desafios a que devemos responder neste fim de século que é também de milênio.

Com os melhores cumprimentos,

Paulo Freire

Ao professor Pourtois, que fez a indicação para que Paulo recebesse o título de *Doutor Honoris Causa* da Universidade Mons-Hainaut, sobre os temas das conferências dele e minha na ocasião dessas festividades:

São Paulo, 22/1/1992
Prezado Prof. Pourtois
Universidade de Mons,

Acabo de remeter fax ao sr. Reitor, de quem jamais recebi nenhuma correspondência, dizendo da honra por receber o Doutoramento "honoris causa" da Universidade. A carta do Reitor deve haver sido extraviada.

Lamento ter me dirigido ao Reitor sem saber seu nome. Espero que ele não me leve a mal.

Minha mulher, Ana Maria Araújo Freire, não é propriamente especialista em alfabetização, mas historiadora da educação brasileira. Sua dissertação de mestrado e sua tese de doutoramento, em que ora trabalha, tratou o problema do analfabetismo brasileiro numa perspectiva histórica. No fundo ela faz a história do analfabetismo como um capítulo da História Geral da Educação brasileira.

Por meu intermédio ela faz chegar ao prezado amigo o seu prazer de falar sobre aspectos do tema, em português também, sob o título geral de *O analfabetismo no Brasil – análise histórica do problema*.

Quanto a mim, poderia falar sobre Educação – contra os pobres? para os pobres? com os pobres?

Caso não lhe pareça com sentido a minha proposta, autorizo-o a mudar, na mesma linha.

Um abraço fraterno.

Paulo Freire

Em outra ocasião, escreveu-lhe esta outra carta:

Caro Pourtois,
Teria não só satisfação mas me sentiria honrado se pudesse aceitar o seu convite. O problema é que estarei no dia da emissão da televisão numa cidade do Nordeste brasileiro cumprindo uma agenda muito carregada. Nem sei mesmo como, ainda que tivesse tempo, conseguiria a colaboração da TV local.

Tenho trabalhado muito. Depois que estive aí publiquei seis pequenos livros. Dois ou três deles já se acham traduzidos para o espanhol e o inglês. Lamentavelmente, nenhum deles em francês.

Receba um abraço fraterno meu e de Nita.

Paulo Freire

Em 23 de março de 1995, Paulo escreveu para a Profa. Maria Alice Soares Guardieiro acerca do Encontro Pedagógico da Escola Estadual Bolívar de Freitas, em Curvelo, MG:

Impossibilitado de estar com vocês nesse Encontro de reflexão político-pedagógica, me animo a fazer algo que raramente faço: enviar mensagem aos participantes.

Agora, porém, o faço e com alegria. Mando a vocês palavras de confiança na sua luta, palavras de apoio, mas sobretudo palavras de esperança.

O desencanto diante dos obstáculos nos derrota.

Fraternalmente,

Paulo Freire

Quando o renomado médico brasileiro Dr. Miguel Srougi foi, por concurso, nomeado Professor Titular de Urologia da Escola Paulista de Medicina, da Universidade Federal Paulista (Unifesp), nós nos manifestamos assim, em 12 de junho de 1996:

Caro Dr. Miguel Srougi,

Queremos expressar ao amigo a alegria que sentimos, como brasileiros, por mais uma afirmação sua no campo da medicina.

Fraternalmente

Ana Maria e *Paulo Freire*

Um dos médicos que vinham atendendo Paulo era exatamente o Dr. Miguel Srougi. Quando, por um erro na sua agenda, Paulo faltou a uma das consultas, escreveu-lhe esta carta, com sua humildade habitual, inclusive abrindo mão da consulta do titular, enviada por fax no dia 24 de setembro de 1996:

Meu caro Dr. Miguel,

O senhor bem pode imaginar o quanto lamento que, por um erro de organização, eu tenha perdido a consulta marcada na semana passada. Espero que o amigo desculpe a falta cometida, realmente grande.

Minha secretária falará com a sua para ver quando um assistente seu me pode receber.

Com o abraço fraterno de

Paulo Freire

Outro importante médico de Paulo, o oftalmologista Newton Kara José, Professor Associado da Universidade de São Paulo (USP) e Professor Titular da Universidade Estadual de Campinas (Unicamp), casado com a linguista Lídia Kara José, ambos amigos nossos, nos convidaram para participar de um evento, escrevemos esta carta:

Para Lídia e Newton, com a nossa estima, com o nosso muito obrigado, mas, sobretudo com a nossa admiração pelo que vocês, cada um em seu campo, vêm fazendo por nós.

Fraternalmente

Ana Maria e *Paulo Freire*

Outra carta, a este mesmo amigo e médico, pouco antes da morte de Paulo:

São Paulo, 23/3/97

Caro Dr. Newton,

Assistimos ao programa que discutiu seu trabalho e falou da amorosidade e da cientificidade com que você o realiza. Nos sentimos orgulhosos de ser brasileiros e honrados de ser seu amigo.

Ana Maria e *Paulo Freire*

Paulo escreveu esta carta de solidariedade à mulher de Takito, seu amigo e dentista, quando da morte dele:

São Paulo 19/5/93

Prezada amiga
Maria do Carmo Takito e família,

Chegamos ontem à noite dos Estados Unidos. Soubemos hoje, pela manhã, da dor funda que fere toda a família e que maltrata também os amigos de Takito.

Não adianta dizer que não chorem, que a vida é assim mesmo, mas satisfaz saber que homens como Takito permanecem no testemunho singular de sua vida, na sua capacidade de amar, na sua coragem de mudar o mundo.

Incluam Nita e a mim entre um sem-número de amigos que sofrem a saudade de Takito.

Nita e Paulo Freire

Carta escrita à sua querida amiga Luiza Erundina quando prefeita da cidade de São Paulo, e ele não mais secretário de Educação de sua gestão:

São Paulo, fevereiro, 1992.

Minha cara Erundina,

É como companheiro de sonhos e de luta e como amigo que lhe escrevo agora estas poucas palavras de muito querer bem para lhe falar do que você já sabe: de minha total solidariedade a você e a seu governo, no momento em que, mais uma vez, assanhados, os retrógrados gritam, gesticulam, ameaçam, faltam com a verdade, na defesa de seus interesses contra os da maioria ofendida e humilhada.

Nada disso, porém, a deterá. Você não veio ao mundo para imobilizar-se.
Vai aqui o meu abraço fraterno.

Paulo Freire

Fac-símile de carta de apoio e querer bem à então prefeita de São Paulo Luiza Erundina de Sousa.

Em reconhecimento e como agradecimento ao grande pintor brasileiro Carlos Scliar, que nos presenteara com uma de suas obras: *Um vaso com crisântemos brancos*, escrevemos a seguinte carta:

São Paulo/maio/1994

Caro Scliar,

Recebemos, há dias, excelente trabalho seu com que nos presenteou. Como é bom e bonito admirar a boniteza de uma obra de arte.
Nossa sala está agora marcada por um grande pintor. Você bem pode imaginar o quanto seu gesto nos tocou.
Vão alguns de nossos livros com os quais nos apresentamos melhor a você. Neles vão o nosso abraço, a nossa amizade e o desejo de, em breve, recebê-lo em nossa casa.
Fraternalmente,

Ana Maria e *Paulo Freire*

Entre outros inúmeros convites de autoridades e celebridades, para encontros internacionais, Paulo recebeu um para participar em Paris e Cairo cuja resposta foi a seguinte:

Prezados:
Jean Daniel
Régis Debray
Mahmoud Hussein,

Somente há poucos dias me chegou às mãos a carta assinada por vocês, em que me convidam para importantes encontros, em Paris e no Cairo.
Não fosse compromisso anteriormente assumido e por causa do qual me encontrarei nos Estados Unidos exatamente nas datas do encontro de Paris e do Cairo e obviamente aceitaria o seu convite. É que os encontros propostos giram em torno de uma temática não apenas fascinante mas fundamental e sobretudo urgente de ser discutida.
Aceitem não só minhas felicitações mas também minha total solidariedade.
Fraternalmente

Paulo Freire

Paulo foi um homem condescendente e tolerante, mas sempre cioso de seus direitos porque tinha claro, e praticava também, com seriedade ética, os seus deveres. A carta que segue, escrita à então diretora-geral de uma editora do exterior, a quem tinha como amiga, mostra essa postura de Paulo que publico nesta biografia na tentativa de desmistificar a ideia que se criou em torno dele – um mito –, de que ele sempre abria mão de seus direitos e de exigências no trato das suas publicações.[10] Como isso não é verdade, Paulo nem sempre abriu mão de suas coisas materiais porque estas fazem parte da sobrevivência e ele sempre foi muito zeloso com os seus trabalhos, feitos com esmero e cuidado, e também cobrou com cortesia, é certo, os direitos autorais que lhe eram devidos, transcrevo essas cartas:

São Paulo, fevereiro, 1994

Prezada amiga,

Com enorme surpresa e não menor estranheza soube por Carlos Nuñez que a *Pedagogia da esperança* havia sido publicada em dezembro passado sem o prefácio que havia pedido que ele escrevesse.
Estranho realmente que o livro tenha sido publicado sem que eu tivesse, pelo menos, *olhado* a tradução. Que tivesse sido publicado sem o prefácio, daí que lhe peço agora incorporá-lo na possível segunda impressão que venha a ter.
Continuo, por outro lado, sem receber, há muito tempo, os direitos autorais de meus livros. Gostaria de insistir neste ponto, sobre que já falei no ano passado, e de ter resposta positiva. Gostaria também de receber as cópias a que tenho direito da *Pedagogia da esperança*.

Fraternalmente,

Paulo Freire

Contendo e amainando uma certa irritação, diz Paulo, com cortesia, à executiva da Editora Siglo XXI, o que desejava das suas publicações de seus livros:

São Paulo, 21/9/94

Prezada Guadalupe,

Ao solicitar a Rosa Maria Torres sua ajuda na revisão do livro *Professora, sim, tia, não*, pretendia evitar o que ocorreu com a *Pedagogia da esperança*, cuja primeira edição apresentou muitos erros de revisão. Se, porém, vocês garantem não repetir o mesmo com este livro, podemos dispensar a colaboração de Rosa Maria.

---

10 Tenho tido problemas com algumas editoras, sobretudo as do Primeiro Mundo, que, tentando não honrar seus compromissos, têm me dito: "Paulo não faria questão de receber estes direitos autorais."

Naturalmente, assegurando o seu prefácio.
Fraternalmente,

Paulo Freire

P.S. No caso em que você decida não ser necessária a colaboração de Rosa Maria Torres, por favor, faça que ela seja informada. P. Freire

Outro exemplo do seu cuidado com a fidelidade e exatidão aos seus escritos e às suas ideias está na carta que escreveu ao jornalista alemão Axel, que fez uma matéria com ele para ser publicada na Alemanha e a quem ele permitiu que publicasse também o ensaio sobre "Alfabetização e miséria".[11] Na verdade, esta é uma carta explicativa, didática, sem arrogância ou petulância, com humildade e paciência, escrita para tornar mais fiel a tradução da língua portuguesa para a alemã, de suas falas/escritos:

Meu caro Axel,

Eis aqui os meus comentários às suas questões:
1- Falo em *suporte* como o mundo dos outros animais. Reservo o conceito de *mundo* para os seres humanos. O *mundo* é o *suporte* de que nos tornamos conscientes e sobre que incidimos no *mundo* que fazemos a história que nos faz e refaz. É neste sentido que, enquanto os outros animais estão *no suporte* nós estamos *no mundo*, mas *com* ele e *com* os outros. No fundo, estou usando a palavra *suporte* aproveitando a sua significação comum. Como você diria em alemão: esta mesa está sendo um bom *suporte* para os pratos?

2- A tradução foge ao sentido original. O correto é mesmo o que disse no original: Foi a prática de, estando no suporte que ia virando (quer dizer, que ia transformando-se em mundo) (de, estando no suporte) enquanto começava a perceber o outro como não-eu (foi esta prática) que terminou por gerar a percepção mais etc. etc.

3- A consciência do não-eu, que gerou a consciência do eu, provocaria a desaderência do *suporte*, típica do puro estar nele.

O que quero dizer é o seguinte: falta ao ser que se acha no puro *suporte* a consciência da concretude e a consciência de si. Daí que se ache *aderido* ao suporte. A consciência da objetividade como não-eu, que provoca a consciência de si, implica no ser no mundo e com o mundo, a *desaderência* a ele.

Os gatos se acham *aderidos* ao *suporte*. Nós, *desaderidos* do mundo, estamos *nele* e *com* ele.

4- *Domínio*. Está boa a tradução por área.

---

11 Texto publicado em *Pedagogia da indignação*.

5- *Reacionária*. Contrário de progressista.

6- *Coerentemente*: consistentemente.

Coerente é o que diminui tanto quanto possível a distância entre o que diz e o que faz.

7- O autoritarismo de direita ou de esquerda. O que quero dizer é que há autoritarismos na esquerda como na direita.

8- Creio que a tradução pode ser literal: compreensão determinista da história, como se pode dizer em inglês: Deterministic comprehention on conception of history.

9- Com relação à *bancária* talvez você pudesse consultar a *Pedagogia do oprimido* em alemão.

10- Pedagogia crítica. Em inglês é muito comum hoje: Critical Pedagogy. Pedagogia crítica é o oposto de uma pedagogia ingênua.

Este último item não foi bem impresso. Nem pude ler tudo.

Não sei se ajudei. De qualquer modo, sugiro que você consulte o professor Peter [Heinz-Peter Gerhardt] cujo endereço Lílian lhe deu.

Um abraço de Paulo Freire.

P.S.: Como me movo no mundo: Como atuo no mundo.

Sobre mais um convite, entre inúmeros que recebeu para ir ao México, Paulo aceitou-o poucos meses antes de sua morte, num momento em que sentia ter recuperado a saúde:

Prezada Guadalupe [Ortiz],

a) Não recebi ainda os exemplares de *Política e educação*.

b) Para amarrar definitivamente a viagem à Espanha, na dependência com a ida ao México, preciso de saber se realmente é possível o projeto de ir aí como propus no fax anterior. Aguardo respostas urgente.

Fraternalmente,

Paulo Freire

Logo em seguida, entretanto, escreveu esta outra carta abrindo mão de viajar ao México:

São Paulo, 20/12/96

Prezada Guadalupe [Ortiz],

Imprevistos que não posso superar me obrigam a suspender a viagem à Espanha e, consequentemente ao México.

Uma coisa porém posso afirmar: iremos aí no próximo ano. Acaba de confirmar-se a minha ida a Harvard por um semestre, em setembro de 1997. Assim, ou pararei aí na ida a Cambridge ou visitarei o México depois de já me encontrar lá. Ainda não chegaram os livros que espero ansioso.

Um abraço fraterno de Natal feliz e de bom novo ano para todos e todas que fazem Siglo XXI qualquer que seja o lugar que ocupe, especialmente a nosso querido Diretor.

Paulo Freire

Em resposta ao convite assinado pelo ministro das Relações Exteriores da Colômbia, que indicava Orlando Fals Borda como seu representante no "Congresso Mundial de Investigação – Ação Participativa", Paulo escreveu esta carta:

São Paulo 28/2/97

Querido Orlando,
amigo de faz tanto tempo.

Ando em falta com um bom número de pessoas, e você é uma delas, a quem estou devendo uma ou outra resposta em função de convites que me têm feito. Diferentes razões, entre elas, a saúde que, embora não ameaçada seriamente, exige atenção, me têm feito cair na falta referida.

Um outro motivo por que fui adiando uma resposta se fundava na esperança de que, com o tempo, as condições melhorariam, o que não ocorreu. Creio agora porém que não devo mais esperar, para não criar problemas para você, obrigando-me a lhe dizer de minha total impossibilidade de estar com vocês no Congresso de Cartagena.

Espero que, noutra oportunidade, nos reencontremos para matar saudades e pensar um pouco sobre como continuar a nossa luta agora, sobretudo, contra a força da ideologia dominante neoliberal que ameaça o sonho, a utopia e a esperança, ofendendo e agredindo diretamente a natureza humana, social e historicamente fazendo-se e refazendo-se.

Receba o fraternal abraço de

Paulo Freire

Carta ao professor João Viegas Fernandes, o qual conhecemos num congresso na Jamaica e que se tornou nosso amigo, com o pedido de adiamento[12] da solenidade de entrega do título de Doutor *Honoris Causa*:

---

12 O reitor atendeu o pedido e adiou a cerimônia para 26 de maio de 1997. Com a morte de Paulo, o nosso querido amigo Viegas, fazendo um enorme esforço, que imagino quão grande foi, entregou-me o título de D.H.C. de Paulo em 26 de maio de 1999.

São Paulo 1/10/96

Meu caro João Viegas,

Não é fácil imaginar quão desolados nos sentimos Nita e eu por não nos ser possível, na verdade, atender ao convite que o Magnífico Reitor da Universidade do Algarve e você nos fazem para visitar o seu campus, quando receberia o doutoramento "Honoris Causa".

Falando de dentro de nós mesmos, gostaríamos de reenfatizar o significado honroso que tem para nós a outorga a mim do título de doutor honoris causa pela Universidade de Algarve. Significado honroso a que se junta o carinho com que o Magnífico Reitor e você veem revelando por nós.

Com isto, o que queremos é solicitar que a Universidade, entendendo as nossas limitações atuais, aceite pospor a solenidade acadêmica para uma data do próximo ano a ser acertada mais adiante.

Aguardando notícias, fraternalmente,

Paulo Freire

Na carta em resposta a Maxine Greene, respeitada filósofa fenomenologista norte-americana, grande amiga minha e de Paulo, que em nossa primeira viagem aos Estados Unidos, em abril de 1988, nos ofereceu em seu belíssimo apartamento na Quinta Avenida, de frente para o Central Park, uma recepção para comemorar o nosso recente casamento, para a qual ela convidou inúmeros intelectuais de seu país, Paulo fez, de um lado, timidamente, algumas exigências, de outro, humildemente, colocou-se inteiramente à disposição da Universidade de Columbia, em Nova York, onde ela trabalhava:

Prezada Maxine Greene

Lamento muito, muitíssimo que não lhe tenha escrito ainda desde junho quando recebi sua tão interessante carta. Posso dizer-lhe que não se trata de pouca atenção ao seu projeto ou para seu convite. Pelo contrário, entendi que o tipo de reunião que você está pensando em realizar é realmente estimulante.

Meu problema com relação à viagem não está limitado ao pagamento que eu receberia. Sinta-se absolutamente livre para pagar o que estiver dentro de suas possibilidades. Em outras palavras: eu aceito seu convite e nem sequer preciso de pagamento por isso. Você é uma das intelectuais que eu admiro e respeito. O problema, na realidade, é que tenho algumas preocupações: primeiro, por diferentes razões, eu não viajo sozinho, mas sempre com Nita, e, segundo, é porque não posso viajar em classe econômica. Esta é a razão pela qual minhas viagens estão se tornando caras. Se você puder resolver este problema, ficarei feliz de estar contigo no dia 20 de novembro.

Fraternalmente,

Paulo Freire

A um outro convite de Maxine Greene, consciente de seu dever cívico e porque queria exercer a sua cidadania, Paulo respondeu, declinando de um convite seu para ir, em 1989, à Universidade Columbia, em Nova York, a "universidade de John Dewey", como é conhecida:

Maxine Greene,

Como poderia eu esquecer você? Maxine Greene, para mim, não é apenas a intelectual competente, amorosa da verdade, rigorosa, criadora, mas também a amiga leal e prestimosa.
Gostei muito de sua carta. Gostei de me saber compreendido por você. Gostei de saber o que você percebe no que tenho escrito e falado como o estético faz parte da natureza da prática educativa.
Entre tantos gostos que sua carta me deu, deu também a tristeza de não poder aceitar seu convite. Novembro, 15, é o segundo turno das eleições brasileiras, em que, tudo indica, elegeremos Lula, o mecânico, Presidente do Brasil. Devo estar aqui.

Um abraço fraterno.

P. Freire

Havíamos convidado alguns de nossos melhores amigos e suas mulheres, dos Estados Unidos e da Europa, para ficarem conosco em nosso apartamento na praia de Piedade, em Jaboatão dos Guararapes, para gozarem férias no calor e no aconchego nosso e do Nordeste brasileiro. Como no nosso espaço não caberiam todos de uma só vez, Paulo estudou os dias disponíveis de cada um e organizou o esquema. Em seguida, escreveu a Donaldo Macedo, a Tom Wilson e a Peter Park. Transcrevo a proposta feita a esse último:

Caro Peter

Eu estaria hoje em Nova York para receber uma medalha da Universidade Columbia.[13] Infelizmente fiquei doente no dia de sair de São Paulo e meu médico me recomendou que ficasse. Você pode imaginar quão triste estou, mesmo sabendo que devo ficar em São Paulo.

---

13 Sobre esse fato, ler carta de Paulo sobre a impossibilidade de ir aos Estados Unidos em maio de 1996, por motivo de doença (cf. Capítulo 22).

Não pude ainda ler os textos que trouxe, seu e de seu aluno. Espero fazê-lo o mais rápido possível.

Escolhemos você e a Kathleen para estarem conosco em Piedade, em janeiro, do dia 20 ao dia 30. No ano que vem. Quando estávamos estudando os dias para cada um dos nossos amigos eu me lembrei do que você me havia dito que a melhor data para vocês virem seria entre 15 e 20, no final do mês de janeiro.

Aguardo sua confirmação e enviamos para vocês dois o nosso amor.

Fraternalmente

Paulo Freire
13/5/96

Duas cartas dirigidas ao amigo James Fraser acertando a data para ele e Donaldo Macedo virem ao Brasil para dialogarem sobre o tema "quem educa o educador":[14]

São Paulo, 15/6/96

Prezado James,

Eu lamento muito mas a única possibilidade é aquela em agosto. Julho está fora de hipótese. A maior parte do tempo em julho eu devo estar descansando fora de São Paulo.

Eu espero que você possa superar qualquer dificuldade para viajar em agosto.

Fraternalmente

Paulo e Nita

A segunda carta é esta, dias antes da vinda deles, em agosto de 1996:

Prezado James,
tudo está acertado. Por razões de saúde não poderemos, eu e Nita, ir ao aeroporto para recebê-los, a você e a Donaldo. Iremos visitá-los no hotel no domingo e à tarde poderemos dar umas voltas pela cidade. Na ocasião, organizaremos a nossa agenda para os trabalhos dos próximos dias.

Façam uma boa viagem.

Paulo e Nita

---

14 Esse diálogo foi publicado no livro *Mentoring the Mentor*, pela Peter Lang, com o título de "A Response", posteriormente, o publiquei no livro de Paulo *Pedagogia dos sonhos possíveis*, com o título de *Educando o educador*.

Quando fomos convidados pelo Congresso Nacional Africano, e especialmente por Nelson Mandela, antes de sua eleição para presidente da África do Sul, para conhecer o país, Paulo lhe respondeu com esta carta:

> Congresso Nacional Africano
> Prezado Senhor Mandela
>
> Eu tentei superar as dificuldades no sentido de aceitar o seu convite. Infelizmente foi impossível. Eu gostaria de expressar minha admiração por sua luta e a luta de seu povo e, ao mesmo tempo, expressar minha solidariedade frente à violência que vem sofrendo outra vez o Congresso Nacional Africano.
>
> Fraternalmente
>
> *Paulo Freire.*
> 12/4/1993

Fac-símile de carta de Paulo a Nelson Mandela, de 12/4/1993.

Aos professores Jeleuc, Krajuc e Svetina, Paulo escreveu estas duas cartas:

São Paulo, 15/1/1992

> Prezados Professores
> Zoram Jeleuc,
> Ana Krajuc e
> Metka Svetina
>
> Eu devo começar esta carta dizendo a vocês duas coisas. Eu os parabenizo pela forma insistente no sentido de fazer o trabalho que acreditam que deva ser

feito. Isto é, eu me congratulo com vocês pelo respeito que têm aos seus compromissos, e pela suas responsabilidades profissionais.

Em segundo lugar, o meu silêncio não deve ser entendido como se eu não compreendesse o valor de suas pesquisas ou como se eu não tivesse sido tocado por suas questões.

Meu silêncio tem outras razões. Até maio passado (1991) eu fui o responsável pela Secretaria Municipal de Educação da cidade de São Paulo. Tinha sob a minha responsabilidade trinta e cinco mil professores/as e quase oitocentos mil estudantes da educação básica. Sem tempo para ler, sem tempo para escrever. Por causa disso eu deixei a Secretaria e voltei para casa para tomar nas minhas mãos alguns dos meus sonhos em torno do escrever.

Outro ponto, a maior parte do tempo eu não tenho tido secretária para me ajudar: sou um intelectual do terceiro mundo. Alguns amigos dos Estados Unidos trabalham com 4, 5 assistentes, computadores etc. Eu escrevo com minha mão, meu lápis ou minha caneta.

Eu sei que vocês entendem isto.

Eu também tenho que dizer que sua carta me desafiou. Hoje, entretanto, eu ainda não estou podendo responder às suas questões, mas prometo fazer isso, do meu jeito, na próxima semana.

Hoje, apenas desejo dizer a vocês que eu não sou diferente de meus livros...

Fraternalmente

Paulo Freire

São Paulo, 16/2/92

Prezados Professores
Zoram Jeleuc,
Ana Krajuc e
Metka Svetina

Precisamente há um mês eu escrevi-lhes uma carta acerca de suas questões, que espero vocês tenham recebido.

Hoje eu estou enviando para vocês um pequeno texto no qual eu digo algumas coisas acerca do espírito de suas questões. Eu espero que vocês gostem.

Escrever um texto em inglês demanda demais de mim. Então, eu escrevi em português. Não deve haver dificuldades de vocês encontrarem uma pessoa que faça a tradução.

Uma vez mais perdoem-me por tudo.

Fraternalmente,

Paulo Freire

Mesmo sem as informações mais pormenorizadas, publico esta carta em razão das notícias que ela traz:

São Paulo 18/2/92

Prezado Samuel,

Acabo de ler *Paulo Freire: outra pedagogia política* e não posso deixar para depois a expressão de minha admiração por sua seriedade de pesquisador, por sua argúcia de analista e pela pertinência no desvelamento do pensamento que você estuda.
Acho que sua tese devia virar livro. Aprendi ao lê-la. Vou relê-la.
Sim, há um pequeno texto que escrevi em Genebra para uns estudantes alemães de Teologia. Este texto foi publicado aqui em 80, numa entrevista, creio Cristianismo e Sociedade. Não me lembro. Nele falo de Cristo como O Grande Exemplo de Educador para mim.

Um abraço fraterno de

Paulo Freire

Carta enviada à Sra. Reardon, presidente do Júri Internacional e diretora do Programa de Educação para a Paz, em resposta à carta-convite que ela havia anteriormente enviado:

Sra. Betty Reardon
Presidente do Júri Internacional
Diretora do Programa de Educação para Paz

Acabei de receber sua carta e sinto-me triste em ter que dizer-lhe que é impossível aceitar seu convite para o Congresso Unesco. Duas razões fundamentais me impedem de ir a Paris. Por um lado, não posso sair de São Paulo em junho tendo em vista outros compromissos e, por outro, não tenho condições de obter o dinheiro para o bilhete aéreo. De qualquer forma, desejo que o evento seja muito bonito e produtivo.

Cordialmente,

Paulo Freire

A Donaldo Macedo, a quem Paulo tinha como muito mais do que o intelectual que, por falar português e ser de origem africana, o entendia como um brasileiro pode entender, e o tinha como um "filho adotivo", um filho dileto, tal a identificação entre ambos:

São Paulo 15/2/93

Meu caro Donaldo,

Chegamos ontem de Los Angeles terrivelmente cansados. Encontrei sua carta.

Há dias passados lhe mandei uma cópia de fax encaminhado a Mr. Linz em que dizia que não havia possibilidade de aceitar outro tradutor para meus livros.

Gostaria de pedir-lhe que voltasse a traduzir a *Pedagogia da esperança*, encarecendo, apenas, sem prejudicar seus trabalhos, o fizesse com a brevidade que lhe fosse possível. Hoje ainda vou encaminhar novo fax a Mr. Linz dizendo mais uma vez que a *Pedagogia da cidade* será publicada com a sua tradução ou não será e que o mesmo se aplica à *Pedagogia da esperança*.[15]

Um abraço. Nita agradece os *regards*.

Paulo Freire

A uma muito especial ex-aluna da Universidade de Harvard, em 1969, quando ela foi nomeada presidente do Supremo Tribunal de Massachusetts, Paulo enviou esta carta por intermédio de Donaldo Macedo:

São Paulo 11/10/96

Prezada Margaret Marshall

Acabo de saber de sua nomeação para um alto cargo do Poder Judiciário do Estado de Massachusetts.

Pedi a Donaldo Macedo, meu grande amigo, que traduzisse para o inglês minhas fraternas palavras e as levasse até você. Quero expressar nelas a minha alegria pela sua alegria.

O abraço amigo de

Paulo Freire

---

15 Infelizmente, a editora comunicou a Paulo não ser possível entregar a tradução de *Pedagogia da esperança* para Donaldo, pois já estava pronta, feita por Robert R. Barr. A tradução da *Educação na cidade* (descontinuado), entretanto, foi feita por Donaldo.

Carta a outro amigo e seu recriador nos Estados Unidos, Peter McLaren:

S.P., fevereiro 94.

Meu caro Peter,

Finalmente, algumas palavras sobre você. Eu não pude escrevê-las em inglês, mas eu espero que você não tenha problemas demais em conseguir que sejam traduzidas da língua portuguesa.
Do ponto de vista de minha saúde, eu estou numa muito boa fase. Eu tenho trabalhado em casa e estou terminando um outro livro: *Cartas a Cristina*.
Nita está muito bem e manda para você as suas saudações.

Amor, *Paulo Freire*.

Remetido a Peter McLaren no dia 7 de fevereiro de 1994.

Carta escrita em janeiro de 1997 a Henry Giroux, um dos mais importantes freireanos dos Estados Unidos, fraterno amigo meu e de longa data de Paulo:

Prezado Giroux,
Passamos dois meses em Recife, frente a frente com o mar, o céu azul, águas mornas, felizes por estarmos vivos, capazes e prontos a sonhar acima de tudo com um mundo menos feioso, no qual amar poderia ser mais fácil.
Recebemos sua mensagem de dezembro. Muito, muito obrigado. Sua mensagem nos tocou e nos fez sorrir de felicidade. Talvez você já saiba pelo Donaldo que estaremos em Boston, entre setembro e dezembro deste ano. Isto significa que teremos muitas possibilidades de nos encontrarmos, dialogarmos nossos próprios diálogos.

Um fraternal abraço.

Paulo Freire

Sobre a tradução de *À sombra desta mangueira*, Paulo escreveu esta carta ao nosso grande e querido amigo e editor de El Roure, da Espanha, Jesus Gómez, o Pato:

São Paulo 19/11/96

Meu caro Pato

Faz dias que lhe devia haver escrito. Mil coisas a fazer me impossibilitaram.

Gostei muito do prefácio de Ramón [Flecha] e, a considerar algumas páginas que li do texto meu, a tradução está ótima.

Não creio que você deva esperar por minha opinião para publicar o livro. Afinal meu castanhês não me dá autoridade para intervir na tradução.

Nita vai bem e manda abraços e querer bem para todos, aos quais junto os meus.

Paulo Freire

A seguir, transcrevo uma carta escrita para a editora da Routledge, Jayne Fargnoli, tratando da tradução de *Cartas a Cristina*, nos Estados Unidos, na qual solicita que Donaldo fosse o tradutor, no que aliás foi atendido:

São Paulo, 26/1/94

Prezada Jayne,

Da última vez eu criei algumas dificuldades ao escrever-lhe em português. Desta vez, arriscando-me a cometer alguns erros, utilizarei meu inglês, mesmo ruim. Tenho boas notícias com relação a minha saúde, bem como em relação a *Cartas a Cristina*.

A saúde está bem. O médico está bastante feliz. Eu engordei 5 quilos dos 10 que havia perdido.

Cartas a Cristina está concluído. A editora brasileira está em processo de produção do livro, enquanto Nita escreve as anotações dela e a Cristina trabalha com uma carta na qual ela reage àquelas que eu escrevi para ela.

Eu creio e espero que você goste do livro, da linguagem, do estilo que utilizei para escrevê-lo, da introdução e ainda da maneira como discuto os diferentes momentos de minhas experiências e tento descrevê-las e teorizá-las.

Eu gostaria muito que o Donaldo Macedo fosse o tradutor. Ele conhece muito bem minha maneira de pensar e tem um excelente comando do idioma português e, obviamente, do inglês.

Assim que eu receber as provas finais da editora envio uma cópia, pedindo-lhe que faça uma outra para o Donaldo, desde que você o aceite como tradutor. Em poucos dias o Donaldo poderia dar a você uma visão global sobre tudo e você se sentirá, então, pronta para oferecer-me suas condições para publicação do livro.

Recomendações da Nita e meu fraternal abraço.

Paulo Freire

Carta de Paulo ao nosso grande amigo mexicano Carlos Nuñez que, com a inestimável contribuição de sua primeira e muito amada esposa Graciela, dedicou muitos anos de sua vida aos oprimidos e oprimidas da Nicarágua:

Comandante Carlos Nuñez
Presidente do Conselho de Estado da Nicarágua e
Presidente do Comitê Coordenador das Festividades de 19 de Julho

Acabo de receber, com real satisfação, convite para participar das comemorações do aniversário da Revolução Popular Sandinista. Revolução que eu costumo chamar de Revolução Menina, pela alegria de viver que ela provoca e pela inquietação curiosa que ela gera e estimula no Povo nicaraguense.

Razões superiores à minha vontade me impossibilitam de estar aí nos dias 18 e 19 de julho próximo.

Ao Povo de Nicarágua e ao Sr. Governo Sandinista o meu abraço fraterno.

Paulo Freire

Já com mais intimidade, Paulo escreveu esta outra carta ao amigo mexicano:

Prezado Carlos Nuñez,

Que prazer foi ler o seu prefácio à *Pedagogia da esperança*. Com satisfação me recordei dos diferentes momentos de minha experiência com vocês em Costa Rica. Seu prefácio é, realmente, um acréscimo ao livro.

Na semana passada, Siglo XXI me confirmou que, na próxima edição, faria todas as correções que lhe encaminhei e juntaria seu prefácio. Pede que você faça chegar à Editora o seu texto.

Meu muito obrigado pela boniteza que você escreveu.

Um abraço,

Paulo Freire

Março, 94
São Paulo

A outro grande amigo, Paulo escreveu duas cartas:

São Paulo 28/11/96

Meu caro Raúl [Magaña]

Faz tempo que estamos sem notícias um do outro. E o livro [*Pedagogia da saúde*, até hoje não publicado] que gravamos juntos? Estou curioso para vê-lo e lê-lo. E a família? E sua nova posição na Universidade?

Preciso de fazer chegar a você os US$ 200 que lhe devo. Mande-me o número de sua conta bancária e eu providenciarei o dinheiro para você.

Quando falar com João [Ferreira Pinto], diga-lhe que mando um abraço para ele.

Para vocês, a nossa real amizade,

Paulo Freire

São Paulo março/1997

Meu caro Raúl [Magaña],

Há vários dias lhe mandei um fax pedindo mais favores. Dizia no fax que estava em Nova York depois do 18 de abril.

Antecipei a viagem. Estaremos Nita e eu a partir do domingo 23, no apartamento de Roberto, filho de Nita, por 10 a 12 dias.

Estou inquieto com relação ao imposto de renda uma vez que deverei ir para Harvard em setembro.

Aguardo resposta urgente.

Paulo Freire

P.S.: Avise a João [Ferreira Pinto] que estaremos em N. York.

Esta carta é a resposta à do Revdo. Professor Leslie J. Francis, da Universidade de Wales, Lampeter, Reino Unido, e da Faculdade Trinity Carmarthe, de Carmarthenshire, Wales, que lhe escreveu em 4 de novembro de 1996, encaminhando o livro *Theological Perspectives on Christian Formation*: a reader in theology and christian education:

São Paulo, 27/12/96

Prezado Prof. Leslie Francis,

Acabo de receber o compêndio e não posso esconder o prazer que eu tive ao reler o texto que eu escrevi nos anos 70. Se eu tivesse que escrevê-lo hoje eu não diria nem uma palavra a menos. Ao contrário, eu gostaria de ser mais claramente radical. Isto porque eu sinto-me, hoje, fortemente desafiado pela ideologia fatalista a qual está escondida no discurso neoliberal. A fatalista e perversa ideologia neoliberal.

Ser uma pessoa de luta é mais e mais tornar-se uma pessoa engajada.

Ter fé exige lutar pelo sonho de transformação do mundo, nunca aceitando uma mera adaptação a ele.

Muito obrigado, muito mesmo, por ter incluído meu artigo neste excelente livro.

(Seguem nosso endereço e telefone de Jaboatão dos Guararapes.)

Tenha um ótimo ano.

Fraternalmente.

Paulo Freire

Carta escrita em princípios de 1992:

Dr. Alfred H. Bloom
Swarthmore College
Swarthmore, Pensylvannia 19081
USA

Prezado Dr. Bloom,

Cheguei há poucos dias do Recife, onde passei alguns dias de férias, depois que voltei da Europa.

Você não pode imaginar como eu me sinto em não poder estar contigo nas duas inaugurações do dia 2 de maio, próximo. Já tenho um compromisso na Jamaica.

Antes de escrever a você tentei transpor tais dificuldades: tenho apenas duas possibilidades, a primeira seria ir para a Universidade e vir para a Jamaica uma semana antes e, a segunda seria ir para a sua Universidade, voltar para São Paulo e depois seguir para a Jamaica. A primeira hipótese, a mais lógica, implicaria ficar um longo tempo fora dos seminários que lidero na Universidade Católica e a segunda demandaria um grande esforço e, mesmo que eu me sinta jovem, tenho na verdade 70 anos de idade.

Aqui está, Sr. Presidente, a razão de eu estar tão triste pela impossibilidade de falar em sua inauguração.

Nós, Ana Maria, minha esposa e eu, nos congratulamos contigo e lhe enviamos nossos melhores desejos de sucesso.

Fraternalmente

Paulo Freire

Carta escrita e enviada em 1992, ao pernambucano, filho e sucessor de Gilberto Freyre:

Ilmo Sr.
Fernando de Mello Freyre
Presidente do Conselho Estadual de Cultura
Pernambuco

Prezado Presidente,

Acabo de receber seu ofício n. 20/92 em que, completando o anterior, me comunica ser, no próximo dia 17 de março, a sessão solene em que devo receber o Diploma Cultural Oliveira Lima.

Há mais de um ano, lamentavelmente, está acertada a minha viagem à Bélgica, no dia 17 de março, para, em solenidade acadêmica, receber o título de Doutor *Honoris Causa* da Universidade de Mons. Desta forma, por mais honroso que seja para mim estar aí na sessão solene comemorativa do aniversário natalício de Gilberto Freyre como receber o Diploma de tão sério e respeitável órgão, não me é possível fazê-lo, agora.

Solicito, assim, ao prezado Presidente, a escolha de outra data em que possa, com justificada alegria, receber o Diploma com que o Conselho Estadual de Cultura me agracia.

Cordialmente,

Paulo Freire

Diante de uma certa incompreensão porque Paulo declinou do convite de fazer parte de sua banca de exame de doutoramento, quando na verdade já lhe tinha dito o sim, Paulo escreveu esta carta a ele poucos dias antes de sua morte:

São Paulo, 17/3/97.

Caro Eymard,

Recebi seu fax. Concordo naturalmente com suas análises. Reconheço, sem perder a humildade, a importância de minha presença em algumas ocasiões em que devo afirmar uma certa posição. Daí que venha assumindo, desde faz muito tempo, o papel de *tarefeiro*, às vezes não muito fácil de ser cumprido. Reconheço, por outro lado, porém, o poder restritivo dos limites que me dificultam ou, às vezes, me impossibilitam de cumprir tarefas até gostosas, como seria participar de sua banca de exame.

Um aprendizado difícil que venho fazendo é o de aceitar a força dos limites. Felicito-o, mais uma vez, por sua tese.

Fraternalmente,

Paulo Freire

CAPÍTULO 18

Influência, repercussão e atualidade de sua obra e da sua práxis pelo mundo

A obra teórica de Paulo, sempre fruto da reflexão sobre a prática, tem servido para fundamento teórico de trabalhos acadêmicos e inspirado muitas práticas em diversas partes do mundo, desde os mocambos do Recife e favelas de toda parte deste nosso Brasil às comunidades barakumins do Japão e dos adivasi, os "intocáveis" da Índia, passando pelas mais consagradas instituições educacionais do Brasil e do exterior. Hoje não temos certeza do número de trabalhos teóricos e práticos produzidos no mundo a partir de sua *compreensão de educação* e da sua práxis porque Paulo foi pródigo em produzir e magnânimo em distribuí-los.

Paulo atinge tão diferentes áreas do saber e das práticas sociais pelo espectro amplo de sua compreensão teórica, mas também, isso é incontestável, pelas suas qualidades de *gente*, por sua *gentidade* posta ao lado de sua epistemologia a serviço dos homens e das mulheres de todo o mundo.

Paulo recebeu convites de organizações brasileiras e outras dos mais diversos países para proferir conferências, coordenar seminários, compor júris, orientar ou examinar dissertações e teses, dar parecer ou endossar manifestos educativos ou políticos ou, simplesmente, para receber homenagens justamente pelo reconhecimento da sua vasta, criativa e revolucionária obra. E em coerência com esta, a sua práxis no mundo.

Assim, Paulo visitou a convite, "em andarilhagem pelo mundo", como costumava dizer, numa verdadeira "peregrinação utópica", uma centena de cidades do Brasil e de inúmeras outras em todos os continentes. Assim pôde ensinar-aprender e deixar a sua "marca" inconfundível, ao mesmo tempo conhecer e apreciar modos de pensar, de sentir e de agir de pessoas, dos seguintes países: na América do Norte: Estados Unidos, Canadá, México; na América Central/Caribe: Jamaica, Nicarágua, Costa Rica, El Salvador, Panamá, Cuba, Honduras, Haiti, República Dominicana, Barbados e Granada; na América do Sul: Colômbia, Venezuela, Equador, Peru, Bolívia, Chile, Argentina, Paraguai e Uruguai; na Europa: Portugal, Espanha, França, Inglaterra, Escócia, Irlanda, Bélgica, Holanda, Alemanha, Suíça, Itália, Áustria, Grécia, Polônia, Dinamarca, Suécia e Noruega; na África: Senegal, Guiné-Bissau, Cabo Verde, Gabão, Angola, Botswana, Zâmbia, Tanzânia e Quênia; na Ásia: Irã, Índia e Japão; e na Oceania: Papua-Nova Guiné, Nova Zelândia, Fiji e Austrália.

Foi durante os quase dezesseis anos de exílio que Paulo continuou a peregrinação, antes somente dentro do Brasil, pelo mundo levando as suas ideias teóricas, que eram as suas práticas refletidas; suas convicções e dúvidas, sobretudo quando foi trabalhar para o Conselho Mundial das Igrejas. Ganhou em sabedoria e prudência, e justificadamente o apelido: "Andarilho do Óbvio" ou "Peregrino do Óbvio".[1]

A difusão e a repercussão da obra e da práxis de Paulo em torno do mundo foram se fazendo mais e mais crescentes, valorizadas e acreditadas.

---

1   Nego que se substituam essas metáforas – belas e precisas – pela alcunha de "Vagabundo do óbvio", que tem na língua e na linguagem cotidianas brasileiras conotação absolutamente depreciativa. Paulo jamais se concebeu como tal e ele também não tinha nenhuma "particularidade física ou moral" [*Dicionário Aurélio*] que pudesse induzir ou sugerir essa alcunha. Lamento que estudiosos dele assim o denominem. Considero Paulo o "Andarilho do Óbvio" porque ele andou, incansavelmente, pelo mundo apontando e entendendo o óbvio – o que está aí para ser visto e entendido, para ser desvelado pelo pensamento reflexivo – como um objeto da sua curiosidade epistemológica, como algo que diz do tempo, das coisas e dos seres humanos, como fenômeno ou fato da vida cotidiana a ser valorizado como fonte da explicação do real, do concreto, negando, pois, o que geralmente fazem os filósofos da atualidade. Estes e estas se preocupam ou com as questões do mundo tecnologizado ou com as ideias produzidas por outros filósofos através dos séculos. Considero Paulo o "Andarilho do Óbvio" ou o "Peregrino do Óbvio" porque ele caminhou, humildemente, entre diferentes povos e culturas tomando as coisas óbvias como fontes legítimas do saber – por isso sistematizadas em sua teoria – que ele desvelava através do que via, observava, escutava ou constatava intuitivamente. Porque as coisas e os fatos óbvios, tantas vezes não percebidos, que estão aí para serem apreendidos com um pequeno esforço, mas poucas pessoas são capazes disso, são fundamentais porque podem ser a origem legítima para as teorizações que possibilitam as ações ético-educativo-políticas. Considero Paulo o "Andarilho do Óbvio" ou o "Peregrino do Óbvio" porque nessa peregrinação andarilha, por mais de meio século, foi semeando, como um profeta do óbvio, a esperança e a utopia.

❙ Paulo "falando com suas mãos" e atento ao seu ouvinte, em São Paulo, 1994.

Assim, durante os dez anos que vivemos juntos, fizemos um número enorme de viagens[2] pelo Brasil e pelo exterior. Com Paulo visitei as capitais e algumas cidades do Amazonas, Pará, Maranhão, Ceará, Rio Grande do Norte, Paraíba, Alagoas, Sergipe, Bahia, Minas Gerais, Espírito Santo, Rio de Janeiro, Paraná, Santa Catarina, Rio Grande do Sul, Mato Grosso e Mato Grosso do Sul, além das em São Paulo e em Pernambuco. Ele visitou sozinho Rondônia.

Viajei com Paulo simplesmente acompanhando-o ou também trabalhando com ele para Argentina, Uruguai, Colômbia, Jamaica, El Salvador, França, Itália, Suíça, Bélgica, Holanda, Inglaterra, Escócia, Suécia, República Tcheca, Áustria, Japão, Estados Unidos, Portugal, Espanha e Alemanha, e após a sua morte fui convidada para falar sobre ele, de modo muito especial, nesses quatro últimos países mencionados e Irlanda, Inglaterra, Peru, Cuba, Venezuela, México, Argentina e Nova Zelândia.

A influência do trabalho de Paulo alcança as mais diversas áreas do saber: pedagogia, filosofia, teologia, antropologia, serviço social, ecologia, medicina, psicoterapia, psicologia, psiquiatria, museologia, história, jornalismo, artes plásticas, teatro, música, mímica, educação artística, educação física, sociologia, pesquisa participante, metodologia de ensino de ciências e letras, ciência política, currículo escolar e política de educação dos meninos e meninas de

---

2   Na *Pedagogia da esperança*, Paulo fala das suas inúmeras viagens desde quando partiu para o exílio.

rua. Sua influência mais conhecida vem sendo sobre a educação de adultos e sobre a educação popular mais ampla, com repercussões profundas nos movimentos sociais populares do Brasil e de outras partes do mundo. Entretanto, devo assinalar que sua mais forte influência foi ter contribuído para a democratização do nosso país ao lutar pela inclusão e participação do seu povo.

Assim, não tenho nenhum receio de afirmar que o maior mérito de Paulo com relação ao Brasil foi sua luta para que todos e todas tivessem voz, todos e todas tivessem o direito e o dever de biografarem-se como sujeitos construtores de nossa nação, luta tão longa e tão profunda que ajudou a promover a democratização do país.[3]

Refiro-me à inequívoca influência de Paulo com sua práxis ético-política, mesmo depois de sua morte, nos resultados das eleições brasileiras de 2002, sobretudo na retumbante vitória de Lula, com mais de 53 milhões de votos.

Sobre esse fato, Frei Betto escreveu "O amigo Lula", de 30/10/2002: "Lula chega à Presidência graças ao movimento social articulado nos últimos 40 anos, no qual a pedagogia de Paulo Freire teve mais peso do que as teorias de Marx..."

Posteriormente, o mesmo Frei Betto escreveu esta elegia a Paulo, que segue, amplamente divulgado no Brasil, e a pedido meu e com sua autorização, teve parte dele citado na quarta capa da *Pedagogia da autonomia*, nas edições do Brasil e da Itália:

Obrigado, professor

Frei Betto

Foram as suas ideias, professor, que permitiram a Lula, o metalúrgico, chegar ao governo. Isso nunca acontecera antes na história do Brasil e, quiçá, na do mundo, exceto pela via revolucionária. Falo da eleição a presidente da República de um homem que veio da miséria; enfrentou, como líder sindical, uma ditadura militar; fundou um partido de esquerda numa nação onde a política pública sempre foi negócio privado da elite.

No dia da posse, ao discursar do púlpito do Palácio do Planalto, Lula declarou que não era resultado de si mesmo, mas da história de luta do povo brasileiro. É claro, professor, que não ignoramos a reação indígena à chegada do colonizador, fosse ele português, francês ou holandês; os quilombos dos escravos libertos; as revoltas populares que marcaram o período pré-republicano, como a Rebelião Mineira liderada por Tiradentes. Não olvidamos anarquistas e comunistas, a Coluna Prestes, a Aliança Nacional Libertadora, a Ação Católica, o ISEB e as Ligas Camponesas.

---

3   Ver nota 34, do Capítulo 22, sobre esta questão.

Mas a sua pedagogia, professor, permitiu que os pobres se tornassem sujeitos políticos. Até então, o protagonismo dos pobres tendia ao corporativismo ou não passava de revoltas desprovidas de um projeto político abrangente. Assim, eles só se destacavam como figuras de retórica no vocabulário da esquerda.

Marx e Engels eram intelectuais (e é bom lembrar que Engels era também empresário bem-sucedido). Lenin, Trotsky e Mao também eram intelectuais. Che era médico e Fidel, advogado. Em nome dos pobres, e quase sempre a favor deles, os intelectuais comandavam. E os pobres eram comandados.

Graças às suas obras, professor, descobriu-se que os pobres têm uma pedagogia própria. Eles não produzem discursos abstratos, mas plásticos, ricos em metáforas. Não moldam conceitos; contam fatos. Foi o senhor que nos fez entender que ninguém é mais culto do que outro por ter frequentado a universidade ou apreciar as pinturas de Van Gogh e a música de Bach. O que existe são culturas paralelas, distintas, e socialmente complementares. O que sei eu dos circuitos eletrônicos deste computador no qual escrevo? O que sabia Einstein sobre o preparo de um bom feijão-tropeiro? No entanto, a cozinheira pode passar a vida sem nenhuma noção das leis da relatividade. Mas Einstein jamais pôde prescindir dos conhecimentos culinários de quem lhe preparava a comida.

O pobre sabe, mas nem sempre sabe que sabe. E quando aprende é capaz de expressões como esta que ouvi da boca de um senhor, alfabetizado aos 60 anos: "Agora sei quanta coisa não sei." O senhor, professor, fez com que o pobre conquistasse vez e voz, soubesse que sabe, e que seu saber é tão intelectual quanto o daqueles que, doutorados em filosofia ou matemática, ignoram como assentar a laje de uma casa, tecer um cesto de vime ou semear o trigo na época certa.

O senhor fez os pobres conquistarem autoestima. Graças ao seu método de alfabetização, eles aprenderam que "Ivo viu a uva" e que a uva que Ivo viu e não comprou é cara porque o país não dispõe de política agrícola adequada nem permite que todos tenham acesso à alimentação básica. E só o pobre sabe o que significa passar fome. Por isso, professor, foi preciso que um pobre chegasse ao governo para priorizar o combate à fome e adotar como critério de êxito administrativo o acesso de toda a população a três refeições diárias.

O senhor nos ensinou que ninguém ensina a ninguém, mas ajuda o outro a aprender. Graças ao seu fórceps pedagógico, extraiu a pedagogia do oprimido e sistematizou-a em suas obras. Pois o arrancou da percepção da vida como mero fenômeno biológico para a percepção da vida como processo biográfico. Os pobres fazem história, como demonstram os quarenta anos de atuação dos movimentos sociais que levaram Lula à presidência. Foi a sua pedagogia de conscientização (na verdade, a dos pobres que, repito, o senhor sistematizou) que possibilitou a organização e a mobilização dos excluídos. Deu consistência dinâmica às Comunidades Eclesiais de Base (CEBs), aos movimentos populares, às oposições sindicais, aos sindicatos combativos, às ONGs, aos partidos progressistas.

Ao longo das últimas quatro décadas, seus "alunos" foram emergindo da esfera da ingenuidade para a esfera da crítica; da passividade à militância; da dor à esperança; da resignação à utopia. Convencidos pelo senhor de que são igualmente capazes, eles foram progressivamente ocupando espaços na vida política brasileira, como militantes das CEBs, do PT, do MST e de tantos outros movimentos.

Lula, professor, é a expressão mais notória desse processo. Daí a empatia que havia entre ele e o senhor. O senhor forneceu-lhe as ferramentas e ele, como bom torneiro-mecânico, fez o protótipo da chave que abriu aos oprimidos as portas da política brasileira. Basta conferir o atual ministério, integrado por *gente* que veio daquilo que a elite denomina "escória": Marina Silva, do Meio Ambiente, foi seringueira e aprendeu a ler aos 14 anos; Miro Teixeira, das Comunicações, foi criança de rua na praça Mauá, no Rio; Olívio Dutra, das Cidades, foi militante da Pastoral Operária e bancário... Miguel Rossetto, do Desenvolvimento Agrário, foi técnico em mecânica.

Por este novo Brasil, muito obrigado professor Paulo Freire.

Eu também escrevi a Lula uma carta, em 28/10/2002, enfatizando a influência e a repercussão da obra e práxis de Paulo, logo após a divulgação de que ele tinha ganhado as eleições para presidente da República:

> Lula,
> É com a mais profunda emoção, que me regozijando enquanto cidadã brasileira em ter você como nosso Presidente da República, dirijo estas palavras de amizade e admiração.
>
> Quero, com essas palavras também, marcar e salientar um fato muito importante para a memória de nosso país e não só para mim como viúva do "maior educador brasileiro Paulo Freire".
>
> Ontem à noite, pouco depois da certeza de sua eleição para o comando maior de nosso país, na Av. Paulista, lotada de *gente* que entusiasticamente o aplaudia fazendo do espaço público o local de civismo e crença de um Brasil melhor, você rememorou com viva emoção os mortos queridos na hora de seu próprio voto. Entre outros, você lembrou-se de Paulo.
>
> Certamente você foi ao "encontro" dele e ele "invadiu" todo o seu *ser* como que lhe dizendo da legitimidade do seu júbilo, porque você mais do que ninguém escutou dele para *dizer a sua palavra*. Você se recordava que foi Paulo, sem dúvida alguma, um dos homens que, incansavelmente, desde os anos 50 até sua morte, em 1997, mais lutou no mundo para que o povo fosse para as ruas, para as praças públicas.

Você sabia, Lula, ou percebeu intuitivamente naquele momento, antevendo a sua vitória, com todo o seu *corpo consciente*, que o povo aprendeu também a *dizer a sua palavra* com Paulo. *Dizer a sua palavra* é o princípio ético-político criado por Paulo que o Partido dos Trabalhadores encampou dele, posteriormente, e que é a base fundamental para a construção da democracia social, étnica, econômica, sexual e política.

Dizer a sua palavra, para Paulo, é, portanto existenciar-se, biografar-se. É abrir a possibilidade de tornarmo-nos cidadão que tem deveres e direitos, que tem desejos e sonhos, aspirações e interesses, sentimentos e razões. *Dizer a sua palavra* é querer e poder interferir participando dos destinos de seu país com quem comunga dos mesmos "sonhos utópicos de que mudar é difícil mas é possível".

Ao *dizer a sua palavra* fazendo de você o representante autêntico, legal e legítimo de seus sonhos mais genuinamente humanos, o povo brasileiro o coloca, pois, como aquele que pode possibilitar a concretização de suas esperanças de tornarmo-nos *gente*. De fazermo-nos, em diálogo solidário, todos e todas cidadãos de nosso país. *Seres-Mais*.

Ao *dizer a sua palavra* o povo brasileiro, resgatando a sua "humanidade roubada" por mais de 500 anos, espera que você possibilite construirmos juntos um Brasil mais justo, mais bonito, mais tolerante. Menos discriminatório, menos elitista e menos perverso. Um Brasil verdadeiramente fraterno e democrático. Um Brasil "onde amar seja possível", como tanto desejou Paulo.

Muito obrigada!

São Paulo, 28 de outubro de 2002.

Nita

O voto de Dom Helder Câmara, arcebispo de Olinda e Recife, indicando o nome de Paulo, nos tempos das torturas mais duras do governo militar, para Homem de Visão do ano 1971 atesta a importância da práxis e da pessoa de Paulo Freire:

Rio de Janeiro, 20/9/71

Quando o País inteiro tenta esforços para arrancar-se do analfabetismo e da miséria, é justo anotar, como Homem de Visão do ano, o brasileiro que, dia a dia – mas, de modo particular, no corrente ano – se afirma, perante o Mundo, como sendo, por excelência, o pedagogo da educação libertadora, mola mestre do desenvolvimento: o Prof. Paulo Freire.

A Unesco saudou o seu método como contribuição das mais válidas para a promoção humana de milhões de criaturas, reduzidas, no Mundo subdesenvolvido, a uma situação sub-humana.

A Universidade de Harvard vem recebendo as primícias de seus ensaios, que logo se transformam em livros traduzidos no Mundo inteiro.

Estudos como "A pedagogia dos oprimidos" são de alcance decisivo para obter-se a medida adequada de conscientização, evitando que o oprimido de hoje se transforme em opressor de amanhã.

À sombra do Conselho Mundial das Igrejas, Paulo Freire vem organizando, ao longo do corrente ano, um Instituto a serviço da educação libertadora – destinado a ser, em breve, um dos maiores focos humanizantes do Mundo.

A "Visão" atribuindo o Bandeirante de Jacarandá, em 1971, a PAULO FREIRE estará, ao mesmo tempo:

• permitindo que o Brasil demonstre que também sabe reconhecer o valor de filhos seus, aclamados no mundo inteiro;

• encorajando o País a não temer a educação libertadora, a conscientização, a promoção humana, dentro do espírito, da dosagem e da técnica do grande brasileiro, na convicção de que desenvolvimento recebido do alto, pré-fabricado, sem participação do Povo na criatividade e nas opções, pode ser tudo, menos desenvolvimento.

Claro que nada nos impede de aclamar como homem de visão do Brasil a quem se acha fora do País. Paulo Freire, dentro do sentido humano que o irmana a todos os Povos, a todas as raças e a todas as Religiões, é tão profundamente brasileiro, que carrega o Brasil, consigo, como embaixador especial de nosso gênio e de nossa cultura, por todas as suas incansáveis andanças pelo Mundo afora. Além do que duas observações, entre outras, não nos escaparão:

• O Mundo de tal modo se tornou pequeno, graças aos meios de comunicação social que, hoje, é possível estar distante e estar aqui;

• e para quem tem olhos de ver e ouvidos de ouvir, Paulo Freire está presente em todo autêntico movimento de promoção humana, conduzido, construtivamente, em nosso País.

Sem votar contra quem quer que seja, de tal modo estou convicto da oportunidade de reconhecer Paulo Freire como Homem de Visão do Brasil 1971, que peço vênia para aqui deixar meu voto em separado.

Paulo vivia na Europa quando recebeu esta carta de Dom Helder, que trazia anexado o seu voto para Homem de Visão, poucos dias depois de ele ter completado cinquenta anos de idade:

Recife, 22 de setembro de 1971

Querido amigo Paulo Freire,
Visão é uma revista que representa, no Brasil, o elo de uma cadeia que se estende pelas Américas, ligando-se, ao que parece, ao Time-Life.

Quando morava no Rio, era membro nato do Júri que escolhia o Homem de Visão do ano. Depois de minha vinda para o Recife (abril de 1961) e, sobretudo, depois do AI-5, não fui mais convocado.

De repente, este ano me chamaram para a escolha do Homem de Visão 1971. Claro que eu sabia que seria voto vencido. Mas veja em quem votei e como justifiquei a minha escolha.

Pretendo dar publicidade a esta folha, mas só o poderei fazer a partir da divulgação pela revista do nome do vencedor, o Sr. Mario Simonsen, do Mobral.

Meus companheiros eram: o ministro Delfim Netto, o Jorge Resende, o Romer, o Glycon de Paiva, o Daniel Faraco, o Garrido Torres e o Bulhões. Não tinham condições para entender que o Mobral desvirtua e dessora (assinalo o fato, sem julgar intenções) a educação libertadora.

Vendo-o com os olhos com que o vejo e pondo em você muitas das maiores e melhores esperanças, entende-se o lugar que você tem cada manhã, na Missa.

De seu irmão em Cristo,
+ Helder Câmara.

Outra belíssima e histórica carta de Dom Helder Câmara, escrita para Paulo, no Natal de 1972:

Recife, 24/25 de dezembro de 1972.

Querido amigo Paulo Freire,

O ano todo andei projetando escrever para você. Resolvi que, de hoje, não passa. Repare, também, que Vigília escolhi!

Quanto mais viajo, quanto mais vejo o Mundo, quanto mais consigo medir a tarefa quase absurda que nos cabe tentar, mais vejo, mais sinto que você é dos 5 ou 6 Homens-chave da hora atual.

Você sabe que eu seria incapaz de falar assim em termos de lisonja. Também não é intuito meu insuflar-lhe a vaidade (Aliás descobri que vaidade é perigoso, sobretudo, para os meio inteligentes). Falo medindo sua responsabilidade, que cresce, dia a dia. Falo, com um desejo imenso de ajudá-lo fraternalmente.

Depois de muito meditar e muito rezar, tenho a confiança de propor que você dê um jeito de chamar aí (arranjando passagem e hospedagem) a nossa Astrogilda.

Ela acaba de passar 3 anos nos USA, fazendo mestrado em pedagogia. Mas, como era de esperar, veio cada vez mais cada vez! [sic]

Aproveitou o tempo para atualizar-se em você. Como você cresce cada ano, Paulo Freire 72 já é maior do que o de 71, e menor que o de 73.

Mas – e, aqui, está a vantagem decisiva da ida de Astrogilda – quando em toda parte, perguntavam por você, vibravam por você, vibravam, mas queriam saber o *como*. E, salvo engano, aqui é que Gilda pode completá-lo.

Para dizer-lhe meu pensamento inteiro, faríamos assim:

Pelo Conselho ou por outro Organismo assim você chamaria Astrogilda aí.

Ela checaria, com você, se está em dia com você. (E são preciosas suas viagens, particularmente a última.)

Depois, você veria se confere o que ela imagina como metodologia, que não traia, nem empobreça, nem distorça a sua mensagem.

Antes de partir, ela daria uma prévia para um pequeno grupo, em cujo meio espero encontrar-me.

Se você considerar meu plano dispensável, se você já tiver no Instituto, o que, pela América do Norte e pela América Latina, não são poucos os que pedem, valeu a intenção fraterna de ajudar o Mundo, *através da inspiração que lhe vem de Deus.*

Que o Brasil, quanto antes, sinta o absurdo de não receber, em festa, quem seria decisivo para o nosso esforço de promoção humana! Que o Brasil abra, feliz, braços e coração, para o Filho que é disputado pelas mãos de diversos Países!

Um abraço fraterno, de seu amigo em Cristo,

Helder Câmara.

Somente quase sete anos após ter escrito essa carta é que Dom Helder pôde ir "em festa" e de "braços e coração" abertos, como os de tantos pernambucanos, entre outros os meus pais, receber Paulo no Aeroporto do Recife, como já mencionado nesta biografia.

A Brigada da Alfabetização, com sede em Manaus, elaborou, em novembro de 1995, um projeto de produção de um vídeo intitulado: "A palavra segundo Paulo e Thiago – Os apóstolos da liberdade no Brasil". Justificam o projeto argumentando que "Ambos, ao longo de suas vidas, utilizaram-se da palavra como suas armas para a conquista da liberdade, e como ferramentas para a construção de uma sociedade humana, justa e bela", cuja meta era "Instrumentalizar as escolas, as universidades e entidades culturais com a visão universal de suas experiências inigualáveis na arte e na educação. A de Thiago de Mello e Paulo Freire. E atender os principais museus do mundo." O objetivo seria "Criar um instrumento de apoio pedagógico à educação; e um documentário histórico-cultural. Além de ajudar a resgatar a Memória Nacional, divulgando a Cultura Brasileira internacionalmente".

A produção das filmagens teria se dado entre 5 e 30.5.1996, e pensava-se fazê-las no rio Andirá, em Manaus, Recife, Salvador, Olinda e São Paulo. O bloco 12: Epílogo, cena 15, está assim descrito:

Take da porta do Teatro Municipal de São Paulo. Dele saem Paulo e Thiago. Descem a escada, param alguns segundos e caminham em direção ao Viaduto do Chá, tomando o lado esquerdo do vídeo. Do lado direito, aparece Ana (esposa de

Paulo) e declama os Fonemas da Alegria.[4] Terminado, congela-se a imagem mantendo no canto esquerdo Paulo e Thiago. Sobem os créditos etc. Terminando, continua a imagem, Ana sai de cena e a mão de Paulo aparece assinando seu nome, logo a seguir a de Thiago. Termina a imagem congelada com as duas rubricas e, ao fundo, a silhueta dos dois.

Segue depoimento de José Paulo de Araújo, um sobrinho meu que trabalha para o Unicef em Bangladesh, ao *Diário do Nordeste* (p. 5), de Fortaleza, publicado em 11 de janeiro de 2004, referendando o que ele já havia me dito em carta de 7 de setembro de 2003:

> Todo mundo [em Bangladesh] conhece o Brasil por causa do futebol, quem passou pela escola primária conhece Pelé. A história do "diamante negro"', como eles o chamam por aqui, está nos livros do primeiro grau. Quem lê jornal, conhece e reconhece os jogadores Ronaldo e Roberto Carlos. Quem escuta rádio mais sofisticada conhece um pouco de samba e, talvez, já tenha ouvido falar em lambada. Agora, quem fez faculdade, conhece Paulo Freire. Parece-me que é o intelectual brasileiro mais influente no país...

No livro[5] do escritor indiano Rustom Bharucha[6] *Chandralekha[7] mulher dança resistência,* o autor diz:

> Lendo as entrelinhas do diário de Sadanand, pode-se traçar uma transição política das atividades da "Skills",[8] começando com o endosso da "pedagogia do

---

[4] Este emocionante e belíssimo poema do poeta da "Pátria das Águas" está transcrito no livro de Paulo *Educação como prática de liberdade.*
[5] Livro editado pela HarperCollins Publishers (Nova Délhi, Índia, 1995). Todas as informações sobre o livro e as pessoas, inclusive a tradução do inglês, me foram oferecidas carinhosamente por Maria Lucia Fabrini de Almeida.
[6] Juntamente com o arquiteto e professor de desenho industrial Dasrath Patel e o jornalista Sadanand Menon, Chandralekha criou uma organização denominada "Skills", sediada em Elliots Beach, Madras.
[7] Chandralekha é considerada uma artista singular e radicalmente da Índia contemporânea. Notabilizou-se como bailarina, coreógrafa, designer gráfica, escritora e ativista cultural. Utilizou a ioga e as artes marciais indianas numa inovadora releitura do Bharatnatyam, um dos estilos da dança clássica indiana. Sua afinidade com os movimentos feministas e ecológicos inspirou-a na ressignificação do corpo por meio da dança. Chandralekha já esteve no Brasil para divulgar o seu trabalho.
[8] Skills se distingue na medida em que se abre à relativamente inexplorada área da práxis cultural – forjando novas relações através da disseminação de habilidades particulares relacionadas à comunicação visual e às artes. O foco na "cultura" foi o que diferenciou a "Skills" de quase todos os grupos de desenvolvimento funcionando na Índia no final da década de 1970. Até hoje suas explorações não foram suficientemente confrontadas ou estendidas.

oprimido" (muito na linha de Paulo Freire), desenvolvendo-se como uma organização de fóruns abertos criados por cidadãos conscientes, levando-se a uma interação mais crítica com o público geral no que se refere a matérias políticas, culminando numa militante rejeição do sistema.

Na revista *Reportagem* a repórter Tânia Caliari escreveu ao visitar "Os campos de refugiados palestinos [que] foram criados às pressas pela ONU, depois da guerra de 1948, para receber a população que fugia da ação das forças israelenses. Só naquela ocasião, pela ameaça ou pela força, cerca de 750 mil árabes foram retirados do território onde hoje é o Estado de Israel". Ela acrescentou a esta introdução num certo momento desta matéria intitulada "Cidades de Zinco":

> No outro dia, acompanhei a visita que Mohamed faz diariamente a outras partes de Gaza. Fomos ao extremo sul, no campo de Rafah na fronteira com o Egito. No caminho, Mohamed me surpreendeu dizendo que um dos pensadores que mais o influenciaram através de seus livros havia sido o Paulo Freire. "Esse entendeu bem a alma do povo dele e inventou sistemas que podem libertá-lo", disse se referindo ao método de alfabetização, a compreensão de educação de Paulo. (p. 20)

O *Jornal da Tarde*, de 4 de maio de 1977, publicou artigo de Maria Costa Pinto, correspondente em Nova York, intitulado "Como a segunda maior empresa de Nova York está aplicando o método Paulo Freire":

> Nos Estados Unidos o método de alfabetização do brasileiro Paulo Freire vem sendo utilizado nos programas educacionais da segunda maior empresa de Nova York, com o objetivo de desenvolver as habilidades de leitura, entre outras, de seus funcionários. A empresa é a Consolidated Edison Company (Con.Ed.) que tem o monopólio da distribuição de luz, força e gás em Nova York.

Relatando a primeira oficina realizada na "Skills", de julho a setembro de 1980, Bharucha observa: "A proposta da oficina era a de facilitar projetos já existentes dos participantes, tais como escolas noturnas para crianças, programas de treinamento de lideranças para jovens e produção de material didático como livros, cartazes, teatro de bonecos. Basicamente, a responsabilidade dos 'líderes de projeto... era a de contribuir para essas atividades vindas do povo dando a conhecer técnicas e certas habilidades: o uso de estêncil, impressão, as possibilidades transformadoras de jornais reciclados e até mesmo tarefas aparentemente 'impossíveis' como o estabelecimento de um laboratório fotográfico de campo, sem ultrapassar o valor de 600 rúpias e a revelação de slides sem o uso da câmara" (Bharucha, *Chandralekha mulher dança resistência*, p. 112-13).

A diretora de pessoal da Con.Ed., Margaret Reagan, disse que a sua empresa "teve o primeiro contato com Paulo Freire em 1971, durante um curso de uma semana que ele deu na Fordham University em Nova York", e que o curso tinha tido a duração de 8 horas/dia durante 13 semanas, entre 1971 e 1975, oferecidos para pessoas entre 18 e 45 anos de idade, na maioria negras e porto-riquenhas.

O jornal *O Estado de S. Paulo*, no Caderno Internacional – Ásia, de 14 de dezembro de 1993, p. A 20, publicou "'Novo Gandhi' organiza os intocáveis da Índia", uma matéria de Marco Lacerda sobre um padre jesuíta, Stanny Jebamalai, de 49 anos de idade, que trabalha na aldeia Gadhat (terra natal de Ghandi), nos arredores da cidade de Surat, no estado de Gujarat. Filho de fazendeiros do Sul do país, foi enviado pela primeira vez a Gujarat em 1979, como missionário. Escreveu o jornalista brasileiro:

> Através de sua ONG, Jebamalai passou a reorganizar os adivasi[9] dispersos por Gujarat. Utilizando métodos inspirados nas teorias educacionais do brasileiro Paulo Freire transforma-os em líderes comunitários capazes de estimular outros companheiros a aderirem ao movimento em defesa de seus direitos como cidadãos indianos iguais aos de qualquer casta. "Toda sociedade injusta justifica suas desigualdades atribuindo aos pobres a culpa por serem pobres... Paulo Freire não só pôs um ponto final nessa mentira, mas lançou as bases numa doutrina baseada na autoafirmação que revolucionou a educação em todo o mundo" afirma Stanny [Jebamalai]

Na revista *Time*, v. 153, n. 12, de 29 de março de 1999, p. 59, Seymor Papert, professor-pesquisador do MIT (Massachusetts Institut of Technology), em Boston, convidado para fazer o perfil de Jean Piaget, escreveu em seu texto: "Outros que dividiram o seu respeito pelas crianças – John Dewey nos EUA, Maria Montessori na Itália e Paulo Freire no Brasil..."

Ao contrário da repercussão positiva da obra de Paulo na maioria dos países do mundo, na Europa, tanto na Espanha como em Portugal, que viviam duras e antigas ditaduras, seus governos de então repudiaram e proibiram a divulgação do pensamento de Paulo, o que demonstra contraditoriamente a força de suas ideias:

---

[9] "Adivasi é a palavra que dá nome ao povo original que habita a Índia desde os tempos imemoriais... lutam contra séculos de analfabetismo, apatia de governos e exploração das classes superiores. Na pirâmide hierárquica da sociedade indiana, dividida em castas, eles não se encaixam em nenhuma categoria. São chamados de 'intocáveis' – aqueles que não se deve tocar, pois o simples contato físico é suficiente para transmitir impurezas de vidas passadas que os tornaram seres humanos inferiores..." (*O Estado de S. Paulo* – Internacional, domingo, 14/12/2003, p. A20).

Autuação da Direcção-Geral de Segurança[10]

Emitido em Lisboa, 21 de Fevereiro de 1973 o Of. n. 56-DGI/S, Ref 2102, pelo Director-Geral da Informação, Geraldes Cardoso, da Secretaria do Estado da Informação e Turismo, encaminhado ao Exm°. Senhor Director-Geral de Segurança, Rua António Maria Cardoso, 20-1°, LISBOA-2: "Referindo-me ao ofício de V.Exª. N. 26339 – 2ª Div., de 5 de Dezembro findo, informo que, apreciado pelo Gabinete de Estados dessa Secretaria de Estado o livro *Pedagogia do oprimido*, da autoria de Paulo Freire e editado por João Barrote, se averiguou tratar-se de uma obra de teoria política e experiência de mentalização do povo para uma revolução social. Embora se note sua influência, não se infere que necessariamente seja de natureza marxista. O livro é de reduzida tiragem e bastante inacessível pela sua linguagem. Em face, porém, do disposto no Decreto-Lei n. 150/72, de 5 de maio, é de proibir a sua circulação. E porque se consideram verificados os requisitos e reunidas as circunstâncias de urgência e gravidade que legalmente consentem uma intervenção, solicito de V.Exª., nos termos do artigo 9°. do mesmo diploma, se digne providenciar no sentido de ser apreendida a publicação em causa, com a nomeação de depositários ou com a remoção dos exemplares apreendidos, enviando-se três a esta Direcção-Geral para que possa provocar-se a confirmação judicial da apreensão, com o competente procedimento. Devolvendo o exemplar remetido a estes Serviços, aproveito a oportunidade para apresentar a V. Exª. os meus cumprimentos. A BEM DA NAÇÃO O DIRECTOR-GERAL DA INFORMAÇÃO: Geraldes Cardoso (assinado).

Emitido em Lisboa, 19 de Julho de 1973, através da Secretaria do Estado da Informação e Turismo, Direccão-Geral da Informação, Direção dos Serviços de Informação, Of. n.318-DGI/G, Ref. 2102, ao Exm°. Senhor Director-Geral de Segurança, Rua António Maria Cardoso, 20-1°, LISBOA-2. Em referência ao ofício de V. Exª. n. 1150, 1ª Div. de 23 de Junho passado, venho solicitar queira mandar instaurar o procedimento criminal adequado contra o editor do livro *Pedagogia do oprimido* da autoria de Paulo Freire, editado por João Barrote e distribuído por "Afrontamento". Com efeito, examinado pelo Gabinete de Estudos desta Secretaria de Estado, verificou-se que o referido livro é uma obra de mentalização para a revolução social, pelo que se julga que a sua publicação integra o crime previsto e punido pelo art. 174, n. 5, do Código Penal. Em anexo devolvo um dos exemplares do livro em causa remetidos a esta Direcção Geral. Aproveito para apresentar a V. Exª. os meus melhores cumprimentos. A BEM DA NAÇÃO Lisboa, 19 de Julho de 1973. O DIRECTOR-GERAL DA INFORMAÇÃO: Geraldes Cardoso (assinado)

---

10 Veja também minha nota n. 48 no livro *Pedagogia da esperança*.

O documento contém, também, a seguinte anotação, feita manualmente, à caneta "Remeta-os, com os antecedentes, à Dir. Serv. Inv. e Contencioso. 27/7/73" assinatura/nome não identificável. Consta no documento original, a seguinte anotação feita à mão e a lápis: *o número 1.150 do ofício Não é da DSIC*

Em 28 de julho de 1973, o "DIRECTOR DE SERVIÇOS, da Direcção--Geral de Segurança, encaminha À DIRECÇÃO DOS SERVIÇOS DE INVESTIGAÇÃO E CONTENCIOSO, a seguinte nota: 'Juntam-se para os devidos efeitos, fotocópia do ofício n. 56-DGI/S-2.102, da Direcção--Geral da Informação de 21/2/73, um auto de busca e apreensão do livro 'PEDAGOGIA DO OPRIMIDO', o ofício n. 318-DGI/G-2.102, de 19 do corrente, também da Direcção-Geral da Informação e um exemplar do livro referido."

Sem data, outro documento da Direcção-Geral de Segurança, manuscrito e assinado por três pessoas, a saber: João Baptista Cabral da Costa, José Amorim e Manuel Augusto Braga Aires, do seguinte teor:

AUTO DE BUSCA E APREENSÃO – A primeiro dia do mês de Junho do ano de mil novecentos e setenta e três, nesta cidade de Lisboa e "BERTRAND", sita na Rua Garrett, número setenta e três, onde se encontra o empregado da citada firma, José Amorim, estando presente o agente João Baptista Cabral da Costa, comigo, Manuel Augusto Braga Aires, agente, servindo de escrivão, ambos da Direcção-Geral de Segurança, em cumprimento da ordem superior, foi feita uma busca, a fim de apreender livros, documentos, valores ou objectos de interesse à matéria dos autos. ------ E, finda ela, foi encontrado o seguinte: - Três exemplares do livro "OS ESTADOS UNIDOS EM MOVIMENTAÇÃO", de Roger [ilegível] E dois exemplares do livro "PEDAGOGIA DO OPRIMIDO", de Paulo Freire, que ele agente, ordenou que fossem apreendidos e transportados para a Sede da Direcção-Geral de Segurança. – E, faça constar, se lavrou o presente auto, que depois de lido, em voz alta, todos o acharam conforme, ratificam e vão assinar comigo, escrivão que o manuscrevi. – João Baptista Cabral da Costa, José Amorim, Manuel Augusto Braga Aires (assinam)

O amigo norte-americano Skip Schiel fotografou no "Quaker Peace Center", na Cidade do Cabo, África do Sul, em janeiro de 1990, um imenso mural no qual estão copiados três parágrafos da *Pedagogia do oprimido* em sua tradução para a língua inglesa.

Durante um café da manhã em Boston, ao lado de sua filha Joey e de sua segunda esposa, a professora da Universidade de Harvard Louise, ele escreveu numa das cópias de algumas fotografias suas que nos presenteou, junto com um número da revista *Aprender e ensinar*:

Queridos Paulo e Nita,

Aqui está uma cópia da revista sul-africana *Aprender e Ensinar*, na qual está o espírito freireano.

Eu também estou dando para vocês cópias coloridas de meus slides "Sojonn to Apartheid" do "Quaker Peace Center", na Cidade do Cabo, onde fotografei suas palavras da *Pedagogia do oprimido*.

Como um africano, digo, em saudação,

Adeus

Boa viagem

Se sinta bem

Esteja bem.

Skip, 29/7/1991

Ainda sobre a influência das ideias de Paulo no exterior, registro a que vem marcando o professor norte-americano de educação musical Frank Abrahams, da Westminter Choir College, da Rider University, em Princeton, New Jersey. A matéria de Augusto Rodrigues, do *Diário de Pernambuco*, Seção Viver, de 31 de outubro de 2004, apresenta Paulo, dizendo:

Esta não é a primeira vez dele no Brasil... Mas a relação com o país transcende as visitas. Sua filosofia de ensino recebeu influências do filósofo brasileiro Paulo Freire. "Ele é muito interessante. Passou a vida ensinando adultos a ler por meio de dois métodos. Conhecendo a vida da pessoa através do diálogo e criando situações que permitem que os alunos façam ligação entre o que é ensinado e sua vida cotidiana", resume. "Eu aplico essas ideias na educação musical. Utilizo as músicas que os alunos escutam em casa para ensinar aspectos sérios e fundamentais do curso" [...] Conheço Villa-Lobos também, que é universal... diz o professor, *que estudou português por um ano para ler Paulo Freire no original*. "Com certeza vou utilizar música brasileira nas minhas aulas" [grifo meu].

Cristina Schroeter Simião, no depoimento que escreveu, a meu pedido, "Até tu, Cristina!", relembrando o aprendido com Paulo, nos diz da influência exercida por ele em sua vida e realça a atualidade do pensamento e da práxis de meu marido:

Permitiu também dar alento a todos nós que não separávamos fé e política, mas víamos que a fé vivida em profundidade nos conduzia cada vez mais a buscar caminhos democráticos para o exercício da política. E, nisto, as lições recebidas de Paulo Freire, através desta curta, mas expressiva convivência no Chile [um mês em fins de 1969], foram de grande significação para nós e para o Brasil.

Mudou a Igreja, mudaram os tempos. A pedagogia freireana porém continua atual como nunca nas práticas desenvolvidas pela ADITEPP; a pedagogia freireana continua viva e referência mundial... Paulo Freire continua referência de vida para milhões de educadores e educadoras que lutam contra uma educação bancária, que lutam a favor da libertação dos oprimidos onde quer que estejam...

Destaco desse depoimento de Cristina Simião outro trecho rememorando os dias com Paulo no Chile, e a influência dele sobre a Igreja Católica de então, que perdura até hoje entre o seu clero progressista:

> O "Método Psicossocial", que não era mais do que a Pedagogia do Oprimido, e as lições de Paulo Freire se "encarnavam" cada vez mais nas práticas de construção de Grupos eclesiais, de Grupos Bíblicos, de Grupos Catequéticos, de Comunidades Eclesiais de Base. E neste encarnar-se gerou profundas mudanças nas relações entre os diferentes personagens da Igreja: padres, bispos, arcebispos, monges, religiosos e religiosas, homens e mulheres leigos, jovens e crianças, numa imensa corrente unindo pessoas de diferentes etnias, categorias sociais e profissionais. A Igreja tornava-se cada vez mais fraterna, as relações sociais eram sempre mais próximas, a consciência de serem todos sujeitos ativos na construção da Igreja Universal se tornou mais sólida, a percepção de que era necessário construir um Brasil com governos mais democráticos e que respeitassem os direitos humanos passou a gerar movimentos diversos que, iniciando seus primeiros passos na Igreja, pouco a pouco se tornaram autônomos, maduros para advogar o exercício pleno da Cidadania.

No *Jornal do Advogado* – OAB-SP, janeiro de 2000, p. 3, podemos ler a seguinte manchete: "Prevenção à Aids nos Presídios de São Paulo. Foram criadas oficinas em quatro penitenciárias, atingindo dois mil presos". O texto diz:

> A Fundação Professor Dr. Manoel Pedro Pimentel de Amparo aos Presos (FUNAP), com colaboração do Ministério da Saúde, do Conselho Britânico e em intercâmbio com a Universidade de Londres e a Unicamp, vem realizando um Projeto de Prevenção à Aids nos Presídios do Estado de São Paulo. Denominado "Drama – Projeto Educativo Através do Teatro", o projeto começou a ser implementado em 1996 pelo professor Paul Heritage, diretor do People's Palace Projects, da School of English & Drama Queen Mary & Westfield College London University. Segundo Heritage, a metodologia de trabalho é baseada no Teatro do Oprimido, de Augusto Boal e na *Pedagogia do oprimido*, de Paulo Freire.
> O diretor-executivo da FUNAP é Feres Sabino, que conta, no projeto, com as coordenações da gerente de Educação, Cultura e Lazer Eleni B. Gorgueira; e

da técnica em Educação Maria de Lourdes Tieme Ide. No início, como explicou Paul, foram criadas oficinas em quatro penitenciárias, atingindo dois mil presos. Atualmente, o projeto está preparado para funcionar em 43 penitenciárias, chegando a cerca de nove mil presidiários.

Os objetivos gerais do projeto são: reduzir a incidência da infecção pelo HIV/Aids e outras doenças sexualmente transmissíveis (DSTs); difundir a tecnologia das atividades dramáticas a fim de integrá-las ao programa de educação básica dos estabelecimentos penais; promover um processo de aprendizagem para que a população carcerária possa reconhecer situações de risco em relação às DSTs e à Aids; propiciar o debate e a reflexão sobre o controle da infecção, promovendo adesão às formas de prevenção das DSTs e da Aids; levantar questões referentes às dúvidas e ansiedades diante da doença, buscando respondê-las de forma adequada; produzir conhecimento sobre o tema da Aids para as populações confinadas, instrumentalizando o programa de educação dos estabelecimentos penais; e criar condições para a reflexão sobre as situações de preconceito perante a doença, buscando formas de melhor convivência entre as pessoas.

Para Heritage, há vantagens no projeto: os monitores treinados para usar as técnicas vão ficar com a metodologia, e, segundo ele, a Aids é de fácil prevenção. "O difícil é como se usa a informação, envolvendo corpo, mente, emoção e voz. É necessária uma conscientização física, emocional e sentimental. Dramatizar faz a prática", afirmou.

Considero como de fundamental importância registrar também, para demonstrar a repercussão e relevância da obra de Paulo – o "Projeto Paulo Freire em Ação", idealizado pelo norte-americano George C. Stoney – cineasta e professor do Departamento de Filmes e Televisão, da Universidade de Nova York. A ideia dele seria a de acompanhar Paulo fazendo conferências em universidades, discutindo com educadores populares, conversando com populares, no sentido de resgatar o mais possível tanto as próprias ideias de Paulo quanto sua capacidade ímpar de empatia e comunicação, nas suas mais diversas atividades através do mundo.

No Alto da Sé, em Olinda, Paulo conversa com George Stoney, enquanto o professor e cineasta Julio Wainer faz a filmagem, em janeiro de 1997.

O Projeto, iniciado em janeiro de 1996, já tinha doze horas de material, com as filmagens em nossa casa em São Paulo, tendo prosseguido no Recife e Olinda, em janeiro de 1997, quando Paulo visitou, com o educador popular de Olinda Danilson Pinto, o lixão dessa cidade, e eu e Paulo conversamos no museu na Várzea, do artista mundialmente famoso Francisco Brennand, que pintou as fichas de codificação do "Método Paulo Freire" nos princípios dos anos 1960.

Câmera na mão, Julio Wainer era dirigido por Stoney, um homem sensível e experiente, criador da proposta de meios de comunicação alternativos através de documentários-denúncias, que produziu e dirigiu numerosos filmes de natureza social e educativa,[11] tendo por isso recebido diversos prêmios. Ambos estavam cheios de esperança de um bom trabalho. O professor-cineasta estava tentando conseguir mais verbas em seu país para realizar o arrojado projeto, quando Paulo faleceu e, consequentemente, o trabalho foi paralisado. Eu mesma, depois, dei três entrevistas como viúva de Paulo, ambas filmadas para o projeto. A primeira, em 13/8/1997, antes de deixar a casa onde eu e Paulo tínhamos vivido, na biblioteca dele, na rua Valença, n. 170. A segunda, em Nova York, num estúdio de filmagens, na qual respondi a mais de vinte questões feitas pelo próprio George Stoney.[12] A terceira, nas oficinas da própria Universidade de Nova York, com Donaldo Macedo, onde ele era professor.

Considero da maior relevância para a socialização e perpetuação do pensamento de Paulo o projeto da Alemanha, que partiu da "Paulo Freire Kooperation (Oldenburg/Alemanha)", a mim anunciado em novembro de 2004. Antes de tudo, devo salientar que esse projeto enfatiza "a influência, a repercussão e a atualidade da obra e da práxis de Paulo em torno do mundo", e não só no Brasil. Assim, do "Institut für Pädagogik – Projekt: Paulo Freire und die Bildung in Europa" recebi esta carta remetida pelos professores: Dr. Dieter Brühl, Dr. Joachim Dabisch, e Telma Gharibian (M. A.).

Querida Ana Maria Freire

Eu ainda penso prazerosamente no nosso último encontro em Oldenburg.[13] Nós começamos um novo projeto apesar dos ecos do último Congresso Freire ainda não terem se dissipado.

A recente ampliação da União Europeia requer ações efetivas para trazer um alinhamento dos sistemas social e econômico dentre os 25 países membros. Esta é a razão pela qual a União Europeia planejou o "Sexto Programa de Estrutura" para dar suporte aos grandes projetos acadêmicos. Nós estamos convencidos de que a Pedagogia de Freire pode dar respostas cruciais aos tópicos educacionais europeus. Nós consideramos a Pedagogia de Freire particularmente significativa para a unificação da União Europeia nas áreas de orientação de projeto, disposição para o diálogo e educação baseada na realidade. Os métodos PDS acima men-

---

11 Antecessor e mestre de Michael Moore.
12 Stoney trabalhou até o fim de sua vida de 96 anos. Faleceu em julho de 2012.
13 Eles se referem a um congresso sobre Paulo realizado nessa cidade alemã, para o qual fui convidada como conferencista.

cionados foram principalmente implementados na educação face a face até agora. De fato, nós pensamos que esses métodos podem ser expandidos para o aprendizado virtual e através de meios eletrônicos.

O Paulo Freire Kooperation (Oldenburg/Alemanha) iniciou contatos com acadêmicos e instituições acadêmicas na Europa para candidatar-se a um projeto de pesquisa em larga escala dentro da estrutura do FP6 para examinar a pedagogia de Paulo Freire na Europa. O consórcio atual consiste de quinze parceiros em toda a Europa.

Nós estamos otimistas e esperamos receber uma resposta positiva da Comissão Europeia na primavera de 2005.[14]

Portanto, nós gostaríamos de informar-lhe sobre nosso projeto de pesquisa e pedir que nos apoie com suas recomendações e seus conselhos.[15]

De fato, só pode ser vantajoso a todo mundo se a Pedagogia de Paulo Freire for socializada para o empoderamento internacional.

Atenciosamente,

Joachim Dabisch

Quero registrar aqui o grande esforço do Projeto Memória – 2005 para divulgar e perpetuar a memória de Paulo, por iniciativa da Fundação Banco do Brasil, que deve alcançar com o "Material Pedagógico: livro Fotobiográfico, Almanaque Histórico, Guia do Professor, um site e Vídeo DVD e VHS", dezoito mil escolas públicas do país,[16] além das bibliotecas públicas de todo o Brasil. A exposição itinerante, cujos painéis ilustram a vida e obra de Paulo, circulará por cerca de oitocentos municípios brasileiros. Assim, apresento aqui o projeto e sua intenção:

Paulo Freire, Educar para Transformar

I – Contextualização do Projeto

1- Descrição

Iniciado em 1997, por iniciativa da Fundação Banco do Brasil, o Projeto Memória se propõe a valorizar a cultura e a história do nosso país, homenageando grandes personalidades brasileiras, como Castro Alves, Monteiro Lobato, Rui Barbosa, Juscelino Kubitschek de Oliveira, Oswaldo Cruz, Josué de Castro, entre outros.

---

14 Em 2005, o grupo me anunciou que o projeto foi postergado para início no ano de 2006.
15 Na minha resposta a PFK, disse da pertinência desse projeto, e de minha satisfação e alegria em assessorar-lhes no que me fosse possível.
16 A estas foram acrescentadas, a meu pedido, todas as unidades escolares do Brasil que tenham o nome de Paulo Freire, infelizmente não concretizado.

A edição de 2005 do Projeto Memória está se realizando pelas parcerias entre o Instituto Paulo Freire, a Petrobras e a Fundação Banco do Brasil. É um trabalho que objetiva resgatar, difundir e preservar a memória do educador Paulo Freire, contribuindo para a popularização de sua vida e de sua obra, tendo em vista a perpetuação e a ampliação de seu legado humanístico e cultural. Pretende também produzir subsídios de caráter epistemológico, ético e estético a educadores e profissionais da educação de uma identidade pedagógica, nacional, bem como oferecer contribuições da mesma natureza ao pensamento educacional mundial.

2 – A escolha de Freire como homenageado

O Projeto Memória, agora em sua 11ª edição, focaliza sempre uma personalidade brasileira de densidade histórica e/ou intelectual que, por suas realizações, contribui para o avanço de questões relativas à economia, à política ou à cultura, em geral. Paulo Freire é seguramente o mais importante educador do Brasil e, na avaliação de muitos, um dos mais relevantes do mundo, no contexto do século XX. É um dos brasileiros mais homenageados e citados no Brasil e no exterior, seja pela coerência biográfica, seja por sua contribuição no mundo do conhecimento, em especial no da Filosofia da Educação. Suas obras foram traduzidas para dezenas de idiomas. Em todos os continentes, e, na grande maioria dos países, surgiram e estão surgindo grupos de pesquisa e trabalho fundamentados em seu pensamento. Essa projeção fez do conjunto de sua produção uma obra universal, fato que contribui para situar o Brasil entre os países de grande expressão intelectual no campo educacional.

Sobre a influência, a repercussão e a atualidade da obra de Paulo, bem como sua pessoa e suas práxis no Brasil e no mundo, além da enorme lista de instituições diversas, escolas públicas e privadas, bibliotecas, projetos educativos, nomes de logradouros públicos, salas e teatros, títulos acadêmicos honoríficos a ele concedidos, elencados nesta biografia no próximo capítulo, devo acrescentar pesquisa realizada em 2010 pela Cátedra Paulo Freire da PUC-SP[17] e atualizada, a meu pedido, por Becky Henriette Gonçalves Milano, em 2012,[18] ambas junto ao Banco de Dados da Capes.

Como critério de pesquisa foram adotados nas duas pesquisas os termos "Paulo Freire" e "Teoria Freireana" no título e/ou nas palavras-chave dos trabalhos apresentados em bancas acadêmicas.

---

17 Informações contidas no discurso proferido pela Prof. Dra. Ana Maria Saul, coordenadora da Cátedra Paulo Freire, da PUC-SP, por ocasião da homenagem pelos "90 anos de nascimento de Paulo Freire" promovida por iniciativa do Dep. Adriano Diogo (PT), na Assembleia Legislativa de São Paulo, em 1º de setembro de 2011, gentilmente cedidas e publicadas nas Notas por mim redigidas do livro de Paulo Freire À sombra desta mangueira.
18 Tal pesquisa foi realizada entre os meses de junho e agosto de 2012.

Entre 1987 e 2011, em programas de pós-graduação *stricto sensu* de todo país, totalizaram 1.824 pesquisas, sendo 1.461 dissertações e 363 teses, que se fundamentaram em meu marido. Sendo que 73% (1.331) são pesquisas na área de Ciências Humanas, englobando as subáreas de Educação, Letras e Linguística, Filosofia, Psicologia, Sociologia, Antropologia, Recursos Humanos, Direito, Serviço Social, Ciências Sociais, Ciências da Religião, Ciências da Comunicação, Fotografia e Artes; 20% (366) são na área de Ciências Biológicas, versando acerca das seguintes subáreas: Promoção da Saúde, Prevenção de Doenças, Enfermagem, Medicina, Nutrição, Fisioterapia, Educação Ambiental, Sustentabilidade e Ecologia. E 7% (127) na área de Ciências Exatas: Engenharia, Economia, Agricultura, Agronomia, Arquitetura, Ciências da Computação e Design.

Anteriormente a pesquisa realizada indicava um total de 1.441 trabalhos, sendo 1.153 dissertações e 288 teses, que utilizaram o referencial freireano. Essas pesquisas estão distribuídas nas seguintes grandes áreas do conhecimento: 1.080 produções, 75%, estão na área de Humanas; nas Exatas encontram-se 87 trabalhos (6%) e na área das Ciências Biológicas, localizam-se 274 pesquisas, equivalendo a 19% da produção.

Minha alegria é muito grande ao constatar que o pensamento de Paulo Freire e seu respeito pelo conhecimento popular vêm sendo, de forma neste novo século, um dos subsídios fundamentais para o desenvolvimento científico de diversas áreas do saber. Inclusive para as práxis médicas populares, que se preocupam com a dignificação dos homens e das mulheres, sob a influência da teoria antropológico-social. Assim, as práticas médicas antes consideradas meramente como práticas científicas e, portanto, práticas técnicas e neutras, se ampliaram com a contribuição das práticas e das experiências populares.

Acredito que muitos leitores estão a se perguntar se isso é verdade. Se um homem com formação de bacharelado em Direito e de exercício de educador teria o que dizer a médicos/as, a enfermeiros/as e a toda gente que se envolve no "cuidado com a saúde".

Por que, perguntam-se certamente, a medicina contemporânea do Brasil está indo buscar subsídios em Paulo Freire? O que sua compreensão de educação pode oferecer que teorias especificamente médicas não podem? Como um educador pode contribuir para o ato de cuidar da saúde?

Paulo sempre se preocupou que resguardássemos as práticas populares que não se opõem à vida ou aos princípios éticos universais. Entendia que os valores culturais devem ser respeitados, embora insistisse na superação da *consciência ingênua* – própria das camadas nada ou pouco letradas –, através da conscientização. Assim não deveríamos *ficar* apenas nas práticas, mesmo que "integrativas".

Um agente de saúde crítico não pode de maneira alguma dizer para quem acredita nas crenças populares – forma maior de aquisição do conhecimento para a vida das camadas "não ilustradas" brasileiras – que suas crendices são desprovidas do caráter científico e que de nada valem. Não podem dizer isso em sinal de *respeito* e porque muitas vezes o doente pode obter efeitos realmente positivos para as suas *dores de viver*.

Dessa forma, o uso de água benta, de benzeduras de toda sorte, de soro caseiro, de chás de ervas, de rabo de cavalo etc., a preferência pelo parto caseiro e de cócoras, o uso de amuletos pode e deve, segundo Paulo, ser aceito e praticado, excluindo o que é de fato perigoso e que atente contra a vida – mesmo quando houver quem dele se valha e que insista nessa prática por a considerar um valor do qual não pode abrir mão. Há quem queira exercer essas crenças simplesmente porque acredita nelas. E destruir crenças ancestrais é uma tarefa difícil, que geralmente ofende quem nelas confia. Os agentes de saúde têm que ser *tolerantes* quanto a essas práticas entre as camadas populares. Devem ter a virtude da *paciência impaciente*, que tanto Paulo praticou e valorizou. Isto é, devem trabalhar ininterrupta e mansamente, sem cruzar os braços, para que as pessoas abandonem as interpretações mágicas do mundo e se insiram no nível de consciência crítica. E isto só é viável através do diálogo freireano. Da pergunta que estimula uma resposta que por sua vez gera dúvidas e incertezas que exige novas perguntas e novas respostas. Possibilita que o pensar ingênuo se transforme em pensar crítico.

As Tendas Paulo Freire, criadas pelas comunidades e/ou pelos governos brasileiros – Ministério da Saúde, secretarias de saúde municipais e movimentos populares –, e a Pastoral da Criança são exemplos emblemáticos da proposta freireana dialógica de respeito ao direito de as pessoas acreditarem no cuidado em saúde a partir do olhar das práticas integrativas e populares.

A Pastoral da Criança, criada pela CNBB em 1982, teve a orientação da médica sanitarista dra. Zilda Arns Neumann desde o seu primeiro momento, quando a Campanha começou, em 1983, até seu falecimento, durante terremoto do Haiti em 2010. Com um desenvolvimento surpreendente devido à sua eficácia e adesão popular, o programa ainda funciona em todo o Brasil. Dra. Zilda Arns Neumann proclamou que o princípio maior do trabalho em prol das crianças carentes tinha como base as ideias de Paulo Freire, porque, entre outros princípios, *partia* da cultura local, dos alimentos saudáveis mas desprezados pela nossa sociedade. Alertada por seu irmão dom Paulo Evaristo Arns, pregou o respeito ao conhecimento popular e às pessoas que julgavam nada saber e que, estimuladas pelo *diálogo*, procuram a valorização da vida de seus filhos e filhas.

As práticas de cuidado em saúde sob a ótica de Paulo procuram e buscam meios para a inserção do "doente no seu meio familiar-social, no cuidado e na aceitação das fragilidades de toda sorte deles e delas". Enfim, essas práticas têm que ser integradoras e *integrativas* nunca destruidoras, como princípio maior da humanização.

Estes são apenas alguns exemplos contundentes, emblemáticos da *leitura de mundo* freireana, sobre como fazem os que cuidam da saúde através da humanização, e não da desumanização; sobre qual é o ponto nevrálgico entre a medicina de concepção tradicional, cientificista, e aquela voltada para a valorização e o respeito da vida, como tenciona a teoria de Paulo.

O *pensar certo,* na teoria freireana significa pensar *partindo da prática,* buscando em alguma teoria os conceitos, axiomas, hipóteses ou teoremas que tenham a competência de iluminar o que está sendo o objeto de nossa incidência de reflexão e de confirmar, ou não, a Verdade embutida naquela prática. Esse movimento que deve ser ininterrupto, radical e dialético, *gera* e ao mesmo tempo é *gerado* pela *dialogicidade, pela comunicação,* tendo presente a *politicidade* e a *eticidade/esteticidade,* que precisam ser estabelecidas *com* e *entre* o objeto do conhecimento e os sujeitos que querem/precisam *desvelar a realidade* – tão diferente do "descobrir" à maneira socrática!

Entretanto, não posso deixar de enfatizar que considero fato da maior relevância para a história da educação do Brasil o Movimento de Alfabetização de Jovens e Adultos (MOVA), concebido por Paulo Freire quando secretário de educação no município de São Paulo, em 1989, e para o qual dediquei algumas palavras no Capítulo 11. A repercussão dele ecoa até os dias de hoje, pois vem sendo implantado em quase todos os municípios de governos municipais progressistas, historicamente contribuindo para a constante atualização da educação popular de jovens e adultos, para a politização além da própria alfabetização, influenciando a construção da autonomia dos sujeitos, antes abandonados à própria sorte.

Papa Francisco e eu, durante Audiência Privada no Vaticano, em razão da enorme admiração e consideração do Sumo Pontífice pela pessoa e pela obra de Paulo.

Por fim, para dizer da relevância e atualidade do pensamento de Paulo, quero registrar e destacar aqui, entre tantos outros eventos em torno do mundo que o reconheceram como o grande educador do século XX, prolongando-se até os dias de hoje, início do século XXI, e, assim o vem homenageando, a Audiência Privada que eu tive com o Papa Francisco, no Vaticano, em 24/4/2015, concedida, sobretudo em razão da enorme admiração e consideração do Sumo Pontífice pela pessoa e pela obra de Paulo.

Foi uma longa conversa, pautada pela enorme generosidade e pela acolhida fraterna dele, e pela beleza do "encontro" em torno de Paulo, entre ele e eu. Foi um momento de encantamento, de alegria e de cumplicidade, mesmo ao tratarmos de temas problemáticos e polêmicos da atualidade mundial.

Minha intenção foi a de levar até ele a minha narrativa sobre a vida e práxis de meu marido: oferecer a obra dele – para isso mandei confeccionar uma caixa de madeira especialmente feita por um carpinteiro meu amigo, José, para acomodar os livros de autoria de Paulo e minha –; solicitar o empenho dele junto aos jesuítas, salesianos e dominicanos para a obtenção de textos, escritos por Paulo, sobre a Teologia da Libertação, para a publicação em livro; e, sobre a repercussão da obra de Paulo, no Vaticano, a partir de 1970, com a publicação de *Pedagogia do oprimido*.

2016: pesquisas internacionais consagram o pensamento de Paulo Freire

Quero concluir este capítulo sobre a influência, a repercussão e a atualidade da obra de Paulo Freire informando fato da mais alta importância. Duas pesquisas internacionais realizadas em 2016 afirmam que o pensamento do Patrono da Educação Brasileira continua, quase 50 anos depois da publicação/socialização de sua obra *Pedagogia do oprimido*, sendo modelo e fonte para endossar e referendar estudos e trabalhos na área das Ciências Humanas.

O Syllabus Explorer é um projeto que reúne mais de 1 milhão de ementas de estudos universitários americanos, ingleses, australianos e neozelandeses e verifica quais são os livros mais solicitados pelos/as professores/as para estudo e pesquisa dos/as estudantes, identificou que a versão em inglês de *Pedagogia do oprimido*, *Pedagogy of the Oppressed*, é o 99º livro mais citado em trabalhos acadêmicos.[19] Revelou ainda que Paulo Freire é o único brasileiro entre os 100 autores mais citados e mais solicitados para leitura. A pesquisa apontou também que *Pedagogy of the Oppressed* é o segundo livro mais bem colocado no campo da educação, perdendo apenas para *Teaching for Quality Learning in University: What the Student Does*, do psicólogo australiano John Biggs.

De acordo com a mesma pesquisa, o livro *Pedagogy of the Oppressed* é indicado em 1.021 ementas de universidades e faculdades dos EUA. Não é pouca coisa: fica à frente de clássicos como *Rei Lear*, de Shakespeare; *Moby Dick*, de Herman Melville; e *O banquete*, de Platão.

Outra pesquisa, realizada por Elliott Green, professor associado na London School of Economics, analisou as obras mais citadas em trabalhos em língua inglesa disponíveis no Google Scholar (ferramenta de pesquisa dedicada à lite-

---

19 Open Syllabus Project, "Open Syllabus Explorer beta 0.4 – Mapping the College Curriculum across 1M+ Syllabi." Disponível em: <http://explorer.opensyllabusproject.org/>. Acesso em 23 de fevereiro de 2017.

ratura acadêmica, criada em 2004, que é desde então uma referência crescente para pesquisas).[20] A investigação constatou que *Pedagogy of the Oppressed* é o terceiro livro mais citado mundialmente na área das Ciências Sociais.

Segundo Green, Paulo Freire é citado 72.359 vezes, atrás apenas do filósofo americano Thomas Kuhn (81.311) e do sociólogo, também americano, Everett Rogers (72.780). Ele é mais referido do que pensadores como o francês Michel Foucault (60.700) e o alemão Karl Marx (40.237).

Estas são as 25 obras de Ciências Sociais em língua inglesa mais citadas, segundo pesquisa de Elliott Green:

Livro	Autor	Data*	Disciplina	Número de citações
The Structure of Scientific Revolution	Thomas Kuhn	1962	Filosofia	81.311
Diffusion of Innovations	Everett Rogers	1962	Sociologia	72.780
Pedagogy of the Oppressed	Paulo Freire	1974/1970	Educação	72.359
Competitive Strategy	Michael E. Porter	1980	Economia	65.406
Imagined Communities	Benedict Anderson	1983	Ciência Política	64.167
Mind in Society	LS Vygotsky	1978	Psicologia	63.809
Discipline and Punish	Michel Foucault	1976/1977	Filosofia	60.700
A Theory of Justice	John Rawls	1971	Ciência Política	58.594
Social Foundations of Thought and Action	Albert Bandura	1986	Psicologia	55.324
The Interpretation of Cultures	Clifford Geertz	1973	Antropologia	48.984
The History of Sexuality (3 volumes)	Michel Foucault	1978-1986	Filosofia	47.955
Situated Learning: Legitimate Peripheral Participation	Jean Lave e Etienne Wenger	1991	Educação	47.627

(Continua)

---

20 Elliott Green, "What are the most-cited publications in the social sciences (according to Google Scholar)?" Disponível em: <http://blogs.lse.ac.uk/impactofsocialsciences/2016/05/12/what-are-the-most-cited-publications-in-the-social-sciences-according-to-google-scholar>. Acesso em 23 de fevereiro de 2017.

Livro	Autor	Data*	Disciplina	Número de citações
The Fifth Discipline	Peter M. Senge	1992	Administração	43.876
Institutions, Institutional Change and Economic Performance	Douglass North	1990	Economia	43.411
Culture's Consequences	Geert Hofstede	1980	Administração	42.144
The Presentation of the Self in Everyday Life	Erving Goffman	1959	Sociologia	40.573
Das Kapital	Karl Marx	1867-1894	Economia	40.237
Distinction: A Social Critique of the Judgement of Taste	Pierre Bourdieu	1984	Sociologia	39.729
The Social Construction of Reality	Peter Berger e Thomas Luckmann	1966	Sociologia	38.845
Metaphors We Live By	George Lakoff e Mark Johnson	1980	Linguística	38.723
Stress Appraisal and Coping	Richard Lazarus e Susan Folkman	1984	Psicologia	38.665
Communities of Practice	Etienne Wenger	1999	Psicologia	37.775
The Economic Institutions of Capitalism	Oliver Williamson	1985	Economia	37.651
Motivation and Personality	Abraham Maslow	1954	Psicologia	37.614
Attachment	John Bolby	1969	Psicologia	37.318

* A data da publicação da primeira edição de livro cujo original não é de língua inglesa foi indicada duas vezes: primeiro listou-se a data de publicação na língua original, depois, a data de publicação em inglês.
Fonte: Elliott Green, "What are the most-cited publications in the social sciences (according to Google Scholar)?", disponível em: <http://blogs.lse.ac.uk/impactofsocialsciences/2016/05/12/what-are-the-most-cited-publications-in-the-social-sciences-according-to-google-scholar>. Acesso em 23 de fevereiro de 2017.

Enfim, em 2016, duas pesquisas demonstraram o impacto da obra de Paulo Freire em nível mundial, consagrando-o como um dos maiores e mais importantes pensadores do mundo atual.

Não há como duvidar que a *Pedagogia do oprimido* é uma referência constante em estudos na área das Ciências Humanas, desde o seu lançamento na língua inglesa, nos EUA, em 1970 e no Brasil, em 1974. Livro-base fundamental para a compreensão do pensamento progressista de Paulo Freire, contém os princípios básicos de toda a sua obra pedagógica, de sua teoria ético-político-antropológico-libertadora.

ID# O reconhecimento público
no Brasil e no mundo

PARTE V

CAPÍTULO 19

Reconhecimentos públicos de governos e de diversas instituições do Brasil e do mundo a Paulo Freire

Patrono da Educação Brasileira

Não resta dúvida de que um dos mais importantes títulos de Paulo Freire foi a sua nomeação como Patrono da Educação Brasileira, através da lei nº 12.612, assinada pela presidente Dilma Rousseff e pelo ministro da Educação Aloizio Mercadante, em 13 de abril de 2012.[1] Através dessa legislação, o Estado o reconhece como o maior educador brasileiro de toda a nossa história.

Foi conversando com minha querida amiga a deputada federal Luiza Erundina – que tem, indiscutivelmente, uma enorme, sensível e profunda capacidade de "escutar" – sobre qual seria uma grande e merecida homenagem a Paulo no ano em que ele completaria 90 anos de nascimento, que ressurgiu, então, esse projeto. Em 2005, Erundina o tinha posto na pauta da Câmara dos Deputados, como decorrência também de uma pretensão minha posta em conversa nossa, mas o mesmo foi arquivado sem discussões. Em 2011, a aceitação e valorização das ideias e práxis de Paulo visivelmente maiores, além de inúmeras comemorações de seus 90 anos provocadas por mim estarem acontecendo em várias partes do mundo, a ideia tomou maior proporção. Assim, foi em nova conversa que nós duas, Nita e Erundina, após uma mesa, em Brasília, que discutiu a condição da mulher no Brasil, da qual participamos, que emergiu novamente a ideia de fazê-lo Patrono da Educação Brasileira. Este, inegavelmente, um sonho tanto meu, e, acredito, da grande maioria de

---

[1] Publicado no Diário Oficial da União, em 16 de abril de 2012.

militantes sociais e educadores e educadoras progressistas do Brasil, quanto de Erundina, a quem Paulo serviu como secretário de Educação em sua gestão democrática na cidade de São Paulo. Tarefa que ele cumpriu com seriedade, criatividade e espírito público, o que lhe rendeu a imensa admiração que a prefeita tem por ele até hoje, bem como a de milhares de educadores de todo o mundo. Admiração que têm todos os educandos e educandas que ensinando aprenderam e usufruíram de sua compreensão libertadora de educação.

Erundina, em abril do ano de 2011, engajou-se e entregou-se com entusiasmo e sem reservas a essa ideia. Apresentou um projeto de lei na Câmara dos Deputados, que foi aprovado na Comissão de Educação e Justiça da Câmara Federal. Encaminhou-o, então, ao Senado Federal, que teve como parecerista o senador Cristovam Buarque, amigo pessoal de Paulo, pernambucano também, educador por vocação, mesmo que engenheiro por formação. Em ambas as casas a proposta foi aprovada por unanimidade.[2]

Para celebrar esse título da mais alta importância para a pessoa de Paulo Freire e para a nação brasileira, a deputada Luiza Erundina promoveu um ato solene no auditório da TV Câmara, no dia 27 de junho de 2012, em Brasília.

Na ocasião, proferi discurso de agradecimento[3] a todos e todas que trabalharam para tornar Paulo o ícone de nossa educação, de maneira enfática e especial à deputada Luiza Erundina, e dela recebi um diploma onde se lê: "Paulo Freire – Patrono da Educação Brasileira." Estiveram presentes nessa homenagem a senadora Marta Suplicy; o deputado federal Newton Lima, então presidente da Comissão de Educação e Justiça da Câmara Federal; o senador Eduardo Suplicy; o senador Rodrigo Rollemberg; o então reitor da Universidade de Brasília (UnB) José Geraldo de Sousa Júnior; a deputada federal Erika Kokay; os professores Venício de Lima, Erasto Fortes Mendonça, Becky Henriette Gonçalves Milano e Alípio Casali, entre outras personalidades.

Recebi inúmeras cartas de felicitações por este novo título de Paulo, entre as quais reproduzo:

> Que beleza, Nita! Não é só o Paulo Freire recebendo o prêmio. É o Brasil dizendo que merece Paulo Freire.
> Um abraço, com carinho,
> Chico [Francisco Buarque de Holanda]
>
> Querida Ana Maria,
> Agradecemos seu e-mail no qual nos comunica a justa homenagem ao grande Paulo Freire – Patrono da Educação no Brasil.

---

2 Conferir textos meus: "Devo dizer", no livro *Professora, sim; tia, não*, e, "Preciso dizer", no livro *À sombra desta mangueira*, ambos de Paulo Freire.
3 Tal discurso está reproduzido no Apêndice IV deste livro.

Esta justa homenagem se deve ao imenso valor do homenageado e à obstinação da querida amiga em divulgar a extraordinária obra do seu saudoso marido, nosso querido amigo Paulo Freire.
Do Carmo e Armando Monteiro Filho.

Querida Nita,
Meus Parabéns! Paulo bem merece ser Patrono da Educação do Brasil. Eu não tenho a menor dúvida de que ele será também homenageado como Patrono da Educação do Mundo. Também não tenho a menor dúvida de que esta merecida homenagem não se concretizaria sem o seu grande esforço, a sua incondicional dedicação e o seu grande amor por ele.
Um abraço,
Donaldo [Macedo][4]

Nita
Agora é hora de que Paulo Freire seja reconhecido como Patrono da Educação Mundial!
Abraço,
Alípio [Casali]

Parabéns a você também, Nita. Você é parte desse mérito.
O reconhecimento oficial nacional, desde há muito, era exigido do país.
Abraço do Antonio Chizzotti.

Homenagem mais do que justa que não poderia tardar. Há que ser aproveitada a onda contínua do despertar da consciência política da sociedade, não só para retirar a verdadeira história dos desvãos ditatoriais, como também um preito à memória dos verdadeiros heróis nacionais recentes.
[Fernando de] Santa Rosa

Tia Nita,
Estou muito feliz com essa merecida nomeação, porque se estabelece com ela a fonte inspiradora dos rumos da nossa educação. Assim fica mais presente a luz de Paulo Freire!
Que bom!
Que sorte a sua poder ter compartilhado tão de perto a presença dele.
Um beijo grande
Claudia Arruda Mortara

---

4   Imediatamente respondi a Alípio e Donaldo, dizendo que eles tinham sonhado mais do que eu, mas concordava com eles! Paulo deveria mesmo ser o Patrono da Educação Mundial.

"Obrigada, Nita. Grande reconhecimento, enfim. Você tem muito a ver com essa luta.

Um beijo,
Silke [Weber]

Declara o educador Paulo Freire Patrono da Educação Brasileira.

O **Congresso Nacional** decreta:

Art. 1º O educador Paulo Freire é declarado Patrono da Educação Brasileira.
Art. 2º Esta Lei entra em vigor na data de sua publicação.

Senado Federal, em 26 de março de 2012.

―――――――――――――――――
Senador José Sarney
Presidente do Senado Federal

Mensagem nº 25 (SF)

Excelentíssima Senhora Presidente da República,

Submeto à sanção de Vossa Excelência o Projeto de Lei da Câmara nº 50, de 2011 (PL nº 5.418, de 2005, na Câmara dos Deputados), que "Declara o educador Paulo Freire Patrono da Educação Brasileira", aprovado pelo Senado Federal, em revisão.

Senado Federal, em 26 de março de 2012.

―――――――――――――――――
Senador José Sarney
Presidente do Senado Federal

LEI Nº 12.612, DE 13 DE ABRIL DE 2012.

> Declara o educador Paulo Freire Patrono da Educação Brasileira.

A PRESIDENTA DA REPÚBLICA
Faço saber que o Congresso Nacional decreta e eu sanciono a seguinte Lei:

Art. 1º O educador Paulo Freire é declarado Patrono da Educação Brasileira.

Art. 2º Esta Lei entra em vigor na data de sua publicação.

Brasília, 13 de abril de 2012; 191º da Independência e 124º da República.

Mensagem nº 132

Senhores Membros do Congresso Nacional,

Nos termos do art. 66 da Constituição, comunico a Vossas Excelências que acabo de sancionar o projeto de lei que "Declara o educador Paulo Freire Patrono da Educação Brasileira". Para o arquivo do Congresso Nacional, restituo, nesta oportunidade, dois autógrafos do texto ora convertido na Lei nº 12.612, de 13 de abril de 2012.

Brasília, 13 de abril de 2012.

▌Fac-símile da Lei n. 12.612, que decreta ser Paulo Freire o Patrono da Educação Brasileira.

Patrono da Educação do Distrito Federal

Paulo Freire tornou-se Patrono do Distrito Federal, pela lei distrital 4.641 de 21 de setembro de 2011, de autoria do deputado Patrício. Segue a íntegra da lei:

> **Declara o educador Paulo Freire Patrono da Educação do Distrito Federal**
> O GOVERNADOR DO DISTRITO FEDERAL, FAÇO SABER QUE A CÂMARA LEGISLATIVA DO DISTRITO FEDERAL DECRETA E EU SANCIONO A SEGUINTE LEI:
> Art. 1º Fica declarado Patrono da Educação do Distrito Federal o educador Paulo Freire.
> Art. 2º Esta Lei entra em vigor na data de sua publicação.
> Art. 3º Revogam-se as disposições em contrário.
> Brasília, 21 de setembro de 2011
> 123º da República e 52º de Brasília
> AGNELO QUEIROZ

Patrono da Educação de Sergipe

Publicada no Diário Oficial nº 26.405, do dia 20 de janeiro de 2012, a lei ordinária de nº 7382, de 3 de janeiro de 2012, declara o professor Paulo Freire Patrono da Educação Sergipana.

> O GOVERNADOR DO ESTADO DE SERGIPE, EM EXERCÍCIO, faço saber que a Assembleia Legislativa do Estado aprovou e que eu sanciono a Lei: Lei Ordinária Nº 7382, de 3 de janeiro de 2012, que declara o professor Paulo Freire Patrono da Educação Sergipana, por iniciativa da Deputada Ana Lúcia – (PT).
> Data de publicação no sistema: 18 de março de 2021
> JACKSON BARRETO DE LIMA GOVERNADOR DO ESTADO EM EXERCÍCIO

Patrono da Educação de Pernambuco

O deputado estadual professor Paulo Dutra (PSB) apresentou e conseguiu a aprovação da lei nº 16.818, de 16 de março de 2020, que declara Paulo Freire Patrono da Educação de Pernambuco.

> O GOVERNADOR DO ESTADO DE PERNAMBUCO, faço saber que a Assembleia Legislativa decretou e eu sanciono a seguinte Lei:

Art. 1º Fica declarado o Educador Paulo Freire como Patrono da Educação Pernambucana.
Art. 2º Esta Lei entra em vigor na data de sua publicação.
Palácio do Campo das Princesas, Recife, 16 de março do ano de 2020, 204º da Revolução Republicana Constitucionalista e 198º da Independência do Brasil.
PAULO HENRIQUE SARAIVA CÂMARA, Governador do Estado
Data de publicação no sistema: 25 de março de 2020

A anistia política concedida a Paulo Freire *post mortem*, em 2009

Na verdade Paulo nunca reivindicou perdas sofridas ou direitos usurpados pelo Estado Brasileiro.

Em 2006, alertada de que eu, mesmo não tendo vivido o exílio com Paulo, poderia solicitar da Comissão de Anistia do Ministério da Justiça o reconhecimento da condição de exilado político dele, o fiz na qualidade de sua dependente sob o ponto de vista jurídico.

Em 14/9/2006 assinei contrato com meus advogados, processo n. 2007.01.57548, protocolado em 19/4/2007, com data de Atuação do dia 20/4/2007; e publicado no Diário Oficial da União, a respeito da aceitação da condição de Anistiado Político, em 11 de fevereiro de 2010.

O julgamento e a concessão a Paulo Freire de Anistiado Político, realizou-se em Brasília, em 26/11/2009, na 31ª Caravana da Anistia, no Auditório Máster do Centro de Convenções Ulysses Guimarães, durante o Fórum Mundial de Educação Profissional e Tecnológica, na presença de 5 mil educadores.

Na ocasião, Paulo Abrão Pires Junior, presidente da Comissão de Anistia do Ministério da Justiça, pediu desculpas, em nome do governo brasileiro, a Paulo Reglus Neves Freire e ao povo brasileiro, que não pôde ter sido alfabetizado nos anos 1960, diante do golpe de Estado de 1º de abril de 1964.

Plataforma Freire

Na gestão do ministro da educação Fernando Haddad, foi criado, em 9 de julho de 2009, o Plano Nacional de Formação dos Professores da Educação Básica com o objetivo de abrir as portas para os professores da educação básica pública no Brasil, no exercício do magistério, nas instituições públicas de ensino superior. Para viabilizar este Plano foi criada a Plataforma Paulo Freire na qual os/as interessados/as deveriam, obrigatoriamente, se inscrever. No ano de criação, o Ministério da Educação e Cultura (MEC) disponibilizou 57.828 vagas para a formação inicial de professores.

Na década de 2020, a Plataforma Freire foi relançada pela Coordenação de Aperfeiçoamento de Pessoal de Nível Superior (Capes), no governo Lula

(2023-2026), pois, durante os anos do governo Bolsonaro (2019-2022), a mesma havia sido renomeada "Plataforma Capes de Educação Básica" – ação que traduz a ideologia de direita que dominava o Brasil. Além da plataforma ter perdido seu nome, perdeu também seu ímpeto criador. Assim, o MEC e a Capes voltam a usar o nome de Paulo Freire em sua ferramenta de gestão dos programas de formação de professores da educação básica. Na ocasião, a seguinte notícia foi veiculada no site oficial do governo:

> O Ministério da Educação (MEC) e a Coordenação de Aperfeiçoamento de Pessoal de Nível Superior (Capes) anunciaram o retorno do nome do educador Paulo Freire a uma importante ferramenta de gestão dos programas de formação de professores para a educação básica. Ao renomear a Plataforma Capes de Educação Básica como Plataforma Freire, o Governo Federal presta homenagem a um brasileiro que está entre as pessoas mais reconhecidas na área em todo o mundo. O sistema também reúne quase 700 mil currículos de estudantes, professores, gestores e secretários de Educação.
>
> O relançamento ocorreu em 13 de abril, data que representa os 11 anos da Lei nº 12.612/12, que reconheceu Paulo Freire como Patrono da Educação Brasileira. O nome ressalta a importância da Plataforma, local em que secretarias estaduais e municipais de Educação aprovam inscrições de professores do Programa Nacional de Formação de Professores da Educação Básica (Parfor) e habilitam as escolas dos Programas Institucional de Bolsas de Iniciação à Docência (Pibid) e de Residência Pedagógica. Também é por meio dela que os coordenadores dos projetos realizam a gestão das instituições de ensino superior.
>
> A secretária-executiva do MEC, Izolda Cela, classificou a retomada da nomenclatura original da Plataforma como uma ação que coloca "as coisas em seus devidos lugares". Ela complementou que a ferramenta ajuda a "articular muito bem essas ações com aquilo que o Ministério da Educação tem afirmado como uma das prioridades fortes, essenciais, desta gestão, que é a melhoria das escolas que recebem nossas crianças, nossos jovens". O cadastro do currículo no sistema é a porta de entrada para a participação em atividades voltadas à formação de professores. É um ambiente em que os educadores podem divulgar suas produções técnicas e acadêmicas.
>
> Mercedes Bustamante, presidente da Capes, afirmou ser "significativo" que o evento fosse realizado na Fundação. Afinal, a Agência atua tanto na pós-graduação quanto na formação de professores para a educação básica. A gestora destacou o simbolismo do momento, que junta a visão de Paulo Freire, nome de destaque na educação básica e criador de um método de alfabetização para adultos, com a de Anísio Teixeira, idealizador e primeiro presidente da Capes, de 1951 a 1964. Para ela, a Plataforma Freire "vem sendo aperfeiçoada a partir de uma visão sistêmica de educação". (*Assessoria de Comunicação Social do MEC, com informações da Capes*. Publicado em 17/04/2023)

A Plataforma Freire é a cara, o retrato do governo Lula, em relação ao ensino básico oficial do país. Ao pôr em prática a teoria de Paulo Freire, pondo à vista da população a grandeza da pessoa e do pensador do Recife, o governo federal, sem tomar para si a tarefa da educação básica, que é dos municípios e dos estados, expõe, as infinitas possibilidades da dialética do diálogo na teoria freireana.[5]

Homenagens ao homem e ao educador Paulo Freire

Títulos de Doutor Honoris Causa[6]

Paulo Freire é o brasileiro detentor do maior número de títulos de *Doutor Honoris Causa*[7] outorgado por instituições acadêmicas brasileiras e do exterior. A ele foram conferidos os seguintes títulos:

1. The Open University, Universidade Aberta de Londres, Inglaterra, em 23 de junho de 1973; 2. Université Catolique de Louvain, Louvain, Bélgica, em fevereiro de 1975; 3. University of Michigan – Ann Arbor, Michigan, Estados Unidos: Doutor em Leis, por iniciativa do jovem professor Doutor em Educação Loren S. Barritt, em 29 de abril de 1978;[8] 4. Université de Genève, Genebra, Suíça: grau de Doutor em Ciências da Educação, por iniciativa do professor Doutor Pierre Furter, em 6 de junho de 1979; 5. New Hampshire College, New Hampshire, Estados Unidos: Doutor em Letras Humanas, quando presidente [reitor] Sr. Edward Shapiro, Doutor em Letras Humanas, em 29 de julho de 1986; 6. Universidade Federal de Santa Maria, Santa Maria, Rio Grande do Sul, Brasil, concedido pelo reitor e pelo parecer n. 39/86 da 387a sessão do Conselho Universitário, "pela valiosa contribuição prestada à Educação Brasileira e à Universidade Federal de Santa Maria", em 8 de maio de 1987; 7. Universidad Mayor de San Simon, Cochabamba, Bolívia, por Resolução do Conselho Universitário n. 47/87, de 25 de maio de

---

5 CAPES, "Plataforma Freire é relançada", 14 abr. 2023. Disponível em: <www.gov.br/capes/pt-br/assuntos/noticias/plataforma-freire-e-relancada>.
6 Paulo recebeu em vida 34 diplomas, 26 durante o nosso casamento, quase todos a mim ofertados amorosamente por ele na própria cerimônia. Depois de sua morte recebi mais 6 títulos de Doutor *Honoris Causa* em seu nome. Em 26 de outubro de 2013 Paulo detinha 40 títulos de Doutor *Honoris Causa* e mais 4 títulos de Professor Emérito e 1 de Investigador Emérito.
7 Obtive o seguinte resultado em pesquisa que realizei na busca dessa titulação entre os mais contemplados do Brasil, com esta honraria acadêmica até 31/12/2014: Paulo Freire detinha 41 títulos de D.H.C. e mais 5 títulos Honoríficos. Dom Helder Câmara detinha 32 títulos de D.H.C.; o ex-presidente da República Fernando Henrique Cardoso detinha 29 títulos de D.H.C. e o também ex-presidente Luiz Inácio Lula da Silva detinha 28 títulos de D.H.C.
8 O então vice-presidente de Jimmy Carter (dos Estados Unidos), Walter Mondale (1977-1981), recebeu também na mesma cerimônia, o mesmo título, e posteriormente escreveu a Paulo a seguinte carta, sem data: "Prezado Dr. Freire. Parabéns pelo recebimento recente do Grau Honorário da Universidade de Michigan. Foi um prazer estar com o senhor e uma particular honra ter compartilhado o reconhecimento do dia com você. Eu sempre admirei o seu trabalho e as ideias que você criou e que hoje têm tantos seguidores. Com minhas calorosas considerações. Walter Mondale."

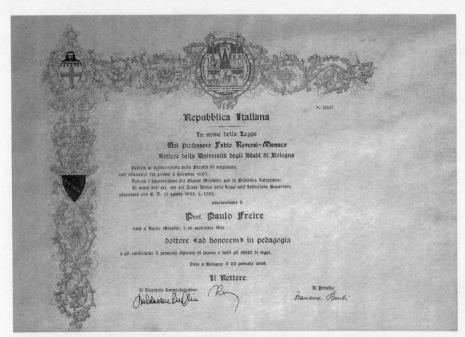

Fac-símile do diploma de Doutor *Honoris Causa* concedido pela Universidade de Bolonha a Paulo Freire.

Eu e Paulo após a cerimônia de entrega de seu título de Doutor *Honoris Causa* pela Universidade Complutense de Madri (à esquerda) e diploma de Doutor *Honoris Causa* concedido pela Unicamp (à direita).

1987, através do Conselho Facultativo de Humanidades e Ciências da Educação, como "justo reconhecimento a tão ilustre pedagogo brasileiro, por sua contribuição à cultura e pedagogia que impulsiona o espírito de liberdade dos povos", quando Reitor o professor Doutor Jorge Trigo Andia, em 29 de maio de 1987; 8. Universidade de Barcelona,[9] Espanha, Doutor em Educação,[10] por iniciativa do professor doutor Ramón Flecha, em 2 de fevereiro de 1988; 9. Universidade Estadual de Campinas, São Paulo, Brasil, por deliberação do Conselho Diretor, em sessão realizada em 16 de dezembro de 1986, quando reitor o professor doutor Paulo Renato Costa Souza, Cidade Universitária Zeferino Vaz, em 27 de abril de 1988; 10. Pontifícia Universidade Católica de Campinas, São Paulo, Brasil, quando reitor o professor doutor Eduardo José Pereira Coelho, em 27 de setembro de 1988; 11. Universidade Federal de Goiás, Goiânia, Brasil, "em reconhecimento aos seus avultados méritos no campo do saber, da cultura e das letras", quando reitor o professor Joel Pimentel de Ulhôa, Resolução n. 10/88 de 28 de setembro de 1988, em 11 de novembro de 1988; 12. Pontifícia Universidade Católica de São Paulo, São Paulo, Brasil, "por sua relevante produção intelectual e atuação pioneira na área de educação de adultos, sua decisiva contribuição ao desenvolvimento da educação nos âmbitos nacional e mundial, sua defesa da autonomia universitária e sua colaboração acadêmica à nossa Universidade e como demonstração do respeito e carinho que lhe dedica a Pontifícia Universidade Católica de São Paulo, por deliberação do Conselho Universitário tomada na sessão realizada em 31 de agosto de 1988, aprovada pelo Eminentíssimo Sr. Cardeal Paulo Evaristo Arns, Arcebispo Metropolitano de São Paulo e Grão-Chanceler da referida instituição, quando Reitor Professor Dr. Luiz Eduardo Wanderley", em 23 de novembro de 1988; 13. Universidade de Bolonha,[11] Bolonha, Itália. Doutor em Pedagogia, quando reitor o professor Roversi Mônaco, por deliberação da Faculdade de Magistério, em 2 de dezembro de 1987, conforme aprovação do Sr. ministro da Instrução Pública da Itália, de acordo com o artigo 169 – Texto Único da Lei de Instrução Superior n. 1592, de 31 de agosto de 1933, em 23 de janeiro de 1989; 14. Universidade de Claremont, Claremont-CA, Estados Unidos: Doutor em Leis, quando presidente John David Maguirre, em 13 de maio de 1989; 15. Instituto Piaget, Lisboa, Portugal, em 11 de novembro de 1989; 16. Universidade de Massachusetts, Amherst, Mass., Esta-

---

9 No livro que a Universidade publicou com os discursos de Paulo e do professor Jaume Trilla i Bernte, Paulo assim dedicou um exemplar a mim: *"Nita, este é o terceiro doutoramento honoris causa que recebo sem Elza já no mundo. É o primeiro que recebo no horizonte de teu amor. Receba-o também como teu. Paulo."* Infelizmente, este diploma não ficou, como Paulo expressou no discurso, sob a minha tutela e guarda.

10 O título de Doutor *Honoris Causa* em Educação concedido pela Universidade de Barcelona a Paulo é o único outorgado por esta Universidade na área de educação, até o dia 31 de maio de 2005, conforme me informou o professor proponente do título, Dr. Ramón Flecha.

11 Quando a Universidade de Bolonha comemorou os 900 anos de sua fundação e funcionamento contemplou dois brasileiros com o título de Doutor *Honoris Causa*. Paulo, na área de educação, e José Aristodemo Pinotti, na área de medicina.

dos Unidos. Doutor em Leis, em 26 de maio de 1990; 17. Universidade Federal do Pará, Belém do Pará, Pará, Brasil. Resolução 571 de 21 de dezembro de 1990, do Conselho Universitário, quando reitor o professor doutor Nilson Pinto de Oliveira, em 15 de novembro de 1991; 18. Universidade Complutense, Madri, Espanha: Doutor em Educação, "conforme a proposta formulada pela Faculdade de Educação – Centro de Formação do Professorado, e em virtude do acordo tomado pelas Junta de Governo desta Universidade em sua sessão do dia 22 de novembro de 1991, em atenção aos relevantes méritos científicos", em 16 de dezembro de 1991; 19. Universidade de Mons-Hainaut, Mons, Bélgica, proposto pela Faculdade de Ciências Psicopedagógicas, de acordo com os artigos 3 e 17 de 18 de abril de 1953, e dos artigos 6 e 7 da Resolução Real de 30 de setembro de 1964, em 20 de março de 1992; 20. Wheelock College, Boston, Mass., Estados Unidos: Doutor em Educação, em 15 de maio de 1992; 21. Universidade de El Salvador, San Salvador, El Salvador, "Por sua valiosa colaboração à educação dos povos do mundo, que se potencializam através dos ensinamentos: a transformação consciente e crítica da sociedade na busca de sua libertação, paz e democracia", quando presidente da universidade José Maria García Rodriguez, em 3 de julho de 1992; 22. Fielding Institute, Santa Bárbara, Califórnia, Estados Unidos: Doutor em Letras Humanas, por proposta do Prof. Dr. Peter Park, em 6 de fevereiro de 1993; 23. Universidade Federal do Rio de Janeiro, Rio de Janeiro, Rio de Janeiro, Brasil: por deliberação unânime do Conselho Universitário, tomada em sessão de 15 de dezembro de 1988, em 30 de abril de 1993; 24. Universidade de Illinois, Chicago, Illinois, Estados Unidos. Doutor em Letras Humanas, em 9 de maio de 1993; 25. Universidade Federal de Uberlândia, Uberlândia, Minas Gerais, Brasil, em reconhecimento ao seu trabalho e luta por uma educação para a liberdade e solidariedade entre os homens, em conformidade com a soberana deliberação de seu Conselho Universitário, que mandou expedir o diploma, aos 27 de maio de 1994, quando reitor o professor Nestor Barbosa de Andrade, em 13 de junho de 1994; 26. Universidade Federal do Rio Grande do Sul, Porto Alegre, Rio Grande do Sul, Brasil. Por iniciativa do Prof. Dr. Balduíno Andreola "considerando os méritos insignes de sua obra e de seu compromisso como educador", em 20 de outubro de 1994; 27. Universidade Federal Rural do Rio de Janeiro, Seropédica, Rio de Janeiro, Brasil, por deliberação do Conselho Universitário, concedido em 14 de setembro de 1993, entregue em 6 de dezembro de 1994; 28. Universidade de Estocolmo, sob os auspícios do Rei Carlos Gustavo XV, Estocolmo, Suécia. Doutor em Filosofia, em 29 de setembro de 1995. Entregue em sessão solene na PUC-SP, em São Paulo, pelos professores doutores da universidade sueca Arvid Loefberg e Birjitta Qvarsell, em 17 de outubro de 1995; 29. Universidade Federal de Alagoas, Maceió, Alagoas, Brasil, concedido por unanimidade, por seu Conselho Universitário "por se constituir, através de sua obra, num marco referencial na construção da história educacional brasileira e mundial e pelo resgate da relação entre Educação e Cidadania", em 25 de janeiro de 1996; 30. Universidade de Nebraska,[12] Omaha, Nebraska, Estados Unidos. Doutor em Letras Humanas, em 19 de março de 1996; 31. Universidade Nacional de San Luis, Argentina. Resolução 169/96, por iniciativa do Professor Doutor Roberto Iglesias, em 16 de agosto de 1996; 32. Universidade Federal Fluminense, Niterói, Rio de Janeiro, Brasil. Resolução 116/95 de 30 de agosto de 1995, em reconhecimento "aos seus relevantes serviços prestados à causa da Educação", em 27 de agosto de 1996; 33. Universidade Federal de Juiz de Fora,[13] Juiz de Fora, Minas Gerais, Brasil. Resolução 32/95, de 4 de agosto de 1995, do Egrégio Conselho Universitário: "pela eminência de sua contribuição ao pensamento pedagógico brasileiro", em 21 de novembro de 1996; 34. Universidade de Lisboa, Lisboa, Portugal, concedido pelo reitor Prof. Dr. Virgílio Alberto Meira Soares, em 10 de janeiro de 1996. Entregue em sessão solene na PUC-SP, São Paulo, pelo professor dessa Universidade Dr. António Nóvoa, em 27 de novembro de 1996;[14]

Na qualidade de viúva e sucessora da obra de Paulo Freire, fui convidada a receber – *in memoriam* – os seguintes títulos de doutor *Honoris Causa* a Paulo Freire concedidos:

35. Universidade Carl von Ossietzky,[15] Oldenburgo, Alemanha. Doutor em Filosofia, "em apreciação a seus méritos na teoria e na prática para uma pedagogia libertadora, por ousar uma utopia do amor e justiça universal, por uma pedagogia da esperança e por seu trabalho científico a serviço da alfabetização e da conscientização política", concedido em 12 de março de 1997, quando decano da universidade o professor doutor Wolf-Dieter Scholz e presidente o professor doutor Michael Daxner, a mim entregue em 7 de julho de 1997; 36. Universidade Nacional de Rio Cuarto, Córdoba, Argentina. Reso-

---

12 Na mesma cerimônia foi entregue também o título de Doutor *Honoris Causa* ao teatrólogo brasileiro do Teatro do Oprimido, Augusto Boal.
13 Estive junto a Paulo em todas as cerimônias de doutoramento a ele outorgado após nosso casamento, com exceção deste concedido pela Universidade Federal de Juiz de Fora, porque, estando de luto, não pude viajar com ele para Minas Gerais.
14 Estava acertada uma nova cerimônia na Universidade de Lisboa, para maio de 1997, na qual Paulo faria algumas conferências e seria ratificada a outorga do título de Doutor *Honoris Causa*, entregue no Brasil. Infelizmente isso não ocorreu, pois Paulo adoeceu e poucos dias depois, em 2 de maio de 1997, veio a falecer.
15 Carl von Ossietzky foi um jornalista alemão que recebeu o Prêmio Nobel da Paz de 1935. Faleceu em 4 de maio de 1938.

lução 142 de 4 de novembro de 1997 , "por merecida distinção à sua extraordinária qualidade humana e pedagógica, ao seu equilíbrio e humildade, à sua enorme vitalidade e tenacidade, ao seu compromisso de vida por todos os pobres, ao seu esforço por restabelecer a esperança de uma sociedade melhor e ajudar a construí-la, condições que o mostraram como uma pessoa que sobrepondo-se às dificuldade e aos obstáculos conjunturais teve a capacidade e o talento para gerar da educação propostas superadoras que o converteram num dos referenciais indissociáveis da pedagogia universal e no mestre contemporâneo mais importante de nossa terra latino-americana", a mim entregue em 20 de novembro de 1997; 37. Universidade de Chapman, Califórnia, Estados Unidos. Doutor em Letras Humanas, concedido em maio de 1996, por iniciativa do professor doutor Tom Wilson, a mim entregue em 4 de dezembro de 1998;[16] 38. Universidade do Algarve, Faro, Portugal, por iniciativa do Prof. Dr. João Viegas Fernandes, quando reitor o professor doutor Adriano Lopes Gomes Pimpão, a mim entregue no Faro, em 26 de maio de 1999; 39. Universidade de Havana, Cuba. Doutor em Pedagogia, "em reconhecimento à sua obra extraordinária dedicada à luta constante em defesa dos despossuídos mediante a educação e em especial seu programa de alfabetização", ministro da Educação Superior Dr. Fernando Vecino Alegret e Reitor Dr. Juan Vela Valdés, a mim entregue em 5 de fevereiro de 2003;[17] 40. Universidade de Brasília, Brasília, D.F., Brasil: Doutor em Educação, subscrita pelo Professor Dr. Erlando da Silva Rêses, coordenador do Centro de Memória Viva – Documentação e Referência em Educação Popular, Educação de Jovens e Adultos e Movimentos Sociais do D.F. da Faculdade de Educação (UnB), tendo sido aprovada na Faculdade de Educação e nas instâncias superiores da UnB, na gestão do reitor José Geraldo de Sousa Júnior, em 6 de outubro de 2011; 41. Universidade Nacional de Lanús, Lanús, Argentina. *Doctor Honoris Causa posmortem*, quando Reitora Dra. Ana Maria Jaramilho, a mim en-

---

16 Na ocasião inaugurei um busto de Paulo no campus. Em 2014 fiz oficialmente doação de pequeno acervo de Paulo à esta universidade.
17 Pela primeira vez na história de Paulo, esse título foi conferido com a presença das mais altas autoridades educacionais do país: o ministro da Educação de Cuba, Luis Ignacio Gómez Gutierrez; o ministro da Educação Superior, Dr. Fernando Vecino Alegret; os vice-ministros da Educação de outros níveis de ensino, além do reitor Juan Vela Valdés. Estava também presente o representante do Ministério da Educação de Cuba no Brasil, Victor Manuel, que tendo vindo à minha casa em São Paulo para fazer o convite, após meu aceite, viabilizou minha ida a Cuba. Na ocasião me foi ofertada a medalha comemorativa dos 270 anos da fundação da Universidade de Havana. Esse título de Doutor *Honoris Causa* teria sido entregue a Paulo na viagem que teríamos feito em 3 de maio de 1997 a esse país caribenho, acompanhados do cônsul de Cuba, em São Paulo, Sr. Rafael Hidalgo e esposa. Esta viagem foi suspensa uma semana antes devido aos problemas de saúde de Paulo, que infelizmente acarretaram a sua morte, em 2 de maio de 1997.

tregue em 22 de setembro de 2014; 42. Universidade Estadual de Pernambuco, Recife, Pernambuco, Brasil. "Imortalizado como Patrono da Educação Brasileira, o recifense Paulo Reglus Neves Freire completou no domingo (19) 100 anos de seu nascimento. Dentro das comemorações dos seus 30 anos de fundação, a Universidade de Pernambuco celebrará esta data histórica com a outorga do título de Doutor *Honoris Causa (in memoriam)* ao menino que foi alfabetizado embaixo de uma mangueira no quintal de casa no bairro de Casa Amarela e que influenciou professores do mundo inteiro. A entrega do título de Doutor *Honoris Causa* da UPE ao brasileiro que mais recebeu esta distinção de universidades internacionais acontecerá no dia 7 de outubro de 2021, em cerimônia online, pelo reitor Pedro Henriques de Barros Falcão. Falecido no dia 2 de maio de 1997, Paulo Freire será representado por familiares na cerimônia da UPE que acontecerá na sala do Conselho Universitário na sede da reitoria. O discurso panegírico será feito pelo filho Lutgardes Costa Freire [que não conseguiu, infelizmente, contato e não pode falar sobre seu pai] e o discurso congratulatório pela viúva Ana Maria Araújo Freire. Em 7 de outubro de 2021."; 43. Universidade do Estado do Pará (Uepa), Belém, Pará, Brasil. Foi entregue "à professora Ana Maria Araújo Freire o título Doutor *Honoris Causa*, concedido a Paulo Freire, *in memoriam*, em solenidade integrada à cerimônia de abertura do Seminário Estadual alusivo ao Centenário Paulo Freire, realizado pela Assembleia Legislativa do Pará (Alepa), na noite desta quarta-feira, 17. A cidade de Belém compõe esse mapa de reflexões e mobilizações em torno dos princípios freireanos, desde longa data iniciados por Ivanilde Apoluceno de Oliveira, sobre o ato de ensinar e, principalmente, sobre como ser no mundo. Nesse mosaico de homenagens, na Universidade do Estado do Pará (Uepa), o coordenador adjunto do Núcleo de Educação Popular Paulo Freire (NEP) e integrante da Cátedra Paulo Freire, Prof. João Colares. relembrou que a concessão do *honoris causa* a Paulo Freire ocorreu após intensa mobilização da comunidade acadêmica da Uepa, promovida pelo NEP (Ivanilde Apoluceno de Oliveira) e a cátedra, em aliança com diversas instituições, organizações e movimentos da sociedade civil. Com o recebimento de um dossiê de mais de 200 páginas, a proposta foi aprovada no Conselho Universitário (Consun) da Uepa, na reunião do dia 11 de setembro de 2019." Recebido por mim em 17 de setembro de 2021; 44. Universidade Federal Rural de Pernambuco, Recife, Pernambuco, Brasil. Foi celebrado "o 109º aniversário de fundação dos cursos de graduação que deram origem a instituição, fundada em 3 de novembro de 1912, início do século XX, em Olinda – PE. Esta Universidade no dia 11/11, outorgou ao professor doutor Paulo Reglus Neves Freire *(in memoriam)* o Título Honorífico de Doutor *Honoris Causa*, concedido por meio da Resolução nº 60/2020, dos Conselhos Superiores. A concessão, que também marca o centenário do Patrono da Educação, atende à proposição da professora Monica Lopes Folena Araújo, lotada no Departamento de Educação e coordenadora da Cátedra Paulo Freire na UFRPE, que atua numa perspectiva de educação freireana, fomentando a construção do conhecimento com os estudantes de graduação e pós-graduação numa perspectiva de educação renovadora, dialógica, justa e igualitária, fortalecendo a perspectiva educacional defendida e praticada pela instituição." Em 11 de novembro de 2021; 45. Centro de Estudios Latinoamericanos de Educación Inclusiva (CELEI), Chile, atribuído, unanimemente, a Paulo Freire por sua contribuição à Pedagogia Crítica e Justiça Social, pelo Conselho Superior do CELEI, na sua sessão de 27 de agosto de 2021 através do Decreto Institucional 047-9-2021-2, assinado pela secretária e pelo diretor fundador, ambos do CELEI. A mim entregue em cerimônia virtual, em 12 de novembro de 2021; 46. Universidade Federal de São Paulo (Unifesp), entregou ao filho de Paulo Freire, Lutgardes Costa Freire, pelas mãos da sua reitora o título de Doutor *Honoris Causa*, em 7 de outubro de 2022.

Outros títulos acadêmicos honoríficos conferidos a Paulo Freire[18]

47. Universidade Federal de Pernambuco, Recife, Pernambuco, Brasil. Título de Professor Emérito, "em reconhecimento aos relevantes serviços que prestou ao ensino e à pesquisa, nesta Universidade", quando reitor George Browne, em 13 de dezembro de 1984; 48. Universidade Northeastern, Boston, Mass., Estados Unidos. Título de Distinguished Educator: "eloquente voz, para uma Pedagogia da Libertação e da Esperança", por iniciativa do Prof. Dr. James Fraser, em 14 de março de 1994; 49. Fundação das Escolas Unidas do Planalto Catarinense (Uniplac), Lajes, Santa Catarina, Brasil. Título de Professor Emérito, por Resolução do Egrégio Conselho Diretor, "por seus altos méritos pessoais e pelos serviços de inestimável relevância prestados ao estado de Santa Catarina, à nação brasileira e à humanidade", quando presidente Nara Maria Khun Gocks, em 10 de julho de 1995; 50. Fundação Joaquim Nabuco de Ciências Sociais, Recife, Pernambuco, Brasil. Título de Investigador Emérito, em 17 de dezembro de 1996; 51.Universidade de São Paulo , Faculdade de Educação , São Paulo, São Paulo, Brasil. Título de Professor Emérito, por iniciativa da sua, então, diretora Lisete Regina Gomes Arelaro, em 19 de setembro de 2013.

---

18 Todos esses títulos foram recebidos pessoalmente por Paulo.

Títulos de Doutor Honoris Causa não recebidos por Paulo Freire, por doença ou por causa de sua morte

Paulo Freire deixou de receber, por motivo de doença, por sua morte e até por rejeição à sua incompreendida ideologia humanista,[19] os seguintes títulos honoríficos de mais alto grau:

1. Universidade de Málaga, Málaga, Espanha, concedido pela Faculdade de Ciências da Educação.[20] A cerimônia para entrega do título já estava marcada e confirmada por Paulo, para 2 de junho de 1997; 2. Universidade Laval, Quebec, Canadá, através da Escola de Serviço Social,[21] com cerimônia marcada para abril de 1994, adiada por motivo de doença; 3. Universidade de São Francisco, Califórnia, Estados Unidos: Doutor em Letras Humanas, entrega marcada para 20 de maio de 1994, adiada por motivo de doença;[22] 4. Berea College, Berea, Kentucky, Estados Unidos: Doutor em Letras Humanas, a ser entregue em maio de 1995,[23] postergada para maio de 1996; 5. Universidade

---

19 Em 1988, quando Paulo foi receber o título de Doutor *Honoris Causa* da Universidade de Barcelona, professores/as espanhóis contaram a ele que seu nome tinha sido aprovado para receber essa mesma honraria da Pontifícia Universidade de Salamanca (Universidad Pontifícia de Salamanca), Espanha. Entretanto, o Vaticano respondeu à consulta de praxe, dentro do espírito de sectarismo da Congregação para a Doutrina da Fé, com a mesma carga reacionária na qual foram silenciados Dom Helder Câmara e o então frei Leonardo Boff. Assim, negou a outorga aprovada em todas as instâncias acadêmicas dessa universidade porque Paulo tinha seu nome ligado à teologia da libertação, e era, portanto, sob a perspectivada da ideologia reacionária da Igreja Católica, um comunista indigno de receber tal honraria. Sua prática autenticamente humanista e libertária não era entendida como tal. Contraditoriamente, o primeiro título de meu marido vindo de um país regido pelo sistema comunista só aconteceria em 2003, com o diploma da Universidade de Havana, portanto muito posteriormente a essa lamentável decisão da cúpula da Igreja Católica Apostólica Romana e, lamentavelmente, após a sua morte.
20 Era então decano da Faculdade de Educação da Universidade de Málaga o Dr. Antonio Fortes Ramirez.
21 A iniciativa desse título partiu dos professores Jaques Laforest e Denis Fortin, quando era reitor da mesma instituição o Dr. Michel Gervais.
22 A decisão da outorga desse título, por iniciativa de Alma Flor Ada, foi comunicado em carta de 29 de novembro de 1993, pelo presidente da Universidade John P. Schlegel, S.J.
23 Paulo recebeu carta do presidente do Berea College, Larry D. Shinn, datada de 20 de outubro de1994, comunicando-o da resolução dessa unidade universitária norte-americana em lhe conceder o título de Doutor *Honoris Causa*. Como Paulo não estava podendo viajar, solicitou que, na solenidade de 1995, Donaldo Macedo recebesse o título em seu lugar. Nova carta do mesmo reitor, datada de 3 de abril de 1995, lamentava não poder entregar o título a Donaldo Macedo, conforme sugestão de Paulo, porque tal fato contrariaria as normas da faculdade, propondo que o título lhe fosse entregue na cerimônia de 26 maio de 1996. Carta de Paulo ao Dr. Shinn, de 14 de novembro de 1995, reafirma sua presença na solenidade. Lamentavelmente Paulo não pôde comparecer para receber essa honraria por motivo de doença.

de Colima, México. Concedido pela Faculdade de Pedagogia, em maio de 1996;[24] 6. Universidade Nacional do Litoral, Santa Fé, Argentina, concedido em 1996;[25] 7. Universidade Nacional de Rosário, Argentina, em processo de concessão, mas até outubro de 2013 não outorgado; 8. Universidade Federal de Mato Grosso do Sul, em processo de concessão;[26] 9. Universidade de Columbia, Nova York, Estados Unidos. Teacher College Medal for Distinguished Service, medalha concedida, mas não entregue,[27] de ordem honorífica e comparável à de Doutor *Honoris Causa*.

Títulos de Cidadão/Reconhecimento Fraterno

Paulo Freire é *cidadão honorário* das seguintes cidades e de um estado brasileiro:

1. Rio de Janeiro, RJ, desde 6 de outubro de 1983, por iniciativa da vereadora Benedita da Silva, através do Projeto de Resolução n.49 de 1983, aprovada em sessão, pela Resolução 233 de 1983; 2. São Paulo, SP, desde 19 de agosto de 1986, Decreto Legislativo 08/86, por iniciativa da vereadora Luiza Erundina, quando presidente da Câmara Marcos Mendonça; 3. São Bernardo do Campo, SP, desde 13 de abril de 1987, de acordo com o Decreto Legislativo n.260, de 17 de novembro de 1986, "como reconhecimento por seus relevantes serviços à causa da educação", quando presidente da Câmara Sr. Miguel Atusi Uematsu; 4. Campinas, SP, desde 28 de abril de 1987, nos termos do Decreto Legislativo n.221, de 4 de novembro de 1986, "pelos relevantes serviços prestados a Campinas", quando presidente da Câmara Dr.

---

24 Paulo recebeu do diretor da Faculdade de Pedagogia da Universidade de Colima, Dr. Juan Carlos Yañez Velazco, carta datada de 3 de junho de 1996, escrita em nome do reitor licenciado, Fernando Moreno Peña, referendada posteriormente por esse mesmo reitor – Ofício n.449, Expediente P/4/96 –, a comunicação que seria de "nosso mais profundo interesse que visite esta Casa de Estudos, onde se lhe entregará o grau de Doutor *Honoris Causa*, por acordo com o Conselho Universitário, órgão máximo de autoridade da instituição". Leiam carta escrita por Paulo em 2 de maio de 1996 para o licenciado Fernando M. Peña nesta biografia (Parte VI, Capítulo 22), avisando da impossibilidade de ir ao México por motivo de doença.

25 Decisão anunciada a Paulo, em carta do dia 29 de agosto de 1996, pelo reitor da Universidade Nacional do Litoral Hugo G. Storero.

26 Recebi carta Pf.n.05/97-COC/Reitoria, datada de 30 de junho de 1997, do doutor Amaury de Souza, vice-presidente do Conselho Universitário da UFMS, informando-me de que "tramitava pelos órgãos colegiados superiores desta universidade, processo para a concessão do título de Doutor *Honoris Causa* ao professor PAULO REGLUS NEVES FREIRE".

27 Leia detalhes sobre esse fato em carta de Paulo transcrita no Capítulo 22 desta biografia.

Foto do momento em que a então vereadora Luiza Erundina de Sousa entregava a Paulo, em 19/8/1986, o título de Cidadão Honorário da cidade de São Paulo. Atrás dela, o vereador Marcos Mendonça; e atrás dele, Elza Freire, primeira esposa de Paulo.

Jorge Antonio José; 5. Belo Horizonte, MG, desde 27 de outubro de 1989, em cumprimento à Resolução n.528 de agosto de 1983, "por relevantes serviços prestados à cidade"; 6. Itabuna, BA, desde 13 de abril de 1992, de acordo com Resolução n.2 de abril de 1992; 7. Porto Alegre, RS, desde 26 de maio de 1992, de acordo com o que estabelecem as leis n.1534 de 22 de dezembro de 1955 e n.1969 de 23 de julho de 1959 e nos termos da lei 6817 de 22 de março de 1991, quando prefeito Olívio Dutra; 8. Angicos, RN, desde 27 de agosto de 1993, por Decreto Legislativo n.031/93, quando presidente da Câmara Francisco das Chagas Basílio; 9. Uberaba, MG, desde 17 de novembro de 1995, de acordo com o disposto na Resolução n.1.048, de 21 de setembro de 1995, em reconhecimento aos relevantes serviços prestados à comunidade local, por iniciativa do vereador Lauro Henrique Guimarães, quando presidente da Câmara Heli Geraldo de Andrade; 10. Juiz de Fora, MG, desde 22 de novembro de 1996, em cumprimento a lei n.8.742, de 11.10.1995, por iniciativa do vereador Antonio Carlos Guedes Almas, quando presidente da Câmara Municipal João Batista de Oliveira; 11. Porto Velho, RO, desde 13 de março de 1997, por iniciativa do vereador Mario Jorge Souza de Oliveira (PDT/PV), Requerimento n.022/CMPV/MJSO/97, dirigido ao presidente da Câmara Municipal de Porto Velho, em 12 de março de 1997; 12. Estado do Ceará, desde 10 de abril de1996, de acordo com a lei 12.569, de 10 de abril de 1996.

Eu recebi os seguintes Títulos de Cidadão *post-mortem* concedidos a Paulo Freire:

13. Brasília, Distrito Federal, desde 08 de novembro de 1997, nos termos do Decreto Legislativo n.149, de 29 de agosto de 1997, por iniciativa do deputado Wasny de Roure, quando presidente da Câmara Legislativa do Distrito Federal, a deputada Lucia Carvalho; 14. Fortaleza, Ceará, desde 30 de outubro de 1998, de acordo com a lei 033/79, de 28 de abril de 1997, quando presidente da Câmara Municipal de Fortaleza Acilon Gonçalves; 15. Jaboatão dos Guararapes, Pernambuco, desde 22 de setembro de 2011, de acordo com a resolução n. 02/2011, por iniciativa do vereador Hilton da Silva Bulhões.

Paulo Freire foi homenageado e ele mesmo recebeu dois títulos equivalentes ao de cidadão:

16. "Reconhecimento Fraterno". Da cidade de Los Angeles, Estados Unidos, em 13 de março 1986; 17. Da cidade de Cochabamba, Bolívia, do Conselho Municipal, quando presidente Dr. Oscar Flores Quiroga, em 29 de maio de 1987.

Paulo Freire teria recebido, se vivo estivesse, mais dois títulos de cidadão: 18. Da cidade de Natal, RN. O vereador do PT, Fernando Mineiro, comunicou em carta do dia 30 de maio de 1996[28] a Paulo que a Câmara de Natal tinha aprovado por unanimidade a sua proposituta de conceder-lhe o "Título de Cidadão Natalense" aprovada e promulgada através do Decreto Legislativo n.408/96, em 29 de abril de 1996, assinado pelo presidente da casa Marcílio Carneiro; 19. Do estado do Rio Grande do Norte. Processo na Assembleia Legislativa do Estado do RN, por iniciativa da então deputada Fátima Bezerra, ainda em processo de concessão quando Paulo faleceu.

Prêmios

Paulo Freire foi contemplado por seus trabalhos na área educacional com os seguintes prêmios:

---

28 No dia 31.05.1996, Paulo respondeu: "Prezado Fernando. Honrado com a homenagem. Feliz por estar vivo. Espero a escolha de possíveis datas. Abraços, Paulo Freire."

1. Prêmio Mohammad Reza Pahlevi do Irã, da Unesco, do ano de 1975, Persépolis, Irã,[29] entregue em 8 de setembro de 1975;[30] 2. Prêmio Internacional Rei Balduíno para o Desenvolvimento, do Conselho de Administração da Fundação Rei Balduíno, em sua sessão de 6 de junho de 1980, quando presidente do Conselho Sr. André Molitor, "por sua contribuição à pedagogia da alfabetização", em 15 de novembro de 1980, entregue em Bruxelas, Bélgica; 3. Prêmio Unesco da Educação para a Paz, da Unesco,[31] do ano de 1986, entregue em Paris, França, em 16 de setembro de 1986; 4. Prêmio Interamericano de

---

[29] Esse discurso de agradecimento já foi publicado anteriormente, mas como Paulo presenteou-me com os manuscritos elaborados para a ocasião, considerei direito meu transcrevê-lo:
"Sr. Diretor-Geral Adjunto da Unesco
"Senhores Membros do Júri
"Senhoras, Senhores.
"Entre as muitas coisas que não sei fazer, há mais uma que sublinharei neste momento – discursos, no sentido formal desta palavra.
"Reconheço, contudo, que algo mais que um muito obrigado, devo dizer, ao receber este prêmio. Não poderia apenas dizer obrigado e partir.
"Que dizer, porém? Dizer de mim, de meus sonhos, os de ontem, os de hoje? Dizer das alegrias que me tomaram todo ao ouvir camponesas e camponeses, queimados de sol, olhos abertos ao mundo, sorrisos de menino estampados na face, lendo as primeiras palavras, ou às vezes, escrevendo-as no chão, com seus instrumentos de trabalho?
"Que dizer, mais além do muito obrigado, que me sai espontâneo, nada burocrático, do mais profundo de mim mesmo?
"Gostaria de, falando de minha prática, que jamais me pertence pois que foi sempre social, falar de todas aquelas alegrias. Falar da esperança que me chama, que me empurra, que me faz caminhar sempre, que não permite aceitar a tentação da estabilidade.
"Não devo, contudo, servir-me deste momento para contar as minhas emoções.
"Umas poucas palavras direi depois das que já disse, palavras de homenagem sincera e de gratidão a camponeses e camponesas mil, a trabalhadores urbanos de meu País e da América Latina, que me ensinaram, em minha prática com elas e com eles, a lição fundamental – a de que, se realmente pretendia ser deles um educador, deles teria de ser um educando também.
"Foi em minha prática com eles, jamais sobre ou simplesmente para eles, que me 'alfabetizei' no melhor sentido desta palavra, isto é, que fui 'morrendo' como um intelectual pequeno-burguês e renascendo, aos poucos, como um entre eles. A eles e elas que me ensinaram a indispensabilidade e a radicalidade desta travessia, que a mim, lhes cabe o prêmio que ora recebo.
"Permitam-me, finalmente, que neste momento de alegria humilde, de alegria mansa, bem comportada, eu sinta, junto a mim, a presença amorosa de uma mulher a quem muito devo e a quem muito quero – Elza –, a mãe de nossos filhas e filhos; a avó de nossa neta e de nosso neto, Elza, esposa, amiga, companheira.
"Muito obrigado!
"Persépolis
"8 de setembro, 1975"
[30] Ler *Pedagogia dos sonhos possíveis*, de Paulo Freire, em minha nota da p.136, sobre a postura do governo brasileiro com relação à esta homenagem a Paulo.
[31] Na solenidade discursaram a presidente do Júri Internacional Mme. Badria Al-Awadi; o diretor-geral da Unesco M. Amadou Mahtar M'Bow; e o laureado Paulo Freire.

Educação Andrés Bello, do Conselho Interamericano para a Educação, a Ciência e a Cultura da Organização dos Estados Americanos (OEA),[32] como "Educador do Continente de 1992", o prêmio correspondente ao ano de 1992, como reconhecimento por "seu inovador e transcendental trabalho no desenvolvimento da teoria e da prática da educação de adultos e da alfabetização, e a contribuição de seu trabalho para propiciar a mobilização da atenção mundial em favor da solução dos problemas educativos mais prementes que enfrentam os países em vias de desenvolvimento", entregue em 17 de novembro de 1992, em Washington, D.C., Estados Unidos; 5. 40º Prêmio Moinho Santista, da Fundação Moinho Santista, Brasil. O Ofício n.152/95, assinado pelo presidente da Fundação Moinho Santista, o jurista Miguel Reale, anuncia que o Prêmio "Moinho Santista" 1995 foi concedido a Paulo Freire na área de Ciências Humanas e Sociais – Ciência da Educação – e "conferido pelo Grande Júri em sessão plenária no dia 15 de agosto último, realizada no Salão Nobre do Palácio da Justiça do Estado de São Paulo, sob a presidência do Excelentíssimo Senhor José Paulo Sepúlveda Pertence, presidente do Supremo Tribunal Federal". O prêmio foi entregue[33] em 29 de setembro de 1995, no Palácio Bandeirantes, na cidade São Paulo, sede do governo do estado de São Paulo; 6. Paulo foi contemplado, mas lamentavelmente não recebeu este Prêmio por não ter podido comparecer à cerimônia do Prêmio Monseñor Leônidas Proaño ("O Bispo dos índios", falecido no Equador, em 1988), "por suas grandes contribuições à Educação de Adultos da América Latina, concedido pela Associação Latino-americana para os Direitos Humanos (ALDHU), aos Defensores da Paz, da Justiça e dos Direitos Humanos". "A cerimônia de premiação se levará a efeito em Montevidéu, Uruguai, no dia 7 de fevereiro de 1990, no marco da Conferência Internacional Pelo Direito às Eleições Livres na Nicarágua, Autodeterminação e Paz para a América Central."

---

32 Em 14 de dezembro de 1994, abrindo mão do convite para integrar o júri da OEA, Paulo escreveu ao Dr. César Gaviria, ex-presidente da República da Colômbia, então secretário-geral da OEA, a seguinte carta:
"Prezado Sr. Gaviria,
"Lamento profundamente já não me ser possível representar vossa excelência como jurado do Prêmio Internacional Andrés Bello. Seria para mim uma honra e só uma razão bastante forte me impossibilitaria de fazê-lo.
"Atenciosamente,
"Paulo Freire"

33 Na ocasião, Paulo agradeceu com um discurso de improviso. Nessa mesma solenidade foi entregue o Prêmio Economia Internacional a outro nordestino, o paraibano Celso Furtado.

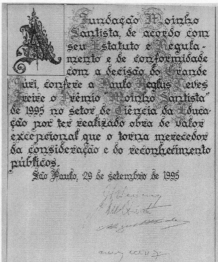

Paulo sendo cumprimentado pelo rei Balduíno durante as festividades de entrega do Prêmio Rei Balduíno para o Desenvolvimento (à esquerda) e o título do Prêmio Moinho Santista (à direita).

Homenagens diversas

Mesmo correndo o risco de não incluir todas as homenagens importantes que Paulo recebeu de reconhecimento público por sua obra e prática educativa, elenco estas homenagens diversas,[34] entre centenas de outras:

Medalhas diversas recebidas por Paulo.

1. 6.9.1979 – Ordem do Mérito dos Caetés, Prefeitura Municipal de Olinda, Pernambuco, Brasil, nos termos da lei municipal n. 2120 de 8 de novembro de 1961 "pela participação no processo de desenvolvimento da histórica cidade de Olinda", por iniciativa do prefeito Germano Coelho, PE, Brasil; 2. 2/1985 – Prêmio Estácio de Sá, do governo do estado do Rio de Janeiro, RJ, Brasil; 3. 26.6.1985 – Diploma de Patrono do Centro de Estudos Pedagógicos "Paulo Freire", da Faculdade de Filosofia, Ciências e Letras de Sorocaba, So-

---

34 Todas essas honrarias concedidas a Paulo depois de sua morte foram recebidas por mim ou representantes meus, com discurso de agradecimento.

rocaba, SP, Brasil; 4. 20.11.1985 – Prêmio William Rainey Harper, da The Religious Education Association of the U.S. and Canada, Califórnia, Estados Unidos; 5. 13.6.1987 – Diploma de grau de comendador da Ordem Nacional do Mérito Educativo, do Ministério da Educação e Cultura do Brasil, Decreto de 13 de fevereiro de 1986, quando ministro da Educação Jorge Bornhausen, Brasília, Brasil; 6. Janeiro, 1988 – Mestre da Paz pela Asociación de Investigación y Especialización sobre Temas Iberoamericanos (Aieti), por iniciativa de Guadalupe Ruiz Gimenez Cortes, Madri, Espanha; 7. 25.3.1988 – Diploma Frei Tito de Alencar pelos relevantes serviços prestados à educação brasileira, por iniciativa da prefeita professora Maria Luiza Menezes Fontenele, presidente da Comissão da Medalha Frei Tito de Alencar, prefeitura de Fortaleza, Brasil; 8. 28.3.1988 – Medalha do Mérito Cidade do Recife – Classe Ouro, por decreto n. 14.202, de 25.3.1988, assinado pelo prefeito Jarbas Vasconcelos, entregue no Teatro Sta. Isabel, Recife, PE, Brasil; 9. 1988 – Prêmio Manchete de Educação, ano de 1988, São Paulo, SP, Brasil; 10. 1989 – Prêmio Manchete de Educação, ano de 1989, São Paulo, SP, Brasil; 11. 31.3.1990 – Título de Bambino Permanente de número 6, concedido pela Biblioteca Comunale de Ponsacco, Pisa, entregue em Reggio Emilia, Itália; 12. Julho, 1990 – Diploma do Mérito Internacional – mais especialmente pelo livro *A importância do ato de ler*, por iniciativa do Prof. Dr. Ira Shor, da International Reading Association, Estocolmo, Suécia; 13. 22.10.1990 – Reconhecimento do Serviço Universitário Mundial, por iniciativa de Vanda Pignato, em São Paulo, SP, Brasil; 14. 26.10.1990 – Título de Educador do Ano concedido pela Câmara Municipal de Vereadores de Mogi das Cruzes, por iniciativa da vereadora Léia Baptista Cavalcante Macedo, SP, Brasil; 15. 25.5.1991 – Homenagem a Paulo Freire pelo MST, assentamento Conquista da Fronteira, Bagé, RS, Brasil; 16. 5.8.1991 – Estátua Miguel de Cervantes (assinada pelo artista Brivelle) do Colégio Miguel de Cervantes, São Paulo, Brasil;[35] 17. 19.9.1991 – Festas em honra de Paulo Freire na data em que completou 70 anos, pelos funcionários e educadores da Rede Municipal de Educação de São Paulo, SP, Brasil; 18. 9.11.1991 – "70 anos de Paulo Freire no Mundo", homenagem de Pernambuco. Recife, PE, Brasil; 19. 5 a 7.12.1991 – Challenging Education, Creating Alliances, em homenagem aos 70 anos de Paulo Freire, NEC, Nova York, NY, Estados Unidos; 20. Julho, 1992 – Homenagem do Comitê Internacional para Alfabetização. CIAZO, El Salvador, San Salvador; 21. 27.4.1993 – Título de

---

35 Homenagem depois felicitada pelo ministério da Educação e Ciências, da Espanha, através de carta de Madri, 25 de julho de 1991, dirigida ao Ilmo. Sr. D. Joaquén Summers, que termina com estas palavras: "A homenagem promovida por esse Conselho é uma mostra muito singela, mas importante, do grande interesse e agradecimento que o Sr. Freire levanta em nosso país, sentimentos que, pessoalmente e como secretário de Estado de Educação, comparto plenamente. Alfredo Pérez Rubalcaba."

Libertador da Humanidade, por iniciativa da deputada Maria José Rocha, da Assembleia Legislativa da Bahia, Salvador, BA, Brasil; 22. 28.5.1993 – Aluno honorário da Associação dos alunos da Universidade de Illinois, assinado por Louis Liay e William L. Blake, Chicago, Il., Estados Unidos; 23. 4.10.1993 – Título de Educação para a Paz, na abertura da "Conferência Internacional de Educação do Futuro, desenvolvendo o talento e a criatividade", entregue por Therezinha Fram do Conselho Executivo e Ubiratan D'Ambrósio, São Paulo, SP, Brasil; 24. 11.11.1993 – Título de grande oficial da Ordem Nacional do Mérito Educativo do Ministério da Educação e Cultura do Brasil, por iniciativa do ministro da Educação e do Deporto Murilo Hingel e do presidente da República Itamar Franco, criado pelo decreto n. 737, consolidado em 28 de janeiro de 1993. Publicado no Diário Oficial da União em 20 de outubro de 1993, Brasília, DF, Brasil; 25. 14.11.1993 –Diploma de honra ao mérito concedido pelo Departamento de Educação e Cultura da Prefeitura Municipal de Mutum, assinado por Edmar José Lopes Mendes, diretor do DEC e pelo prefeito Osório Teixeira Filho, MG, Brasil; 26. 26 a 29.3.1993 – "Encontro sobre o Pensamento Pedagógico de Paulo Freire", Universidade do Amazonas, Manaus, AM, Brasil; 27. 6 a 9.12.1993 – "Conferência internacional comunicação e desenvolvimento na era pós-moderna: reavaliando o legado freireano", Universidade de Sains Malaysia, Penang, Malásia;[36] 28. 7 a 10.3.1994 – Seminário Internacional de Alfabetização, organizado pela Fundação para o Desenvolvimento da Educação – FDE, São Paulo, SP, Brasil;[37] 29. 30.3.1994 – Medalha Chico Mendes de Resistência, do Grupo Tortura Nunca Mais, Rio de Janeiro, RJ, Brasil; 30. 5.10.1994 – Medalha Jan Amos Comenius, criada em 1992, por iniciativa do Ministério da Educação da República Tcheca e da Unesco, entregue na 44ª Sessão da Conferência Internacional de Educação, em Genebra, Suíça;[38] 31. 9.11.1994 – The Paulo Freire Awards, da International Consortium for Experimental Learning, tendo sido o primeiro desses prêmios concedido ao próprio Paulo, Washington, D.C., Estados Unidos; 32. 9.11.1994 – Mattie Cook Award da Association for Community Based Education (ACBE), Virginia, Estados Unidos; 33. 19.9.1995 – "Medalha Paulo Freire – a educação da paz, liberdade, alfabetização, conscientização", do primeiro Congresso de Formação e Cooperação entre Países Lusófonos, por iniciativa

---

36 Em carta de 27.9.1993, o organizador da conferência o Prof. Zaharom Nain, solicitou a Paulo um texto diante da impossibilidade de sua ida ao evento. Paulo escreveu o texto que publiquei em seu livro *Pedagogia dos sonhos possíveis* com o título dado por ele mesmo "Discussões em torno da pós-modernidade" (pp. 157-9), escrito em 19.8.1993.
37 Na ocasião, li discurso redigido por Paulo que estava ausente do país.
38 Fato comunicado pela chefe de Assessoria para Assuntos Internacionais do Ministério da Educação e Deporto, do Brasil, Heloisa Vilhena de Araújo, através do FAX/MEC/GM/AAI/n. 294/94, de 27.9.1994.

do Prof. Dr. João Viegas Fernandes, Faro, Portugal; 34. 26.9.1995 – Título de professor emérito do estado de São Paulo, "que lhe foi conferido pelos educadores presentes ao III Congresso Estadual Paulista sobre Formação de Educadores, realizado em maio 1994", conforme Ofício n. 970/95 do reitor da Unesp, Arthur Roquete de Macedo, datado de 21.9.1995, em Águas de São Pedro, SP, Brasil; 35. 6.11.1995 – Medalha do Mérito Pedro Ernesto da Câmara Municipal do Rio de Janeiro, por iniciativa do vereador Augusto Boal; segundo resolução da Mesa Diretora n. 2546, de 1994, requerimento n.500/1994, aprovado na Sessão Plenária de 18.8.1994, Rio de Janeiro, RJ, Brasil; 36. 17.11.1995 – Homenagens da secretária e professores/as da Secretaria Municipal de Educação de Uberaba, MG, Brasil; 37. 18.4.1996 – Medalha do Mérito Alberto Maranhão, criada pelo decreto n. 3395, de 2 de outubro de 1959, combinado com o decreto n. 8661, de 16 de junho de 1983, do governo do Rio Grande do Norte, Natal, RN, Brasil; 38. 5.6.1996 – Homenagem especial ao Prof. Paulo Freire, no I Simpósio da Pedagogia Freinet – Freinet 100 anos –Movimento Escola Moderna, São Paulo, SP, Brasil; 39. 6.10.1996 – Projeto Axé "Aos que se comprometem com a liberdade e com a educação", na Escola de Circo Picolino, em Salvador, BA, Brasil; 40. 14 a 18.10.1996 – "VI Semana de Educação. Educar: Compromisso Político", Programa de Pós-Gradução em Educação: Supervisão e Currículo, PUC-SP, São Paulo, SP, Brasil; 41. 30.10.1996 – Diploma de mérito educacional da cidade de Campinas, decreto-legislativo n. 864, de 10 de maio de 1996, por iniciativa do vereador Prof. César Nunes, Campinas, SP, Brasil; 42. Dezembro, 1996 – Medalha SESI–50 anos, destaque educação, do SESI-PE, anunciada em 10.1.1997, pelo diretor regional do SESIPE Armando de Queiroz Monteiro Neto, OF.GDR – 002/96, Recife, PE, Brasil; 43. 1997 – Homenagem no Prêmio Itaú--Unicef: Educação & Participação, São Paulo, SP, Brasil; 44. 1997 – Centro de Oportunidades Professor Paulo Freire, criado pela Secretaria de Estado de Trabalho e Ação Social do Rio de Janeiro, quando secretário Sr. Marco Maranhão. Rio de Janeiro, RJ, Brasil; 45. 1997 – Associação

Paulo, após receber a medalha e o diploma Jan Amos Comenius, em Genebra, 5.10.1994.

Paulo Freire, por solicitação de dom Mauro Morelli, da Cúria Diocesana de Duque de Caxias, na Baixada Fluminense, RJ, Brasil; 46. 5.5.1997, Prêmio Maestro Ejemplar, criado pelo Ministério da Cultura e Educação, da Argentina, na pessoa da ministra Susana Beatriz Decibe, através da resolução n. 636/1997, "que estabelece o nome de Paulo Freire para o prêmio a ser entregue, anualmente, a destacadas personalidades da docência Argentina", Argentina; 47. 13.3.1997 – Moção de louvor n. 074/97, da Assembleia Legislativa do estado de Rondônia, por iniciativa do deputado Daniel Pereira, "pelos grandes serviços prestados à educação", Porto Velho, RO, Brasil; 48. 19.5.1997 – Resolução aprovada pelo Senado da Argentina, que homenageia Paulo pela "contribuição à alfabetização e educação de adultos em nosso país e na América Latina", conforme me foi comunicado pelo Ministério das Relações Exteriores do Brasil, Argentina; 49. 7 a 9.7.1997 (1ª edição), 10 a 12.7.1997 (2ª edição), IV Seminário Internacional Reestruturação Curricular: Identidade Social e a Construção do Conhecimento, "nossa homenagem ao educador maior Paulo Freire",[39] Porto Alegre, RS, Brasil; 50. 7.7.1997 – Medalha de mérito Educatio et Labor, do Senai-Firjan, outorgada *in memoriam*, em 7 de julho de 1997, pelos relevantes serviços prestados à causa da formação profissional.[40] Rio de Janeiro, RJ, Brasil; 51. 9 a 11.7.1997 – Paulo Freire

Paulo falando numa escola fundamental de Aomori, Japão, quando dizia acreditar, quando criança, que iria do Recife até lá furando um enorme túnel que rasgaria a Terra perpendicularmente.

---

39 Proferi conferência nesse encontro. A partir daqui os asteriscos indicam que proferi conferências no evento.
40 Essa medalha foi recebida por minha filha Heliana Araújo Hasche, que leu na ocasião o meu discurso de agradecimento.

in memoriam,* na Evangelische Akademie Loccum, Loccum, Alemanha; 52. 18.7.1997 – Prêmio Paulo Freire* da Unesco, lançado na Alemanha, durante a realização da V Conferência Internacional sobre a Educação Adultos (V CONFINTEA), organizada pelo seu, então, diretor-geral Federico Mayor, que na ocasião anunciou a decisão de criar o prêmio para contemplar experiências e trabalhos teóricos inovadores sobre o educador, em Hamburgo, Alemanha;[41] 53. 26.7.1997 – Homenagem do Diretório Estadual do Partido dos Trabalhadores de São Paulo,* São Paulo, SP, Brasil; 54. 28.8.1997 – Homenagem a Paulo Freire, Feira da Cultura de 1997,* da Escola Recanto, Recife, PE, Brasil; 55. 29 a 31.8.1997 – Homenageado no 11º Encontro Nacional do Partido dos Trabalhadores,* Rio de Janeiro, RJ, Brasil; 56. 1.9.1997 – Homenagem da Assembleia Legislativa do Estado de São Paulo,* SP, Brasil; 57. 1.10.1997 – A Associação Campo-grandense de Professores instituiu o Prêmio Paulo Freire* como incentivo aos professores do Mato Grosso do Sul, MS, Brasil; 58. 15 a 17.10.1993 "IX Semana de Educação Paulo Freire",* prefeitura municipal de Santos, Santos, SP, Brasil; 59. 8.10.1997 – Homenagem Especial a Paulo Freire* na I Conferência Internacional de Educação Ambiental, Brasília, DF, Brasil; 60. 18.10.1997 – Legado de Freire, Matsol Conferência de Outono, Springfield Technical Community College, Springfield, Estados Unidos; 61. 28.10.1997 – O Partido Socialista Brasileiro (PSB), nas comemorações de seus 50 anos, homenageou "O educador Paulo Freire e o revolucionário Ernesto Che Guevara",* Brasília, D.F., Brasil; 62. 12 a 16.11.1997 – "20º Congresso Paulo Freire dos Trabalhadores em Educação de Mato Grosso do Sul: A Educação em movimento rumo ao século XXI", em Aquidauana, MS, Brasil; 63. Dezembro, 1997 – O Conselho Estadual da Educação de Pernambuco criou a Comenda Mérito Educacional Paulo Freire para agraciar figuras notáveis da educação pernambucana,[42] nesse ano entregue *in memoriam* a Paulo, Recife, PE, Brasil; 64. 1998, no segundo semestre foi criada a Cátedra Paulo Freire no Programa de Pós-Graduação em Educação (currículo), da PUC-SP, cujo primeiro curso, comemorando os 30 anos de *Pedagogia do oprimido*, foi por mim ministrado, São Paulo, SP, Brasil; 65. 28 a 30.4.1998 – "I Encontro Internacional do Fórum Paulo Freire: O legado de Paulo Freire" (IPF-Brasil), realizado com o apoio da Unesco, em São Paulo, SP, Brasil; 66. 2.5.1998 – A Assembleia Legislativa do Espírito Santo criou o Dia do Educador Popular* através do projeto de lei 383/97 do deputado esta-

---

41 A essas homenagens a Paulo estive presente e fiz discursos de agradecimento dirigindo-me a todos nas pessoas do excelentíssimo senhor Boutros Ghali, diretor-geral da ONU e senhora presidenta do parlamento alemão Rita Süssemuth.

42 No ano seguinte, em dezembro de 1998, eu mesma fui uma das agraciadas com essa Comenda por iniciativa do então presidente do Conselho, o Prof. Alcides Restelli Tedesco, quando proferi conferência.

dual José Baiôco, a ser comemorado, todos os anos, em 2 de maio, data do falecimento de Paulo, em homenagem a todos os educadores populares, Vitória, ES, Brasil; 67. 8 a 10.7.1998 – "Congresso Internacional de Educação Paulo Freire: Ética, utopia e educação",* Universidade do Vale do Rio dos Sinos – Unisinos, São Leopoldo, RS, Brasil; 68. 11.8.1998 – A Câmara Municipal de São Paulo institui através da resolução 03, proposta pelo vereador Vicente Cândido da Silva, o Prêmio Paulo Freire de Qualidade do Ensino Municipal a ser entregue todos os anos, em 19 de setembro, data do aniversário de nascimento de Paulo. Esta resolução espera a regulamentação necessária; 69. 11.8.1998 – Prêmio Paulo Freire: Valorizando o saber e o fazer.* Ministério do Trabalho, Confederação das Indústrias (Fiesp), Fundação Roberto Marinho, para incentivar práxis freireanas em instituições de formação profissional; Brasília, DF, Brasil; 70. 17 a 19.9.1998 – I Colóquio Internacional Paulo Freire,* Coordenação do Centro Paulo Freire, Recife, PE, Brasil; 71. 1.2.1999 – Prêmio Maestro da América do Conselho Diretivo Internacional da AELAC, concedida no Encontro de Pedagogia de Cuba, Havana, 1999, e a mim entregue em 28 de agosto de 1999, Havana, Cuba; 72. 16.8.1999 – Medalha Augusto Rodrigues, da Escolinha de Arte no Brasil, concedida a Paulo *in memoriam*, dentre os 50 maiores educadores brasileiros que contribuíram para "o desenvolvimento de processo de Arte-Educação nos últimos 50 anos no Brasil", fato a mim comunicado por carta de Orlando Miranda de Carvalho, de 1º de março de 1999, Rio de Janeiro, RJ, Brasil; 73. 6 a 8.10.1999 – II Colóquio Internacional Paulo Freire,* Centro Paulo Freire, Recife, PE, Brasil; 74. 23 a 26.2.2000 – "VIII Simposium de Educación Cátedra Paulo Freire – Educar para construir el Sueño: Ética y Conocimiento en la Transformación Social",*Departamiento de Educación y Valores. Iteso, Universidad Jesuita en Guadalajara, México; 75. 29.3 a 1.4.2000 – "II Encontro Internacional do Fórum Paulo Freire: O Método Paulo Freire e as novas tecnologias" (IPF--Itália), realizado na Universidade de Bolonha, em Bolonha, Itália; 76. 3 a 7.5.2000 – I Encontro Internacional Presença de Paulo Freire, em Cienfuegos, Cuba; 77. 3 a 5.7.2000 – "VII Seminário Internacional de Reestruturação Curricular 2000: Utopia e democracia 'os inéditos viáveis na Educação Cidadã'"* – 1ª Edição; 2ª edição de 6 a 8.7.2000, em Porto Alegre, RS, Brasil; 78. 14.8.2000 – Prêmio ao Mérito na Docência Paulo Freire. O reitor da Unicamp-SP, através da resolução GR-65, incumbiu a pró-reitoria de graduação de "estabelecer bases e critérios para a instituição do prêmio", Campinas, SP, Brasil; 79. 19 a 21.9.2000 – "III Encontro Internacional do Fórum Paulo Freire: Educação, um sonho possível" (IPF-EUA), em Los Angeles, Estados Unidos; 80. 19 a 22.9.2000 – "IV Encontro Internacional do Fórum Paulo Freire: Caminhando para uma cidadania multicultural" (IPF-Portugal), em Porto, Portugal; 81. 20 a 23.9.2000 – "Congresso Internacional: Um Olhar sobre Paulo Freire", Universidade de Évora, Évora, Portugal; 82. Outubro, 2000 – Troféu Paulo Freire de Compromisso Social, que foi criado pelo Conselho Federal de Psicologia para agraciar "personalidades que dedicaram suas vidas para a construção de uma sociedade livre, pautada no respeito à dignidade humana e pela justiça social", Brasília, DF, Brasil; 83. 27.1.2001 – Fórum Social Mundial: Um outro mundo é possível,*[43] em Porto Alegre, RS, Brasil; 84. 1 a 6.5.2001 – Semana Paulo Freire, organizada pelo Movimento dos Trabalhadores Rurais Sem Terra –MST, Brasil; 85. 2 a 4.5.2001 – Seminário Nacional Aprendendo/Ensinando Paulo Freire,* e Encontro Internacional de Estudos Pedagógicos Paulo Freire, em Porto Alegre, RS, Brasil; 86. 6 a 19.9.2001 – III Colóquio Internacional Paulo Freire: Paulo Freire Pedagogia e Reinvenção da Sociedade,* comemorativo do 80º aniversário de nascimento de Paulo Freire, organizado pelo Centro Paulo Freire, Recife, PE, Brasil; 87. 1.10.2001 – "Semana Paulo Freire 80 Anos", realizada na Associação Madre Ninetta,* São Paulo, Brasil; 88. 24.11 a 2.12.2001 – "Diálogos Paulo Freire-Edgar Morin", Iteso – Universidade Jesuíta de Guadalajara.* Homenagem na XV Feira Internacional do Livro de Guadalajara – Brasil, país convidado de honra, Guadalajara, México; 89. 12.2001 – "Nos 29 anos da Aditepp uma homenagem a Paulo Freire",* em Curitiba, PR, Brasil; 90. 2.5.2002 – 17ª Bienal Internacional do Livro de São Paulo: lançamento do livro *Poetizando Paulo Freire*, com poesias e desenhos de alunos/as da rede municipal de educação de São Paulo, organizado pela professora da mesma Olgair Garcia, São Paulo, SP, Brasil; 91. 2 a 4.5.2002 em Recife, "Seminário Unesco/MOST: Educação e Transformação Social: Interroguemos nossas práticas. Cruzamento de saberes e de práticas no contexto do pensamento de Paulo Freire"* organizado pelo Centro Paulo Freire/Unesco, Recife, Pernambuco, Brasil; 92. 2002 – Homenagem da Aditepp a Paulo Freire"– Curitiba, PR, Brasil; 93. 25 a 29.11.2002 – "Semana Paulo Freire com Destaque para Africanidades"* – NAE – da Secretaria Municipal de Educação de São Paulo, São Paulo, SP, Brasil; 94. 30.1.2003 – Certificado de parceiro do Programa Fome Zero do Ministério Extraordinário de Segurança Alimentar e Combate à Fome/Banco do Brasil, assinado pelo ministro José Graziano da Silva, a mim entregue em São Paulo, SP, Brasil; 95. 7.2.2003 – Medalha da Ordem Frank Pais, de 1º grau, honraria concedida por unanimidade pelo Conselho de Estado de Cuba, pela primeira vez na história de Cuba entregue a um estrangeiro. Recebida por mim, em 7.2.2003, das mãos do comandante-chefe Fidel Castro, no Teatro Karl Marx, de Havana, na solenidade do encerramento do Congresso Pedagogia 2003, no ano comemorativo dos 150 anos de nascimento de José Martí, Havana, Cuba; 96. 14.7.2003 – Homenagem na 55ª Reunião Anual da SBPC,

---

43 Na ocasião fui convidada para fazer o "Testemunho da presença de Paulo no mundo".

Recife, PE, Brasil; 97. 8.9.2003 – O decreto n. 4834 criou o Programa Brasil Alfabetizado, do Ministério da Educação, que, no seu artigo 4º dita: "fica instituída a Medalha Paulo Freire, a ser conferida a personalidades e instituições que se destacarem nos esforços de erradicação de analfabetismo". Assinado por Luiz Inácio da Silva e Cristovam Buarque Cavalcante; 98. 16 a 19.9.2003 – "IV Colóquio Internacional Paulo Freire: Ética, Política e Educação", organizado pelo Centro Paulo Freire, Recife, PE, Brasil; 99. 8.3.2004 – Placa da University of San Francisco – Administration Faculty and Students School of Education, "por sua extraordinária contribuição no campo da educação", San Francisco, CA, Estados Unidos; 100. 1.4.2004 – Placa de La Confederación de Educadores Americanos, La Confederación de Trabajadores de Educación Urbana de Bolivia, La Confederación Nacional de Maestros de Educación Rural, homenagem concedida em sessão do XVIII Congresso da CEA, através da convocação aos "educadores construtores das mudanças e da esperança",* quando presidente do CEA o Prof. Fernando Rodal e o Prof. Rafael Ochoa, Cochabamba, Bolívia; 101. 4.4.2004 – Sinpro-Rio (Sindicato dos Professores do Município do Rio de Janeiro e Região) nos seus 70 anos de luta, tentando reproduzir "os últimos 70 anos de lutas do nosso povo, quando o professor Paulo Freire desempenhou um importante papel na luta por uma educação pública, gratuita e de qualidade", Rio de Janeiro, RJ, Brasil; 102. 30.4.2004 – Homenagem do MST a Paulo Freire nas festividades de entrega de certificados de alfabetização em assentados da reforma agrária,* Recife, PE, Brasil;[44] 103. 29.5.2004 – II Jornada Paulo Freire de tema: *Pedagogia da Autonomia*, Universidade Estácio de Sá, campus Nova América, realizada em 29 de maio de 2004, sob responsabilidade da professora Vera Maciel e com a participação dos alunos do 4º e 5º períodos do curso de pedagogia, Rio de Janeiro, RJ, Brasil; 104. 26.7.2004 – Prêmio Luta pela Terra, categoria homenagem póstuma a Paulo Freire, instituída pelo MST em comemoração aos seus 20 anos,[45] Rio de Janeiro, RJ, Brasil; 105. 24.9.2004 – Troféu Cultural Cidade do Recife *in memoriam*, pela Secretaria de Cultura e Conselho Municipal de Cultura da cidade do Recife, PE, Brasil;[46] 106. 15.5.2004 – Espaço Paulo Freire, Villa das Letras: Livraria e Editora. Palestra/tributo: "O Paulo Freire que eu conheci: da minha infância à sua maturidade", por Ana Maria Araújo Freire, Indaiatuba, SP, Brasil; 107. 22.5.2004 – Espaço Paulo Freire, Villa das Letras: Livraria e Editora. Palestra/tributo: "Sujeito em Paulo Freire: a criação nos interstícios das condições sociais", por João Wanderley Geraldi, Indaiatuba, SP, Brasil;

---

44 Fui convidada, e no momento fiz discurso de agradecimento.
45 Recebido por meu filho Ricardo Araújo Hasche, que me representou na solenidade.
46 Recebido por minha irmã Maria Christina Araújo, que me representou na solenidade. O troféu é uma obra do artista Eudes Mota.

108. 5.6.2004 – Espaço Paulo Freire, Villa das Letras: Livraria e Editora. Palestra/tributo: "Paulo Freire: diálogo, humildade pedagógica e conhecimento", por Mario Sergio Cortella, Indaiatuba, SP, Brasil; 109. 19.6.2004 – Espaço Paulo Freire, Villa das Letras: Livraria e Editora. Palestra/tributo: "A Educação Popular em Paulo Freire",* por Ivanilde Apoluceno de Oliveira, Indaiatuba, SP, Brasil; 110. 14.8.2004 – Espaço Paulo Freire, Villa das Letras: Livraria e Editora. Palestra/tributo: "Paulo Freire no ensino fundamental regular",* por Olgair Garcia, Indaiatuba, SP, Brasil; 111. 4.9.2004 – Espaço Paulo Freire, Villa das Letras: Livraria e Editora. Palestra/tributo: "Organização do ensino em ciclos em Paulo Freire",* por Lisete Arelaro, Indaiatuba, SP, Brasil; 112. 8.9.2004 – "1ª Homenagem do Eneja a Paulo Freire"* no Fórum Estadual de EJA do Rio Grande do Sul, no VI Encontro Nacional de EJA, por iniciativa de Liana Borges, Porto Alegre, RS, Brasil; 113. 18.9.2004 – Espaço Paulo Freire, Villa das Letras: Livraria e Editora. Palestra/tributo: "Ética e prática pedagógica em Paulo Freire",* por Alípio Casali, Indaiatuba, SP, Brasil; 114. 2005 – Homenageado do ano, na comemoração "APEOESP: 60 anos de História e Luta!", São Paulo, SP, Brasil; 115. 2.5.2005 – Homenagem à memória de Paulo Freire na Assembleia Legislativa de São Paulo,* São Paulo, SP, Brasil; 116. Março-abril, 2005 – Homenagem da Infraero a Paulo Freire como "o pensador brasileiro", escolhido como um dos doze, dentro da lista inicial de cem brasileiros/as, através de uma exposição nos aeroportos do país; 117. 18.5.2005 – III Seminário Paulo Freire:* homenagem a Paulo Freire por iniciativa da Biblioteca Popular Paulo Freire, PUC-Campinas, Metrocamp e Unicamp; Campinas, São Paulo Brasil; 118. 14.7.2005 – Centro de Formação de Profissionais em Educação Paulo Freire, criado pela lei n. 1.546/2005, do prefeito Ângelo Augusto Perugini, que aprovou projeto da vereadora Ana Lucia Pippaus, Hortolândia, SP, Brasil; 119. 15.9.2005 – Foro-Red Paulo Freire: "1º Aniversário Vigência de Paulo Freire em el Peru", Lima, Peru; 120. 28.6.2005 – VI Encontro de Educadores: Homenageando Paulo Freire,* BBeducar, Fundação Banco do Brasil, Brasília, DF, Brasil; 121. 2005 – Homenageado do ano do projeto Memória Fundação Banco do Brasil: Paulo Freire, educar para transformar.[47]

Tendas Paulo Freire

As Tendas Paulo Freire[48] foram criadas em 2003, dentro dos Movimentos de Educação Popular em Saúde (EPS) para construção da Política Nacional

---

47 Veja detalhes dessa grande homenagem a Paulo no Capítulo 18 "Influência, repercussão e atualidade da obra e da práxis de Paulo pelo mundo", na Parte IV desta biografia. Sou curadora do projeto.

48 Texto redigido a partir das informações concedidas a mim por Simone Maria Leite Batista, enfermeira sanitarista, do MOPS/ANEPS Sergipe, em setembro de 2012. Para mais informações sobre medicina popular, cf. Capítulo 18.

| Tendas Paulo Freire, novembro de 2010, Pará

de Educação Popular em Saúde do Sistema Único de Saúde (SUS). Tem como estratégia apontar caminhos mais identificados com o campo popular na constituição de uma sociedade mais saudável e de um sistema de saúde mais democrático, com efetiva participação popular. Na prática, dá-se a "construção compartilhada de saberes", para obtenção de soluções criativas e mobilizadoras na saúde. Como tática para atingir os objetivos são altamente valorizadas as práticas locais dos mais diversos grupos, movimentos, profissionais e instituições que consideram e respeitam a diversidade de saberes e culturas locais.

A influência da compreensão de educação de Paulo Freire nas Tendas que levam seu nome reside no respeito à sabedoria popular, na prática de solidariedade dos movimentos comunitários e na crença da conscientização através do diálogo, da problematização e da construção compartilhada de saberes e práticas.

Tais práticas são efetivadas nos Círculos de Cultura, através das rodas de conversa, oficinas, intervenções artísticas, debates, socialização de trabalhos, "místicas" e vivências, práticas populares de cuidado à saúde e exposições de trabalhos dos movimentos sociais. Assim, se articulam os saberes técnico-científicos e os saberes populares.

Protagonizam esse espaço atores e atrizes de movimentos e coletivos de educação popular em saúde, além de parceiros institucionais, sobretudo o Ministério da Saúde através da Secretaria de Gestão Estratégica e Participativa.

As Tendas Paulo Freire, geralmente, se integram nos eventos das programações oficiais sobre a saúde.

Estabelecimentos de ensino por unidade federativa com o nome de Paulo Freire[49]

Por solicitação de minha parte às Secretarias Estaduais de Educação, obtive como respostas as informações que se seguem, por mim organizadas e compiladas. De acordo com os dados informados, até 10 de agosto de 2012, registra-se um total de 361 (trezentas e sessenta e uma) escolas, das quais 73 (setenta e três) são estaduais, 192 (cento e noventa e duas) municipais, 01 (uma) distrital, 01 (uma) federal e 94 (noventa e quatro) privadas.

---

49 Os estabelecimentos de ensino aparecem de forma detalhada, por unidade federativa, no Apêndice II desta biografia.

| CEMEB Prof. Paulo Freire, em Itapevi, São Paulo.

ACRE: duas escolas estaduais, uma municipal e nenhuma privada; ALAGOAS: uma escola estadual, uma municipal e três privadas; AMAPÁ: uma escola estadual, uma municipal e uma privada; AMAZONAS: segundo informações da SEEd deste estado, não consta nenhuma escola com o nome de Paulo Freire; BAHIA: três escolas estaduais, quarenta escolas municipais e dezesseis privadas; CEARÁ: duas escolas estaduais, oito municipais e três privadas; DISTRITO FEDERAL: uma escola distrital;[50] ESPÍRITO SANTO: uma escola estadual, três municipais e duas privadas; GOIÁS: uma escola estadual, sete municipais e uma privada; MARANHÃO: uma escola estadual, trinta e uma municipais e nenhuma privada; MATO GROSSO: duas escolas estaduais, uma municipal e nenhuma privada; MATO GROSSO DO SUL: nenhuma escola estadual, uma municipal e quatro privadas; MINAS GERAIS: quatro escolas estaduais, oito municipais e treze privadas; PARÁ: três escolas estaduais, vinte municipais e uma privada; PARAÍBA: uma escola estadual, cinco municipais e quatro privadas; PARANÁ: cinco escolas estaduais (uma do MST),[51] sete municipais e uma privada; PERNAMBUCO: duas escolas estaduais, oito municipais

---

50 Dados obtidos junto à Secretaria de Estado de Educação do Distrito Federal, DF, em 6 de julho de 2004. Esta unidade começou a funcionar em 1º de março de 1970 através do Decreto n.1306-GDF, sob a denominação Colégio da Asa Norte, com a Resolução de n. 95-CD de 21 de outubro de 1976, foi transformada em Centro Educacional 01 de Brasília Norte. Através do Decreto n.18623 de 19 de setembro de 1997, passou a se chamar Centro Educacional Paulo Freire e atualmente está com a denominação Centro de Ensino Médio Paulo Freire, Portaria n.129-GDF de 18 de julho de 2000, credenciada pela Portaria n.3/2004 de 12 de janeiro de 2004 da SE/DF.

51 Não incluída no quadro desde que não foi elencada na tabela da SEEd/PR, porém acrescento por minha iniciativa este estabelecimento de ensino com o nome num Assentamento do Movimento dos Trabalhadores Sem-Terra (MST): Escola Estadual de Ensino Médio Paulo Freire, endereço: Assentamento Missões, Francisco Beltrão/PR (endereço para correspondência: ASSESOAR, Rua General Osório, n.500 Bairro Cango, CEP: 85604-240, aos cuidados de Marcos Gherke), n° de estudantes: 500.

e treze privadas; PIAUÍ: duas escolas estaduais, nenhuma municipal e duas privadas; RIO DE JANEIRO: duas escolas estaduais, dezenove municipais e seis privadas; RIO GRANDE DO NORTE: três escolas estaduais, uma municipal e nenhuma privada;[52] RIO GRANDE DO SUL: quatorze escolas estaduais, nenhuma municipal e/ou privada; RONDÔNIA: seis escolas estaduais, uma do MST,[53] e nenhuma municipal e/ou privada; RORAIMA: uma escola federal; SANTA CATARINA: uma escola estadual, quatro municipais e nenhuma privada; SÃO PAULO: uma escola estadual, vinte e oito municipais e onze privadas; SERGIPE: uma escola estadual, quatro municipais e nenhuma privada; TOCANTINS: uma escola estadual, uma municipal e nenhuma privada.

Total de estabelecimentos educacionais com o nome de Paulo Freire no Brasil: 361 escolas.

Estabelecimentos de ensino com o nome de Paulo Freire no exterior

Tenho notícias dos seguintes estabelecimentos educacionais com o nome de Paulo Freire:

1. Arequipa, no Peru; 2. México, no Distrito Federal; 3. Cochabamba, na Bolívia; 4. Mendoza, na Argentina; 5. Málaga, na Espanha; 6. Granada Vitória (Gasteiz), na Espanha; 7. Praia, capital de Cabo Verde, na África.

Diretórios e Centros Acadêmicos com o nome de Paulo Freire

1. Centro Acadêmico Paulo Freire, Faculdade de Educação, Universidade de São Paulo (USP), São Paulo, SP; 2. Centro Acadêmico Paulo Freire, Faculdade de Educação, Universidade Federal do Ceará (UFC), Fortaleza, CE; 3. Centro Acadêmico Paulo Freire, Faculdade de Educação, Universidade de Mogi das Cruzes (UMC), Mogi das Cruzes, SP; 4. Centro Acadêmico Paulo Freire, Faculdade de Educação, Universidade de Ijuí (Unijuí), Campus Santa Rosa, Ijuí, RS; 5. Centro Acadêmico Paulo Freire, Faculdade de Educação,

---

[52] Não incluída no quadro desde que não foi elencada na tabela da SEEd/RN, porém acrescento por minha iniciativa o nome da Escola Prof. Paulo Freire, para cuja possibilidade de abertura contribuímos, eu e Paulo, financeiramente, a pedido de Maria Eneida de Araújo Melo, que alfabetizou-se antes dos seis anos de idade, quando frequentou com seus pais, alfabetizandos dos Círculos de Cultura em 1963 em Angicos, RN. Veja na Parte I, Capítulo 4, o item "Programa Nacional de Alfabetização (PNA), a história, narrada por mim, entre ela e o presidente João Goulart.

[53] Não incluída no quadro desde que não foi elencada na tabela da SEEd/RO, porém acrescento por minha iniciativa este estabelecimento de ensino com o nome num Assentamento do Movimento dos Trabalhadores Sem-Terra (MST): Escola Paulo Freire, endereço: Assentamento Palmares, Gleba: 04, Nova União/RO – CEP: 78953-000, responsável: Julia Aparecida Beijos, n° de estudantes: 350.

Universidade Federal de Goiás (UFG), Goiânia, GO; 6. Centro Acadêmico Paulo Freire, Faculdade de Educação, Universidade Estadual de Maringá (UEM), Goioerê, PR; 7. Centro Acadêmico Paulo Freire, Faculdade de Educação, Ciências e Letras (Funec) de Santa Fé do Sul, Santa Fé do Sul, RS; 8. Centro Acadêmico Paulo Freire, Faculdade de Educação, Universidade do Estado do Rio de Janeiro (Uerj), Rio de Janeiro, RJ; 9. Centro Acadêmico Paulo Freire, Faculdade de Educação, Universidade Católica Dom Bosco (UCDB), Brasília, DF; 10. Centro Acadêmico Paulo Freire, Universidade Federal do Piauí (UFPI), Terezina, PI; 11. Diretório Acadêmico Paulo Freire, Faculdade de Pedagogia de Americana (FAM), Americana, SP; 12. Diretório Acadêmico Paulo Freire, Universidade Vale dos Sinos (Unisinos), São Leopoldo, RS; 13. Diretório Acadêmico Paulo Freire, Centro de Matemática, Universidade de Brasília (UnB), Brasília, DF; 14. Espaço Paulo Freire, Faculdade de Educação, Universidade Estadual do Rio de Janeiro (Uerj), Rio de Janeiro, RJ; 15. Universidade Estadual da Paraíba, Campina Grande, Paraíba.

Teatros, Anfiteatros, Auditórios e Salas com o nome de Paulo Freire[54]

1. Centro de Vivência Paulo Freire – inaugurado pelo próprio Paulo e o reitor Osmar Siena, ao lado do professor da casa e amigo Clodomir Morais, em 14 de março de 1997, Universidade Federal de Rondônia (Unir), RO; 2. Anfiteatro Paulo Freire, Escola Superior de Educação, Universidade do Algarve, Portugal;* 3. Auditório Paulo Freire, Sede Nacional do Partido dos Trabalhadores (PT), Rua Silveira Martins, 132, São Paulo, SP, Brasil; 4. Sala Paulo Freire, Programa de Pós-Graduação em Educação: Currículo, PUC-SP – do qual Paulo foi professor –, São Paulo, SP, Brasil;* 5. Sala do Centro Cultural da Vila Real de Santo Antonio, Vila Real de Santo Antonio, Portugal;* 6. Sala Professor Paulo Freire, Assembleia Legislativa do Estado do Ceará – projeto de Resolução de 22 de setembro de 1998, do deputado estadual Artur Bruno, que assim denomina a sala da Comissão de Educação, Cultura e Desporto –, Fortaleza, CE, Brasil;* 7. Sala Paulo Freire, Sede da Cultura Inglesa, Ribeirão Preto, SP, Brasil;* 8. Sala Paulo Freire, Sede da Federação das AABB (FENABB), Brasília, DF, Brasil;* 9. Sala Paulo Freire, Conselho Estadual de Educação, Paudalho, PE, Brasil; 10. Sala Paulo Freire, Universidade Luterana do Brasil (Ulbra), Campus de Manaus, Manaus, AM, Brasil;* 11. Sala Paulo Freire, Universidade de Málaga, Espanha; 12. Centro Cultural Paulo Freire, sede do MST, Caruaru, PE, Brasil; 13. Sala na Secretaria de Educação do Estado de Pernambuco, Recife, PE, Brasil; Espaço Paulo Freire, Villa das Letras: Livraria e Editora, Indaiatuba, SP, Brasil;* 15. Centro de Convivência Paulo Freire, Universidade Federal de Rondônia (Unir), Porto

---

54 Os asteriscos indicam salas inauguradas pela autora.

Velho, RO; 16. Auditório Paulo Freire, Centro Administrativo Fernando Ferrari, Secretaria de Educação do Rio Grande do Sul, Porto Alegre, RS; 17. Edifício Paulo Freire, Universidade de Huelva, Espanha.*[55] 18. Concha Acústica da Universidade Federal de Pernambuco (UFPE).

À esquerda, Universidade de Huelva e, à direita, Centro de Educação de Adultos em Málaga, ambos na Espanha.

Emissora de televisão

TV Paulo Freire: um canal para a liberdade

Criada pelo governo do estado do Paraná a TV Paulo Freire iniciou sua transmissão no dia 27 de junho de 2006 "com o objetivo de desenvolver programas educativos para televisão." Tornou-se possível a partir da produção de conteúdos pedagógicos, para transmissão via satélite, web e multimídia, direcionados à comunidade escolar e à formação continuada dos profissionais da rede pública do estado do Paraná. O projeto foi construído perpassando pela proposta de formatos de programas e questões técnicas que se organizou a partir de discussões de uma equipe docente multidisciplinar da rede pública do Paraná e profissionais da comunicação.

---

55 A Universidade de Huelva, Espanha, nomeou um dos seus prédios, um aulário, com o nome de Paulo Freire. Em 2002, ao ser convidada pela instituição, por diligência de um dos seus professores, Dr. Manuel Reys Santana, descerrei placa na qual consta a seguinte inscrição: *"La educación necesita tanto de formación técnica, científica y profesional como de sueños y utopia* (Paulo Freire). Visita de Ana Maria (Nita) Araújo Freire."

Os programas são transmitidos via satélite para aproximadamente 2.100 escolas do estado, atingindo diretamente em torno de 1.500.000 pessoas. Em Ponta Grossa todas as escolas já têm acesso à TV Paulo Freire. Os programas mais utilizados são da série para vestibular e Enem, "Eureka".

A TV Paulo Freire tem parceria com UFPR TV, TV Escola, PUC-PR – Lumen Centro de Comunicação, e RTVE – Paraná, que cede imagens e programas.[56] Agora os programas produzidos pela TV Paulo Freire também são exibidos na e-Paraná, nas segundas e quintas das 18h às 18h30 e nos sábados das 15h às 16h.

Revistas com o nome de Paulo Freire

1."Revista Paulo Freire", de Formação Político-Pedagógica do SINTESE, editada no estado de Sergipe; 2. Dialogische Erziehung – Informationen zua Paulo Freire Padagogik, Oldemburgo, Alemanha, vem sendo publicada desde janeiro de 1997.

Praças, avenidas, ruas, bosques e conjuntos habitacionais com o nome de Paulo Freire[57]

No Brasil são 60 logradouros no total; no exterior, 2. Contabilizando assim, um total de 62 logradouros.

No Brasil:

Amazonas: 2; Bahia: 6; Ceará: 3; Goiás: 2; Mato Grosso do Sul: 2; Pará: 6; Paraná: 2; Pernambuco: 5; Piauí: 1; Rio de Janeiro: 1; Rio Grande do Norte: 1; Rio Grande do Sul: 3; Rondônia: 6; Santa Catarina: 3; São Paulo: 17.

No exterior:

Cabo Verde: rua Pedagogo Paulo Freire, Praia (D.F.); El Salvador: Plaza Paulo Freire, na Universidade de El Salvador, San Salvador.

Conjuntos Habitacionais no Brasil
Minas Gerais: 1; São Paulo: 1.[58]

Bosques com o nome de Paulo Freire
Largo do Inédito-Viável, no campus da Universidade Católica, de Brasília; Bosque Paulo Freire, na mata original do campus da Universidade Federal Rural de Pernambuco (UFRPE), ao lado da Faculdade de Educação.

---

56 Conferir no site: <http://salaaberta.com/2011/01/31/tv-paulo-freire-um-canal-para-a--liberdade>.

57 Ver informações detalhadas no Apêndice III desta biografia.

58 Em Limeira, São Paulo. Projeto de Lei do vereador José Roberto de Toledo n.2936/98, de 5 de maio de 1998.

Estação de metrô com o nome de Paulo Freire

No início da década de 2010 se difundiu na cidade de São Paulo um projeto da Companhia do Metropolitano de São Paulo, a criação de uma nova linha, então a de número 15, Linha Verde, de aproximadamente 13,5km, com 12 estações de embarque/desembarque de passageiros, entre elas uma com o nome de Paulo Freire. O objetivo dessa linha era atravessar a calha do rio Tietê e facilitar a conexão entre São Paulo e Guarulhos. As obras estavam previstas para serem iniciadas em 2013 e finalizadas em 2017; o projeto, entretanto, não se concretizou. Até que em 2023:

> O governador bolsonarista de São Paulo, Tarcísio de Freitas, anunciou a troca do nome da futura Estação Paulo Freire, na Linha 2 – Verde do metrô, localizada na avenida Educador Paulo Freire (Parque Novo Mundo, Zona Norte de São Paulo), para o nome do bandeirante, escravocrata e assassino de indígenas, Fernão Dias Paes Leme. Um completo escárnio com as populações indígenas e negras da cidade, homenageando mais uma vez os nossos algozes.[59]

Essa estação do metrô tinha sido batizada com o nome de Paulo Freire pela equipe técnica e por moradores do local, desde quando foi projetada em 2013 para ser inaugurada em 2017. A estação abrigaria um shopping center, um grande estacionamento para automóveis e congêneres e o pátio de manobras da atual Linha 2.

As obras foram sendo retardadas até quando o atual governador, de acordo com seus dogmas ideológicos da extrema direita brasileira, resolveu desprestigiar o homem que lutou destemidamente, por toda a sua vida, em prol da justiça e da democratização da sociedade brasileira. Freire não foi somente o maior educador do Brasil e do mundo no século XX, mas também no século XXI.

Conforme explicitado na campanha pela manutenção do nome da estação, havia uma desconfiança de que a população de São Paulo não aceitaria que se retirasse "o nome de um dos educadores mais famosos do mundo, patrono da educação brasileira, defensor da educação popular e que dá nome à avenida onde a estação se localiza, pelo nome de uma pessoa que carrega a nefasta imagem de ser um escravizador e assassino de seres humanos".[60]

As manifestações de desaprovação começaram, sobretudo, com recurso apresentado pela deputada estadual Ediane Maria (PSOL-SP) a respeito da fu-

---

59 Texto da campanha de abaixo-assinado contra a decisão do governador Tarcísio de Freitas em prol da manutenção do nome "Estação Paulo Freire". Disponível em: < https://www.solopretoeindigena.com.br/paulofreire/>.
60 *Ibidem.*

tura estação da Linha 2-Verde do metrô, que faz parte da expansão do serviço na Zona Leste da capital. A mudança foi denunciada pela deputada sob o argumento de que homenageia uma figura histórica ligada à exploração escravocrata negra e indígena, o que é proibido na cidade de São Paulo desde 2007 pela lei que proíbe a denominação de espaços públicos com o nome de pessoas que tenham praticado crimes contra a humanidade ou violações de direitos humanos. Diante desse argumento a desembargadora Maria Fernanda de Toledo Rodovalho acatou o pedido. O Tribunal de Justiça de São Paulo vetou, então, a mudança de nome da estação Paulo Freire para Fernão Dias, diante da justificativa.

A justiça e o bom senso prevaleceram. Entre centenas e centenas de homenagens prestadas a Paulo Freire, essa tem um sabor muito especial e emblemático: a cidade de São Paulo estaria agradecendo sua gestão progressista, lúcida e justa, com a qual Paulo Freire mudou "a cara" das escolas da rede municipal de São Paulo.

Associações Comunitárias com o nome de Paulo Freire

1. Associação Comunitária Paulo Freire foi criada na década de 1990 por um grupo de moradores do bairro Inácio Monteiro, na Zona Leste de São Paulo. A partir dessa associação foram criados o Banco Comunitário Paulo Freire e a moeda "freire"; 2. Associação de Construção Comunitária Paulo Freire, fundada em 1999, composta por 100 famílias oriundas de 14 grupos do Movimento dos Sem Terra (MST) da Zona Leste de São Paulo. Através dessa associação, que trabalha sempre em sistema de mutirão, foram construídos 100 apartamentos no bairro Cidade Tiradentes, na cidade de São Paulo.

Banco Comunitário Paulo Freire

Os Bancos Comunitários são projetos de apoio à economia popular de municípios de baixo Índice de Desenvolvimento Humano e prestam serviço financeiro solidário em rede de natureza associativa e comunitária. Além disso, os bancos comunitários atuam para a geração de trabalho e renda promovendo a economia solidária. Os bancos comunitários são da comunidade, que também é responsável por sua gestão.

"[Diogo Jamra] Tsukumo afirma que a moeda social permite uma maior circulação de riquezas na comunidade, aumentando os números de transações econômicas e permitindo o desenvolvimento econômico local. Neste aspecto, saem ganhando tanto o consumidor morador da comunidade, pois tem acesso ao crédito em moeda social, quanto o empreendimento, pois tem mais clientes.[61]

---

61 Akatu, "Moeda Social aumenta trabalho e renda na comunidade", 11 jan. 2011. Disponível em: < https://akatu.org.br/moeda-social-aumenta-trabalho-e-renda-na-comunidade-2/>.

As cédulas são oficiais, numeradas e com marca de segurança que impedem a falsificação. A cotação em relação ao real é de 1 para 1 e chegam ao povo através do banco. A moeda "Freire" é a moeda corrente dentro desta comunidade. Nesses bancos não há detector de metais ou seguranças armados. O Banco Paulo Freire e os demais no estado de São Paulo funcionam em pequenos cômodos com três funcionários: o gerente, o caixa e o analista de crédito.

> Todos os moradores da área são treinados pelo Instituto Palmas que, junto com a incubadora Tecnológica de Cooperativas Populares da USP e a Secretaria Nacional de Economia Solidária, implantou as unidades. Para criar um banco comunitário é imprescindível que a associação de moradores seja forte. [...] É preciso, também, ter crédito para cobrir os gastos com a emissão da moeda, pagar os funcionários e realizar os primeiros empréstimos. [...] O Banco Comunitário realiza empréstimos de consumo sem cobrança de juros, e produtivo, com taxas abaixo do mercado, para quem quer empreender.[62]

O Banco Comunitário Paulo Freire foi inaugurado no bairro Inácio Monteiro, Zona Leste de São Paulo, no dia 7 de junho de 2009.[63]

Bibliotecas com o nome de Paulo Freire

1. "Biblioteca Popular Paulo Freire" organizada por Francisco Genésio Lima, Campinas, São Paulo; 2. "Biblioteca Paulo Freire" no Centro de Ensino Supletivo do SESI, em Recife, Pernambuco; 3. "Biblioteca Paulo Freire" na Escola Estadual "Professor Paulo Freire", Olinda, Pernambuco; 4. "Biblioteca Municipal Dr. Paulo Freire", "com acervos específicos para o aperfeiçoamento didático-pedagógico do professor", por solicitação do secretário municipal de Educação Kleber Magalhães; Ofício n.428/96, de 14.8.1996, SME/AM, Macapá, Amapá; 5. "Biblioteca Paulo Freire" no CEU Pera Marmelo, da rede municipal de São Paulo, São Paulo;[64] 6. "Biblioteca Paulo Freire" da Universidade do Estado do Pará, Centro de Ciências Sociais e Educação, Belém, Pará; 7. "Biblioteca Prof. Paulo Freire" em Escola Municipal de Santos, São Paulo; 8. "Biblioteca Paulo Freire" do Centro de Educação e Cultura Popular – CECUP, Salvador, Bahia.

---

62 Disponível em: <www1.folha.uol.com.br/saopaulo/745734-e-dinheiro-de-verdade-mas--nao-e-real.shtml>.
63 Informações obtidas por ligação telefônica por mim feita à comunidade e do site: http://www.sunnet.com.br/home/Noticias/Moeda-social-aumenta-trabalho-e-renda-na-comunidade.html.
64 Inaugurada por mim, juntamente com minha família, Lílian Contreira, e a prefeita Marta Suplicy, em 13 de novembro de 2003, no dia em que completei meus setenta anos de idade.

Cátedras com o nome de Paulo Freire

1. Highlander Center, Tennesse, Estados Unidos; 2. Na Pontifícia Universidade Católica de São Paulo – PUC-SP,[65] São Paulo, SP, Brasil; 3. Universidade de Cali, Colômbia; 4. Centro Paulo Freire, Cienfuegos, Cuba; 5. San José, Costa Rica. Heredia Cátedra Paulo Freire; 6. Universidad de Guadalajara, Departamento de Educación y Valores (ITESO), Guadalajara, México; 7. Instituto Paulo Freire, São Paulo, Brasil; 8. Cátedra Paulo Freire, da UNILA, Universidade Federal da Integração Latino-Americana, organizada em parceria com o Ministério da Educação e a Organização dos Estados Ibero-Americanos (OEI); 9. Universidade Federal de Pernambuco, Recife, PE, Brasil; 10. Cátedra Abierta Paulo Freire, Buenos Aires, Argentina; 11. Cátedra Livre Paulo Freire, Campo Grande, MS, Brasil; 12. Círculo Mogiano de Cultura – Cátedra Paulo Freire, Mogi das Cruzes. SP, Brasil; 13. Entre Rios Cátedra Abierta Paulo Freire, Entre Ríos, Argentina; 14.San Luis Cátedra Libre de Alfabetización "Paulo Freire", em Villa Mercedes, Argentina; 15. Universidade Estadual de Pernambuco; 16. Seminário Teológico Garrett Evangelical, Evanston, Illinois, Estados Unidos; 17. Universidade Federal de Viçosa.

Centros de pesquisas, documentação, informação, divulgação e estudos com o nome de Paulo Freire

1. CEDIF – Centro de Estudos, Documentação e Informação Paulo Freire, pelo esforço do professor, já falecido, Admardo Serafim de Oliveira junto à Universidade Federal do Espírito Santo; 2. A.G.SPAK, Munique, Alemanha; 3. CAAP – Centro di Animazioni per L'Autofestione Popolare, Alia, Itália; 4. CEDI – Centro Ecumênico de Documentação e Informação – com sedes no Rio de Janeiro e em São Paulo, Brasil; 5. CEG – da Universidade Federal do Espírito Santo, Vitória, Espírito Santo, Brasil; 6. Center for the Study of Development and Social Change, Cambridge, Massachusetts, Estados Unidos; 7. Centro de Educação Popular Instituto Sedes Sapientiae, São Paulo, Brasil; 8. CEP – Centro Pastoral Vergueiro, São Paulo, Brasil; 9. CIDOC – Centro Intercultural de Documentação, Cuernavaca, México; 10. CEAAL – Conselho de Educação de Adultos para a América Latina, Santiago, Chile; 11. INODEP – Institut Oecuménique au Service du Développement des Peuples, Paris, França ; 12. Institut of Adult Education, da Universidade

---

65 Fui a primeira professora convidada que inaugurou essa Cátedra no segundo semestre letivo de 1998. Desse meu trabalho resultou o livro *A pedagogia da libertação em Paulo Freire* (ver bibliografia).

de Dar-Es-Salam, Dar-Es-Salam, Tanzânia; 13. LARU – Latin American Research Unit, Toronto, Canadá; 14. MABIC – Mouvement d'Animation de Base International Outmeetings, Hasselt, Bélgica; 15. Birgit Wingerrath (acervo particular), Drie-Benst, Alemanha; 16. SPE – Scuola Professional Emigranti – Zurigo, Zurique, Suíça; 17. Syracuse University, Syracuse, Nova York, Estados Unidos; 18. The Ontario Institute for Studies in Education – OISE, Toronto, Canadá; 19. Unimep – Universidade Metodista de Piracicaba, São Paulo, Brasil; 20. Unisinos – Universidade Vale dos Sinos, São Leopoldo, Rio Grande do Sul, Brasil; 21. University of Michigan, Ann Arbor, Michigan, Estados Unidos; 22. Centro Comunitário Popular, que reúne moradores da Vila Jardim Estalagem, Viamão, Rio Grande do Sul, Brasil; 23. "Paulo Freire Democratic Project" da Chapman University School of Education", Chapman University, Califórnia, Estados Unidos; 24. Fundação Internacional Paulo Freire para a Educação Popular, Espanha; 25. Aditepp – Associação Difusora de Treinamentos e Projetos Pedagógico, fundada em 1972, Curitiba, Paraná, Brasil; 26. Instituto Paulo Freire (IPF), São Paulo, Brasil. O Instituto Paulo Freire, os professores Moacir Gadotti e Carlos Torres, aproveitando a ida de Paulo e minha a Los Angeles, em 1991, anunciaram a Paulo que estavam criando no Brasil e naquele país uma instituição com o seu nome. Paulo aceitou essa homenagem e visitou algumas vezes a sede da entidade na cidade de São Paulo. Suas atividades principais incluem "estudos e pesquisas, documentação e informação, formação e consultoria"; 27. Centro Paulo Freire, Recife, Pernambuco: "O Centro Paulo Freire – Estudos e Pesquisas é uma sociedade civil, sem fins lucrativos, com finalidade educativa e cultural, cujo objetivo é perenizar a memória do educador Paulo Freire. Para alcançar seu objetivo, o Centro Paulo Freire deverá promover, estimular e divulgar a realização de estudos, pesquisas, cursos, seminários e inovações pedagógicas, em referência ao pensamento e à obra do Professor Paulo Freire." O Centro, que foi fundado em 29 de maio de 1998 e teve como seu primeiro diretor e incentivador o professor Paulo Rosas,[66] organiza a cada dois anos[67] colóquios internacionais no Recife em torno das ideias de Paulo; 28. Paulo Freire Kooperation. Carl von Ossietzky Universität Oldenburg. Fakultät Pädagogik, Oldenburg; 29. Centro de Formação de Profissionais em Educação Paulo Freire, Hortolândia, SP, Brasil; 30. Núcleo de Educação Popular Paulo Freire (NEP), no Centro de Ciências Sociais e Educação (CCSE), da Universidade do Estado do Pará (UEPA), sob a coordenação da Dra. Ivanilde

---

66 Paulo Rosas faleceu em Paris em novembro de 2003, quando para lá tinha viajado para representar o Centro numa atividade ligada a Paulo, organizada pela Unesco.
67 Participei e fui oradora nos três primeiros Colóquios. Ver lista das "Homenagens diversas".

Apoluceno de Oliveira, tem como objetivo "realizações interligadas de ensino, pesquisa e extensão, centradas em torno de um eixo comum, a educação popular numa perspectiva freireana [...] possui três programas/linhas de investigação: (1) *Educação Popular de Jovens e Adultos* – realiza estudos e atividades pedagógicas com jovens, adultos e idosos, a capacitação de educadores de jovens e adultos, a produção de materiais didáticos, a realização de cursos de alfabetização e assessoria a projetos [...] (2) *Educação Popular e Escolarização Básica* – promove estudos e atividades voltadas para a escolarização básica de crianças, a formação continuada de alfabetizadores, a elaboração de novas metodologias de ensino e avaliação, a produção de materiais didáticos [...] (3) *Educação Popular e Saúde* – realiza estudos sobre a incidência de doenças em populações periféricas urbanas e rurais ribeirinhas da Amazônia [...]. Objetiva conscientizar as classes populares sobre a importância da educação na prevenção de doenças e na promoção da qualidade de vida; 31. The Freire Institute at the Central Lancashire, Preston, Inglaterra.

Bolsas de pesquisa de pós-graduação com o nome de Paulo Freire

Na Universidade de Glasgow, Glasgow, Escócia.

Monumentos, estátuas e pinturas

1. Em homenagem aos que lutaram contra a opressão,[68] a artista sueca Pye Engström construiu[69] a figura de Paulo em pedra, ao lado de Pablo Neruda, Angela Davis, Mao Tsé-Tung, Sara Lidman, Elise Ottosson-Jense e Georg Borgström. A escultura é feita em forma de um banco, localizada no conjunto Poliesportivo Västertorpshsllen, na Personnevägen, número 90, no bairro de Hägersten, Estocolmo, Suécia.[70] Paulo permanece ali aberto e coberto pelo frio do Norte, e é possível sentar-se na escultura, como proposto por sua criadora. Esse é um movimento de acolhimento que a própria pessoa de Paulo compartilhava com tantos amigos, intelectuais e familiares, tendo seu corpo sempre aberto ao outro, quente, acolhedor, solidário e generoso, um espaço de aconchego, de compreensão e solidariedade.

---

[68] Esses dados me foram prestados por Christian Kallerdahl em resposta ao meu pedido numa carta datada de 27 de novembro de 1992. No último trecho da carta, Christian me diz "A artista vive em Gotland, Suécia. Ela manda suas congratulações a Mr. Paulo Freire e diz que está muito feliz porque ele sabe sobre a escultura".

[69] Visitei esse monumento em novembro de 1992 com Paulo e amigos brasileiros e suecos. Paulo já o havia conhecido em 1987.

[70] Veja no site <www.helgo.net/emma/skulpturer.php>.

Sobre essa imensa obra de arte, feita entre 1973-1976, intitulada *Depois do banho*, escreveu para mim a sua criadora, Pye Engström:[71]

> Esta escultura é um sofá. Senta-te, por favor, um pouquinho!
> Eu escolhi pessoas, para esta escultura, que são importantes para mim e que são símbolos para importantes princípios de nosso tempo.
> Este sofá é um documento de 1972 quando determinei quais pessoas importantes constituiriam o sofá.
> Na casa, estão:
> PABLO NERUDA, o chileno – porque não devemos esquecer o povo do Chile e sua luta contra o fascismo.
> GEORG BORGSTRÖM – por seu trabalho de mostrar-nos que a Terra é frágil e os recursos não são inesgotáveis.
> ANGELA DAVIS – por sua luta contra o racismo.
> MAO TSE-TUNG – por haver conduzido a luta do povo da China contra a fome e a humilhação.
> SARA LIDMAN – porque ela demonstrou seu apoio ao povo do Vietnã em sua luta contra o imperialismo através de sua criação literária.
> PAULO FREIRE – porque formulou uma pedagogia a serviço dos oprimidos; uma pedagogia que ajudará as pessoas a contribuir na criação da sociedade.
> ELISE OTTESEN-JENSEN – por seu trabalho pelos direitos das mulheres de decidir suas vidas e pelos direitos de as crianças nascerem desejadas.
> Estas sete pessoas defenderam os atormentados e os oprimidos do mundo.

Estátua feita pela artista sueca Pye Engström, na Praça Hägerstensäsen, Estocolmo, em homenagem a sete pessoas que lutaram contra a opressão, entre elas Paulo (figura do meio).

---

71 Essa explicação de Pye Engström, escrita em espanhol e por mim traduzida, me foi enviada também por Christian Kallerdahl.

2. Em 10 de março de 1998, recebi uma carta-convite de Manillo Argueta, secretário de Relações Nacionais e Internacionais de El Salvador, para a inauguração de um monumento em honra de Paulo, em San Salvador, em 25 de março de 1998, no campus universitário, em frente ao novo Edifício da Biblioteca Central a "Plaza Paulo Freire", esse monumento composto por um busto de Paulo e uma placa com a seguinte inscrição:

> La Universidad de El Salvador, La Embajada de Brasil y La Fundación para El Desarrollo Economico y Social de Centroamerica, inauguran la Plaza Paulo Freire como un homenaje al educador Doctor Honoris Causa de esta Alma Mater, cuyo trabajo pedagógico repercutio en los cinco continentes. "Prometo a los estudiantes de esta Casa, a los hombres y mujeres de este país, que voy a ser fiel a la educación para la libertad y la solidariedad. PAULO FREIRE".

Discursaram na ocasião o reitor Dr. José Benjamin López Guillén, o senhor embaixador do Brasil Luiz Henrique Pereira da Fonseca, que estava acompanhado de sua esposa, o vice-reitor decano licenciado Salvador Castilo Arévalo; e Sr. Manillo Argueta

Não tendo podido comparecer à homenagem, escrevi, emocionada, a seguinte carta de agradecimento, que julgaram que deveria ser lida, depois de traduzida para o espanhol por Vanda Pignato, na cerimônia, pelo Sr. Manillo Argueta:

> Magnífico Reitor da
> Universidade de El Salvador
>
> Ao tomar conhecimento através da amiga brasileira Vanda Pignato, do Centro de Estudos Brasileiros, em El Salvador, de que essa universidade prestaria mais uma homenagem a Paulo Freire, meu marido, fui tomada por vários sentimentos.
>
> Relembrei, com júbilo, claramente o dia no qual Paulo foi feito Doutor *Honoris Causa* dessa universidade, que, no período da crise institucional salvadorenha se pautou pela liberdade contra o autoritarismo do poder estabelecido. O doutoramento de Paulo, foi, entre outros momentos, um marco dessa luta, por isso pleno de emoção para nós e para essa comunidade acadêmica, estou certa disso.
>
> Ao saber que essa universidade inaugurará, em 25 de março de 1998, um busto da figura de Paulo em seu campus, se aliam em mim os sentimentos de sua falta física, não posso e não devo negar, e o do orgulho por ter convivido com um homem que dedicou sua vida em favor dos oprimidos, que essa homenagem, sem dúvida, enfatiza.
>
> Assim, agradeço a V. Magnificência e aos corpos docente e discente, bem como aos funcionários, a homenagem a Paulo, esperando que este ato se revista,

como tenho certeza de que esta é a intenção dessa universidade, da presença de Paulo: como a do educador político que dedicou toda a sua vida para viabilizar a verdadeira libertação dos povos oprimidos.
Muito obrigada

Ana Maria Araújo Freire
São Paulo, 13 de fevereiro de 1998.

3. Descerrei um busto de Paulo no campus da Universidade de Chapmam, Califórnia, Estados Unidos, em 4 de dezembro de 1998, por iniciativa do Prof. Dr. Tom Wilson, quando recebi por Paulo, *in memoriam*, o seu título de Doutor *Honoris Causa*.

4. No ano de 1999 Iraci Ornelas pintou aquarelas e telas tendo como tema "Paulo Freire". Ela foi secretária particular de Paulo e o acompanhou, como assistente particular, quando ele foi ser secretário de Educação do município de São Paulo.

5. No período entre 7 e 19 de agosto de 2000, o Espaço de Artes Unicid realizou a Exposição de telas pintadas por Carla Fazenda intitulada "Um olhar sobre Paulo Freire". Cada quadro tinha o título de um dos livros de Paulo Freire.

6. O então ministro de Estado da Educação do Brasil, o professor Cristovam Buarque, convidou-me para inaugurar em 12 de dezembro de 2003, em frente ao prédio do Ministério da Educação, na Esplanada dos Ministérios, no Bloco L, em Brasília, DF: "um monumento em homenagem ao educador Paulo Freire." O monumento tem a forma de um livro, cuja capa é o rosto de Paulo, composto por mosaicos que reproduzem cada um deles a assinatura de algumas centenas de recém-alfabetizados, concebido pelo artista plástico Henrique Gougon. O convite trazia um fragmento do pensamento de Paulo: "Sempre vi a alfabetização de adultos como um ato político e um ato de conhecimento, por isso mesmo, como um ato criador."

7. Em 19 de setembro de 2013, foi descerrada uma estátua de Paulo Freire, no campus da Universidade Federal de Pernambuco (UFPE), em bronze, de tamanho natural, confeccionada pelo artista pernambucano Abelardo da Hora, companheiro de meu marido no Movimento de Cultura Popular, dos anos 1960, sob o patrocínio da Central dos Trabalhadores em Educação (CNTE) e da Internacional de la Educación para América Latina.[72] O site da Universidade Federal de Pernambuco apresenta o seguinte texto sobre a obra:

---

72 Recebi da família de Abelardo da Hora uma miniatura dessa estátua, confeccionada especialmente para me presentear. Toda a família dele veio do Recife à minha casa, em São Paulo, para realizar a vontade do pai. Foi um momento de muita emoção para todos nós.

Artista expressionista, Abelardo da Hora explorou, ao longo de sua produção, dois grandes temas: o amor e as questões sociais. O amor se expressa por sua devoção às mulheres, tema de diversas de suas esculturas; já as questões sociais se mostram, artisticamente, através da denúncia de injustiças, como a miséria e a fome. Além desses dois grandes eixos, Abelardo também contribui com estátuas de figuras públicas, como a do educador e amigo Paulo Freire, instalada no campus da UFPE durante o II Encontro Pedagógico Latino-Americano, em 2013. A inauguração da estátua foi no dia do nascimento de Freire, 19 de setembro, e contou com a presença do artista. O monumento fica na área do Lago do Cavouco, próximo ao Colégio de Aplicação e ao Centro de Educação. A belíssima estátua de bronze é praticamente da mesma altura de Paulo Freire. Os dois, o artista e o retratado, trabalharam juntos no M.C.P., nos anos 1960.[73]

Escultura feita pelo pernambucano Abelardo da Hora

8. Mural feito pelo artista Raul Zito, em parceria com o coletivo Esperanzar, que consta em uma parede externa de edifício na cidade de São Paulo. A TV Cultura registrou a homenagem a Paulo na seguinte reportagem:

Paulo Freire ganha homenagem em mural em São Paulo

No dia que completaria 100 anos, o pedagogo Paulo Freire ganhou uma homenagem em São Paulo. Um enorme mural foi feito na lateral de um prédio na avenida Pacaembu. Pode-se ler uma frase de Paulo Freire: "Esperançar: amar é um ato de coragem."

A obra é de autoria do artista visual Raul Zito, com produção e assistência do coletivo Esperanzar. Uma das idealizadoras desta obra é uma das netas de Paulo, Sofia Freire Dowbor.

Em 2012, Freire passou a ser considerado por lei como "Patrono da Educação Brasileira". Seu trabalho é reconhecido em todo o mundo e recebeu títulos honoríficos de 51 instituições de ensino [...].[74]

---

73 Universidade Federal de Pernambuco. "Estátua de Paulo Freire (Abelardo da Hora), 2013". Disponível: <www.ufpe.br/observatorio-covid-19/sociedade/quarentenarte/acervo-e-patrimonio>.
74 TV Cultura, "Paulo Freire ganha homenagem em mural em São Paulo", *Uol*, 19 set. 2021. Disponível em: <www.cultura.uol.com.br/noticias/40045_paulo-freire-ganha-homenagem-em-mural-em-sao-paulo.html>.

| Mural de Raul Zito na avenida Pacaembu, São Paulo. Fotografia de Leo Eloy.

Presidente honorário de instituições pelo mundo

1. CEAAL (Conselho de Educação de Adultos da América Latina); 2. CECIP (Centro de Criação da Imagem Popular, Rio de Janeiro); 3. INODEP (Institute Ecuménique ao Service du Développement des Peuples, Paris); 4. VEREDA (Centro de Estudos em Educação, São Paulo);[75] 5. INCA (Instituto Cajamar, São Paulo); 6. ICAE (International Council for Adult Education, Toronto); 7. CECUP (Centro de Educação e Cultura Popular, Salvador, Bahia); 8. Instituto Paulo Freire, de São Paulo; 9. ADITEPP, Curitiba, Paraná; 10. Fundação Paulo Freire, Paulo Freire Stiching, Doetinchem, Holanda, uma organização fundada em 1980 dentro dos princípios freireanos para orientar e beneficiar camponeses da Nicarágua; 11. PFK (Paulo Freire Kooperation), Oldenburgo, Alemanha; 12. SAD – Swiss Academy for Development, membro honorário, Solothurn, Suíça; 13. Instituto de Investigaciones Paulo Freire, na Faculdade de Direito, da Universidade Nacional de Rosario, Córdoba, Rosário, Argentina; 14. Fundação Internacional Paulo Freire para a Educação Popular, Espanha.

---

75 Paulo foi presidente do Vereda, de sua fundação em 1983 até 1990; foi presidente licenciado de 1990 a 1993, e a partir de sua morte tornou-se presidente de honra, em 2 de maio de 2005.

Letra de música popular brasileira

O famoso compositor de música popular brasileira Chico César[76] homenageou Paulo em sua música *Beradêro*, com esse belíssimo verso cantado pelo próprio autor no CD *Aos vivos*; por Zizi Possi no CD *Mais simples*; por Elba Ramalho, no CD *Leão do Norte,* e por Mônica Salmaso, no CD *Voadeira*:

> cadeiras elétricas da baiana
> sentença que o turista cheire
> e os sem amor os sem-teto
> os sem paixão sem alqueire
> no peito dos sem peito uma seta
> e a cigana analfabeta
> lendo a mão de Paulo Freire.

Enredo de Escola de Samba Leandro de Itaquera e da Escola de Samba Águia de Ouro

Uma das mais bonitas e importantes homenagens prestadas a Paulo Freire foi a que a comunidade do bairro popular da capital de São Paulo – Itaquera – fez através da Escola de Samba Leandro de Itaquera, ao escolher como tema-enredo para o Carnaval paulista de 1999, "Educação, um salto para a liberdade: por Paulo Freire".

No fim do ano de 1997, quando a ferida pela tão recente morte de Paulo estava completamente aberta em mim, uma professora amiga telefonou-me dizendo que um grupo da comunidade do bairro paulistano de Itaquera – estimulado por professores, entre outros Alípio Casali e Ana Maria Saul, e sobretudo pelos alunos e alunas da PUC-SP, que tinha à frente Ivana Franco, queriam homenageá-lo com o tema enredo do "último carnaval do milênio".

Num segundo, esta ideia tomou meu corpo: o que pensaria Paulo sobre isso? Pensando, pude sentir a alegria imensa que uma homenagem vinda do povo, organizada e feita pelo povo provocaria nele se vivo estivesse. Tive certeza que, em risos contidos, próprios de sua alegria de viver e saber-se vivendo nos valores populares, teria dito o SIM.

---

76 Esse notável compositor e cantor paraibano fez uma entrevista a distância com Paulo para um programa da TV Globo e, alguns anos depois, cantou, a meu convite, no lançamento do livro por mim organizado *A pedagogia da libertação em Paulo Freire*, em 2001, na Livraria FNAC, de São Paulo, algumas de suas músicas com destaque especial para esta que homenageia Paulo.

Minha concordância para que o processo de escolha e definição do nome de Paulo Freire continuasse entre a comunidade e os dirigentes da Escola de Samba, com o apoio desse grupo do Programa de Pós-Graduação em Educação/Currículo da PUC-SP, o mesmo em que Paulo trabalhou, teve para mim um sabor de ver Paulo renascido. Renascido nas suas crenças mais profundas e legítimas, a de que o Brasil é de todos nós, homens e mulheres, negros e brancos, velhos ou crianças, ricos ou pobres, religiosos ou agnósticos, do Sul ou do Nordeste, do Leste ou Oeste, da cidade ou do campo, não importava. Renascido na sua mais radical crença no outro e na outra, assim independentemente de qualquer *a priori* elitista ou discriminador. Renascido na possibilidade de ser recriado, como tanto queria e gostava, em todas as formas e coisas éticas que servissem ao povo.

Durante o ano de 1998 e princípios de 1999, fui algumas vezes à quadra da Escola de Samba Leandro de Itaquera, quando após um processo eletivo democrático consagraram o nome de Paulo Freire como tema-enredo do Carnaval. Reuni-me algumas vezes com o grupo da inteligência da Escola, isto é, com aqueles que escolhiam e definiam como Paulo poderia e deveria ser apresentado como educador nos folguedos do carnaval. O calor humano, o amor pela Escola, a valorização pelo que sentem e fazem é surpreendente. A solidariedade entre eles, a seriedade com que, algumas vezes, antes dos ensaios, debatiam em círculos os problemas da Escola e da sociedade em geral, sobretudo as discriminações tanto da sociedade civil, em geral, quanto dos poderes públicos, pelos bairros pobres como Itaquera, são exemplos que servem para nossa reflexão política, pedagógica e sobretudo ética. São, incontestavelmente, fonte para a constituição de um novo saber para quem se preocupa com a antropologia libertadora.

Na madrugada do domingo, dia 14 de fevereiro de 1999, precisamente às 6h30, como ordenam os códigos que regem as organizações carnavalescas, entramos no Sambódromo de São Paulo, *com Paulo*, sua vida, suas obras e suas práxis ético-político-pedagógicas interpretadas pela *leitura de mundo* dessa gente simples, mas que sabe o que quer da vida. A empolgação, a beleza e a grandiosidade da cena testemunhavam isso.

Carros alegóricos, fantasias, evoluções, comissão de frente, mestre-sala e porta-bandeira, mais de três mil pessoas acompanhando a eletrizante bateria e a voz da "puxadora" Eliane de Lima entoavam entusiasmados, emocionada e belamente, a música de Mauro Pirata, Tony Almeida e Beto Muniz. Tudo isso no sambódromo paulistano, "na avenida", como que refazia os movimentos e o pensamento, a vontade política e os sonhos; e a poesia e a esteticidade ética de Paulo. O jeito de *ser gente* de Paulo.

Assim, num misto de alegria, nervosismo e pedido-apelo de voz político-social, certos e certas de que o Carnaval que vem das tradições populares a eles e elas deve voltar para dizer a todo mundo que o povo cria a cultura e constrói o seu país, repetiam uníssonos e entusiasmados o refrão da Escola: "Divina luz inspirou/Cantamos numa só voz/e Paulo Freire está presente em nós."

A Escola de Samba Leandro de Itaquera, mesmo que a imprensa falada, escrita e televisiva não tenha entendido, ou se entendeu tenha deixado morrer na "avenida" essa proclamação das injustiças sociais denunciadas por ela; mesmo que ela própria – a Escola, que, obteve a quarta colocação no resultado oficial do Carnaval de 1999 – não tivesse tido uma consciência clara de seu feito ao escolher a "educação como prática para a liberdade" como seu tema de preocupações, abriu para as comunidades populares a possibilidade de pensar-se esse processo como forma alternativa *da* e *para* a Educação Popular. Mais do que isso. Convenceu-nos de que fazerem-se carnavais alegres e desafiantes vem tornando-se uma das formas pedagógicas de como pensar e, quiçá, transformar nossa sociedade.

Como convidada especial, eu participei do desfile num dos carros alegóricos, como um dos destaques, cujo carnavalesco, orgulhoso e feliz por seu trabalho, era Marco Aurélio Ruffin.

Nesse carnaval de 1999, a letra da música do samba-enredo "Acorda meu Brasil: Divina luz inspirou – Cantamos numa só voz – E Paulo Freire está presente em nós", foi cantada, repito, emocionada e belamente, por uma multidão.

>Acorda, meu Brasil
>Desperta pra felicidade
>Eu quero amor, eu quero amar
>Em liberdade
>
>E hoje
>Hoje a Leandro tão bonita, faz o seu papel
>Pede licença, e mostra
>A realidade nua e crua
>No quadro-negro a nossa luta continua
>A minha escola dá um salto pro futuro
>E vem pra guerra de caneta na mão
>Vermelho e branco pede educação
>Sem preconceitos e discriminação
>
>Divina luz inspirou
>Cantamos numa só voz
>E Paulo Freire está presente em nós

Moço, não abro mão dos meus direitos
Eu também tenho o meu conceito
No universo da criação
Mentes são dotadas de virtude e poder
Basta abrir a porta, verá florescer
O mundo, onde a magia forma os ideais
E o saber não se difere por camadas sociais é
É hora de reflexão
E consciência em cada coração

Um clarão reluz, mudança
Salve a juventude, criança   (bis)
Na fé que incendeia
Futuro feliz, nação brasileira.

Na apuração final de todas as Escolas de Samba concorrentes, os jurados oficiais dos dez itens (fantasia, enredo, comissão de frente, mestre-sala e porta-bandeira, alegoria, bateria, letra do samba, evolução, harmonia e melodia) concederam à Leandro de Itaquera um total de 288 pontos (num máximo de 300), classificando-a em quarto lugar entre as escolas do primeiro grupo, fato inédito para essa escola. No quesito enredo, os cinco jurados atribuíram a nota máxima, dez, e somente mais outras duas escolas, do total de onze, conseguiram esse escore nesse item.

O Grêmio Recreativo Cultural Escola de Samba Leandro de Itaquera (GRCES Leandro de Itaquera) foi fundado em 3 de março de 1982 e tem sua sede no bairro de Itaquera, na avenida Padre Veiga de Menezes, 66. Seu presidente é Leandro Alves Martins e as cores da Escola são: vermelho, branco, verde e azul.

No carnaval de 2020, tive a enorme alegria de ver a Escola de Samba Águia de Ouro, ser classificada em 1º lugar do carnaval paulista. Diante da pandemia de covid que assolou o mundo não foi possível, infelizmente, naquele momento, estreitar os laços com a Escola, a diretoria e seus membros.

Medalhas, condecorações e prêmios com o nome de Paulo Freire

1. "Medalha Paulo Freire", do MEC – Ministério de Educação e Cultura, criada em 8 de setembro de 2003, concedida a especialistas e instituições que se destacarem na tarefa de abolir o analfabetismo no Brasil; 2. "Comenda Mérito Educacional Professor Paulo Freire", do Conselho Estadual de Educação de Pernambuco, Brasil; 3. "Medalha Paulo Freire", concedida pela Universidade de Chapman, Califórnia, Estados Unidos; 4. "Medalha Paulo Freire – a educação da paz, liberdade, alfabetização, conscientização",

criada pelo I Congresso de Formação e Cooperação entre Países Lusófonos; Faro, Portugal; 5. "Troféu Paulo Freire de Compromisso Social", do Conselho Federal de Psicologia, Brasil; 6. "The Paulo Freire Awards" da International Consortium for Experimental Learning, Washington, D.C., Estados Unidos; 7. "Prêmio Paulo Freire: Valorizando o saber e o fazer" do Ministério do Trabalho, Confederação das Indústrias, Fiesp, Fundação Roberto Marinho, Brasil; 8. "Prêmio Maestro Ejemplar" criado pelo Ministério da Cultura e Educação, Argentina; 9. "Prêmio Paulo Freire" da Associação Campograndense de Professores, Campo Grande, MS, Brasil; 10. "Prêmio Paulo Freire" da Unesco, lançado por seu Diretor-Presidente Federico Mayor Zaragoza durante a realização da V Conferência Internacional sobre a Educação Adultos (V CONFINTEA), Hamburgo, Alemanha; 11. "Prêmio Paulo Freire de Criatividade" no âmbito do ensino público do Distrito Federal, de 21 de junho de 1999; 12. "Prêmio Paulo Freire de Qualidade do Ensino Municipal" da Câmara Municipal de São Paulo, entregue todos os anos, em 19 de setembro, data do aniversário de nascimento de Paulo; São Paulo, Brasil; 13. "Prêmio ao Mérito na Docência Paulo Freire" através da Resolução GR-65, Unicamp, Brasil; 14. "Comenda Paulo Freire", criada pela ANPEd, em 2012, Brasil; 15. "Prêmio Paulo Freire" criado pela Associação Brasileira de Pedagogia, Brasil.

CAPÍTULO 20

O educador para a paz

Indicação para o Prêmio Príncipe de Astúrias

Paulo foi indicado à Fundación Principado de Astúrias como candidato a receber o Prêmio Príncipe de Astúrias, 1988, de Ciências Sociais por iniciativa da Associação Espanhola das Universidades Populares, por intermédio do seu presidente Rafael Ballesteros Durán, e endossada por um grande número de entidades de todo o mundo. A inscrição foi apresentada à comissão de julgamento do Prêmio em 16 de março de 1988:

> A FEDERAÇÃO ESPANHOLA DE UNIVERSIDADES POPULARES apresenta a candidatura do Pedagogo social brasileiro PAULO FREIRE ao prêmio "Príncipe de Astúrias de Ciências Sociais" por sua contribuição à análise teórica e para a transformação prática da realidade ibero-americana.
>
> Assim, por sua projeção da identidade ibero-americana e do modo de transformação da realidade que sintetiza os valores tradicionais de nossos povos e a esperança de futuro. Sua própria vida é uma demonstração de coerência pessoal neste sentido.
>
> Não acreditamos que hoje se possa fazer uma análise suficientemente completa do complicado mundo latino-americano sem levar em conta os conceitos como de opressão e luta para sair dela, a libertação como finalidade reiterada de tantos movimentos latino-americanos políticos, teológicos, educativos etc., a busca de alternativas à cultura acadêmica importada, a concepção de cultura como algo dinâmico e que possa transformar a realidade daquele que por meio dela vá a ver seu mundo de outro

modo, a alfabetização como algo mais que uma mera técnica de leitura e escrita, a busca da libertação no contexto dos povos da América Latina a partir da uma reinterpretação do cristianismo, o valor do método educativo enraizado na prática cotidiana e real do educando frente à separação entre escola e vida.

Estas ideias tão inseridas na realidade de hoje dificilmente se teriam podido desenvolver em plenitude, ou ao menos em grande parte sem as propostas de trabalho de Freire, especialmente a partir dos anos sessenta.

É significativo, pois, o que sucedeu com Paulo Freire no contexto espanhol, posto que sua obra estava proibida, precisamente no momento que mais se estendia a nível internacional. Seus livros, não só estiveram censurados como até seu próprio nome foi proscrito ante toda a possibilidade de estudo ou investigação de sua obra. Desta maneira, Paulo Freire se converteu, também na Espanha, num símbolo de luta pelas liberdades democráticas particularmente no campo da educação. Paradoxalmente, como sucedeu em outros tantos casos, a censura sobre sua obra repercutia em uma motivação especial para o seu estudo.

Nos anos sessenta, Freire é já conhecido e seguido em diversos movimentos educativos mais ou menos alternativos ao sistema oficial espanhol. Com a chegada ao regime democrático, sua obra é distribuída livremente e começa a ser mais amplamente conhecida e estudada.

O interesse e a atualidade de sua obra seguem suscitando em outras partes do mundo, principalmente na América Latina, mas também na Europa, e inclusive em outra série de países fica demonstrado por sua recente concessão do prêmio da Unesco de Educação para a Paz, no ano de 1986, como reconhecimento a seu trabalho educativo e luta pelos direitos humanos.

Nos cinco continentes têm surgido grupos inspirados em suas ideias básicas, que têm se desenvolvido de muitas variadas formas. Ideias básicas, por outra parte, bastante coincidentes com as do Conselho da Europa e da Unesco. Na América Latina, "a pedagogia da linguagem total e a educação socialmente produtiva" são a principal linha de evolução do movimento nascido no nordeste do Brasil. Sem a ramagem ideológica própria do momento, se pode afirmar que, por muitos distintos caminhos, as ideias de Paulo Freire foram incorporadas, com uma rapidez inusitada, aos modos habitualmente de pensar a educação.

Transcrevo parte de uma carta circular do Sr. Rafael Ballesteros Durán, de 16 de março de 1988, no sentido de promover a proposta da candidatura de Paulo:

> Queremos com ele [Prêmio] propiciar o reconhecimento público que merece o importante trabalho do educador brasileiro, comprometido com a causa da liberdade, da justiça e da igualdade, que tanta influência há tido e tem em todo o mundo.
> Por outro lado, pretendemos também com ele infundir a reflexão da sociedade espanhola acerca da importância-chave que a Educação de Adultos tem para nosso presente e nosso futuro.

Assim, pois, me dirijo a V.S. para obter a adesão formal a esta candidatura e contribuir para o seu êxito. A adesão deverá ser enviada antes de 15 de abril, por carta ou telefone a:... remetendo cópia da mesma a FEUP com o objetivo de difundi-la.

Na certeza de que dará plenamente o apoio a tão justo reconhecimento, aproveito a ocasião para seu interesse de enviá-lo em tempo.

Uma cordial saudação

Rafael Ballesteros Durán
Presidente FEUP

Essa proposta do Prêmio Príncipe de Astúrias a ser concedido a Paulo tomou dimensão mundial, a partir da própria Espanha, e foi devido à compreensão equivocada de um espanhol que ele não foi contemplado.[1]

Sobre isso escreveu Fernando de la Riva[2] num livro publicado em homenagem a Paulo, após a sua morte:

Alguns anos depois das Universidades Populares pensamos que uma forma de reconhecer publicamente o enorme significado de Freire e contribuir para o seu conhecimento era propô-lo para o Prêmio Príncipe de Astúrias.

Assim o fizemos, enviamos a Astúrias a proposta e a difundimos por todas as partes. E, para surpresa nossa, começaram a chover cartas de apoio dos lugares mais insólitos... Da Unesco... Reunimos mais de duzentas cartas e testemunhos de *gentes* as mais diferentes...

Nosso entusiasmo era fantástico. Estávamos certos de que nenhuma outra candidatura teria tanto apoio popular, tanto respaldo de pessoas sensíveis e correntes de tantos lugares. Mas o prêmio não foi para Freire. O júri estava presidido por Fraga Iriarei que preferiu premiar a algum insigne personagem que certamente o merecia.

Logo, uma indiscrição de um membro do júri nos permitiu saber que Fraga havia comentado que Freire 'era um comunista' e que, apesar de tantas cartas, não poderia receber aquele prêmio. Freire, dez anos depois do fim da ditadura, continuava sendo "subversivo", seu pensamento e sua vida continuavam questionando a ordem estabelecida...

Nesse caso, o governo de nosso país não se interessou em promover a inteligência nacional tal como acontecerá, poucos anos depois, com a candidatura de Paulo ao Prêmio Nobel da Paz.

---

1 O julgamento desse Prêmio, que contou com 53 candidaturas, teve seu resultado anunciado em 6/5/1988 e contou com um júri de quatorze membros, como informa o jornal *El País* na sua edição de 6/5/1988.
2 Seis paisagens com Paulo Freire ao fundo, em *Educacion y transformación social*: homenaje a Paulo Freire (p. 172-3).

Indicação para o Prêmio Nobel da Paz

O esforço e a dedicação, a profundidade e a abrangência, a atualidade e a adequação de uma educação voltada para a Paz estimularam educadores e educadoras, sindicatos e sindicalistas, dirigentes e associados de organizações de diversas naturezas de todo o mundo, convictos de que a paz começa por dias melhores e direitos iguais para todos os povos, a apresentarem, em 1993, o nome de Paulo Freire ao Comitê que outorga a cada ano o Prêmio Nobel da Paz, na Noruega.

Lutar pela Paz através da educação pressupõe um novo entendimento de Paz que vem conquistando, dia a dia, novos adeptos. Paulo, que partilhou, mas sobretudo contribuiu decisivamente para essa compreensão de Paz, teve por isso o seu nome entre os que poderiam um dia ter recebido esse reconhecimento. Esse novo conceito não quer apenas a deposição das armas, de todas as armas, mas a Paz social, religiosa, de gênero, ética e política. Paz que nasce, viabiliza e nutre as virtudes da tolerância, do respeito e da dignificação humana acatando as diferenças de todos os níveis e graus entre todos os seres do mundo para instaurar a diversidade cultural autêntica, resgatando a humanidade que vem sendo, historicamente, roubada dos homens e das mulheres.

Na Reunião Anual da Sociedade Brasileira para o Progresso da Ciência (SBPC), realizada no Recife, em 1993, que congregou os mais importantes cientistas das mais diversas áreas do conhecimento do Brasil, foi feita a seguinte moção, levada ao Comitê da Noruega:

INDICAÇÃO AO PRÊMIO NOBEL DA PAZ
Moção

A SBPC (Sociedade Brasileira para o Progresso da Ciência), entidade que reúne cientistas brasileiros de todas as áreas do conhecimento, na sua 45ª Reunião Anual, realizada em Recife, na Universidade Federal de Pernambuco, de 11 a 17 de julho de 1993, manifesta seu apoio à indicação do Prof. Paulo Freire para o Prêmio Nobel da Paz.

Consideramos a iniciativa de premiação ao educador brasileiro e recifense como o reconhecimento oficial ao seu projeto pedagógico que se espraiou por todo o mundo nesta segunda metade do século XX.

A obra de Paulo Freire está orientada para a emancipação da pessoa humana, para a liberdade dos povos e a justiça entre os homens, para a democracia autêntica como soberania popular e para a paz entre os cidadãos, num clima de humanização e de conscientização.

Conceder o Prêmio Nobel da Paz a Paulo Freire não representa apenas o reconhecimento da obra de uma vida, mas também o reconhecimento de muitas pessoas que lutam pelo quase impossível: dar às pessoas marginalizadas a chance de levar uma existência digna, despertando-as da apatia e fazendo valer os seus direitos.

SBPC, Recife, 17/7/93.

A ideia de colocar Paulo como um nome para receber o Prêmio Nobel da Paz surgiu, na verdade, da professora doutora Alma Flor Ada, que, participando-me e consultando-me, em maio de 1989, sobre o seu intento, apresentou-me uma aluna sua da Universidade San Francisco, Estados Unidos, Connie Bentel, que agilizaria a campanha em termos mundiais. Muito entusiasmadas, elas me convidaram para ser a coordenadora-geral da campanha, mas considerei não ser cômodo trabalhar em prol de meu próprio marido para receber homenagem de tal magnitude.

Posteriormente, Peter McLaren revelou essa intenção do grupo de San Francisco em uma conferência que ele pronunciou em Porto Alegre propondo a Nilze Pellanda difundir a proposta no Brasil.

A influência do trabalho de Paulo, atingindo as mais diversas áreas do saber, sempre comprometido e aliado ao conceito e à prática de justiça, que antecede e possibilita a Paz, revela o sentido de fazer-se a proposta para que lhe tivesse sido outorgado o Prêmio Nobel da Paz.

Essa justa ideia foi se espalhando e inúmeros organismos nacionais e internacionais aderiram, enviando 995 cartas ao Comitê do Prêmio Nobel da Paz, solicitando esse reconhecimento. Entretanto, a resposta foi apenas a seguinte:

> Prezados(as) Senhores(as):
> O Comitê Nobel Noruega recebeu sua proposta para o Prêmio Nobel da Paz, de 1995.
> Este ano 118 candidatos foram registrados. O nome do premiado para 1995 será anunciado em outubro.
> Sinceramente, Geir Lundestad, Secretária, 17 de março de 1995.

O Comitê acatou a proposta da candidatura de Paulo extraoficialmente, desde 1993, mas como vinha se empenhando em conceder o prêmio pautado pela concepção de "políticas contra as guerras" não haveria lugar para Paulo Freire. Ele foi eliminado.

Enquanto assim pensarem os membros do júri que decidem a quem contemplar com essa insigne distinção, não há lugar para homens verdadeiramente lutadores para a Democracia e Justiça Social como premissas para a Paz, como foi Paulo.[3]

Se a concepção de Paz que norteia o Comitê que decide esse Prêmio passasse pela compreensão de justiça que se fundamenta na da educação para a

---

3 Nesse ano de 1995, o Prêmio foi concedido em conjunto, "por seus esforços para diminuir a parte desempenhada pelas armas nucleares na política internacional, em longo prazo, para eliminar tais armas", dividindo-o pela metade entre o Reino Unido, a Joseph Rotblat, nascido em Varsóvia, na Polônia em 1908; e o Canadá, às Conferências de Pugnas em Ciências e Questões Internacionais, fundadas em 1957.

tolerância democrática e o respeito às diferenças que promovem a Paz, e não pela dos acordos em tempos de guerra ou de crises políticas do poder estabelecido, sem dúvida nenhuma Paulo teria tido a possibilidade de ter sido agraciado.

A pedagogia do oprimido, da esperança humanista e da autonomia cidadã responsável de Paulo nos dá a possibilidade de transformar as sociedades – que vivem hoje acirradamente os antagonismos mais cruéis e violentos, nas intolerâncias com os diferentes que estão gerando e difundindo o terrorismo sem limites de perversidade e de território geográfico – numa comunidade que buscaria, incessantemente, a Paz.

Infelizmente, o Comitê não vem privilegiando a importância de uma educação dialógica, libertadora e problematizadora voltada para a justiça social que tem a possibilidade de nos trazer a PAZ.[4] Assim, suas escolhas vêm sendo menos amplas e profundas no sentido em que nós, educadores/as políticos/as, acreditamos: no caráter ético e político implícitos na formação de todos os indivíduos, que julgo deveria ser levado em conta ou até mesmo prevalecer num Prêmio dessa envergadura.

Sem dúvida, contribuiu também para esse resultado o fato de o governo da república brasileira e/ou o Congresso Nacional de então não terem se empenhado, nem sequer respaldado, a iniciativa de inúmeras organizações científicas, estudantis e sindicais do Brasil e do exterior para que o Prêmio fosse outorgado a um brasileiro ilustre e comprometido com a Paz.

---

4 Quando, em 1986, Paulo recebeu o Prêmio da Paz, da Unesco, em Paris, disse em seu pequeno discurso de agradecimento: "De anônimas gentes, sofridas *gentes*, exploradas *gentes* aprendi sobretudo que a paz é fundamental, indispensável, mas a paz implica lutar por ela. A paz se cria, se constrói na e pela superação de realidades sociais perversas. Por isso, não creio em nenhum esforço chamado de educação para a paz que, em lugar de desvelar o mundo das injustiças o torna opaco e tenta miopizar as suas vítimas."

CAPÍTULO 21

Convites para lecionar em universidades pelo mundo

Nos últimos anos de sua vida, Paulo continuou a ser convidado, dizia-me ele, mais amiúde do que antes, para trabalhar como Professor Convidado em algumas universidades pelo mundo, sobretudo as dos Estados Unidos. Lembro-me e tenho documentação de alguns desses convites, que por diferentes motivos não foram atendidos.

Universidade de Cornell: Cátedra Andrew D. White

Consta apenas de meus arquivos um Memorando do professor associado David Deshler, do Departamento de Estudos dos Serviços Humanos, para o professor Viany Ambegaokar, ambos da Universidade de Cornell, escrito em 29 de janeiro de 1982:

> Este Memorando é escrito com entusiástico empenho para a candidatura de Paulo Freire. Sua recente aparição no nosso campus foi muitíssimo estimulante para os estudantes e os professores de todas as áreas do campus, mais especialmente para muitos de nós da Faculdade de Ecologia Humana. A abordagem dele é muito relevante para muitos dos temas de qualidade de vida que fazem o currículo de nossa faculdade. Seus escritos estão sempre presentes e são lidos nos cursos que eu tenho ensinado no Departamento dos Estudos dos Serviços Humanos. A presença dele em nosso campus traria uma contribuição mais estimulante para o diálogo entre os docentes e os estudantes com respeito ao ensino superior, educação de adultos, desen-

volvimento comunitário, justiça social e econômica, só para mencionar apenas algumas poucas áreas.

Eu poderia chamar a atenção para relações específicas do trabalho dele para curso em nosso departamento, mas eu penso que é tão óbvio que seu trabalho é central para muitos temas de resgate dos serviços humanos e particularmente para os programas de nossos bacharelandos em trabalho social, planejamento social e políticas públicas e educação para a vida familiar e comunitária.

Eu espero que esses comentários encorajem seu comitê para entusiasticamente se definir pela escolha dele.

Recém-chegado do exílio, Paulo tinha muitos compromissos no Brasil e não pôde aceitar o convite da Universidade de Cornell.

Universidade de Loyola, em Nova Orleans

Paulo recebeu carta do diretor do Instituto Catedralício e Pastoral da Universidade de Loyola, Dr. Robert Ludwig, datada de 8 de setembro de 1982, convidando-o para lecionar nessa universidade por um curso de seis semanas ou por outros períodos diante do interesse e da disponibilidade de Paulo, no verão de 1983. Ofereceu também total abertura para Paulo definir os temas sobre os quais ele quisesse ensinar.

Esta foi a resposta de Paulo:

15 de outubro de 1982

Caro Dr. Ludwig,

Eu peço desculpas por ter demorado em responder a sua amável carta datada de 8 de setembro. (A demora foi devida a alguns problemas de saúde os quais já foram superados).

Infelizmente, eu sou forçado a declinar de honrado convite para servir como um membro docente visitante desta distinguida universidade. No último julho eu aceitei um outro compromisso para julho de 1983. Então, será impossível visitar Loyola neste período.

Eu espero ter uma outra chance para encontrar o senhor e familiarizar-me com o excelente trabalho que o senhor vem desenvolvendo.

Sinceramente seu,

Paulo Freire

Universidade de Delaware, Newark

Em 26 de abril de 1988, Paulo recebeu a carta que segue:

Prezado Professor Freire:

Escrevo-lhe esta carta por sugestão de Peter Park. Peter e eu conversamos duas vezes por telefone acerca da possibilidade do senhor passar o semestre de outono de 1989 aqui. Peter tem exposto seu interesse e sua inquietação e eu estou atualmente trabalhando com nosso corpo docente e administração para resolver esses itens. Estou em constante contato com Peter com referência a esses temas.

Estamos encantados com a possibilidade de tê-lo aqui para um semestre completo. Eu gostaria de trabalhar nos detalhes de seu programa aqui, o mais breve possível, mas certamente não mais tarde do que no meio de julho quando o senhor estará na Califórnia. Por favor, sinta-se livre em contatar-me diretamente acerca de quaisquer questões ou preocupações que o senhor possa ter.

Sinceramente,

Victor Martuza
Decano de Estudos da Educação

Em julho de 1988, quando Paulo e eu fomos convidados pela Universidade da Califórnia, campus de Irvine, para darmos um Seminário para alunos/as e professores/as dessa universidade, um dos professores presentes era o Prof. Dr. Victor Martuza, que viera de Delaware para tentar acertar o convite da Universidade de Delaware para sermos professores convidados durante o segundo semestre letivo de 1989, em Newark. Eu daria um curso sobre a História da Educação Brasileira no Latin American Studies, para os estudantes interessados, e Paulo, sobre seu pensamento na Faculdade de Educação.

Em agosto do mesmo ano de 1988, Martuza veio ao Brasil com o Prof. Dr. Navarro, quando acertamos todos os detalhes, condições de moradia e trabalho, para a nossa permanência lá. Entretanto, no fim do ano, quando Luiza Erundina foi eleita prefeita de São Paulo e Paulo foi convocado para ser secretário de Educação, eu escrevi ao Prof. Martuza, em 15 de dezembro de 1988, em nosso nome, meu e de Paulo, agradecendo e dizendo da impossibilidade de aceitarmos tão honroso convite diante da magnitude e do interesse de Paulo em dar seus préstimos à população da cidade que o tinha acolhido na volta do exílio.

Assim, para atender à causa pública, à rede escolar do município de São Paulo, ao povo paulistano, nós não pudemos atender a este tão instigante e honroso convite.

Seminário da União Teológica: Professor visitante, Cátedra Henry W. Luce

Paulo tinha tido como seu chefe direto no Conselho Mundial das Igrejas (CMI), em Genebra, o pastor presbiteriano William B. Kennedy, do qual havia se tornado um grande amigo. Kennedy, após o vencimento de seu contrato com o CMI, tinha voltado a viver no seu país de origem, os Estados Unidos, tendo se tornado diretor desse centro de estudos de Nova York.

Conheci-o e a toda a sua família em abril de 1988, na minha primeira viagem com Paulo ao exterior. Seus filhos e filhas casadas viviam fora de Nova York, mas vieram, como também Carmem Hunter, para a festa que ele e sua mulher Frances nos ofereceram no belo apartamento dentro do próprio Seminário onde viviam.

Posteriormente, Will convidou Paulo para, num semestre letivo, dar um curso de Teologia da Libertação. Recebeu então este convite oficial do diretor de Assuntos Acadêmicos do Seminário da União Teológica:

15 de dezembro de 1993

Prezado Dr. Freire:

Escrevo para convidá-lo a considerar sua nomeação à Faculdade do Seminário da União Teológica como Professor Visitante da cristandade mundial da Henry W. Luce, na primavera ou outono de 1995. Essa Cátedra foi ocupada através dos anos por muitos eminentes intelectuais e líderes da igreja de todo o mundo.

Professor Will Kennedy recentemente sugeriu-o como um Professor atraente para Luce; muitos membros do corpo docente também expressaram entusiasmo sobre a sugestão dele. Escrevo para adiantar os termos de sua possível nomeação.

Sua nomeação seria por um período acadêmico. Nosso semestre de outono inicia-se em 1º de setembro e termina em 20 de dezembro; o semestre de primavera inicia-se em 1º de fevereiro e termina em 20 de maio. Nós solicitamos-lhe como Professor Visitante da Luce a ensinar em dois cursos, os quais podem ser de sua escolha. Um curso deveria ser de palestras; outro deve ser ou um curso, ou palestras ou seminários para um pequeno grupo de estudantes. É possível uma certa flexibilidade na atribuição dos cursos. Os estudantes de doutoramento poderão requerer sua ajuda em seus estudos.

Cada um de seus cursos poderia ser de encontros de uma ou duas vezes por semana, a maioria dos cursos da Union têm um encontro por semana por 1h50. Certamente todos os seminários seguem esse padrão. Se o senhor preferir encontros mais frequentes e de menor duração, o senhor poderia encontrar uma de suas classes duas vezes cada semana em duas sessões de 50 minutos. Há normalmente doze semanas de aula em cada semestre, mais uma semana de leituras e uma semana de exames. Adicionalmente ao ensino dos cursos, os professores visitantes são muitas vezes solicitados a trabalhar com estudantes em seus próprios projetos de estudos ou lendo os seus ensaios de mestrado.

[...]

Estou seguro que todo o corpo docente concordará com o Professor Kennedy e meus colegas do Comitê Luce da União que o senhor daria uma esplêndida contribuição à comunidade da União como Professor da Luce.

Por favor, tenha a gentileza de me fazer saber sobre qualquer questão a respeito dessa nomeação, ou se há algum detalhe do qual tenha deixado de mencionar. Estou ansioso para ter notícias suas o mais breve possível.

Sinceramente,

Peter H. Van Ness

Numa carta a Paulo, de 28/1/1994, num certo momento, Will Kennedy diz:

O Diretor me perguntou se você já decidiu aceitar o convite para ser um Professor Visitante da Luce aqui, em 1995. Eu sei que leva tempo para que alguém consiga se organizar para estar longe de casa por um longo tempo, mas se você puder nos deixar saber sobre isso num curto espaço de tempo, seria de grande ajuda para nosso planejamento.

Na verdade, o que determinou a recusa de Paulo de passar um semestre no Seminário Teológico foi, prioritariamente, por se sentir pouco competente para ensinar Teologia!

Universidade da Califórnia, Los Angeles

Em março de 1991, depois de um congresso em Chicago, eu e Paulo viajamos para a Califórnia para atender ao convite para ficarmos uns poucos dias na Universidade da Califórnia, campus de Los Angeles (UCLA), fazendo algumas conferências e dialogando também com professores/as da universidade. Na ocasião, o professor argentino Dr. Carlos Torres, diretor do Departamento de Estudos Latino-Americanos dessa Universidade, convidou, insistentemente, Paulo a voltar como Professor Convidado para dar dois cursos durante um próximo semestre letivo. Esse convite e as condições foram reafirmadas, posteriormente, pela diretora da Faculdade de Educação.

Transcrevo uma das cartas dirigida por Paulo ao professor Mark B. Ginsburg, diretor do Instituto para Estudos Internacionais em Educação, da Faculdade de Educação da Universidade de Pittsburgh, na qual deixa claro o porquê de sua não aceitação ao convite da UCLA:

Prezado Mark,
Tenho que, obviamente, primeiro de tudo, pedir-lhe que me perdoe pela demora em escrever-lhe. Saí de São Paulo para Nova York, de lá para Paris, Madri e Suíça, no dia 29 de novembro e acabei de chegar. Só hoje é que estou conseguindo responder e você pode imaginar a quantidade de cartas que encontrei quando voltei. Neste momento, estou sem secretária e, para completar, tenho um computador que não sei como utilizar. Por outro lado, eu tenho que lhe escrever em inglês, o que significa que tenho que aceitar alguns erros ortográficos, sem falar da sintaxe, pois se tiver que consultar o dicionário eu teria que usar um tempo enorme perdendo o tempo que tenho para escrever outras cartas.

Prezado Mark, uma vez mais, teremos problemas com minha ida a Pittsburgh. Vamos ver as novas razões: em novembro encontrei o Torres em Nova York. Ele me falou a respeito da proposta para um semestre na UCLA. As condições oferecidas, não sob responsabilidade dele, são inaceitáveis e eu disse não,[1] definitivamente. Portanto, não estarei nos Estados Unidos, em novembro. Todavia, aceitei passar o mês de setembro e, talvez, alguns dias de outubro, em Irvine,[2] na Califórnia. Em poucos dias terei a confirmação. Se você acha que é possível aproveitarmos nossa presença em Irvine, eu poderia passar pelo menos uns quatro dias em Pittsburgh contigo.

No aguardo de suas notícias,
Fraternalmente

Paulo Freire.

---

1 Um dos cursos seria para dar aulas com Carlos Torres, no curso que habitualmente ele ministrava. No outro, Paulo teria uma certa autonomia para determinar o conteúdo do curso, mas teria que se submeter à avaliação dos alunos e alunas, do professor convidante e do colegiado do departamento ao qual ficaria alocado. Avaliação na sua didática de dar aulas, de seu relacionamento com os/as alunos/as etc. Como Paulo entendeu que no primeiro curso ele seria uma espécie de "professor assistente", e no outro estaria privado de sua autonomia de decidir e de executar, como sempre tinha feito com extrema responsabilidade, evidentemente que ficou espantado e magoado, pois nunca lhe tinham proposto condições que julgou "inaceitáveis" de se submeter.

2 Esse convite veio do Prof. Dr. Raúl Magaña, então professor titular de Antropologia do Departamento de Medicina, da Faculdade de Medicina da Universidade da Califórnia, Irvine, que vinha desenhando o trabalho com Paulo desde dezembro de 1993, quando o consultou se aceitaria um convite como Professor Associado da UCI. Seria um trabalho para ser realizado por cerca de 45 dias sobre a prevenção da Aids, no sentido de orientar um programa de saúde para os camponeses latinos que trabalhavam sem as mínimas condições humanitárias na lavoura no sul da Califórnia.

Poucos dias depois, Paulo escreveu esta carta ao Dr. Carlos Torres:

Fevereiro de 1995

Meu caro Carlos,
As últimas torrenciais chuvas que caíram sobre São Paulo desfizeram totalmente o nosso sistema de comunicação. Continuamos à espera dos reparos.
Há dez dias chegamos do Recife onde passei um mês, o de janeiro, doente...
Em face disso revimos com o meu médico o programa de minhas viagens. Tomando em consideração o discurso de meu próprio corpo resolvi cortar vários convites para o primeiro semestre, entre eles o da UCLA sob sua responsabilidade. O da UCLA e outros que giravam em torno dele. Espero que o cancelamento de nossa ida à UCLA não provoque nenhum transtorno a você.
Devo, porém, começar a acreditar nas reclamações de meu corpo que está mais velho do que o meu gosto pela vida. Acreditar nas reclamações dele e a elas ir atendendo com simpatia.
[...]
Um abraço para vocês,

De nós, *Paulo e Nita*

Universidade de Girona: Cátedra Ferrater Mora de Pensamento Contemporâneo

Em carta datada de 19 de junho de 1996, o diretor dessa Cátedra da Espanha escreveu a Paulo convidando-o para ser Professor Visitante no período de junho a novembro de 1998.
Em 25 de junho de 1996, Paulo escreveu, em português, esta carta como resposta à do Prof. Josep-Maria Terricabras:

Prezado Professor Josep-Maria,

Recebi seu honroso convite. A proposta de trabalho é estimulante, capaz, por isso mesmo, de desafiar qualquer intelectual inquieto e curioso. Deste ponto de vista, minha resposta imediata seria *sim*. Há, porém, aspectos importantes a considerar.
Comecemos pela questão das passagens. Quase nunca viajo só e nunca de classe turística, nem mesmo intermediária. Sempre de primeira classe. É uma exigência em favor de minha sobrevivência. Desta forma, as despesas aumentam para vocês. Uma passagem de primeira classe para mim e outra para Ana Maria, ida e volta. A segunda questão é a dos honorários. Mesmo que jamais tenha pensado em enriquecer com o trabalho em que defendo minhas opções, não posso, porém, deixar de pensar em dinheiro no mundo em que vivemos. Os honorários

que vocês oferecem, R$ 2.300 (dois mil e trezentos reais), para o trabalho a ser feito, os dias de ausência do Brasil etc. são insuficientes.

Aguardando sua resposta,
Fraternalmente,

Paulo Freire

Paulo recebeu esta resposta à sua carta:

Girona, 1º de julho de 1996

Caro Prof. Freire,

Muito obrigado por seu fax de 25 de junho. As condições que lhe propus são as que sempre proponho aos convidados da Cátedra. Mas, entendo suas pretensões e me encanta poder satisfazê-las. Através de gestões diversas posso responder às questões tratadas pelo senhor. Do seguinte modo:

De acordo com os bilhetes de ida e volta em primeira classe.

Consegui aumentar minha oferta de honorários, que as tinha formulado, e pagarei em dólares americanos: US$ 3.000.

Conviria que indicasse dois nomes de pessoas que conheçam bem a sua obra para assistir às suas sessões e discutir conosco. Seria interessante que fossem dois membros da Península Ibérica.

Confio muito em minhas propostas para que possa merecer a sua aceitação.

Se assim for, lhe agradeceria que quisesse precisar se pode vir em junho de 1997 ou em junho de 1998.

Peço que interprete os termos desta carta, prof. Freire, como a melhor expressão de nosso desejo de contar com a sua presença, em Girona.

Com os agradecimentos antecipados, muito cordialmente,

Prof. Josep-Maria Terricabras

Diante de todas as circunstâncias, que nas próprias cartas se evidenciam, mas sobretudo porque Paulo partiu no primeiro semestre de 1997, esse convite não pôde ser atendido.

Universidade de Harvard: Professor visitante, Cátedra Robert F. Kennedy

Em setembro de 1996, quando acabara de completar 75 anos de idade, Paulo quebrou o silêncio da Universidade de Harvard, escrevendo esta carta, de extrema humildade, enfatizando a importância de ter Donaldo Macedo "como companheiro" de trabalho, enviada via fax, para a pessoa que fazia a mediação dele com a universidade norte-americana:

27/9/1996,

Caro Prof. Joel. Há um silêncio desde que conversamos pela última vez sobre a possibilidade de minha presença em Harvard por um semestre no próximo ano. Esta carta tenta quebrar este silêncio. A melhor maneira talvez de começá-la seja tomar um dos pontos de nossa conversa última e aclará-la. Exatamente o ponto em que falava de quanto me agradaria trabalhar com o professor Donaldo Macedo, não como se ele fosse assistente meu, mas um companheiro com quem tenho atuado em momentos e situações diferentes. Um colega que conhece muito bem o meu pensamento e que pensa rigorosamente o universo de sua curiosidade. Na verdade, quando alentava esta ideia, o que pretendia era garantir uma eficiência maior ao próprio seminário. Recentemente, fiz a mesma proposta, a de trabalhar com o prof. Martin Carnoy, quando consultado se gostaria de passar um semestre no próximo ano [segundo semestre letivo de 1998], na Universidade de Stanford [Cátedra Joaquim Nabuco], em Palo Alto. Idêntica proposta venho discutindo com uma universidade alemã [Universidade de Hamburgo, de abril a julho de 1998, Cátedra Ernst Cassirer] e que envolve um jovem professor de Hamburgo [Heinz-Peter Gerhardt]. É possível, porém, que nas conversas preliminares que mantivemos, não tenha sido claro. Daí esta carta de agora. Não gostaria sobretudo de dar a impressão a você de estar fazendo nenhuma pressão, o que seria absolutamente indébito, além de indelicado. Receba o abraço fraterno de

Paulo Freire

A troca de cartas prosseguiu até que Paulo recebeu o convite oficial do presidente da Universidade de Harvard Neil L. Rudenstine, datada de 13 de dezembro de 1996:

Prezado Prof. Freire:

Tenho o grande prazer de convidá-lo para passar um período na Universidade de Harvard, como professor visitante na Cátedra Robert F. Kennedy de estudos latino-americanos.

Suas contribuições para enfrentar o flagelo do analfabetismo, enquanto, simultaneamente, promove os valores democráticos e da participação popular na educação e no governo tem inspirado gerações de educadores e democratas através do mundo. Harvard se sentiria honrada e iluminada por sua presença.

A Cátedra de Professor Visitante Robert F. Kennedy foi criada em 1986 através de uma generosa doação de Edmond Safra e da Republic of New York Corporation. O propósito da doação é possibilitar Harvard a convidar "eminentes latino-americanos" de quaisquer campos de conhecimento a vir à universidade "aproveitar os recursos de Harvard para seus próprios trabalhos, mas também trazer a experiência latino-americana para a comunidade de Harvard". Candidatos à Cátedra Robert F. Kennedy de Professor Visitante são nomeados por departamentos e escolas de toda a universidade com a cooperação do David Rockefeller Center para Estudos Latino-Americanos. Seus predecessores incluem Carlos Fuentes, Jorge Morello e Mario Vargas Llosa.

Sua escolha como Professor Visitante da Robert F. Kennedy recairá na Faculdade de Educação de Harvard. O senhor seria filiado igualmente ao David Rockefeller Center para Estudos Latino-Americanos, o qual coordena as atividades da universidade nesse campo. Nós ficaríamos encantados em tê-lo junto a nós no semestre de outono de 1997, mas ficaríamos felizes também em outra época que o senhor considere mais conveniente.

[...]

Eu ficaria muito satisfeito se recebesse a sua confirmação formal de aceitação desse convite tão breve quanto lhe pareça conveniente. Assim poderia transmitir o que espero seja a boa notícia da sua nomeação a Jerome Murphy, Diretor da Faculdade de Educação. Estou ansioso para dar-lhe as boas vindas da comunidade de Harvard em nome de todo o corpo docente e de nossos estudantes.

Com os melhores votos.

Sinceramente,

Neil L. Rudenstine.

Poucos dias depois, muito feliz, Paulo respondeu ao presidente de Harvard:

20 de dezembro de 1996.

Prezado Presidente Neil L. Rudenstine,

Estou muito feliz em ter recebido seu convite para passar um semestre no próximo ano na Universidade de Harvard. Terminei agora um novo livro, *Pedagogia da autonomia – saberes necessários à prática educativa*, cuja leitura fará parte do curso que penso lecionar em setembro.

Tenho várias razões para me sentir feliz com o convite para estar novamente em Harvard. Um deles, não acadêmico: meu especial amor por Cambridge e Boston e meu quase misterioso relacionamento com a Harvard Square.

Espero encontrá-lo pessoalmente no próximo ano.

Fraternalmente,

Paulo Freire.

Paulo resolveu, então, que deveríamos viajar para os Estados Unidos. No dia 22 de março de 1997 embarcamos para Nova York. A viagem tinha o objetivo de acertar o seu contrato formal na Universidade de Harvard, em Cambridge, uma das mais importantes e tradicionais universidades norte-americanas, onde Paulo já havia ensinado quando saiu do Chile, para lecionar por um semestre letivo. De setembro a dezembro de 1997.

Em 19/3/1997, o encarregado da contratação de Paulo na Universidade, o Sr. Joel Monell, nos enviou um fax confirmando o nosso encontro na sala dele na manhã da quinta-feira, 3 de abril. Viajamos para Nova York, e de lá para Cambridge, e juntos com Donaldo acertamos com ele todos os detalhes administrativos e burocráticos para o contrato de trabalho de Paulo. A mim, Harvard daria um curso intensivo de língua inglesa pelos quase seis meses que ficaríamos lá. Tudo tinha ocorrido conforme os nossos melhores desejos.

A morte de Paulo interrompeu esse sonho de ficarmos num país distante, tomando não só a distância epistemológica dos grandes problemas de nosso país para os analisarmos melhor, mas também para aproveitarmos da beleza e da tranquilidade que New England sempre oferece a quem lá vive ou lá permanece por algum tempo. E Paulo se enlevaria mais uma vez com seu "misterioso relacionamento com a Harvard Square".

Universidade de Hamburgo: Cátedra Ernst Cassirer

A ideia do convite para Paulo ir ministrar um curso na Universidade de Hamburgo, Cátedra Ernst Cassirer, Alemanha, partiu de um grupo de professores/as alemães liderados por Heinz-Peter Gerhardt. Peter tinha vivido por oito anos como professor das universidades federais do Ceará e do Rio Grande do Norte, e escrito a sua tese de doutoramento na Alemanha sobre a "Experiência de Angicos". Conhecia pessoalmente Paulo, além de ser um grande entusiasta de meu marido e de sua teoria.

Transcreverei parte da correspondência desse processo para a contratação de Paulo, entendendo que por si só ela expõe os fatos, como também demonstra a postura diretiva da cultura alemã:

Bonn, 4/6/1996.

Prezada Ana Maria, Prezado Paulo,

Obrigado pelo fax do Paulo do dia 2 de julho de 1996. Fico contente de saber que vocês conseguiram a confirmação final da Universidade de Harvard para a estadia por um período de cinco meses (97/98). Caso vocês tenham o programa mais pormenorizado, gostaria de receber uma cópia. Assim, talvez, eu venha a coordenar a minha agenda de maneira que possa participar de um ou dois eventos com vocês em Boston. Neste contexto, poderemos dar continuidade a nossa prática de colaboração em conferências e simpósios que iniciamos em Frankfurt e Hamburgo, junto com o professor Jou Hy, professor Hausmann e que, se Deus quiser, continuaremos em Hamburgo em 1998. Para desencadear o projeto "Os Freires em Hamburgo 98" ainda preciso receber de vocês uma carta dirigida a mim, indicando que aceitam, informalmente, a proposta de Hamburgo. Seria bom que nesta carta incluíssem os seguintes itens:

Agradecimento pelo convite.

Uma pequena referência que liga a obra de Paulo à de Cassirer.

Umas pequenas anotações sobre as duas conferências propostas (como estas duas conferências se relacionam com a sua teoria e prática).

A sua oferta aos estudantes e professores da Universidade de Hamburgo de todas as faculdades quanto a um curso sobre formação do professor, incluindo a formação do professor universitário. Seria então o mesmo tipo de curso que você oferecerá em Harvard. Além disso, seria necessário incluir uma pequena referência sobre a sua proposta quanto a nossa colaboração durante a sua estadia em Hamburgo (igual modelo de Harvard com o D. Macedo). Também seria importante explicar o motivo pelo qual não foi possível aceitar o período originalmente previsto da oferta inicial e perguntar se o convite poderia ser mantido para o ano de 1998.

Paulo, até o presente momento não entendi bem se você gostaria de vir à Alemanha diretamente após Harvard, neste caso seria em fevereiro de 98 (tão frio como em Boston), ou se prefere chegar em Hamburgo no mês de abril de 98. Na minha opinião, você ficaria na Cátedra Cassirer por um período de seis meses. Cabe a você e a Nita escolherem o que acham melhor.

[...]

Como vocês vão ver por esta carta, também entrei em contato com a Universidade de Genebra para tentarmos a mesma façanha [o mesmo contrato] por lá. Vamos ver o que será produzido a partir destes nossos esforços conjuntos de nós três [na Alemanha].

Um grande abraço para você e Nita dos amigos,

Peter e Fátima

Paulo escreveu então esta carta, datada de 21/6/1996:

Meu caro Peter,

Apenas para não ficar em silêncio por mais tempo, antes de poder escrever-lhe a carta pormenorizada.

Tenho 99 possibilidades de dizer sim ao convite. Por "n" razões, contudo, só nos será possível ir à Alemanha se o quadrimestre tiver início no verão de 1998. É que, convidado por Harvard para um quadrimestre estou propondo o verão de 97. Seria importante para Nita que fôssemos antes para Harvard, pois ela fará um curso intensivo de inglês, o que lhe abrirá caminhos para, em 98, me acompanhar na Alemanha, mais profissionalmente integrada.

Como você reage a isto?

Beijos para Fátima, abraços muitos de

Paulo e Nita

Em 2/7/1996, Paulo escreveu novamente ao nosso amigo alemão:

Meu caro Peter,

Harvard confirmou minha presença entre setembro de 1997 e janeiro de 1998.

Caso se venha acertar qualquer tempo na Alemanha em 1998, poderíamos permanecer alguns meses em São Paulo antes de viajar. De janeiro a abril, por exemplo.

Nita está muito contente, sobretudo com o curso de inglês que lhe possibilitará fazer algo mais do que ser minha mulher aí na Alemanha.

Continuo trabalhando no livro cuja tradução ao inglês já acertei com um grande amigo daqui de São Paulo [Pe. Patrick Clark]. Ele conhece bem o meu pensamento e escreve com muito bom gosto em ambas as línguas. É irlandês.

Aguardando notícias, um abraço de nós dois para vocês.

Paulo

Em 16/9/1996, Paulo escreveu nova carta a Peter:

São Paulo

Meu caro Peter,

Ando em falta com você, pela demora em lhe escrever. Saindo agora de uma gripe que me abalou, em parte, a resistência, estou aos poucos me pondo em dia com a correspondência de caráter mais pessoal.

Ainda não recebi o convite do Instituto de Hamburgo, para junho do próximo ano. Me sinto, porém, motivado. Seria inclusive uma oportunidade interessante para discutirmos pormenorizadamente a possibilidade, para mim honrosa, de passar em 1998 uns meses na Universidade de Hamburgo. Honrosa, pela importância mesma da universidade mas, também, pela ligação que minha presença nela teria com a Cátedra Cassirer, portanto, com sua obra.

Acabo de terminar um pequeno livro sobre a formação docente, saberes fundamentais à prática educativo-crítica,[3] que quero discutir com os alunos de Harvard no próximo ano. Caso vá mesmo em junho do próximo ano a Hamburgo, poderemos conversar sobre a possibilidade de seminário como o que pretendo para Harvard a ser realizado com você na universidade. É bem verdade que não posso nem devo ultrapassar os limites de resistência de meu corpo ficando velho apesar dos reclamos da mente.

Estou aguardando nestes dias os últimos acertos com Harvard, de que o farei ciente.

A Universidade de Stanford, através do professor Martin Carnoy, acaba de me consultar em torno de se aceitaria também um semestre lá. Estou na dependência da resposta de Harvard.

Nita está quase terminando a revisão de sua tese de doutoramento que será publicada pela Paz e Terra[4] no próximo ano. Tem trabalhado muito, mas anda muito bem e contente.

Um abraço fraterno para você e Fátima.

Paulo

Na verdade, tudo estava acertado verbalmente para nossa ida para Hamburgo de abril a junho de 1998, quando a possibilidade desse trabalho e os sonhos de viver um pouco no centro da Europa, em cidade tão rica quanto bela, infelizmente esbarrou na realidade da morte de Paulo.

Universidade de Stanford: Cátedra Joaquim Nabuco

Martin Carnoy, professor economista da Universidade de Stanford, em Palo Alto, amigo de Paulo, e que escreveu o prefácio para a edição norte-americana de *À sombra desta mangueira* (*Pedagogy of the Heart*), foi quem fez o convite, em nome da universidade, diante da proximidade que tinha conosco sobre a possibilidade de Paulo lecionar um semestre no norte da Califórnia.

Em 5 de março de 1997, recebemos esta carta via fax, de Carnoy:

Queridos Paulo e Nita:

Peço desculpas porque meu fax anterior não foi bem transmitido, entendo que faz um longo tempo que nós não nos vemos e quero voltar ao contato com

---

3 Esse livro foi publicado com o nome *Pedagogia da autonomia – saberes necessários à prática educativa*.
4 Como não me foi possível, na época, fazer a revisão da tese para tirar-lhe as exageradas exigências da Academia, esse meu trabalho ainda não foi publicado.

vocês, tentando saber se posso encontrá-los em algum lugar dos Estados Unidos em algumas de suas visitas ou possivelmente conseguir vê-los em São Paulo.

Ouvi dizer que vocês estão vindo para os Estados Unidos em março, se assim for: aonde e quando? Vocês estão planejando uma futura visita?

Estou indo a Buenos Aires no fim deste mês (devo estar lá em 20 de março para um encontro) e possivelmente se tiver uma resposta de vocês logo poderia providenciar uma parada em São Paulo, em 18 de março (segunda-feira). Vocês estariam disponíveis nesse dia?

Um outro assunto: Stanford está em vias de conseguir um profissional de prestígio para uma cadeira, o qual se dedicará a convidar professores visitantes do Brasil. Vocês poderiam considerar vir aqui por dois ou três meses, em alguma data, nos próximos dois anos? Seria fantástico tê-los em Stanford. Poderíamos reorientar muitos dos temas surgidos no passado, mas num contexto da real mudança internacional da economia e da sociedade. Há também muitas novas questões a discutir.

Um grande abraço a vocês dois e a toda sua família,

Martin Carnoy

Em seguida, Paulo respondeu a Carnoy:

7 de março de 1997.

Meu Caro Carnoy,

Respondi hoje a Stanford sobre a possibilidade de um semestre aí na Cátedra Joaquim Nabuco. Falei da honra que isso implica, mas, sublinhei as dificuldades de minha agenda. É que, em setembro deste ano já estarei em Harvard e, no próximo ano, continuo a conversar com a Alemanha. Resta 99, na verdade um pouco distante. Gostaria muito de, pelo menos, aproveitando a minha presença em Harvard, passar aí uns dias com você num projeto especial.

Donaldo Macedo, que está traduzindo o livrinho que você prefacia, gostou muito do seu texto.

Recebi há poucos dias os dois livros que você me mandou. Irei lê-los tão rapidamente quanto possível.

Estarei remetendo o meu último livrinho: *Pedagogia da autonomia – Saberes fundamentais à prática educativa.*[5]

Um abraço

Paulo

---

5 O nome do livro é *Pedagogia da autonomia – Saberes necessários à prática educativa.*

A morte de Paulo também levou consigo esse convite, que estava se tornando uma possibilidade diante do avanço das negociações. Um sonho que tínhamos muita vontade de concretizar.

Universidade de British Columbia

Mais um convite para Paulo lecionar no exterior, que, na verdade, não teve chances de avançar, pois este veio no fim da vida dele e outros convites para trabalhar fora do Brasil já estavam em andamento.

Esta carta[6] nos diz desse convite da Universidade de British Columbia, como Professor Visitante dessa conceituada universidade do Canadá para lecionar por vários e pequenos períodos do ano letivo:

> Prezado Prof. Richard,
>
> Eu devo lhe dizer o quanto estou feliz por ter recebido sua carta na qual você explora a possibilidade de eu estar com você na Universidade British Columbia. Eu me lembro do excelente tempo que despendi anos atrás nesta universidade, um dos melhores que eu tive fora do Brasil.
>
> Eu não estou podendo, agora, aceitar tão interessante convite. Não necessariamente por causa de minha idade – eu tenho 75 agora –, mas porque as viagens me deixam muito cansado. Meu médico vem me sugerindo diminuí-las.
>
> Em todo caso, eu gostaria de dizer muito obrigado a você e à universidade por haver pensado em mim para ser um dos professores visitantes do programa.
>
> Fraternalmente,
>
> *Paulo Freire*

---

6 Infelizmente, carta sem data, certamente de 1996, e sem o nome completo do destinatário.

A *gentidade* de Paulo

PARTE VI

CAPÍTULO 22

O mais autêntico deste homem nordestino

Sua vida com Elza

Antes de ter concluído seus estudos universitários, Paulo casou-se na Igreja Matriz da Soledade, no Recife, em 10 de novembro de 1944,[1] com a professora primária Elza Maia da Costa Oliveira.

Meus pais, Aluízio e Genove, empenharam-se na época para que esse casamento religioso fosse celebrado na capela da casa onde residíamos, na rua Dom Bosco, n. 1.002, no Recife, mas o arcebispo de Olinda e Recife, Dom Miguel de Lima Valverde,[2] não o permitiu, arraigado que era no conservadorismo de uma Igreja firmada por seus rituais tradicionais e não na crença dos seus praticantes. Assim, não tendo sido concedida a solicitação de meus pais, que tinha, obviamente, o desejo e a anuência de Paulo e Elza, alegando que os sacramentos deveriam se dar em templos católicos e não em residências, mesmo que em capelas, como teria sido, o casamento deles foi celebrado na Igreja de Nossa Senhora da Soledade.

---

1 Estiveram presentes à cerimônia religiosa a mãe, os irmãos, as cunhadas e os primos de Paulo, e meus pais, Aluízio Pessoa de Araújo e Genove de Albuquerque Araújo, que foram os seus padrinhos. Na ocasião, sua mãe lhe colocou no pescoço, como presente de casamento, um *agnus dei* de ouro, com o qual ele viveu até o último dia de sua vida.

2 Esse prelado esteve à frente desse arcebispado desde a saída de Dom Sebastião Leme, em 1922, até sua morte, em 1951.

O casamento civil de Paulo e Elza foi realizado no Palácio da Justiça do Recife, no dia 1º de dezembro de 1944. Foram testemunhas nessas núpcias civis José Munique Paiva e Erotides Neves.

Paulo e Elza tinham resolvido se casar mesmo a contragosto da família de Elza, que esperava para ela um homem de mais fama e prestígio, mas para os dois o casamento dependeria apenas e exclusivamente de se ele iria lutar com a Força Expedicionária Brasileira (FEB)[3] nos campos gelados da Itália, ou se permaneceria no Brasil "como um simples estudante de direito e dedicado professor de língua portuguesa".

Assim, Elza permaneceu sentada num banco da Praça 13 de Maio, enquanto Paulo fazia os exames médicos no Quartel-General da 7ª Região Militar do Ministério da Guerra, na rua do Hospício, ao lado da praça, no centro de Recife. Quando ele recebeu a notícia de que tinha sido dispensado porque julgado incapaz para os serviços militares, em 24 de outubro de 1944, correu para ela dizendo radiante: "Vamos nos casar!"

Casaram-se poucos dias depois, em 10 de novembro de 1944.

O Documento de Isenção Definitiva de Serviço Militar só veio, entretanto, em Tempo de Paz, assinado pelo tenente-coronel Edgar da Cruz Cordeiro, assistente do comandante do Corpo, chefe do C. R. ou Formação de Serviço, em 14 de maio de 1945, n. 30.792. O certificado diz: "o cidadão PAULO REGLUS NEVES FREIRE, da classe de 1921, está isento do Serviço Militar em tempo de paz, por ter sido julgado incapaz definitivamente em 24 de outubro de 1944".

Paulo tinha conhecido Elza quando ele lhe ministrou aulas particulares de língua portuguesa, preparando-a para o seu aperfeiçoamento como professora primária da Rede Estadual de Educação de Pernambuco:

Elza e Paulo após o retorno ao Brasil.

> Fui seu professor de sintaxe. Foi assim que a conheci. Teria ela de fazer um concurso de cujo resultado dependeria um degrau a galgar em sua carreira profissional e me procurou para lhe dar umas aulas em torno da matéria.

---

3 "A definição de enviar tropas brasileiras para a Europa deu-se entre julho e agosto de 1943, com a oficialização da FEB pelo ministério da Guerra. A decisão de embarcar a FEB foi tomada em 5 de maio de 1944, e o 1º escalão partiu para a Itália em junho de 1944." Ver em Roney Cytrynowicz, "São Paulo e o *front* interno na Segunda Guerra Mundial", in *História da cidade de São Paulo* (v. 3, p. 452), organização de Paula Porta.

Por causa daquele concurso de sintaxe eu sou hoje avô de oito netos... (*Educação na cidade*).

Sobre esse fato, leiamos o que o próprio Paulo nos diz numa das entrevistas[4] concedidas aos seus amigos Claudius Ceccon e Miguel Darcy de Oliveira, em 1978:

> Foi exatamente neste período [redemocratização do Brasil] que eu encontro Elza, que foi um dos encontros mais criadores na minha vida. Encontro Elza como professor particular dela e disso deu aí cinco filhos e alguns netos. Nós estamos com 33 anos de casados e a cada dia a *gente* descobre uma coisa nova.
>
> Claudius – *Como é que era a Elza?*
>
> FREIRE – A Elza era fabulosa, e continua. É uma presença permanente na minha vida, de estímulo. Por exemplo, quando eu estava preso no Brasil, depois de 64, Elza me visitava levando às vezes panelas de comida, para todos os companheiros de cela. Ela jamais disse para mim: "Puxa, se tu tivesses meditado um pouco... se tu tivesses evitado certas coisas, não estarias aqui." Jamais. A sua solidariedade comigo foi total e continua a ser.

Quando passávamos, eu e Paulo, na "Estação Ponte D'Uchoa", antiga parada do bonde da "Linha de Dois Irmãos", no Recife, ele me dizia: "Foi nesse banquinho daqui que namorei com Elza", recordava com certa nostalgia.

Elza formou-se pela Escola Normal de Pernambuco em 11 de novembro de 1935, e foi nomeada professora dessa Rede, após ter sido aprovada no concurso público, em 11 de janeiro de 1943. Entre 1943 e 1947, lecionou no Instituto Pedagógico, e em 1948 e 1949 na Escola de Especialização. De 1951 a 1953, foi diretora da Escola de Especialização Ageu Magalhães, no bairro de Peixinhos. Em novembro de 1953, foi diretora Padrão I da Escola Mota e Albuquerque. Em maio de 1954, foi professora da Escola Clotilde Meira. De 1954 a 1956, voltou para a Escola Mota e Albuquerque. De janeiro de 1956 até meados de 1964, foi dirigente Padrão I da Escola Caio Pereira. Terminou o ano de 1964 como dirigente da Escola Joaquim Nabuco, quando pediu exoneração para não ser afastada "por abandono de trabalho", pois iria para o Chile juntar-se a Paulo.[5]

---

4 A entrevista de *O Pasquim* (ano IX – 1978 – n. 462 – Rio, de 5 a 11/5), amplamente retomada nesta biografia.
5 Informações da Secretaria Estadual de Educação de Pernambuco (SEED/PE). Todos os educandários em que Elza trabalhou se localizavam na cidade do Recife.

Acostumei-me a ver Paulo como uma presença constante e amiga na casa de meus pais. Após seu casamento com Elza, vinha visitá-los todos os sábados à tarde. Paulo calmo e cortês. Elza sempre mansa e calada.

Com Elza, Paulo teve cinco filhos. Maria Madalena, que foi casada com Francisco Weffort e teve com ele quatro filhas: Carolina, Helena, Marina e Cristina; Maria Cristina, casada com Alberto Heiniger; Maria de Fátima que foi casada com Ladislau Dowbor, com quem teve quatro filhos: Alexandre, André, Bruno e Sofia; Joaquim Temístocles, casado com Suzanne Mebes; e Lutgardes, casado com Zélia Teles Brito Freire, com quem teve uma filha, Laís. Paulo tem cinco bisnetos, Tomas e Helena, filhos de Alexandre com Tatiane; Vicente, filho de Marina com Felipe; Joaquim, filho de Carolina e Thiago; e André, filho de André e Gislaine.

Pouco depois do retorno da família ao Brasil, vivendo em São Paulo, Paulo ficou muito preocupado[6] com a saúde de Elza, que estava com problemas cardíacos "importantes", como dizem os médicos para não dizer "graves", tendo tido ela necessidade, inclusive, de implantar um marca-passo. Na madrugada de 24/10/1986, Elza passou mal. Socorrida por Lutgardes, ou Lut como é chamado, Paulo solicitou o serviço cardiológico de urgência, mas antes que esse chegasse, ela não resistiu. Paulo e Elza viveram praticamente 42 anos de vida matrimonial, sem hiatos, como ele costumava dizer.

Elza teve papel muito importante na vida de Paulo, dando amor e cuidando dele com afeto, acompanhando-o em seus trabalhos com o povo desde o início das atividades na Paróquia de Casa Amarela e no SESI-PE. Ela foi uma mulher forte, muito forte, mas ao mesmo tempo calma, mansa e solidária, fortalecendo as ideias de Paulo e lhe dando o sustentáculo familiar e os subsídios profissionais para que ele se desenvolvesse como pessoa, como intelectual e como militante social.

Quando Elza acompanhava Paulo era para satisfazer o gosto dele de ter o mais possível a mulher junto a si – atitude, aliás, que preservou até o fim de sua vida –, mas sobretudo para que ela participasse como observadora atenta dos trabalhos dele. Assim, com a prática de professora da escola primária, Elza observava atentamente as ações de Paulo e alertava-o para o que ela considerava ser alguma falha ou algo inovador dele, aconselhando-o ou elogiando-o.

Quando Paulo começou a trabalhar no SESI-PE e preparava suas palestras para os trabalhadores, preocupado com o que lera em Piaget, Elza o chamava para "pôr os pés no chão", isto é, para ele ficar mais atento ao que acontecia no dia a dia dos/as trabalhadores/as do nordeste brasileiro.

---

6 Paulo deixou de atender a muitos compromissos desde que o estado de saúde de Elza se agravou. Transcrevo apenas um telegrama no qual expõe esse problema: "8/9/82. José Araújo Ministro da Educação Praia, Cabo-Verde: motivo saúde Elza lamento profundamente cancelar visita novembro... Fraternalmente *Paulo Freire*."

| Paulo e Elza na Suíça, em 1985.

    Enfim, foi ela, com seu gosto muito especial pela alfabetização de crianças, que contribuiu grandemente com suas experiências para fomentar, elucidar e estimular Paulo no campo da educação dos adultos.

    Creio com convicção que a aceitação pacífica e solidária de Elza, que acatou desde o primeiro momento a decisão de Paulo de se tornar um educador e não um advogado, foi a sua maior contribuição para que ele se firmasse como um grande educador que foi, seu velho e antigo sonho de criança. Na época, é preciso enfatizar, a profissão de professor lhe dava um certo prestígio, mas não como a de um advogado. Ademais, ir trabalhar num órgão novo como o SESI, que apesar dos prognósticos ainda não tinha assegurado sua importância na cena nacional, era um risco para ambos. Apesar disso, Elza o endossou na sua decisão de optar por ser um educador. A ela, sobretudo, temos que agradecer por isso.

    Nesse gesto de apoio de Elza à decisão de Paulo estão implícitos o respeito e o entendimento de que este era o seu "destino", a sua vontade mais íntima, autêntica e legítima. A vocação de Paulo, construída por ele mesmo desde os tempos primeiros de sua meninice e adolescência, foram assim, felizmente, preservados pela compreensão de Elza. Ela sabia também que Paulo tinha se feito um bom professor no exercício docente da língua portuguesa nas escolas secundárias, do Recife. Ela percebia que seria a forma mais importante de respeito dele por ele mesmo e dela por ele, que Paulo deixasse a advocacia e seguisse a sua verdadeira vocação forjada na vontade e no desejo mais profundo desde há muitos anos: a de ser um profissional da educação engajado na realidade brasileira. Ganhou ela um marido mais feliz e realizado profissionalmente, mas sobretudo contribuiu para que o mundo tivesse o verdadeiro educador da "consciência ético-crítica libertadora", como o nomeou Enrique Dussel.

No exílio no Chile e nos Estados Unidos, Elza não trabalhou profissionalmente, mas continuou a persuadir o marido em muitas das suas decisões, coisa que ela tinha um gosto enorme de fazer, e com sucesso, não só me disse Paulo, mas todos os que conviveram de perto com eles acentuam essa característica de seu caráter. Posteriormente, quando já viviam na Suíça, ela trabalhou pontualmente, na África, quando ela e Paulo fundaram com Claudius Ceccon, Miguel e Rosiska de Oliveira, entre outros, o IDAC. Entretanto, sua tarefa doméstica foi sempre muito dura nesses quase dezesseis anos de exílio junto a Paulo.

No seu retorno ao Brasil, Elza assessorou grupos populares que procuravam o IDAC, em São Paulo, para trabalhos em educação popular. Elza ainda ajudou o Vereda no esforço de introduzir textos escritos no processo de alfabetização, de 1983 até o agravamento de seu estado de saúde, porque ela era muito observadora e tinha intuições muito importantes.

Reconhecendo a importância de Elza em sua vida e obra, Paulo fez as seguintes dedicatórias a ela, em alguns de seus livros:

"A Elza, minha mulher, cuja colaboração na feitura deste trabalho foi inestimável",[7] na tese de doutoramento *Educação e atualidade brasileira*, 1959.

"A Elza, minha mulher, a quem muito devo", no livro *Educação como prática da liberdade*.

"A Elza, sempre", no livro *Aprendendo com a própria história*, com Sérgio Guimarães.

"À Elza e à Nega, educadoras, conosco de nossos filhos", no livro *Educar com a mídia*, com Sérgio Guimarães.

"Uma última palavra, finalmente, de reconhecimento e de agradecimento póstumo, devo a Elza, na feitura da *Pedagogia*" [*Pedagogia do oprimido*], na *Pedagogia da esperança*.

Com a morte de Elza, em 24/10/1986 (nascida em 18/6/1916), Paulo abateu-se profundamente,[8] até quando, optando pela vida, casou-se novamente, com a autora desta biografia.

---

7 A edição da tese acadêmica de Paulo feita após a sua morte foi publicada e nela consta a mesma dedicatória: "A Elza, minha mulher, cuja colaboração na leitura deste trabalho foi inestimável" (p. 5), tal como na própria tese. Constatem a informação: "Com alguns retoques esta tese foi publicada, posteriormente, sob o título *Educação como prática da liberdade*, vindo a constituir-se na primeira grande obra de Paulo Freire", em *Paulo Freire: uma biobibliografia*, organizada por Moacir Gadotti (p. 257).

8 Paulo contou, nesse momento, com os cuidados de seus familiares, sobretudo de seu filho Lutgardes, e a ajuda e a fidelidade do caseiro Genildo Dantas.

Sua vida com Nita

Eu e Paulo tínhamos uma relação de muita proximidade desde a minha primeira infância, quando ele foi aluno e depois meu professor de língua portuguesa no Colégio Oswaldo Cruz, do Recife, nos primeiros anos do meu curso ginasial, em 1945 e 1946. Lembro-me de Paulo na banca de meu "Exame de Admissão ao Ginásio", em dezembro de 1944.

Terminados os sete anos da escola secundária, ingressei na Escola de Engenharia de Pernambuco, em 1952, mas diante de doença grave e da iminência de minha mudança para São Paulo após o casamento com Raul,[9] abandonei esses estudos depois de dois anos. Em 1973, "criados" os meus quatro filhos, sentia-me ansiosa por voltar a estudar e relacionar-me com pessoas além do pequeno círculo no qual então vivia. Resolvi num sábado e fiz o vestibular no dia seguinte: poucos dias depois eu estava cursando Pedagogia na hoje extinta Faculdade de Moema, de São Paulo. "Formada" em 1975, imediatamente comecei a lecionar numa escola de magistério, e no fim desse ano de 1976, fui convidada para lecionar na faculdade em que, um ano antes, havia concluído o curso de educação. Assumi o compromisso com o Departamento de Pedagogia da Faculdade de Moema (FAMO) de fazer um curso de mestrado, o que, aliás, estava em meus planos desde quando renovei meu gosto pelos estudos ao fazer essa faculdade, e também porque fora eu incentivada por meu professor de filosofia dessa Faculdade, Jefferson Ildefonso da Silva.

Um novo convívio de professor-aluna foi estabelecido entre mim e Paulo, em 1980, no primeiro curso "Alternativas em educação popular", que ele ministrou quando de sua volta do exílio e eu fazia alguns créditos a mais do que os exigidos para completar minha carga horária de aulas, no Programa de Pós-Graduação da Pontifícia Universidade Católica de São Paulo.

No ano de 1986, eu então viúva, tinha deixado de lado uma dissertação que pretendia escrever; senti que precisava fazer uma carreira acadêmica mais comprometidamente científica do que a que eu estava podendo fazer como professora de História da Educação Brasileira[10] e Estrutura e Funcionamento do Ensino de 1º e 2º Graus, na Faculdade de Moema, nas Faculdades São Marcos e na própria PUC-SP. Assim, não só eu queria, mas precisava, pelo menos, do título de mestre.

Solicitei, então, ao coordenador do Programa de Filosofia e História da Educação, da PUC-SP, Prof. Dr. Evaldo Amaro Vieira, que prorrogasse o meu prazo para a feitura da dissertação. Aproveitando medida do Ministério da Educação e Cultura (MEC), que ampliava a validade dos créditos já cum-

---

9 Eu e Raul Carlos Willy Hasche nos casamos em 18 de fevereiro de 1956, no Recife. Raul faleceu em 24 de novembro de 1985, em São Paulo.
10 Coincidentemente, a mesma disciplina com que Paulo defendeu sua tese de doutoramento e ensinara nas diversas unidades de ensino da Universidade do Recife.

pridos a quem quisesse escrever dissertação ou tese, ele "determinou", apesar de meus medos, que eu seria orientanda[11] de Paulo Freire.

"Se você vai escrever sobre analfabetismo no Brasil, tem que ser com ele, Paulo Freire!", disse-me sem nenhuma chance de escolher outro professor ou professora para fazer comigo o difícil caminho de escrever um trabalho de nível de pós-graduação. Comentei, com espontaneidade, quase sem pensar, com meu amigo e companheiro de docência na Faculdade de Moema: "Ai, Evaldo, com Paulo não! Ele vai ficar sabendo que sei muito pouco..." Na verdade, esse meu desabafo indica que naquela época eu ainda não tinha a verdadeira dimensão da humildade, da solidariedade e cumplicidade de Paulo para com as pessoas, e particularmente para comigo.

Dos corredores da PUC telefonei para a casa dele. Elza atendeu, e como sempre, solícita e muito delicada no trato comigo, com verdadeira amizade explícita. Timidamente contei-lhe sobre o porquê precisava falar com Paulo. Convidou-me para a ceia e disse-me: "Paulo já deve estar chegando de Piracicaba, onde foi dar aulas. Venha!"

Cheia de medos de falar sobre a razão de minha visita, fui até a rua Valença e, enquanto tomávamos uma sopa de feijão na copinha da casa, fiz o convite. A resposta dele foi: "Claro, Nita, claro que aceito fazer a tua orientação. Com alegria!"

Durante o processo de orientação de minha dissertação, Paulo perdeu Elza e, durante o tempo de luto, no qual sentiu profundamente a sua morte, não tinha disposição nenhuma para trabalhar. Em maio de 1987, reiniciamos os diálogos de orientação.

Sentimos e constatamos, então, que, ao carinho, à amizade e a um mútuo fascínio de longa data sentido, somavam-se agora a paixão e o amor. Nossa relação ganhou um novo significado: "Mudamos a natureza de nossa relação", como ele gostava de dizer.

Eu que o conhecera antes dos meus quatro anos de idade, quando ele se iniciava como estudante do colégio de meu pai, e sempre por ele tive uma enorme fascinação, resolvi aceitar, no mesmo dia em que ele me falou, dividir com ele a vida. Construir uma nova relação "enterrando" simbolicamente minha anterior relação com Raul. Dias depois de nossa vida em comum, propus a Paulo – após ter ele me comparado algumas vezes com Elza, em cir-

---

11 Escrevi toda a minha dissertação de mestrado sob a orientação de Paulo, embora no dia da defesa ele não tenha feito parte da banca examinadora, porque "tínhamos mudado a natureza de nossas relações", conforme alegou à coordenadora do Programa de Pós-Graduação de Filosofia da Educação da PUC-SP. Esse trabalho foi publicado por iniciativa do INEP dentro do Ano Internacional de Alfabetização sob o título *Analfabetismo no Brasil: da ideologia da interdição do corpo à ideologia nacionalista, ou de como deixar sem ler e escrever desde as Catarinas (Paraguaçu), Filipas, Madalenas, Anas, Genebras, Apolônias e Grácias até os Severinos*. Brasília: INEP; São Paulo: Cortez, 1989; 2. ed. revista e ampliada, 1993; reimpressão em 1995; 3. ed. em dezembro de 2001.

cunstâncias favoráveis a ela ou a mim – que era de fundamental importância para a nossa felicidade que nós dois nos "afastássemos", profunda e verdadeiramente, das nossas relações anteriores, Paulo-Elza, Nita-Raul, porque os nossos ex-parceiros não deveriam nem poderiam continuar nem ser substituídos[12] na nossa vida que começávamos a construir.

Optamos pela vida sem negar a importância de nossos primeiros parceiros, por uma vida que não deveria ter como modelo ou padrão os relacionamentos anteriores, meu e dele. Casamo-nos estabelecendo uma relação constituída nela mesma, sem modelos ou "exemplos" a seguir. Nosso passado não foi negado, mas superado. Conseguimos, de fato, e por direito, "enterrar" nossos antigos cônjuges.

Numa "despedida simbólica" de Elza, Paulo escreveu a bordo de um avião, no cardápio do jantar, em dezembro de 1987, em forma de poesia, de poesia de amor, amorosa de seus dois amores:

Seria mentira, Nita, dizer-te que jamais havia
amado como te quero ou que jamais havia querido como te amo. Seria mentira,
também,
se me dissesses que só agora começas a amar, comigo.
A verdade é que amamos antes, doidamente amamos. E é porque tão fundo amamos que
hoje tão meigamente
nos queremos.
Amar é bonito,
Nita, Nitae.
Querer bem de forma
especial, da forma como te quero,
é bonito, Nita, Nitae.
Te quero
Te re-quero
Te espero,
porque te encontrei.

---

[12] Fui eu que falei isso a Paulo logo no início de nossa união, e sabiamente ele incorporou como um princípio também dele, porque sabia da veracidade dessa minha afirmação. Ele chegou a escrever isso em livro (cf. *Pedagogia da tolerância*), mas citarei o que me escreveu no próprio convite para as festividades de seu doutoramento *Honoris Causa* pela Universidade de Barcelona: "Querida Nita, menina minha, Estou certo, absolutamente certo, da importância de Elza na minha vida. Na vida do homem que venho sendo e do educador, se é que podemos fazer uma tal separação. Gostaria de dizer-te que vem cabendo a ti, agora, outro papel junto a mim. Não o de seres simples substituta de Elza, como não sou de Raul, mas o papel de trazer-me de novo à vida, com alegria, o de fazer-me amar do modo como te amo. Penso em ti no momento em que recebo esta homenagem. Paulo. Barcelona, 1/2/88."

Volta com teu riso.
Estarei aqui, repousado,
terno e maduro, como quer o nosso amor.

Paulo.
Dezembro, 87.

Paulo nos colocou lado a lado, para, então dentro de si, guardar as saudades de Elza e dos tempos em que viveram como um casal que a todos parecia inseparável.

Assim, pudemos ser muito felizes, apesar de muitas adversidades e incompreensões que enfrentamos[13] e diferenças de leituras de mundo entre nós dois, diante de histórias de vida bastante diferentes. Em outras palavras, quero dizer que o amor, a amizade e a compreensão que existiu entre nós não excluíram a tensão natural que se impôs entre nós – e se impõe sempre entre os parceiros numa vida a dois – e que se traduzia em problema a resolver. Passo a passo, com diálogo, permeados das "brigas" e discussões acaloradas ou não, sempre com total respeito, fomos resolvendo os impasses, e assim aprofundando e solidificando a nossa relação de marido-mulher. Nossa relação muito cuidada e profundamente amorosa de homem-mulher.

Desde que ficamos juntos, a felicidade de Paulo se constituía na minha felicidade, assim como a minha na realização da dele, como quer todo amor verdadeiro. Isso não significa que vivemos uma vida de anjos, serafins ou querubins. Isso não significa tampouco que cada um de nós se abandonou de si mesmo, que deixamos de existir para nós mesmos, de termos negado nossos sentimentos e vida própria para viver em função do outro ou só pelo outro. Vivemos verdadeiramente uma relação de homem/mulher, com respeito e admiração recíprocos, mas também sem nunca nos impedirmos de dizer o que considerávamos errado na atitude do outro. Não tenho receio de afirmar que esse comportamento – sobretudo o meu de não considerá-lo um mito, um "homem quase perfeito", um "ser admirado por todo o mundo", "um ser intocável", um "sábio com alto espírito de justiça" – foi decisivo para uma relação extremamente saudável, amiga e fraterna, na qual coube com mais força a sensualidade, a amorosidade e o entendimento pautado pela cumplicidade em todos os momentos e circunstâncias, a verdadeira crença e confiança no/a outro/a. Vale a pena enfrentar e discutir sempre os problemas, e resolvê-los pelo diálogo, de modo especial na vida conjugal, estou certa disso.

De maneira não explícita, ao fazer sua opção pela vida, Paulo a fez pensando em mim, antes mesmo de me falar sobre ela. Suas últimas palavras na

---

13 Leia-se o depoimento de Paulo ao Museu da Pessoa, publicado em seu livro *Pedagogia da tolerância*, com o título de "Meu sonho é o sonho da liberdade".

entrevista que concedeu ao *Jornal da Unicamp*,[14] em abril de 1987, foram pensando em nós: "O que prometo mesmo é que assumi a decisão de viver", conforme me disse depois.

Nesse ano de 1987 eu estava viúva de Raul, com quem ficara casada por quase trinta anos, tinha 54 anos de idade, era professora universitária, mãe de quatro filhos maiores de idade: Ricardo, Eduardo, Roberto e Heliana; e avó de um neto, André, pois minhas netas Marina e Flora nasceriam, posteriormente, em 1989 e 2006, respectivamente; atualmente, a família aumentou com noras e duas netas que me deram duas bisnetas.

Da condição de uma pequena menina curiosa em torno de um aluno maior à de ex-aluna atenta à sua capacidade única de respeitar e querer bem aos outros, tanto na adolescência no Colégio Oswaldo Cruz e nos inúmeros encontros, todos os fins de ano, quando eu visitava meus pais, no Recife, quanto no curso de Pós-Graduação da PUC-SP, Paulo foi meu professor e orientador, todas essas décadas foram marcadas e pautadas por uma relação de amizade imensa, verdadeira. Foi fácil ter sido "rendida", pois, por esse homem extraordinariamente fascinante, generoso e amoroso: casamo-nos no Recife em núpcias religiosas em 27 de março de 1988, e em cerimônia civil em 19 de agosto do mesmo ano, na cidade de São Paulo.

Pouco depois de ter sido rendida por Paulo e de termos estabelecido uma nova etapa de nova natureza em nossas relações, Paulo teve medo de não viver muitos anos. Argumentava que a diferença de idade entre mim e ele era grande (de apenas doze anos) e que eu já sofrera uma viuvez. Propôs terminarmos. Respondi-lhe que não renunciaria a ele, que se ele quisesse que acabasse a nossa relação de amor. "E se eu só vivesse mais dois anos, Nita?" "Se você, Paulo, fosse um cabra marcado para morrer daqui a dois anos, ficaria esses dois anos com você. Não me peça, Paulo, para renunciar a você. Se você não quiser continuar a nossa relação, eu aceito e não irei molestá-lo. Mas, eu renunciar, não! Nunca!" Ficou feliz, muito feliz, pois no fundo do seu ser, a sua vontade era essa mais nordestina e profunda prova de amor! Abraçamo-nos. O assunto foi encerrado.

Passados alguns meses de nosso "encontro no amor", Paulo queria muito se casar comigo. Inicialmente relutei. Pensava, ingenuamente, ser possível uma vida de "cada um em sua casa", mas ele me disse: "Ou nos casamos ou acabamos esse romance!" "Belo jeito de dialogar, não é?" "É isso, de vez em quando preciso ser incoerente para sentir-me coerente." "Conhecendo você como estou conhecendo, não vou abrir mão de você, de jeito nenhum. Já lhe disse que não renunciaria a ter você... caso, com alegria e amor, com você! Quando você quiser!"

Depois relutei também em aceitar trocar meu sobrenome para Araújo Freire. Argumentei que no curso da minha vida tinha tido vários nomes: de Margarida por algumas horas após nascer para Ana Maria, por interferência de meu avô

---

14 Cf. *Jornal da Unicamp*, abril 1987, ano I, n. 8.

Paulo beijando-me após a cerimônia religiosa de nosso casamento, em Recife, em 27/3/1988.

"Padrinho Miguel", pai de meu pai, que sugeriu o meu nome a partir da junção de Ana – de minha avó paterna – e Maria – de minha avó materna. Chamada de Nita por apelido posto por minha madrinha, uma prima muito jovem, desde muito cedo, troquei de sobrenome ao me casar com Raul: de Albuquerque Araújo para Araújo Hasche. Entretanto senti a questão da vontade da oferta, da doação de uma parte de Paulo para mim. Entendi que ficaria mais completa a minha relação com ele se aceitasse incorporar essa parte dele a mim. Entendi como a palavra – que para Paulo tem força de ação – o nome, com enorme simbolismo, teria, pois, a força de consagrar mais profundamente a nossa união, a nossa aliança. No decorrer do tempo, fui percebendo mais e mais a importância fundamental na identificação de um casal que se ama, receber a mulher o sobrenome do homem, quando ele quer dar-lhe, mesmo que digam o contrário as feministas. Hoje entendo que o nome Freire que Paulo quis tanto me dar foi uma forma importante de selar nossa relação amorosa de marido-mulher, e, tinha também, intencionalmente, por parte dele, uma vontade enorme de me garantir coisas para o meu futuro, como vem sendo. Paulo, também nisso, foi adivinho, profético.

Paulo pediu-me também para parar de dar aulas, pois além da FAMO estar naquele momento em crise, na verdade sendo vendida a um grupo empresarial de educação, na qual chegamos à conclusão de que seria inviável a continuação de meu trabalho pedagógico nos mesmos parâmetros que vinha realizando-o, restariam algumas outras docências à noite. Pediu-me para deixar de dar aulas, sobretudo, porque não queria passar as noites esperando-me chegar do trabalho; que tínhamos casado na terceira idade, e que assim nossa vida em comum não seria longa; que queria atender convites do mundo não indo sozinho e outros tantos argumentos de uma "solidão" que não queria sentir... Pensei e considerei que o mais honesto e amigo seria mesmo ficar ao lado dele. Aprendi muito ouvindo-o e a grandes intelectuais e militantes do Brasil e do mundo. Ele tinha razão, não me arrependo de ter tomado a decisão de deixar a docência.

Com Paulo eu vivi muitos dos momentos mais importantes de minha vida afetiva, amorosa e profissional, pois não fui e nem poderia ser simplesmente a "mulher de Paulo Freire". Assim, prossegui meus estudos e no mesmo ano em que nos casamos, em 1988, defendi minha dissertação para obtenção do título de "Mestre em Educação: Filosofia da Educação". Lamentável e obviamente, Paulo abriu mão de fazer parte de minha banca de exames; e em 1994, defendendo tese sobre o mesmo tema: as condições que determinaram a perversa produção do analfabetismo no Brasil, obtive o título de "Doutora em Educação", ambos pela PUC-SP.

De Paulo recebi, na sua fase de maior maturidade e sabedoria, tudo o que uma mulher pode desejar de seu parceiro de todas as horas, do homem amigo, companheiro e cúmplice; sensível, amoroso e sensual; incentivador e respeitoso do meu trabalho intelectual,[15] modelo de comportamento ético e político, enfim de um verdadeiro companheiro de vida.

Não posso me esquecer da cumplicidade de Paulo durante todo o tempo em que fiz os créditos para obter o meu título de doutora em Educação. Aceitou meu convite para assistir a um seminário que apresentei sobre ele e Sucholdoski, na USP, e a sua total solidariedade na minha decisão de me transferir para a PUC-SP e nesta defender a minha tese doutoral. Chegou a escrever um belo texto retratando a minha frustração e justa indignação com o processo de orientação na universidade oficial de São Paulo.[16]

Todos e todas que nos conheceram de perto presenciaram, viram, sentiram e sabem da troca verdadeira com a qual nos oferecemos um ao outro, com carinho, com respeito, com paixão e sensualidade[17] por dez anos de

---

15 Colaborei, a pedido de Paulo, elaborando notas explicativas em três dos sete livros que publicou durante o nosso casamento. Em *Pedagogia da esperança*, *Cartas a Cristina* (promovi a 2ª edição desse livro reescrevendo as notas) e *À sombra desta mangueira*. Após sua morte, por força do testamento por ele deixado, coube-me, como sua sucessora legal, dar continuidade aos seus trabalhos teóricos. Fiz então publicar alguns de seus textos inéditos em *Pedagogia da indignação*, *Pedagogia dos sonhos possíveis*, *Pedagogia da tolerância* e *Pedagogia do Compromisso*; a *Pedagogia da Solidariedade*, em coautoria, além dos "livros falados" com parceiros diferentes, *O caminho se faz caminhando*, *Dialogando com a própria história*, *A África ensinando a gente* e *El grito manso* (consultar bibliografia de Paulo Freire).
16 Veja a 16ª Carta "O papel do orientador de trabalhos acadêmicos numa perspectiva democrática", em *Cartas a Cristina: reflexões sobre minha vida e minha práxis*.
17 Fernando de la Riva, educador espanhol, expôs muito bem esse lado de minha vida com Paulo: "Elza, sua primeira esposa, havia falecido e Freire havia passado por momentos de profunda dor e tristeza. As notícias que nos chegavam através de amigos eram preocupantes, parecia que não queria viver, que a vida havia perdido todo o sentido para ele, havia envelhecido, não saía, não viajava... Depois soubemos que o amor havia voltado a ele e se havia casado com Ana Maria... Freire estava pleno de vitalidade, em um momento de

vida em comum. Paulo me amou e jamais teve dificuldades em dizer, privada ou publicamente, que me amava.

Nos nossos sábados e domingos da rua Valença Paulo sempre me perguntava com sua voz mansa, sempre muito mansa, traduzindo a cumplicidade mais profunda, respeitosa e amorosa dele por mim: "Nita, o que queres que façamos juntos hoje? Aonde queres ir? Queres almoçar num restaurante? Gostarias de fazer uma visita? Queres ir a um cinema? O que pretendes que façamos hoje?... Venhas ver que já forrei a nossa cama..."

Também eu contei sobre a ternura, o amor e a paixão que senti por ele no livro que escrevi sobre nossa vida cotidiana: *Nita e Paulo: crônicas de amor*.[18] Escrevi esse livro para louvar o nosso amor.[19] Para prantear a minha dor.

---

plena lucidez e de entusiasmo que a todos nos surpreendeu. Também comemos juntos naquele dia (eu estava me convertendo em expert para ocupar de assalto a cadeira vazia ao lado de Freire). Todo mundo comentava seu bom aspecto e o vinho Rioja ajudava a confiança. Alguém de gravata o perguntou: "Como se conserva tão jovem, professor, que faz para que suas ideias sigam sendo tão vivas, tão frescas? E ele respondeu que não havia nenhum segredo: que gostava muito de fazer amor. Todos nós rimos, não esperávamos aquela resposta, muito menos num jantar com professores e membros de instituições internacionais. Mas, aclarou, não se tratava de fazer depressa e correndo, havia que dedicar tempo, desfrutar sem pressa, duas ou três horas, com frequência. Os brasileiros e as brasileiras sabiam disso. A surpresa era completa, todos os comensais – estou certo – pensamos em nossa própria vida sexual e como levar à pratica as ideias de Freire" (Fernando de la Riva, "Seis paisagens com Paulo Freire ao fundo", em *Educacion y transformacion social* (p. 176-8).

18 Para esse livro, o grande amigo meu e de Paulo, Mario Sergio Cortella, escreveu a quarta capa, que transcrevo aqui: "Nita e Paulo... Dez anos de convívio intenso, de cumplicidades gostosas, de amorosidade funda. Uma década de reinvenção afetiva, de trabalho compartilhado, de existência fruída em abundância.

Paulo e Nita... Duas histórias que se entrecruzaram quase meio século antes do tempo no qual passaram a tecer a vida em conjunto; duas histórias que, tornadas uma, projetaram a verdade inegável contida nas suas crônicas de amor.

Este livro *não* poderia não ter sido escrito. Nita compreendeu que não admitiríamos ter-nos furtado o gosto de, com ela, repartir o amor presente nas crônicas. Afinal, é também o *nosso* Paulo Freire: ao revelá-lo, dignifica-o ainda mais.

Emoção magnífica, a leitura das crônicas nos faz sorrir, eventualmente chorar e, no mais, provoca enternecimento agradável. Cada crônica é quase uma oração (nada piegas) que mostra um Paulo que sabíamos já ótimo e que, com Nita, ficou melhor ainda. Seria possível? Sim: testemunhamos isso inúmeras vezes. Paulo, sem jamais obscurecer seu sólido e amoroso percurso anterior a Nita (e sem que, também jamais, Nita o constrangesse a isso), demonstrava uma vitalidade e uma alegria que só o amor edificante é capaz de ofertar.

"Meu marido", escreve Nita em muitas crônicas, tal como Paulo sempre dizia "minha mulher" (por pertencimento afetivo). Mas, nós insistimos, é o nosso Paulo Freire.

A Paulo, obviamente, sempre somos gratos. Agora, nossa gratidão a Nita, pelo amor que deu a Paulo. É dessa forma, a *nossa* Nita. Mario Sergio Cortella" (São Paulo: Editora Olho d`Água, 1998; *Nós dois*, "Posfácio".

19 Em 2013 refiz esse livro, ampliando-o e o enriquecendo com as cartas e poemas de Paulo a mim dedicados, fotografias e parte de meu diário com o título de *Nós dois*.

Em reconhecimento à minha presença na sua vida e obra, Paulo dedicou quase todos os sete livros que ele escreveu, durante o nosso casamento, a mim: "A Ana Maria, Nita, que me devolveu o gosto bom de viver, quando a vida me parecia tão longe e, quase sem esperança, a olhava! Paulo.", dedicatória da *Pedagogia da esperança*.

"Gostaria ainda de expressar meus agradecimentos a Ana Maria Freire, de quem sou marido, pelas excelentes notas que aclaram e amarram aspectos importantes de meu texto", ainda na *Pedagogia da esperança*.

"A Nita, minha mulher", dedicatória do *Política e educação*.

Eu e Paulo descansando após termos almoçado uma *paella*, entre amigos e amigas, em Valência, Espanha, em março de 1995.

"A ANA MARIA, minha mulher, não apenas com o meu agradecimento pelas notas, com as quais, pela segunda vez, melhora livro meu, mas também com a minha admiração pela maneira séria e rigorosa com que sempre trabalha", dedicatória das *Cartas a Cristina: reflexões sobre minha vida e minha práxis*.

"A Ana Maria, Nita, minha mulher, com meu agradecimento, mais uma vez, pelas notas cuidadosamente trabalhadas com que vem melhorando meus livros", dedicatória do *À sombra desta mangueira*.

"A Ana Maria, minha mulher, com alegria e amor. Paulo", dedicatória da *Pedagogia da autonomia*.

"Meu muito obrigado a Nita, pela paciência com que me aturou durante os dias mais intensos de redação do texto, mas sobretudo, pelas sugestões temáticas que me fez, apontando um aspecto aqui outro ali, à luz de sua experiência como ex-professora de História da Educação de alguns cursos de formação do magistério em São Paulo", em *Professora sim, tia não*.

Guardo pequenos bilhetes[20] de Paulo dos tempos em que estivemos casados, os quais, sorrateiramente, deixava sobre minha mesa de trabalho, na sala contígua à dele e de onde tantas vezes também me chamava a atenção assoviando. Guardo também poesias e longas cartas de amor escritas no período que

---

20 Guardo também alguns bilhetes que recebi de amigos, mesmo depois de Paulo ter morrido. Um em especial muito me comove: "Ana Maria. Seu querido Paulo não foi. 'É e Continua Sendo' porque você existe, Obrigada, Zezé – Maria José Pinheiro Machado."

antecedeu e sucedeu o 27 de março, publicadas em *Nós dois*. Na verdade, Paulo queria deixar registrado para mim, privadamente, e não só nas dedicatórias públicas de seus livros ou no meu *corpo consciente*, tudo o que sentiu por mim.

Eu e Paulo em noite fria paulistana, de 1989.

Passados alguns anos da perda de Paulo, a saudade é mais amena, não é mais a saudade que quase me impossibilitou de viver. Entretanto, ela permanece em mim como um sentimento que dá sentido à minha vida, porque a saudade da ausência do outro nada mais é do que uma forma diferente da sua presença mesma. Esse amadurecer da dor me dá algumas certezas até por força de tudo que passei pela e após a morte de Paulo. De que foi muito fácil de viver ao lado dele cheio de ternura e amor a dar, de bom humor menino, de sua simplicidade mesmo como um homem conhecido no mundo e de sua aceitação de como eu era. Entretanto, a sua ausência me faz constatar a ambiguidade dos movimentos da vida para além do ser muito difícil de viver sem ele. É que esse viver sem ele acarretou também ter de enfrentar as "tormentas que se abateram sobre mim", desnecessariamente, após a sua partida, porque se foi muito fácil ter sido sua mulher e companheira, vem sendo muito difícil ser sua viúva diante de posturas e sentimentos de pessoas que prefeririam que Paulo não tivesse tido um novo e verdadeiro amor.

Essas coisas mesmas que me impingiram cruamente me vêm dando a possibilidade crítica de ter muito mais certeza hoje do que tive ontem, da profundidade com que fui amada, muito amada por ele. Disso decorre que não tenho o direito de queixar-me dos dissabores da vida – eles existem independentemente de nossas vontades ou da vontade de outros e outras –, porque experimentei a forma mais profunda e mais plena possível do amor. Do amor de *gente* como Paulo, de Paulo.

Não posso esquecer o olhar firme, doce, profundo vindo de sua alma, deitado na cama do hospital de onde não mais saiu para a vida, ao me dizer: "Nita, amo-te muito. Amo-te o mais que se pode amar!!!!"

Depois silenciou e continuou a me olhar, a me olhar com a profundidade de olhar que jamais vi em nenhuma outra pessoa nem mesmo nele. Continuou a me olhar despedindo-se de mim. Sei hoje que naquele momento Paulo pressentiu que estava muito perto da morte.

Sua recifencidade

Paulo sempre falou de "voltar para casa" sem data marcada, antes de um Natal, mas não com a certeza de muitos exilados brasileiros que cansaram de repetir "no próximo Natal", com uma sensação de segurança, de aconchego e de alegria, uma emoção que deixou de experimentar por mais de quinze anos.

No exílio tinha esse desejo como um dos maiores anseios. Mas o seu "voltar para casa" era, na verdade, voltar para o Recife. Voltar para ele tinha o gosto do resgate do "tempo perdido", de relações quase desfeitas, de amizades adormecidas, mas também do reencontro com pessoas que de alguma forma estiveram presentes na sua vida de menino, de jovem e de adulto, e dos lugares que não se apagaram de sua memória. De pessoas, de tempos e de espaços que viviam na sua imaginação e vontade, e, no seu querer bem à cidade onde nasceu.

Procurou viver no "contexto de empréstimo" inserindo-se o mais possível neles. Certamente uma tática bem-sucedida para suportar as saudades de seu "contexto de origem": o Brasil, Pernambuco, Recife. Sua mãe! Programou visitá-la no Natal de 1968 quando recebeu o *habeas corpus*, porém o Ato Institucional n. 5, de 13 de dezembro de 1968, frustrou esse seu legítimo e amoroso desejo de vê-la. Ela faleceu sem ter visto o seu "queridíssimo filho", como dizia, desde quando Paulo partiu para o exílio.

Paulo escreveu e disse publicamente muitas vezes: "A minha mundialidade se explica por minha sulamericanidade, esta se explica pela minha brasilidade, a minha brasilidade se explica por minha pernambucanidade, a minha pernambucanidade se explica por minha recifencidade." Esta sua afirmativa, se é certa do ponto de vista geográfico-epistemológico, o é, sobretudo, do ponto de vista cultural, político e afetivo.[21]

---

21 Confira no livro de minha autoria, *Meus dizeres e fazeres em torno de Paulo Freire*, o texto "A recifencidade de Paulo Freire", no qual aprofundo a interrelação do conceito de recifencidade à epistemologia.

Recepção oferecida a Paulo e Elza quando visitaram o Recife, em 1979. Paulo, seu irmão Temístocles, seu então cunhado José de Melo, Paulo Rangel Moreira, seu primo João Monteiro, entre outros.

Paulo carregou a sua recifencidade por todos os lados e a todos os instantes de sua vida. Sua natureza humana expirava e aspirava a sua essência de homem genuinamente recifense, nordestino. Pensar e agir como Paulo pensou e agiu por toda a sua vida são formas de se pôr no mundo, de comportamentos que só podem ser gerados e fazer parte do patrimônio de pessoas autenticamente nordestinas.

Sua compreensão epistemológica e antropológica não poderia ser tal qual é se Paulo fosse um homem do sudeste brasileiro. Mais ainda se tivesse nascido e vivido no Norte gelado cujas relações quase sempre são de pouco afeto e muito pouca alegria.

Só pensa e só age como Paulo pensou e agiu quem nasce na terra dos mangues, dos alagados de *gente* que vive de "caranguejos e com sua carne de lama fazem a carne de seu corpo e a do corpo de seus filhos".[22] Na terra quente dos coqueiros e das mangueiras, da brisa fresca da beira dos rios e do mar morno. Só quem nasceu na cultura da cidade do Recife – que já viu nascer milhares de homens e de mulheres de "vida severina",[23] de "destino severina" – os que trabalhavam descalços e morriam, tantas vezes, de fome ou tuberculose; que mendigavam ao pé da Ponte da Boa Vista porque não tinham condições

---

22 Compreensão e frase do cientista pernambucano Josué de Castro sobre a fome e a condição de vida dos recifenses pobres ou muito pobres.

23 Faço uma alusão agora à criação do, também pernambucano, poeta João Cabral de Melo Neto.

de levar um simples pão para sustentar a si e a sua família, pode pensar como Paulo pensou. Ele presenciou o tempo em que a sobrevivência das *gentes* dependia mais da solidariedade e da cumplicidade "dos que podiam", dos "ricos" do que do direito e da vontade de trabalhar e da ousadia de lutar.

Só pode pensar e defender com suas ações – constando e lutando contra as diversas formas de opressão – quem nasceu na terra de homens e mulheres fortes, corajosos, humildes e criativos... Na cultura dos que vivem com gosto de vida o abraço efusivo; o andar rebolado; a cor morena da pele; a comida de origem africana, portuguesa e a dos nacionais; na palavra fácil mesmo que sem os rituais dos "civilizados"; no carnaval dos papangus, com suas máscaras esbranquiçadas amedrontadoras das crianças, corpos totalmente cobertos e sem pronunciarem uma só palavra para não serem identificados/as; dos mamulengos e do maracatu de cores alegres; do futebol driblado; da dança e dos cantos dos mais variados ritmos: do coco, do xaxado, do frevo, da ciranda, do cavalo-marinho... Cultura pujante mesmo que criada e recriada por analfabetos/as.

Enfim, o clima escaldante; a história de glórias e lutas, de sofrimentos e privações, de alegrias e espontaneidade; o cheiro da terra, o gosto e olor das frutas e das comidas típicas dão uma marca absolutamente especial a quem é nordestino, porque essas coisas o impregnam visceralmente. Paulo é um dos exemplos maiores da mais autêntica nordestinidade recifense, tendo resistido com serenidade a todos os desafios e adversidades da vida.

Sua leitura de mundo, e portanto a sua obra teórica, é marcada por esse fato: ser um homem do Recife.

Uma vez caminhávamos pelo Cais José Mariano, no Recife, de repente, ele me disse: "Nita, ainda bem que eu não morri na Suíça." "O que você quer dizer com isso, Paulo?", perguntei-lhe. "Que as águas de nosso rio Capibaribe estão tão carregadas de lixo, que teria sido terrível ter sido jogado nele..."

Contou-me, então, que, no exílio, temendo morrer antes de "voltar para casa", para o seu contexto de origem, pedira a Elza para que não o enterrasse na Suíça. Queria que as suas cinzas fossem jogadas no rio Capibaribe, bem no centro do Recife, ali onde estávamos vendo a Casa da Cultura e as Pontes 1º de Março e da Imperatriz. Se ela mesma não as pudesse trazer e cumprir o desejo dele que as mandasse por alguém, por algum amigo, de preferência um recifense que pudesse entender o seu gesto.

Entendo isso como o testemunho maior de amor de quem se sente profundamente preso às suas heranças culturais, profundamente ligado à sua terra e para a qual desejava voltar mesmo que só pudesse ser após a sua morte.

Paulo amou São Paulo, Santiago, Cambridge, Genebra, cidades onde morou e que o acolheram de maneira generosa, mas amou o Recife como se uma pessoa fosse, seu solo-mãe, terra quente da brisa fresca de todas as tardes.

| Paulo, eu, Temístocles, seu irmão, e Renilda, sua sobrinha, na festa de seus setenta anos, no Recife.

Para a sua Recife Paulo escreveu uma poesia, em fevereiro de 1969, *Recife sempre*,[24] quando morava no Chile. Recebera de um amigo uma revista brasileira[25] numa edição especial na qual os estados do país, em ordem alfabética de seus nomes, estavam representados por fotografias e por coisas de suas culturas locais e histórias políticas oficiais. Recebeu-a nos seus escritórios de trabalho e guardou-a com muita ansiedade para vê-la e lê-la, à noite, em sua própria casa.

Tremendo de emoção, contou-me, começou a ver a revista página por página, que, obviamente começava por "Alagoas" até que, com o coração cada vez batendo mais forte chegou ao "Paraná"... "Paraíba" e de pelos irisados, suando muito abriu "Pernambuco". Contendo-se, decidiu que o seu estado

---

24 Esse poema foi publicado em 1987 no livro *Aprendendo com a própria história*, livro de Paulo com Sérgio Guimarães. Na versão manuscrita de Paulo, com uma linguagem mais emotiva e sensual, ele trata o Recife como se fosse uma mulher amada. Em 2008, em novo livro de Paulo com Sérgio Guimarães, *Lições de casa*, o leitor pode encontrar a versão manuscrita completa. A versão publicada em 1987 foi emocionada e belamente declamada por José Mário Austregésilo, na homenagem que Pernambuco fez a Paulo quando ele completou setenta anos de idade, por diligência e vontade de Paulo Rosas, então presidente do Conselho Estadual de Educação de Pernambuco. Essa poesia manuscrita e digitalizada está no meu livro *Meus dizeres e fazeres em torno de Paulo Freire*.

25 Apesar de Paulo ter dito a Sérgio Guimarães, num diálogo publicado em *Lições de casa*, que a revista seria *Visão*, tenho como certo que ele cometeu um engano. A revista era a *Manchete*.

teria que ser vivido, "presentificado", saboreado, por último. Tomou fôlego, seguiu para o "Piauí", depois um por um dos então estados brasileiros até "Sergipe". Retornou ao seu destino maior: "Pernambuco".

Já numa madrugada do novo dia escreveu esta poesia de saudade, de radicalidade com a terra que o viu nascer, crescer e tornar-se cidadão do mundo: para ele a cidade que traduzia a essência de seu ser tal a sua identidade com ela.

Essa recifencidade de Paulo não nasceu por força do exílio. Quando da inauguração da nova capital federal, em 1960, Darcy Ribeiro, projetando a Universidade de Brasília, chamou Paulo para ir ver *in loco* e discutir com ele a sistematização e organização dessa instituição de ensino superior tão inovadora e ousada quanto a cidade mesma projetada por Lúcio Costa e Oscar Niemeyer.

Já em Brasília, Darcy convidou então, insistentemente, para que Paulo "fizesse" com ele e outros/as intelectuais progressistas essa Universidade-modelo participando de sua direção. Convidou-o também para ser professor nessa instituição, ensinando que matéria se sentisse mais capacitado a ensinar, ao que Paulo respondeu: "Darcy, parabéns e sucesso! Essa coisa é uma maravilha! Participo no que puder ajudá-lo, participarei com você nesse troço formidável, mas à distância. Vir morar aqui?!... Ser professor dela?!... não posso!" "Por quê?" "Porque não posso viver fora do Recife. Sem a minha cidade... eu nem sei se sei pensar!"

Esse amor de Paulo pelo Recife, aparentemente como se fosse por sua amada preferida, foi alimentado apenas pelas inúmeras idas ao seu mais autêntico contexto de origem quando voltou do exílio. Sua vontade de para lá voltar e lá se fixar não foi possível. As condições políticas, em 1980, ainda não permitiam que ele vivesse esse desejo, essa necessidade existencial. Paulo fixou-se em São Paulo e não na sua amada Recife.

Suas virtudes, seus traços de *gente*, sua personalidade

Quero sublinhar aqui alguns traços de *gente*, as qualidades maiores de Paulo que faziam parte intrínseca da radicalidade de seu ser, de seu inteligir e do seu viver: sua generosidade; sua amorosidade; sua fé e crença nos homens e nas mulheres; sua esperança; sua simplicidade; sua curiosidade e ousadia no pensar; no fazer e no agir; seu constante bom humor e senso de justiça; sua capacidade de ser leal com tudo e com todos e a si próprio, sem se afastar do comportamento radicalmente ético; sua mansidão e forma respeitosa de estabelecer as relações de horizontalidade e de "brincar" com o outro e a outra.

Paulo conversando com populares, crianças e adultos, em Olinda, em janeiro de 1997.

A esses traços de *gente*; às suas virtudes; às inúmeras, autênticas e profundas maneiras de ser e de portar-se diante do mundo e *com* o mundo e as pessoas, no fundo a humanidade de Paulo; ao seu desejo imenso de que todos e todas pudessem ser *seres mais*, que eu chamo de a *gentidade* de Paulo.

Virtudes que se fizeram nele, ao mesmo tempo, por sua coerência em instâncias de ser, de conhecer e de valorar, dialeticamente completando-se uma na outra. Portanto, qualidades-categorias explicativas de sua compreensão histórica, utópica e teórica da educação libertadora, justificadas, por sua própria maneira de ler e de enfrentar o mundo, sustentadas nas suas intuições, emoções, sentimentos e razão.

Não quero e nem posso separar em Paulo os *seus traços de gente* de *sua obra teórica* porque aqueles estão incorporados nesta. Não há dicotomia entre o seu ser no mundo e o que propõe em sua obra. A sua maneira de comportar-se como homem público, como educador da práxis, como educador ético-político engajado e como homem extremamente devotado às suas relações familiares e de amizade, de um lado, e sua práxis e obra, de outro, fundiram-se, dialeticamente, porque ele foi eticamente coerente. Assim, aponto a um dos *seus traços de gente* e busco a *sua obra teórica* sem me preocupar com a divisão estanque deles. Ele era assim e gostava de ser assim: sentimentos, e emoções, e razão são partes integrantes do seu e do meu *corpo consciente*, não os posso e nem quero separá-los, assim como ele não o fez.

Paulo foi, sem dúvida, um homem sensível, forte e apaixonado em seus sentimentos; em sua negação contra tudo que estivesse fora dos princípios éticos e de suas crenças político-ideológicas. Sua maneira de falar e escrever concretamente utópica a sua epistemologia e tantas vezes, metaforicamente, para contar as suas histórias foi absolutamente ímpar. Com sua maneira de respeitar os outros, com a sua honradez e lisura, mas sobretudo por sua inteligência criadora e revolucionária de homem inconformado com as objetivas injustiças que vêm sendo historicamente impostas a grande parte de homens e de mulheres que por isso sofrem, preocupou-se, escreveu e lutou por quase toda a sua vida de uma maneira muito especial.

Paulo foi um homem que acreditou na palavra. Palavra para ele era ação. Era práxis, por isso mesmo teve extremo cuidado com o uso dela. Não só com o uso da palavra certa e mais bonita, mais adequada e mais poética. Falo aqui do cuidado político que ele teve desde jovem com a continência da palavra. Disse-me algumas vezes: "Sei que isso não foi determinante para o golpe de Estado de 1964, mas que a incontinência da palavra de muitos de nossos homens e mulheres de esquerda contribuiu para a raivosidade dos que destruíram aquele sonho brasileiro, contribuiu. Onde já se viu sair por aí se dizendo e repetindo: 'vou matar a burguesia toda e fincar a cabeça de cada um deles pelos postes da cidade?!' Quando me diziam isso, eu, cortesmente, alertava: 'Companheiro, cuidado com o que fala...você acha mesmo que isso é possível? Antes de você chegar ao último burguês o terão liquidado... e lhe digo: 'não conte comigo para isso'", concluía Paulo com humor.

Orgulhoso e feliz, mas, modesto e consciente de sua posição no mundo, Paulo viveu a sua vida com fé em Deus e nos homens e nas mulheres, com muita humildade, sensualidade, simplicidade e alegria contidas. Com seriedade, convicção e desejo de transformação. Aprendendo, com tudo e com todos/as, sobretudo com os/as oprimidos/as e lutando criticamente para a superação das relações de opressão, a favor daqueles e daquelas, contra os opressores e opressoras, viveu intensamente as tensões e os conflitos do mundo. Sempre esperançoso nas possibilidades das necessárias mudanças do mundo. Impacientemente paciente lutou, com tolerância, coerência, respeito às pessoas e a todos os seres, por longos anos de sua vida por um mundo mais justo e mais bonito. Paulo nunca deixou de sonhar os sonhos verdadeiramente democráticos.

Quando algum jornalista ou estudante lhe pedia uma mensagem respondia sem pestanejar: "Meu filho, só o papa dá mensagens!"

Desde quando estudou e trabalhou no extinto Colégio Oswaldo Cruz, do Recife, Paulo entendeu, mais além do que já tinha aprendido com seus pais, a importância da generosidade de Aluízio e Genove Araújo através da gratuidade do ensino e do afeto dados por meus pais e do despojamento deles diante das coisas materiais, qualidades que passaram a ser buscadas e construídas em Paulo mesmo, para fazer-se *gente*, para se tornar verdadeiramente um educador e um homem público.

Quem conhecia minimamente Paulo podia perceber, imediatamente, sua capacidade de escutar com atenção, tocando e olhando a outra pessoa que o procurasse, a qual ele acolhia com um nível de envolvimento tal que, ao assim fazer, ensinava e aprendia ao mesmo tempo. Respeitava e era respeitado aceitando e valorizando o dizer, a ideia, as intuições, os sentimentos, a voz do outro e da outra. Fez-se assim um mestre dos sonhos, dos desejos, dos anseios e dos interesses legítimos dos outros e das outras porque esses ressoavam o seu próprio sentir, desejar, entender, refletir, agir e escrever tudo isso sistematicamente. Ressoavam em todo o seu corpo, no seu *corpo consciente*.

Esses toques no corpo do outro e da outra foram trocas afetivas intensas, que se proliferaram em outras formas de comunicação que, assim, quase sempre, se fizeram epistemológicas e antropológicas. Isso no fundo denota a coerência de Paulo, pois ele não dicotomizou jamais o saber do sentir. A razão da emoção. O ser do dizer. O conhecimento da sensibilidade. A generosidade da esperança. A esperança da amorosidade, porque a sua era generosidade esperançosa e não generosidade farisaica.

Sua capacidade e vontade de escutar a voz dos outros e as circunstâncias da vida, com sensibilidade, amor e acuidade que o provocava epistemologicamente, iam nesse caminho de busca. Ter se posicionado sempre contra a cultura da violência[26] concretamente existente na história humana forjou uma

---

26 Sobre a violência, Paulo disse, em 1993, publicado no livro *Aprendendo com a própria história*, v. II, atualmente com o título *Dialogando com a própria história* com Sérgio Guimarães, o seguinte: "Eu já tinha dito que o ideal é que as transformações radicais da sociedade – que trabalham no sentido da superação da violência – fossem feitas sem violência. Agora, a responsabilidade de que elas sejam salpicadas de violência não é de quem pretende mudar o mundo. É de quem não pretende que o mundo mude. Então, uma vez mais, são os dominantes, são as classes dominantes, que levam as classes dominadas à briga, ao conflito até, inclusive físico, quando as classes dominadas – num gesto de direito e de manifestação de sua humanidade – protestam contra a preservação da maldade, da perversidade, da malvadez do opressor... Para concluir a tua pergunta: diante do problema da violência e da democracia, eu hoje continuo pensando que a democracia não significa o desaparecimento absoluto do direito de violência de quem está sendo proibido de sobreviver. E que o esforço de sobreviver às vezes ultrapassa o diálogo. Para quem está proibido de sobreviver, às vezes, a única porta é a da briga mesmo. Então eu concluiria lhe dizendo: eu faço tudo para que o gasto humano seja menor, como político e como educador. Entendo, porém, o gasto maior. Se você me perguntar: 'entre os dois, para onde você marcha?' Eu marcho para a diminuição do gasto humano, das vidas, por exemplo, mas entendo que elas também possam ser gastas, na medida em que você pretenda manter a vida. O próprio da preservação da vida leva à perda de algumas vidas, às vezes, o que é doloroso. Agora, o que eu não acredito é na conscientização dos poderosos. Eu acredito na conversão de alguns poderosos, mas não enquanto classe que comanda, não enquanto classe que domina."

filosofia eminentemente generosa e esperançosa – humanista e libertadora – é a prova maior disso.

Ora, partir dessas premissas para inteligir o mundo já é em si um estar sendo que ultrapassa o simples estar *no* mundo. É esse estar *com* o mundo que implica estar *com* todos os homens e mulheres, *com* todos os outros seres do mundo. E esse modo de estar *com*, vindo do mais fundo de seu ser espelha a sua *gentidade* conscientemente construída. *Gentidade* que advém, obviamente, das suas qualidades, sobretudo da amorosidade, da esperança e da generosidade.

Sentia-se à vontade falando com as pessoas das classes populares. Valorizava suas ideias, falas, costumes e crenças. Essas coisas tinham provocado nele o sentimento de solidariedade, compaixão e cooperação, e permitiram-lhe entender mais dialeticamente, com elas e a partir delas o seu peculiar ato de escutar a filosofia, a política, a ciência e a própria vida.

Assim, foi dessa capacidade invulgar de *escutar* o povo, isto é, ouvir, acolher e elaborar as ideias, as razões, as necessidades, as aspirações, as dores e as alegrias dos homens e das mulheres comuns, que Paulo criou uma teoria do conhecimento tão concreta e engajada e tão revolucionária e rigorosamente científica. Sua teoria do conhecimento tem, pois, concretude porque partiu da sua relação de abertura para escutar, sentir, emocionar-se *com* as camadas populares.

Paulo teve muitos amigos e amigas e recebeu o afeto e o carinho de homens e mulheres por onde passava, conversava, dava aulas ou fazia conferências. Geralmente era muito grande a receptividade dos e das ouvintes quando ele fazia os seus discursos. Tinha um magnetismo que emanava de todo o seu corpo através de seu olhar. Disse-lhe algumas vezes: "Nasceste para o palco... para ser conferencista ou cantor..."[27]

Presenciei uma única vez Paulo ser vaiado em público, certamente a única em sua vida. Foi numa reunião com educadores e educadoras da Secretaria Municipal de Educação de São Paulo, no Parque Anhembi. Sem se constranger, Paulo não teve nenhuma reação negativa. Entendia que a plateia geralmente vaia quando não concorda com o que ouve ou com a situação criada pelo orador ou oradora. Ou ainda quando esta pessoa se expõe ao prestigiar outra ou outro de quem o público não gosta e não aceita. Esse foi o caso: Paulo tinha nomeado uma funcionária da Rede em reconhecimento por sua luta organizada e com destemida bravura contra o governo autoritário do prefeito Jânio Quadros, mas os/ as educadores/ as da rede municipal não endossaram nem a escolha de Paulo nem a atuação da nomeada.

---

27 Veja em *Nita e Paulo: crônicas de amor*, "Vocação de cantor" e em *Nós dois*.

Paulo brincando de cozinheiro, fazendo a *paella*, em Valência, Espanha, em março de 1995.

Ninguém aplaude, dizia Paulo, o que ou quem não represente uma parte de si, de seus desejos, de seus anseios ou de seus pensamentos, de suas ideias. Quem aplaude o outro está aplaudindo a si mesmo. Quem vaia, entretanto, está vaiando o outro ou a outra, o que não encontra em si ou o que não gosta em si.

Era tolerante e calmo, mas suficientemente agressivo para defender seu espaço pessoal e profissional. Nunca ofendia, mas também não suportava que o ofendessem. Abominava os injustos, os exploradores, os "donos" de pessoas, as maledicências, "falar mal da vida alheia", e sobretudo as traições e as injúrias de qualquer pessoa que fosse.

No nosso último verão em Pernambuco, estávamos no centro de Recife, na av. Guararapes. Comprávamos alguns CDs de músicas clássicas. Fazia muito calor e Paulo saiu da loja e portou-se bem em frente, esperando-me. Ouvi um homem que, falando em voz altíssima, dizia: "Filho, este é um monumento nacional! Olhe bem para ele, é o famoso Paulo Freire." Saí para "acudir" Paulo desse discurso que sabia o estava inibindo. Os dois se foram depois de a mim apresentados, mas Paulo permanecia imóvel, impactado. Depois conseguiu falar: "Nita, aquele homem ali que corre entre carros e ônibus foi uma das pessoas que eu ajudei nos anos 1960. Ele era funcionário da Universidade do Recife e me pediu para ir trabalhar no SEC. Consegui a transferência dele, e na verdade ele se esforçou para dar conta das novas tarefas. Enfim, veio o golpe de 1964, eu sofrendo as perseguições em minha casa ou na prisão quando um caminhão do Exército foi até o espaço do SEC onde sistematizávamos o 'Método de Alfabetização' para recolher todo o 'material subversivo' com o qual diziam estávamos preparando uma revolução bolchevista/nazista.[28] Durante horas cataram tudo, tudo mesmo o que lhes dava a impressão de ser 'material a serviço do comunismo'. Insatisfeito com a devassa já feita, aquele homem, um jovem na época, correu ao encontro do grupo militar que zarpava e disse maldosa e submissamente: 'Coronel, o mais subversivo de tudo não foi recolhido!'"

Paulo tomou fôlego, respirou fundo e não parava de suar. Depois continuou: "Os soldados voltaram ao interior do prédio e o rapaz apontou os quadros do famoso artista Francisco Brennand,[29] pintados especialmente para o

---

28 Veja no inquérito militar a que Paulo se submeteu como o seu inquiridor achava, como a maioria dos "donos do golpe", que essas duas ideologias antagônicas eram apenas de esquerda.

29 Paulo sempre pensou que Lula, chegando ao poder, deveria localizar esses quadros. Tinha a esperança de que estes não haviam sido destruídos no vandalismo e na sandice dos militares de então. Paulo nutriu o sonho de recuperar esses quadros e levá-los para um museu de educação popular. Falou-me até, em 1989, que se sua nomeação como ministro da Educação se confirmasse, na primeira reunião ministerial pediria a Lula e ao ministro do Exército para localizar e devolver publicamente esses quadros. Até hoje não se tem notícias de onde estão essas obras de arte de fundo político.

trabalho de codificação/decodificação do 'Método de Alfabetização', daí para a conscientização dos alfabetizandos/as, que estavam dependurados nas paredes. Jamais estes quadros (mais de dez) doados a mim e que eu considerava pertencerem ao grupo do SEC, ao povo, foram vistos!"

Paulo jamais desculpou aquele homem por sua capacidade de trair o povo, de se submeter ao poder, por considerá-lo covarde e maledicente, porque sei o quanto Paulo sabia amar, por isso mesmo mergulhar fundo na raiva. Na justa raiva, dizia. Esta é uma emoção que mobiliza; o ódio, pelo contrário, engessa e imobiliza as pessoas. A reação do corpo de Paulo naquela tarde quente do Recife, em janeiro de 1997, me deu a certeza de que ele não tinha desculpado aquele homem. Paulo viveu as contradições humanas no seu *corpo consciente,* assim nunca as negou. Creio que a mais duas pessoas Paulo nunca entendeu nem desculpou, a sua enorme capacidade de amar, de ter raiva e de respeitar não foi suficiente para isso. Não desculpou nunca os que foram para o "outro lado do rio", expressão que usava para dizer dos que tinham negado os sonhos utópicos de justiça e democracia.

Esse estado de discernimento ético de Paulo alongou-se na sua teoria e práxis, marcando-as com o seu *corpo consciente* e com sua alma dadivosa e lúcida. De outro modo, até porque não só pensou e escreveu dialeticamente, mas sobretudo por ter corporificado a dialética das contradições, ele abominou com todas as suas forças os invejosos, os vingativos e os que se prevalecem de suas posições para prevaricar de qualquer forma e em qualquer situação. Paulo marcou sua posição no mundo também por ter tido uma compaixão enorme por aqueles e aquelas que não sabem ser firmes em suas posições, de quaisquer naturezas que fossem elas; respeitosos com as escolhas e decisões alheias ou leais aos seus companheiros e companheiras de luta.

Quero dizer que em Paulo não há neutralidade. Há o a favor de quê e de quem, o contra quê e contra quem, o quando? o porquê!. E sabemos: ele esteve sempre a favor dos explorados, dos oprimidos, dos esfarrapados do mundo, dos que necessitam de justiça e liberdade. Dos que querem viver plenamente os seus sonhos legítimos, quer no nível pessoal quer no nível social.

Trabalhou intensamente desde muito jovem e dormia muito pouco até a sua maturidade. Na sua "velhice", sentiu necessidade de descansar, de diminuir, nunca de abandonar, o seu ritmo de trabalho. O período de sono era bem maior e para recuperar-se durante o dia não fazia sestas, optava por "passear de carro" para ver *gente*, paisagens verdes e prédios perfilados pela beleza. Gostava do dinamismo da vida urbana e do sol quente brasileiro, das noites calmas e claras para sentir a vida, na contemplação mansa da lua e das estrelas. Foi um homem ligado aos problemas concretos da realidade social, mas gostava de "decifrar" os desenhos das nuvens brancas nos céus azuis, sentado nas areias da praia ou do terraço do nosso apartamento em Piedade, Pernambuco. Era tão sutil em suas análises sobre os fatos "corriqueiros" da vida, do que vinha do povo e de seu modo de conhecer – o senso comum – quanto cuidadoso nas suas análises teóricas científicas e no deixar-se nos devaneios de criança..., nos devaneios de sua curiosidade estética.

Nordestinamente, Paulo gostava do calor das águas e do caminhar pela areia branca das praias. Depois do exílio abatia-se com o frio que traz consigo o escuro da eterna noite e se comprazia com o calor que o sol forte e luminoso do Nordeste brasileiro impõe a todos e a tudo.

Caminhávamos muito nas manhãs nas areias da praia de Piedade ou pelo calçadão que nos levava de nosso apartamento até o "Terminal de Boa Viagem", sempre no fim da tarde, o sol se pondo, calor nos deixando... Na "feirinha" sempre cheia de turistas e de *gente* local, admirávamos e algumas vezes comprávamos artesanatos nordestinos de bordados, de renda renascença, de cerâmicas, de madeiras talhadas, de redes para descansar ou para dormir cada vez mais coloridas e com "varandas" mais trançadas, de bijuterias feitas da casca do coco e de mariscos coloridos do mar, e de iguarias de toda sorte para deleite de quem não quer perder suas raízes: buchada de bode, sarapatel, "pé de moleque" (um bolo feito com açúcar mascavo e aromas diversos, recheado de castanhas de caju), bolo Souza Leão (famoso, preparado pela família que lhe deu nome, receita escondida por anos a fio, hoje de domínio público), bolo de fubá, "bolo de rolo", "grude" feito na palha da bananeira. O angu, o mungunzá, pamonha e canjica autênticos: que têm como um dos ingredientes o leite de coco que destaca o gosto do milho. Milho cozido e milho assado. Amendoim cozido ou assado. Passas de caju e de carambola. E tantas outras coisas gostosas que dão água na boca de quem gosta de comer... Comíamos todas as vezes uma tapioca quentinha com coco ralado na hora. A de Paulo, absolutamente tradicional, sem queijo. "Essas são invencionices a que não quero aderir", dizia quando eu pedia a minha com queijo de coalho assado. Teve uma fidelidade enorme às comidas de sua terra, o que aprendeu a comer com sua mãe, e Elza "foi obrigada" a continuar! Dizia que ele tinha jurado sobre a Bíblia e a bandeira de Pernambuco que não trairia a sua terra, a partir da fidelidade à sua comida... Dizia com certo orgulho: "Jamais comi *fondue* na Suíça ou queijos malcheirosos na França, quase morri de fome na Inglaterra e no Japão..." Suas "traições" nunca foram além da cozinha dos países do Mediterrâneo: Portugal, Espanha e Grécia...

Assim, a comida típica do Nordeste, cujo sabor guardava na memória, era quase exclusiva em seu cardápio. Não trocava por nada uma "galinha de cabidela" servida com feijão ou um "peixe ao leite de coco" servido com feijão temperado com coentro e leite de coco. Saboreava buchada de bode, sarapatel, cozido pernambucano e feijoada paulista, esta uma exceção da qual tinha um certo prurido em admitir. Sorvetes? Só os de "frutas tropicais": pitanga, cajá, graviola, mangaba... Nunca tomava um sorvete de creme, de chocolate, de nozes... Doces? De jaca e de goiaba, acima de todos. Frutas? Manga, jaca, mamão, sapoti, araçá, banana, sobretudo a banana-maçã, abacaxi, carambola, pinha, graviola, caju...

Paulo era e sabia-se ser um guloso. "Tenho medo de quem não gosta de comer..., de quem gostaria de viver apenas com pílulas da saciedade", disse algumas vezes.

Gostava de uma cachacinha, sobretudo da mineira, amarelinha; de um bom uísque e de uma maneira muito especial dos vinhos tintos que aprendera a beber e a apreciar nos tempos do Chile, mas tinha um enorme controle sobre si no que se referia às bebidas alcoólicas. "Só exagerei quando Elza morreu e me sentia vazio, oco... sem perspectivas de vida. Somente por alguns meses...", dizia com uma certa dose de censura a si próprio.

Ousado e forte, tinha medo de viajar de avião, mas isso não o impediu de voar pelos cinco continentes falando de sua obra, de seus sonhos democráticos, de que todos e todas fossem verdadeiros cidadãos de sua cidade e de seu país, de sua vontade de mudar o mundo..., enfatizando que mudar é difícil mas é possível.

Numa dessas inúmeras viagens que fizemos, estando o avião preparando-se para decolar, posta-se à frente de todos nós a comissária de bordo que começou a fazer as recomendações de praxe. Paulo então me surpreendeu com uma afirmação óbvia, mas que tinha a conotação de uma coisa absolutamente nova para mim: "Nita, veja... nós somos um corpo que fala...! o único ser que fala..." Nunca tinha pensado nisso... ele me falava mansamente e pensava profundamente sobre esse fato porque esteve sempre atento às obviedades... às coisas que vemos, mas não nos atemos sobre elas a fazer reflexões. Ele o fazia sempre. Fez-se por isso o pedagogo do óbvio.

Paulo foi um homem que se debruçou, refletindo, sobre as coisas óbvias que observava onde vivia e por onde andava. E tomou-as como ponto de partida de reflexões para compor, entre outros fundamentos, a sua teoria. Tornou-se, por isso, verdadeiramente o "andarilho do óbvio", o "caminhante da esperança".

Poderíamos considerá-lo um profeta, um "adivinho" do amanhã, porque como ele mesmo dizia "profeta não é o homem de barbas brancas que vagueia pelas ruas com o seu cajado na mão, profeta é todo homem ou toda mulher que, porque vivendo radicalmente o hoje, pode prever o amanhã". Paulo foi sempre o homem do hoje, daí ter se antecipado em ver a realidade ocultada pelas ideologias, ter podido muitas vezes ver tão bem o que a história nos estava reservando. Por isso sua obra, desde os seus primeiros escritos, continua, absolutamente, atual.

Considerava-se um ser privilegiado por ter podido acompanhar tantos eventos históricos importantes: a Revolução de 1930; a emersão das massas populares e os movimentos de educação popular; a viagem e chegada do homem à Lua;[30] a velocidade e eficiência dos meios de comunicação; a luta de emancipação da mulher e seu novo espaço conquistado; as "proezas" dos aviões grandes e velozes, dos computadores e do fax; a volta do povo às ruas do Brasil pedindo eleições "diretas já" e depois repudiando a corrupção e exigindo, ao mesmo tempo, a ética na política e o *impeachment* do presidente corrupto – eleito pela "inexperiência democrática" do nosso povo. Assim, comoveu-se com a participação alegre e decidida dos jovens "cara pintada",[31] aos milhões pelas ruas e praças do país nos anos 1990. Viveu tudo isso emocionada e criticamente.

Posso imaginar a comoção de Paulo se ele estivesse conosco vendo um homem do povo, Luiz Inácio Lula da Silva, ser eleito presidente da República. Com mais de 53 milhões de votos! Ter tomado posse com a festa mais bonita e comovente entre todas as que empossaram os nossos presidentes. Brasília lotada de *gente* de todas as partes deste país. Explosão de alegria jamais vista na nossa vida pública. Não sei se Paulo estaria novamente sendo convidado para ser o ministro da Educação desse governo, ou se ele julgaria ser mais prudente dedicar-se somente à educação de adultos/educação popular.[32] Ou mesmo ter deliberado ficar fora do governo.

---

30 Paulo contou-me que nessa ocasião ele estava num dos dias de Seminário numa universidade norte-americana muito ciosa de suas obrigações, quando propôs que naquele momento deveriam parar as atividade e ver, pela TV, que uma nova época histórica estava começando. Muitos dos alunos e professores não queriam acreditar na proposta que ouviam. Alguns até verbalizaram: "Não esperava que Paulo Freire propusesse semelhante coisa: isso significa uma evidente falta de responsabilidade diante dos compromissos assumidos!" Paulo comentou comigo: "Perderíamos a curiosidade caso não tivéssemos parado para ver tamanha façanha de homens e mulheres, da incrível conquista da ciência. Em nome da eficiência acadêmica evidenciavam suas mentes de burocratas. É pena que a Academia seja assim..."
31 Veja em *Pedagogia da tolerância* a carta escrita para Verônica Coelho sobre esse fato e sua emoção.
32 Quando o ministro da Educação do governo Lula, Cristovam Buarque, me convidou para a sua primeira audiência, logo depois da sua posse, no dia 2/1/2002 – uma "audiência emblemática", como disse na ocasião –, eu lhe disse: "Cristovam, se Paulo fosse vivo e houvesse os 'partidários de Paulo' e os 'partidários de Cristovam' indicando vocês dois a Lula para a nomeação do cargo de ministro da Educação, tenho absoluta certeza de que meu marido lhe diria, entre outros motivos, por ter você declarado em seu discurso de posse esse seu desejo profundo: 'Amigo, fica ministro e me nomeie diretor do Departamento de Educação de Adultos.'"

Sei que Paulo tampouco diria: "Fui eu que instiguei desde os anos 1950 o povo a ir para as ruas lutar por seus direitos, pela democratização de nosso país." Porque nunca se outorgou o direito de trazer para si as conquistas políticas de nosso país. Nunca colocou a coroa de louros[33] em sua própria cabeça. Lula ter chegado ao cargo máximo da nação lhe daria, inegavelmente, motivo de grande alegria. Mas sua alegria e gosto democráticos eram mais radicais. Eram radicalmente ético-político-humanistas. Sua alegria residiria na constatação de que homens e mulheres brasileiros tinham mudado, vinham se politizando desde os tempos do MCP e do SEC, tinham aprendido a *dizer a sua palavra*,[34] fato pelo qual Paulo empenhou toda a sua vida. Graças a ele e a um grande número de mulheres e homens brasileiros abrimos, em frentes diversas e concepções de mundo diferentes, não tenho a menor dúvida, a maior possibilidade da história brasileira, quiçá do mundo, de se construir um novo modo de governar um país e seu povo. Paulo assim entendia: tomar o poder e *reinventar um novo poder*.[35] O poder socialista e verdadeiramente democrático com o qual Paulo sonhava e para o qual ofere-

---

33 A única coroa de louros que ele recebeu, sem a ter pedido, com muito orgulho e carinho, foi no seu Doutoramento *Honoris Causa* da Universidade de Estocolmo, a qual guardo comigo ao lado do Diploma.
34 Sobre isso, remeto o leitor à carta que escrevi a Lula em 28 de outubro de 2002, quando de sua eleição para presidente da República, na qual enfatizo a influência e repercussão da obra e práxis de Paulo nesse fato de nossa democracia (ver Capítulo 18 desta biografia).
35 Ao fazer, em outubro de 2015, a revisão desta biografia, sinto-me na obrigação de comentar sobre a atual e profunda crise ética e política que ameaça o processo de democratização brasileiro. Devo falar sobre isso porque ao longo deste livro expus algumas vezes como Paulo contribuiu para esse processo – que não só eu, mas 53 milhões de eleitores acreditávamos estar prestes a se concretizar – e da alegria que ele sentiria com a chegada de um homem do povo à presidência do Brasil, se ainda estivesse entre nós. Pergunto-me, entre espantada, desiludida e perplexa, por que alguns militantes do Partido dos Trabalhadores "esqueceram" os seus ideais históricos, aqueles que embalaram e nutriram a esperança de tornar o nosso país no solo de todos e todas nós, muitos dos quais, repito, aprendidos com a compreensão ético-político-educativa de Paulo? Tentando entender esta realidade *com* o meu marido, percebo que o que está determinando esta postura de vários componentes do PT vem sendo, inadmissivelmente, uma corrida ambiciosa e incontrolada que ofusca e miopiza os que querem se manter no poder fazendo concessões insensatas com o desejo único de "tendo chegado lá, ficar lá de qualquer maneira", desvirtuando e aniquilando assim a ética da Vida e o sonho possível de justiça social. Em suma, a esperança ética de um governo verdadeiramente democrático como Paulo sonhou, buscou, deu os subsídios teóricos e os ofereceu para que a sociedade política mudando as formas de governar *reinventasse o poder* a favor do povo, de todas e de todos os brasileiros, infelizmente não está se concretizando. Certamente resta-nos lutar contra o desencantamento e a desesperança – mesmo porque a esperança é parte indissociável da condição humana – e começarmos a (re)organizar o sonho possível de fazer do Brasil um país verdadeiramente democrático. À altura de seu povo!

ceu a sua vida passa pela reinvenção do governo que deve ser praticado pelos que querem uma sociedade mais justa e igualitária.

Quero e devo, a bem da verdade, reenfatizar: Paulo tem muito a ver com isso, foi um dos artífices maiores da democratização da sociedade brasileira.[36]

Poucos dias antes de sua morte Paulo chorou quando cinco jovens, filhos de pais ligados ao poder de Brasília, queimaram vivo nosso "pai-irmão", o índio pataxó Galdino Jesus dos Santos.

Para a *Pedagogia da indignação*,[37] com rara força de beleza e apurado engajamento ético – estética e ética que Paulo, aliás, não as dissociava, com compaixão verdadeira, com angústia e luto –, escreveu:

> Que coisa estranha, brincar de matar índio, de matar gente. Fico a pensar aqui, mergulhado no abismo de uma profunda perplexidade, espantado diante da perversidade intolerável desses moços desgentificando-se, no ambiente em que decresceram em lugar de crescer.

Paulo tinha se alegrado com a marcha e a luta pacífica e consciente dos e das que compõem o Movimento dos Sem Terra (MST),[38] conclamando marchas igualmente pacíficas e reivindicatórias: "A marcha dos desempregados, dos injustiçados, dos que protestam contra a impunidade, dos que clamam contra a violência, contra a mentira e o desrespeito à coisa pública. A marcha dos sem-teto, dos sem escola, dos sem hospital, dos renegados. A marcha esperançosa dos que sabem que mudar é possível."[39]

Esses são exemplos de como Paulo amou. Amou as pessoas independentemente de sua raça, de seu gênero, de sua religião, de sua idade ou de sua opção ideológica. Amou a natureza. O mar azul quente e ruidoso, as correntezas dos rios e as quedas abruptas de suas águas, o calor do sol que a tudo aquece, a neve caindo sobre as folhas amareladas que o outono preparara para seu leito, as nuvens brancas desenhando figuras que ele tanto gostava de interpretar em seus eternos movimentos nos céus azuis ou do pôr do sol;[40] as flores com sua variedade de cores, sobretudo as rosas. As árvores de grande porte: pasmava-se diante das mangueiras e das jaqueiras com os seus fru-

---

36 Remeto o leitor à carta de Frei Betto de 27/10/2002 a Lula, quando de sua eleição para presidente da República (ver o Capítulo 18 desta biografia).
37 Conferir em *Pedagogia da indignação*, a Terceira Carta. Ver também "Da tolerância, uma das qualidades fundantes da vida democrática", em *Pedagogia da tolerância*.
38 Cf. *Pedagogia da indignação*, Segunda Carta.
39 Ibidem, Segunda Carta.
40 "Há outra forma curiosa de nos entregarmos gostosamente ao desafio. Trata-se da curiosidade estética. Ela me faz parar e admirar o pôr do sol. É o que me detém, perdido na contemplação da rapidez e elegância com que se movem as nuvens no fundo azul do céu. É o que me emociona em face da obra de arte que me centra na boniteza" (*À sombra desta mangueira*).

tos generosamente grandes e gostosos, com suas sombras. Tinha fascinação pelos cães – tantas vezes incluiu Jim[41] e Andra em seus textos teóricos – e mais ainda pelos passarinhos.[42] Olhava para essas pequeninas aves e, assobiando para elas, parecia-me querer conversar com elas, os pintassilgos e os sabiás, os seus preferidos. Gravamos no quintal de nossa casa na rua Valença, em São Paulo, uma fita com o canto dos sabiás, que todo fim de tarde vinham até nós para alegrá-lo.

A enorme *capacidade de amar* de Paulo incluía os animais e está retratada em três histórias que passo a contar.

A primeira aconteceu logo depois que Elza faleceu e Paulo, tendo querido reerguer-se da dor, quis "distrair-se" registrando oficialmente, na Sociedade Paulista de Cães Pastores-Alemães, um canil a partir desse casal de pastores-alemães que lhe dava segurança e afeto, e que tinha tido filhotes, conforme anotado com cuidado na ficha, com sua própria letra, os nomes escolhidos e seus significados: "Ninhada – nascimento: 9/1/87. Cadelas: Aicá (tribo indígena), Andira (árvore), Andorinha (ave), Arumã (planta); Machos: Aracati (vento), Aracatu (tempo firme), Acauã (nome próprio)."

A segunda está contida numa sua "carta de recomendação" para o motorista que nos servia naquele momento, para cuidar do nosso casal de pastores-alemães:

Carlos:
Aplicamos ontem, seguindo a receita da doutora, o remédio de Jim. Os filhotes estavam mortos de fome e Andra não quer amamentá-los. Demos leite Ninho que tomaram todo.
Seria bom que você fizesse mais este favor: comprasse leite para domingo e segunda. Da praia pediremos a Sabrina que lhes dê o leite da segunda-feira.
Deixo também 10.000 cruzeiros para o álcool do carro e para o leite. Depois acerto com você.

Bom carnaval com os seus.

Paulo

A terceira, sua reação imediata pela vida e não pelo valor financeiro das coisas. Ao contar-lhe um lindo filme de amor e sobre o diálogo entre os dois

---

41 Conferir também em *Nita e Paulo: crônicas de amor*, "Jim" e em *Nós dois*.
42 Paulo trouxe de Genebra, quando retornou ao Brasil, um passarinho do qual tinha uma predileção tão grande que não conseguiu deixá-lo lá. Deu-lhe o nome de "Chacrinha", uma homenagem ao animador de TV, porque o animal tinha a alegria e a vivacidade do brasileiro que tão bem, segundo Paulo, se relacionava com o povo.

personagens, refiz então a mesma pergunta que a protagonista fizera ao seu par: "Se de um incêndio você tivesse que salvar um gato ou um quadro de um famoso pintor, de um Rembrandt, de um Picasso, de um...", ele interrompeu minha pergunta e disse com uma enorme força de olhar: "Eu salvaria, sem hesitar, o gato... qualquer que fosse ele... Nita, o gato tem Vida..."

Paulo gostava de ouvir música. Quando trabalhava ouvia clássicos: Villa-Lobos, Bach, Vivaldi, Mozart e Beethoven, os seus preferidos. Assobiava para divertir-se, para pensar, para expressar seus sentimentos de alegria ou para acalentar-se de suas dores. Gostava muito dos meus elogios ao seu assobiar: "Nunca ninguém me disse isso que acabas de me dizeres..." Assobiou bem, muito bem, até o fim de sua vida. Villa-Lobos sabe disso! As Bachianas n. 5 foram a sua música preferida para esse hábito musical.

Das populares brasileiras, tinha predileção pelas "músicas de dor de cotovelo", tradicionais e muito apreciadas antes da Bossa Nova, que eram cantadas na sua juventude por Francisco Alves, Nelson Gonçalves, Carlos Galhardo, Sílvio Caldas, Orlando Silva, depois por Altemar Dutra. Cantou-as também até o dia que fez cinquenta anos de idade... quando tinha feito até uma gravação... Coisas da vida, de sua justa raiva, o fizeram abandonar esse hábito de que tanto gostava. Gostava de ouvir MPB: Maria Bethânia, Gal Costa, Chico Buarque, Caetano Veloso, Gilberto Gil e tantos outros. Contou-me que sofreu com a morte prematura de Elis Regina, por quem tinha uma predileção muito especial: gostava de sua espontaneidade ao cantar, de sua voz, de seu repertório e de seu engajamento político. Gostava também das canções francesas românticas e dos tangos argentinos.

Estou ouvindo agora a rádio Cultura de São Paulo, a estação de rádio favorita de Paulo e minha, que nos acompanhava nas horas de trabalho ou de lazer e, que coincidência! Ouço "Mi Buenos Aires querido" de Carlos Gardel, um dos tangos que me levam saudosamente a algumas tardes nas praças da Ricoletta e nas noites da capital portenha. Com Paulo. Com amigos, amigos argentinos: Gustavo Cirigliano[43] e sua mulher Helba; Tato Iglesias; Cristina e Alberto Vazquez, seus vizinhos em Genebra, quando eles foram também exilados da ditadura militar argentina.

Considero a coisa mais marcantemente significativa de Paulo o seu olhar forte, meigo e profundo, a sua mirada, que comunicava e falava por si só o amor, a solidariedade, a mansidão e a ternura de sua pessoa.

---

43 Estudioso da obra de Paulo, filósofo de ideias progressistas, com várias obras publicadas, professor em várias universidades do mundo, amante e estudioso dos tangos. Em uma de minhas viagens à Argentina, em setembro de 2002, presenteou-me com *Tangología*, de sua própria autoria.

Paulo era cortês, comunicativo, alegre, bem-humorado, sempre atento para tudo que fosse VIDA.[44] De personalidade simples, falava com os gestos expressivos de suas mãos, dando afetividade sobre o que e para com quem falava. Se estivesse ao lado de alguma pessoa quando falava, quase sempre a tocava suavemente no ombro. Mas Paulo escutava mais do que falava, seus alunos e suas alunas sabem disso.

Enfim, o olhar, o escutar e o tocar[45] foram os gestos/movimentos com os quais ao lado do observar, do estudar e do pensar/falar/escrever Paulo revelava os desejos, os espantos e a esperança de seu ser eternamente apaixonado pela vida.

Quem conheceu Paulo dificilmente se esquecerá desses traços que traduziam sua personalidade segura e terna, bem-humorada e mansa, tolerante e ousada, comunicativa e amiga, eternamente preocupada com o outro e a outra e consigo mesmo, no sentido de aperfeiçoar as suas virtudes e de ser feliz. E assim de fazer os outros e outras felizes.

Entre muitas das coisas que admirei em Paulo era ele atender sempre, de maneira simples, paciente e respeitosamente, às chamadas telefônicas. Não aceitava "secretárias eletrônicas" ou fazer voz truncada para não ser identificado, para fugir do contato com quem o procurasse, com quem tinha algo a lhe perguntar ou afirmar. E o telefone o chamava dezenas de vezes ao dia! Algumas dessas ligações ultrapassavam as conversas dos parentes e amigos, das pessoas e instituições que lhe procuravam desejando dar ou receber uma informação ou fazendo-lhe um convite, eram de estudantes que pediam "aulas particulares" na véspera de uma prova ou seminário cujo tema seria o educador Paulo Freire. Paulo dedicava o tempo que o interlocutor ou interlocutora demandasse, mesmo que para isso tivesse interrompido um texto que estivesse escrevendo ou lendo. Quando eu lhe dizia: "Paulo, você ficou muito tempo com esses/as garotos/as no telefone, valeu a pena? Você não perdeu tempo?" Sua resposta irremediavelmente era: "Nunca perdemos tempo quando somos atenciosos, respeitosos e corteses com as pessoas. Quando atendemos a um pedido legítimo de um jovem ou uma jovem curiosa para saber!"

A mesma coisa, por dezenas de vezes, após instalarmos a linha telefônica que viera de minha antiga casa e o número tinha sido de uma empresa co-

---

44 Relembro a frase com que Paulo terminou o depoimento a Edney Silvestre em entrevista à Rede Globo de televisão: "Eu gostaria de ser lembrado como um sujeito que amou profundamente o mundo e as pessoas, os bichos, as árvores, as águas, a vida" (cf. *Pedagogia da tolerância*).

45 Escrevi sobre isso um trabalho publicado, *Convergence(ia)*, e com algumas alterações no livro publicado sob os auspícios da Prefeitura do Recife, *Paulo Freire – Quando as ideias e os afetos se cruzam* (respectivamente, nas p. 3-8 e 235-42).

mercial ou industrial. "É das Correias Mercúrio?", perguntavam. "Não, não é, não!" O papo de Paulo se estendia por alguns minutos, quase sempre. Ele dizia que não poderia ajudar "porque não sei o novo número dessa empresa". Sequer chegamos a saber se a empresa realmente ainda funcionava ou não, se era na capital ou em algum dos municípios da Grande São Paulo. Um desses "amigos desconhecidos" informou: "Senhor, essa empresa é de Osasco!" "Paulo, você interrompeu trabalho tão importante e ficou conversando sem nem saber com quem?" "Valeu a pena, minha mulher. Sempre vale a pena dar uma atenção especial a quem lhe pede uma informação. Nunca se perde tempo com outro ser que lhe pede uma ajuda e que está querendo bater um papo!"

Tinha uma percepção acurada do que era a sua pessoa frente a si e ao mundo, mas jamais trombeteou isso aos "sete ventos", nem se deixou invadir pela vaidade. Contou-me: "Quando cheguei à Europa, à Ásia ou aos Estados Unidos e convivi com milhares de pessoas que me diziam a *Pedagogia do oprimido* mudou a minha vida, a minha leitura de mundo, trabalhei em mim a questão da vaidade, pois é fácil e tentador perder a humildade ouvindo coisas como essas!"

Assim, Paulo sempre dizia de si: "Não sou anjo nem demônio, sou um homem que sabe algumas coisas e que busca seu aperfeiçoamento enquanto ser com o mundo." Por isso, creio, teve uma capacidade imensa de aceitar as fragilidades humanas, mas, contraditoriamente, essa sua maneira de ser redundou em não se afastar de algumas poucas pessoas que, infelizmente, o procuravam com a intenção apenas de promover-se, de tirar proveito da sua pessoa e de seu prestígio. Não estavam preocupados em usufruir de sua sabedoria ou da verdadeiramente amizade que ele oferecia gratuitamente, com amor. Digo poucas pessoas porque a grande maioria entendeu a sua grandeza, sua inteireza e sua capacidade de ser *gente de verdade*.

Eu e Paulo, em maio de 1988, em Edimburgo, Escócia.

Nesse sentido, algumas vezes o alertei para uma necessária delimitação de aceitar esses e outros comportamentos e coisas que eu julgava inadmissíveis, mas ele sempre respondia aos meus sinais de alerta com a mesma argumentação: "Minha mulher, aceites mais as fragilidades humanas..."

Paulo nunca dizia que uma pessoa era frágil, fraca, que cometia pecados, que mentia, que era incapaz de ser leal, de cumprir algum compromisso... dizia apenas: "É uma pessoa que tem mais fragilidades do que qualidades éticas..."

Não tenho certeza, contudo, de que nos últimos dias de sua vida ele não tenha se perguntado pensando melhor sobre essa sua postura. Algumas pessoas foram além do que ele imaginava e podia suportar. Entretanto, não se culpou, não se martirizou, não se lamuriou, mas explicitamente sofreu e se espantou! Assim, essa qualidade de ser tolerante, radicalmente tolerante, contraditoriamente, expôs uma fragilidade de Paulo: a sua dificuldade de marcar, com mais afinco, os limites. Deixou-se ser, infelizmente, algumas vezes explorado e sua imagem correndo o risco de ser vilipendiada. Assim, pelo triste "equívoco" de algumas pessoas de "confundirem" a extrema dadivosidade de Paulo com a sua possível fragilidade.

Sobre a questão do pecado, tão valorizado na Igreja Católica como uma tática para proibir e interditar a autonomia pessoal de cada um dos seres humanos, Paulo julgava ser essa uma das debilidades da Igreja. "Pecado não é roubar quando se tem fome, fazer amor quando os parceiros não são casados, prevenir-se para não ter doenças sexualmente transmissíveis... Pecado é espoliar, explorar e oprimir o dominado: o pobre, o esfarrapado, o desesperançado, o órfão, a viúva..."

Paulo foi muito mais do que zeloso a meu respeito, foi extremamente ciumento.[46] Experimentei na minha vida com ele essa difícil ambiguidade de sentimentos no princípio de nossa vida de casados. Para mim os seus ciúmes eram ao mesmo tempo, de um lado, uma atitude lisonjeira e, de outro, possessivamente agressiva à minha pessoa, à minha privacidade, à minha postura de seriedade diante do parceiro escolhido, porque o queria, amava e respeitava. Nós dialogamos muito sobre isso, mas sei, entretanto, que não foi fácil para ele controlar seus impulsos (como eu os controlei),[47] que sabia racionalmente que teria que os inibir porque não os queria, pelo menos tão intensamente vividos como vivia.

A partir de sua aprendizagem com as feministas do mundo, sobretudo com as norte-americanas, ele admitiu sem medo e sem se subestimar a sua

---

46 Veja em *Nita e Paulo: crônicas de amor*, "Olhos verdes", em *Nós dois*, "Ciúmes".
47 Durante os trabalhos do I Congresso de Alfabetizandos da Cidade de São Paulo, em 16/12/1990, recebi o seguinte bilhete anônimo, de boa caligrafia, entre muitos outros que declaravam amor a Paulo e que me causavam ciúmes: "Tenho inveja de você estar sempre junto com nosso mestre, Paulo Freire, mas de todo coração torço para que vocês sejam muito felizes." De outra feita, no hall de um teatro em São Paulo num espetáculo que Antônio Fagundes dedicou aos/às professores/as da Rede Municipal, Itamar Mendes, um ex-aluno, me perguntou: "Ana, você não tem ciúme dessa fila de mulheres tocando e olhando firme o professor?" Respondi-lhe: "Enquanto for uma fila, tudo bem. Mas, se alguma para num mais-mais-mais... eu 'rodo a baiana'... sem cerimônia."

porção feminina, e certamente por isso exerceu com ética, sensibilidade, virilidade e tanta paixão e sensualidade a sua masculinidade. Assim, tinha facilidade de me dizer tanto do que fantasiava privadamente como com o que sonhava politicamente.

Era displicente no tomar medicamentos em público, quase sempre aspirina, no seu vestir e calçar, mas depois que nos casamos incentivei-o a preocupar-se com sua aparência. Largou o hábito de medicar-se enquanto discursava. Trocou as roupas e o tênis por terno e gravata. Deixou os cabelos crescerem e acho que de uma certa maneira ficou vaidoso... Aprendeu "a gostar do se vestir e se calçar sem luxo mas com um estilo que tornava aparente o que ele era intimamente: um apaixonado pela estética".[48]

Gostava que eu me vestisse com vaidade, com saia e blusa ou vestido e meias compridas, transparentes. Dizia que, se as mulheres soubessem como ficavam pouco femininas de calças compridas, nunca as teriam usado. Pedia-me para usar batom e de uma feita trouxe-me de presente da Europa dois deles, de cor bem carmim.

A humildade de Paulo se revela em cada palavra sua, na sua postura frente ao/à outro/a, no seu andar, no seu falar e no seu escrever. Entretanto, apenas como um exemplo, conto esta história.

Quando no verão europeu do ano de 1994 fizemos, eu e Paulo, uma longa viagem de trabalho, intercalada de momentos de lazer e descanso, colocamos no roteiro a República Checa. Eu tinha mais um sonho do que o de conversar com o notável pensador marxista Karel Kosík, o de conhecer Praga. Paulo priorizava explicitamente seu desejo maior de encontrar-se com o filósofo do que de ver a cidade. Através de amigos alemães que o localizaram e marcaram o diálogo de Paulo com o checo chegamos à casa dele, numa praça perto do Castelo de Praga, numa tarde quente de agosto. Um apartamento típico de europeu, de filósofo de esquerda, de um homem de certa maneira solitário: com livros e escritos para todos os lados, mas que das pequenas janelas do último andar do prédio onde vivia se oferecia a mais bela paisagem daquela cidade da exuberância, das inúmeras e ricas igrejas católicas, das ladeiras, de Smetna, do rio Moldávia e sua ponte Charles, dos palácios, do cemitério judeu e suas sinagogas.

Paulo, como em tantas outras vezes de sua vida, parecia e se comportava como um menino que iria conhecer um homem importante. Ansioso, com uma sacola de livros seus editados em inglês, levados do Brasil especialmente para Kosík, e sua "capanga", sua bolsa muitas vezes esquecida em lugares muito pouco propícios, findou deixando-a no táxi, que, tomado na rua em frente ao hotel, nos levou até a casa do filósofo da *Dialética do concreto*. Quando após horas de entendimento e compreensão o anfitrião nos convidou para

---

48 Cf. em *Nita e Paulo: crônicas de amor*.

irmos jantar com sua mulher num restaurante que oferecia "a verdadeira comida checa" que os turistas ainda não tinham descoberto, Paulo se deu conta de que perdera a sua bolsa. Deixei Paulo na sua alegria da conversa, Kosík me colocou num táxi de um amigo e fui verificar se a bolsa havia ficado no hotel. Inútil minha incursão.

Voltei ao encontro dos três e contei a Paulo que tinha tomado algumas providências para cancelar o cartão de crédito. Paulo teve raiva de si mesmo diante de seu pouco cuidado... Profunda raiva, que por isso mesmo durou apenas alguns segundos... e a noite se prolongou até altas horas. Falamos de futebol do Brasil, que Karel tanto admirava; das dificuldades dos tempos ideológicos da então Tchecoslováquia, antes e depois da Primavera de Praga; da possibilidade de sua vinda a São Paulo; de coisas simples da vida sempre permeadas pelas mais sérias para a constituição de uma sociedade para o socialismo, a justiça social, para a Paz.

Na nossa volta, Paulo lhe escreveu esta carta:

Caro Prof. Karel Kosík,

Minhas primeiras palavras são para, em meu nome e no de Nita, agradecer a você e sua esposa, a cortesia com que nos receberam. Muito obrigado também pelo jantar que nos ofereceram, em que o gosto excelente da comida tcheca esteve à altura do calor humano que em nenhum momento faltou.

Ao chegarmos ao hotel naquela noite nos foi dito que um taxista havia telefonado à recepção dizendo que, no dia seguinte, às 6 da manhã, levaria minha bolsa que ele havia encontrado em seu carro. Dizendo ao taxista que não tinha nenhuma intenção de pagar sua seriedade, mas me sentia feliz em oferecer-lhe um presente, lhe dei 400 francos suíços dos 700 que tinha na bolsa.

Não temos por que não crer no mundo.

De volta a São Paulo, falei na reunião do Departamento de Teoria do Currículo onde ensino de nossa visita a você. Foi unânime a alegria entusiasta do Departamento quando disse que você estudaria a possibilidade de vir aqui no próximo ano.

O diretor do Departamento[49] esteve no dia seguinte numa reunião com os diretores de setores de pós-graduação do país. Comentou a possibilidade de sua vinda ao Brasil e 15 universidades solicitaram sua presença.

Ele lhe escreverá nestes dias fazendo uma primeira discussão do projeto.

Receba o nosso abraço fraterno que se estende à sua esposa.

Paulo Freire.

---

49 Este cargo na época era ocupado pelo Prof. Dr. Alípio Casali.

Bem... o caso do motorista checo... Quando voltamos ao hotel, a moça da portaria nos avisou que um homem havia telefonado dizendo que tinha achado no seu táxi a bolsa de Paulo e viria no dia seguinte às 6 da manhã para restituí-la.

Paulo então lhe pediu para fazer um favor: tirar todo o dinheiro da bolsa e doar ao homem. Ela achou um exagero e eu comentei: "E nós, Paulo, ficaremos só com o cartão de crédito?" Ele pensou e nos deu razão. Então disse à moça do hotel: "Retire, por favor, 400 francos suíços e lhe dê." Assim foi feito, mas às 12 horas, na hora que estávamos saindo para pegar o trem que nos levaria a Viena, estava lá no saguão do hotel o motorista. Nenhuma palavra trocada... apenas um grande aperto de mão e olhares que nos diziam o que ele queria fazer: levar-nos até a estação de trem em sinal de agradecimento! Dizer com esse ato o seu muito obrigado, pois naqueles ainda tão difíceis tempos do pós-comunismo para os checos a doação de Paulo tinha sido extremamente generosa em seu valor monetário.

Este é um dos exemplos, entre muitos outros, da generosidade de Paulo, de querer dar tudo que tinha sem preocupar-se em acumular para si. Lembro-me de que me disse um dia que, nos anos 1950, já com filhas nascidas, ia vender a casa onde moravam para que um primo seu tivesse os recursos financeiros para fazer uma operação médica delicada e rara na época. Perguntei-lhe quando me contou essa história: "Paulo, você, Elza e as filhas ficariam sem a casa para morar, seu único patrimônio da família?" Deu-me como resposta a de sempre, que não deixava dúvidas a quem o ouvia de seu grande, talvez "excessivo", espírito de generosidade: "Nita, nasci nu e tenho tudo isso que tenho..."

Paulo foi muito tímido quando adolescente, por isso exigiu que sua mãe lhe fizesse calças compridas quando começou a frequentar o colégio de meus pais. Tinha vergonha de suas pernas finas, de seu corpo magro e anguloso. Com sacrifício, ela lhe costurou uma que deveria ser usada toda a semana e lavada no domingo. Isso o fez ter um cuidado enorme com essa peça de indumentária. Observei que todas as noites ele tirava-a, alisava-a pelo vinco e dependurava-a cuidadosamente no cabide. Perguntei-lhe o porquê e ele então me contou essa história, que marcara a sua história de menino empobrecido. Quando jovem adulto, já famoso no Recife, é que enfrentou sua timidez e entrou no Teatro Santa Isabel – teatro municipal do Recife – quando o MCP fazia lá os seus encontros memoráveis.

Fico contente por ter introduzido Paulo no mundo do entretenimento. Comigo foi a bares, a teatros e a balés de dança clássica, além dos cinemas que desde criança frequentava. Maravilhou-se com a casa de tablados de danças flamengas da Espanha.

Paulo teve uma gratidão pelos meus pais, aos quais nunca deixou de visitar, de marcar sua presença amorosa na vida deles. Todos os sábados os visitava com Elza. Muitas vezes após o expediente do SESI ia até lá "tomar uma sopinha" antes de ir dar aulas na Faculdade de Filosofia ou um café, no "caminho para casa", feito pela "negrinha Maria", de quem também ele tanto gostava.

Quando meu irmão Paulo de Tarso faleceu vítima de um tiro dentro de um restaurante em Fortaleza, oficial da Força Aérea Brasileira, na época sediado no Campo dos Afonsos, no Rio de Janeiro, Paulo se solidarizou de maneira ímpar. Meu irmão acabara de voltar depois de quase dois anos como oficial aviador das Forças de Pacificação da ONU no Congo Belga, quando fomos surpreendidos pela sua estúpida e injusta morte. Paulo visitou diariamente meus pais desde o fatídico dia 30/11/1962 até quando completou um ano desse trágico evento. Consegui viajar para ir ao enterro de meu irmão, no Recife, e foi Paulo quem me buscou no Aeroporto Guararapes e tentou me confortar por aquela perda irreparável.

Essa antiga relação de solidariedade de Paulo para comigo levou-o a ser a pessoa que garantiu por mim, diante da autoridade de trânsito do Recife, para que eu pudesse dirigir automóveis aos dezesseis anos de idade. Felizmente nunca dei oportunidade de ele ter-se arrependido desse ato de confiança em mim.

Paulo "adorava" o futebol e ia aos campos de jogo quando vivia no Recife. No seu retorno do exílio raramente foi ver ao vivo essa emoção e vibrar torcendo por um dos clubes populares – Santa Cruz, do Recife, e Corinthians, de São Paulo, pois nunca se sentiu dentro dos que tinham tradições elitistas. Torcia como menino. Calado, mas tinha muita raiva quando algum dos times populares brasileiros ou a seleção brasileira perdia um jogo. Era um dos raros momentos em que Paulo "perdia completamente a razão", e se deixava tomar pela pura emoção, era assistindo a um desses jogos. Se é verdade que o futebol veio da Inglaterra como era lá, um dos esportes da elite, aqui foi tomando as cores nacionais, foi passando a ser, sobretudo, diversão e paixão das classes populares e dos intelectuais, e mais recentemente das camadas médias e média alta. Os jogadores não são mais os doutores e filhos de ricos brancos, são negros vindos das camadas subalternas. Inconscientemente, creio, essa identidade com o futebol por parte de Paulo tem explicação na sua parceria com os secularmente ofendidos que hoje jogam e enriquecem no Brasil e no mundo arrebanhando para os estádios milhões de aficionados.

Quando Paulo vivia no exílio, muitos/as brasileiros/as o chamaram por telefone pedindo – com tons de ordem a ser cumprida – para que ele não assistisse aos jogos da Copa do Mundo de Futebol, que iriam se realizar no México, em 1970. A desculpa era a de que se o Brasil ganhasse a Taça Jules Rimet os militares no poder trariam para si as vantagens da vitória para se beneficiarem ideologicamente – e para torturarem sem serem percebidos, pois o país fazia feriado a cada jogo do Brasil para ficar quase toda a sua população em frente da televisão. Assim, os militares que tinham providenciado as emissões coloridas e transmitidas ao vivo, matreiramente, usariam ainda mais a população no clima favorecido pela efusão lírica e alegria autêntica com os resultados do nosso futebol, para impor como verdade a visão nacionalista elitista deles sintetizada no slogan "Ninguém segura este país". Os "contra assistir aos jogos do Brasil" alegavam que o regime militar confirmaria, com a vitória nos gramados, a ideia da soberania nacional pregada por eles – mas que no fundo traduzia, contraditoriamente, a Ideologia da Segurança Nacional. Frente aos argumentos de que irreversivelmente se impediria a volta ao Estado democrático de direito como decorrência de uma maior alienação política, caso o Brasil fosse tricampeão de futebol, Paulo respondia:[50]

> Revolução, que, a pretexto de servir ao povo, lhe tira o direito dele gostar, de torcer, de se entusiasmar com o futebol não é digna dele. Futebol é o "esporte das multidões", do povo que se alegra e por ele luta, torcendo ou jogando. A contra-ditadura se faz no combate em várias frentes de luta e não sequestrando o direito de ter [e ver] o futebol. É direito, é gosto, tem a ver com nossa cultura, com nosso ritmo: as fintas são a manha de nosso povo vivida no corpo dos que jogam. Veja como o povo delira de alegria com os dribles. São lindos, maravilhosos corpos em movimento.

A curiosidade de Paulo, que nasceu certamente com ele mesmo e foi progressivamente crescendo com sua maturidade intelectual e existencial, pode ser constatada por um fato simples que hoje não faz sentido diante da rapidez das "comunicações", mas que nos anos 1940 e 1950, quando o mundo ensaiava os primeiros passos para uma rede mais efetiva de dizer ao outro do outro lado do planeta Terra, o que fazia e o que pensava, era um fato social.

Abrir as enormes caixas de madeira que traziam os livros europeus e norte-americanos para o Recife era motivo de reunião dos intelectuais pernambucanos, que Paulo experimentou com curiosidade e alegria-menina de quem se iniciava no conhecimento, conhecendo quem tinha conhecido primeiro o conhecimento científico. Ele mesmo fala desses momentos:

> Havia também, no mais fundo da casa, um espaço em que se abriam os grandes caixotes, onde eram trazidos os livros importados. Tenho ainda hoje, no meu corpo, o gozo com que assistia, por convite de Aluízio, na Editora Nacional, de Melkezedec, na Imperatriz, à abertura dos caixotes. E a emoção com que ia folheando um a um os livros que iam sendo libertados antes de serem expostos nas prateleiras a outras curiosidades (*Cartas a Cristina*).

---

50 Cf. em *Nita e Paulo: crônicas de amor*, e em *Nós dois*.

Mas nos anos 1990 a comunicação, o livro, o convite e a resposta começaram a nos chegar pelo fax. Isso deixava Paulo impactado e maravilhado: "Minha letra está chegando no Japão e na Suíça na hora mesmo que mandamos um papel escrito por telefone... isso é incrível! Como pode o telefone levar nossa própria letra a qualquer parte do mundo?!", dizia seriamente espantado com a evolução da tecnologia em menos de meio século: "Abrir uma caixa nos fins dos anos 1940 e anos 1950 que vinha do Norte com viagens de mais de um mês em porões dos navios era um assombro para nós do Recife... saber o que pensava um alemão... o que diziam os franceses... agora vem tudo em poucos segundos... por telefone!!!"

Paulo foi um homem no qual a seriedade de sua postura ética e política não lhe tirou o bom humor e a vontade de rir. Quando retornou do exílio, queria conhecer o Brasil em todos os seus aspectos: lia os escritos das traseiras de caminhão, os escritos nos banheiros públicos, as inscrições nos muros das ruas da cidade. Queria também reiniciar-se no gosto das piadas brasileiras que, de maneira geral, giram em torno de sexo e de nossos irmãos portugueses. Paulo ria delas com gosto muito especial, desde que não fossem desrespeitosas à dignidade do ser dos "protagonistas".

Logo que casamos, queixou-se intrigado com o fato: "Nita, as pessoas não me contam piadas! Por quê? Não sou tão sisudo assim... sou?" "Paulo, tenho um amigo que sabe um montão delas. Vou pedir a Marco Antonio para matar-lhe a vontade!" Poucos dias depois, convidei Marco e Cândida, sua esposa e uma das minhas melhores amigas, para irem à minha chácara, quando então ele nos brindou com uma sessão de esplêndidas piadas. Picantes e irreverentes, mas nenhuma delas desabonadora das mulheres. Nada preconceituosas quanto à questão de raça ou religião. Dessas, decididamente Paulo não gostava. Paulo riu muito nessa e em outras manhãs com as piadas de Marco Antonio. Deliciava-se com essa capacidade dos brasileiros: rir e fazer humor de nossos próprios defeitos e nossas debilidades... e a dos portugueses também... enfim eles foram os nossos colonizadores...

O caráter lúdico de Paulo o fez guardar em sua bolsa uma cédula de cinco cruzeiros, que recebeu poucos dias depois da sua volta ao Brasil. Nela estava uma "armadilha" de gosto absolutamente popular. Nela estava escrito, com letra de quem pouco estivera na escola: "*Em cazo de emegença vire esta nota.*" Curioso, querendo saber o que estaria escrito no verso, Paulo, conforme a instrução de quem escrevera na cédula, virou-a e leu a continuação do escrito no anverso: "*Em cazo de emegença fila da puta...*"

Ele gostava de mostrar essa cédula a amigos, mas quando a tirava da bolsa a segurava firmemente porque ele mesmo queria ler essas tais escrituras num sotaque bem enfático e caracteristicamente popular. Ria, ria muito todas as vezes que encenava essa brincadeira bem ao gosto do povo brasileiro. "Isso é uma delícia!", repetia sempre que lia essa mensagem. É mesmo uma delícia!!!⁵¹

Na minha participação em *Paulo Freire, o menino que lia o mundo*, de Carlos Rodrigues Brandão, também falei do comportamento-menino de Paulo, até porque esse livro tem como objetivo "apresentar Paulo Freire" às crianças do Brasil:

> As idas ao cinema do bairro de Casa Forte eram parte essencial das lembranças de Paulo. Sobretudo os filmes de Tom Mix, seu herói predileto, com um chapéu grande, montado num cavalo branco. Fiel amigo, o animal cavalgava conforme a necessidade do dono. Tom Mix era um *cowboy* acima de qualquer suspeita, salvando mocinhas indefesas, homens humilhados, pronto para agir em qualquer situação de injustiça.
>
> Quando Paulo já era um homem famoso, conhecido em tantas partes do mundo, tinha até escrito num livro que o cavalo de Tom Mix era branco e que os seus filmes eram longos, reviu um desses filmes e ficou... perplexo. Foi um golpe duro perceber que o cavalo não era branco. Branco era só o enorme chapéu do herói! O seu lado menino, que nunca perdeu, ficou inconformado. E concluiu: "Nita, prefiro continuar com o Tom Mix de minha infância montado no belo e elegante cavalo branco!"
>
> Isso é muito bonito, muito legal mesmo, um pensador que não quer deixar a razão ficar acima de suas emoções-criança.
>
> Sabem, depois que nos casamos vi como Paulo gostava de curtir mesmo essa de ser menino. Adorava piadas bem ingênuas do tipo que gente grande não gosta: ria muito com Didi, Dedé, Mussum e Zacarias, acreditam?⁵²

Paulo esperou pacientemente calado quase setenta anos, exatamente até o Natal de 1995, quando eu descobri que um de seus desejos mais recônditos era "ganhar de presente uma bola de couro". Uma bola de "capotão" que seus pais nunca puderam lhe dar. Alegrou-se com o desejo-menino por mim adivinhado que guardava desde os tempos em que a sua meninice pobre não permitia nada mais do que as bolas feitas com meias velhas e rotas para jogar futebol com os amigos pobres nos campos de futebol de Jaboatão.

Ao ler o meu livro *Nita e Paulo: crônicas de amor* – que escrevi não só para relembrar Paulo e matar saudades dele, mas para mostrá-lo a nossos/as leitores/as toda a sua grandeza e inteireza mesmo nas coisas mais simples da vida

---

51 Paulo tinha um humor que não ofendia, que não desrespeitava o outro. Sobre sua capacidade de rir das coisas simples da vida, dediquei um capítulo, "Pilhérias" no livro sobre minha vida cotidiana com ele, *Nita e Paulo: crônicas de amor*, e no livro *Nós dois*.
52 Cf. Carlos Rodrigues Brandão, *Paulo Freire, o menino que lia o mundo* (p. 44).

privada – o grande escritor uruguaio Eduardo Galeano recriou essa linda crônica sobre essas histórias da relação de Paulo com Tom Mix e o desejo de ter uma bola de capotão:

> Tarde após tarde Paulo Freire ia ao cinema do bairro de Casa Forte, em Recife, e sem pestanejar via e voltava a ver os filmes de Tom Mix. As façanhas do *cowboy* de chapéu de grandes abas, que resgatava as mocinhas indefesas das mãos dos malvados, lhe pareciam bastante entretenedoras, mas do que realmente Paulo mais gostava era o voo de seu cavalo. De tanto olhá-lo e admirá-lo, se fez amigo; e o cavalo de Tom Mix acompanhou-o desde então, por toda a vida. Aquele cavalo da cor da luz galopava em sua memória e em seus sonhos, sem nunca se cansar, enquanto Paulo andava pelos caminhos do mundo.
>
> Paulo passou anos e anos buscando essas películas de sua infância.
>
> – *Tom quê?*
>
> Ninguém tinha a menor ideia.
>
> Até que por fim, aos 74 anos de idade, encontrou as películas em algum lugar de Nova York. E voltou a vê-las. Foi algo inacreditável: o cavalo luminoso, seu amigo de sempre, não se parecia em nada, nem um pouquinho parecia, ao cavalo de Tom Mix.
>
> Paulo sofreu esta revelação nos fins de 1995. Sentiu-se surpreso. Cabisbaixo murmurava:
>
> – *Não tem importância.*
>
> Mas tinha.
>
> Neste Natal, Nita, sua mulher, o presenteou com uma bola. Paulo havia recebido 36 doutorados *honoris causa* de universidades de muitos países, mas nunca na vida ninguém lhe havia presenteado com uma bola de futebol.
>
> A bola brilhava e voava pelos ares, quase tanto como o cavalo perdido.
>
> Para Nita, com um abraço,
>
> *E. Galeano.*[53]

Tentei ajudá-lo na realização de dois outros desejos profundos: andar de bicicleta e dirigir carro, mas a prudência nos impediu. Paulo tinha uma grande dificuldade de equilibrar-se sobre as duas rodas e de nortear-se nas cidades. Dizia: "Nasci sem bússola." Levou consigo para sempre seus desejos, como sonhos-meninos não realizados.[54] Levou também consigo o enorme

---

[53] Eduardo Galeano, escritor uruguaio, compôs, em maio de 2000, essa nova história, metafórica, logo após ter lido meu livro *Nita e Paulo: crônicas de amor*, baseado em duas crônicas desse livro. Basicamente sobre a história da bola de "capotão" e do seu ídolo infantil Tom Mix.

[54] Ver em meu livro *Nita e Paulo: crônicas de amor* e na crônica "Nasci sem bússola", *Nós dois*.

desejo de ter tido comigo um filho ou uma filha, de perpetuar comigo e minha vontade de viver, a sua vida e o seu nome de família.

Paulo se "espantava" com a questão de já ter mais de setenta anos: "Sou um homem estatisticamente morto e mais velho do que meu pai! Que coisa inacreditável!" A idade dele superava a expectativa de vida dos brasileiros homens, que na época não chegava às sete décadas que ele tinha, e pelo fato de que o seu pai havia morrido aos 54 anos.

Vivia seu lado menino,[55] na intimidade, com a mesma facilidade com que a do seu lado adulto, responsável. Gostava de esconder-se atrás da porta e, assobiando, me chamava para "encontrá-lo". Corria de uma para outra porta numa verdadeira brincadeira de esconde-esconde.

No último comício de Lula, na campanha de 1989, em Garanhuns, tínhamos ido de São Paulo a Recife, e de lá, de carro, num calor escaldante, ao local onde o candidato tinha nascido, para que Paulo fizesse um discurso. Na hora, todo mundo no palanque, a praça cheia de *gente*, um fala, outro fala, e de repente Paulo fez um sinal com sua mão no meu braço que eu já sabia o significado: queria ir embora! "O que houve, Paulo?", perguntei. "Estou com medo... não sei falar em comício... sempre falei em sala de aula, em círculos de cultura, em anfiteatros de universidades e de escolas... Daqui desse palanque tão alto fica pior... Falei num comício das 'Diretas Já', mas hoje sei que não saberei falar, acho que até vou perder a voz... Vamos sair de mansinho!" "Paulo, como vamos fugir daqui?! Por que não tenta relaxar? Acho que você sabe falar em qualquer lugar. Você sempre tem algo adequado e interessante a dizer."

Bem próximo de nós, vi Aloizio Mercadante e Bruno Maranhão, e não tive dúvidas: "*Gente*, Paulo está me chamando para fugir..." Sem ter largado o meu braço em momento nenhum, Paulo me cutucou o braço com mais força, mas não me recriminou nem pelo olhar nem por palavras. Os dois petistas solidários e amigos acalmaram Paulo e se dispuseram a ficar ao lado dele na hora do seu discurso. Ele não precisou desse apoio. Poucos minutos depois anunciaram que Paulo iria discursar e o povo começou, então, a gritar entusiasticamente: Ministro! Ministro! Ministro!

Ele fez seu discurso manso e cheio de esperanças ao lado de Bruno, de Mercadante, de Lula e da multidão que o aplaudia. De mãos dadas comigo. Só as soltava quando precisava delas para falar... e logo as agarrava novamente!

As qualidades de Paulo eram evidentes, estavam expostas na sua corporeidade. Seu corpo pequeno, delgado, sem assombros de petulância ou empavonamento irradiava a leveza e a pureza de sua alma sincera de menino que

---

55 Paulo recebeu o título de "Eterno menino", em Reggio Emilia, Itália, em 1990.

sempre foi; sua inteligência e perspicácia; sua amorosidade e paz; sua serenidade e seu aconchego; sua seriedade e seu bom humor; sua humildade e tolerância traduziam o que se passava em todo o seu ser. Seu corpo pedagogizava. Mostrava por inteiro sua dignidade e simplicidade de Ser *com* o mundo.

Nunca confundiu simplicidade, humildade ou mansidão com submissão ou servilismo. Tinha medo e ousadia. Nunca se achou mais importante ou mais sabedor das coisas do que os outros e outras, mas tinha a convicção de que sabia "algumas coisas". Tinha um enorme respeito pelas outras pessoas e pela natureza. Suas qualidades são, indubitavelmente, frutos de sua sabedoria.

Foi fumante voraz, e só quando pressentiu o mal que o tabaco estava fazendo à sua saúde é que largou, com raiva, como gostava de enfatizar, a fumaça e as tragadas. Infelizmente muito tarde, porque vinha sofrendo sequelas que a raiva do fumo não apagou de seu corpo. O enfarte do miocárdio que o arrancou do convívio conosco, na madrugada de 2 de maio de 1997, foi provocado, em grande parte, pela inclemência com a qual o cigarro ataca os seus amantes. Triste, trágica contradição da qual Paulo foi um entre outros milhares e milhares de vítimas que se inebriavam com os engodos da fumaça, do cheiro e dos gestos característicos, que adquirem os que gostam do cigarro. Havia dezessete anos que Paulo parara de fumar...

Semblante calmo, cabelos longos e barbas brancas, estatura mediana, corpo magro e levemente inclinado para a direita, andar manso, olhos cor de mel e sua constante disposição para trocar experiências, para escutar e para dialogar, sobretudo quando estava explicitando suas ideias sobre educação e política, opressão e libertação, ou discutindo as ideias das outras pessoas, são algumas de suas características inesquecíveis.

A radical *ética humanista* de Paulo tem a sua máxima nesse testemunho de respeito à dignidade do outro e da outra. Essa sua inabalável postura de *respeito pelos outros e outras e pelo mundo*, imbricada à amorosidade e à solidariedade para com os justos, os oprimidos e excluídos que nasceu dos sentimentos e da razão nutridos nele não como um fim em si mesmo, mas para voltar-se intencionalmente para a valorização da vida pautada na justiça que possibilita a Paz.

Quando recebeu, por telefone, um convite de universitários brasileiros vivendo e estudando em Israel, respondeu-lhes: "Terei o maior prazer em ir a Israel, mas quando houver paz com os palestinos. Será uma alegria conviver com israelenses e palestinos, juntos."

Enfatizo também sua postura intencional e eminentemente ética de permanecer manso e quieto, dignamente na sua posição de humildade mesmo nos momentos mais difíceis de sua vida. Assim, jamais se lamuriava, mesmo quando injustiçado ou incompreendido por quem quer que fosse.

Falou muito e escreveu sobre as injustiças que lhe fizeram após o golpe civil-militar de 1964, sobretudo sobre o exílio e a impossibilidade de ter um passaporte e de poder vir ao Brasil, disso tudo teve a justa raiva, mas jamais se lamuriou mesmo quando não pôde vir nem sequer despedir-se da mãe antes de ela falecer.

Paulo foi um homem bom, radicalmente bom, nunca "bonzinho", pois foi forte, enérgico, rebelde, ousado e coerente tanto na sua maneira de ser como nas suas decisões e opções.

Paulo gostaria de ter sido um cantor famoso ou eminente professor da gramática da língua brasileira – sentia-se frustrado por não ter sido também professor do curso primário –, mas ele mesmo reservou para si o direito e o privilégio de ser, reconhecidamente, além de professor da nossa língua, o maior educador brasileiro, um dos mais importantes da história da educação de todos os tempos. Uma das expressões maiores do pensamento brasileiro.

Em suma, suas qualidades, sua maturidade e sabedoria, sua capacidade de ser *gente* e de viver apaixonadamente, cumpriram-se integralmente. Desejou também assim morrer, e assim morreu: amando os justos e os oprimidos e as oprimidas, trabalhando indignada e apaixonadamente. Amando. Sobretudo amando.

Sua fé religiosa e a Teologia da Libertação

Paulo foi um homem que teve uma fé religiosa autêntica e profunda. Nos seus depoimentos nos inquéritos administrativo e policial-militar, aos quais respondeu depois do golpe de Estado de 1964, sempre mencionava essa sua crença relacionando o seu trabalho à sua fé cristã.

Muitos anos depois, no seu livro com Myles Horton, ele confirma essa sua postura, mas acrescenta que ter acreditado em Marx jamais o fez ter perdido a sua fé:

> Há pessoas que dizem: "ontem encontrei Cristo na esquina." Não, eu não encontro Cristo todos os dias. Só se Cristo está na multidão de pessoas miseráveis, exploradas, dominadas. Mas Cristo pessoalmente, ele em pessoa, não é tão fácil encontrar. Tenho algum respeito por isso, mas tenho que dizer que fui [às zonas miseráveis do Recife], pela primeira vez, como se tivesse sido enviado... Fui porque acreditava naquilo que ouvia e naquilo que tinha estudado. Não podia ficar parado. Achava que tinha que fazer alguma coisa, e o que ocorreu é que quanto mais eu ia até as áreas faveladas, quanto mais eu falava com o povo, mais eu aprendia com eles. Fiquei convencido de que o povo estava me enviando a Marx... minhas "reuniões" com Marx nunca me sugeriram que parasse de ter reuniões com Cristo (*O caminho se faz caminhando*).

Transcrevo outro testemunho dessa fé professada por Paulo, dado a mim, em princípios de 1997, publicado, posteriormente, em *Nita e Paulo: crônicas de amor*,[56] após assistirmos na televisão a uma entrevista de Darcy Ribeiro a Roberto d'Ávila:

– Quando no céu me encontrar com o Darcy, ele vai me contar o susto danado que levou! E, com humildade, coisa rara nele aqui na Terra, admitirá para mim: "Você, Paulinho? Meu Deus!!! Veja: Deus existe; céu existe; estamos nele, Paulinho! Amamos e trabalhamos tanto à imagem e semelhança d'Ele... existe vida eterna! Louvado seja Deus! Não virei pó, poluindo o cosmos! Estou aqui, com você, no Deus de minha mãe, de sua mãe, de todos nós!"...
– Já eu, não. Sei que encontrarei Darcy, como as mulheres e homens que já se foram e que aqui conheci e amei. Rirei, riremos novamente juntos. Pensaremos juntos sobre o Brasil, sobre vocês que ainda estiverem por aqui. Não tomarei susto algum porque acredito na vida eterna! (*Nita e Paulo: crônicas de amor* e em *Nós dois*).

Na entrevista que concedeu a Zélia Goldfeld,[57] disse:

Não me sinto um homem religioso, mas sim um homem de fé... Posso dizer, até enfaticamente, que vivo uma fé sem religiosidade.
Posicionando-me assim, supero a dimensão mais mesquinha da experiência religiosa, o indiscutível autoritarismo das Igrejas... Na adolescência, continuei indo à igreja, mas houve um pouco de rebeldia aos 19 anos: eu sentia uma diferença radical entre o sermão e o comportamento reacionário da instituição, isto é, a negação da mão estendida e da briga, já na época, em favor da reforma agrária... eu não diria que deixei a Igreja, mas me fiz mais fé do que aparato comportamental da religião...

Ainda, outras palavras de Paulo sobre a questão de sua fé e religiosidade:

... eu não tenho por que negar, porque seria uma hipocrisia, seria uma covardia, seria uma traição, negar, por exemplo, a minha convivência com os ideais cristãos. Eu não tenho por que negar, de maneira nenhuma, o bem-estar com que eu acredito em Deus. Agora, o que eu tenho que reafirmar é que jamais esse bem--estar – que é o da minha crença, o que ela dá, e não a ciência – me levou a negar

---

56 Em *Nós dois*.
57 Essa entrevista, publicada originalmente no livro *Encontros de vida*, organizado por Zélia Goldfeld (p. 179-87), foi retomada também em *Pedagogia da tolerância*, com o título de "Gostaria de poder afastar, o mais possível, de mim, a morte".

a ciência, mas me ajudou muito a criticar e a recusar o cientificismo, essa arrogância, desmoralizada hoje, com que a ciência se pensa esclarecedora de tudo, e não é. A negação que eu fiz do cientificismo, no qual eu fui ajudado pela crença, me fez respeitoso da cientificidade... com relação ao que se chamou no Brasil de praticidade ou não praticidade da religião, quer dizer, se é católico prático, quando na verdade bastava você ser católico... de o sujeito professar uma certa crença, mas não buscar vivê-la em sua plenitude... a questão entre a praticidade ou não de minha catolicidade não me leva a uma contradição, por exemplo, entre me dizer ou me pensar de um modo cristão amoroso, de um lado, e de outro, de reduzir a postura humanista a apenas uma certa posição idealista-humanista, em que os cristãos sempre correm o risco de cair... Quando eu falo na não vivência prática, não tem nada a ver com um descompasso ético entre minha fé e o meu comportamento no mundo. Aí eu busco uma grande coerência... Agora o que não me preocupa hoje – me preocupou antes – é a missa, por exemplo, é o confessionário. Nada disso. Mas o fato de eu não exteriorizar e não viver a experiência do exterior de minha fé não afeta em nada a minha fé. Eu diria: eu vivo a substantividade da fé, mas não a adverbialidade da fé... Eu digo isso até com humildade, porque eu não faço muita força para ter fé, isso é que eu acho fantástico. É que eu tenho fé!... eu não diria jamais a plenitude – ninguém vive a plenitude de nada –, mas eu vivo a busca dessa plenitude da fé... Isso nunca me atrapalhou o querer bem ao povo, a defesa dos interesses dos oprimidos, dos condenados, dos violentados. Pelo contrário, a fé me empurrou para isso, até hoje (*Aprendendo com a própria história*, v. II).[58]

Eu não tenho dúvidas de que Paulo via o rosto de Cristo em cada espoliado, em cada oprimido e excluído do Recife, e depois do Brasil e do mundo. Sua ética libertadora, humanizadora, posta na sua compreensão de educação, nos diz claramente que era isso que ele via nesses e nessas que ele chamou de Seres Menos e lutou contra esta condição para que conquistassem a condição de Seres Mais.

Daí a sua influência na Teologia da Libertação. Sua consciência crítica da realidade, sua cumplicidade e compaixão com os oprimidos e excluídos fizeram que a ética da vida em Paulo explodisse na sua forma de entender o que seria a presença de Cristo na história dessas pessoas. Sua compreensão de educação política traz em si mesma o que dirá a Teologia da Libertação porque esta buscou também em Paulo a possibilidade de sua sistematização pedagógica. Foi por causa dessa sua compreensão e prática que criou uma nova ética: a da consciência ético-crítica que valoriza acima de tudo a VIDA.

---

58 *Dialogando com a própria história*.

Paulo estudou, em princípios dos anos 1970, as várias vertentes ideológicas e as várias naturezas na atuação da Igreja Católica, tendo contribuído por isso para o papel educativo das Igrejas na América Latina, e assim, para uma sistematização da Teologia da Libertação. Classificou-a em três instâncias: a igreja tradicional, a modernizante e a profética.

As primeiras reformistas, assistencialistas, aliadas às elites no poder. A profética é a Igreja utópica e esperançosa, comprometida com as camadas oprimidas, solidária com o sofrimento material a que estas vinham – e vêm – sendo condenadas. Para isso meteu-se com o conhecimento científico e a reflexão teológica para entendê-las como tais.

Num diálogo sobre a educação indígena com os missionários do Conselho Indigenista Missionário,[59] em 1982, asseverou, evidenciando a sua fé religiosa e seu envolvimento com a Teologia da Libertação:

> Não há transcendentalidade sem mundanidade. Eu tenho que atravessar a mundanidade para alcançar a transcendentalidade... eu nunca confundi esse sermão com o recado de Cristo. Eu nunca tive que sair do time, mudar de time. Mas hoje, vocês observem o que vem sendo a Igreja no Brasil, para não falar na América Latina toda... A gente vê o papel, o compromisso histórico que a Igreja foi assumindo no Brasil, no momento em que ela foi virando profética de novo. No começo, ela foi profundamente tradicional, depois ela foi moderna ou modernizada, que é uma maneira inteligente de ser eficientemente tradicional. Finalmente, grandes setores da Igreja no Brasil encarnam exatamente a postura profética, de quem denuncia, de quem anuncia, de quem não tem medo da morte.

Por esses testemunhos escritos, por suas práxis plenas de buscas de ética de vida, pelos longos anos que acompanhei à distância a vida de Paulo e pelo que presenciei no todo dia da vida dele comigo, afirmo, tranquilamente, que ele nunca deixou de ser um homem de fé. Foi católico fervoroso, "praticante" na infância e adolescência, fez-se, na maturidade, um teólogo da libertação. O pedagogo da consciência ético-crítica, cuja ética que Enrique Dussel creditou a Paulo se aproxima ou mesmo se identifica com a ética da teologia que impregnou e dirigiu a Igreja Profética, que se preocupa com a totalidade de cada ser humano: seu corpo e sua alma.

As últimas palavras de Leonardo Boff, escritas em 1988 para a comemoração dos vinte anos da publicação da *Pedagogia do oprimido* pela Editora Paz e Terra, nos afasta de qualquer dúvida sobre essa matéria:

---

59 Cf. *Pedagogia da tolerância*.

A teologia da libertação, ao fazer a opção pelos pobres contra a sua pobreza, assume a visão de Paulo Freire. O processo de libertação implica fundamentalmente numa pedagogia. A libertação se dá no processo de extrojeção do opressor que carregamos dentro e na constituição da pessoa livre e libertada, capaz de relações geradoras de participação e de solidariedade. A teologia da libertação é um discurso sintético, porque junto com o discurso religioso incorpora em sua constituição também o analítico e pedagógico. Por isso Paulo Freire, desde o início, foi e é considerado um dos pais fundadores da teologia da libertação.

Sua saúde e seus limites físicos

Quando Paulo voltou do exílio, descobriu que estava com a pressão arterial muito elevada. Cuidava-se tomando medicamentos que estabilizavam essa doença. Posteriormente, com as nossas idas ao médico – pois eu tinha uma enorme preocupação com a saúde dele –, diagnosticou-se que o problema não tinha sido gerado pela "volta ao seu país de origem", mas pelo excesso de cigarros fumados desde jovem até o ano de 1978, quando parou de fumar. Os exames e as consultas médicas eram, no mínimo, mensais, porque, inclusive, foi constatado que o fumo tinha deixado um dos seus rins com o funcionamento de apenas 3%. Eu cuidava atentamente da sua alimentação e medicação, e para que ele não trabalhasse excessivamente.

Depois que casamos, em 1988, percebi que Paulo se cansava menos com as horas de trabalho a fio, com reuniões para discutir temas de educação, mas muitíssimo com as viagens de avião. Então ele, a princípio timidamente, pouco depois, com convicção, começou a exigir viagens com o conforto que merecia e de que precisava. Com os problemas surgidos em 1995, evitamos os convites que exigiam viagens longas e cansativas.

Lembro-me de que eu mesma, desde o tempo em que ele era casado com Elza, lhe disse algumas vezes: "Paulo, por que você não exige passagens de classe executiva ou mesmo primeira classe quando vocês fazem voos de longas distâncias?" Ele, na sua humildade, sempre descartava essa hipótese: "Acho que posso continuar viajando na classe econômica, que não devo pedir mais..."

Em agosto de 1995, Paulo teve um sério problema de isquemia cerebral, em Paris, quando iria participar como jurado do comitê que escolhia, a cada ano, as melhores experiências de alfabetização do mundo promovido pela Unesco. Ele foi acometido de um pequeno derrame. De lá viajou, teimosamente, para Genebra, e dois dias depois eu embarquei para a Suíça para ir dispensar os cuidados de que ele necessitava e para buscá-lo de volta ao Brasil.

Depois dos equívocos de um médico oftalmologista de lá, ele se submeteu a tomografias computadorizadas no Hôpital de la Tour. Felizmente, nenhuma sequela se revelou, mas foram duas semanas de angústias e dúvidas na Europa até quando foi liberado para viajar de volta. Novos exames foram feitos aqui em São Paulo e como exigência médica Paulo ficou três meses com o mínimo de atividade intelectual.

O susto com tudo isso o preocupou bastante, e então passou a resguardar-se melhor, poupando-se quando não se sentia em suas melhores condições de saúde. Deixou de trabalhar no ritmo que vinha praticando mesmo na sua maturidade.

Perguntado, em janeiro de 1993, por Sérgio Guimarães: "Se você tivesse a vida como um período de 24 horas, você passou quanto tempo trabalhando? Doze?", Paulo respondeu: "Ah, seriam mais ou menos doze." No mesmo diálogo, pouco antes dissera "eu tenho uma capacidade de trabalho que assusta Nita... que obviamente diminuiu um pouco nesses últimos dez anos" (*Aprendendo com a própria história*, v. II).[60]

É verdade, sempre e cada dia mais, fico a pensar e digo isso muitas vezes: meu marido teve uma capacidade de trabalho absolutamente inusitada. Posso dizer tranquilamente, sem medo de errar ou exagerar, que Paulo foi a pessoa que conheci que mais trabalhou. Trabalhou mansamente, desde muito jovem, sem agitação ou ansiedade, aparentemente sem fazer esforço nenhum, como se as suas decisões brotassem, espontaneamente, de seu corpo e sua mente.

Teve uma capacidade invulgar de decidir, de optar, de tomar iniciativas e de agir, tudo passando pelo crivo reflexivo e crítico. Tanto foi assim, que Paulo dizia que não tinha razões para arrepender-se do que tinha dito e feito, pois sempre pautara-se e orientara-se pela razão reflexiva imbricada com os sentimentos, intuições e emoções. Assim, suas ações foram marcadas pela eficiência, pela profundidade, pelo respeito aos/às outros/as, pela sabedoria e pela prudência.

Transcrevo algumas cartas que dizem como, a partir de 1995, ele tomou para si cuidar um pouco mais de sua saúde "para ficar mais tempo no mundo, porque gosto de viver!", como dizia e pensava. São cartas escritas com a convicção de quem queria se poupar para continuar no mundo. Escritas com humildade. Com sinceridade.

Abrindo mão de ir ao México receber mais um título de Doutor *Honoris Causa*, o da Universidade de Colima, Paulo escreveu a seguinte carta:

---

60 *Dialogando com a própria história*.

São Paulo, 2 de maio de 1996.

Licenciado Fernando M. Peña,

É com real tristeza que lhe comunico minha impossibilidade de ir a Colima para receber o doutoramento *honoris causa* com que vocês me homenageariam. A razão fundamental de minha recusa se acha na saúde que não anda muito bem. Meus médicos sugeriram limitar, neste ano, as viagens ao exterior. Gostaria de deixar claro o quanto me sinto honrado pela decisão da Universidade de Colima e o quanto me sinto frustrado por não poder ir.

Fraternalmente.

Paulo Freire

Nesse mesmo mês e ano, Paulo abre mão de atender a outro convite:

São Paulo, 13/5/96

Prezado Professor Martin Miguel,[61]

Acabo de receber seu fax e ainda que possa parecer indelicado de minha parte devo dizer que foi uma surpresa para mim saber através do fax ter já aceito o convite para estar aí com vocês em setembro.

De qualquer maneira, me sinto honrado com o convite, mas, lamentavelmente, razões de saúde me impossibilitam de comparecer ao Encontro. Meu médico sugeriu-me que limitasse ao máximo as viagens por este ano. Esperando sua compreensão, fraternalmente,

Paulo Freire

Após algumas conversas para uma visita de trabalho a Austrália e Nova Zelândia, em 1995, concluímos que a longa viagem até a Oceania teria consequências na saúde dele; decidimos que não deveríamos ir. Paulo, então, escreveu esta carta:

Senhora,

Depois de pensar e repensar acerca da viagem à Austrália, no próximo ano, eu decidi que não deveria ir. Consultando o meu médico, ele me recomendou que evitasse esta viagem sobretudo pela longa distância, a qual separa o Brasil da

---

61 Infelizmente, não me foi possível identificar o local e o título desse Encontro.

Austrália. Então, a despeito da importância do encontro e também pensando no quanto eu ficaria feliz em revisitar a Austrália, sou obrigado a recusar o convite.

Fraternamente,

Paulo Freire

Quando foi convidado para as comemorações do centenário de Vygotsky, respondeu:

Prof. Dr. Bernd Fichtner
Coordenador Geral do Simpósio Internacional
São Paulo, 19/5/96

Recebi seu honroso convite para participar do simpósio comemorativo do primeiro centenário de Lev Vigotsky. O senhor não pode imaginar quão triste me sinto ao ter de recusar tão honroso convite. Vigotsky é, para mim, uma das presenças vivas deste século, ao lado de seu contemporâneo, igualmente genial, Piaget.

Meu estado de saúde e minha diminuída resistência a longas viagens são as responsáveis diretas por minha recusa.

Desejando grande êxito ao simpósio, abraça-o fraternalmente,

Paulo Freire

Ainda em maio de 1996, viu-se obrigado a recusar outro convite:

Dr. George Hyzler
Diretor do Instituto Internacional para o Envelhecimento
Nações Unidas – Malta
São Paulo, 30 de maio de 1996
Prezado Dr. Hyzler,

Muito obrigado por ter me convidado para participar da Conferência para a Eliminação da Pobreza na Velhice.

Apesar de reconhecer a grande importância do objetivo da Conferência, eu não me sinto apto para viajar neste momento. As minhas condições de saúde não estão tão boas e meu médico sugeriu-me ser mais cuidadoso com esta questão.

Meus melhores votos com relação à Conferência.

Fraternalmente,

Paulo Freire

Nessa mesma época, escreveu a Ana María del Pilar Martínez Hernández:

Prezada colega Ana Maria,

Recebi sua carta em que, para alegria minha, me convida para umas conferências na Universidade Autônoma do México. Possivelmente você não imagina o quanto me faz triste, mais uma vez, ter de recusar um convite para ir ao México, país que admiro e amo e em que tenho grandes amigos. Lamentavelmente, porém, meu médico vem sugerindo-me um certo controle nas viagens para evitar um desgaste não bom para o estado geral de minha saúde.

Esperando que você entenda as razões de minha recusa, fraternalmente,
Paulo Freire

Convidado pelo presidente da Universidade de Columbia para receber uma grande homenagem honorífica, o "Teacher College Medal for Distinguished Service" de 1995, da Universidade de Columbia, em Nova York, Paulo não teve condições de saúde para viajar. Em 11 de abril de 1995, o reitor do Teachers College Arthur Levine escreveu a Paulo propondo que ele fosse receber essa medalha no ano seguinte.

Em 27 de fevereiro de 1996, as negociações para Paulo receber essa honraria foram retomadas pelo coordenador especial de eventos do Teacher College Columbia University, Donald D. Underwood, que, escrevendo em nome de Arthur Levine, presidente do Teacher College, disse em sua carta:

> Todos nós da Faculdade estamos imensamente felizes e alegres que você estará recebendo a Medalha do Teachers College este ano. É uma grande honra para nós que você receba o prêmio. Eu digo uma outra vez muito obrigado por nos permitir esta honra. Eu falo por todo o College esperando encontrá-lo e dividir esta honra com você.

Depois de uma extensa troca de cartas, tudo ficou acertado para viajarmos na noite do dia 12 de maio, voltando de Nova York no dia 17 do mesmo mês. Numa carta de Paulo, de 10/5/1996, para a Sra. Lili Rodriguez, que intermediou as negociações, ele avisava que tínhamos recebido os dois *tickets* de viagem. Outra carta dela confirmava a festa para o dia 14 de maio de 1996, às 14h30, no Grace Dodge Hall.

No dia da viagem, entretanto, quando estávamos almoçando, de malas prontas, Paulo sentiu-se mal. Veio à nossa casa o Dr. Jorge Mattar, que o proibiu de viajar diante do "quadro importante" que ameaçava a sua saúde já muito debilitada.

Assim, tivemos de desistir dessa ida aos Estados Unidos poucas horas antes do embarque, para imensa tristeza nossa. Infelizmente. Na ocasião, Paulo escreveu esta carta:

Caros Professores
Donald Underwood e
Lili Rodrigues,

Vocês não podem imaginar o quanto eu estou triste porque não posso mais ir para a Universidade Columbia devido a problemas de saúde. Vocês devem ter recebido o fax de meu médico, Jorge Mattar.

Eu estou realmente sofrendo por causa disto. Sinto-me frustrado por não receber a medalha da Universidade de Columbia, a qual eu admiro e respeito profundamente.

Sinto muito, muito mesmo e peço-lhe que expresse aos professores, alunos e pessoal administrativo a minha tristeza.

Fraternalmente,

Paulo Freire

Poucos dias antes, Paulo havia escrito a seguinte carta à senhora Lili Rodrigues, da Universidade de Columbia, porque na realidade o convite tinha vindo para nós dois, mas eu, inicialmente, tinha resolvido que não iria com ele mesmo perdendo a oportunidade de mais uma vez visitar meus filhos, meu neto e minha nora, que vivem em Nova York. Temerosa por Paulo ir sozinho, mesmo que num voo de primeira classe, resolvi acompanhá-lo. Ele então enviou esta carta:

São Paulo, 6 de maio de 1996.

Prezada Lili,

Sinto muito ter que lhe enviar este fax agora. Sinto muito porque depois de haver dito que Ana Maria, minha esposa, não poderia viajar comigo, estou agora lhe solicitando uma passagem para ela. Ela estava sentindo-se muito insegura comigo por eu ter que viajar sozinho. Eu espero que a universidade compreenda isso. Neste caso, não precisamos de hotel. Ficaremos no apartamento de um dos filhos de minha esposa, em Manhattan.

Eu quero pedir-lhe também que me perdoem por mudar o itinerário da viagem. Eu gostaria de sair de São Paulo na sexta-feira, 10, e de Nova York para São Paulo, sábado, 18.

Aguardo sua resposta.

Fraternalmente,

Paulo Freire

Infelizmente, a universidade pareceu-nos não ter entendido a razão da abrupta mudança, o que aumentou a enorme frustração de Paulo de não ter recebido a medalha da universidade à qual pertenceu John Dewey.

Pouco tempo depois, já sentindo-se melhor e com o aval do Dr. Jorge Mattar, mesmo porque não haveria o desgaste de viagens de avião e o trabalho seria para meses depois, Paulo aceitou fazer um diálogo com dois grandes amigos e intelectuais norte-americanos para participar de um livro[62] que seria publicado nos Estados Unidos.

São Paulo 14/6/96

James Fraser,
Prezado Amigo,

Nós discutimos as possibilidades de trabalharmos juntos em São Paulo no começo de agosto.

É realmente possível para mim trabalhar com você na semana entre 5 e 10 de agosto. Eu poderia dar-lhe o dia 5 (segunda-feira), dia 7 (quarta-feira) e 8 (quinta-feira) cinco horas por dia, enquanto você e o Donaldo poderiam usar os outros dias para seus escritos.

Espero que isso seja bom para vocês dois também.

Nita envia recomendações.

Fraternalmente,

Paulo Freire

No mesmo dia, Paulo escreveu esta outra carta desculpando-se de não poder atender a um convite para aquela época, mesmo numa cidade tão perto de onde vivíamos:

São Paulo, 14/6/96
Maria José
Barra Mansa

Acabo de receber seu novo fax. Continuo sem condições de tempo e de saúde para aceitar o convite de vocês. Tenho sempre me esforçado para atender, pelo

---

62 O livro em questão é *Mentoring the mentor – a critical dialogue with Paulo Freire* (Nova York: Peter Lang, 1997). Esse diálogo foi transcrito com o título "Educando o educador", em *Pedagogia dos sonhos possíveis*.

menos, grande parte dos convites que recebo. Para mim isso é inclusive uma tarefa. Há momentos, porém, como agora, em que nada posso fazer.

Certo de que você compreenderá a minha não aceitação aos convites.

Fraternalmente,

Paulo Freire

Em 12 de março de 1997, Paulo recebeu uma carta de Juan Díaz Bordenave, falando sobre um convite que lhe teria sido feito pela Coordenadora Executiva do evento Eliana Del Pozo para o Seminário sobre Mobilização Comunitária em Saúde, organizado pelo Programa Save the Children, a universidade norte-americana Johns Hopkins e a organização Desarrollo Juvenil Comunitário, da Bolívia.

Logo depois das férias no Nordeste, quando Paulo estava se sentindo muito bem de saúde, cheio de vida, escreveu esta carta em resposta ao convite informado pelo amigo e vindo oficialmente da Coordenadora do Seminário:

São Paulo, 19/3/97

Prezada Eliana Del Pozo,

Recebi seu fax a que respondo agora. Como gostaria de estar com vocês, com amigos queridos como Bordenave, que há tanto não a vejo! Lamentavelmente, porém, minha agenda, demasiado carregada, sempre, não me permite.

Minhas saudações fraternas e meu desejo de que tudo corra bem.

Paulo Freire

Nesse mesmo março, fomos aos Estados Unidos na derradeira viagem que fizemos juntos. Paulo queria e estava acreditando que a sua permanência na Terra ainda perduraria por mais tempo, por muitos anos. Estava feliz, esperançoso e amoroso. Cheio de projetos utópicos de como contribuir mais ainda para possibilitar a mudança deste para um mundo mais bonito e menos injusto, verdadeiramente democrático.

Seus últimos dias e sua morte

Tendo acertado contrato com a Universidade de Harvard a distância, Paulo sentia a necessidade de discutir também mais detalhadamente o curso que daria com Donaldo Macedo, da Universidade de Massachusetts, Boston, a quem ele tinha convidado para juntos lecionarem, diante das afinidades em vários níveis e instâncias que sentia por esse sociolinguista de origem cabo-verdiana. E Donaldo, que nunca negou a influência intelectual, afetiva e política de Paulo[63] em sua vida privada e profissional, muito antes mesmo de conhecê-lo pessoalmente, tinha aceitado o convite com entusiasmo. É preciso que fique claro que a afinidade entre Paulo e Donaldo não era só por ele falar o português, mas sobretudo de ordem maior: afetiva, moral, ética e intelectual. Paulo tinha Donaldo como um "filho adotivo" muito querido, e como o intelectual que mais o entendia entre alguns freireanos norte-americanos.

Em Nova York, quando Donaldo veio nos encontrar, estiveram os dois juntos por tardes e tardes na casa de meu filho Roberto, discutindo conteúdos e táticas de abordagem que praticariam com os alunos e as alunas de Harvard. Conversas que se alongaram em confidências dos momentos mais difíceis e mais alegres de suas vidas. Foram momentos para a troca de conhecimentos, para o entrosamento epistemológico e afetivo necessário a um trabalho de duas cabeças pensantes, que tinham em comum o pensar progressistamente, embora tivessem se formado em culturas muito distintas. Foram momentos, sobretudo, para a troca no campo da afetividade.

Eu e Paulo entre dois grandes amigos: Donaldo Macedo (primeiro, à esquerda) e Henry Giroux, em Boston, julho de 1991.

---

63 Sobre essa relação, conferir em *Pedagogy of the oppressed* a belíssima Introdução de Donaldo Macedo para a edição comemorativa dos trinta anos desse livro de Paulo nos Estados Unidos (p. 11-27), pela editora Continuum (2000).

Paulo explicitava a sua estratégia ético-pedagógico-política, isto é, o que pretendia fazer nas aulas numa universidade tão elitista e conservadora. Donaldo apontava a Paulo detalhes muito próprios da cultura dos estudantes norte-americanos dos fins dos anos 1990, que obviamente eram bem diferentes da que Paulo conhecera em 1970, e mesmo das dos universitários brasileiros. Assim, discutiram como abordariam eficientemente o conteúdo programado que incidiria basicamente na leitura crítica do texto/livro *Pedagogia da autonomia* já publicado no Brasil e em processo de tradução para o inglês por Patrick Clark.[64] A estratégia basicamente seria a de conscientizar os/as educandos/as, futuros/ as educadores/as, da necessidade de adquirirem os "saberes necessários à pratica educativa progressista".

Viajamos depois de um pequeno descanso de Nova York para Cambridge. Nas ruas da pequena cidade e em Harvard Square vinham falar conosco alguns dos alunos e alunas que pretendiam frequentar o curso, oferecendo-se para prestar toda sorte de ajuda: procurar apartamento para morarmos, móveis a emprestar, carros para alugar, passeios a realizar etc. Paulo se sentia feliz com a solidariedade deles e delas e ao rememorar os tempos lá vividos quando fazia, todas as tardes, aquele mesmo trajeto.

Gostava de ver a juventude movimentando-se, conversando, passeando de bicicleta, andando a pé, em grupos, falando alto, ou rindo, ou sentados nas lanchonetes a céu aberto da praça. Casais se beijando e se desejando um ao outro no jogo da vida e do amor. Homens trajando saias ou vestidos. Um clima que nos inebriava com sonhos de vida e de amor, de possibilidades de trabalho e de análises críticas sobre o mundo.[65] Apesar de tantas coisas risonhas, pensávamos no Brasil que continuava enfrentando dificuldades seculares acirradas pelas novas contingências nacionais e mundiais.

No campus universitário nos encontramos, Paulo, Donaldo e eu, conforme agendado, com o professor Joel Monell, e tudo ficou acertado para viajarmos de São Paulo a Boston, em 13 de setembro daquele mesmo ano de 1997, pois as aulas começariam dois dias depois: na segunda-feira, dia 15. Ficaram acertadas: a contratação de Donaldo e de um curso intensivo de inglês para mim.

Passamos depois mais uns dias nos Estados Unidos quando entre outras andanças visitamos livrarias nova-iorquinas das quais Paulo adquiriu um enorme número de livros sobre ética. Ele estava muito preocupado com esse tema que "molhou" toda a sua pedagogia, mas, nessa época, mais do que

---

64 Um sacerdote irlandês, velho amigo nosso, que vive há mais de trinta anos trabalhando para humanizar a vida de *gente* que sofre a opressão extrema nas favelas de São Paulo. Foi também orientando de Paulo na dissertação que fez de sua presença nesse trabalho com os/as oprimidos/as, na PUC-SP.

65 Consultar em *Pedagogia da indignação* minhas palavras após a segunda carta de Paulo.

nunca sentia necessidade de refletir sobre o novo contexto concreto nacional/ mundial. Ele constatava que, a cada dia, se inovavam e alastravam, despudoradamente, novas formas da antieticidade nas relações pessoais e sociais brasileiras e mundiais. A ética do discurso estava cedendo lugar à "ética do mercado". A antiética do individualismo exacerbado pelo neoliberalismo e globalização da economia.

Paulo estava nesse momento absolutamente decidido a ler o máximo possível sobre o assunto: autores de outros séculos, autores atuais, europeus, latino-americanos ou norte-americanos. Queria ler tudo o que fosse possível e necessário, e depois, observando o cotidiano, escutando de viva voz outras vozes, "lendo" o que se passava no mundo, como sempre fez, escrever as suas reflexões a respeito. Ética e neoliberalismo, ética e desumanização, ética e educação, ética e a inexorabilidade da exploração capitalista nas então chamadas "cirandas financeiras" determinando a miserabilização de grande parte da população do mundo, ética e o "fim da história" e das utopias, ética universal dos seres humanos e desumanização pela "ética do mercado" etc.[66]

Paulo queria dizer com radicalidade e com propriedade científica o que se passava dentro da sociedade global, que negando as ideologias fazia uso delas para convencer o mundo de que "nada se pode fazer". Portanto, Paulo queria muito refletir e escrever sobre ética como esperança, ética como autonomia dos sujeitos, ética como vida digna. Ética que negasse que, inexoravelmente, só haveria lugar para o egoísmo, a malvadez e o cinismo dos neoliberais e dos promotores da globalização da economia que tinham invadido o mundo.

Paulo entre meus filhos Roberto e Eduardo, tendo à frente meu neto André, em Nova York, em 6/4/1997.

Podemos constatar que Paulo nunca desistiu de lutar por um mundo mais justo, menos feio, até o último instante de sua vida. Permaneceu verdadeiramente democrático. Nunca "foi para o outro lado do rio", como dizia dos que antes progressistas tinham se filiado "à inexorabilidade dos fatos".

Chegamos de volta ao Brasil em 7 de abril de 1997 cheios de esperanças. De um otimismo e alegrias que só é possível a quem tem muita vontade de

---

66 Paulo tinha proposto aos seus pares do Programa de Currículo da PUC-SP escreverem sobre Currículo e Avaliação. Tinha ainda o projeto de voltar a refletir e a escrever sobre a Conscientização. Estava certo de que essa categoria tinha ainda grandes contribuições a dar na práxis revolucionária política e pedagógica. Havia convidado o então professor Luiz Dulci para escrever com ele sobre a perversidade do neoliberalismo.

viver. De criar. De contribuir para as mudanças sociais necessárias. De se comprometer de corpo e alma com todos os sujeitos, independentemente de raça, religião, classe social...

No dia 10, houve o lançamento do último livro de Paulo, que ele mesmo fez publicar, *Pedagogia da autonomia*, no SESC-Pompeia de São Paulo.[67] Muitos amigos e admiradores estiveram presentes na noite de autógrafos. Fomos depois jantar numa cantina italiana. Paulo estava muito feliz. Repetia entusiasmado: "O meu 'livrinho' está custando muito barato.[68] Eu acho que todos e todas que quiserem lê-lo poderão comprá-lo. O preço dele é realmente popular, não é, Nita?"

Antes de sairmos para a festa desse maravilhoso livro de Paulo, chamei-o pelo interfone. "Lílian, já chegou?", perguntou-me. "Não, queria apenas dizer-lhe uma coisa." "Preciso escrever no papel uma ideia que está na cabeça, espere um pouco, subo logo!" Retruquei: "Venha ver sua mulher na escada." Vi-o da sala de visita andar com seu passo calmo, caminhando de seu escritório até o pé da escada. Olhou-me, e disse "Estais linda!" "Era só isso que eu queria, Paulo, ouvi-lo dizer isso!"

No dia 14, nesse clima de euforia, sentindo-se muito bem e feliz, Paulo escreveu com carinho a Pato – Jesus Gómez –, nosso grande amigo de Barcelona, a seguinte carta:

Meu caro Pato,
   Saudades de vocês. Estamos bem de saúde e estaremos em Málaga desde o domingo 1º de junho até o dia 4, recebendo o doutoramento *Honoris Causa* no dia 2.
   Seria formidável se pudéssemos nos ver quando então poderia receber o dinheiro do livro [*A la sombra de este árbol*]. Quando me manda alguns exemplares? Estou curioso para ver o livro. E a repercussão é boa? Está agora para sair nos Estados Unidos.
   E a turma toda? Um abraço amigo para todos e todas.

Fraternalmente.

Paulo Freire

---

67 Devo registrar aqui que essa foi a única festa de lançamento desse livro, aliás uma das poucas a que Paulo aquiesceu em participar autografando, e o fez diante da alegria de colocar para educadores/as o "livrinho", como dizia, a *Pedagogia da autonomia*.
68 Na verdade, a Editora Paz e Terra atendeu ao pedido de Paulo nesse sentido e o colocou para venda ao público por R$ 3, preço equivalente a US$ 1. Em outubro de 2002, passou a custar R$ 5, um valor pouco maior do que o inicial em dólares. Em 2005, o valor do livro se equipara a US$ 3.

No dia 17 pela manhã, Paulo deu uma entrevista na biblioteca de nossa casa, na rua Valença, n. 170, à TV-PUC de São Paulo. Depois do almoço, ele ainda trabalhou em seu escritório e, no fim da tarde, acompanhamos pela televisão a Marcha dos Sem-Terra entrando em Brasília, quando ele muito emocionadamente, "falando" aos que a alguns mil quilômetros caminhavam, disse em voz alta: "É isso minha *gente*, *gente* do povo, *gente* brasileira. Esse Brasil é de todos e todas nós. Vamos em frente, na luta sem violência, na resistência consciente, com determinação tomá-lo para construirmos, solidariamente, o país de todos e todas os/as que aqui nasceram ou a ele se juntaram para engrandecê-lo. Esse país não pode continuar sendo o de poucos... Lutemos pela democratização desse país. Marchem, *gente* de nosso país..."[69]

No dia 18, às 13 horas, Paulo deu uma entrevista à rádio CBN. No dia 20 de abril, um domingo, na grande sala de minha casa de campo, em Itapevi, São Paulo, Paulo escreveu uma terceira carta – "Da tolerância, uma das qualidades fundantes da vida democrática",[70] mas deixou inacabada, e no dia seguinte substitui-a pela que está publicada em *Pedagogia da indignação: cartas pedagógicas e outros escritos*, diante da morte do índio Galdino Jesus dos Santos.[71] Emocionado e com compaixão solidária com a morte de nosso pataxó, exatamente no Dia do Índio (21 de abril), que não resistira à "dor indizível de seu corpo em chamas", Paulo se despediu de nós com um de seus melhores textos, com palavras que dizem não só sobre dor e ética, mas dizem de sua forma de ser no mundo, de sua *gentidade* ética:

> Desrespeitando os fracos, enganando os incautos, ofendendo a vida, explorando os outros, discriminando o índio, o negro, a mulher não estarei ajudando meus filhos a ser sérios, justos e amorosos da vida e dos outros...[72]

No domingo, dia 20, recebemos a visita de Germano Coelho, sua filha Verônica e o seu marido Ivan. Paulo leu para eles um trecho que depois fez parte da *Pedagogia da indignação*.

No dia 22, pela manhã, o nosso amigo e editor de alguns de nossos livros[73] Jorge Cláudio Ribeiro chegou em sua motocicleta, e deixando-a no nosso quintal, seguiu com Paulo, de automóvel, para entrevistá-lo no programa *Caminhos* da TV Rede Vida-SP, juntamente com Vera Barreto, diretora do

---

69 Ver meu depoimento completo sobre Paulo em *Pedagogia da indignação*.
70 Foi publicada como o primeiro texto do livro *Pedagogia da tolerância*.
71 Cf. *Pedagogia da indignação*.
72 Cf. *Pedagogia da indignação*. Essas foram as últimas palavras escritas por Paulo!
73 De Paulo: *Professora sim, tia não* e *À sombra desta mangueira*; meu: *Nita e Paulo: crônicas de amor*, todos atualmente publicados pela Paz e Terra; o último, ampliado, tem o título de *Nós dois*.

Vereda. Fiquei em casa assistindo ao vivo esta que foi, sem dúvida, uma de suas mais bonitas gravações. E que foi, na verdade, a última entrevista de Paulo gravada com imagem e som.

Nesse ínterim, o carteiro entregou os exemplares do livro publicado na Espanha, tradução de *À sombra desta mangueira* – *A la sombra de este árbol* –, que Paulo tinha "cobrado" em carta ao nosso amigo Pato, poucos dias antes.

Resolvi, então, fazer-lhes uma surpresa: deixei os volumes sobre a moto de Jorge Cláudio. Ao chegarem ao portão, ainda na calçada, viram os volumes verdes, esperando por eles. Paulo, que foi uma eterna criança que valorizava cada coisa da vida cotidiana, alegrou-se como qualquer uma delas ao ver a sua criação. Rindo, tocava os volumes e dizia: "Estais vendo, Jorge?!" "Estou, Paulo! Vou levar um deles, tenho direito, não tenho?!" "É claro que tens direito...!"

Nesse mesmo dia 22 de abril, à tarde, ele deu sua aula na PUC-SP. Fui encontrar-me com ele e participei dos últimos diálogos da aula. Tinha ido para acertarmos os detalhes da viagem que teríamos feito com alunos/as e professores/as dessa universidade e com Lisete Arelaro, nossa querida amiga e colaboradora dedicada e eficiente de Paulo na Secretaria de Educação do município de São Paulo, a Portugal e Espanha, depois da que teríamos feito a Cuba, na primeira semana de maio. Disse-lhe com emoção – e hoje com as saudades que em mim se alojam – no corredor dessa universidade, abraçando-o: "Paulo, você está mais arguto do que nunca."[74] Ele sorriu, gostando de meus agrados de carinho e da crítica verdadeiros. Foi a última vez que ele deu aulas na universidade que o tinha trazido de volta da Europa. A última de sua vida tão cheia ainda de "lições a dar".

No dia 24 de abril, Paulo concedeu a sua última entrevista a David Denborough e Cheryl White, gravada em cassete e depois reproduzida na publicação australiana do *Dulwich Center Journal*.[75] Este viajaria de volta ao seu país no dia 23, mas tendo tido a promessa de meu marido de que lhe concederia a entrevista,[76] os dois australianos, que trabalham numa organização de assistência aos "sem-teto" da Austrália, adiaram a viagem de volta. Com isso foram testemunhas dos últimos momentos do pensar profundo e amoroso de Paulo.

No dia 25 de abril, uma sexta-feira, Paulo me convidou para jantarmos fora de casa. Ele queria ir a uma churrascaria, esse prato característico do Sul do Brasil de que só tardiamente começou a gostar. Entretanto, enquanto ouvíamos o noticiário pela TV e esperávamos o trânsito da cidade melhorar, de

---

74 Cf. *Pedagogia da indignação*.
75 Posteriormente, obtive licença para publicar essa entrevista em *Pedagogia dos sonhos possíveis*.
76 Através de Walter Varanda, que trabalha com os "sem-teto" brasileiros.

repente ele me chamou para comermos em casa. Na cozinha, teve a primeira angina. "Tive uma dor no peito, Nita", disse-me serenamente. "É forte? Como é essa dor? Você já teve essa dor antes, Paulo?", perguntei-lhe assustada, muito aflita. "Não é nada... já passou... nunca tive uma dor desta, mas já estou bem", respondeu.

Em seguida, terminou de comer o doce da sobremesa e pediu-me para fazer o café. Tomou-o e fomos para a sala. Então percebi que ele não sentara ao meu lado no sofá, como de costume, como em todas as noites de nossa vida em comum, fazendo e esperando os meus afagos. Sentou-se numa poltrona e apoiava seus braços nos braços da poltrona, acomodando o seu corpo de modo inusitado. Nada dizia. Escutava o noticiário. Não se queixou. Nada disse. Eu pressenti que ele não estava bem, e disse-lhe que ia telefonar para seu médico. Ele me pediu que não o fizesse, dizendo: "Tudo que eu sinto, Nita, você quer consultar o Dr. Jorge."[77]

Não lhe dei ouvidos e contatei o médico que, interrompendo uma consulta, falou comigo e depois com Paulo para saber detalhes da dor que havia pouco sentira. Ele pediu que Paulo retornasse a ligação para mim e mandou-me levá-lo para o Hospital Sírio-Libanês. Quando lá chegamos, o médico de plantão já estava avisado, ciente dos problemas de Paulo: pressão arterial alta, controlada por vários remédios tomados, religiosamente, todos os dias; um rim danificado pelo consumo excessivo de cigarros com possibilidade de filtração de apenas 3% da capacidade normal; um acidente cerebral-vascular, sofrido quando estava, em agosto de 1995, a serviço da Unesco, em Paris, com sequelas de insensibilidade nos pés que muito o incomodava: "Tenho bolões nos pés... e não sinto as plantas de meus pés, é horrível, Nita", reclamava desde então.

Acompanhando-o, estive com ele anteriormente nesse mesmo hospital em junho de 1993, quando esteve internado por uma semana diante de seu precário quadro de saúde. Posteriormente, em férias em nosso apartamento em Jaboatão dos Guararapes, precisou, em princípios de 1995, ser hospitalizado no Recife. Tudo como consequência, sobretudo, dos anos de fumo ininterrupto e intenso[78] por mais de cinquenta anos, embora já tivesse abandonado o vício havia dezessete anos!

Passamos a noite de 25 de abril e o dia seguinte no Hospital Sírio-Libanês. O diagnóstico foi de que, durante o jantar, Paulo tinha sofrido uma angina. No hospital, ele passou por uma enorme quantidade de exames gerais,

---

77 O Dr. Jorge Mattar o atendia desde 1993, quando seu médico Ernandi Faria mudou-se de São Paulo, em consultas mensais, acompanhando o quadro de Paulo, com cuidado e carinho, com exames clínicos e de laboratório para um maior controle de sua saúde.
78 Ver palavras de Paulo a esse respeito em *Pedagogia da indignação*.

mas sobretudo os cardiológicos. No dia 26, fui avisada pela cardiologista, Dra. Maristela, especialista que tomara o caso de Paulo naquela crise, de que o problema dele, analisado clinicamente, era grave, muito grave. Senti o mundo desabando, como se me faltasse o chão. Fiquei tonta. Um terrível medo de que os anos vividos com ele, amorosamente vividos, estivessem se acabando. Não era fácil aceitar que aquele homem tão amado e desejado, que tanto queria viver, era um ser finito, que a morte poderia vir e roubar-me o seu convívio. Percebi mais claramente do que nunca que a fragilidade do corpo de Paulo ficava escondida na altivez e na dignidade de sua conduta, na sua postura diante do mundo e muito especialmente diante de mim. Que o corpo dele que pedagogizava por sua simples presença não era coerente com o meu desejo de vê-lo e senti-lo sempre junto a mim. Com o seu desejo biófilo e esperançoso de viver. Paulo amava a VIDA acima de tudo.

À noite, ele recebeu alta do hospital – mesmo que sua médica continuasse preocupada – diante dos exames laboratoriais que lhe foram favoráveis. Ele não quis dormir aquela noite no hospital, saímos já bem tarde, por volta das 22 horas, para nossa casa na rua Valença, no Alto do Sumaré, na cidade de São Paulo. Acreditávamos que o pior tinha passado.

Passou o dia 27 muito feliz, sobretudo no fim da tarde do domingo, quando recebeu visitas dos amigos – Olgair Garcia e Marisa e Geraldo Borin – e familiares – Fátima, Ladislau e filhos. Mas sentia-o preocupado. Manso e calmo, ele se entregava aos cuidados meus e dos médicos desde que não fossem por demais proibitivos de seus hábitos de trabalho e dos alimentares, que em verdade eram tão arraigados que, durante muitos anos, não teve o cuidado ou mesmo a intenção de obedecer a nenhuma das prescrições da ortodoxia recomendada pelos dogmas da medicina.

Assim, na segunda-feira, dia 28 de abril, acordou mais tarde, passou pela sala e me chamou pelo interfone, porque eu já trabalhava com Lílian cancelando os muitos compromissos dele no Brasil e no exterior. Ele abriu a gaveta do móvel na qual organizávamos os remédios diários, em caixas para esse fim destinadas – os da manhã, os da tarde e os da noite – colocou, como de costume, os da manhã na palma de sua mão e entrou na cozinha no mesmo momento em que eu chegava vindo do escritório ao seu encontro.

"Helena, por favor, frite dois ovos para mim!" "Como, Paulo?! Você só pode comer dois ovos cozidos por semana!! Aliás, 'deixados' pela médica por insistência sua", disse. Continuei falando me dirigindo à nossa cozinheira: "Helena, não leve a sério este pedido de Paulo. Ele está proibido de continuar com este hábito!" "Se posso comer dois ovos por semana resolvi comer os dois hoje mesmo!", retrucou Paulo como se nada contra si estivesse fazendo, como se fora um menino ingênuo. Aceitou mansamente a realidade. Não comeu os ovos fritos!

Esperei que ele tomasse o seu café da manhã de acordo com as recomendações médicas. Desci e fui continuar o trabalho de cancelar a agenda dele. De repente ouvi as pisadas de Paulo na escada caracol e ele apareceu no seu escritório e nos disse: "Estou bem, vou trabalhar. Vou continuar a minha Terceira Carta Pedagógica! Não sei ficar na cama ou sentado no sofá esperando o tempo passar!", escrevo eu agora ouvindo a sua voz mansa e calma dizendo essas palavras. Disse-lhe: "Paulo, vou levá-lo para a sala, pela rampa externa da casa, devagarzinho, onde você precisa ficar me esperando! Esperando seu corpo restabelecer-se. Prometo que depois que acabar de fazer o que é necessário fazer de imediato irei ficar com você no sofá, de mãos dadas com você!"

Não sei se Paulo "adivinhava" que já estava tão perto de sua morte, e assim queria terminar a Terceira Carta Pedagógica...[79] e as outras Cartas que projetara escrever. Ou se seu gosto por seu trabalho ético-pedagógico-libertador, sendo tão grande, o puxava para essa labuta, tão premente quanto importante, sem que tivesse se permitido usar, nesse momento, a razão.

Tinha começado a desmontar a agenda de compromissos de Paulo telefonando para o Consulado de Cuba,[80] avisando do quadro de saúde dele e da exigência médica de que ele não tivesse nenhuma atividade física e esforço intelectual por um espaço de três meses. Disse-lhe também de quão Paulo estava ao mesmo tempo feliz com a outorga de Doutor *Honoris Causa* a receber da Universidade de Havana das mãos de Fidel Castro, e triste porque tinha que adiar o período de 2 a 10 de maio, no qual visitaríamos a Ilha, para um futuro próximo!

Em seguida, escrevi para João Viegas Fernandes, da Universidade do Algarve, e António Nóvoa, da Universidade de Lisboa, amigos e estudiosos de Paulo, que tinham tomado as iniciativas de seus dois doutoramentos *Honoris Causa*, de Portugal. Solicitava, mais uma vez, o adiamento da cerimônia de entrega do título, em Faro, que estava marcada para 26 de maio de 1997,[81] e a reunião de reafirmação e endosso da entrega do título de Lisboa que já tinha ocorrido na PUC-SP, em 27 de novembro de 1996. Igualmente entrei em contato com a Universidade de Málaga, na Espanha, com o decano da Faculdade de Ciências da Educação, Dr. Antonio Fortes Ramirez, fazendo a mesma comunicação e o mesmo pedido para ser postergada a data da entrega do título

---

79 Carta que publiquei, inacabada, em *Pedagogia da indignação e outros escritos*.
80 Viajaríamos Paulo, eu, o cônsul de Cuba em São Paulo e sua senhora para Havana no dia 2 de maio, no dia mesmo em que Paulo partiu para sempre.
81 Por outro esforço desse professor, eu recebi o título de Paulo em 26 de maio de 1999, quando a maioria das universidades só entregam os títulos à própria pessoa à qual o título é concedido, como já comentado anteriormente.

de Doutor *Honoris Causa*, que teria sido em 2 de junho de 1997, e sobre os encontros com alunos/as e professores/as dessa universidade.

Depois, enviei fax para Raúl Magaña e João Ferreira Pinto, que tinham provocado um "livro falado" com Paulo – *Pedagogia da saúde* – sobre o problema da AIDS, e queriam fazer a revisão dos textos gravados e transcritos, pedindo para que aguardassem um chamado de meu marido. Paulo reagiu: "Nitinha, os quero comigo... gosto muito dos dois, você sabe disso... vamos terminar esse livro. Isso não é trabalho... terei mais alegria do que esforço."

Mandei então outro fax para Raúl e João dizendo que Paulo os queria com ele aqui no Brasil.[82] Eles vieram de fato poucos dias depois, mas para me confortar da dor incomensurável e terrível da perda de Paulo. Hoje repenso esse pedido, quase uma exigência de meu marido. Penso que Paulo, de alguma forma, pressentia o fim de sua existência entre nós e queria deixar um legado de vida aos que desse mal, a AIDS, tinham a "morte anunciada", tantas vezes prematuramente. Esse livro tão necessário infelizmente ainda não foi publicado.

Cancelei outros compromissos dele aqui no Brasil, inclusive informei à PUC-SP sobre a impossibilidade de Paulo dar aulas por um período de três meses. Resolvemos aguardar mais uns dias para uma comunicação à Universidade de Harvard, porque bem antes do início das aulas acreditávamos, quase cinco meses depois, ele já estaria completamente recuperado.

No dia 30, fui à PUC-SP para pedir uma guia de exame bastante complicado e oneroso a que a cardiologista tinha pedido para Paulo se submeter e que lhe daria a possibilidade de um diagnóstico mais claro e detalhado do caso dele, do que os feitos no hospital dias antes. Não consegui o pedido porque este não estava na lista dos possíveis exames pagos pelo convênio... Desci "louca da vida" as escadas do "Prédio Velho" e ia providenciar imediatamente o exame através de "consulta particular"... Então vi Alípio Casali gravando um programa para a TV-PUC. Ele percebeu a minha aflição e angústia e, parando o seu trabalho, perguntou-me o que havia. Não sei se já sabia o que ocorrera no fim de semana com o meu marido, com o seu parceiro de Programa. Providenciou, imediatamente, a autorização, usando de sua influência na PUC-SP.

Nessa espera, telefonei para casa, cheia de preocupação, e pedi à moça que trabalhava conosco, para esperar pela minha volta. Ela me informou que Julio Wainer estava com Paulo, no terraço de entrada da casa, aguardando-

---

82 "30 de abril de 1997. Muito prezados João e Raúl, Paulo insiste que lhe faria bem recebê--los agora em maio (14,15 e 16) ou seria melhor no fim do mês? Conversa amena e *pouco* trabalho, rever as partes mais bonitas ou solucionar alguma dúvida que vocês tenham. OK? Quanto ao molde para a escultura do busto de Paulo nada concreto a comunicar. Até breve, aguardo notícias, um grande abraço. Nita."

-me. Quieto, Paulo resistia aos insistentes apelos do cinematografista para gravar um vídeo com ele naquela noite!

"Por favor..., amanhã... depois de manhã... quando Paulo estiver em condições!", interferi duramente ao chegar, encontrando-os à minha espera. Nessa mesma noite de 30 de abril, ao lado de sua filha Madalena e de suas netas, assistindo a uma partida de futebol do Brasil, Paulo sentiu novamente a dor, a fatídica dor. "É fraquinha, Nitinha, não te preocupes!", disse-me.

A dor dele atingiu todo o meu ser. Fui ao nosso quarto e de lá falei por telefone com a médica, que eu já tinha a autorização do exame pedido por ela e a data do exame marcada, mas que Paulo tinha tido uma dor no peito. Ao que ela contestou imediatamente: "Nita, não podemos esperar mais... Paulo precisa se internar num hospital e fazer, imediatamente, uma angioplastia. Preciso de sua autorização para isso. O risco é mínimo... ele terá uma vida muito melhor! Com muito mais disposição e mais força física!", disse a Dra. Maristela. "Que posso dizer diante disso? Vou falar com Paulo e providenciar a internação", respondi entre confiante e temerosa. Muito temerosa.

Voltei à sala e contei a Paulo a conversa. Falei-lhe da dura, difícil, mas necessária decisão médica e do meu aval. Precisávamos de sua anuência ou de sua negação. Ele concordou. Pouco tempo depois, o marido da médica nos levou o pedido de internação dele para o Hospital Albert Einstein, de São Paulo, o mais bem equipado do país, com uma ala especialmente destinada aos problemas cardíacos.

Entramos na manhã do dia 1º de maio no hospital cheios de esperanças e temores, alegria e medo. Não havia alternativa, tínhamos que enfrentar o problema como estávamos fazendo. Entramos no quarto, ele fez os preparativos e foi para a sala de cateterismo.

"Agora o professor pode marcar até uma viagem para a lua, o senhor está novinho em folha! Foi um sucesso!", repetia toda a equipe médica em júbilo. Voltamos ao quarto. Paulo foi acomodado na cama. Pediu para dormir. Para ficar sozinho comigo. Disse "até logo" às duas filhas, à minha filha Heliana, a Eli e a Lílian, nossa dedicada e amiga secretária.

Acordou bem disposto, com vontade de almoçar. Comeu bem e se disse animado.

De repente, quero dizer outra vez, Paulo olhou-me com a força inigualável de sua mirada: forte, profunda, amorosa, na qual todo o seu ser se expressou na imagem que ele expunha do mais dentro de si através de seu olhar, do mais íntimo de sua *gentidade*, de seu coração extremamente bom e disse-me, com força, com uma força de convicção amorosa que jamais vira: "Nita, quero que saibas que te amo muito! Amo-te o mais que se pode amar."

Hoje entendo que naquele momento Paulo pressentia, adivinhava a sua morte e não queria partir sem me dizer com enorme força de expressão o quanto me amava, o quanto tinha me amado por tantos anos de sua vida. Ele me comunicou isso sem alardes. Ele me fez fixar esse momento de despedida sem tragicidade, mas como um momento dramático de nossa vida: a separação definitiva que ele adivinhava estar tão perto e que ele sentia que mesmo a alta tecnologia da medicina e a vontade dele e de todos e todas nós, não estava podendo evitar.

Conversou um pouco, deu vários cochilos. Tranquilo, entregando-se aos cuidados meus e das enfermeiras. Não sei se era resignação diante da inexorabilidade dos fatos, ou não, mas ele nada reclamava. Jantou com parcimônia.

Às 20h05, Paulo teve um enfarte. Aciono o alarme e em poucos segundos a enfermeira-chefe entra no quarto e convoca o auxílio de toda a equipe de plantão. A médica entra no quarto para fazer a visita noturna e se assusta. Medicação e dedicação competente driblaram o quadro. Poucos minutos depois, a Dra. Maristela me diz que ia convocar a equipe que tinha feito a angioplastia e fazer novo cateterismo para verificar o que ocorrera. Em torno das 22 horas, sozinha, acompanho Paulo até a sala de cirurgia. As máquinas e os especialistas diziam que tinha havido um pequeno rompimento de artérias na base de seu coração, mas imediatamente, "mais solidárias com a vida do que os homens e as mulheres com seus pares, as veias e artérias já tinham voltado a funcionar normalmente". Fui me refazendo do medo, do terrível medo que invadia todo o meu ser. Do verdadeiro pavor de perder Paulo.

Paulo voltou ao quarto feliz, mas cansado. A médica pediu um quarto na Unidade Semi-intensiva para que nós dois passássemos a noite, mas todos estavam ocupados. Ela optou por conduzi-lo à Unidade de Terapia Intensiva e me disse: "Nita, isso é por um excessivo cuidado que devemos ter com o Professor. Ele está muito bem e tudo se encaminha para seu total restabelecimento. Não tema, está tudo sob controle!! Vá descansar!" "E se o acaso estiver contra nós, se um novo acidente acontecer?! Que garantias há de que ele está realmente bem? De que tudo passou?", perguntei querendo acreditar, mas ainda com medo e desconfiança. "Não, Nita, lhe garanto que tudo está bem! Nada acontecerá de ruim com seu marido! Tudo passou!"

Entrei com Paulo na UTI, vi-o sendo acomodado, a enfermeira aplicou uma injeção para que dormisse tranquilamente, mas antes mantivemos um pequeno diálogo. O último:[83] "Nitinha, não me deixe morrer! Quero tanto viver!" Respondi perguntando, mais certa após a conversa com a Dra. Maristela de que as dificuldades tinham sido mesmo superadas, rindo alegremente: "Você quer viver por mim, não é?".

---

83 Ver no editorial da revista *Cultura Vozes*, ano 91, v. 91, n. 4, julho/agosto de 1997, "Um pouco de minha vida com Paulo".

Três vezes perguntei e três vezes ele respondeu rindo também e me olhando firme, mas visivelmente muito cansado: "Também!!!"

Ri, acariciei-o dizendo "até logo". Recomendei-o, com meu extremo cuidado, ao médico de plantão dentro da UTI e parti cheia de alegria e esperanças.

Os médicos utilizaram todos os recursos da UTI quando outros enfartes o foram aniquilando durante a madrugada. Seu corpo não reagiu a nenhum tratamento. As garantias da medicina são na verdade mais frágeis do que as garantias da vida. E a vida não tem garantias. Paulo morreu dormindo na UTI do Hospital Albert Einstein, de São Paulo, às 6h30 da manhã, do dia 2 de maio de 1997, quando seu coração parou definitivamente de funcionar, após algumas tentativas de reanimação. Morreu de "enfarte agudo do miocárdio, insuficiência coronariana, hipertensão arterial sistêmica".

Nada mais eu podia fazer! Lutei, lutamos tantos anos para afastar Paulo da morte. Eu estive por quase todos os minutos dos últimos dez anos de sua vida ao seu lado, cuidando dele, dando-lhe forças, dando-lhe minha alegria, dando-lhe meu amor, num esforço incansável de revitalizar as energias do seu corpo já de longa data tão frágil. Ele não queria morrer, eu queria tê-lo junto a mim por mais muitos anos, mas seu corpo não aguentou.

Como foi difícil ver meu marido com o seu corpo inerte. Sentir que o homem que tanto amava não respondia, como sempre fez, a nenhuma das minhas palavras, às minhas palavras de amor.

Cara mansa, quase sorrindo, parecia que via Deus. Ao Deus que ele tanto serviu como bom cristão. Como o educador ético e político. Como o educador dos oprimidos e das oprimidas. Como o teólogo da libertação. Abracei-o com carinho sem saber o que faria de minha vida a partir daquele trágico momento. Profundamente trágico.

Se o cigarro tirou-lhe certamente muitos anos de vida, se o exílio contribuiu para diminuir-lhe muito de sua convivência entre nós, não posso deixar de admitir também que tem peso na sua morte algumas incompreensões e injustiças que sofreu. A sua vida foi roubada dele mesmo e de nós, prematuramente, seu coração não aguentou. Partiu com sua capacidade crítica, com sua paciência impaciente, com sua coerência de vida. Com seu arrojo e sua prudência. Com sua mansidão indignada. Partiu deixando saudades imensas. Partiu deixando um patrimônio de grandeza pouco comum: de honradez, de comportamento ético e capacidade de amar que impregna toda a sua obra e práxis, todos os passos de sua vida. O amor, indubitavelmente, norteou e marcou a presença de Paulo como homem, intelectual e militante no mundo. Como pai, como amigo e, não tenho receio de afirmar, sobretudo como marido.

Paulo morreu da única coisa que o poderia matar: do coração.[84] Seu coração dadivoso nunca tinha se poupado em oferecer-se aos que dele precisavam. Seu coração amoroso não suportou a malvadez e os desrespeitos praticados pelos invejosos e perversos sobre os fracos e oprimidos e oprimidas. Seu coração generoso não aguentou as dores do mundo. Paulo desgastou-se no amor. Por tanto amar. De muito e intensamente amar. Por sua valentia de tanto amar.

Lembro-me de que, ainda no Hospital Albert Einstein, Frei Betto foi abraçar-me. Foi rezar – e se reza por homens como Paulo?! – e despedir-se de seu amigo antes de viajar para a Palestina. Escreveu esta carta de despedida intitulada *A leitura do mundo*:[85]

"Ivo viu a uva", ensinavam os manuais de alfabetização. Mas o professor Paulo Freire, com o seu método de alfabetizar conscientizando, fez adultos e crianças, no Brasil e na Guiné-Bissau, na Índia e na Nicarágua, descobrirem que Ivo não viu apenas com os olhos. Viu também com a mente e se perguntou se uva é natureza ou cultura.

Ivo viu que a fruta não resulta do trabalho humano. É Criação, é natureza. Paulo Freire ensinou a Ivo que semear uva é ação humana na e sobre a natureza. É a mão, multiferramenta, despertando as potencialidades do fruto. Assim como o próprio ser humano foi semeado pela natureza em anos e anos de evolução do Cosmo.

Colher a uva, esmagá-la e transformá-la em vinho é cultura, assinalou Paulo Freire. O trabalho humaniza a natureza e, ao realizá-lo, o homem e a mulher se humanizam. Trabalho que instaura o nó de relações, a vida social. Graças ao professor, que iniciou sua pedagogia revolucionária com trabalhadores do SESI de Pernambuco, Ivo viu também que a uva é colhida por boias-frias, que ganham pouco, e comercializada por atravessadores, que ganham melhor.

Ivo aprendeu com Paulo que, mesmo sem ainda saber ler, ele não é uma pessoa ignorante. Antes de aprender as letras, Ivo sabia erguer uma casa, tijolo a tijolo. O médico, o advogado ou o dentista, com todo o seu estudo, não era capaz de construir como Ivo. Paulo Freire ensinou a Ivo que não existe ninguém mais culto do que o outro, existem culturas paralelas, distintas, que se complementam na vida social.

Ivo viu a uva e Paulo Freire mostrou-lhe os cachos, a parreira, a plantação inteira. Ensinou a Ivo que a leitura de um texto é tanto melhor compreendida quanto mais se insere o texto no contexto do autor e do leitor. E dessa relação

---

84 O mesmo foi dito por Mario Sergio Cortella, em entrevista à TV-PUC, no dia da morte de Paulo.
85 Depois divulgada pela Paulus Editora.

dialógica entre texto e contexto que Ivo extrai o pretexto para agir. No início e no fim do aprendizado é a práxis de Ivo que importa. Práxis-teoria-práxis, num processo indutivo que torna o educando sujeito histórico.

Cartum de autoria de Lailson, publicado no *Diário de Pernambuco* em homenagem a Paulo.

Ivo viu a uva e não viu a ave que, de cima, enxerga a parreira e não vê a uva. O que Ivo vê é diferente do que vê a ave. Assim, Paulo Freire ensinou a Ivo um princípio fundamental da epistemologia: a cabeça pensa onde os pés pisam. O mundo desigual pode ser lido pela ótica do opressor ou pela própria ótica do oprimido. Resulta uma leitura tão diferente uma da outra como entre a visão de Ptolomeu, ao observar o sistema solar com os pés na terra, e a de Copérnico, ao imaginar-se com os pés no Sol.

Agora Ivo vê a uva, a parreira e todas as relações sociais que fazem do fruto festa no cálice de vinho, mas já não vê Paulo Freire, que mergulhou no Amor na manhã de 2 de maio. Deixa-nos uma obra inestimável e um testemunho admirável de competência e coerência.

Paulo deveria estar em Cuba, onde receberia o título de Doutor *Honoris Causa*, da Universidade de Havana. Ao sentir dolorido seu coração que tanto amou, pediu que eu fosse representá-lo. De passagem marcada para Israel, não me foi possível atendê-lo. Contudo, antes de embarcar, fui rezar com Nita, sua mulher, e os filhos, em torno de seu semblante tranquilo. Paulo via Deus.

EDUCACIÓN

A LOS 75 AÑOS MURIO EN BRASIL EL PEDAGOGO PAULO FREIRE

EDUCAR COMO PRACTICA DE LIBERTAD, UN MANDATO QUE RESISTIO DICTADURAS

Paulo Freire, aos 75 anos, o educador dos oprimidos

Ana Maria, mulher de Paulo Freire, e o senador Eduardo Suplicy (centro) no enterro do educador

Educador Paulo Freire é enterrado após homenagem

Paulo Freire, el 'pedagogo de la liberación', muere en São Paulo a los 75 años

El educador brasileño regresó a Brasil en 1979, tras 14 años de exilio

Brasil perde seu maior educador

Paulo Freire morreu aos 75 anos, em 2 de maio, em conseqüência de problemas cardíacos. Freire é o criador de um método de alfabetização de adultos que leva o aluno ao exame crítico dos problemas sociais, econômicos e políticos ao mesmo tempo em anos em programas de educação de adultos no Instituto Chileno para a Reforma Agrária e escreveu sua obra Pedagogia do Oprimido. Em 1969, trabalhou como professor na Universidade de Harvard em colaboração com grupos engajados em novas experiências educacionais tanto em zonas rurais quanto urbanas. Foi Consultor Especial do Departamento de Educação do Conselho Mundial das Igrejas em Genebra

▎ Jornais diversos noticiaram a morte do educador dos oprimidos, do pedagogo da libertação.

Assinaram a lista de condolências no velório, no hall do Teatro da PUC de São Paulo (TUCA), cerca de setecentas pessoas e foram postas junto ao seu corpo 59 coroas de flores. Após a missa de corpo presente cocelebrada por Pe. Julio Lancelotti, Pe. Patrick Clark e o frei Gilberto Gorgulho o seu corpo saiu de sua antiga morada pedagógica – onde foi velado durante toda a noite por mim, pelos filhos dele, pelos meus filhos Ricardo e Heliana (os que viviam no Brasil), meus irmãos Miryam, Bel e José Antonio, que nunca me faltaram nas horas de alegria, mas sobretudo nessas de dor profunda; amigos; colegas de trabalho da PUC; correligionários do PT; educadores e educadoras e autoridades – num carro de bombeiros.

O então governador de Pernambuco, Miguel Arraes, decretou luto oficial, em Pernambuco, por três dias, e o do Distrito Federal, Cristovam Buarque, também o fez, pelos mesmos três dias.

O ataúde estava coberto por duas bandeiras, a do Brasil e a do Partido dos Trabalhadores, e em suas mãos tinham-lhe colocado uma pedra de giz, como uma homenagem ao grande professor/educador que ele foi.

Paulo foi sepultado no fim da manhã do dia 3 de maio de 1997, no Cemitério da Paz, em São Paulo, na Quadra 185, Sepultura 22. Nesse jazigo havia duas placas de bronze que Paulo tinha mandado colocar, retiradas por seus filhos após sua morte. Uma logo depois da morte da sua primeira mulher, Elza, na qual demonstrava o seu abatimento e sua dor:

> Elza,
> Quem me dera que eu pudesse
> Passar de um tempo ao outro
> Com a pressa e a maciez
> Com que as nuvens andam
> No fundo azul do céu.
>
> *Paulo, 22/11/86.*

A outra placa "falando" de mim, que embora datada de 1991, era desejo dele tê-la feito desde nosso casamento em 1988. Ele queria dizer o que ela mesma sabia, da possibilidade e necessidade de as pessoas, como ele, refazerem a sua vida depois das perdas:

> Elza,
> Corte fundo
> Dor intensa
> Noites sem amanhã
> Dias sem sentido
> Tempo coisificado, imobilizado

Desespero, angústia, solidão.
Foi preciso aceitar tua ausência
Para que ela virasse presença
Na saudade amena que tenho de ti
Por isso voltei à vida
Sem te negar.

Paulo, 24/10/91.

Aproveito para colocar aqui, simbolicamente, a placa que gostaria de apor nesse mesmo jazigo. Escrevo esta "virtual" inscrição no dia em que Paulo completaria 81 anos de idade. Porque é desejo simbólico, as palavras vêm do mais fundo de mim, sem censuras:

Paulo,
Infância juventude maturidade
afetos sempre presentes
fascinação que se fez amor
paixão intensa profunda
carinhos trocados desejos nutridos
desejos vividos saciados

Fascinação paixão maturidade
oferecemo-nos um ao outro nas
profundezas mais intensas do amor
da fascinação, da paixão que se fez amor
um novo amor da fascinação nascido
nascido do mais profundo de nossos seres

Amantes de todos os tempos de
todas as horas de
todos os encontros
amantes na lua no sol
no corpo da Vida
eternamente fascinação paixão amor

Nita
Em 19/9/2002.

Paulo morreu com toda a grandeza e inteireza do homem que foi: acreditando no povo, na esperança da construção de um Brasil melhor, na utopia da Justiça e da Paz, na libertação de todos os povos, com toda a sua pureza-menina, que só os homens que regem suas vidas pela ética e pela dignidade, os sábios e profetas, têm.

No gosto, no dom e na graça que é a VIDA, como sempre a entendeu e a sentiu, apesar das dores, das decepções e dos espantos que essa lhe determinou. No amor, que marcou a sua presença entre nós e deu, por fim, a face risonha, resignada e feliz ao Senhor.

Finalizo, assim, esta biografia de Paulo Freire, tão dolorosa que foi para mim, permeada de momentos de extrema alegria, ao relembrar fatos, momentos, sentimentos e emoções e escrever sobre eles, com palavras dele, alegres palavras[86] dele, porque mesmo falando de sua própria morte ele falava do mais fundo da sua alegria-menina de ter podido "voltar para casa", de ter voltado ao seu querido país. De meninamente estar aberto à VIDA. De com gosto menino estar vivo.

Paulo falava da alegria menina que norteou toda a sua vida até o dia de sua morte, de toda a sua *história de vida*:

Puxa rapaz! A alegria menina continua vivíssima e menina ainda. Acho que ainda vou viver muito e morrer no Brasil. Pois bem, quando eu morrer, esta alegria ainda estará menina!

---

86 *Porandubas*, Boletim Informativo da PUC-SP. Ano V, n. 37, abril de 1981, p. 6 e 7. Resposta à pergunta: "Paulo, que fim levou a tua 'alegria menina' do retorno?". Feita por Jorge Cláudio Ribeiro. Reportagem de capa: "O Paulo é nosso!"

Bibliografia

PARTE VII

CAPÍTULO 23

Bibliografia de Paulo Freire[1]

Educação e atualidade brasileira. Recife, 1959. Tese (Concurso para a Cadeira de História e Filosofia da Educação) – Escola de Belas Artes de Pernambuco.
Educação e atualidade brasileira. Org. e contextualização de José Eustáquio Romão; Prefácios Fundadores do Instituto Paulo Freire. São Paulo: Editora Cortez/IPF, 2001.
Educación y actualidad brasileña. Org. y contextualización de José Eustáquio Romão; Prefácio Carlos Torres y otros. México: Siglo XXI; Buenos Aires: Siglo XXI Editores Argentina, 2001.

Educação como prática da liberdade. Introd. de Francisco Weffort. Rio de Janeiro: Paz e Terra, 1967.
Educación como práctica de la libertad. Introd. de Julio Barreiro. 1.ed. Montevideo: Tierra Nueva, 1969; México: Siglo XXI, 1973.
Education as the practice of liberty. Nova York: McGraw-Hill, 1973.
Education for critical consciousness. Introd. de Denis Goulet. Prefácio de Jacques Chonchol. Nova York: Continuum, 1973.
Erziehung als Praxis der Freiheit. Stuttgart: Kreuz Verlag, 1974.

---

1 São citadas também as referidas edições internacionais.

Pedagogia do oprimido. Prefácio de Ernani Maria Fiori. Rio de Janeiro: Paz e Terra, 1974.
Pedagogy of the oppressed. Tradução de Myra Bergman Ramos. Nova York: Herder and Herder, 1970.
La pedagogia degli oppressi. Prefazione all'edizione italiana di Linda Bimbi. Imparare a parlare dei Ernani Maria Fiori. Milão: Arnoldo Mondadori Editore, 1971.
Pädagogik der Unterdrükten. Stuttgart: Kreuz Verlag, 1971.
Pedagogía del oprimido. Buenos Aires: Siglo XXI, Tierra Nueva, 1973.
Ezilenlerin Pedagojisi. Tradução: Dilek Hattatoglu e Erol Özbek. Istambul: Ayrinti Yayinlari, 1991.
Pedagogy of the oppressed. Tradução de Myra Bergman Ramos. 30th Anniversary Edition. Introdução de Donaldo Macedo. Nova York: Continuum, 2000.

Extensão ou comunicação? Prefácio de Jacques Chonchol. Tradução de Rosiska Darcy de Oliveira. Rio de Janeiro: Paz e Terra, 1971; 15ª edição, São Paulo: Paz e Terra, 2011.
Extensión o comunicación? La conscientización en el medio rural. Prefácio de Jacques Chonchol. Montevideo: Tierra Nueva; Buenos Aires: Siglo XXI, 1973.
Extension or communication? Prefácio de Jacques Chonchol. Tradução de Louise Bigwood e Margaret Marshall. Nova York: McGraw-Hill, 1973.
Pädagogik der Solidarität. Wuppertal: Peter-Hanmmer Verlag, 1974.

Ação cultural para a liberdade e outros escritos. Rio de Janeiro: Paz e Terra, 1976; 14ª edição. São Paulo: Paz e Terra, 2011.
Cultural action for freedom. Tradução de Loretta Slover. Cambridge: Harvard Educational Review, 1970.
Acción cultural para la libertad. Buenos Aires: Tierra Nueva, 1975.

Cartas a Guiné-Bissau: registros de uma experiência em processo. Rio de Janeiro: Paz e Terra, 1977; 5ª edição. São Paulo: Paz e Terra, 2011.
Cartas a Guinea-Bissau: apuntes de una experiencia pedagógica en proceso. México: Siglo XXI, 1977.
Pedagogy in process. The letters to Guinea-Bissau. Prefácio de Jonathan Kozol. Tradução de Carmem Hunter. Nova York: Seabury Press, 1978.

Educação e mudança. Prefácio de Moacir Gadotti. Tradução de Moacir Gadotti e Lílian Lopes Martin. Rio de Janeiro: Paz e Terra, 1979; 34ª edição revista e ampliada. São Paulo: Paz e Terra, 2011.
Educación y cambio. Buenos Aires: Búsqueda, 1976.

Conscientização: teoria e prática da libertação. Uma introdução ao pensamento de Paulo Freire. Apresentação de Cecilio de Lora, SM. Prólogo da Equipe INODEP. São Paulo: Moraes, 1980.

A importância do ato de ler em três artigos que se completam. Prefácio de Antônio Joaquim Severino. São Paulo: Cortez: Autores Associados, 1982.
The importance of the act of reading. Tradução de Loretta Slover. Boston: Boston University Journal of Education, 1983.
La importancia de leer y el proceso de liberación. México: Siglo XXI, 1984.

A educação na cidade.[2] Prefácio de Moacir Gadotti e Carlos Alberto Torres. São Paulo: Cortez, 1991.[3] (Esgotado)
L'éducation dans la ville. Paris: Polynôme, 1991.
Pedagogy of the city. Tradução de Donaldo Macedo. Nova York: Continuum, 1993. (Esgotado)
La educación en la ciudad. Prólogo de Moacir Gadotti y Carlos Alberto Torres. Traducción Stella Araujo Olivera. México: Siglo XXI, 1997.
L'educació a la ciutat. Traducció i correcció di Vicent Berenguer. Estudi preliminar de Marina Subirats. Xátiva: Edicions del Crec i Denes Editorial, 2003.

Pedagogia da esperança: um reencontro com a Pedagogia do oprimido. Notas de Ana Maria Araújo Freire. Rio de Janeiro: Paz e Terra, 1992; 12ª edição, Notas de Ana Maria Araújo Freire e Prefácio de Leonardo Boff. Rio de Janeiro: Paz e Terra, 2005; 17ª edição. Notas de Ana Maria Araújo Freire, Prefácio de Leonardo Boff e Orelha de Antonio Chizzotti e Mario Sergio Cortella. São Paulo: Paz e Terra, 2011.
Pedagogía de la esperanza. Notas de Ana Maria Araújo Freire. México: Siglo XXI, 1993.
Pedagogía de la esperanza. Notas de Ana Maria Araújo Freire. 2ª edição com prólogo de Carlos Núñez Hurtado. México: Siglo XXI, 1994.
Pedagogy of hope: Reliving Pedagogy of the Oppressed. Notas de Ana Maria Araújo Freire. Tradução de Robert R. Barr. Nova York: Continuum, 1994; 1ª edição. Londres: Bloomsbury Academic, 2021.
Habets Paedagogik. Bogen er forynet med al Ana Maria Araújo Freire. Kopenhagen: Fremad, 1994.
Pedagogi pengharapan. Catatan Ana Maria Araújo Freire. Yogyakarta: Penerbit Kanisius, 2001.
Pedagogia da esperança: um reencontro com a Pedagogia do oprimido. Notas de Ana Maria Araújo Freire. Tóquio: Taro Jiro Sha, 2001.
Pedagogia da esperança: um reencontro com a Pedagogia do oprimido. Notas de Ana Maria Araújo Freire. Seul: Achimysul, 2001.

---

2   Atualmente em processo de revisão e ampliação para posterior publicação com o título de *Direitos Humanos e educação libertadora: a gestão democrática da SMED/SP (1989-1991)*, com organização de Ana Maria Araújo Freire e Erasto Fortes Mendonça.
3   A partir de *Educação na cidade*, a bibliografia está completa em todas as suas publicações. As edições em japonês, coreano, russo, ucraniano, chinês e árabe são listadas aqui com os títulos e a imprenta em português em razão da dificuldade de transcrição dos caracteres referentes a cada uma dessas línguas.

Pedagogia de l'esperança, Traducció di Eduard Marco i Maria Teresa Reus. Note de Ana Maria Araújo Freire. Estudi preliminar de Miquel Martí. Xátiva: Edicions del Crec i Denes Editorial, 2004.

Pedagogia dela speranza: un nuovo approccio a La pedagoiga degili oppressi. Torino: Ega, 2008; Premessa i Approfondimenti de Ana Maria Araújo Freire. Torino: Edizioni Gruppo Abele, 2014.

Política e educação. São Paulo: Cortez, 1993. (Coleção Questões de Nossa Época, v. 23); 8ª edição, Prefácio de Venício A. de Lima. Indaiatuba: Villa das Letras, 2007; Organização, Notas e Orelha de Ana Maria Araújo Freire. Prefácio de Venício A. de Lima. Rio de Janeiro: Editora Paz e Terra, 2014.

Política y educación. México: Siglo XXI, 1996.

Professora sim, tia não: cartas a quem ousa ensinar. São Paulo: Olho D'Água, 1993; 1ª edição, revista e ampliada. Rio de Janeiro: Civilização Brasileira, 2011; 24ª edição. Prefácio de Jefferson Ildefonso da Silva. Apresentação e Orelha de Ana Maria Araújo Freire. Rio de Janeiro: Editora Paz e Terra, 2013; 25ª edição, 2015.

Cartas a quien pretende enseñar. Prólogo por Rosa Maria Torres. Traducción de Stella Mastrangelo. México: Siglo XXI, 1994.

Teachers as Cultural Workers: letters to those who dare teach. Prefácio de Donaldo Macedo e Ana Maria Araújo Freire. Tradução de Donaldo Macedo, Dale Koike e Alexandre Oliveira. Boulder: Westview Press, 1998.

Cartas a quien pretende enseñar. Prólogo por Rosa Maria Torres. Traducción de Stella Mastrangelo. Buenos Aires: Siglo XXI, 2002.

Professora sim, tia não: cartas a quem ousa ensinar. Nanjing: Peoples's Publishing House, 2006. (Em língua chinesa)

Professora sim, tia não: cartas a quem ousa ensinar Al-Dar-Masriah Al-Lubnania, 2007. (Egito, edição em língua árabe)

Cartas a Cristina. Prefácio de Adriano S. Nogueira. Notas de Ana Maria Araújo Freire. Rio de Janeiro: Paz e Terra, 1994.

Cartas a Cristina: reflexões sobre minha vida e minha práxis. Prefácio de Adriano S. Nogueira. Direção, Organização e Notas de Ana Maria Araújo Freire. 2ª edição São Paulo: Editora Unesp, 2003. (Série Paulo Freire); 3ª edição. Prefácio de Adriano S. Nogueira. Organização e notas de Ana Maria Araújo Freire. Rio de Janeiro: Editora Paz e Terra, 2013.

Cartas a Cristina: reflexiones sobre mi vida y mi trabajo. Prefácio de Adriano S. Nogueira Notas por Ana Maria Araújo Freire. México: Siglo XXI, 1996.

Letters to Cristina: Reflections on my life and work. Notas de Ana Maria Araújo Freire. Tradução de Donaldo Macedo, Quilda Macedo e Alexandre Oliveira. Nova York: Routledge; Londres: Routledge, 1996.

Cartas a Cristina. Prefácio de Peter Park. Notas de Ana Maria Araújo Freire. Coreia: Achimyisul Publishing.

À sombra desta mangueira. Prefácio de Ladislau Dowbor. Notas de Ana Maria Araújo Freire. São Paulo: Olho D'Água, 1995; 1ª edição revista e ampliada. Prefácio de Ladislau Dowbor. Organização e Notas de Ana Maria Araújo Freire. Rio de Janeiro: Civilização Brasileira, 2012; Prefácio de Ladislau Dowbor. Organização e Notas de Ana Maria Araújo Freire. Rio de Janeiro: Paz e Terra, 2013.

A la sombra de este árbol. Introducción de Ramón Flecha. Notas por Ana Maria Araújo Freire. Barcelona: El Roure, 1997.

Pedagogy of the heart. Tradução de Donaldo Macedo e Alexandre Oliveira. Prefácio de Martin Carnoy. Prefácio de Ladislau Dowbor. Notas de Ana Maria Araújo Freire. Nova York: Continuum, 2000.

Pedagogy Hati. Catatan Ana Maria Araújo Freire. Yogyakarta: Kanisius, 2001.

À sombra desta mangueira. Prefácio de Ladislau Dowbor. Notas de Ana Maria Araújo Freire. Moscou: KNIB Beceslka, 2003.

Pedagogia da autonomia – saberes necessários à prática educativa. Prefácio de Edna Castro de Oliveira. São Paulo: Paz e Terra, 1996. (Coleção Leitura); 29ª edição Orelha de Ana Maria Araújo Freire. Prefácio de Edna Castro de Oliveira. Quarta capa de Frei Betto. São Paulo: Paz e Terra, 2004; 36ª edição Comemorativa de 1 milhão de exemplares. Orelha de Ana Maria Araújo Freire. Prefácio de Edna Castro de Oliveira. Quarta capa de Frei Betto. São Paulo: Paz e Terra 2007; Prefácio de Edna Castro de Oliveira, Orelha de Ana Maria Araújo Freire. São Paulo: Paz e Terra, 2011; 46ª edição, Prefácio de Edna Castro de Oliveira, Orelha de Ana Maria Araújo Freire. Rio de Janeiro: Paz e Terra, 2013; 50ª edição, 2015.

Pedagogia da autonomia – saberes necessários à prática educativa. Orelha e apresentação por Ana Maria Araújo Freire. Prefácio de Edna Castro de Oliveira. São Paulo: ANCA/MST, 2004.

Pedagogía de la autonomía. Prefácio de Edna Castro de Oliveira. Tradução de Guillermo Palacios. Buenos Aires: Siglo XXI, 2003.

Pedagogía de la autonomía. Prefácio de Edna Castro de Oliveira. Tradução de Guillermo Palacios. México: Siglo XXI, 1997.

Pedagogy of freedom: Ethics, Democracy, and Civic Courage. Tradução de Patrick Clark. Prefácio de Donaldo Macedo. Indrodução de Stanley Aronowitz. Lanham: Rowman & Littlefield Publishers Inc., 1998.

Autonomiaren Pedagogia. Hezkuntzan jarduteko beharrezko. Introdução de Itziar Idiazabal. Donostia: Eusko Ikaskuntza, 1999.

Pedagogia de l'autonomia. Tradução e revisão Eduardo J. Verger. Estudo preliminar de Fernando Hernández. Xátiva: Edicions del Crec i Denes Editorial, 2003.

Pedagogia da autonomia. Kief: Publishing House of the National University of Kyiv Mohyla Academy, 2004.

Pedagogia dell'autonomia – saperi necessari per la pratica eductiva. Tradução de Gabriele Colleoni e Gian Pietro Canossi. Prefácio de Edna Castro de Oliveira, Posfácio de Ana Maria Araújo Freire, Nota conclusiva de Frei Betto. Torino: EGA Editore, 2004; Torino: Edizioni Gruppo Abele, 2014.

Pédagogie de l'autonomie – savoirs nécessaires à la pratique éducative. Tradução de Jean-Claude Régnier. Abertura de André Lefeuvre e Fátima Morais. Prefácio de Ana Maria Araújo Freire. França: Éditions Érès, 2006; 2ª edição, Tradução de Jean-Claude Régnier. Abertura de André Lefeuvre e Fátima Morais. Prefácio de Ana Maria Araújo Freire. França: Éditions Érès, 2013.

Pedagogia da autonomia. Seul: Ahchimyisul Publishing, 2007.

Pädagogik der autonomie; Notwendiges Wissen für die Bildungspraxis. Apresentação de Ana Maria Araújo Freire. Tradução de Peter Schreiner e outros, Vol. 3. Münster/Nova York/München/Berlin: Waxmann, 2008.

Pedagogia dell'autonomia – saperi necessari per la pratica eductiva. Tradução de Gabriele Colleoni e Gian Pietro Canossi. Prefácio de Edna Castro de Oliveira. Posfácio de Ana Maria Araújo Freire, Posfácio da 1ª edição italiana de Frei Betto. Torino: EGA Editore, 2004; Torino: Edizioni Gruppo Abele, 2014.

Pedagogia da indignação: Cartas pedagógicas e outros escritos. Apresentação e Organização de Ana Maria Araújo Freire. Carta-Prefácio de Balduíno A. Andreola. São Paulo: Editora Unesp, 2000; 1ª edição da Paz e Terra, Organização e Participação de Ana Maria Araújo Freire, Carta-Prefácio de Balduíno A. Andreola. Rio de Janeiro: Paz e Terra, 2014.

Pedagogia de la indignación. Prólogo por Jurjo Torres Santomé. Presentación por Ana Maria Araújo Freire. Carta-Prefácio a Balduíno A. Andreola. Madri: Morata, 2001.

Pedagogy of indignation. Prefácio de Donaldo Macedo. Prólogo de Ana Maria Araújo Freire. Letter to Paulo Freire de Balduíno A Andreola. Boulder: Paradigm Publishers, 2004.

Pedagogia de la indignación: cartas pedagógicas en un mundo revuelto. Apresentação por Ana Maria Araújo Freire. Carta-Prefácio por Balduíno A. Andreola. Buenos Aires: Siglo XXI, 2012.

Pedagogia dos sonhos possíveis. Organização, Apresentação e Notas de Ana Maria Araújo Freire. Prefácio de Ana Lúcia Souza de Freitas. Posfácio de Olgair Gomes Garcia. Orelha Carlos Nuñez Hurtado. São Paulo: Editora Unesp, 2001. (Série Paulo Freire); Organização, Apresentação e Notas de Ana Maria Araújo Freire. Prefácio de Ana Lúcia Souza de Freitas. Posfácio de Olgair Gomes Garcia. Orelha Carlos Nuñez Hurtado. Rio de Janeiro: Paz e Terra, 2014.

Daring to dream: toward a pedagogy of the unfinished. Organização e apresentação de Ana Maria Araújo Freire. Prefácios de Peter Park e Ana Lúcia Souza de Freitas. Boulder: Paradigm Publishers, 2007.

Pedagogia da tolerância. Prêmio Jabuti 2006 – Categoria Educação, 2º lugar concedido a Paulo Freire e Ana Maria Araújo Freire. Organização, apresentação e notas de Ana Maria Araújo Freire. Prefácio de Lisete R. G. Arelaro. Orelha Luiz Oswaldo Sant'Iago Moreira de Souza. São Paulo: Editora Unesp, 2005. (Série Paulo Freire);

2ª edição Organização, Apresentação e Notas de Ana Maria Araújo Freire. Prefácio de Lisete R. G. Arelaro. Rio de Janeiro: Paz e Terra, 2013.

Pedagogia de la tolerância. Presentación, Organización y Notas de Ana Maria Araújo Freire. Trad. de Mario Morales Castro. México: FCE, CREFAL, 2006. (Colec. Educación y Pedagogia)

Pedagogia do compromisso: América Latina e Educação Popular, Prefácio de Pedro Pontual. Organização, notas e supervisão das traduções de Ana Maria Araújo Freire; Tradução de Lílian Contreira e Miriam Xavier de Oliveira. Coleção Dizer a Palavra, vol. 2. Indaiatuba: Editora Villa das Letras, 2008.

Pedagogía del compromiso: América Latina y Educación Popular. Prefácio de Pedro Pontual. Apresentação, organização e notas de Ana Maria Araújo Freire; Tradução de Miquel Fort. Barcelona: Hipatia Editorial, 2009.

Pedagogy of commitment, Prefácio de Ana Maria Araújo Freire; Prefácio de Pedro Pontual; Tradução de David Brookshaw e Alexandre Oliveira. Boulder (USA)/ Londres: Paradigm Publishers. 2014.

Unterdruckung und befreiung. Vol. 1. Münster/Nova York/München/Berlim Waxmann, 2007. (Coletânea de textos do ano 1970 a 1989.)

Bildung und Hoffnung. Apresentação de Heinz-Peter Gerhardt. Vol. 2. Münster/Nova York/München/Berlin Waxmann, 2007. (Coletânea de textos do ano 1991 a 1997.)

Livros em parceria ou coautoria

Com Sérgio Guimarães. *Partir da infância: diálogos sobre educação*. São Paulo: Paz e Terra, 2011.[4]

Com Aldo Vannucchi e Wlademir Santos. *Paulo Freire ao vivo*. São Paulo: Loyola, 1983.

Com Sérgio Guimarães. *Educar com a mídia*. São Paulo: Paz e Terra, 2012.[5]

Com Frei Betto e Ricardo Kotscho. *Essa Escola chamada vida*. São Paulo: Ática, 1985.

Com Frei Betto e Ricardo Kotscho. *Schule Die Leben Heisst: Befreiungstheologie konket Ein Gespräch*. Müchen: Kösel, 1986.

Com Antonio Faundez. *Por uma pedagogia da pergunta*. Rio de Janeiro: Paz e Terra, 1985; 7ª edição revista e ampliada. São Paulo: Paz e Terra, 2011.

Com Antonio Faundez. *Learning to Question: A Pedagogy of Liberation*. Tradução de Tony Coates. Nova York: Continuum, 1989.

---

4 Este livro vinha sendo publicado como *Sobre educação*, vol. I. Rio de Janeiro: Paz e Terra, 1982.
5 Este livro vinha sendo publicado como *Sobre educação* (diálogos) v. II. Rio de Janeiro: Paz e Terra, 1984.

Com Moacir Gadotti e Sérgio Guimarães. *Pedagogia: diálogo e conflito*. São Paulo: Cortez, 1985.

Com Ira Shor. *Medo e ousadia: o cotidiano do professor*. Rio de Janeiro: Paz e Terra, 1987; 13ª edição. São Paulo: Paz e Terra, 2011.

Com Ira Shor. *A pedagogy for liberation*. Hadley: Bergin & Garvey, 1987.

Com Sérgio Guimarães. *Aprendendo com a própria história*.[6] São Paulo: Paz e Terra, 2011.

Com Arlette d'Antola (org.) e outros. *Disciplina na Escola: Autoridade versus autoritarismo*. São Paulo: EPU, 1989.

Com Donaldo Macedo. *Alfabetização: leitura do mundo, leitura da palavra*. Prefácio de Ann E. Berthoff, Introdução de Henry A. Giroux. Rio de Janeiro: Paz e Terra, 1990; 2ª edição. Prefácio de Ann E. Berthoff, Introdução de Henry A. Giroux. Rio de Janeiro: Paz e Terra, 2011; 6ª edição Prefácio de Ann E. Berthoff, Introdução de Henry A. Giroux. Rio de Janeiro: Paz e Terra, 2013.

Com Donaldo Macedo. *Literacy: Reading the Word and the World*. Prefácio de Ann E. Berthoff. Introdução de Henry A Giroux. Westport: Bergin & Garvey, 1987.

Com Adriano Nogueira. *Que fazer: teoria e prática em educação popular*. Petrópolis: Vozes, 1989; 11ª edição, 2011.

Com Sérgio Guimarães. *Dialogando com a própria história*. Apresentação de Ana Maria Araújo Freire. Orelha de Marcos Reigota. São Paulo: Paz e Terra, 2011.[7]

Com Myles Horton. *O caminho se faz caminhando: conversas sobre educação e mudança social*. Tradução de Vera Lúcia Mello Josceline. Prefácio e Notas de Ana Maria Araújo Freire. Petrópolis: Vozes, 2002.

Com Myles Horton. *O caminho se faz caminhando: conversas sobre educação e mudança social*. Tradução de Vera Lúcia Mello Josceline. Prefácio e notas de Ana Maria Araújo Freire. Petrópolis: Vozes, 2002.

Com Myles Horton. *We make the road by walking: Conversation on Education and Social Change*. Edição de Brenda Bell, John Gaventa e John Peters. Philadelphia: Temple University Press, 1990.

Com Myles Horton. *Caminant fem el camí*. Traducció i revisió Elvira Penya-roja. Pròleg José Manuel Asún. Xátiva: Ediciones Del CREC, 2003.

Com Myles Horton. *O caminho se faz caminhando: conversas sobre educação e mudança social*. Notas de Ana Maria Araújo Freire. Seul: Achimysul Publishing, 2003.

---

6   Este livro vinha sendo publicado como *Aprendendo com a própria história*, volume I, desde o ano de 1987.

7   Este livro vinha sendo publicado como *Aprendendo com a própria história*, volume II, desde o ano de 2002.

Com Roberto Iglesias. Ilustração de Claudius Ceccon. *El grito manso*. Buenos Aires: Siglo XXI, 2003; 2ª edição, 3ª reimp., Buenos Aires: Siglo XXI, 2009.

Com Donaldo Macedo. *Cultura, lingua, razza. Un diálogo*. Udine: Forum, 2008.

Com Sérgio Guimarães. *A África ensinando a gente: Angola, Guiné-Bissau, São Tomé e Príncipe*. Prefácio de Ana Maria Araújo Freire. São Paulo: Paz e Terra, 2003; 2ª edição. Prefácio de Ana Maria Araújo Freire. Orelha de Marcius Cortez. São Paulo: Paz e Terra, 2011.

Com Sérgio Guimarães. *Lições de casa: últimos diálogos sobre educação*. São Paulo: Editora Paz e Terra, 2011.[8]

Com Nita Freire e Walter Ferreira de Oliveira. *Pedagogia da solidariedade*. Prefácio de Henry A. Giroux, Posfácio de Donaldo Macedo, Coleção Dizer a palavra, vol 3. Indaiatuba: Editora Villa das Letras, 2009; 1ª edição, Rio de Janeiro: Paz e Terra, 2014.
Com Ana Maria Araújo Freire e Walter de Oliveira, *Pedagogy of solidarity*, Prefácio de Henry A. Giroux, Posfácio de Donaldo Macedo, Walnut Creek, CA, USA: Left Coast Press, 2014.

Com Nita Freire. *Nós dois*. Prefácio de Marta Suplicy; Posfácio de Mario Sergio Cortella e Epílogo de Alípio Casali. Rio de Janeiro: Paz e Terra, 2013.

Bibliografia citada

AZEVEDO, José Clovis de. (Org.) *Utopia e democracia na educação cidadã*. Porto Alegre: Ed. Universidade/UFRGS/Secretaria Municipal de Educação, 2000.
BHARUCHA, Rustom. *Chandralekha mulher dança resistência*. Nova Delhi: Harper Collins Publishers, 1995.
BRANDÃO, Carlos R. *Paulo Freire: o menino que lia o mundo*. São Paulo: Editora Unesp, 2003. (Série Paulo Freire)
CÂMARA, Helder. *Palavras e reflexões*. Recife: Editora Universitária da UFPE, 1995.
CIRIGLIANO, Gustavo F. J. *Tangología*. Buenos Aires: Fundación Octubre, 2001.
DUSSEL, Enrique. *Ética da libertação: na idade da globalização e da exclusão*. Petrópolis: Vozes, 2000.
FRASER, James W. et al. *Mentoring the mentor: a critical dialogue with Paulo Freire*. Nova York: Peter Lang, 1997.
FREIRE, Ana Maria Araújo. *Analfabetismo no Brasil: da ideologia da interdição do corpo à ideologia nacionalista, ou de como deixar sem ler e escrever desde as Catarinas (Para-

---

8 Este livro vinha sendo publicado como *Sobre educação: lições de casa*, desde 2008.

guaçu), Filipas, Madalenas, Anas, Genebras, Apolônias e Gracias até os Severinos. 3.ed. São Paulo: INEP-Cortez, 2001.

_____. *Nita e Paulo – crônicas de amor.* Prefácio de Marta Suplicy. São Paulo: Olho D'Água, 1998.

_____. (Org.) *A pedagogia da libertação em Paulo Freire.* São Paulo: Editora Unesp, 2001. (Série Paulo Freire)

_____. Com Paulo Freire. *Nós dois.* Prefácio de Marta Suplicy; Posfácio de Mario Sergio Cortella e Epílogo de Alípio Casali. Rio de Janeiro: Paz e Terra, 2013.

GADOTTI, Moacir, et al. *Paulo Freire: uma biobibliografia.* São Paulo: Cortez: Instituto Paulo Freire; Brasília, DF: Unesco, 1996.

GIROUX, Henry. *Teacher as intellectuals.* South Hadley: Bergin and Garvey, 1988.

GOLDFELD, Zélia. *Encontros de vida.* São Paulo: Record, 1997.

LEVINSON, Jerome; ONIS, Juan de. *The Alliance that lost its way. A critical report on the Alliance for Progress.* Chicago: Quadrangue Book, 1970.

NICOL, Eduardo. *Los principios de la ciencia.* México: Fondo de Cultura Económico, 1965.

OLIVEIRA, Ivanilde Apoluceno de. *Leituras freireanas sobre educação.* São Paulo: Editora Unesp, 2003. (Série Paulo Freire)

RIBEIRO, Marcos. *Mamãe, como eu nasci?* São Paulo: Editora Salamandra, 1988.

RIBEIRO, Marcos. et al. *O prazer e o pensar: orientação sexual para educadores e profissionais da saúde.* São Paulo: Editora Gente, 1999, v.1 e 2.

RIVA, Fernando de la. Seis paisajes con Paulo Freire al fondo. In: HURTADO, Carlos Nuñez et al. *Educación y transformación social, homenaje a Paulo Freire.* Caracas: Editorial Laboratorio Educativo, 1998.

ROCCO, Gaetana M. Jovino di. *Educação de adultos: uma contribuição para seu estudo no Brasil.* São Paulo: Loyola, 1979.

ROSAS, Paulo. *Papéis avulsos sobre Paulo Freire*, 1. Recife: Editora Universitária, 2003.

SANTOS Lima, Maria Nayde dos; ROSAS, Argentina. (Org.) *Paulo Freire – quando as ideias e os afetos se cruzam.* Recife: Ed. Universitária UFPE/Prefeitura da Cidade do Recife, 2001.

SILVESTRE, Edney. *Contestadores.* São Paulo: Francis, 2003.

SOUSA, Luiza Erundina de. *Exercício da paixão política.* São Paulo: Cortez, 1991.

SUPLICY, Marta. *Sexo se aprende na escola.* São Paulo: Olho d'Água, 1995.

SNYDERS, George. *Alunos felizes: reflexões sobre a alegria na escola a partir de textos literários.* 2.ed. São Paulo: Paz e Terra, 1996.

STRECK, Danilo R. *Pedagogia no encontro de tempos: ensaios inspirados em Paulo Freire.* Petrópolis: Vozes, 2001.

ZIEGLER, Jean. *A Suíça acima de qualquer suspeita.* São Paulo: Paz e Terra, 1977.

_____. *Suíça, o ouro e as mortes.* São Paulo: Record, 1997.

_____. *A fome no mundo explicada a meu filho.* Petrópolis: Vozes, 2002.

ZIEGLER, Jean; DEBRAY, Regis. *Trata-se de não entregar os pontos: conversas radiofônicas.* São Paulo: Paz e Terra, 1999.

Apêndice I

Escolas inauguradas por Paulo Freire como secretário Municipal de Educação (SP)

Quadro com as 31 escolas inauguradas por Paulo Freire como secretário da Educação do município de São Paulo, de 1989 a 1991, na gestão da prefeita Luiza Erundina de Souza.

Ato de criação	Data de criação	Subprefeitura	Tipo	Nome da escola	Endereço
27.809	5.6.1989	São Mateus	EMEF	Henrique Souza Filho – Henfil	Rua Erico Semer, s/n Jardim Marilu 08371-400 – Iguatemi Tel.: 11 6731-2097
00.000	1.1.1990	Vila Mariana	OUT-PMSP	Centro de Educação Jardim Miriam	Rua Leandro Dupret, 525 Vila Clementino 04025-549 – Vila Mariana

(Continua)

(Continuação)

Ato de criação	Data de criação	Subprefeitura	Tipo	Nome da escola	Endereço
28.506	17.1.1990	Vila Prudente	CEI DIRET	Jardim Adutora	Rua Antonio Vilares, 187 Jardim Adutora 03978-230 – Sapopemba Tel.: 11 6919-0777
28.629	30.3.1990	Guaianazes	EMEF	Professora Idemia de Godoy	Rua Andes, 807 Guaianazes 08440-180 – Lajedo Tel.: 11 207-9276
28.628	30.3.1990	Itaquera	EMEF	Sebastião Francisco, o Negro	Rua Onofre Jorge Velho, 260 Cidade Lider 08280-330 – Pq. do Carmo Tel.: 11 6286-3691
28.596	1.8.1990	Parelheiros	CEI DIRET	Jardim Novo Parelheiros	Rua Romualdo Christe, 30 Parelheiros 04890-680 – Parelheiros Tel.: 11 5920-8840
28.909	3.8.1990	Cidade Tiradentes	EMEF	Alexandre Vannuchi Leme	Rua Igarapé da Diana, 60 Conjunto Habitacional Inácio Monteiro 08472-120 – Cid. Tiradentes Tel.: 11 6555-2094
28.911	3.8.1990	Cidade Tiradentes	EMEF	Senador Luis Carlos Prestes	Rua Igarapé Guará, 90 Conjunto Habitacional Inácio Monteiro 08472-120 – Cid. Tiradentes Tel.: 11 6555-2615

(Continua)

(Continuação)

Ato de criação	Data de criação	Subprefeitura	Tipo	Nome da escola	Endereço
28.908	3.8.1990	Cidade Tiradentes	EMEI	Olga Benario Prestes	Rua Igarapé Fartura, 195 08472-400 – Cid. Tiradentes Tel.: 11 6555-2615
28.978	22.8.1990	Jaçanã/ Tremembé	EMEI	Dina Kutner de Souza – Dina Sfat	Rua Manuel Araújo Aragão, 317 Jd. Santo Alberto 02356-170 – Tremembé Tel.: 11 204-4883
29.012	5.9.1990	Pirituba	EMEF	Victor Civita	Rua Gonçalo Aldana, 385 Vila Homero 05184-300 – Jaraguá Tel.: 11 3941-1906
29.012	9.10.1990	Santana/ Tucuruvi	EMEI	Sava Popovic	Rua Friburgo, 12 Lauzane Paulista 02440-000 – Mandaqui Tel.: 11 6231-8002
29.320	9.10.1990	Ipiranga	EMEF	Luiz Gonzaga do Nascimento Jr. – Gonzaguinha	Estrada das Lágrimas, 1029 Ipiranga 04232-000 – Sacomã Tel.: 11 273-1677
29.319	16.11.1990	Ipiranga	EMEI	Otavio José da Silva Junior	Rua Flamengo, 27 Cidade Nova Heliópolis 04236-190 – Sacomã Tel.: 11 273-2456
29.429	14.12.1990	Itaim Paulista	EMEF	Padre Chico Falconi	Rua Nara Leão, 130 Jardim Bartira 08152030 – Vila Curuçá Tel.: 11 66561-5022

(Continua)

(Continuação)

Ato de criação	Data de criação	Subprefeitura	Tipo	Nome da escola	Endereço
29.506	1.2.1991	Itaquera	EMEF	Francisco Alves Mendes Filho – Chico Mendes	Rua Figueira da Barbaria, 481 Jardim Brasília 03583-090 – Cidade Lider Tel.: 11 6742-1215
29.506	1.2.1991	Cidade Ademar	EMEF	Professor Mario Schönberg	Rua Papa Gregório Magno, 133 Vila Missionária 04430-130 – Pedreira Tel.: 11 5611-5719
29.506	1.2.1991	Cidade Ademar	EMEF	Carlos Augusto de Queiroz Rocha	Av. Santo Afonso, 775 Jardim Mirian 04426-000 – Cid. Ademar Tel.: 11 5622-1181
29.506	1.2.1991	Cidade Ademar	EMEF	Professora Elza Maia Costa Freire	Rua do Esigão, 195 Cidade Ademar 044051-190 – Cid. Ademar Tel.: 11 5565-5928
29.506	1.2.1991	Campo Limpo	EMEF	Maria Rita Lopes Pontes – Irmã Dulce	Rua Vitoriano Palhares, 10 Jardim Amália 05890-320 Capão Redondo Tel.: 11 5821-5344
29.506	1.2.1991	M'Boi Mirim	EMEF	Mauro Faccio Gonçalves – Zacaria	Av. Raquel Alves Moreira, 823 Pq. Santo Antonio 05821-130 – Jd. São Luis Tel.: 11 5551-4067

(Continua)

(Continuação)

Ato de criação	Data de criação	Subprefeitura	Tipo	Nome da escola	Endereço
29.506	1.2.1991	M'Boi Mirim	EMEF	Professor Lorenço Manoel Sparapan	R. Holda Botto Malanconi, 431 Jd. Duprat 05853-310 – Jd. São Luis Tel.: 11 5513-9183
29.506	1.2.1991	Pirituba	EMEF	Professor Aldo Ribeiro Luz	Rua Jean Coralli, 138 Jd. Santa Lucrecia 05183-000 – Jaraguá Tel.: 11 3941-2335
29.533	22.2.1991	Itaim Paulista	EMEF	Padre Nildo do Amaral Junior	Rua Antonio João de Medeiros, 1901 Jardim Camargo Velho 08140-060 Itaim Paulista Tel.: 6963-3401
29.533	22.2.1991	Guaianazes	EMEF	Quirino Carneiro Renno	Rua Camargo e Leme, 78 Vila São Geraldo 08460-480 – Guaianazes
29.533	22.2.1991	Campo Limpo	EMEF	Deputado Cyro Albuquerque	Rua Rogério de Paula Brito, 100 Jardim São Januário 05781-310 – Capão Redondo Tel.: 11 5512-0952
29.550	1.3.1991	Cidade Tiradentes	CEI DIRET	Inácio Monteiro	Rua Cachoeira Morena, 225 Conjunto Habitacional Inácio Monteiro 08472-610 – Cid. Tiradentes Tel.: 11 6555-0520

(Continua)

(Continuação)

Ato de criação	Data de criação	Subprefeitura	Tipo	Nome da escola	Endereço
29.550	1.3.1991	Vila Maria/ Vila Guilherme	CEI DIRET	Maria Henriqueta Catite	Rua Dom Luis Felipe de Orleans, 1000 Vila Maria Baixa 02118-001 Vila Maria Tel.: 11 6954-6099
29.550	1.3.1991	Ipiranga	CEI DIRET	Margaria Maria Alves	Rua Flamengo, 63 Cidade Nova Heliópolis 04236-190 – Sacomã
29.643	23.3.1991	Cidade Tiradentes	CEI DIRET	Conj. Prestes Maia	Rua Inácio Pinto Lima, 63 Conjunto Habitacional Prestes Maia 08490-020 – Cid. Tiradentes Tel.: 11 6555-4155
29.772	27.5.1991	M'Boi Mirim	EMEI	Vila Remo	Rua Itaparoquera, s/n Vila Remo 04932-060 – Jardim Angela Tel.: 11 5514-6067

Apêndice II

Estabelecimentos de ensino no Brasil, por unidade federativa, com o nome de Paulo Freire

ACRE: duas escolas estaduais, uma municipal e nenhuma privada

Município	Rede	Localização	Nome da escola	Endereço
Rio Branco	Estadual	Urbana	Escola Paulo Freire	BR 364 Km Ramal União – Belo Jardim II
Rodrigues Alves	Estadual	Rural	Escola Paulo Freire	BR 364 Km 2 Ramal São Paulo
Tarauacá	Municipal	Rural	Escola Paulo Freire	BR 364 Ramal Novo Destino - Tangerineira

ALAGOAS: uma escola estadual, uma municipal e três privadas

Município	Rede	Localização	Nome da escola	Endereço
Maceió	Estadual	Centro	Centro Educacional de Jovens e Adultos Paulo Freire – CEJA	Rua João Pessoa, s/n 57020-070

(Continua)

(Continuação)

Município	Rede	Localização	Nome da escola	Endereço
Maceió	Municipal	São Jorge	Escola de Ensino Fundamental Prof. Paulo Freire	Conj. Residencial Costa Norte, s/n 57045-000
Maceió	Privada	T. dos Martins	Centro Pedagógico Paulo Freire	Travessa dos Artistas, 40 57060-160
Maceió	Privada	Serraria	Colégio Paulo Freire	R. Manoel Correia de Oliveira, 126 57046-300
Palmeira dos Índios	Privada	Centro	Colégio Paulo Freire	Rua Esperidião Sampaio, 61 57600-180

AMAPÁ: uma escola estadual, uma municipal e uma privada

Município	Rede	Localização	Nome da escola	Endereço
Laranjal do Jari	Municipal	Urbana	Escola Municipal Paulo Freire	Rua Rio Branco com José Cezario, s/n – Sagrado Coração de Jesus 68920-000
Macapá	Estadual	Urbana	Escola Estadual de Educação Popular Prof. Paulo Freire	Rua Raimundo Osanan, 183 – Central 68900-000
Santana	Privada	Urbana	Núcleo Educacional Paulo Freire	Rua Salvador Diniz, 1848 – Nova Brasília 68925-000

AMAZONAS: segundo informações da SEEd deste estado, não consta nenhuma escola com o nome de Paulo Freire.

BAHIA: nenhuma escola estadual, 37 escolas municipais e oito privadas.

Município	Rede	Localização	Nome da escola	Endereço
Amélia Rodrigues	Privada	Centro	Centro Educacional Paulo Freire	Av. Justiniano Silva, 61 44230-000
Aporá	Municipal		Escola Municipal Paulo Freire	Povoado Limpo, s/n 48350-000

(Continua)

(Continuação)

Município	Rede	Localização	Nome da escola	Endereço
Nilo Peçanha	Municipal		Escola Paulo Freire	Fazenda Nova Esperança 45440-000
Pres. Tancredo Neves	Municipal		Escola Municipal Paulo Freire	Baixa Riscosa, s/n 45416-000
Valença	Privada	Centro	Educandário Paulo Freire	Rua Cecília Meireles, s/n 45400-000
Ilhéus	Municipal	Teotônio Vilela	Grupo Escolar Professor Paulo Freire	Rua Primavera, 10 – Teotônio Vilela 45650-000
Una	Municipal		Escola Paulo Freire	Rodovia Una Arataca 45690-000
Itamaraju	Municipal	Centro	Centro Educacional Municipal Paulo Freire	Pça. Castelo Branco, s/n 45836-000
Alcobaça	Municipal		Escola Municipal de Ensino Fundamental Paulo Freire	Fazenda Nova Alegria 45990-000
Paripiranga	Municipal		Escola Municipal Paulo Freire	Lagoa da Vaca 48430-000
São Domingos	Privada	Centro	Centro de Educação Paulo Freire	Rua Valdete Ramos, 179 48895-000
Tucano	Municipal		Escola Paulo Freire	Riacho do Clarice 48790-000
Jaguaquara	Municipal		Escola Paulo Freire	Região do Riachão de Ipiuna 45345-000
Itarantim	Municipal	Zona rural	Escola Rural Municipal Prof. Paulo Freire	Região dos Trabalhadores 45780-000
Maiquinique	Privada	Alto da Colina	Escola Paulo Freire	Rua Malquiades Ferraz, s/n 45770-000

(Continua)

(Continuação)

Município	Rede	Localização	Nome da escola	Endereço
Potiragua	Municipal	Centro	Escola Especial Paulo Freire	Rua 2 de Julho, 332 45790-000
Remanso	Municipal		Grupo Escolar Educador Paulo Freire	Sítio Pedra da Onça 47200-000
Uaua	Municipal		Escola Municipal Paulo Freire	Fazenda Paciência 48950-000
Caldeirão Grande	Municipal		Núcleo Infantil Paulo Freire	Distrito de São Miguel 44750-000
Jacobina	Privada	Centro	Escola Paulo Freire	Pça. Rui Barbosa, 192 44700-000
Quixabeira	Municipal		Escola Municipal Paulo Freire	Fazenda Capitão 44713-000
Mundo Novo	Municipal		Escola Municipal Paulo Freire	Fazenda Capoeirão 44825-000
Tapiramuta	Municipal		Escola Municipal Paulo Freire	Fazenda Ato da Umburana 44840-000
Bonito	Municipal	Centro	Escola Municipal Paulo Freire	Rua da Árvore, s/n 46820-000
Itaberaba	Municipal	DER-BA	Escola Municipal Paulo Freire	Av. Getúlio Vargas, 1093 46880-000
Aracatu	Municipal		Escola Municipal Paulo Freire	Fazenda Morros 46130-000
Dom Basílio	Privada	Probo Meira Júnior	Educandário Paulo Freire	Av. Senhor do Bonfim, 9 46165-000
Tanhacu	Municipal		Escola Paulo Freire	Praça Deli Rocha 46600-000
Salvador	Municipal	São Gonçalo Retiro	Escola Municipal Educador Paulo Freire	Loteamento Baixinha do Santo Antônio 1, s/n 40333-300
Presidente Jânio Quadros	Municipal		Escola Paulo Freire	Fazenda Lagoa da Volta 46250-000

(Continua)

(Continuação)

Município	Rede	Localização	Nome da escola	Endereço
Vitória da Conquista	Municipal	Alvorada	Creche Municipal Paulo Freire	Av. Amazonas, s/n 45100-000
Vitória da Conquista	Municipal	Urbis IV	Centro Municipal de Educação Prof. Paulo Freire	Av. Amazonas, s/n 45030-220
Ibotirama	Municipal	São Francisco	Escola Municipal Paulo Freire	Rua Vivaldo Martins de Souza, s/n 47520-000
Boquira	Municipal		Colégio Municipal Paulo Freire	Fazenda Vaca Morta 46530-000
Cacule	Privada	Centro	Colégio Paulo Freire	Praça Miguel Fernandes, 41 46300-000
Caetite	Municipal		Escola Municipal Paulo Freire	Fazenda Baixão 46400-000
Rio do Antônio	Municipal		Escola Municipal Paulo Freire	Fazenda Jatobazinho 46220-000
Barreiras	Municipal	Vila Brasil	Escola Municipal Paulo Freire	Rua F, 32 47800-000
Formosa do Rio Preto	Municipal	Zona rural	Escola Municipal Paulo Freire	Sítio Várzea de Dentro, s/n 47990-000
Cocos	Municipal		Centro Educativo Paulo Freire	Praça da Cultura 47680-000
Novo Horizonte	Municipal		Escola Municipal de 1° Grau Paulo Freire	Povoado Olhos d'Água do Serafim 46730-000
Jaguarari	Municipal		Escola Municipal Paulo Freire	Rua Marcolino de Barros, s/n 48960-000
Carinhanha	Municipal		Escola Municipal Paulo Freire	Entroncamento II 46445-000
Guanambi	Privada	Centro	Escola Paulo Freire	Rua Tomaz Gonzaga, 369 46430-000
Santo Amaro	Municipal		Escola Municipal Paulo Freire	Assentamento Bela Vista 44200-000

CEARÁ: duas escolas estaduais, oito municipais e três privadas

Município	Rede	Localização	Nome da escola	Endereço
Aracati	Municipal	Rural	Escola de Ensino Fundamental Prof. Paulo Freire	Lagoa Santa Tereza, s/n 62800-000
Brejo Santo	Privada	Urbana	Escola de 1º Grau Paulo Freire	Rua Domingos Gomes da Silva, 178 – Centro 63260-000
Cruz	Municipal	Rural	Centro de Educação Básica Paulo Freire	Amigos – Aningas 62595-000
Fortaleza	Estadual	Urbana	Escola de Ensino Fundamental e Médio Prof. Paulo Freire	Av. Senador Fernandes Távora, 1936 – Henrique Jorge 60510-290
Fortaleza	Estadual	Urbana	Centro Educacional de Jovens e Adultos Paulo Freire - CEJA	Av. Olavo Bilac, 1300 – Alagadiço/São Geraldo 60320-000
Fortaleza	Municipal	Urbana	Escola Municipal de Educação Infantil e Fundamental Educador Paulo Freire	Rua Coronel Fabriciano, 452 Granja Portugal 60540-830
Fortaleza	Municipal	Urbana	Escola Municipal de Educação Infantil e Fundamental Paulo Freire	Rua Urucutuba, 1012 Bom Jardim 60590-130
Fortaleza	Municipal	Urbana	Escola Municipal de Educação Infantil e Fundamental Educador Paulo Freire	Rua Coronel Frabriciano, 452 Granja Portugal 60540-830

(Continua)

(Continuação)

Município	Rede	Localização	Nome da escola	Endereço
Fortaleza	Privada	Urbana	Educandário Paulo Freire	Rua Mons. Vicente Martins, 1808 João XXIII 60520-420
Horizonte	Privada	Urbana	Instituto Paulo Freire	Rua Horácio Inácio de Sousa, 85 Parque Diadema 62880-000
Maracanaú	Municipal	Urbana	Escola Municipal de Ensino Fundamental Prof. Paulo Freire	Rua 20, 313 – Conjunto Jereissati I 61900-000
Pedra Branca	Municipal	Rural	Escola de Ensino Fundamental Paulo Freire	Sítio Santa Clara 63630-000
Sobral	Municipal	Rural	Escola de Ensino Fundamental e Ensino Intermediário Paulo Freire	Fazenda Esperança – EMASA, s/n Rural 62108-000

DISTRITO FEDERAL:[1] uma escola distrital

Distrito	Nome da escola	Endereço	Portaria
D.F.	Centro de Ensino Médio Paulo Freire	SGAn610 módulo A 70760-100	Decreto 18623 de 19/09/97 e, atual denominação se deu pela Portaria n. 129-GDF de 18/07/00, credenciada pela Portaria 003/2004 de 12/01/2004 da SE/DF.

---

1 Dados obtidos junto à Secretaria de Estado de Educação do Distrito Federal, DF, em 6.7.2004. Esta unidade começou a funcionar em 1º de março de 1970 através do Decreto n.1306-GDF, sob a denominação Colégio da Asa Norte, com a Resolução de n. 95-CD de 21.10.76, foi transformada em Centro Educacional 01 de Brasília Norte. Através do Decreto n.18623 de 19.9.1997, passou a se chamar Centro Educacional Paulo Freire e atualmente está com a denominação Centro de Ensino Médio Paulo Freire, Portaria n.129--GDF de 18.7.2000, credenciada pela Portaria n.003/2004 de 12.1.2004 da SE/DF.

ESPÍRITO SANTO: nenhuma escola estadual, duas municipais e três privadas

Município	Rede	Localização	Nome da escola	Endereço
Aracruz	Municipal	Urbana	Escola Municipal de Ensino Fundamental Paulo Freire	Av. São Benedita, s/n – Vila do Riacho 29198-000
Cariacica	Privada	Urbana	Centro de Ensino Paulo Freire	Rua Jardim América, 48 – Vista Mar I 29141-514
Marataízes	Privada	Urbana	Colégio Paulo Freire	Rua Neca Bom Gosto, s/n – Ilmenita 29345-000
Piúma	Privada	Urbana	Centro de Ensino Paulo Freire	Rua João Abrão, s/n – Acaiaca 29285-000
Serra	Municipal	Urbana	Escola de Ensino Fundamental Paulo Freire	Av. "E", s/n – Vista da Serra II 29176-552

GOIÁS: uma escola estadual, sete municipais e uma privada

Município	Rede	Localização	Nome da escola	Endereço
Águas Lindas de Goiás	Estadual	Cidade do Entorno	Colégio Estadual Paulo Freire	Área Especial I Qd. 2 lt. 35 01 Anexo I 72910-000
Catalão	Privada	N. S. de Fátima	Centro Educacional Paulo Freire	Rua Major Paulino, 753 75709-220
Goiânia	Municipal	Jd. Nova Esperança	Centro Educacional Paulo Freire - Sobrem	Av. Comercial Q 117 L 03/04 74450-070
Goiânia	Municipal	Jd. Curitiba IV	Escola Municipal Professor Paulo Freire	Rua JC3 Qds. QR2 QR3 74480-460
Mambaí	Municipal	Centro	Escola Municipal Paulo Freire	Rua Tamarineiro, s/n 73970-000
Minaçu	Municipal	Vila de Furnas	Escola Municipal Paulo Freire	Rua Porto Colombo, s/n 76450-000

(Continua)

(Continuação)

Município	Rede	Localização	Nome da escola	Endereço
Novo Gama	Municipal	Bairro Pedregal	Escola Municipal Paulo Freire	St. de Chácaras Minas Gerais QHL 165 163 72860-000
Planaltina	Municipal	Setor Leste	Escola Municipal Paulo Freire	Área Especial 3 73752-030
Valparaíso de Goiás	Municipal	Parque Marajó	Escola Municipal Paulo Freire	Rua 6 Qd 35 12/21 72870-000

MARANHÃO: uma escola estadual, 31 municipais e nenhuma privada

Município	Rede	Localização	Nome da escola	Endereço
Alto Alegre do Pindaré	Municipal		Unidade Escolar Paulo Freire	Pov. Centro dos Paulos 65398-000
Arame	Municipal		Escola Municipal Paulo Freire	Pov. Mata Diana
Arame	Municipal		Escola Municipal Paulo Freire	Pov. Divisa, 1
Bom Jardim	Municipal		Escola Municipal Paulo Freire	Pov. Nascimento
Bom Jesus das Selvas	Municipal	Centro	Escola Municipal Paulo Freire I	Av. JK, 1570
Bom Jesus das Selvas	Municipal		Escola Municipal Paulo Freire II	Assen. Filadélfia 65395-000
Bom Jesus das Selvas	Municipal		Escola Municipal Paulo Freire III	Vila Boa Esperança 65395-000
Cachoeira Grande	Municipal		Escola Municipal Paulo Freire	Pov. Estiva do Nazario, s/n
Caxias	Municipal	Campo de Belém	UIM Paulo Freire	Rua da Marinha
Governados Newton Bello	Municipal		Escola Municipal Paulo Freire	Pov. Igarapé da Pedra
Imperatriz	Municipal	Parque Amazonas	Escola Municipal Paulo Freire	Av. Pedro Neiva de Santana
Itapecuru Mirim	Municipal	Fazenda Guaraci	Escola Municipal Paulo Freire	Assent. Conceição Rosa
Maracaçumé	Municipal		Escola Municipal Paulo Freire I	Pov. São José do Cajueiro
Maracaçumé	Municipal		Escola Municipal Paulo Freire II	Pov. São José do Cajueiro

(Continua)

(Continuação)

Município	Rede	Localização	Nome da escola	Endereço
Pedro do Rosário	Municipal		Unidade Escolar Paulo Freire	Pov. Nova Jerusalém
Peritoró	Municipal		Escola Municipal Paulo Freire	Pov. Resfriado
Porto Rico do Maranhão	Municipal	Centro	CEM Paulo Freire	R. Tupinambá
Presidente Juscelino	Municipal		Escola Municipal Paulo Freire	Pov. Buritirana, s/n
Presidente Médici	Municipal		Escola Municipal Paulo Freire	Pov. Abaixadinho
Rosário	Municipal		Escola Municipal Paulo Freire	Pov. Corapau
Santa Filomena do Maranhão	Municipal		Escola Municipal Paulo Freire	Pov. Coco Grande
Santa Inês	Municipal		Escola Municipal Paulo Freire	Pov. Santa Cruz
Santa Luzia	Municipal		Unidade Escolar Paulo Freire	Pov. Chapada Seringal II
Santa Luzia do Paruá	Municipal	Zona Rural	Escola Municipal Paulo Freire	Morada Nova
São João do Caru	Municipal		Escola Municipal Paulo Freire	Pov. Santarém Novo
São Luís	Estadual	Turu	Centro de Ensino Médio Paulo Freire	Avenida 06, s/n
São Luís	Municipal	Liberdade	Unidade de Ensino Básico Paulo Freire	Rua Machado de Assis
São Mateus do Maranhão	Municipal		Unidade Infantil Municipal Paulo Freire	Pov. Lagoa do Coco
São Raimundo das Mangabeiras	Municipal		Escola Municipal Paulo Freire	Pov. Passagem de Pedra
Sítio Novo	Municipal		Escola Municipal Paulo Freire	Fazenda Caraíbas
Vargem Grande	Municipal	Centro	Unidade Infantil Paulo Freire	Rua Benedito Alexandrino, 519
Zé Doca	Municipal		Escola Municipal Paulo Freire	Pov. VI de Março

MATO GROSSO: duas escolas estaduais, uma municipal e nenhuma privada

Município	Rede	Localização	Nome da escola	Endereço	Atos autorizativos
Barra do Bugres	Estadual	Rural	Escola Estadual Paulo Freire	Assentamento Antonio Conselheiro a 90 km da sede do Município 78390-000	Decreto 5.878/2002
Barra do Bugres	Municipal	Rural	Escola Estadual Paulo Freire	Assentamento Antonio Conselheiro a 90 km da sede do Município 78390-000	Decreto 656/2000
Sinop	Estadual	Urbana	Escola Estadual Paulo Freire	Rua das Alfazemas, 740 Jardim das Oliveiras 78550-000	Decreto 1.673/2000

MATO GROSSO DO SUL: uma escola estadual, duas municipais e quatro privadas

Município	Rede	Localização	Nome da escola	Endereço
Campo Grande	Privada	Chácara Cachoeira	Escola Paulo Freire EIEFEM – Unidade I	Rua Jeribá, 653 79040-120
Campo Grande	Privada	Chácara Cachoeira	Escola Paulo Freire Unidade II	Rua Michel Scaff, 118 79040-860
Dourados	Privada	Vila Planalto	Escola Paulo Freire	Rua Joaquim Alves Taveira, 2715 79285-060
Sonora	Privada	Centro	EEIEF Professor Paulo Freire	Av. Dr. Marcelo Miranda Soares, 1294 79415-000
Ivinhema	Municipal	Gleba Vitória	EMR Professor Paulo Freire	Sítio Santo Antônio 79740-000
Novo Mundo	Municipal	Flek	Creche e Centro de Educação Infantil Prof. Paulo Freire	Rua Sargento Zandona, 260
Iguatemi	Estadual	Jardim Aeroporto	Escola Estadual Paulo Freire	Rua Antônio João, 71 79960-000

MINAS GERAIS: uma escola estadual, seis municipais e seis privadas

Município	Rede	Localização	Nome da escola	Endereço	Atos autorizativos
Belo Horizonte	Municipal	Ribeiro de Abreu	Escola Municipal Prof. Paulo Freire	R. Paulo Campos Mendes, 311	
Contagem	Privada	Novo Progresso	Instituto de Educação Paulo Freire	R. Dr. Antônio Aleixo, 761	Portaria 1.503/98 MG 23.12.1998
Divinópolis	Municipal	D. Rosa	Escola Municipal Prof. Paulo Freire	R. Alzira Fonseca, 771	Portaria 751/98 MG 21.7.1998
Gov. Valadares	Estadual	Grã Duquesa	Escola Estadual Prof. Paulo Freire	R. Verona, 30	Decreto 7.623/1964 MG 22.5.1964
Ipatinga	Municipal		Escola Municipal Paulo Freire	R. São Francisco, 630	Portaria 286/2000 MG 17.3.2000
Ipatinga	Privada	Vale do Sol	Escola Comum Paulo Freire	R. Pintassilgo, 5	
Ipatinga	Privada	Ideal	Instituto Pedagógico Paulo Freire	R. Luis Carlos Pena, 105	Portaria 334/99 MG 6.4.1999
Itabira	Privada	Santo Antônio	Centro de Educação Paulo Freire	R. Augusta Torres Guerra, 353	Portaria 77/99 MG 21.1.1999
Juiz de Fora	Privada	São Pedro	Centro de Educação Paulo Freire	Av. Pres. Costa e Silva, 2636	
Montes Claros	Municipal	Village do Lago	PEM Educação Paulo Freire	Rua O, 67	
São Francisco	Municipal	São Lucas	Escola Municipal Paulo Freire	R. Francisco Lacerda, 2601	Portaria 843/99 MG 30.11.1999

(Continua)

(Continuação)

Município	Rede	Localização	Nome da escola	Endereço	Atos autorizativos
Sem. Modestino Gonçalves	Municipal		CESU Paulo Freire	R. Geraldo Panor Vie, s/n	Portaria 1.258/2002 MG 27.3.2002
Uberaba	Privada	Centro	Colégio Paulo Freire	R. São Sebastião, 259	Portaria 948/98 MG 31.7.1998

PARÁ: três escolas estaduais, vinte municipais e uma privada

Município	Rede	Localização	Nome da escola	Endereço
Altamira	Municipal	Rural	Escola Municipal de Ensino Fundamental Paulo Freire	Margem Direita do Rio Xingu, s/n 68370-000
Bagre	Municipal	Rural	Escola Municipal de Ensino Fundamental Paulo Freire	Ilha do Ioiazinho, s/n 68475-000
Belém	Municipal	Urbana	Escola Municipal de Ensino Fundamental Paulo Freire	Conj. Bela Manuella II Rod. Alacide Nunes TV 5 Tenomé 66017-970
Castanhal	Municipal	Rural	Escola Municipal de Ensino Fundamental Paulo Freire	Rua N. Sra. da Conceição Colônia Cupiúba, s/n 68745-000
Castanhal	Privada	Urbana	Centro Educacional Paulo Freire	Av. 1 de Maio, s/n 68745-000
IphaChaves	Municipal	Rural	Escola Municipal de Ensino Fundamental Paulo Freire	Camarão Tuba Arapixi, s/n 68880-000
Conceição do Araguaia	Municipal	Rural	Escola Municipal de Ensino Fundamental Paulo Freire	Região da Berokan – Fazenda Bradesco, s/n 68540-000

(Continua)

(Continuação)

Município	Rede	Localização	Nome da escola	Endereço
Concórdia do Pará	Municipal	Rural	Escola Municipal de Ensino Infantil e Fundamental Paulo Freire	Vila do Paiva Margem do Rio Bujaru 68685-000
Eliseu	Municipal	Rural	Escola Municipal de Ensino Fundamental Paulo Freire	Marajoara Colonial Alto Bonito, s/n 68633-000
Floresta do Araguaia	Municipal	Rural	Escola Municipal de Ensino Fundamental Paulo Freire	Fazenda Bom Jesus dos Campos Altos, s/n 68543-000
Gurupa	Municipal	Rural	Escola Municipal de Ensino Fundamental Paulo Freire	Aracuteua, s/n 68300-000
Itupiranga	Municipal	Urbana	Escola Municipal de Ensino Fundamental Paulo Freire	Travessa Bom Jesus, s/n Bairro Novo 68580-000
Marabá	Estadual	Urbana	Escola Municipal de Ensino Médio Paulo Freire	Av. Manaus, 712 – Bairro Belo Horizonte 68508-970
Marabá	Municipal	Urbana	Escola Municipal de Educação Fundamental Paulo Freire	Av. Manaus, 712 – Bairro Belo Horizonte 68508-970
Novo Progresso	Municipal	Urbana	Escola Municipal de Ensino Fundamental Paulo Freire	BR 163 Km 960 Vicinal 68193-000
Pacajá	Municipal	Urbana	Escola Municipal de Educação Fundamental Paulo Freire	Rod. Trans Km 262 Vic União, s/n 68485-000
Parauapebas	Estadual	Urbana	Escola Estadual de Ensino Fundamental Paulo Freire	Palmares I Rua Porto Velho Quadra Especial, s/n 68515-000

(Continua)

(Continuação)

Município	Rede	Localização	Nome da escola	Endereço
Parauapebas	Municipal	Urbana	Escola Municipal de Ensino Fundamental Paulo Freire	Palmares I Rua Porto Velho Quadra Especial, s/n 68515-000
Piçarra	Municipal	Rural	Escola Municipal de Ensino Fundamental Paulo Freire	Região Vitória do Araguaia, s/n 68575-000
Porto de Moz	Municipal	Rural	Escola Municipal de Ensino Fundamental Paulo Freire	Pedreira Rio Acarai, s/n 68330-000
Ruropólis	Municipal	Rural	Escola Municipal de Ensino Fundamental Paulo Freire	Vicinal dos Cabanos Km 60 68165-000
Sapucaia	Estadual	Urbana	Escola Estadual de Ensino Médio Paulo Freire	Rua Jasmim, 505 68548-000
Uruará	Municipal	Rural	Escola Municipal de Ensino Fundamental Paulo Freire	Km 205 Vicinal Norte, s/n 68140-000
Xinguara	Municipal	Rural	Escola Municipal de Ensino Fundamental Paulo Freire	Paraíso do Araguaia, s/n 68555-000

PARAÍBA: uma escola estadual, cinco municipais e duas privadas

Município	Rede	Localização	Nome da escola	Endereço
Aparecida	Privada	Centro	Instituto Educacional Paulo Freire	Rua Olinto José de Almeida, s/n 58823-000
Casserengue	Municipal	Rural	Escola Municipal de Ensino Fundamental Prof. Paulo Freire	Sítio Veloso 58238-000

(Continua)

(Continuação)

Município	Rede	Localização	Nome da escola	Endereço
Dona Inês	Municipal	Rural	Escola Municipal Educador Paulo Freire	Sítio Cruz da Menina 58228-000
Dona Inês	Privada	Centro	Educandário Paulo Freire	Geroncio Ribeiro da Silva, 25 58228-000
João Pessoa	Estadual	Ernesto Geisel	Escola Estadual de Ensino Fundamental Prof. Paulo Freire	Rua Projetada, s/n 58075-000
João Pessoa	Municipal	Jardim Veneza	Escola Municipal de Ensino Fundamental Prof. Paulo Freire	Rua Projetada Q 01 L 02, s/n 58000-000
Remigio	Municipal	Rural	Escola Municipal de Ensino Fundamental Paulo Freire	Fazenda Queimadas 58398-000
Santa Ria	Municipal	Marcos Moura	Escola Municipal de Ensino Fundamental Prof. Paulo Freire	Rua do Combate, 60 58300-000

PARANÁ:[2] seis escolas estaduais (uma do MST), sete municipais e uma privada

Município	Rede	Localização	Nome da escola	Endereço	Autorização para funcionamento	DOE
Cidade Gaúcha	Municipal	Centro	Escola Municipal Paulo Freire	R. Lagoa Vermelha, 2075	2126 – 11.9.2001 3932 – 23.11.1998	4.10.2001 18.1.1999
Colorado	Municipal		Escola Municipal Paulo Freire	R. Bahia, 220	2363 – 10.6.1999	25.6.1999

(Continua)

---

2   Não incluída no quadro desde que não foi elencada na tabela da SEEd/PR, porém acrescento por minha iniciativa este estabelecimento de ensino com o nome num Assentamento do Movimento dos Trabalhadores Sem-Terra (MST):
– Escola Estadual de Ensino Médio Paulo Freire
Endereço: Assentamento Missões, Francisco Beltrão/PR (endereço para correspondência: ASSESOAR, Rua General Osório, n. 500 – Bairro Cango, CEP: 85604-240, aos cuidados de Marcos Gherke).
N. de Estudantes: 500

(Continuação)

Município	Rede	Localização	Nome da escola	Endereço	Autorização para funcionamento	DOE
Curitiba	Municipal	Sítio Cercado	Escola Municipal Paulo Freire	R. Leonardi, s/n	440 – 28.1.1999	21.7.1999
Fazenda Rio Grande	Estadual	Eucaliptos	Paulo Freire - CEEBJA	Av. Brasil, 2014	864 – 19.2.1999	12.3.1999
Foz do Iguaçu	Estadual	Vila C	Centro Educacional Paulo Freire	R. 0, s/n	218 – 22.1.1999 3724 – 6.11.1998	9.2.1999 22.12.1998
Jaguapitã	Municipal	Centro	Escola Municipal Paulo Freire	Av. Paraná, 400	1070 – 24.4.1998 2125 – 1.7.1991 Parecer 1.825/ 99-CEF Cessação definitiva 2 2008 – 12.6.2000 Cessa Defin. Classe Especial, D. M., desde 2000 (res. Aut. 212)	19.5.1998 9.7.1991 25.7.2000
Londrina	Estadual	Jd. Pizza	Centro Educacional Paulo Freire	R. Veneza, 115	310 – 2.3.1995 5548 – 26.12.1985	Sem pub. 23.1.1986
Peabiru	Municipal	Centro	Escola Municipal Paulo Freire	R. Narciso Simão, 495	358 – 4.2.1998 1061 – 8.5.2001 402 – 29.1.1993	5.3.1998 4.6.2001 18.2.1993
Pinhais	Estadual	Irene Margarida	Centro Educacional Paulo Freire	R. Adolfo G. Muhlmann, 81	1628 – 15.5.2000 834 – 11.2.1994 1489 – 3.5.2000	13.6.2000 18.5.2000
Quitandinha	Estadual	Turvo	Escola Estadual Prof. Paulo Freire	R. Principal, s/n	252 – 29.1.1998	5.3.1998
Rio Bonito Iguaçu	Municipal	Água Morna	Escola Municipal Paulo Freire	Assentamento Marcos Freire	1519 – 7.5.2002 811 – 11.2.1999	4.6.2002 9.3.1999
Paranaguá	Privada	Raia	Escola de Educação Infantil Paulo Freire	R. Comandante Didio Costa, 686	932 – 13.4.1998 815 – 20.3.1998	29.4.1998 29.4.1998
Tapejara	Municipal	São Vicente	Escola Municipal Paulo Freire	R. Marechal Deodoro da Fonseca, 550	2745 – 19.11.2001 948 – 27.3.2000	26.12.2001 5.5.2000

PERNAMBUCO: duas escolas estaduais, nove municipais e treze privadas

Município	Rede	Localização	Nome da escola	GERE
Abreu e Lima	Privada	Urbana	Escola Paulo Freire	DERE Metropolitano Norte
Arcoverde	Privada	Urbana	Escola Paulo Freire	DERE Sertão do Moxotó Ipanema (Arcoverde)
Bonito	Privada	Urbana	Centro Educacional Paulo Freire	DERE Mata Centro (Vitória de Santo Antão)
Cabo de Santo Agostinho	Municipal	Urbana	Escola Paulo Freire	DERE Metropolitano Sul
Caruaru	Privada	Urbana	Centro Educacional Paulo Freire	Agreste Centro Norte (Caruaru)
Cupira	Privada	Urbana	Educandário Professor Paulo Freire	Agreste Centro Norte (Caruaru)
Escada	Privada	Urbana	Escola Professor Paulo Freire	DERE Mata Centro (Vitória de Santo Antão)
Camaragibe	Municipal	Urbana	Escola Municipal Professor Paulo Freire	DERE Metropolitano Sul
Cedro	Municipal	Urbana	Escola Municipal Educador Paulo Freire	DERE Sertão Central (Salgueiro)
Glória do Goita	Privada	Urbana	Escola Professor Paulo Freire	DERE Mata Centro (Vitória de Santo Antão)
Olinda	Estadual	Urbana	Escola Professor Paulo Freire	DERE Metropolitano Norte
Palmares	Municipal	Rural	Escola Municipal Professor Paulo Freire	Mata Sul (Palmares)
Paulista	Privada	Urbana	Colégio Paulo Freire	DERE Metropolitano Norte

(Continua)

(Continuação)

Município	Rede	Localização	Nome da escola	GERE
Paulista	Privada	Urbana	Escola Fundamental Educador Paulo Freire	DERE Metropolitano Norte
Petrolândia	Municipal	Urbana	Escola Municipal Paulo Freire	Sertão do Submédio São Francisco (Floresta)
Petrolina	Municipal	Urbana	Escola Municipal Paulo Freire	Sertão Médio São Francisco (Petrolina)
Recife	Estadual	Urbana	Escola Educador Paulo Freire	Recife Sul
Recife	Municipal	Urbana	Escola Municipal Educador Paulo Freire	Recife Sul
Recife	Privada	Urbana	Escola Paulo Freire	Recife Sul
Riacho das Almas	Privada	Urbana	Centro Educacional Paulo Freire	Agreste Centro Norte (Caruaru)
São Caitano	Privada	Urbana	Centro Educacional Paulo Freire	Agreste Centro Norte (Caruaru)
Salgueiro	Privada	Urbana	Escola Professor Paulo Freire	DERE Sertão Central (Salgueiro)
Tracunhaem	Municipal	Urbana	Escola Municipal Paulo Freire	DERE Mata Norte (Nazaré da Mata)
Tupanatinga	Municipal	Urbana	Escola Municipal Paulo Freire	DERE Sertão do Moxotó Ipanema (Arcoverde)

PIAUÍ: duas escolas estaduais, nenhuma municipal e duas privadas

Município	Rede	Localização	Nome da escola	Endereço
Guaribas	Estadual	Urbana	Unidade Escolar Paulo Freire	Praça da Igreja da Matriz Bairro Fazenda 64798-000
Oeiras	Privada	Centro	Sociedade Educacional Paulo Freire	Av. José Nogueira Tapety, 246 64500-000

(Continua)

(Continuação)

Município	Rede	Localização	Nome da escola	Endereço
São João do Piauí	Estadual	Rural	Unidade Escolar Paulo Freire	Assentamento Marrecas 3 64760-000
Teresina	Privada		Instituto Educacional Paulo Freire	

RIO DE JANEIRO: uma escola estadual, cinco municipais e seis privadas

Município	Rede	Localização	Nome da escola	Endereço
Não informado	Municipal	Urbana	CEMASI – Creche Prof. Paulo Freire	Rua Tancredo Neves – Bloco 100 Bonsucesso 21043-230
	Privada	Urbana	Colégio Paulo Freire	Rua São João, 336 2434-180
	Estadual	Urbana	Colégio Estadual Paulo Freire	Rua São Francisco Xavier, 524, 7° andar, Bloco F – Maracanã 20550-013
	Privada	Urbana	Colégio Paulo Freire	Rua Paulo Freire, 336, Itaipu 24346-180
	Privada	Urbana	Colégio Paulo Freire	Rua São João, 336 24346-180
	Municipal	Urbana	Creche Escola Prof. Paulo Freire	Rua Santos Augusto de Mello, s/n 28160-000
	Privada	Urbana	Escola Comunitária Paulo Freire	Rua da Solidão, 439 Vila Maia 26160-000
	Municipal	Rural	Escola Municipal Paulo Freire	Dores de Macabu, s/n 28115-000
	Municipal	Rural	Escola Municipal Prof. Paulo Freire	Rua do Comunitário Sol da Manhã 23800-000

(Continua)

(Continuação)

Município	Rede	Localização	Nome da escola	Endereço
	Municipal	Urbana	Escola Municipal Prof. Paulo Freire	Rua José de Azevedo, 156 Parque Fluminense 25260-000
	Privada	Urbana	Instituto Paulo Freire	Rua Sevilha, 181 Metropolitano 26281-290
	Privada	Urbana	Sociedade Educacional Paulo Freire	Rua Alberto Vaz, 19 – Gerador 28470-000

RIO GRANDE DO NORTE:[3] três escolas estaduais, uma municipal e uma privada, conforme nota

Município	Rede	Localização	Nome da escola	Endereço
Baía Formosa	Estadual	Centro	Escola Estadual Professor Paulo Freire	Rua José Severino Marques, 1 59194-000
Mossoró	Estadual	Urbana	Escola Estadual Educandário Professor Paulo Freire	Rua Lira Tavares, s/n 59621-170
Natal	Estadual	Igapó	Escola Estadual Paulo Freire	Rua Alvorada, 1073 59104-210
São Miguel de Touros	Municipal	Rural	Escola Municipal Professor Paulo Freire	Assentamento Antonio Conselheiro, s/n 59585-000

---

3 Não incluída no quadro desde que não foi elencada na tabela da SEEd/RN, porém acrescento por minha iniciativa o nome da Escola Prof. Paulo Freire, para cuja possibilidade de abertura contribuímos eu e Paulo financeiramente, a pedido de Maria Eneida de Araújo Melo, que se alfabetizou antes dos seis anos de idade, quando frequentou com seus pais, alfabetizandos dos Círculos de Cultura em 1963 em Angicos, RN. Veja na Parte I, Capítulo 4, o item "Programa Nacional de Alfabetização (PNA)", a história narrada por mim entre ela e o presidente João Goulart.

RIO GRANDE DO SUL: dez escolas estaduais, doze municipais e nenhuma privada

Município	Rede	Localização	Nome da escola	Endereço
Alvorada	Municipal	Santa Bárbara	Escola Municipal de Ensino Fundamental Paulo Freire	Rua Santa Bárbara, 645 94853-800
Caxias do Sul	Estadual	Reolon	Escola Estadual de Ensino Fundamental Paulo Freire	Rua Giovani Bertassi, 3300 95095-482
Caxias do Sul	Municipal	Loteamento Popular Mariani	Escola Municipal de Ensino Fundamental Paulo Freire	Rua Vergínia Botini Reuse, s/n 95112-500
Guaíba	Municipal	BR116	Escola Municipal de Ensino Fundamental Paulo Freire	Rua Assentamento 19 de Setembro, s/n 92500-000
Gravataí	Municipal	Vila Vera Cruz	Escola Municipal de Ensino Fundamental Paulo Freire	Rua Uruguaiana, 225 94090-440
Hulha Negra	Estadual		Escola Estadual de Ensino Fundamental Paulo Freire	Assentamento Boa Amizade, s/n 96460-000
Panambi	Estadual	Arco Íris	Escola Estadual de Ensino Médio Paulo Freire	Rua Carlos Frederico Lenhsten, 220 98280-000
Pelotas	Municipal	Areal	Escola Municipal de Educação Infantil Paulo Freire	Rua Cinco – Loteamento Dunas, 560 96080-000
Pinhal Grande	Municipal	S/INF	Escola Municipal de 1° Grau Paulo Freire	Fazenda do Sobrado, s/n 98150-000
Pontão	Municipal		Escola Municipal de Ensino Fundamental Paulo Freire	Assentamento Nossa Senhora Aparecida, s/n 99190-000
Porto Alegre	Estadual	Auxiliadora	NEEJA de Cultura Popular Paulo Freire	Rua Coronel Bordini, 190 90440-003

(Continua)

(Continuação)

Município	Rede	Localização	Nome da escola	Endereço
Porto Alegre	Municipal	Centro	Centro Municipal de Educação Para o Trabalho Paulo Freire	Rua Jerônimo Coelho, 254 90010-240
Porto Alegre	Municipal	Restinga	Escola Municipal Infantil Paulo Freire	Av. Meridional/Esq. Tobago, s/n 91790-070
Santa Maria	Estadual	Passo da Areia	Escola Estadual de Ensino Fundamental Paulo Freire	Rua Venâncio Aires, 2605 97010-004
Santo Cristo	Estadual	Centro	Núcleo Estadual EJA Cultura Popular Paulo Freire de Santo Cristo	Rua Vereador Assmann, 767 98960-000
Santo Cristo	Municipal	Vila Philippsen	Escola Municipal de Ensino Fundamental Paulo Freire	Rua Minas Gerais, 2103 98960-000
São Luiz Gonzaga	Estadual	Centro	Núcleo Estadual de EJA e Cultura Popular Paulo Freire	Rua Salvador Pinheiro Machado, 1691 97800-000
São Sebastião do Cai	Estadual	Quilombo	Instituto Estadual de Educação Paulo Freire	Rua 12 de Agosto, 300 95760-000
Três de Maio	Estadual	Centro	NEEJAC Popular Paulo Freire de Três de Maio	Rua Santo Ângelo, 467, Fundos 98910-000
Uruguaiana	Estadual		Instituto Estadual Paulo Freire	Rua Irmãos Galant, s/n 97500-000
Alvorada	Municipal	Santa Bárbara	Escola Municipal de Ensino Fundamental Paulo Freire	Rua Santa Bárbara, 645 94853-800
São Luiz Gonzaga	Municipal	Cruz	Núcleo Estadual de EJA e Cultura Popular Paulo Freire	

RONDÔNIA:[4] cinco escolas estaduais, uma do MST, e nenhuma municipal e/ou privada

Município	Rede	Localização	Nome da escola	Endereço
Cacoal	Estadual	Baixo Teixeirão	Escola Estadual de Ensino Fundamental Paulo Freire	R. Maria Aurora do Nascimento, 1373 78975-410
Machadinho do Oeste	Estadual		CEEJA Paulo Freire	Av. José Lopes de Oliveira, 3305 78948-000
Vilhena	Estadual	Jardim Eldorado	Escola Estadual de Ensino Fundamental Paulo Freire	Av. Afonso Duca de Oliveira 78995-000
Itapuã D'Oeste	Estadual	Centro	Escola Estadual de Ensino Fundamental e Médio Paulo Freire	R. Airton Sena, s/n 78937-000
Presidente Médici	Estadual		Escola Estadual de Ensino Fundamental e Médio Professor Paulo Freire	R. Matos. 2187 78968-000

RORAIMA: uma escola federal

Município	Rede	Localização	Nome da escola
Boa Vista	Federal	Urbana	Escola Paulo Freire – Escola de Aplicação da Universidade Federal de Roraima

---

4   Não incluída no quadro desde que não foi elencada na tabela da SEEd/RO, porém acrescento por minha iniciativa este estabelecimento de ensino com o nome num Assentamento do Movimento dos Trabalhadores Sem-Terra (MST):
    – Escola Paulo Freire
    Endereço: Assentamento Palmares, Gleba: 04, Nova União/RO CEP: 78953-000 Responsável: Julia Aparecida Bijos
    N. de estudantes: 350

SANTA CATARINA: nenhuma escola estadual, cinco escolas municipais e nenhuma privada

Município	Rede	Localização	Nome da escola	Endereço	Decreto/Lei
Aratuba	Municipal	Centro	Grupo Escolar Paulo Freire	Rua Adelino Mutzenberg, 203 89740-000	Não informado
Blumenau	Municipal	Itoupava Central	Colégio de Educação Infantil Professor Paulo Freire	Rua Ernst Kaestner, 223 89068-010	Lei n. 6.389 de 17.12.2003
Chapecó	Municipal	Centro	Escola Básica Municipal de Educação de Jovens e Adultos Paulo Freire	Rua 7 de Setembro, 45 E 89802-220	Não informado
Palma Sola	Municipal	Ossani	Centro de Ensino Fundamental Paulo Freire	Rua João Pauletti, 600 89985-000	Lei n. 1.198 de 11.05.1998
Sul Brasil	Municipal	Centro	Núcleo Escolar Paulo Freire	Rua Presidente Juscelino, s/n 89855-000	Lei n. 224 de 19.12.1997

SÃO PAULO: uma escola estadual, 23 municipais e oito privadas

Município	Rede	Localização	Nome da escola	Endereço	Decreto de lei
Americana	Municipal	Parque Novo Mundo	Escola Municipal de Ensino Fundamental Paulo Freire	Rua Jales, 61 13467-473	Lei n. 4.742 de 29.01.1999
Cosmópolis	Municipal	Vila Damiano	Escola Municipal de Educação Fundamental Educador Paulo Freire	Rua 7 de abril, 649 13150-000	Decreto Municipal n. 3554 de 19.10.2004

(Continua)

(Continuação)

Município	Rede	Localização	Nome da escola	Endereço	Decreto de lei
Diadema	Municipal	Jardim Rosinha	Escola Municipal de Educação Infantil Paulo Freire	Rua Vicente Adamo Zara, 257 09940-310	Ato de 02.01.1984
Diadema	Privada	Vila Eliane	Instituto Educacional Paulo Freire	Av. Assembleia, 130 09913-130	Portaria de 29.01.1999
Franca	Municipal	Jardim Aviação	Escola Municipal Prof. Paulo Freire	Rua Joaquim Emerenciano Souza, 1102 14404-282	Lei n. 4.887 de 02.09.1997
Guarujá	Municipal	Cachoeira	Escola Municipal Paulo Freire	Av. Pres. Tancredo Neves, s/n 11435-000	Ato de 02.02.1995
Guarulhos	Privada	Cidade Serodio	Centro de Convivência Educacional Paulo Freire	Rua da Igrejinha, 151 07151-350	Portaria de 26.02.1997
Ilha Solteira	Municipal	Jardim Aeroporto	Escola Municipal de Ensino Fundamental Paulo Freire	Rua 21, 310 15385-000	Decreto n. 3.132 de 31.07.2003
Itapetininga	Privada	Jardim Shangrila	Centro Educacional Paulo Freire	R. Sananda Aguiar Lisboa, 169 18208-660	Lei de 21.05.2003
Itapevi	Municipal	Jardim Christianópollis	Centro Municipal de Educação Básica Prof. Paulo Freire	Av. Presidente Vargas, 300 Vila Nova Itapevi 06653-090	Decreto n. 4.259 de 20.05.2005
Jaboticabal	Municipal	Conjunto Habitacional U. Guimarães	Escola Municipal de Ensino Fundamental Paulo Freire	R. Fortunato João Donadon, 111 14876-203	Decreto n. 3.695 de 29.07.1998
Jundiaí	Privada	Parque Centenário	Colégio Paulo Freire	Av. Navarro de Andrade, 3401 13214-012	Portaria de 29.04.1993

(Continua)

(Continuação)

Município	Rede	Localização	Nome da escola	Endereço	Decreto de lei
Mairinque	Municipal	Jardim Cruzeiro	Escola Municipal de Ensino Supletivo Prof. Educador Paulo Freire	Av. Mitsuke, 989 18120-000	Lei de 04.09.1974
Marilia	Municipal	Jardim T. Vilela	Escola Municipal de Ensino Fundamental Paulo Reglus Neves Freire	Rua Armando José Netto, 50 17523-790	Ato n. 4.714 de 12.05.1999
Mauá	Municipal	Jardim Estrela	Escola Municipal Paulo Reglus Neves Freire	Rua São João, s/n 09340-480	Decreto n. 5.958 de 27.07.1999
Osasco	Estadual	Jardim Aliança	Escola Estadual Educador Paulo Freire	Av. Bandeirantes, s/n 06236-210	Decreto n. 41.785 de 15.05.1997
Ourinhos	Municipal	Jardim São Carlos	Escola Municipal de Ensino Infantil e Fundamental Pedagogo Paulo Freire	Rua Martins Q. da Silva, 65 19913-485	Lei n. 4.577 de 15.10.1999
Paulínia	Privada	Santa Terezinha	Colégio Paulo Freire	Av. José Paulino, 2931 13140-000	Portaria de 24.12.1998
Pindamonhangaba	Municipal	Vila Prado	Escola Municipal de Educação Fundamental e Infantil Paulo Freire	Rua Guilherme de Almeida, s/n 12410-520	Lei n. 2.382 de 03.12.1996
Praia Grande	Privada	Vila Guilhermina	Colégio Paulo Freire	Av. Presidente Kennedy, 2253 11702-200	Portaria de 03.03.1999
Presidente Bernardes	Municipal	Assentamento Nova Pátria	Escola Municipal de Educação Infantil e Fundamental Educador Paulo Freire	Rua Projetada, 01	Lei n. 1.808 de 27.11.2002

(Continua)

(Continuação)

Município	Rede	Localização	Nome da escola	Endereço	Decreto de lei
Ribeirão Pires	Municipal	Centro	Escola Municipal Professor Paulo Freire	Av. Francisco Monteiro, 2940 09400-310	Portaria de 29.07.2004 Publicada em 30.07.2004
Ribeirão Preto	Municipal	Jardim H. Rigon	Escola Municipal de Educação Fundamental Prof. Paulo Freire	Rua Sindicalista Luiz Antonio Correia, 40 14062-070	Decreto n. 40 de 09.02.1999
Rio Grande da Serra	Municipal	Santa Tereza	Escola Municipal de Jovens e Adultos Paulo Freire	Av. Jean Lietald, 309 09450-000	Decreto n. 1.566 de 21.06.2002
Santo André	Municipal	Vila Francisco Matarazzo	Escola Municipal de Educação Infantil e Fundamental Paulo Freire	Rua Tirana, 288 09241-090	Ato de 02.02.1981
Santo André	Municipal		Escola de Adm. Pública Paulo Freire		
São Paulo	Municipal	Vila Andrade	Escola Municipal de Educação Fundamental Prof. Paulo Freire	Rua Melchior Giola, 296 – Paraisópolis 05664-000	Decreto n. 36.746 de 13.03.1997
São Paulo	Municipal		Escola Municipal de Educação Infantil Prof. Paulo Freire		Decreto n. 41.342 de 7.11.2001
São Paulo	Municipal	Taboão da Serra	Escola Municipal de Educação Fundamental Paulo Freire	Av. Arlindo Genario de Freitas, 55 Jardim Saporito 06783-050	Ato de 02.02.1996
São Paulo	Municipal		EM 1º Grau		

(Continua)

(Continuação)

Município	Rede	Localização	Nome da escola	Endereço	Decreto de lei
São Paulo	Privada	Sacomã	Colégio de Educação Infantil Paulo Freire	Estrada das Lágrimas, 1046 – Ipiranga 04232-000	Ato de 04.07.2003
São Paulo	Privada	Sapopemba	Colégio Paulo Freire	Rua Pedro Vitorato, 237 – Jd. Colorado 03387-010	Portaria de 29.06.1996

SERGIPE: nenhuma escola estadual, uma municipal e uma privada

Município	Rede	Localização	Nome da escola	Endereço
Estância	Municipal	Rural	Escola Professor Paulo Freire	Assentamento "Rosely Nunes", s/n 49200-000
Itabaiana	Privada	Centro	Centro Educacional Paulo Freire	Rua Sete de Setembro, s/n 49500-000

TOCANTINS: uma escola estadual, quatro municipais e nenhuma privada

Município	Rede	Localização	Nome da escola	Endereço
Araguaina	Estadual	Centro	Centro de Ensino Médio Paulo Freire	Rua Sadoc Correia, 488 77803-060
Axaxi do Tocantins	Municipal	Centro	Escola Municipal Paulo Freire	Av. Vila Nova, 2703 77930-000
Palmas	Municipal		Escola Municipal Paulo Freire	Rua 38 – 305 Norte 77054-970
Abreulândia	Municipal	Rural	Escola Municipal Paulo Freire	Assentamento Areia, s/n 77693-000
Divinópolis do Tocantins	Municipal	Rural	Escola Municipal Paulo Freire	Fazenda Ângico, s/n 77670-000

Apêndice III

Praças, avenidas, ruas e conjuntos habitacionais com o nome de Paulo Freire

Total de logradouros no Brasil: 31

a) BAHIA: 3

Município	CEP	Logradouro	Bairro
Itabuna	Sem CEP	Rua Paulo Freire Criada pela Lei n. 1.400, antigo 19, assinada pelo Prefeito Ubaldo Dantas, em 23 de dezembro de 1987	
Salvador	41600-205	Rua Paulo Freite	Stella Maris
Teixeira de Freitas	45996-165	Rua Professor Paulo Freire	Monte Castelo

b) CEARÁ: 2

Município	CEP	Logradouro	Bairro
Fortaleza	60310-343	Rua Paulo Freire	Jacarecanga
	60831-605	Rua Paulo Freire	Lagoa Redonda

c) GOIÁS: 1

Município	CEP	Logradouro	Bairro
Goiânia	74335-170	Via Paulo Freire	Condomínio Amin Carvalho

d) MATO GROSSO DO SUL: 2

Município	CEP	Logradouro	Bairro
Campo Grande	79050-044	Rua Paulo Freire	de 670/671 ao fim Vila Progresso
	79080-140	Rua Paulo Freire	até 668/669 Vila Carvalho

e) MINAS GERAIS: 1

Município	CEP	Logradouro	Bairro
Uberaba	Sem CEP	Rua Paulo Freire Criada pela Lei n. 6.298, de 13 maio de 1997	

f) PARÁ: 3

Município	CEP	Logradouro	Bairro
Belém	66615-635	Rua Paulo Freire	Marambaia
	66690-360	Rua Paulo Freire	Res. Olga Benário – Águas Lindas
	66821-590	Rua Paulo Freire	Cj. Eduardo Angelim II – Parque Guajará (Icoaraci)

g) PARANÁ: 1

Município	CEP	Logradouro	Bairro
São José dos Pinhais	83050-690	Rua Paulo Freire	Afonso Pena

h) PERNAMBUCO: 1

Município	CEP	Logradouro	Bairro
Olinda	53370-455	Praça Paulo Freire	Ouro Preto

i) PIAUÍ: 1

Município	CEP	Logradouro	Bairro
Teresina	64027-520	Rua Professor Paulo Freire	Areias

j) RIO GRANDE DO NORTE: 1

Município	CEP	Logradouro	Bairro
Natal	59133-263	Rua Professor Paulo Freire	Lot. Jd. Brasil – Pajuçara

k) SANTA CATARINA: 1

Município	CEP	Logradouro	Bairro
Jaraguá do Sul	89253-684	Rua Paulo Freire	São Luís

l) SÃO PAULO: 14[1]

Município	CEP	Logradouro	Bairro
Birigui	16280-030	Rua Professor Paulo Freire	Res. Portal da Pérola
Campinas	13055-603	Rua Professor Paulo Freire	Jardim Santa Maria
Lençóis Paulista	18681-023	Praça Paulo Freire	Vila Mamedina
São Bernardo do Campo	09783-170	Passagem Paulo Freire	Jardim dos Químicos
	09854-590	Rua Paulo Freire	Jardim das Orquídeas
São Paulo	02187-110	Av. Educador Paulo Freire[2]	Parque Novo Mundo
	02324-240	Rua Paulo Freire	Jardim Ataliba Leonel
	02990-385	Rua Paulo Freire	Jardim Rincão

(Continua)

---

1   Em Limeira, São Paulo. Projeto de Lei do vereador José Roberto de Toledo n. 2.936/98, de 5 de maio de 1998.
2   Essa avenida da capital paulista foi nomeada, a meu pedido à prefeita Marta Suplicy, "Avenida Educador Paulo Freire", Decreto n.42.402, assinado por ela, em 17.9.2002, publicado no *DOM* de 18.9.2002, p.22.

(Continuação)

Município	CEP	Logradouro	Bairro
	03821-230	Conjunto Habitacional Mestre Paulo Freire	Vila Silvia
	05209-560	Travessa Paulo Freire	Cj. Hab. Recanto dos Humildes
	05273-060	Rua Paulo Freire	Vila dos Palmares
		Av. Educador Paulo Freire	
Sumaré	13175-586	Rua Paulo Freire	Chácara Monte Alegre
Taboão da Serra	06784-297	Rua Paulo Freire	Sítio das Madres

Apêndice IV

Alguns discursos de Ana Maria Araújo Freire em homenagem a Paulo.

Discurso de agradecimento pela homenagem a Paulo Freire, como Patrono da Educação Brasileira, em 27/06/2012, Brasília

Saber que o homem a quem amo há muitos anos e que conheci verdadeiramente desde a minha infância é hoje o PATRONO DA EDUCAÇÃO BRASILEIRA desperta em mim uma emoção de enorme orgulho e de uma não menor alegria. Não posso negar que me desperta também um sentimento de espanto e perplexidade, que me leva a refletir sobre como estamos construindo um novo Brasil, diante do fato de que há exatamente 48 anos meu marido foi obrigado a deixar a sua pátria, exatamente por sua condição de educador.

Viveu por quase 16 anos longe de seus amigos e de seus parentes, sem tocar os seus pés na sua terra querida. Não conseguiu permissão para sequer vir despedir-se de sua mãe à beira da morte, que nele acreditou desde que era uma criança. Foi por esforço e desempenho dela que Paulo pôde fazer a escola secundária ao obter uma bolsa de estudos no Colégio Oswaldo Cruz, do Recife, de propriedade de meus pais Aluízio e Genove Araújo.

Paulo viveu no "contexto de empréstimo", como ele dizia, na Bolívia, no Chile, nos Estados Unidos e na Suíça, sem passaporte porque o governo da ditadura militar lhe negava, sistematicamente, esse direito. Viajou pelo mundo de novembro de 1964 a agosto de 1979 apenas com salvo-condutos dos países aonde residia.

Reconhecido como educador de ideias e práticas revolucionárias, que acreditava no poder de transformação das sociedades pela *palavra verdadeira, pela educação* no lugar das armas, propunha abandonarmos a educação que se praticava secularmente entre nós através de poucas escolas elitistas baseadas na repetição, na verbosidade oca, nos blá-blá-blás, na exclusão da maioria da população, no analfabetismo generalizado. Paulo propôs uma outra educação baseada na *problematização*, na busca de transformar pessoas, objeto da manipulação e de opressão de toda sorte, em *sujeitos da história* com *direito a voz*. Isto é, com direito de participação em todos os âmbitos da sociedade. Não só *objetos de deveres* dos poderosos. Dentro desta ideologia criou um "Método de Alfabetização de Adultos" que partia da *conscientização* como possibilidade da libertação e da autonomia, de homens e mulheres como Seres Mais. Os militares e parte da sociedade civil não suportaram sua "ousadia" de trabalhar pela possibilidade de fazer dos explorados e dos aviltados seres humanos com direitos e deveres. Sabendo ler e escrever, participando do destino do país. Estabeleceu-se a ditadura através do golpe de Estado; Paulo foi preso e respondeu a dois inquéritos: um militar e outro administrativo.

Com extrema tristeza, mas carregado de esperanças de novos dias no futuro do Brasil, de tempo incerto, pacientemente impaciente, ele partiu para o exílio, retornando somente em 1980 para em seu "contexto de origem" ficar para sempre até quando a morte o levou em 2 de maio de 1997.

Em 26 de novembro de 2009, ouvi o presidente da Comissão de Anistia Dr. Paulo Abrão, pedir desculpas, em nome do governo brasileiro pela perseguição a Paulo e pedir desculpas ao povo brasileiro porque se privou de se tornarem, possivelmente, Seres Mais, alfabetizando-se, desde 1964.

Cito algumas partes do meu discurso de agradecimento pronunciado nesse dia:

> A essência do exílio imposta pelos que se consideram *juízes do bem e do mal* é esta: são os donos da Verdade política, científica ou filosófica, como se a Verdade fosse una, imutável e estática, donos do que é certo ou errado, donos da vontade de todos e todas, donos do julgamento do que é bom ou ruim para a vida da sociedade, donos dos bens materiais e culturais do país, e, assim da Vida e do que pensam e fazem os outros, os condenando a serem *seres proibidos de Ser*. Proibidos de poder biografar-se no seu país como *sujeito histórico*, como cidadão participante. Proibidos de gozar do direito de ir e vir. Proibidos *de escrever e ler o mundo* de acordo com a sua consciência e inteligência. Proibidos de poder delibe-

rar a qual ideologia ou projeto político se engajar. Proibidos de poder escolher e optar. Proibidos de trabalhar *a favor* das camadas populares, *contra* as que as oprime. Proibidos de visitar a sua gente querida deixada em seu país. Proibições que atingem o ser inteiro e a inteireza do ser do exilado.

[...]

Hoje, Paulo, você pode descansar em Paz: sua cidadania plena, sem vazios e sem lacunas, foi restaurada, como você queria, e proclamada, como você merece. Estou contente por ter viabilizado[1] mais um desejo verdadeiro seu, porque ser um exilado não reconhecido e não anistiado por seu próprio país é ter sua condição ontológica de ser humano e de cidadão ferida, ultrajada, desprezada. Usurpada!

Tome, Paulo, o seu diploma, ele é seu! Foi você quem construiu a sua cidadania que, em parte roubada, hoje lhe devolvemos, em festa, para que todos os minutos de sua vida sejam reconhecidamente de um homem BRASILEIRO. BRASILEIRO por inteiro, como você o foi. Seu extenso e rico currículo tão cheio de títulos e de homenagens hoje se completa!

Nesse exílio, que obviamente em si não justifica este título que hoje celebramos, mas que também tem a ver com ele, pois Paulo não cruzou os braços nas terras distantes. Não ficou se autocompadecendo, fez dele o tempo de radicalizar seu pensar sobre o Brasil e a educação brasileira. Na distância geográfica tomou distância epistemológica e pode ver com mais clareza e pertinência os problemas brasileiros.

Assim, foi nesse "tempo de saber e de sofrer" que Paulo amadureceu sua crença de que é na práxis *dos sujeitos* que as sociedades se fazem e se refazem para concretizar uma sociedade justa, equânime e democrática.

Foi nesse "tempo de saber e de sofrer" que Paulo entendeu com radicalidade a politicidade da educação. Que o destino ontológico dos homens e das mulheres só se pode dar pela educação ético-político-crítica.

Assim, Paulo tornou-se um símbolo emblemático da educação para a libertação no mundo todo. E é esta condição privilegiada, que ele forjou para si próprio através de seu pensar e do seu agir, que lhe possibilitou ter sido nomeado o educador maior do Brasil.

Portanto, o currículo de Paulo não "se completou", como afirmei, ingenuamente, no momento de seu reconhecimento como Anistiado Político, pois estou podendo participar desse novo título a ele concedido, que considero, sem desvalorizar ou menosprezar nenhum dos outros recebidos por ele,

---

1 Em 14 de setembro de 2006, assinei contrato com advogados para obter do governo o reconhecimento de Paulo como anistiado político (Processo n. 2007.01.57548, protocolado em 19 de abril de 2007. Data de Atuação 20 de abril de 2007).

inclusive os 44 títulos honoríficos (40 de Doutor *Honoris Causa*) de Universidades do Brasil e do mundo, o maior título de sua vida.

Estou dizendo que considero o maior de todos os seus títulos: o de PATRONO DA EDUCAÇÃO BRASILEIRA, nomeado através da lei n. 12.612, assinada pela presidente Dilma Rousseff e pelo ministro da Educação Aloizio Mercadante [estranhamente ausente, acrescentei na hora da leitura], em 13 de abril de 2012. Portanto, reconhecimento de ser Paulo o maior educador brasileiro outorgado pelo Estado brasileiro.

Foi conversando, no ano passado, com minha querida amiga a deputada federal Luiza Erundina – que tem, indiscutivelmente, uma enorme, sensível e profunda capacidade de "escutar" – sobre como e qual seria uma grande e merecida homenagem a Paulo no ano em que ele completaria 90 anos de nascimento, que, surgiu, então, este projeto. Foi nesta conversa a duas, que emergiu a ideia de fazê-lo PATRONO DA EDUCAÇÃO BRASILEIRA. Este, inegavelmente, um sonho tanto meu, e da grande maioria de militantes sociais e educadores e educadoras progressistas do Brasil, acredito, quanto dela, a quem Paulo serviu como secretário de Educação na sua Gestão Democrática, na cidade de São Paulo. Tarefa que ele cumpriu com seriedade, criatividade e espírito público e lhe rendeu a imensa admiração da prefeita e de milhares de educadores de todo o mundo. Dos educandos e educandas que usufruíram de sua compreensão libertadora de educação.

Erundina neste mesmo dia de abril do ano passado, engajou-se, com entusiasmo e sem reservas, nesta ideia. Apresentou um projeto de lei na Câmara dos Deputados, que foi aprovado na Comissão de Educação e Justiça da Câmara Federal. Encaminhou-o, então, ao Senado Federal, que teve como parecerista o senador Cristovam Buarque. Em ambas as casas a proposta foi aprovada por unanimidade.

Assim, quero agradecer com toda a minha gratidão a Cristovam Buarque [que me escreveu lamentando não estar no Brasil e assim não poder participar da solenidade, acrescentei na hora da leitura], senador pelo D.F., mas pernambucano de nascimento, amigo e de quem Paulo foi colaborador quando ele foi reitor da UnB; mas sobretudo à deputada Luiza Erundina por estarmos juntos, hoje, na Capital Federal celebrando, repito, o maior título concedido a Paulo Freire. Para mim amorosa e simplesmente Paulo.

Concedido por mérito, merecidamente, todos e todas nós sabemos. Paulo tem esse direito legitimado por sua luta de vida por mais de 60 anos – luta destemida e ininterrupta, efetiva e positiva – de ser reconhecido por esse dever cumprido em favor da democratização da nossa sociedade e da educação de nosso país, o maior educador do Brasil.

Quero terminar estas minhas palavras de agradecimento com as mesmas com que terminei o discurso do dia da Anistia:

Celebremos a Vida, a obra e a práxis do maior educador brasileiro de toda a nossa história, o meu querido marido Paulo, no dia em que ele recebe um dos mais importantes diplomas de sua vida, que o reafirma como o homem que amou a sua brasilidade, amando profundamente a sua pernambucanidade e sua recifencidade. Que amou árvores, flores, pedras e rios, amando os bichos. Que amou pessoas do mundo todo, amando profundamente os seus entes queridos. Mas que acima de tudo amou visceralmente o povo brasileiro!

Acrescento:
Celebremos a Vida, a obra e a práxis do maior educador brasileiro de toda a nossa história como o modelo de educador que nos legou uma teoria ou como ele preferia chamar "uma certa compreensão ético-política-crítica de educação", na qual, espero, deva ser pautada a política educacional brasileira. Só assim, entendo, ele se consagrará, verdadeiramente, o PATRONO DA EDUCAÇÃO BRASILEIRA.
Muito obrigada.
Nita

Discurso do Dia da Anistia Política a Paulo Freire, em 26 de novembro de 2009, Brasília

Há dias em que sentimos uma enorme alegria por termos conquistado mais uma coisa para a nossa vida ou para a de quem amamos. Hoje, para mim, é um desses dias: minha luta para o reconhecimento de meu marido Paulo Freire na condição de ANISTIADO POLÍTICO, está sendo por fim declarada pelo Estado Brasileiro. É uma alegria bem comportada, como diria Paulo, sobretudo, porque está *molhada* de uma certa tristeza por não estar sendo ele que está aqui recebendo este sonhado reconhecimento a que faz jus, da Comissão de Anistia, do Ministério da Justiça do Brasil

Paulo pensou muitas vezes que seria justo esse reconhecimento, tinha mesmo um desejo enorme de que sua permanência por quase 16 anos proibido de tocar os pés em qualquer parte da pátria sua, a qual deu o melhor de si; longe da sua muito querida Recife – preso e considerado como subversivo; acusado de comunista e fascista ao mesmo tempo pelo tenente coronel do Exército Nacional que presidiu o inquérito policial militar, em 1964, muitas vezes o humilhando, mas para quem Paulo respondeu sempre com altivez e hombridade; aposentado como professor catedrático e demitido como técnico em educação do Serviço de Extensão Cultural, da Universidade do Recife, que criou e dirigiu até o golpe militar, aos 42 anos de idade; perseguido no exílio e considerado como *persona non grata* pelos militares no poder, quando, mais uma vez foi publicamente aviltado, em Persépolis, em 1975, ao assistir perplexo o presidente do MOBRAL e toda a comitiva dos "educadores" brasileiros se retirarem para não presenciar a entrega do Prêmio Unesco/Mohammad Reza Pahlavi a ele e nem ouvir o seu discurso de agradecimento,[2] após tentativa frustrada de sua expulsão do país pelo Xá da Pérsia (Irã) pelo "pecado" de ter querido fazer uma alfabetização conscientizadora politizando 5 milhões de adultos, através do "Método Paulo Freire", que mudaria, muito possivelmente, as seculares forças no poder através do Programa Nacional de Alfabetização, declarado pelo ministro da Justiça, em janeiro de 1979, como um dos oito brasileiros que jamais receberiam passaporte brasileiro, situação revertida, em grande parte pela carta de Henfil ao presidente Ernesto Geisel; mesmo assim viajando pelos cinco continentes com meros salvo-condutos dos países que o abrigavam, levando a sua educação libertadora voltada para a autonomia dos sujeitos – fosse declarado o seu exílio como um tempo no qual o governo militar brasileiro o estava proibindo de ser um brasileiro por inteiro.

A essência do exílio imposta pelos que se consideram *juízes do bem e do mal* é esta: são os donos da Verdade moral, política, científica ou filosófica, como se a Verdade fosse una, imutável e estática, donos do que é certo ou errado, donos da vontade de todos e todas, donos do julgamento do que é bom ou ruim para a vida da sociedade, donos dos bens materiais e culturais do país, e, assim da Vida e do que pensam e fazem os outros, os condenando a serem *seres proibidos de Ser*. Proibidos de poder biografar-se no seu país como *sujeito histórico*, como cidadão participante. Proibidos de gozar do direito de ir e vir. Proibidos *de escrever e ler o mundo* de acordo com a sua consciência e inteligência. Proibidos de poder deliberar a qual ideologia ou projeto político se engajar. Proibidos de poder escolher e optar. Proibidos de trabalhar *a favor* das camadas populares, *contra* as que as oprime. Proibidos de visitar a sua *gente* querida deixada em seu país. Proibições que atingem o ser inteiro e a inteireza do ser do exilado.

Entendo que a essência do exílio, a intenção por parte de quem o determina é esta mesma: atingir violentamente o mais profundo e recôndito da alma e do corpo do interditado, do proibido de *SER*. É destruir no exilado a sua natureza ontológica, a sua dignidade, o seu corpo e a sua cidadania, por muitos meios, inclusive lhes negando o direito legítimo de ter um passaporte, que o identifica e o qualifica como um sujeito/cidadão desse ou daquele país. A vontade política de quem determina o exílio é causar, intencionalmente, com extrema malvadez, dor e sofrimento ao exilado e a todos que o querem bem.

---

2 Ler sobre este assunto no livro de Paulo Freire, *Pedagogia dos sonhos possíveis*, com organização, notas e apresentação de Ana Maria Araújo Freire. São Paulo: Editora Unesp, 2001, p. 135-136.

Paulo sofreu no exílio, imposto pelo regime militar, essa dor e esse sofrimento, a mesma dor e o mesmo sofrimento de Darcy Ribeiro, de Ernani Maria Fiori, de Josué de Castro, de Frei Tito de Alencar, de Betinho, de Luís Carlos Prestes, de Miguel Arrais, de Juscelino Kubitschek e de Álvaro Vieira Pinto, que preferiu retornar ao Brasil com seu atestado de óbito do que ficar "livre" na então Iugoslávia. A mesma dor de uma centena de nossos irmãos e irmãs, que sonhavam com um Brasil mais bonito e mais justo e que foram feridos profundamente por isso.

Paulo pediu o primeiro passaporte de sua vida depois do golpe de Estado, ainda vivendo no Recife, e aos consulados brasileiros por onde andava no exílio. Inúmeras vezes o pediu, vivendo no exterior, e a resposta era sempre a mesma, por telefone, nunca por escrito: "Para que o senhor quer um passaporte, professor?" A resposta também era sempre a mesma: "Para mostrar pelos quatro cantos do mundo que sou brasileiro, pois o sou, verdadeiramente. Ademais ter este documento é um direito meu!"

Mas Paulo nunca pediu nem este reconhecimento que hoje a Comissão de Anistia lhe confere de exilado político, nem a sua reintegração à Universidade Federal de Pernambuco como técnico em educação, essa concedida, espontaneamente, pelo governo federal, em 1991. Um e outro, direito legítimo seu. Não por orgulho descabido ou arrogância. Pelo contrário, por humildade e coerência. Por genuíno e não arrogante amor próprio. "Se eu não me afastei de meu trabalho deliberadamente, se eu não pedi para partir para começar nova vida em terras nunca antes conhecidas, mas demitido, preso e forçado pelas forças reacionárias a sair de meu país, não sou eu que devo pedir minha reintegração à Universidade ou o reconhecimento de ANISTIADO POLÍTICO, pois parti de meu solo não para simplesmente viver no exterior, em *contextos de empréstimos,* mas para sobreviver com vida longe do meu *contexto de origem.* Quando o meu país se fizer autenticamente democrático tem que reconhecer a injustiça a que fui condenado", me disse várias vezes.

Por isso resolvi, em 2007, solicitar este reconhecimento público ao entender que o mesmo lhe resgataria a parte de sua cidadania roubada e, assim, lhe restituiria o direito de ser um brasileiro por inteiro. Esse reconhecimento, entendia, atestaria ser ele um completo e verdadeiro cidadão BRASILEIRO. Cidadão que foi humilhado e que pagou muito caro por sua utopia de querer construir, em comunhão, um país melhor e mais bonito. Mais igualitário. Menos injusto e discriminatório. Mais ético. Não corrupto. Assim, se estava em minhas mãos a possibilidade de proporcionar a ele este desejo, esse direito, eu não me eximi em fazê-lo.

Paulo foi roubado de nosso convívio, num exílio, que, às vezes, ele dizia com humor: "Nunca estive numa praia tropical vendo o mar e me divertindo com as nuvens caminhando no céu azul, podendo voltar ao meu país quando quisesse e bem entendesse. Não, sofri a dura punição de pensar que morreria sem rever minha *gente* querida. E na verdade nunca revi a minha mãe! Programei ir visitá-la no Natal de 1968, logo depois que recebi o *habeas corpus*, porém o Ato Institucional n. 5, de 1968, frustrou esse meu legítimo e amoroso desejo de abraçá-la."

Paulo deixou de *voltar para casa*, de sentir o gosto e a sensação de segurança, de aconchego e de alegria que todos nós experimentamos todas as tardes ao deixarmos o nosso trabalho e voltarmos para nossas casas, coisa aparentemente banal, mas que para ele tinha um enorme significado. Deixou de vivenciar o *voltar para casa* por mais de quinze anos sofrendo por isso. Consciente de seu sofrimento, das marcas cruéis que o exílio estava lhe impondo.

Paulo carregou a sua brasilidade na sua recifencidade por todos os lados e em todos os instantes de sua vida. Sua natureza humana expirava e aspirava a sua essência de homem brasileiro genuinamente recifense, nordestino. Pensar e agir como Paulo pensou e agiu por toda a sua vida são formas de se pôr no mundo, *de leitura da sua realidade*, de comportamentos que só podem ter e fazer parte do patrimônio de pessoas autenticamente nordestinas.

Só pensa e só age como Paulo pensou e agiu quem nasce na terra dos mangues, dos alagados de *gente* que vive de "caranguejos e com sua carne de lama fazem a carne de seu corpo e a do corpo de seus filhos".[3] Na terra quente dos coqueiros e das mangueiras, da brisa fresca da beira dos rios e do mar morno. Só quem nasceu na cultura da cidade do Recife – que já viu nascer milhares de homens e de mulheres de "vida severina",[4] de "destino severino" – os que trabalhavam descalços e morriam, tantas vezes, de fome ou tuberculose; que mendigavam ao pé da Ponte da Boa Vista, pode pensar como Paulo pensou.

Sua compreensão epistemológica e antropológica, política e ética, crítica e libertadora da educação que se alonga e atinge as mais diferentes áreas das ciências e da filosofia não poderia ser tal qual é se Paulo fosse um homem que tivesse nascido e vivido no Norte. A radicalidade de seu pensamento marcado pela denúncia do injusto e do inaceitável que abre a possibilidade do anúncio da superação das relações e das condições de opressão e da desumanização, abre o caminho para o afeto e a alegria, a solidariedade e a cumplicidade, o respeito e a tolerância que propiciam o humanismo mais autêntico. O humanismo libertador de Paulo, é marcado, pelo fato de ter sido ele um homem do Brasil, de Pernambuco. Do Recife!

---

3   Compreensão e frase do cientista pernambucano Josué de Castro sobre a fome e a condição de vida dos recifenses.
4   Faço uma alusão agora à criação do, também pernambucano, o poeta João Cabral de Melo Neto.

Uma vez caminhávamos pelo Cais José Mariano, no Recife, de repente, ele me disse: "Nita, ainda bem que eu não morri na Suíça." "O que você quer dizer com isso, Paulo?", perguntei-lhe. "Que as águas de nosso rio Capibaribe estão tão carregadas de lixo, que teria sido terrível ter sido jogado nele…" Contou-me, então, que, no exílio, temendo morrer antes de *voltar para casa*, para o seu *contexto de origem*, pedira a Elza, sua primeira mulher, para que não o enterrasse na Suíça. Queria que as suas cinzas fossem jogadas no rio Capibaribe, bem no centro do Recife, ali onde estávamos vendo a Casa da Cultura e as pontes 1º de Março e da Imperatriz. Se ela mesma não as pudesse trazer e cumprir o desejo dele que as mandasse por alguém, por algum amigo, de preferência um recifense que pudesse entender o seu gesto.

Contou-me também, de outra feita, que tendo recebido de um amigo brasileiro uma revista ilustrada com fotos dos estados brasileiros, começou a ver, página por página, de "Alagoas" até que, com o coração cada vez batendo mais forte chegou ao "Paraná"… "Paraíba" e de pelos irisados, suando muito abriu "Pernambuco". Contendo-se, decidiu que o seu estado teria que ser vivido, saboreado, por último. Tomou fôlego, seguiu para o "Piauí", depois um por um dos então estados brasileiros até "Sergipe". Retornou ao seu destino maior: "Pernambuco", Recife. Tremendo de emoção, já numa madrugada do novo dia escreveu uma poesia de saudade, de sofrimento e de radicalidade amorosa com a terra que o viu nascer, a cidade que traduzia a essência de seu *ser brasileiro*:

Recife sempre

Cidade bonita
Cidade discreta
Difícil cidade
Cidade mulher.
Nunca te dás de uma vez.
Só aos pouquinhos te entregas
Hoje um olhar.
Amanhã um sorriso.
Cidade manhosa
Cidade mulher.
Podias chamar-te Maria
    Maria da Graça
    Maria da Penha
    Maria Betânia
    Maria Dolores.
[…]

Serias sempre Recife,
Com suas ruas de nomes tão doces:
Rua da União
[…]
Rua das Crioulas
Rua da Aurora
Rua da Amizade
Rua dos Sete Pecados.
Podias chamar-te Maria
    Maria da Esperança
    Maria do Socorro
    Maria da Conceição
    Maria da Soledade.
[…]
Recife, onde tive fome
    onde tive dor
    sem saber por que
    onde hoje ainda
    milhares de Paulos
    sem saber por que,
    têm a mesma fome
    têm a mesma dor,
    raiva de ti não posso ter.
[…]
Recife, raiva de ti não posso ter.
[…]
Recife, cidade minha,
já homem feito
teus cárceres experimentei.
    Neles, fui objeto
    fui coisa
    fui estranheza.
[…]
    Não me entendem
    Se não te entendem
    minha gulodice de amor
    minhas esperanças de lutar
    minha confiança nos homens
    tudo isto se forjou em ti
    Na infância triste
    Na adolescência amarga

      o que penso
      o que digo
      o que escrevo
      o que faço
      Tudo está marcado por ti.
Sou ainda o menino
    que teve fome
    que teve dor
    sem saber por que
    só uma diferença existe
    entre o menino de ontem
    e o menino de hoje,
    que ainda sou:
    Sei agora por que tive fome
    Sei agora por que tive dor.
Recife, cidade minha.
Se alguém me ama
que a ti te ame
Se alguém me quer
que a ti te queira.
Se alguém me busca
que em ti me encontre
[...]
      na amorosidade de quem lutou
      e de quem luta.
      De quem se expôs
      e de quem se expõe
      de quem morreu
      e de quem pode morrer
      buscando apenas
      cada vez mais
      que menos meninos
      tenham fome e
      tenham dor
      Sem saber por que
Por isto disse:
    Não me entendem
    Se não te entendem.
    o que penso,
    o que digo
    o que escrevo

       o que faço
Tudo está marcado por ti.
Recife, cidade minha,
Te quero muito, te quero muito.

Esse amor de Paulo pelo Recife, aparentemente como se fosse por sua amada e amante preferida, foi alimentado apenas pelas inúmeras idas ao seu mais autêntico *contexto de origem* quando voltou do exílio. Sua vontade de para lá voltar e lá se fixar não foi possível. As condições políticas, em 1980, ainda não permitiam que ele vivesse esse desejo, essa necessidade existencial. Fixou-se em São Paulo e não na sua amada Recife. Fixou-se para o todo e sempre no seu amado Brasil.

Quero agradecer aos advogados que cuidaram do processo de reconhecimento de Paulo como *anistiado político*, a amiga Dra. Carla Romar, Dr. Pietro Alarcon e Ricardo Corazza Cury. Quero agradecer ao ministro da Justiça Tarso Genro, aqui representado pelo Sr. Paulo Abrão Pires Junior, e a este como presidente da Comissão e a todos e todas desta que trabalharam neste processo de anistia, de modo especial o Sr. relator Edson Cláudio Pistori. Quero agradecer ao representante do ministro Fernando Haddad na pessoa de quem cumprimento todos e todas os/as educadores/as do Brasil. Quero também agradecer aos que trabalharam para o brilho desta festa.

Não posso esquecer, neste momento tão solene e importante para a história da vida de Paulo, de Elza que viveu o exílio com ele e dos meus pais Genove e Aluízio Pessoa de Araújo que ofereceram os estudos secundários a Paulo, lhe deram o primeiro emprego e o convidaram para ser professor de Língua Portuguesa do Colégio Oswaldo Cruz, do Recife, de propriedade deles. Sem o humanismo generoso de meus pais, possivelmente Paulo não teria se tornado o educador e homem que foi.

Hoje, Paulo, você pode descansar em paz: sua cidadania plena, sem vazios e sem lacunas, foi restaurada, como você queria, e proclamada, como você merece. Estou contente por ter viabilizado mais um desejo verdadeiro seu, porque ser um exilado não reconhecido e não anistiado por seu próprio país é ter sua condição ontológica de ser humano e de cidadão ferida, ultrajada, desprezada. Usurpada!

Tome, Paulo, o seu diploma, ele é seu! Foi você quem construiu a sua cidadania que, em parte roubada, hoje lhe devolvemos, em festa, para que todos os minutos de sua vida sejam reconhecidamente de um homem BRASILEIRO. BRASILEIRO por inteiro, como você o foi. Seu extenso e rico currículo tão cheio de títulos e de homenagens hoje se completa!

Celebremos! Celebremos a grandeza, a inteireza, a humildade, a amorosidade, a dignidade, a tolerância, o sentido de justiça, a solidariedade, a generosidade, a coerência e a cumplicidade, virtudes com as quais Paulo Freire se fez o homem e o educador-político que nos orgulha a todos e todas nós brasileiros e brasileiras. Celebremos estas virtudes que ele construiu em si próprio e que estão presentes em sua práxis e em sua obra, coerentemente, e que foram *a razão de ser* de seu exílio. Dos tempos difíceis, de sofrimento, mas sem nunca se lamuriar ou queixar-se! Sem se lamentar ou apiedar-se de si próprio. Ao contrário, ajudando pessoas e povos do mundo quase todo a se autenticarem na busca permanente da autonomia e da libertação.

Celebremos a Vida, a obra e a práxis do maior educador brasileiro de toda a nossa história, o meu querido marido Paulo, no dia em que ele recebe um dos mais importantes diplomas de sua vida, que o reafirma como o homem que amou a sua brasilidade, amando profundamente a sua pernambucanidade e sua recifencidade. Que amou árvores, flores, pedras e rios, amando os bichos. Que amou pessoas do mundo todo, amando profundamente os seus entes queridos. Mas que acima de tudo amou visceralmente o povo brasileiro!

Muito obrigada!

Ana Maria Araújo Freire, Doutora em Educação pela PUC/SP, viúva, colaboradora e sucessora legal da obra do educador Paulo Freire.

Jaboatão dos Guararapes, Pernambuco, 13 de novembro de 2009.
Brasília, 26 de novembro de 2009.[5]

---

5   Assinei contrato com meus advogados em 14 de setembro de 2006. Processo no. 2007.01.57548. Protocolado em 19 de abril de 2007. Data de Atuação 20 de abril de 2007. Data do Julgamento e da concessão a Paulo Freire de ANISTIADO POLÍTICO, e pedido de desculpas do governo brasileiro a ele e ao povo brasileiro por não ter sido possível ter sido alfabetizado por Paulo Freire, nos anos 1960, pela voz de Paulo Abrão Pires Junior, na 31ª Caravana da Anistia, realizada no Auditório Máster do Centro de Convenções Ulysses Guimarães, durante o Fórum Mundial de Educação Profissional e Tecnológica.

Índice onomástico

A
A. Carrard, 352
A. D. C. Peterson, 352
A. R. Lacey, 360
Abdias Moura, 104
Abelardo da Hora, 86, 127-128, 533-534
Abelardo Filho, 533
Abraham Maslow, 483
Abram Kardiner, 351
Adalgiza Neves, 47
Adam Schaff, 356
Adolf Meyer, 351
Adolf Rude, 350
Adolfo Sánchez Vásquez, 361
Adozinda Flores Neves ver Dosa
Adriano Diogo, 477
Adriano Lopes Gomes Pimpão, 500
Adriano S. Nogueira, 394, 650, 654
Afonso Celso, 350
Afrânio Peixoto, 350
Agnes Heller, 352, 431
Aguayo, 350
Alain Farina, 226

Alain Touraine, 423
Albert Bandura, 482
Albert Memmi, 352, 355, 357, 360-363, 427-429
Alberto Cavalcanti de Figueiredo, 171
Alberto Guerreiro Ramos ver Guerreiro Ramos
Alberto Heiniger, 568
Alberto Pimentel Filho, 351
Alberto Silva, 358
Alberto Vazquez, 599
Albino Fernandes Vital, 45, 62
Albino Oliveira, 100
Aldo Mieli, 351
Aldo Vannucchi, 394, 653
Aldous Huxley, 350, 354
Alexander Duncan Campbell Peterson ver A. D. C. Peterson
Alexander Luria, 331, 352, 360
Alexander Petrie, 351
Alexandre Dowbor, 568
Alexandre Oliveira, 650-651, 653
Alexis de Tocqueville, 354

Alfred Adler, 350
Alfred H. Bloom, 454
Alfred North Whitehead, 354, 359
Alfred von Martin, 352
Alfred Weber, 350
Alfredo Guevara, 104
Alfredo Pérez Rubalcaba, 510
Alfredo Ravera, 351
Alípio Casali, 21, 25, 353, 488-489, 518, 536, 604, 634, 655
Alma Flor Ada, 503, 545
Almery Bezerra, 136, 174
Almino Afonso, 218, 255
Aloizio Mercadante, 318, 487, 611, 700
Altemar Dutra, 599
Aluízio Alves, 137-138, 140-142, 187
Aluízio Falcão, 127, 208
Aluízio Pessoa de Araújo (pai de Nita Freire), 57-63, 68, 70, 77, 90, 186, 278, 565, 587, 607, 697, 708
Álvaro Costa Lima, 203-205
Álvaro de Faria, 218
Álvaro Vieira Pinto ver Vieira Pinto
Alvin Roberts, 351
Amália Costa Lima, 51, 57
Amaro Soares Quintas, 62, 95, 350
Amaury Costa Pinto, 127, 136
Amaury de Souza, 504
Amaury Vasconcelos, 77, 95
Amílcar Cabral, 215, 230, 233, 240-246, 282, 352, 357, 360, 391
Ana Camargo, 97, 107
Ana Guadalupe Martínez Menéndez, 360
Ana Krajuc, 446-447
Ana Lucia Pippaus, 518
Ana Lúcia Souza de Freitas, 652
Ana Lúcia Vieira Menezes, 492
Ana Mae Barbosa, 85, 292
Ana Maria Araújo Freire ver Nita Freire
Ana María del Pilar Martínez Hernández, 620-621
Ana Maria Saul, 282, 309, 316, 321, 385, 477, 536
Andrade Lima, 77, 350

André Beley, 351
André Cresson, 350
André Dowbor (bisneto de Paulo Freire), 568
André Dowbor (neto de Paulo Freire), 568
André Hasche, 575, 627
Andrei Kindebergen, 416
André Lamouche, 176
André Lefeuvre, 652
André Malraux, 355, 357
André Maurois, 350
André Moine, 356
André Molitor, 507
André Nicolai, 355
Angel Quintero, 167
Angela Davis, 530
Ângelo Amaury Stábile, 269
Ângelo Augusto Perugini, 518
Angelo Broccoli, 359
Anísio Teixeira, 27, 73, 117, 181, 184, 350, 354, 494
Anita Paes Barreto, 76-77, 86-87, 127, 134, 136
Ann E. Berthoff, 654
Antonio Aliota, 351
Antônio Bezerra Baltar, 95, 127, 136
Antônio Callado, 359
Antonio Carlos Brito Maciel, 71
Antonio Carlos Dias Ferreira, 144, 150-151
Antonio Carlos Guedes Almas, 505
Antonio Carlos Machado, 309
Antônio Carlos Murici, 165, 169
Antonio Carlos Valladares, 300
Antônio Carneiro Leão, 58, 73, 351
Antonio Cerqueira, 218
Antonio Chizzotti, 282, 489, 649
Antonio Coutinho, 350
Antônio d'Ávila, 351
Antonio de Paula Montenegro, 253-254
Antonio Faundez, 359, 362-363, 394, 653
Antonio Fernandes Gouvêa da Silva, 316
Antonio Fortes Ramirez, 503, 633
Antonio Gramsci, 352, 359
Antônio Joaquim Severino, 649
Antonio Labriola, 350

Antônio Modesto da Silveira, 248, 253
Antônio Nóvoa, 28, 499, 633
Antonio Rezende, 286
Antonio Tovar, 351
Antonio Vivaldi, 599
Argentina Rosas, 127, 136, 656
Ariano Suassuna, 127, 136
Aristóteles, 350
Arlette d'Antola, 654
Armando de Queiroz Monteiro, 71-72, 512
Armando Monteiro Filho, 488-489
Armando Neves Freire, 42-43
Armínio de Lalor Motta, 171-172
Arnaldo Cavalcanti Marques, 95, 127, 136
Arno Gruen, 362
Arnold Gesell, 351
Arnold Marshall Rose, 351
Arnold Toynbee, 350
Arthur Levine, 621
Arthur Ramos, 350
Arthur Roquete de Macedo, 512
Arthur Schopenhauer, 350
Artur Bruno, 522
Artur da Costa e Silva, 87, 163
Ary Vasconcelos, 208
Ashley Montagu, 360
August Messer, 350-351
Augusto Boal, 473, 499, 512
Augusto Frederico Schmidt, 350
Augusto Magner, 350
Augusto Nibaldo Silva Triviños, 222
Augusto Rodrigues, 472
Áurea (professora de Paulo Freire), 52
Aurenice Cardoso, 104, 345, 354, 358

B
Baixa (amigo de infância de Paulo Freire), 56
Baldomero Sanín Cano, 352
Balduíno Antonio Andreola, 222, 498, 652
Bally, 350
Barbosa Lima Sobrinho, 127
Bargallo Cério, 350
Baruch de Espinosa, 352
Bastide, 350

Batts-Cremin, 352
Beatriz Helena Whitaker Ferreira Lefèvre, 155-156
Beatriz Muniz de Souza, 357
Becky Henriette Gonçalves Milano, 477, 488
bell hooks, 379
Benedetto Croce, 350
Benedict Anderson, 482
Bent Kronemberg, 351
Bento Andrade Filho, 351
Berenice Baxter, 352
Bernard Champigneulle, 352
Bernd Fichtner, 620
Bertrand Russell, 352
Betinho, 400, 703
Beto Muniz, 537
Betty Reardon, 448
Bia Salgueiro, 400
Bonfin, 350
Boris Pasternak, 353
Botelho do Amaral, 350
Brenda Bell, 654
Brício Cardoso, 350
Brito Velho, 156-157, 178-180
Bronislay Malinovski, 356
Bruno (marido de Stella), 43, 277
Bruno Dowbor (neto de Paulo Freire), 568
Bruno Maranhão, 611
Buch Jones (personagem), 54
Burrhus Frederic Skinner, 363

C
C. A. César, 352
Caetano Veloso, 218, 277, 599
Caio Prado, 354
Calazans Fernandes, 137
Cândida Sevilhano, 608
Cândido Antonio Mendes, 355-356
Carl von Ossietzky, 499, 529
Carla Fazenda, 533
Carla Romar, 708
Carlos Alberto Libânio Christo ver Frei Betto
Carlos Alberto Torres, 529, 551-553, 647, 649

Carlos Alberto Vogt, 289-290
Carlos Augusto Nicéias Melo, 104
Carlos Chiarelli, 107-109, 289-290, 294
Carlos de Brito Velho *ver Brito Velho*
Carlos Drummond de Andrade, 352
Carlos Fuentes, 556
Carlos Galhardo, 599
Carlos Gardel, 599
Carlos Gualberto Suárez, 421
Carlos Luiz de Andrade, 165
Carlos Lyra, 139-140
Carlos Núñez Hurtado, 649, 652, 656
Carlos Rodrigues Brandão, 359, 390, 609, 655
Carlos Saúl Menem, 421
Carlos Scliar, 438
Carlos Swann, 161
Carlos Z. Florez, 352
Carmem Hunter, 550, 648
Carolina Freire Weffort, 266, 568
Castiglioni, 351
Castro Alves, 476
Catalina Guagnini, 422
Cecília Brandão, 52, 56, 61
Cecília Guaraná, 309
Cecília Meireles, 288
Ceciliano Demétrio Freire, 41
Cecilio de Lora, 648
Célio Augusto de Melo, 73
Celso de Rui Beisiegel, 292
Celso Furtado, 354, 508
Celso Pereira Jr., 101
César Arias, 421-422
César Cals Filho, 269
César Gaviria, 508
César Nunes, 286-287, 512
Chandralekha, 467-468
Charles Adams, 352
Charles Baudouin, 351
Charles Bémont, 351
Charles Norris Cochrane, 351
Charles Sherrington, 352
Charles Wright Mills *ver Wright Mills*
Charlotte Buhler, 350-351
Charlotte Mason, 351

Charlotte Wolff, 351
Che Guevara, 352, 355, 359, 461, 514
Chen Yung-Kuei, 358
Cheryl White, 630
Chico Buarque de Holanda, 277-278, 488, 599
Chico César, 536
Chico Pereira, 255
Chico Whitaker, 363
Christian Kallerdahl, 530-531
Christian Lalive D'Epinay, 357
Christopher Dawson, 352
Cid Feijó Sampaio, 71, 186
Claude Bossy, 232
Claude Lévi-Strauss, 356
Claudio Fontes Nunes, 412
Cláudio Souto, 127, 136
Claudius Ceccon, 51, 58, 213-215, 219, 224, 228, 230-231, 234, 238, 257-266, 274, 339-341, 343, 426, 567, 570, 655
Clezia Diniz, 160
Clifford Geertz, 482
Clifford H. Moore, 352
Clodomir Morais, 169, 522
Clodomir Viana Moog *ver Viana Moog*
Clory Trindade de Oliveira, 291
Clotilde Guillén de Rezzano, 351
Clovis Salgado, 111
Conrad Schmidt, 360
Corinta Geraldi, 233
Criselides Bronzeado, 65, 426
Cristina Freire Weffort (neta de Paulo Freire), 568
Cristina Schroeter Simão, 160-161, 472-473
Cristina Tavares Correia, 91, 127
Cristina Vazquez, 599
Cristovam Buarque, 293, 488, 517, 533, 595, 641, 700
Curt Honroth, 351
Cyro Lavieri Junior, 37

D

D. Merril Swert, 359
Dadá (empregada doméstica da família Freire), 53

Dale Koike, 650
Daniel Faraco, 465
Daniel Pereira, 513
Danilo R. Streck, 34, 656
Danilo Venturini, 269
Dantas Barreto, 44
Dante Alighieri, 350
Dante Morando, 351
Darcy Ribeiro, 166, 263, 416-417, 422-423, 585, 614, 703
Dario Salas, 357
David Brookshaw, 653
David Capistrano, 202
David Crystal, 362
David Denborough, 630
David Deshler, 547-548
David Krech, 351
David Samuel Margoliouth, 351
Delfim Guimarães, 45
Delfim Netto, 269, 465
Délio Jardim de Matos, 269
Denis Fortin, 503
Denis Goulet, 647
Denizard Rivail, 91
Derblay Galvão, 97
D'Evelyn, 352
Dieter Brühl, 475
Dilek Hattatoglu, 648
Dilma Rousseff, 487, 700
Dino (amigo de infância de Paulo Freire), 56
Diogo de Melo Menezes, 350
Diogo Jamra Tsukumo, 526
Djalma Maranhão, 126, 138
Doctrans, 351
Dolores Coelho, 87
Dom Clemente Isnard, 160
Dom Estevão Bettencourt, 160-161
Dom Fernando, 180, 200
Dom Helder Câmara, 278, 463-466, 495, 503, 655
Dom José Newton, 180
Dom Luis Muñoz, 167
Dom Miguel de Lima Valverde, 565
Dom Paulo Evaristo Arns, 273-274, 276, 281, 392, 420, 433, 479, 497

Dom Pedro I, 64
Dom Sebastião Leme, 59, 565
Dom Távora, 180
Dom Vicente Scherer, 159-160
Domingo Faustino Sarmiento, 350
Domingo T. Benidí, 351
Dominique Torrione-Vouilloz, 231
Dona Olegarina, 130
Dona Tudinha (mãe de Paulo Freire), 41-42, 45-46, 166, 186, 219
Donald D. Underwood, 621-622
Donald Pierson, 351
Donaldo Macedo, 359, 361-363, 380, 394, 444-445, 448-451, 475, 489, 503, 554-555, 557, 561, 623-626, 648-652, 654-655
Dora de Melo, 74, 274
Dorany Sampaio, 254-255
Dosa, 41, 44
Douglass North, 483
Dourado (amigo de infância de Paulo Freire), 56
Dulce (colega de classe de Paulo Freire), 58
Dulce Chacón, 114
Dulce Salles Cunha Braga, 153-157

E
E. L. Berlinck, 354, 361
Ebagué, 351
Eça de Queiroz, 350
Eckhard Unger, 351
Edeltrudes Neves Freire *ver Dona Tudinha*
Edinaldo Gomes Bastos, 109
Edison Carneiro, 350
Edmar José Lopes Mendes, 511
Edmond Safra, 555
Edmund Husserl, 352, 355
Edna Castro de Oliveira, 651-652
Edney Silvestre, 36, 600, 656
Édouard Claparède, 350
Édouard Le Roy, 91
Edson Passetti, 394
Eduard Marco, 650
Eduard Spranger, 351
Eduardo Araújo Hasche (filho de Nita Freire), 575, 627

Eduardo Frey, 218, 222, 251
Eduardo Galeano, 610
Eduardo J. Verger, 651
Eduardo Jorge, 323
Eduardo José Pereira Coelho, 497
Eduardo Martínez Torner, 352
Eduardo Matarazzo Suplicy, 296, 317, 488
Eduardo Nicol, 356, 360, 409, 656
Elba Ramalho, 536
Eleni Bambini Gorgueira, 473
Eliana Del Pozo, 624
Elis Regina, 599
Elise Ottesen-Jense, 530
Eliseu Resende, 269
Elizabeth Mchose, 352
Elliott Green, 481-483
Elmer von Karman, 351
Elsa Gomes, 273
Elvira Penya-roja, 654
Elza Maia Costa Freire (primeira esposa de Paulo Freire), 43, 60, 64, 67, 71, 73-74, 89, 114, 209, 219, 223-224, 226, 228, 234, 238, 263, 265-266, 274, 282, 349, 376, 379, 497, 505, 507, 565-570, 572-574, 577, 582-583, 593-594, 598, 605-606, 617, 641, 705, 708
Emídio Dantas Barreto *ver Dantas Barreto*
Emile Callot, 351
Émile Durkheim, 350
Emilia Ferreiro, 331
Emílio Garrastazu Médici, 163
Emilio Sosa López, 352
Emílio T. R. dos Anjos, 127
Emmanuel Berl, 352
Emmanuel Mounier, 354
Eneida Rabello Álvares de Andrade, 112
Enrique B. Pita, 350
Enrique Dussel, 35, 112, 373, 570, 616, 655
Erasto Fortes Mendonça, 297, 308, 359, 385, 488, 649
Eric Agier, 351
Eric J. Hobsbawm, 357
Erica Sherover Marcuse, 360-361
Erich Bethe, 351

Erich Fromm, 183, 352-353, 355, 357-358, 360
Erich Kahler, 351, 353, 358
Ernandi Faria, 631
Ernani Bayer, 97
Ernani Maria Fiori, 218, 352, 355-356, 381, 648, 703
Ernest Green, 351
Ernest Lang, 283-284
Ernest Schneider, 351
Ernesto Carneiro Ribeiro, 350
Ernesto de Sousa Campos, 87
Ernesto Geisel, 163, 183, 267-268, 273, 678, 702
Ernesto Guevara *ver Che Guevara*
Ernesto Neumann, 351
Ernst Cassirer, 351, 555, 557-559
Ernst Haeckel, 350
Ernst Krieck, 351
Erol Özbek, 648
Erotides Neves, 566
Erving Goffman, 483
Erwin Rohde, 351
Espasandeir, 351
Estácio Souto Maior, 202
Esther Monteiro, 44, 46
Etienne Wenger, 482-483
Euclides da Cunha, 350
Eugène Carson Blake, 227
Eugène Ionesco, 357, 362
Eugênio Geovani Caraciolo e Silva, 87
Euler Maia, 62
Eunice Vasconcelos, 51-52, 57, 61
Eurico Gaspar Dutra, 87
Evaldo Amaro Vieira, 571-572
Everardo Backheuser, 350
Everardo da Cunha Luna, 171
Everett Reimer, 167
Everett Rogers, 482
Eymard Mourão Vasconcelos, 455

F

F. E. *Emery*, 352
F. Fernando Rodal, 517
F. Kieffer, 351

F. Pohlhammer, 351
Fátima, 219, 557-560
Fátima Bezerra, 506
Fátima Morais, 652
Federico Mayor Zaragoza, 326-328, 514, 540
Felipe (esposo de Marina, neta de Paulo Freire), 568
Felix Kaufmann, 351
Ferdinand de Saussure, 350, 356
Ferdinand Gregorovius, 351
Feres Sabino, 473
Fernandez Ruiz, 351
Fernando Collor de Melo, 107-108, 294, 321
Fernando de Azevedo, 73, 92-93, 181, 351, 354
Fernando de la Riva, 543, 577-578, 656
Fernando de Mello Freyre, 455
Fernando de Santa Rosa, 489
Fernando Gasparian, 256, 276, 381, 383, 388, 408
Fernando Haddad, 493, 708
Fernando Henrique Cardoso, 218, 274, 357, 363, 495
Fernando Hernández, 651
Fernando José de Almeida, 316
Fernando Mineiro, 506
Fernando Moreno Peña, 504, 619
Fernando Vecino Alegrete, 500
Fidel Castro, 201, 355, 461, 516, 633
Fiódor Dostoiévski, 351
Flávio Lacerda, 95
Flora Schlüter Hasche (neta de Nita Freire), 575
Florence Stratemeyer, 352
Florencio Escardó, 351
Florestan Fernandes, 421
Fouillé, 350
Fraga Iriarei, 543
Frances E. Falvey, 352
Frances Kennedy, 550
Frances L. Ilg, 351
Francisco Alves, 599
Francisco Brennand, 100, 127, 136, 380, 474, 591

Francisco Calazans Fernandes ver Calazans Fernandes
Francisco Campos, 57
Francisco da Luz Rebelo Gonçalves ver Rebelo Gonçalves
Francisco das Chagas Basílio, 505
Francisco Genésio Lima, 527
Francisco José Carreiro, 242
Francisco José de Oliveira Viana ver Oliveira Viana
Francisco Julião, 202, 267
Francisco Mangabeira, 350
Francisco Pereira ver Chico Pereira
Francisco Weffort, 218, 275, 355, 358, 361, 568, 647
Francisco Whitaker Ferreira ver Chico Whitaker
François Charmot, S. J., 351
François Jacob, 360-363
François Mauriac, 350
Franic Split, 355
Frank Abrahams, 472
Frank Freeman, 351
Frank Granes, 351
Frank Laurence Lucas, 352
Frank P. Graves, 352
Frantz Fanon, 352-353, 355, 357, 360-362
Franz Schnass, 350
Frederick Eby, 351
Frederick Edmund Emery ver F. E. Emery
Frei Betto, 394, 460-462, 597, 638-639, 651-653
Frei Gilberto Gorgulho, 641
Frei Tito de Alencar, 510, 703
Frei Vitório Mazzuco, 313
Friedrich Engels, 355-357, 360, 461
Friedrich Hegel, 225, 352, 355, 358
Friedrich Nietzsche, 288, 350
Friedrich Paulsen, 351
Frígio Cavalcanti, 62
Fritz Kahn, 350
Fritz Redd, 352
Fustel de Coulanges, 351

G

G. F. Dobson, 352
G. Rustin, 351
G. Schuster, 167-168
Gabriel García Márquez, 431
Gabriel Marcel, 354
Gabriele Colleoni, 651-652
Gaetana Maria Jovino di Rocco, 144, 656
Gajo Petrovic, 355
Gal Costa, 599
Galdino Jesus dos Santos, 389-390, 597, 629
Galdino Loreto, 77, 86
Garrido Torres, 465
Gastão Vidigal, 87
Gaston Bachelard, 352
Gates, 350
Geert Hofstede, 483
Geir Lundestad, 545
Genildo Dantas (caseiro de Paulo Freire), 570
Genove Araújo (mãe de Nita Freire), 60, 62-63, 77, 90, 278, 565, 587, 697, 708
Georg Borgström, 530
George Browne Rego, 97-98, 502
George Hyzler, 620
George Lakoff, 483
George Lukács, 352, 355, 357
George Sharp, 352
George Stoddard, 351
George Stoney, 313, 474-475
Georges Bernanos, 350
Georges Guenin, 351
Georges Gurvitch, 350
Georges Snyders, 359-360, 428, 656
Gerald Horne, 350
Gerald Walsh, 350
Geraldes Cardoso, 470
Geraldo Borin, 632
Geraldo Lafayette Bezerra, 96
Geraldo Mayrink, 312
Germán Berdiales, 351
Germano de Vasconcelos Coelho, 84, 86, 127-128, 136, 202, 509, 629
Germano Gruzman, 355
Gerson Macaco (amigo de infância de Paulo Freire), 56
Gerson Meyer, 283
Getúlio Vargas, 44, 57, 64, 70, 126, 355
Giacomo Lorenzini, 352
Giambattista Vico, 350
Gian Pietro Canossi, 651-652
Gilbert Keith Chesterton, 350
Gilbert Robin, 351
Gilberto Freyre, 27, 78, 115, 117-118, 175, 181, 184, 350, 354, 359, 454-455
Gilberto Gil, 277, 599
Giovanni Gentile, 351
Gisèle Ouvray, 234
Gislaine (nora de Maria de Fátima), 568
Giuseppe Lombardo Radice ver Lombardo Radice
Glycon de Paiva, 465
Golbery do Couto e Silva, 269
Gonzague de Reynold, 351
Graciela Nuñez, 451
Graciliano Ramos, 351
Gregório Bezerra, 202, 267
Gregório Flores, 422
Guadalupe Ortiz, 439-442
Guadalupe Ruiz Gimenez Cortes, 510
Guerreiro Ramos, 177, 354
Guilherme Cirne de Azevedo, 46
Guilherme Lima, 108
Guilherme Machado, 179
Guilherme Robalinho, 127
Guillermo Abramovich, 352
Guillermo Bauer, 352
Guillermo Francovich, 350
Guillermo Palacios, 651
Gunnar Myrdal, 354
Gustavo F. J. Cirigliano, 599, 655
Gustavo Le Bon, 350

H

H. C. Mattos, 269
H. E. Barnes, 351
H. G. Hood, 352
H. Ruiz, 351

Hamilton Muniz Mendonça, 107
Hans Freyer, 350, 353, 355, 358
Hans Zulliger, 351
Harold C. Dent, 351
Harold Joseph Laski, 350-351
Haroldo Bezerra, 88
Harry Braverman, 357
Harry C. Mckown, 351
Harry J. Baker, 351
Hebe Gonçalves, 87
Heinrich Swoboda, 351
Heinz-Jurgen Joppien, 283-284
Heinz-Peter Gerhardt, 441, 555, 557-560, 653
Heitor Villa-Lobos, 472, 599
Helba Cirigliano, 599
Helen Buzard, 352
Helena (cozinheira de Paulo Freire), 632
Helena Dowbor (bisneta de Paulo Freire), 568
Helena Freire Weffort, 568
Heli Geraldo de Andrade, 505
Heliana Araújo Hasche (filha de Nita Freire), 513, 575, 635, 641
Hélio Beltrão, 269
Hélio Ibiapina Lima, 22, 185, 206
Heloneida Studart, 400
Henfil, 267-268, 276, 702
Henri Bergson, 350, 358
Henri Johannot, 351
Henri-Irénée Marrou, 351
Henrique de Souza Filho *ver Henfil*
Henrique Gougon, 533
Henry A. Giroux, 362, 401-402, 424, 450, 625, 654-656
Herbert Butterfield, 351
Herbert José de Souza *ver Betinho*
Herbert Marcuse, 352, 355
Herbert Spencer, 351
Herman Melville, 481
Herman Nohl, 351
Hermano Alves, 142, 262
Hermes Lima, 350
Hermilo Borba Filho, 127, 136

Hewlett Johnson, 351
Hilaire Belloc, 350
Hilda Fiori, 218
Hippolyte Taine, 350
Hoffmann, 255
Homero, 351
Howard Becker, 351
Hugo Assmann, 357
Hugo G. Storero, 504
Hugo Rachel, 350
Humberto de Alencar Castelo Branco, 74, 87, 95, 142, 163
Humberto Machado, 240

I
Içami Tiba, 400
Ilse Sosa, 352
Immanuel Kant, 350
Indira Gandhi, 419-420
Ionis Halphen, 351
Ira Maria Violeta Gerbasseau, 208
Ira Shor, 361, 378, 394, 510, 654
Iraci Ornelas, 309, 533
Iracy (colega de classe de Paulo Freire), 58
Irene Albuquerque, 350
Irene Melo, 352
Irene Tézine, 351
Irmã Celina, 382
Ismael Quiles, S.J., 351
Itamar Franco, 511
Itamar Mendes, 602
Itziar Idiazabal, 651
Ivan D. Illich, 105, 167-169, 352
Ivan França Junior, 629
Ivan Rui, 183, 203-204
Ivana Franco, 536
Ivanilde Apoluceno de Oliveira, 390, 501, 518, 529-530, 656
Ivanna Sant'Ana Torres, 385

J
J. Heller, 352
J. J. Fernandez, 422
J. Leif, 351

J. Lucena, 77
Jack Kennedy, 168
Jacob Burckhardt, 350
Jacob Moreno, 352
Jacques Chonchol, 218, 221-222, 356, 647-648
Jacques Maritain, 350, 354
Jacques Pena, 17-19
Jader, 254-255
Jaime Balmes, 350
Jaime Benitez, 167
Jaime Gamboa, 62
Jair Soares, 269
James Brooke, 315-316
James Bryant Conant, 351
James Campbell, 352
James Cone, 383
James Fraser, 445, 502, 623, 655
James H. Tipton, 352
James Hymes Jr., 352
James W. Howe, 161-163
Jan Amos Comenius, 351, 511-512
Jandira Vital, 45
Jane Mayer, 352
Jango *ver João Goulart*
Janina Adamena, 278
Jânio da Silva Quadros, 125-126, 130, 145, 589
Jarbas Maciel, 104, 182, 205, 354, 358
Jarbas Resende, 352
Jarbas Vasconcelos, 510
Jayne Fargnoli, 451
Jean Daniel, 438
Jean de Léry, 350
Jean Lave, 482
Jean Piaget, 331, 350, 352, 359, 469, 568, 620
Jean Richepin, 351
Jean Ziegler, 359, 381, 427, 656
Jean-Claude Régnier, 652
Jean-Jacques Rousseau, 188, 350
Jean-Louis Fyot, 351
Jeanne Giroux, 424
Jean-Paul Sartre, 225, 259, 352, 355, 357

Jean-Pierre Pourtois, 434-435
Jefferson Ildefonso da Silva, 571, 650
Jens Rath, 422
Jerome Bruner, 350
Jerome Levinson, 143, 361, 656
Jerome Murphy, 556
Jerónimo de Moragas, 351
Jesus Gómez (Pato), 450-451, 628, 630
Joachim Dabisch, 475-476
Joann Douzat, 350
João Alfredo Gonçalves da Costa Lima, 94-95, 99, 101-103, 106, 152, 170, 187, 202, 293
João Baptista Cabral da Costa, 471
João Baptista Figueiredo, 163, 267, 269
João Barrote, 470
João Belchior Goulart *ver João Goulart (Jango)*
João Cabral de Melo Neto, 582, 704
João Café Filho, 88
João Camillo Penna, 269
João Ferreira Pinto, 315, 453, 634
João Goulart (Jango), 27, 125-126, 140, 142-143, 145, 166, 185, 201, 521, 683
João Monteiro, 44, 582
João Viegas Fernandes, 442-443, 500, 512, 633
João Wanderley Geraldi, 517
Joaquim Costa, 354
Joaquim Freire Weffort Braga do Espírito Santo (bisneto de Paulo Freire), 568
Joaquim Inácio de Almeida Amazonas, 88
Joaquim Nabuco, 350, 361
Joaquim Ribeiro, 350
Joaquim Temístocles Freire (filho de Paulo Freire), 186, 568
Joaquim Themístocles Freire (pai de Paulo Freire), 41-43, 49-50, 166, 186
Joel Monell, 557, 626
Joel Pimentel de Ulhôa, 497
Joey Schiel, 471
Joffre Dumazedier, 128, 205
Johan Huizinga, 351
Johann M. Rugendas, 354
Johann Sebastian Bach, 461, 599

Johannes Bühler, 351
John Bagnell Bury, 351
John Bolby, 483
John Brubaker, 351
John David Maguirre, 497
John Dewey, 182, 193, 350, 354, 444, 469, 623
John Gerassi, 356
John Locke, 360
John MacDermott, 357
John Peters, 654
John Rawls, 482
John Roler, 352
John S. Childes, 352
John Scott, 352
John Simon, 416
John W. Polley, 352
John Wynne, 352
Jomard Muniz de Britto, 95, 104, 350, 354, 358
Jonathan Kozol, 361, 648
Jones, 351
Jorge Altamira, 422
Jorge Antonio José, 505
Jorge Bornhausen, 97, 510
Jorge Cláudio Ribeiro, 629-630, 643
Jorge Fiori, 218
Jorge Mattar, 621-623, 631
Jorge Morello, 556
Jorge Pontual, 36
Jorge Resende, 465
Jorge Trigo Andia, 496
José Amorim, 471
José Antonio de Albuquerque Araújo (irmão de Nita Freire), 641
José Araújo, 568
José Aristodemo Pinotti, 497
José Augusto de Sousa Peres, 114
José Barbosa, 234
José Bosco (primo de Paulo Freire), 48
José Cardoso, 62
José Carlos Dias, 274
José Chasin, 59
José Cláudio da Silva, 127, 136
José Clovis de Azevedo, 35, 655

José D. Forgione, 350-351
José de Melo Costa Oliveira, 73-74, 210, 274, 582
José Edinaldo Alencar Silva, 88
José Eustáquio Romão, 647
José Garrido Torres *ver Garrido Torres*
José Geraldo de Sousa Júnior, 97, 488, 500
José Gregori, 274
José Ingenieros, 350
José Laurênio de Melo, 95, 104
José Leite de Vasconcelos C. P. de Melo *ver Leite de Vasconcelos*
José Leite Lopes, 60
José Luís Fiori, 218, 356
José Mariano, 130
José Mário Austregésilo, 584
José Mario Freire, 239
José Munique Paiva, 566
José Ortega y Gasset, 350
José Otávio de Freitas Junior, 127, 350
José Paulo Bisol, 320
José Paulo de Araújo, 467
José Paulo Sepúlveda Pertence, 508
José Pessoa da Silva, 61-62, 68
José Ribamar Leão e Silva, 201
José Roberto de Toledo, 524, 695
José Serra, 218, 274
José Veríssimo, 350
José Weinberger, 351
José Wermus, 422
José Xavier Barreto das Neves, 41
Joseph Jastrow, 350
Joseph John Findlay, 351
Joseph Lebret, 351
Joseph Moerman, 362
Joseph Ratner, 351
Joseph Rotblat, 545
Joseph Schubert, 360
Joseph Schumpeter, 351
Josep-Maria Terricabras, 553-554
Josina Godoy, 135, 175
Josip Broz Tito *ver Tito*
Josué de Castro, 91, 476, 582, 703-704
Jou Hy, 558

Juan de Onis, 143, 361, 656
Juan Gomas, 351
Juan Planella Guille, 352
Juan Samuel Escobar Aguirre, 448
Juarez Távora, 352
Judite da Mota Ribeiro, 114
Julio Barreiro, 647
Julio Caro Baroja, 351
Julio de Melo, 62
Júlio Furquim Sambaquy, 185, 188, 143-144, 185, 188
Julio Wainer, 313, 474-475, 634
Julius Koch, 351
Julius Nyerère, 233, 282, 353, 357
Juracy (filha de Maria Gonçalves da Silva), 337
Juracy Andrade, 104, 106
Jurandir Freire Costa, 32
Jürgen Habermas, 352, 430
Jürgen Moltmann, 357
Jurjo Torres Santomé, 652
Juscelino Kubitschek de Oliveira, 111, 126, 476, 703

K
Karel Kosik, 352, 355, 357-358, 360-362, 603-604
Karl Jaspers, 352-353, 355
Karl Mannheim, 131, 352, 354
Karl Marx, 159, 177, 225, 352-353, 355-358, 361, 460-461, 482-483, 613
Karl Otto Apel, 352
Karl Popper, 183, 354
Karl Roth, 351
Karl Vossler, 360
Karlos Rischbieter, 269
Kathleen Tierney (viúva de Peter Park), 445
Kenneth Richmond, 352
Konrad Raiser, 228

L
L. C. Dunn, 351
Ladislau Dowbor, 568, 632, 651
Lailson (cartunista), 639

Lailson de Holanda Cavalcanti ver Lailson (cartunista)
Laís Freire (neta de Paulo Freire), 568
Lawrence K. Frank, 351
Lecter, 350
Leda (filha de tio Lutgardes), 44
Lêda Tenório, 108
Leisdemann, 350
Leite de Vasconcelos, 350
Lélia Abramo, 317
Léon Duguit, 350
Leon Trotsky, 461
Leonardo Boff, 386, 503, 616, 649
Leonardo Massarenti, 232
Leonel Brizola, 166, 201, 267, 321
Leonel Franca, 350
Leopoldo, 283
Leslie Clarence Dunn ver L. C. Dunn
Leslie J. Francis, 453
Leticia Olguin, 432
Lev Vygotsky, 331, 352, 361, 482, 620
Lewis Mumford, 351
Liana Borges, 518
Liana Loreto, 127, 136
Licínio C. Lima, 25-30
Licínio Cardoso, 350
Lídia Kara José, 436
Lídio Lunardi, 73
Lígia Afonso, 218
Lili Rodriguez, 621-622
Lílian Contreira, 370, 441, 527, 628, 632, 635, 653
Lílian Lopes Martin, 648
Liliana Graciela Roldán, 421
Linda Bimbi, 648
Lisete Regina Gomes Arelaro, 308-309, 321, 385, 502, 518, 630, 652-653
Lombardo Radice, 351
Lorenzo Luzuriaga, 350
Loretta Slover, 648-649
Louis Althusser, 355-356
Louis Halphen, 351
Louis Riboulet, 351
Louise (esposa de Skip Schiel), 471

Louise Bigwood, 648
Louis-Jean Calvet, 358
Louis-René Nougier, 351
Lourdes de Moraes, 87
Lourdes Neves, 45, 55, 387
Lourenço Filho, 73, 111
Luc Alfons De Hovre, 351
Luc Tayart de Borms, 417
Lucia Carvalho, 506
Lucia Santaella, 276-277
Luciano Lopes, 351
Lucien Goldmann, 352, 355-356
Lucien Lefèvre, 350
Lucile Lindberg, 352
Lúcio Costa, 585
Ludwig Wittgenstein, 352
Ludwing van Beethoven, 288, 599
Luella Cole, 351
Luigi Volpicelli, 352
Luís Carlos Prestes, 202, 267, 703
Luís de Camões, 350
Luis Motta, 236, 357
Luis Pérez Aguirre, 432
Luis Santullano, 351
Luiz Alberto Gomes de Souza, 144
Luiz Bronzeado, 65, 170, 426
Luiz Costa Pinto, 354
Luiz da Costa Lima, 47, 95, 104-106, 141, 261
Luiz de França Costa Lima Filho ver Luiz da Costa Lima
Luiz Dulci, 317, 627
Luiz Eduardo Wanderley, 497
Luiz Gushiken, 317
Luiz Inácio de Andrade Lima ver Andrade Lima
Luiz Inácio Lula da Silva ver Lula
Luiz Loureiro, 46
Luiz Oswaldo Sant'Iago Moreira de Souza, 652
Luiz Pinto Ferreira, 350
Luiza Erundina de Sousa, 141, 295-297, 302, 304, 306-309, 312, 318-319, 323, 369, 379, 385, 403-405, 437, 487-488, 504-505, 549, 656, 657, 700

Luiza Teotônio Pereira, 236, 357
Lula, 317, 319-322, 324, 444, 460-463, 493-495, 591, 595-597, 611
Lutgardes (tio de Paulo Freire), 44, 219, 258, 282
Lutgardes Costa Freire (filho de Paulo Freire), 219, 223, 226, 265-266, 274, 282, 336-337, 501-502, 567-568, 570
Lyndon Johnson, 143
Lysionek, 284-285

M
M. A. Block, 351
M. Ballesteros, 350
M. D`Humiae, 350
M. F. Glength, 351
M. Figueiredo, 350
Machado de Assis, 351
Macnab, 350
Madá (filha de Paulo Freire), 219, 275, 331, 507, 567-568, 605, 635
Madeleine Faure, 351
Magda Soares, 331
Magnólia Strauss, 218
Mahmoud Hussein, 438
Mallart, 350
Manning Marable, 360
Manoel Pedro Pimentel, 473
Manson van Buren Jennings, 352
Mantovani, 350
Manuel Augusto Braga Aires, 471
Manuel Bandeira, 196, 352, 359, 361
Manuel H. Salari, 351
Manuel Oliveira Lima ver Oliveira Lima
Manuel Querino, 350
Manuel Reys Santana, 523
Mao Tsé-tung, 352, 355, 357, 360, 461, 530
Marcel de Corte, 352
Marcelo Borges de Oliveira, 413-414
Marcílio Augusto Veloso, 147-150
Marcílio Carneiro, 506
Márcio Campos, 361
Márcio Moreira Alves, 267, 358
Marco Antonio Barbosa, 608
Marco Antonio Sevilhano, 608

Marco Aurélio Ruffin, 538
Marco Lacerda, 469
Marcos Arruda, 234
Marcos Guerra, 140, 261
Marcos Lins, 127
Marcos Mendonça, 504-505
Marcos Reigota, 654
Marcos Ribeiro, 400, 656
Margaret Fisher, 352
Margaret Marshall, 449, 648
Margaret Mead, 351
Margaret Reagan, 469
Margaret Ribble, 352
Margarida Genevois, 432
Maria Alice Soares Guardieiro, 435
Maria Alice Vieira, 317
Maria Anísia Freire, 41
Maria Antonia Mac Dowell, 127
Maria Beatriz Coelho, 76
Maria Bethânia, 599
Maria Costa Pinto, 468
Maria Cristina Heiniger Freire *ver* Mima
Maria de Fátima Freire Dowbor (filha de Paulo Freire), 568, 632
Maria de Lourdes Paes Barreto, 77
Maria de Lourdes Tieme Ide, 474
Maria do Carmo Pimenta, 405
Maria do Carmo Takito, 436
Maria do Carmo Tavares de Miranda, 90-91
Maria do Socorro Macedo Vieira de Carvalho, 107-108
Maria Edy Chonchol, 218
Maria Eliana Novaes, 360
Maria Eneida de Araújo Melo, 143, 521, 683
Maria Filomena de Freitas Silva, 316
Maria Gonçalves da Silva, 337
Maria Helena (colega de classe de Paulo Freire), 241
Maria Isabel Araújo Lins (irmã de Nita Freire), 129, 136, 208, 641
Maria José Pinheiro Machado (Zezé), 579
Maria Junqueira Schmidt, 350
Maria Leonor Cunha Gayotto, 323
Maria Lucia (colega de classe de Paulo Freire), 62

Maria Lucia Fabrini de Almeida, 467
Maria Lucia Santaella Braga *ver* Lucia Santaella
Maria Madalena Costa Freire ver *Madá*
Maria Madalena Costa Weffort ver *Madá*
Maria Nayde dos Santos Lima, 656
Maria Nilda de Almeida Teixeira Leite, 316
Maria Slowey, 407
Maria Teresa Reus, 650
Marietta de Arruda Sampaio, 218
Marilena Chauí, 307
Marília Fonseca, 362
Marília Gabriela, 276
Marilyn Frankenstein, 363
Marina Freire Weffort (neta de Paulo Freire), 568
Marina Hasche (neta de Paulo Freire), 575
Marina Kern, 370
Marina Silva, 462
Marina Subirats, 649
Mário Augusto de Castro Lima, 269
Mario Barreto, 350
Mário Cabral, 383
Mário David Andreazza, 269
Mário de Andrade, 239
Mario Jorge Souza de Oliveira, 505
Mario Matos, 350
Mario Morales Castro, 653
Mario Sabino, 312-313
Mario Schenberg, 60
Mário Sérgio Conti, 313
Mario Sergio Cortella, 308-309, 312-313, 316, 321, 385-386, 518, 578, 638, 649, 655-656
Mario Simonsen, 465
Mario Vargas Llosa, 556
Marisa Letícia Lula da Silva, 322
Marise, 255
Maristela Camargo Monachini, 41, 632, 635-636
Mark B. Ginsburg, 551-552
Mark Johnson, 483
Marta Suplicy, 276, 316, 399-400, 488, 527, 655-656, 695
Martín Buber, 356

Martin Carnoy, 555, 560-561, 651
Martin Grabmann, 351
Martin Heidegger, 91, 352
Martin Miguel, 619
Martin P. Nilsson, 351
Mary Frank, 351
Marylene Pinto Michael, 315
Mathilde de Savoye, 168
Maurice Bazin, 416
Maurice Maeterlinck, 350
Maurice Merleau-Ponty, 225, 352, 361
Mauro Mota, 352
Mauro Pirata, 537
Max Beer, 350
Max Scheler, 350
Max Weber, 23
Maximiano Fonseca, 269
Maxine Greene, 443-444
Melville Herskovits, 352
Mércia Albuquerque, 254
Metka Svetina, 446-447
Michael E. Porter, 482
Michael Moore, 475
Michel Foucault, 482
Michel Leiris, 351
Michel P. Schaller, 232
Miguel Arraes de Alencar, 27, 86, 127-128, 136, 162, 185, 202-203, 208, 267, 641
Miguel Darcy de Oliveira, 51, 58, 146, 213, 215, 228-229, 231, 234, 257, 274, 567
Miguel de Unamuno, 350, 405
Miguel Newton Arraes Alencar, 208
Miguel Rossetto, 462
Miguel Srougi, 435-436
Miguel Vita, 72-74
Mikel Dufrenne, 356
Mikhail S. Gorbachev, 429
Mima (filha de Paulo Freire), 219, 568
Miquel Fort, 653
Miquel Martí, 650
Miriam Xavier de Oliveira, 653
Miro Teixeira, 462
Miryam Araújo (irmã de Nita Freire), 641
Moacir de Albuquerque, 61-62, 186

Moacir de Góis, 138
Moacir Gadotti, 295, 359, 361, 394, 529, 570, 648-649, 654, 656
Mohamed, 468
Mohammad Reza Pahlavi, 507
Monica Lopes Folena Araújo, 502
Mônica Salmaso, 536
Mônica Serra, 218
Mônica Zerbinato, 322
Monteiro (tio de Paulo Freire, casado com tia Esther), 44
Monteiro Lobato, 476
Murillo La Greca, 91
Murilo Hingel, 511
Murilo Humberto de Barros Guimarães, 95
Murilo Macedo, 269
Murilo Mendes, 350
Myles Horton, 60, 380, 394, 613, 654
Myra Bergman Ramos, 381, 648
Myrian (filha adotiva de tia Esther), 44

N
Nadir Kfouri, 274, 281
Naná (filha de tio Lutgardes), 44, 219
Nara Cerqueira, 218
Nara Maria Khun Gocks, 502
Natércia (esposa de tio Lutgardes), 44, 219
Navarro (professor), 549
Neil L. Rudenstine, 555-556
Neil Postman, 360, 362
Nelly Wolf Hem, 351
Nelson Gonçalves, 599
Nelson Mandela, 446
Nelson Xavier, 128
Nestor Barbosa de Andrade, 498
Newton Antonio da Silva Pereira, 72
Newton Kara José, 436
Newton Lima, 488
Newton Sucupira, 93, 187
Ney Gonçalves Dias, 276
Nicholas Hans, 351
Nicola Abbagnano, 360
Nilmário Miranda, 317
Nilze Pellanda, 428, 545

Nita Freire, 15, 17-18, 21-23, 25, 28-29, 31-37, 112, 129, 274, 296-297, 316, 321-323, 349, 359-363, 377, 380, 385, 394, 409, 411, 423-424, 426, 432, 434-438, 443, 445, 449-451, 453-454, 462-463, 472, 475-476, 487-490, 497, 501, 517, 523, 532-533, 553, 557-560, 571-581, 583, 591, 594, 599, 604-605, 608-610, 618, 622-623, 628, 631, 634-636, 639, 642, 649-656, 697-709
Noaldo Alves Silva, 208
Noêmia de Araújo Varela, 77, 84-85
Nordeaux, 350
Norma Coelho, 127-128, 135-136, 175

O
Octavio Paz, 356
Odete Antunes, 56
Odilon Lobo, 80, 105
Odilon Ribeiro Coutinho, 65, 218
Olgair Gomes Garcia, 316, 516, 518, 632, 652
Oliveira Lima, 350
Oliveira Viana, 354
Oliver Williamson, 483
Olívio de Oliveira Dutra, 317, 462, 505
Olívio Montenegro, 351
Olsen, 351
Orlando da Costa Ferreira, 104
Orlando Enedino da Silva, 108, 599
Orlando Fals Borda, 431-432, 442
Orlando Miranda de Carvalho, 515
Oscar Bolioli, 283
Oscar Niemeyer, 585
Osmar Santos de Mendonça, 317
Osmar Siena, 522
O'Shea, 351
Oswald de Andrade, 350
Oswald Spengler, 350
Oswaldo Cruz, 476
Otávio Aguiar de Medeiros, 269
Otávio de Freitas Junior *ver* José Otávio de Freitas Junior
Otávio Gouveia de Bulhões, 465
Otávio Luiz Machado, 170, 206

Otávio Tarquínio de Sousa *ver Tarquínio de Sousa*
Otto Klineberg, 351
Otto Maria Carpeaux, 350

P
P. Barth, 351
P. Maspero, 227, 279
P. Valentine, 352
Pablo Neruda, 530
Pablo Picasso, 599
Pablo Rieznik, 422
Padre Antonio Vieira, 354, 361
Padre Daniel Lima, 77
Padre Donino da Costa Lima, 47
Padre Julio Lancelotti, 641
Padre Manuel da Nóbrega, 354
Padre Negromonte, 352
Padre Patrick Clark, 559, 626, 641, 651
Padre Teobaldo da Rocha, 77
Padre Zeferino Rocha, 77
Papa Bento XV, 59
Papa Francisco, 480
Papa João XXIII, 354-355
Paschoal Lemme, 351
Paul Bodin, 351
Paul Essert, 352
Paul Heritage, 473-474
Paul Monroe, 351-352
Paul Reiwald, 351
Paul Shorey, 360, 363
Paul Singer, 317
Paula Porta, 566
Paulo Abrão Pires Junior, 493, 708-709
Paulo Cavalcanti, 127, 136, 254-255, 361
Paulo de Tarso de Albuquerque Araújo (irmão de Nita Freire), 606
Paulo de Tarso Santos, 27, 101, 143-144, 166, 174, 178, 185, 188, 198, 218, 262
Paulo do Couto Malta, 62
Paulo Guerra, 86
Paulo Maluf, 287
Paulo Nathanael de Souza, 314-315
Paulo Pacheco, 104
Paulo Rangel Moreira, 65, 71, 582

Paulo Rosas, 91-92, 104, 129-130, 136, 529, 584
Paulo Schilling, 267
Paulo T. K. Lin, 358
Paz Estenssoro, 217
Pedro Anísio, 350
Pedro Calmon, 350
Pedro de Paula Wanderley, 107-108
Pedro Henriques de Barros Falcão, 501
Pedro Negre, 351
Pedro Pontual, 304, 321, 323-324, 653
Pedro Zan, 314
Pelópidas Silveira, 84, 95, 127, 169, 202
Penteado Junior, 350
Pereira da Silva, 350
Perkins, 351
Perseu Abramo, 317
Pete Seeger, 357
Peter Angeles, 360
Peter Berger, 483
Peter Drucker, 354
Peter H. Van Ness, 550-551
Peter M. Senge, 483
Peter McLaren, 392, 428, 450, 545
Peter Park, 444-445, 498, 549, 650, 652
Peter Peterson, 351
Peter Schreiner, 652
Petrônio Portella Nunes, 181, 269, 273
Phillppe Potter, 227
Pierre Bourdieu, 483
Pierre Furter, 104-106, 231, 355, 495
Pierre Guiraud, 356
Platão, 350, 409, 481
Plínio de Arruda Sampaio, 218, 220
Plínio Salgado, 350
Ponce, 351
Porot, 352
Próspero Alemander, 352
Pye Engström, 530-531

Q
Quilda Macedo, 650

R
R. Amadeo, 351
R. Freeman Butts, 351
R. Maisch, 351
R. Ribeiro, 256
R. S. Guerreiro, 269
R. West Howard, 352
Rafael Ballesteros Durán, 541-543
Ralph Turner, 350
Ramón Flecha, 430, 451, 497, 651
Ramón Ribera, 351
Raoul Hausmann, 558
Raquel Correia de Crasto, 76-77
Raquel Garson, 370
Raquel Ottolini, 45
Raul Carlos Willy Hasche (primeiro marido de Nita Freire), 274-276, 571-573, 575-576
Rául Magaña, 452-453, 552, 634
Raul Zito, 534-535
Raymond Aron, 350
Rebelo Gonçalves, 350
Regina L. Garcia, 362
Reginaldo (amigo de infância de Paulo Freire), 56
Régis Debray, 355, 427, 438, 656
Rei Carlos Gustavo XV, 498
Reinach, 350
Reinhold Niebuhr, 352, 355, 357
Rembrandt, 599
Renan, 350
Renato Jardim, 350
Renato Mendonça, 350
René Fau, 351
René Guénon, 350
René Hubert, 351
Renilda (esposa de Temístocles), 43, 584
Reynaldo Fonseca, 127, 136
Ricardo Araújo Hasche (filho de Nita Freire), 274, 517, 575, 641
Ricardo Corazza Cury, 708
Ricardo Kotscho, 394, 653
Ricardo Ramos, 352
Richard Lazarus, 483
Richard Lewis, 351
Richard Livingston, 352, 354
Richard Mckeon, 352
Richard S. Crutchfield, 351

Richard Shaull, 223, 381
Richard Wickert, 350
Robert F. Kennedy, 554-556
Robert K. Merton, 358
Robert Lowie, 351
Robert Ludwig, 548
Robert R. Barr, 449, 649
Robert Vanquelin, 351
Roberto Araújo Hasche (filho de Nita Freire), 453, 575, 625, 627
Roberto Carlos (jogador de futebol), 467
Roberto Cavalcanti de Albuquerque, 104, 141
Roberto d'Ávila, 614
Roberto Fox, 220-221, 341
Roberto Iglesias, 380, 394, 499, 655
Roberto Moreira, 187, 354
Roberto Saturnino Braga, 144
Roberto Wayar Anibarro, 218
Rodolfo Mondolfo, 352
Rodovalho Neves (Dová), 44, 47, 52, 219
Rodrigo Pardo García-Peña, 431
Roger Cousinet, 188-189, 351
Roger Doucet, 351
Roger Garaudy, 423
Roger Girod, 351
Roger Labrousse, 351
Román Perpiña, 351
Romuald Zaniewski, 351
Ronaldo (jogador de futebol), 467
Ronaldo Rebello de Britto Poletti, 96-97
Roney Cytrynowicz, 566
Rosa Luxemburgo, 352, 355
Rosa Maria Mujica, 432
Rosa Maria Torres del Castillo, 415, 439-440, 650
Rosângela Castelo Branco Morales, 307
Rose Moss, 360
Rose-Marie Mossé-Bastide, 352
Rosiska Darcy de Oliveira, 228-229, 231, 234, 274, 570, 648
Rossana Maria Souto Maior Serrano, 99
Roy G. Haring, 352
Rubem Alves, 287-288, 415
Ruben Dario, 350
Rui Barbosa, 476

Rui Gomes Dantas, 59
Rui João Marques, 169
Ruiz, 351
Rustom Bharucha, 467-468, 655
Ruth Cardoso, 218
Ruth Cunningham, 352
Ruth Strang, 352
Ruy Belo, 350

S
S. Hernandez Ruiz, 351
Sadanand Menon, 467-468
Said Farhat, 269
Salvador Allende, 219
Salvador Castilo Arévalo, 532
Salvador Elizondo, 350
Samir Amim, 358
Samora Machel, 358
Samuel Augusto Alves Correia, 269
Samuel R. Slavson, 351
Samuel Wainer, 420
Sandra Grecco, 316
Santo Agostinho, 350
Santo Tomás de Aquino, 178, 350
São Gregório de Nissa, 355
Sara Lidman, 530
Saúl Taborda, 352
Sebastião Barbosa, 209
Sebastião de Holanda Cavalcanti, 72, 187
Selma (colega de classe de Paulo Freire), 58
Sepich, 350
Sérgio Buarque de Hollanda, 350
Sergio Guimarães, 169, 231, 234, 236, 239, 360-361, 379-380, 394-395, 570, 584, 588, 618, 653-655
Severino Vieira, 104
Sforza, 350
Shahnaz Kianian, 415-416
Sidney Hook, 352
Sidoni Chamoun, 307
Siegfried Behn, 352
Silke Weber, 127, 136, 489-490
Silva Rodrigues, 350
Sílvia (esposa de Armando, irmão de Paulo Freire), 43

Sílvio Caldas, 599
Silvio Frondizi, 351
Silvio Lins, 127, 136, 208, 254
Silvio Rabelo, 350
Silvio Romero, 350
Simone de Beauvoir, 352, 355
Simone Maria Leite Batista, 518
Simone Weil, 354
Skip Schiel, 471-472
Snedden, 350
Sócrates, 178, 260, 335, 342
Sócrates Times de Carvalho, 181
Sofia Freire Dowbor (neta de Paulo Freire), 534, 568
Sören Kierkegaard, 352
Stanley Aronowitz, 651
Stanny Jebamalai, 469
Steban Strauss, 218
Stella (irmã de Paulo Freire), 42-43, 48, 277
Stella Araujo Olivera, 649
Stella Mastrangelo, 650
Sten Konou, 351
Stênio (filho de tio Lutgardes), 44
Susan Folkman, 483
Susana Beatriz Decibe, 513
Susane E. Garfield, 415
Suzanne Mebes Freire (nora de Paulo Freire, esposa de Joaquim), 568
Sybille Fritsch-Oppermann, 430
Sylvio Loreto, 127, 136

T
T. S. Eliot, 352
Takito, 436-437
Tânia Caliari, 468
Tania Zagury, 400
Tarquínio de Sousa, 350
Tatiane Plucienik, 568
Tato Iglesias, 599
Ted, 168
Teilhard de Chardin, 357
Telma Gharibian, 475
Temístocles (irmão de Paulo Freire), 42-43, 54, 258, 582, 584
Tenório de Albuquerque, 350

Teo (colega de classe de Paulo Freire), 58
Teodoro Moscoso, 167
Teotônio Maurício Monteiro de Barros Filho, 140, 142
Tereza Duarte, 81
Tereza Lajolo, 318, 418
Theobaldo Miranda Santos, 350
Theodor Gomperz, 351
Theresinha Araújo (irmã de Nita Freire), 62
Thering, 350
Thiago Braga do Espírito Santo, 568
Thiago de Mello, 218, 353, 381, 424-425, 466-467
Thomas Hobbes, 351
Thomas Kuhn, 482
Thomas Luckmann, 483
Thomas Merton, 351
Thomas R. Sanders, 358
Thomas Stearns Eliot ver T. S. Eliot
Thomas Woods, 352
Thomsen, 350
Tito, 154
Tom Mix (personagem), 54, 609-610
Tom Paxton, 357
Tom Wilson, 444, 500, 533
Tomas Dowbor (bisneto de Paulo Freire), 568
Tommaso Campanella, 350
Toninho Morango (amigo de infância de Paulo Freire), 56
Tony Almeida, 537
Tony Coates, 653
Toscano (colega de classe de Paulo Freire), 58
Tristão de Ataíde (Alceu Amoroso Lima), 208, 350, 354
Truman Mitchell Pierce, 352

U
Ubaldino Figueiroa ver Dino
Ubaldo Dantas, 693
Ulrich Wilcken, 351

V
Vaissière, 350
Valdemar Vedel, 351
Van Hoeven Veloso Ferreira, 361

Vandete de Figueiredo, 78
Venício Artur de Lima, 414, 488, 650
Vera Barreto, 21, 25, 276, 345, 629
Vera Lúcia Mello Josceline, 654
Vera Lúcia Vieira, 309
Vera Maciel, 517
Vern Simula, 311
Verônica Coelho, 595, 629
Viana Moog, 354
Viany Ambegaokar, 547
Vicent Berenguer, 649
Vicente Cândido da Silva, 515
Vicente de Abreu, 381
Vicente do Rego Monteiro, 127
Vicente Fox Quesada, 429
Vicente Madeira, 59
Vicente Weffort Cohen (neto de Paulo Freire), 568
Victor Manuel, 500
Victor Martuza, 549
Victor V. Valla, 362
Vieira Pinto, 27, 114, 117, 218, 352, 354-356, 362, 703
Vincent van Gogh, 461
Vinicius de Moraes, 352
Viola Themam, 352
Virgil Gheorghiu, 351
Virgílio Alberto Meira Soares, 499
Viriato Correia, 350
Vladimir Herzog, 281
Vladimir Lenin, 352, 355, 461
Vosseler, 350

W

W. A. Lay, 351
W. C. Davis, 351
Waldemar Valente, 62, 350
Waldir, 219
Walter Costa Porto, 175
Walter Ferreira de Oliveira, 380, 394, 655
Walter Mondale, 495
Walter Pires, 269
Walter Varanda, 630
Wand Robertson, 352
Ward Reeder, 352
Weigert, 350
Werner Jaeger, 350
Werner Simpfendörfer, 284
Werner Sombart, 351
Wilhelm Dilthey, 350
Wilhelm Stekel, 351
William B. Kennedy, 284, 550-551
William Boyd, 352
William Brickman, 351
William Gray, 354
William Heard Kilpatrick, 188-189, 351
William Patterson Alexander, 351
William Roy Niblett, 352
William Shakespeare, 350, 481
Willy Timmer, 356
Wilson Cantoni, 218
Wilson Pinheiro, 318, 323
Wiun, 351
Wlademir Santos, 653
Wolfgang Amadeus Mozart, 599
Wright Mills, 352, 354-356, 358, 362

Y

Yvone Kouri, 282

Z

Zacarias Villada, 350
Zacarioti, 255
Zaíra Ary, 130
Zaldo Rocha, 77
Zama, 350
Zeferino Vaz, 289
Zélia Goldfeld, 614, 656
Zélia Teles Brito Freire (nora de Paulo Freire, esposa de Lutgardes), 568
Zevedei Barbu, 183-184, 353, 356, 361
Zilda Arns, 479
Zizi Possi, 536
Zoram Jeleuc, 446-447
Zuleica Mesquita, 291
Zuleide Aureliano, 127, 136

ILUSTRAÇÃO DO AMIGO E
COLABORADOR CLAUDIUS CECCON

Este livro foi composto nas tipografias
ITC Franklin Gothic Std Medium para títulos
e Horley Old Style MT Std para corpo 11/14,
e impresso em papel off-white no Sistema Digital
Instant Duplex da Divisão Gráfica
da Distribuidora Record.